*Lindig · Münzel* **Indianer**

Wolfgang Lindig · Mark Münzel

# Die Indianer

Kulturen und Geschichte der Indianer
Nord-, Mittel- und Südamerikas

1976

Wilhelm Fink Verlag

*ISBN 3-7705-1432-7*
© *1976 Wilhelm Fink Verlag · München*
*Satz und Druck: Brönner & Daentler KG, Eichstätt*
*Buchbindearbeiten: Endres, München*

# Inhalt

**Teil II   Mittel- und Südamerika   Von Yucatán bis Feuerland**

# Zu diesem Buch

Die „Indianerwelle" – ein neues, politisch, ökologisch oder philosophisch engagiertes Interesse – rollt, vor allem seit der demonstrativen Besetzung des Massaker-Schauplatzes Wounded Knee durch rebellierende Sioux und seit den Presseberichten über die Ausrottung von Amazonas-Indianern. Allerdings ist dabei meist von einem nicht existenten Wesen die Rede, „dem" Indianer, der in sich Züge von Winnetou und Sitting Bull, von Rousseaus Edlem Wilden und von revolutionären Helden der „3. Welt" vereinigt. Das liegt zum Teil daran, daß wissenschaftliche Literatur über Indianer Laien meist schwer zugänglich ist. Auch herrscht manchmal die Tendenz vor, das „Indianerproblem" ganz überwiegend mit dem sicher wichtigen externen Faktor Kolonialismus – das heute den Indianern aufgezwungene fremde ökonomische und politische System – zu erklären. Zweifellos wurde das „Indianer-Problem" erst durch den Eingriff Europas in Amerikas Geschichte geschaffen, aber wie es heute im einzelnen aussieht und wie es gelöst werden kann, läßt sich nicht ganz erkennen ohne den Blick auf die indianische Seite – auf die indianischen Kulturen, ihre Geschichte und heutige Gestalt.

Dieses Buch möchte die indianischen Kulturen in einer für den Laien verständlichen Form beschreiben, ohne doch die Ergebnisse der völkerkundlichen Wissenschaft einfach zu vernachlässigen. Besonders sollen dabei die bei uns meist zu wenig beachteten Unterschiede zwischen verschiedenen indianischen Kulturen herausgestellt werden. Die Vorgänge in Wounded Knee z. B. sind anders als die im Reservat der Navajo, unter anderem auch und gerade deshalb, weil die Navajo auf einer völlig anderen Kultur aufbauen als die Sioux von Wounded Knee und daher auch andere Erfahrungen mit dem europäischen Kolonialismus machten. Das

Typische „der" indianischen Kultur ist eben, daß sie aus zahlreichen Einzelkulturen besteht. „Die" indianische „Nation" ist die Summe unzähliger großer, kleiner und kleinster Gruppen, die oft nur wenig gemein haben. Diese Vielfalt soll in der vorliegenden Darstellung eingefangen werden.

Das Buch ist nach einem Schema gegliedert, das besserer Übersichtlichkeit dienen und Quervergleiche erleichtern soll. Es baut auf dem Begriff des Ökosystems auf. Ausgangspunkt und verbindendes Element ist die Umwelt, in der sich die Kulturen entwickeln und von der sie – in besonders starkem Maß bei einfachen Gesellschaften, wie wir sie bei den Indianern meist finden – abhängen und geprägt wurden.

Wie alle Schemata hat auch dieses seine Schwächen. Die Aufteilung der indianischen Gesellschaften und Kulturen in Kulturareale muß Grenzfälle – Gruppen, die zwischen den Arealen stehen – vernachlässigen. Aber ohnehin ist die Darstellung *aller* einzelnen Kulturen und Gruppen der amerikanischen Ureinwohner eine Aufgabe, die umfangreicheren, für Wissenschaftler spezialisierten Werken vorbehalten bleiben muß. Die Darstellung der einzelnen Areale in Unterkapiteln, die etwa Sozialordnung und Religion trennen, könnte manchmal fast vergessen lassen, daß diese verschiedenen Bereiche engstens und sich gegenseitig bedingend voneinander abhängen. Aber eine systematische Beschreibung ist zu solchen Einteilungen gezwungen, will sie sich nicht durch ständige Rückverweise wiederholen, was den Fluß der Darstellung stören würde. Einige ethnologische Fachausdrücke, deren Verwendung nicht zu umgehen war, sind in einem Glossar am Schluß des Buches erklärt.

Daß die Hunderte unterschiedlicher Kulturen, von denen jede für sich einen Komplex unzähliger Einzelelemente darstellt, hier nur summarisch dargestellt werden können, ist einleuchtend. Die Autoren mußten oft den Mut zur Vereinfachung, zum Pauschalurteil oder zur Lücke aufbringen. Der Leser darf deshalb nicht vergessen, daß es sich um eine Einführung, nicht um ein wissenschaftlich erschöpfendes Handbuch handelt. Zweck des Buches ist, Grundzüge indianischer Kulturen in all ihrer Vielfalt, nicht aber eine detaillierte Darstellung dieser Vielfalt zu vermitteln.

Inhalt des Buches sind die indianischen Kulturen als eigene Systeme. Die Autoren wissen wohl, daß diese nach außen offen, von außen vielfach beeinflußt und weitgehend auch in größere Systeme eingebettet sind. Man kann Indianer seit Kolumbus nicht mehr ganz verstehen, berücksichtigt man nicht, daß sie in einer immer unindianischer werdenden Umwelt leben. Doch soll in diesem Buch der Hauptakzent auf die *indianischen* Systeme gelegt werden.

Frankfurt am Main, im Juli 1976

Wolfgang Lindig    Mark Münzel

# Wolfgang Lindig

## Teil I **Nordamerika**

## Von der Beringstraße bis zum Isthmus von Tehuantepec

Das Bild vom nordamerikanischen Indianer hat in den fünfhundert Jahren seit der Entdeckung Amerikas erhebliche Wandlungen erfahren. Auf der einen Seite galt er als blutrünstiger Wilder, der weißen Siedlern den Weg in den Westen verstellte, Frauen und Kindern der Grenzer nach dem Leben trachtete und – ganz allgemein – dem Fortschritt und der Erschließung eines ungeheuren Landes im Wege stand. Die Unterdrückung und Einweisung der Indianer in Reservate und selbst ihre Ausrottung wurden angesichts des Widerstandes, den sie gegen die „zivilisierte Rasse" leisteten, als gerechtfertigt angesehen. Selbst moralisch weniger skrupellose Weiße haben jahrhundertelang mehr oder weniger achselzuckend beiseite gestanden und das Schicksal der Indianer als „historisches Ereignis", das man nicht ändern könne, angesehen. Dieser allgemeinen Haltung der Mehrheit nicht nur der weißen Amerikaner, sondern auch vieler Europäer stand auf der anderen Seite eine Minderheit gegenüber, die, überwiegend von romantischem Ideengut beeinflußt, die nordamerikanischen Indianer als „Edle Wilde" betrachteten, in deren Lebensweise sie das Rousseausche Ideal reiner Naturverbundenheit verwirklicht glaubten. Sie bedauerten den Untergang der indianischen Kulturen und gründeten karitative Organisationen, die Hilfe versprachen, aber jeweils nur sehr kurzlebig waren. Wenige vermochten sich aus der ethnozentrischen Bezogenheit ihrer eigenen Kultur zu lösen und erkannten den erbarmungslosen Kampf gegen die Indianer als Genozid, den sie als solchen anklagten. In der Fortschrittseuphorie der amerikanischen Pionierepoche verhallten ihre Rufe ungehört. Erst als die Erforschung der traditionellen Indianerkulturen durch Ethnologen einsetzte und die indianischen Kulturen, ihre Wertsysteme, Ordnungen und Glaubensvorstellungen auch in der breiten Öffentlichkeit bekannt wurden, begann vielen Amerikanern bewußt zu werden, daß es einen kulturellen Pluralismus gibt, der, unabhängig von der Entwicklung technologisch-materieller Fertigkeiten, jede hochmütige Geringschätzung fremder Kulturen als krassen Ethnozentrismus entlarvt.

In der populären Meinung herrschen jedoch auch heute noch – abgesehen von pauschalen Vorurteilen, die sich wohl nie ausrotten lassen – manche falschen Vorstellungen über die nordamerikanischen Indianer vor, die in diesem Buch durch die Beschreibung der verschiedenen traditionellen Kulturstrukturen und der Ereignisgeschichte seit der Zeit des Kontaktes zwischen den Indianern und den Weißen berichtigt werden sollen. Dem Leser soll die Vielfältigkeit der indianischen Kulturen nahegebracht und die Reaktionen und Aktionen der Indianer – auch in ihrem kulturellen Bezugsrahmen – verständlich gemacht werden. Der Indianer soll nicht mehr die exotische Hintergrundkulisse der euro-amerikanischen Gesellschaft abgeben, sondern er soll als Mitglied einer autochthonen ethnischen Minorität mit bestimmten – ihm bisher meist verwehrten – Rechten in diesem großen Land anerkannt und unterstützt werden. Dem Kampf um dieses Recht soll auch nicht die ideologische Maske eines Klassenkampfes übergestülpt werden, in dessen Namen man glaubt, sich seiner Sympathie versichern zu können. Damit wird man dem Indianer und der Vielzahl der sehr unterschiedlichen Probleme im Rahmen seiner auch heute noch existenten tribalen Struktur nicht gerecht.

Unter den noch bestehenden falschen Vorstellungen über die nordamerikanischen Indianer ist unter anderem die verbreitet, daß ihre Rasse vom Aussterben bedroht sei. Das Gegenteil ist der Fall. Wenn man einmal von den kulturellen Veränderungen, der jede menschliche Gesellschaft unterworfen ist, und die bei den Indianern größer sein mögen als unter zivilisatorisch ähnlich strukturierten Gesellschaften, absieht, leben heute genau so viele (oder besser: wieder so viele) Indianer in Nordamerika wie

Die Kulturareale Nordamerikas

zur Zeit des Kolumbus. Ihre Zahl steigt weiter an, und zwar prozentual sehr viel stärker als die der weißen Bevölkerung.

Eine weitere falsche Vorstellung, auf die bereits hingewiesen wurde, ist die, daß es eine einzige indianische Kultur gebe. Diese Annahme ist irrig. Weder gab es früher eine einheitliche indianische Kultur, noch gibt es eine solche heutzutage. Man wird deshalb auch vergebens nach einer einheitlichen indianischen Sprache, einer gemeinsamen indianischen Religion oder einem gesamtindianischen „Nationalcharakter" suchen, was immer man darunter verstehen mag; selbst rassentypologisch lassen sich zahlreiche Varianten der Indianiden unterscheiden, die denen der Bewohner der verschiedenen europäischen Länder, der Europiden, durchaus

vergleichbar sind. Es ist – wie bereits oben angedeutet – Aufgabe dieses Buches, den Pluralismus des nordamerikanischen Indianertums durch die Beschreibung der traditionellen Kulturen der einzelnen Stämme vor dem Hintergrund der natürlichen Umwelt, in dem sie leben und der ihre Kultur prägte, darzustellen und verständlich zu machen.

Eine weitere verbreitete falsche Vorstellung ist ferner die, daß die indianischen Kulturen zu Veränderungen unfähig seien oder daß sie sich nur passiv äußeren Zwängen unterwürfen und dem auf sie ausgeübten Druck anpaßten. Entsprechend wird die Geschichte der Indianer und ihrer Kulturumbildungen seit der Kontaktzeit als bloße Reaktion auf europäische Einflüsse betrachtet. Doch haben ethnographisch-histori-

14

sche Untersuchungen gezeigt, daß sich indianische Kulturen durchaus kreativ-dynamisch verändern und neue Formen hervorbringen können. Das bekannteste Beispiel für einen solchen Vorgang ist die Entstehung der Bisonjägerkultur der Plains. Mit ihr tritt ein völlig neues Kulturmuster zur ohnehin schon schillernden Palette indianischer Kulturvielfalt hinzu. Es ist ein Kulturmuster, das durch seine Dynamik und Farbigkeit zahlreiche Romanschriftsteller – gute und schlechte – in seinen Bann zog, so daß viele Menschen diese »neue« Indianerkultur als *die* indianische schlechthin verstanden. Das vorliegende Buch soll dazu beitragen, auch dieses Klischee abzutragen.

In neuester Zeit wird nun der indianische Pluralismus um eine weitere Variante bereichert, die sich bereits in zahlreichen indianischen Gemeinschaften abzuzeichnen beginnt und die neben der tribalen Tradition, die ja weiterhin besteht, in Erscheinung tritt und sozusagen über diese hinweg ein gemeinsames Problem schafft: die Dichotomie zwischen Reservats- und städtischem Indianer. Viele Indianer verlassen heute,

häufig allerdings nur zeitweise, ihr Reservat, um in den Städten bessere Verdienstmöglichkeiten zu suchen. Dadurch entsteht in den Reservaten eine Polarisierung zwischen sogenannten Fortschrittlichen und Anpassungswilligen, die den Weg eines Kompromisses zu gehen gewillt sind, und konservativen, nativistischen Gruppen, die durch extremen Konformismus die Einhaltung und Bewahrung alter Traditionen erzwingen wollen. Zwischen beiden Polen ist die Kluft scheinbar unüberbrückbar. Hinzu kommt eine völlig neue Perspektive, die von einigen in den Städten lebenden Indianern ausgeht. Sie haben Organisationen gegründet, die durch ihren pan-indianischen Anspruch – sich damit gegen den *tribalen* Kulturrigorismus kehrend – erstmals die weiße Majorität in den USA gezwungen haben, auf indianische Rechtsansprüche überhaupt zu reagieren. Damit wächst den im Grunde genommen traditionslosen Gruppen, die sich der tribalen Gemeinschaft entzogen haben, eine größere Möglichkeit zu, die Verhältnisse in ihrem Sinne zu verändern. Ob sich hier eine dauerhafte pan-indianische Entwicklung

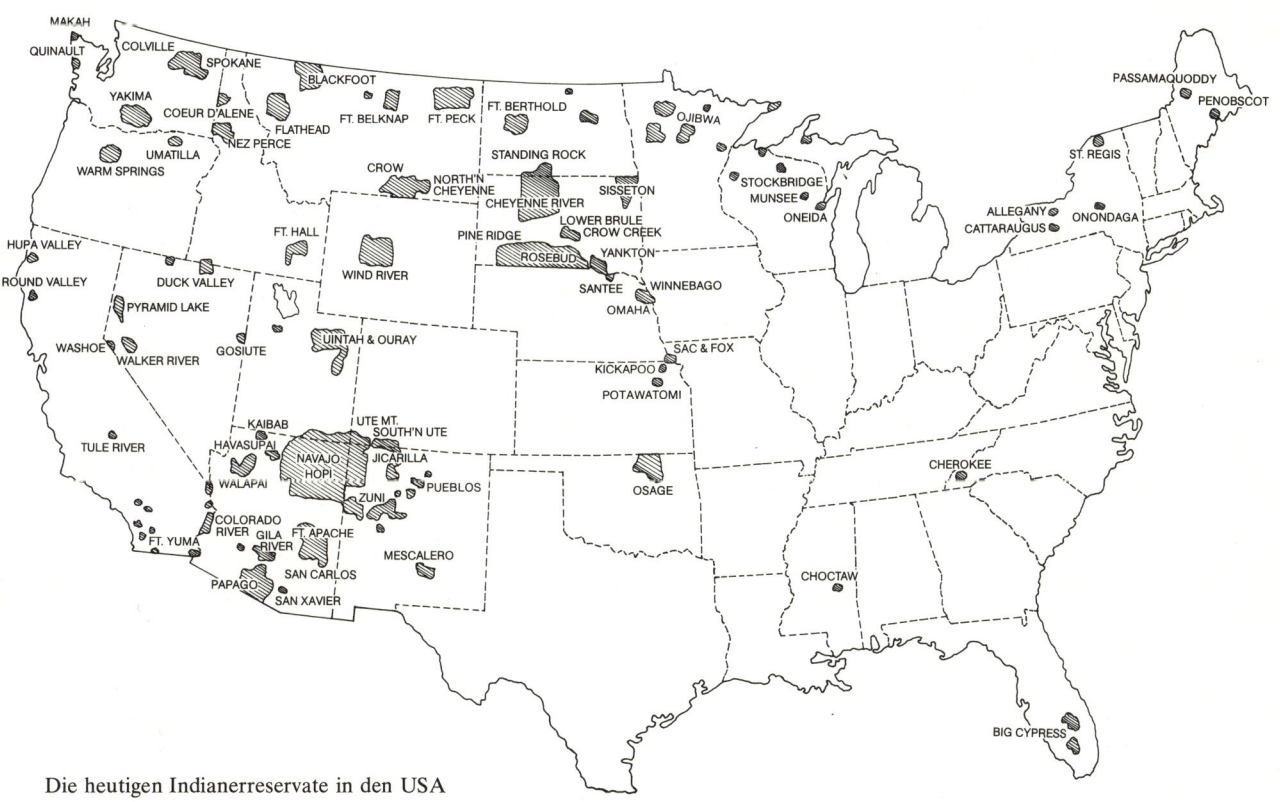

Die heutigen Indianerreservate in den USA

vollzieht, bleibt angesichts der starken tribalen Bindungen vieler Indianer abzuwarten.

Eine Schlußbemerkung sei erlaubt. In diesem Buch ist auch den Eskimo ein Kapitel gewidmet, die rassentypologisch nicht zu den Indianern zählen. Doch als Autochthonen Nordamerikas gebührt ihnen ebenfalls ein wichtiger Platz im Völkermosaik des Kontinents, mit dem sich dieses Buch befaßt.

## Literaturauswahl Nordamerika allgemein

*Bahr, Howard M. et a. (eds):* Native Americans Today. New York 1972

*Dockstader, Frederick J.:* Kunst in Amerika Bd. I: Welt der Indianer und Eskimo (dt. Übers. von „Indian Art in America", New York 1962). Stuttgart 1965

*Driver, Harold:* Indians of North America. Chicago 1961

*Driver, Harold and William C. Massey:* Comparative Studies of North American Indians (American Philosophical Society, Transactions Vol. 47, Pt. 2). Philadelphia 1957

*Eggan, Fred (ed):* Social Anthropology of North American Tribes. Chicago 1937, 1955²

*Haberland, Wolfgang:* Nordamerika (Kunst der Welt). Baden-Baden 1965

*Hodge, F. W. (ed):* Handbook of American Indians north of Mexico. 2 vols. (Bureau of American Ethnology, Bulletin 30). Washington 1907/10

*Hultkrantz, Ake:* Les Religions des Indiens primitifs de l'Amérique (Acta Universitatis Stockholmienses, 4). Stockholm 1963

*Jenness, Diamond:* The Indians of Canada (National Museum of Canada, Bulletin 65). Ottawa 1955

*Josephy, Alvin M., Jr.:* Red Power. The American Indians' Fight for Freedom. New York 1971

*Krickeberg, Walter:* Ältere Ethnographica aus Nordamerika im Berliner Museum für Völkerkunde (Baessler-Archiv NF II). Berlin 1954

*Kroeber, Alfred L.:* Cultural and Natural Areas of Native North America (Univ. of California Publications in American Archaeology and Ethnology, Vol. 38). Berkeley 1939

*La Farge, Oliver:* Die große Jagd (dt. Übers. von „A Pictorial History of the American Indian", 1956). Olten 1961 (Fischer-Taschenbuch 1025, 1969)

*Leacock, Eleanor B. and Nancy O. Lurie (eds):* North American Indians in Historical Perspective. New York 1971

*Lindig, Wolfgang:* Die Kulturen der Eskimo und Indianer Nordamerikas (Handbuch der Kulturgeschichte, Abt. 2). Frankfurt/M. 1972

*Lips, Eva:* Das Indianerbuch. Leipzig 1956

*McNickle, D.:* The Indian Tribes of the United States. 1975²

*Murdock, George P.:* Ethnographic Bibliography of North America (Behavior Science Bibliographies). New Haven 1960³

*Nostitz, Siegfried von:* Die Vernichtung des Roten Mannes. Düsseldorf/Köln 1970

*Oswalt, Wendell H.:* This Land was Theirs. New York 1966

*Owen, Roger et al.:* The North American Indians. New York 1966

*Pinnow, Hans-Jürgen:* Die nordamerikanischen Indianersprachen. Wiesbaden 1964

*Scherer, Joanna C. mit Jean B. Walker:* Indianer (dt. Übers. von „Indians", New York 1973). Rüschlikon-Zürich 1975

*Schulze-Thulin, Axel:* Weg ohne Mokassins. 1976

*Spencer, Robert F. et al.:* The Native Americans. New York 1965

*Spicer, Edward H.:* A Short History of the Indians of the United States. New York 1969

*Spicer, Edward H. (ed):* Perspectives in American Indian Culture Change. Chicago 1961

*Steiner, Stan:* The New Indians. New York 1968

*Wissler, Clark:* Indians of the United States. New York 1948

# 1. Die Eskimo: Das Überleben im arktischen Eis

## a) Lebensraum: Die arktische Tundra

Der nördliche Teil des amerikanischen Kontinents, die gesamte arktische Küste von Nordalaska bis Ostgrönland und die meisten Inseln des arktischen Archipels, wurden und werden bis heute von den Eskimo (Inuit) bewohnt. Darüber hinaus gibt es eine kleine Gruppe asiatischer Eskimo, die Yuit, die an der Küste der Tschuktschen-Halbinsel und auf den Inseln des Beringstraßengebietes zwischen Alaska und Sibirien leben. Die Inseln der Aleutenkette und die äußerste Spitze Südwestalaskas ist von den Aleuten, einer den Eskimo verwandten Ethnie, bewohnt. Trotz der riesigen Entfernung von über 5000 km Luftlinie zwischen Sibirien und Ostgrönland besitzen die Eskimo eine relativ einheitliche Sprache und Kultur, die aus einer im 13. Jahrhundert einsetzenden spätprähistorischen Kulturtrift (Thule-Kultur) zu erklären ist.

Westlich der Mündung des Mackenzie River, dessen Mündungsgebiet die Grenze zwischen Alaska und Kanada bildet, machen sich jedoch sprachlich und auch kulturell gewisse Unterschiede bemerkbar. Am stärksten weichen die Südalaska-Eskimo (Chugash) am Cook Inlet und die Aleuten von der allgemeinen Eskimo-Kultur ab. Hier sind die Einflüsse aus der indianischen Nordwestküstenkultur besonders deutlich spürbar. Wie sich diese Einflüsse äußern, wird im folgenden darzustellen sein. Es sei jedoch bereits an dieser Stelle angemerkt, daß gewisse Abweichungen auch subsistenzspezifisch bedingt sind; denn in diesen schon im subarktischen Bereich liegenden Gebieten sind die Winter infolge des warmen Japanstromes weniger streng als in der eigentlichen Arktis, so daß Seesäugerjagd und Fischfang hier das ganze Jahr auf dem offenen Meer betrieben werden können. Weitere lokalökologische Varianten

Verbreitung der Eskimo und subarktischen Indianer

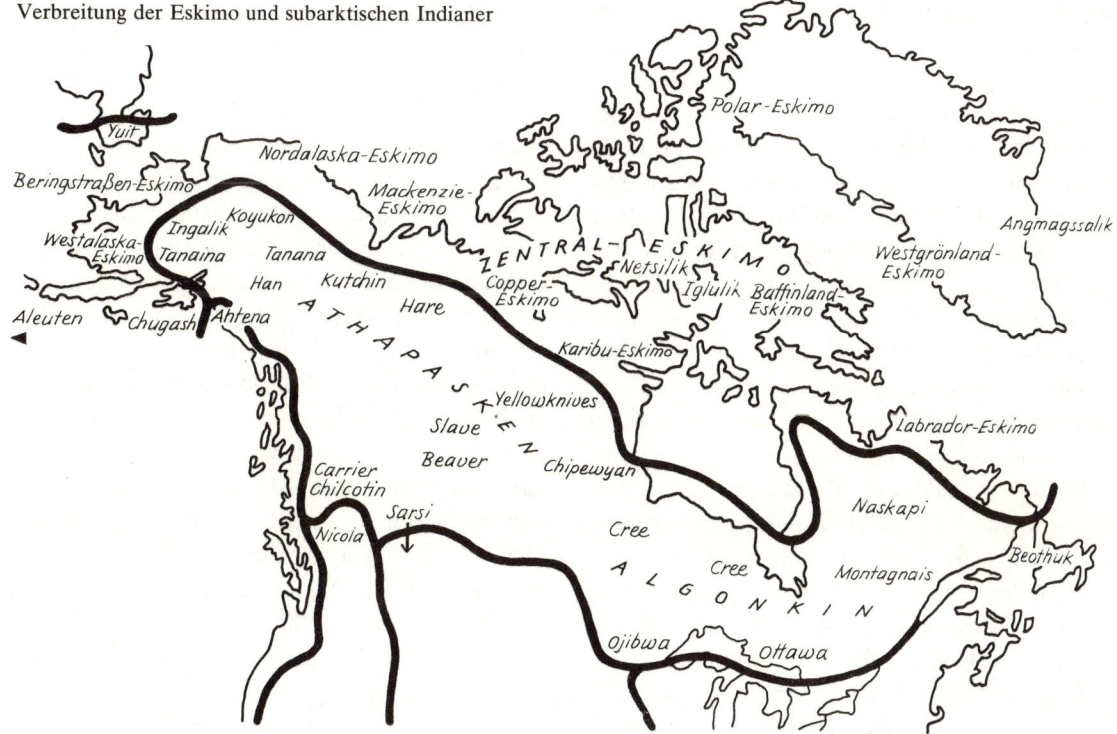

der allgemeinen arktischen Eskimo-Kultur stellen die nordalaskischen Küsteneskimo, die überwiegend vom Walfang lebten, und die ihnen benachbarten Binnenlandeskimo (Nunamiut) dar, die ihren Lebensunterhalt hauptsächlich durch die Karibujagd bestritten. Karibujäger waren auch die Inlandgruppen der sogenannten „Karibu-Eskimo" in den Barren Grounds am Chesterfield Inlet, nordwestlich der Hudson Bay. Während der Walfang schon im vorigen Jahrhundert durch die Dezimierung der Bestände durch amerikanische Walfangflotten an Bedeutung verlor, haben die Nunamiut und die Karibu-Eskimo zum Teil bis heute ihre alte Subsistenzwirtschaft, die Jagd auf das amerikanische Rentier, das Karibu (Rangifer caribou) und den Moschusochsen, beibehalten.

## b) Lebensunterhalt: Robbe, Wal und Karibu

Der Lebensraum der Eskimo bildete mithin die arktische Tundra Nordamerikas, jener schmale und nur selten sich tiefer ins Binnenland erstreckende Küstenstreifen, der zwischen dem nördlichen Eismeer und der Waldgrenze liegt. Dieser Lebensraum, dessen Vegetationsdecke im wesentlichen aus Flechten und Moosen besteht, läßt dem Menschen wenig Lebensmöglichkeiten. Nur die im Sommer in großen Herden äsenden Karibu bieten ihm durch die Jagd einen ausreichenden Lebensunterhalt. Den langen arktischen Winter hindurch ziehen sich die Tiere in die Waldgebiete weiter im Süden zurück. Allein in den Barren Grounds halten sich größere Mengen von Karibus auf, so daß hier auch im Winter die Jagd, wenn auch meist nur auf einzelne Tiere, möglich ist.

Da das Land dem Menschen nur in beschränktem Umfange Nahrung bietet, – zudem sind die Karibus im Frühsommer, wenn sie auf die Tundra hinausziehen, sehr mager – haben sich die Bewohner dieser Gebiete schon seit vorgeschichtlicher Zeit dem Meer und seiner Fauna zugewandt. Hier finden sie ihre wichtigste Nahrung. Zahlreiche archäologische Hinterlassenschaften im Gebiet beiderseits der Beringstraße lassen erkennen, daß sich bereits um etwa 1000 v. Chr. auf der Basis einer ausgesprochen maritimen Subsistenzwirtschaft die Eskimo-Kultur entwickelte. An erster Stelle in der Nahrung stehen die Meeressäuger, vor allem Robben, Walrosse und Wale. Fischfang ist in Nordalaska, in den Zentralgebieten der kanadischen Arktis und in Grönland von geringer Bedeutung; er wird hauptsächlich in den auch im Winter eisfreien Gebieten der Aleutenkette und in Südalaska betrieben.

Die Hauptjagdzeit auf Robben ist der Winter. Unter dem zunächst noch dünnen Eise der buchtenreichen arktischen Küste halten sich die Robben auf. Wenn das Eis stärker wird, müssen sich die Tiere ihre Atemlöcher offenhalten. Unter altem Eis können sie nur leben, wenn durch Strömungen oder Gezeiten einzelne offene Stellen entstehen. Das Walroß hingegen benötigt keine eigenen Atemlöcher, es ist infolge seines großen Gewichtes imstande, eine Öffnung, wo immer es einer bedarf, in das Eis zu rammen, selbst wenn es dick genug ist, einen Mann zu tragen. Der Jäger pirscht sich an die Atemlöcher der Robben und Walrosse heran und wartet, bis sich ein Tier zeigt; dann erlegt er es mit einem Harpunenstoß. Für Walrosse benötigt er eine besonders schwere Harpune. Im Frühjahr, wenn die Robben aufs Eis klettern und sich in der Sonne wärmen, kriecht der Jäger vorsichtig, hinter einem Eisblock oder einem weißen Schirm verborgen, an die mißtrauischen Tiere heran. Er verwendet heute fast überall das Gewehr, doch muß er aber das Tier gleich beim ersten Schuß tödlich treffen, damit es nicht zum Atemloch zurückkriechen und dort untertauchen kann. An der Westküste Alaskas und in Westgrönland werden im Sommer die Robben vom Kajak aus erlegt; in Alaska fing man sie auch mit großen Netzen. Das Walroß, das heute nahezu ausgerottet ist, wurde von den Eskimo nicht nur wegen seines Fleisches, sondern auch wegen seiner Stoßzähne, die das wertvolle Elfenbein des Nordens lieferten, gejagt.

Während die Robbenjagd im allgemeinen als Einzeljagd betrieben wurde, war der Walfang die Angelegenheit einer Gruppe von Verwand-

Gravierungen der Eskimo auf Walroßelfenbein. (1) Karibuherde, die von einem Schamanen und seinen Helfern den Jägern zugetrieben wird. (2) Querschnitt durch Häuser, Vorratsplattformen, Schlitten und Boote. (3) Walroßjagd vom Kajak aus; Häuser, Vorratsplattformen und Gerüste für die Boote. (Hoffman 1897)

ten. Zwischen Point Barrow und Point Hope, wo der Walfang früher von größter Bedeutung war, gab es in jedem Dorf eine oder mehrere Fangmannschaften, die von einem Bootsführer, dem Umialik, geführt wurden. In großen, offenen Fellbooten, den Umiaks, fuhr die Mannschaft mit ihrem gebrechlichen Fahrzeug auf das offene und oft stürmische Meer hinaus, um die gewaltigen Tiere anzugreifen. Hatte man bei der gefährlichen, aber auch ertragreichen Jagd Erfolg gehabt, zogen meist mehrere Bootsbesatzungen den erlegten Wal, der bis zu 60 Tonnen wiegen konnte, gemeinsam an Land. Hier wurde das Fleisch an alle Mitglieder der Mannschaft und andere beteiligte Personen aufgeteilt. Früher fing eine Jagdmannschaft in Nordalaska jährlich bis zu 20 Wale. Da die Vorratshaltung in der Arktis kein Problem darstellte – man brauchte nur eine Grube in den Dauerfrostboden zu hacken und das Fleisch darin zu lagern –, genügte die kurze sommerliche Fangzeit, um genügend Nahrung für den langen Winter bereitzustellen.

Ein sehr viel entbehrungsreicheres Leben als die Waljäger führten die von der Karibu- und Moschusochsenjagd lebenden Eskimo des Binnenlandes. Im Sommer war die Nahrungsversorgung durch die Karibujagd zwar gesichert, und auch Fleischvorräte konnten angelegt werden, doch fehlte den Karibujägern das wichtige Robbenöl, das im Winter Licht und Wärme spendete. Deshalb waren die Binnenlandgruppen daran interessiert, mit den Küstengruppen in Tauschhandel zu treten, um das begehrte Öl zu erhalten. Neben individuellen Handelspart-

nern gab es, vor allem in Alaska, gegen Ende des Sommers große Handelsmärkte, auf denen Waren aus allen Teilen der Arktis angeboten wurden. Auch die weit im Süden lebenden Karibu-Eskimo strebten danach, in den Besitz von Robbenöl zu gelangen; entweder wanderten sie zu diesem Zweck gruppenweise im Spätsommer zur Robbenjagd an die Eismeerküste, oder sie tauschten Öl gegen Karibufelle von den Küstengruppen ein.

Bei den Südalaska-Eskimo war die Jagd auf die Dickhornziege und das Bergschaf in den nahen Küstengebirgen eine weitere Nahrungsquelle. Auch das Sammeln von Schaltieren und Muscheln an den eisfreien Stränden sowie von Beeren und Waldfrüchten in den küstennahen Wäldern war hier von Bedeutung. Die Tundrastämme konnten ihren Bedarf an Vegetabilien oft nur durch den gegorenen Mageninhalt eines erlegten Karibus decken, der deshalb zu den gesuchten Leckerbissen zählte. Von geringer Bedeutung war die Vogeljagd; sie wurde vor allem von den Polar-Eskimo am Smith Sound in Nordwest-Grönland in größerem Umfange mit Netzen betrieben.

Heute sind die meisten der hier genannten Nahrungsquellen für die Eskimo ohne Bedeutung. Der Walfang war schon seit der Mitte des vorigen Jahrhunderts stark zurückgegangen, als europäische und amerikanische Fangflotten die Tiere in riesigen Mengen schon auf ihrem Zug durch die Beringstraße in das Nördliche Eismeer abfingen und erlegten. Auch die Erträge aus der Jagd auf Walrosse, Robben und Seeotter sind in den meisten Gebieten nur noch spärlich.

Die Amerikaner haben deshalb schon gegen Ende des vorigen Jahrhunderts mehrere Herden sibirischer Rentiere nach Alaska eingeführt, die zunächst von lappischen Rentierzüchtern betreut wurden. Die Rentierhaltung hat zwar in einigen Teilen Alaskas und später auch am Mackenzie River eine gewisse Bedeutung erlangt, im zentralarktischen Raum ist sie jedoch nie bekannt geworden. Auf Grönland haben die dänischen Kolonisatoren schon früh europäische Haustiere eingeführt, vor allem Schafe und Rinder. Ackerbau mit frostbeständigen europäischen Getreidearten ist bisher nicht sehr erfolgreich gewesen.

### c) Materieller Kulturbesitz: Kajak, Kufenschlitten und Tranlampe

Die Eigentumsverhältnisse bei den Eskimo werden oft als kommunistisch beschrieben, weil die Jagdbeute nicht ausschließlich dem Jäger gehört, der sie erlegte. Doch ist die Verteilung nicht nur von Ort zu Ort verschieden, sondern kleine Tiere werden überhaupt nicht verteilt. Die größeren Tiere wie Bartrobbe, Walroß, und Wal werden zwischen dem Jäger und den bei der „Landung" Anwesenden geteilt. Nur die sehr großen Tiere, wie der Grönlandwal, sind gemeinsamer Besitz aller Dorfbewohner. Während einer Hungersnot gilt diese Regelung für alle Nahrungsmittel.

Die persönlichen Gegenstände wie Verkehrs- und Transportmittel, Jagdwaffen und Kleidung sind Eigentum jedes einzelnen. In Grönland durfte allerdings ein einzelner nur jeweils ein Boot oder ein Zelt besitzen, denn der persönliche Besitz bedingte hier, daß der Besitzer tatsächlich von ihm Gebrauch machte.

Der alte materielle Kulturbesitz der Eskimo ist inzwischen weitgehend durch moderne Geräte und Gegenstände ersetzt. Nur in entlegenen Teilen der kanadischen Arktis werden noch Waffen, Geräte und Kleidung in traditioneller Weise hergestellt und verwendet. Der folgende kurze Überblick soll die von den Eskimo selbst entwickelten Formen der materiellen Kultur vermitteln.

Die Eskimo mußten in ihrer extrem lebensfeindlichen Umwelt besondere technische Hilfsmittel entwickeln, um überleben zu können. Wohl kein Volk der Erde hat auf dieser Stufe der Entwicklung der menschlichen Gesellschaft so ausgeklügelte Waffen und technische Apparate erfunden wie die Eskimo. Sie werden deshalb oft als Paradebeispiel menschlicher Anpassungsfähigkeit aufgeführt. Ihren technischen Erfindungen ist es zuzuschreiben, daß sich die Eskimo in ihrer harten Umwelt so überaus gut behaupten konnten und den von ihnen „eroberten" Lebensraum nicht verlassen wollten.

Als Transportmittel für die Jagd auf dem offenen Meer hatten sie den Kajak, das kleine Einmannboot, zu großer Vollkommenheit entwickelt. Es diente zur Robbenjagd auf dem Meer, aber auch zur Karibujagd auf den Flüssen des Binnenlandes; denn Karibus wurden vorzugsweise an Flußabschnitten gejagt, wo die Tiere auf ihren Wanderungen den Strom überquerten. Das Kajak besteht aus einem schmalen Holzgerüst mit gebogenen Spanten und langen dünnen Latten, das vollständig mit straff gespannter Tierhaut überzogen ist. Eine zentrale Öffnung, in dem der Kajakfahrer sitzt, wird von einem Holzring auf dem Verdeck umgeben, an den die wasserdichte Lederjacke des Fahrers so festgebunden wird, daß er faktisch zu einem Bestandteil des Bootes wird. Auf diese Weise kann kein Wasser in den Bootskörper eindringen, und da die Lederjacke auch an Armgelenken und am Gesicht festgezurrt ist, bleibt der Fahrer immer trocken, selbst wenn sein Boot in schwerer See einmal kentern sollte. In solchem Falle konnte ein geschickter Kajakfahrer sein Boot mit Hilfe von bestimmten Paddelschlägen selbst wieder aufrichten. Diese Technik wird auch von den Kajaksportlern bei Wildwasserfahrten in Europa angewandt.

Als Mannschaftsboot für den Walfang und als Transportfahrzeug für Handelsfahrten diente das große offene Fellboot, das Umiak. Es besteht im Prinzip ebenfalls aus einem hölzernen Gerippe, das mit Fell bespannt ist. Es hat aber einen flachen Boden und kein Verdeck und gleicht darin etwa unserem Ruderboot. In einigen Gebieten der Arktis (Beringstraße, Grön-

Einfacher Kufenschlitten der Karibu-Eskimo; knapp sechs Meter lang

land) besaß es einen Mast, der ein Segel aus Darmhaut oder aus Matten trug. Sonst wurde das Boot mit Rudern fortbewegt.

Das wichtigste Verkehrs- und Transportmittel auf dem Lande bei Eis und harter Schneedecke ist bis heute der von Hunden gezogene Kufenschlitten, der in seiner einfachsten Form aus einem Paar gerader schwerer Kufen mit kurzen Querbrettern besteht. Um das Gleiten zu erleichtern, bestreicht man die Kufen mit Torfbrei, der bei der Fahrt jeden Morgen mit warmem Wasser begossen wird, das dann sofort eine dünne Eisschicht bildet. Das Lenken langer Kufenschlitten – bei den Karibu-Eskimo sind sie bis zu 10 Meter lang – wird dadurch vereinfacht, daß die Kufen nur in der Mitte aufliegen, die Enden also hochgebogen sind. Auf weicher Schneedecke dagegen bevorzugen die Eskimo den vor allem in der Subarktis verbreiteten kufenlosen Toboggan, der im Prinzip aus einem vorn hochgezogenen Brett gebildet wird.

Bedeutendstes und unentbehrlichstes Jagdgerät der Eskimo war die Harpune, eine beson-

ders scharfsinnig entwickelte Waffe. Aus archäologischen Funden wissen wir, daß die Harpune bereits um 1000 v. Chr. von den Vorfahren der Eskimo verwendet wurde. Sie ist also ein sehr altes Gerät. Die Harpune wurde, wenn ein im Boot sitzender Jäger sie verwendete, meist mit einer Speerschleuder, einem kurzen flachen Wurfbrett, das Wurfkraft und Zielgenauigkeit erhöhte, geworfen. Weitere Jagdwaffen waren die aus Treibholzstücken und Walbarten zusammengesetzten Bögen, schwere Lanzen (für die Waljagd und großes Landwild), sowie mehrzackige Fisch- und Vogelspeere. Zum Fang kleinerer Pelztiere kannte man verschiedene Fallen; für die Vogeljagd verwendete man neben Netzen auch die Bola, ein Gerät mit mehreren Wurfkugeln aus Walroßelfenbein an Schnüren. Heute hat bei fast allen Eskimo das Gewehr die alten Waffen verdrängt.

Häufig wird der Iglu, die Schneehütte, als die charakteristische Behausung der Eskimo angesehen. Das trifft nicht zu. Iglus finden sich als Dauerwohnungen nur bei einigen Gruppen in

Schneehütte („Iglu") der Zentral-Eskimo (Boas 1888)

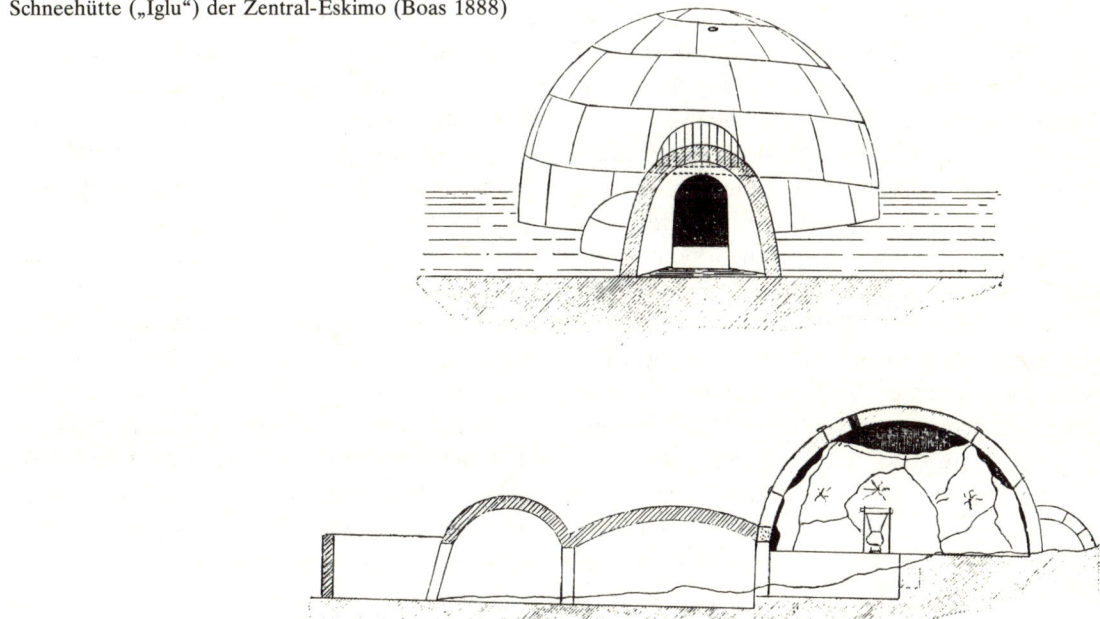

den Zentralgebieten und in Labrador. Sie werden in der übrigen Arktis im Winter nur auf der Jagd und auf Reisen als vorübergehende Unterkunft errichtet. Mit Hilfe eines Messers aus Geweih schneidet man aus festem Schneeboden große Blöcke und legt diese spiralförmig aufeinander, so daß eine Kuppelhütte entsteht. Die Fugen werden mit Schnee ausgestopft, ein Eisblock dient als Fenster. Das Mobiliar ist dürftig. Schlafbänke aus Schneeblöcken, die mit Moos oder Heidekraut und schließlich mit Fellen bedeckt sind, dienen als Schlafstätten; eine Tranlampe beleuchtet und erwärmt das Innere. Ohne Tranlampe konnten die Eskimo die bittere Kälte des langen arktischen Winters nicht überstehen. Deshalb fand sie sich in allen Teilen der Arktis; lediglich den Karibu-Eskimo der Barren Grounds stand diese Energiequelle nicht unmittelbar zur Verfügung; sie mußten sich Robbenöl einhandeln oder es sich auf Jagdzügen an der Küste selbst besorgen. Die Tranlampe ist eine flache, meist ovale Schale, die mit Robbenöl gefüllt wird, in dem ein oder mehrere Dochte aus Moos schwimmen. Sie erwärmt ein Iglu bis über den Schmelzpunkt des Schnees, so daß die Wände oft mit Fellen bedeckt werden müssen, die das Schmelzwasser dann auffangen und in Behälter leiten. Man betritt den Iglu durch einen langen Tunnel, der tiefer liegt als der eigentliche Wohnraum, so daß er eine Kältefalle bildet, denn die beim Eintritt durch den Fellvorhang eindringende Kaltluft sinkt in den Tunnelabschnitt und die von hier abzweigenden Vorratsräume und Hundehütten. Gelegentlich werden auch mehrere Iglus miteinander verbunden, so daß man sich bei anhaltendem Schneesturm gegenseitig besuchen kann, ohne ins Freie zu treten. Bei den Kupfer-Eskimo, die häufig nur den Iglu als Behausung kennen, wurden Gemeinschaftshütten von beträchtlichen Ausmaßen errichtet. So berichtet Jenness von einer Schneehütte mit 10 Meter Durchmesser, die hundert Personen aufnehmen konnte.

In Alaska, aber auch in Grönland, wurden die Behausungen der Eskimo meist aus Treibholz, Steinen oder Walbarten erbaut. Das Dach bestand aus Fellen oder Rasenziegeln. Ein Eingangstunnel hielt auch hier Schnee und Kälte vom Innern ab. An der Beringstraße gab es Pfahlhäuser, die an den steilen Felshängen errichtet wurden. Treibholz kommt an der ganzen arktischen Küste in beträchtlichen Mengen vor; es treibt die großen sibirischen und kanadischen Ströme herab ins Nördliche Eismeer und wird von den Meeresströmungen wieder an die Küste gespült.

Das lebensnotwendige Feuer beschafften sich die Eskimo, indem sie – so in den Zentralgebieten – zwei Schwefelkiesstücke aufeinanderschlugen oder mit Hilfe eines kleinen Bogenbohrers, der auf der einen Seite mit einem Mundstück versehen war und gegen die Zähne gepreßt wurde, während die andere, die Bohrseite, gegen das Holz gedrückt wurde, wobei das schnelle Rotieren des Stabes das Holz erhitzte und das Holzmehl zum Glimmen brachte.

Die Kleidung der Eskimo bestand aus Fellen, die körpergerecht zugeschnitten waren und aus zwei Schichten, vergleichbar dem Prinzip des Doppelfensters, bestanden. Neben Bären- und Robbenfellen wurden besonders Karibufelle bevorzugt, weil sie trotz aller Festigkeit leicht sind und sehr warm halten. In Form und Zuschnitt der verschiedenen Kleidungsstücke gab es größere Unterschiede zwischen den einzelnen Gruppen. Die wichtigsten Kleidungsstücke waren der Überrock mit oder ohne Kapuze (Parka), Hosen, Strümpfe, Stiefel und Fausthandschuhe. Besaß der Parka keine Kapuze, wurden Fellkappen getragen. Ein Eskimo mußte ständig Flickzeug bei sich haben, um entstandene Risse sofort ausbessern zu können. In West- und Südalaska sowie auf den Aleuten kannte man auch Hüte aus geflochtenen Tannenwurzeln. Die Schneebrille, ein kleines Holzbrett mit zwei schmalen Schlitzen, war besonders im Frühjahr, wenn die blendende Sonne von den Schneefeldern reflektiert wird, ein wichtiges Requisit.

Als Körperschmuck war das Tatauieren, vor allem bei den Frauen, weit verbreitet. In Alaska traf man als Schmuck Lippenpflöcke sowie Ohr- und Nasenschmuck an. Die Körperpflege war schon aus klimatischen Gründen nicht besonders ausgebildet, mußte doch im Winter jeder Wassertropfen durch Schmelzen von Eis oder

Schnee beschafft werden. Dazu brauchte man Robbenöl, das nur durch anstrengende Jagd zu bekommen war. Das Problem der Reinigung wurde in Alaska in Form eines Schwitzbades gelöst: Man rieb sich in besonders erwärmten Hütten mit Schnee und abgestandenem Urin ein, wodurch sich das Fett auflöste und die Poren öffneten, so daß eine ungehinderte Ausdünstung möglich wurde.

### d) Soziale Umwelt: Familie, Jagdgemeinschaft und Karigi

Die Gesellschaftsstruktur der Eskimo weist keine komplexen Formen auf; es gab weder Stämme noch sonstige größere politische Einheiten mit zentraler Instanz. Die Familien lebten in kleinen Lagern oder Siedlungen, weit verstreut über die ganze arktische Küste. In Alaska war die Bevölkerungszahl solcher Siedlungen meist größer als in den anderen Teilen der Arktis, wo erst in neuerer Zeit größere Ansiedlungen entstanden. Bezeichnungen wie „Zentral-Eskimo" oder „Mackenzie-Eskimo" sind von Eskimologen eingeführt worden, um mehrere solcher lokalen Gruppen zusammenzufassen, ohne damit jedoch eine stammesähnliche Organisation zu kennzeichnen, die nicht existierte. Das wichtigste Band, das die Familien einer Siedlung zusammenhielt, war die Blutsverwandtschaft. Heiratsregelungen wie Polygynie und Polyandrie verstärten die verwandtschaftlichen Beziehungen und gaben dem Individuum Sicherheit und Geborgenheit in der Gruppe. Das Gefühl der Lagersolidarität erklärt sich wohl in erster Linie aus dem Zwang zum Überleben und aus der Notwendigkeit gegenseitiger Hilfeleistungen. Streitigkeiten wurden im allgemeinen gütlich beigelegt, indem man Faust oder Singwettkämpfe veranstaltete. Mord verlangte allerdings nach Blutrache. Kriegerische Auseinandersetzungen zwischen einzelnen Gruppen fanden früher nur in Westalaska und auf den Aleuten statt, in jenen Gebieten also, in denen fremde Einflüsse unübersehbar waren. Hier gab es auch besonders entwickelte Kriegswaffen wie z. B. Schutzpanzer und Keulen.

Den Mittelpunkt eines Lagers bildete das Versammlungshaus, das Karigi oder Kashim. Es war eine Art Männerhaus, an dessen Bau alle Männer der Gruppe mitwirkten. In den größeren Siedlungen der Alaska-Eskimo hatte es oft beträchtliche Ausmaße. Auch die Schneehüttenlager besaßen häufig einen großen Iglu, der bis zu 30 Personen fassen konnte. Ein Karigi wurde von den Mitgliedern der Bootsbesatzungen zugleich als Arbeits- und Schlafstätte benutzt. Hier überprüfte man im Winter die Boote und besserte den Fangapparat aus. Im Karigi hielt der Schamane schließlich seine Séancen ab, um in der Trance Kranke zu heilen oder Unglück von der Gruppe abzuwenden. Das Karigi war aber nicht allein Treffpunkt der Männer, sondern aller Erwachsenen, vor allem auch der Gäste. Hier wurde der Kontakt zwischen Familien und entfernten Verwandten gepflegt. Heute halten Transistorradios und moderne technische Verkehrsmittel wie Flugzeug und Motorschlitten den Kontakt zwischen den Siedlungen aufrecht.

### e) Religion: Tiergeister und Schamanen

Die Glaubensvorstellungen und Riten der Eskimo sind, von gewissen lokalen Differenzen abgesehen, im ganzen Gebiet überraschend einheitlich. Ihre entscheidende Prägung hat die Religion der Eskimo von dem harten Klima und der kargen Umwelt empfangen. Die Abhängigkeit von der Natur kommt immer wieder zum Ausdruck; auch das persönliche Erlebnis, besonders beim Schamanen, ist von der langen Winternacht und der Einsamkeit bestimmt.

Die Vorstellungen von Tiergeistern spielen im religiösen Leben der Eskimo eine beherrschende Rolle: die Tiergeister mußten wohlwollend gestimmt werden, damit sie sich als Jagdtiere zeigten und dem Eskimo seine tägliche Nahrung gewährten. Es gab eine ganze Reihe von Tabuvorschriften, die besonders bei der Waljagd ausgeprägt und so komplex waren, daß man in diesem Falle von einem Walkult sprechen kann. Auch die bei den Zentral-Eskimo geltenden Tabus, daß Tätigkeiten, die mit Landtieren in Verbindung stehen, sich nicht mit solchen mischen durften, die Meerestiere betrafen, gehören zu diesem magisch-religiösen Vorstellungsbereich. So war es z. B. verboten, Karibu- und Walroßfleisch am gleichen Tag zu essen.

Der Schamane spielte bei der Aufhebung von Tabuverletzungen eine besondere Rolle. Er half aber vor allem im Krankheitsfall, konnte das Wetter und Jagdglück beeinflussen und bösen Zauber bekämpfen. Viele dieser Mißgeschicke, die den einzelnen Menschen oder eine Gruppe befallen konnten, rührten von den erwähnten Tabuverletzungen her und mußten gesühnt werden. Um festzustellen, welches Tabu verletzt worden war, mußte meist ein Schamane zu Hilfe gerufen werden, der sich in seiner Novizenzeit besonders mächtige Schutzgeister im Bereich der Tiergeister hatte dienstbar machen können. Mit Trommelschlag und Gesang rief er nun seine Geister herbei. Er fiel dabei in Trance und glaubte, mit seinen Geistern zu sprechen.

Sie gaben ihm Ratschläge, wie er den Menschen, die ihn um Hilfe gebeten haben, beistehen konnte. Auch im Falle einer Erkrankung durch Seelenverlust konnte der Schamane helfen, indem er die gestohlene Seele zurückholte und sie dem Eigentümer wieder übergab. Birket-Smith schreibt über den Eskimo-Schamanen: „Ein Eskimo wird fast nie aus freiem Willen zum Schamanen; der Auserkorene wird von sila (d. i. eine unpersönliche magische Kraft) oder von den Geistern selbst durch Träume und auf andere Weise bezeichnet . . . Hinter der scheinbaren Wahl der Geister verbirgt sich natürlich die Tatsache, daß der zukünftige Schamane für Einflüsse empfänglich ist, die ihn in Trance versetzen können. Die Trommel ist eines seiner wirksamsten Hilfsmittel. Die Schamanen sind wohl oft Neurastheniker oder Epileptiker. Ihre Ausbildung geht unter der Leitung eines alten Schamanen vor sich; die wichtigste Voraussetzung für Erfolg ist jedoch die Einsamkeit. Abge-

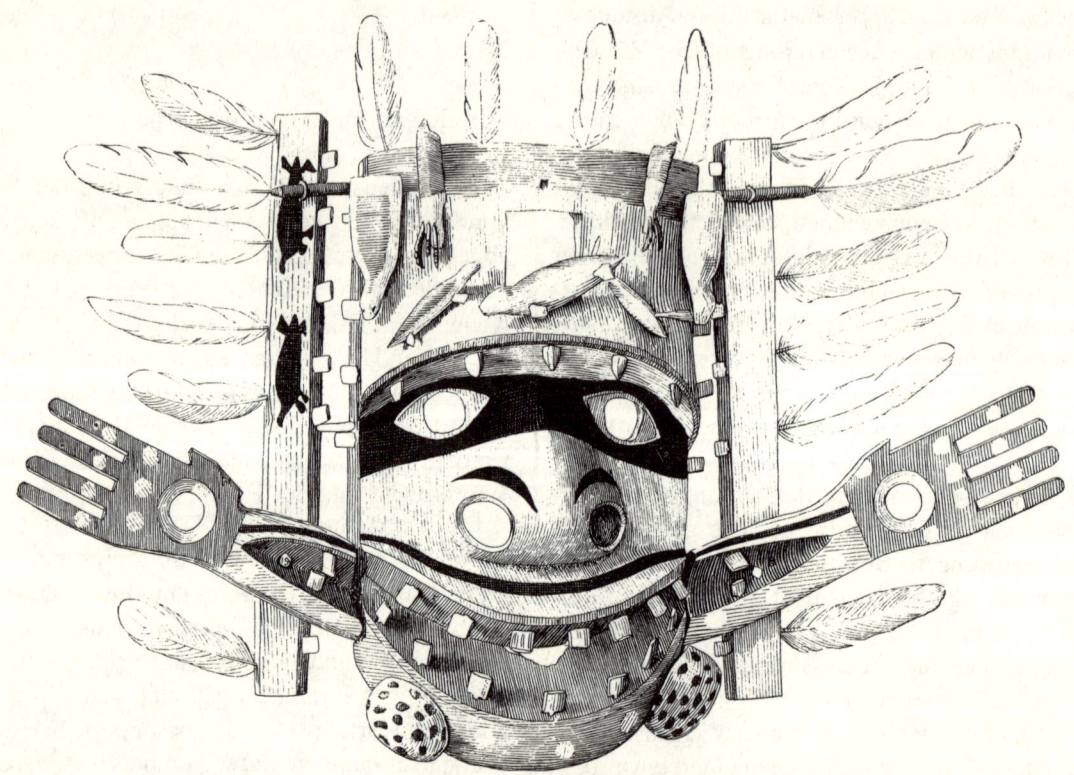

Maske der Beringstraßen-Eskimo, Alaska: der auf dem Mond lebende Tunghak, der den Menschen das Wild zuführt. Diese Maske (60 x 30 cm) ist zu schwer, um getragen zu werden. Sie hängt an Stricken vom Dach des Karigi, und der ‚Träger‘stellt sich hinter sie und bewegt sie mit den Händen, als tanze er. (Nelson 1901)

24

schieden von den anderen Menschen, fastend und der Kälte ausgesetzt, erwartet der Novize die Geister, die er schließlich, durch Erschöpfung und Fieberwahn getäuscht, zu sehen vermeint."

Neben solchen persönlich gedachten Hilfsgeistern glaubten die Eskimo an göttergleiche Wesen, die über den Tiergeistern standen: an Sedna, der Mutter der Seetiere; an Torngarsoak, dem Herrn der Tiergeister oder an Nunamshua, der Herrin der Landtiere.

Das Tragen von Masken bei schamanistischen Séancen war im wesentlichen auf Alaska beschränkt. Man stellte sich vor, daß die Geister, die in den Masken ihren Sitz hatten, in den Maskenträger übergingen und dann aus diesem sprachen. Der Maskenträger fungierte also als Medium. Bei den großen Tanzfesten, die den Zweck hatten, die Erfahrungen und Erlebnisse der Schamanen im Land der Geister bekanntzugeben, spielten sie eine wichtige Rolle.

## f) Geschichte: Die Erschließung Alaskas. Grönland seit den Normannen

*Die Erschließung Alaskas*

Die heutigen Lebensbedingungen der Eskimo wurden bisher nur am Rande behandelt. Bis zum Zweiten Weltkrieg hatte sich ihre Subsistenzwirtschaft in den Gebieten, in denen ein dauernder Kontakt mit der Außenwelt bestand, zu einer Mischwirtschaft von traditioneller Nahrungsversorgung (Jagd auf Karibus und Seesäuger, Fischfang) und kommerzieller Ausbeutung der Ressourcen (Handel mit Pelzen und Walroßelfenbein) ausgebildet. Dabei überwog im Grunde immer noch das traditionelle Jagdethos. Der Kontakt mit der Welt der Weißen wurde durch den Handelsposten, die (Missions-) Schule und oft einer Krankenpflegestation aufrecht erhalten. Das geringe Prokopf-Einkommen an Geld reichte nicht aus, konsequente Präventivmaßnahmen gegen die wichtigsten Erkrankungen zu ergreifen, so daß neben einer zwar hohen Geburtenrate auch eine hohe Kindersterblichkeit herrschte und Infek-

tionskrankheiten, besonders Tuberkulose, weit verbreitet waren. Die amerikanische Regierung tat zunächst nicht viel, um den alarmierenden Gesundheitszustand der Eskimo zu beheben. Erst in neuerer Zeit (1955) begann ein vom staatlichen Gesundheitsdienst geleitetes Programm zur Bekämpfung der Tuberkulose und einer grundsätzlich besseren medizinischen Betreuung der eskimoischen Bevölkerung.

Die entscheidende Wende im Leben der meisten Eskimo trat erst nach dem Zweiten Weltkrieg infolge der politischen Konfrontation zwischen der UdSSR und den USA ein. Zur militärischen Absicherung ihrer Nordflanke brachten die Amerikaner riesige Mengen von Material in das damalige Territorium von Alaska, und auch die kanadische Arktis wurde miteinbezogen. Mit den Materialanlieferungen verbunden war der Ausbau von Straßen, Häfen und Flugplätzen, der von zivilen und militärischen Bautrupps betrieben wurde. Dieser starke Zustrom von Menschen und Gütern veränderte die Kultur der Eskimo bis in ihre Wurzeln. Er brachte die Möglichkeit der Lohnarbeit für die Eskimo, die aber stets mit der Gefahr der zeitweiligen Arbeitslosigkeit verbunden war und ein Klima von Unsicherheit und Existenzangst schuf, bis die Arbeitslosenfürsorge eingeführt wurde. Die Zuwanderung aus dem Hinterland in die militärischen Camps und die schnell wachsenden städtischen Siedlungszentren schnitten den Faden zur alten Subsistenzwirtschaft vollends ab.

Die allmähliche Stabilisierung der neuen wirtschaftlichen Bedingungen, die Bildung großer Siedlungszentren und die allgemeine Schulpflicht, führten schließlich zu einer ersten politischen Willensbildung der alaskischen Eskimo durch die Gründung einer „Alaska Federation of Natives"-Partei, die bemüht ist, die Rechte der Eskimo zu schützen. Neuerdings steht auch die „Alaska Native Brotherhood", ursprünglich eine rein indianische Organisation Südalaskas (s. Kapitel „Nordwestküste"), den Eskimo offen.

Die Situation der in Kanada lebenden Eskimo war insofern anders, als hier bestimmte traditionelle Zentren sozialer Kristallisation fehlten: das Karigi (Männerhaus), feste Handelspart-

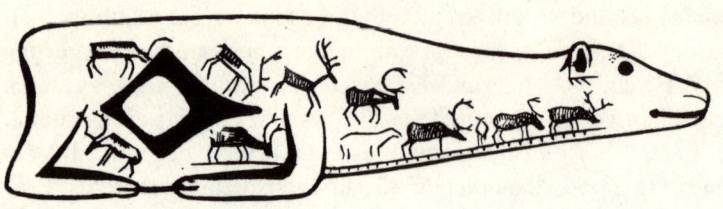

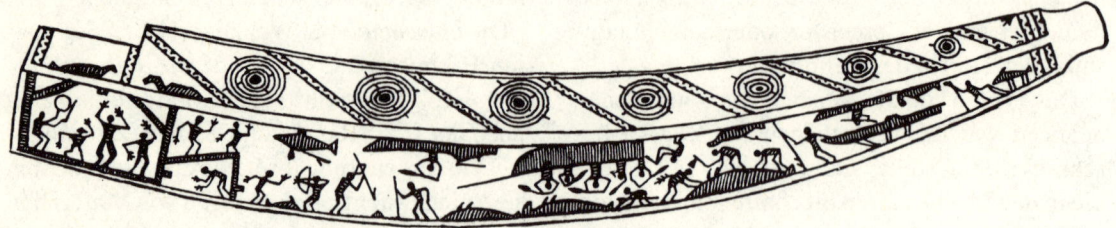

Verzierte Elfenbeingeräte der Eskimo (Hoffman 1897)

nerschaften, die bilaterale Großfamilie, größere Dauersiedlungen. Letztere entstanden erst, als Handelsposten, Missionsstationen, Wohlfahrtseinrichtungen und Krankenstationen an bestimmten Orten eingerichtet wurden. Sie waren oft in der Nähe von Wetterstationen, kleinen Flugplätzen und Einrichtungen des Fernwarndienstes gegen Raketenangriffe aus der Sowjetunion angelegt. Diese neuen Siedlungszentren zogen größere Eskimogruppen an, im Gegensatz zu Alaska allerdings nicht mehr als 100 bis 300 Personen. Auch die weiterhin im Hinterland von der Jagd lebenden kleinen Gruppen wurden in den Grundnahrungsmitteln und Gebrauchsgütern weitgehend von den neuen Stationen abhängig; sie übernahmen gelegentlich sogar Lohnarbeit oder kamen um Wohlfahrtsunterstützung nach. Die kanadische Regierung unterstützte die Gründung von Genossenschaften, um Produkte der Eskimo, vor allem Pelzwerk, neuerdings auch Kunsthandwerk (Schnitzereien), zu verkaufen. Die Genossenschaften werden von den Eskimo selbst betrieben und sind recht erfolgreich. Die meisten Siedlungen haben heute Schulen, die größeren auch gut eingerichtete Krankenstationen, aber es fehlt im Gegensatz zu Alaska an dörflichen Selbstverwaltungen.

*Grönland seit den Normannen*

In Grönland geht der europäische Einfluß bis auf die Normannen zurück. Aber erst mit der Ankunft des dänischen Missionars Hans Egede (1721) wurden feste Stationen errichtet. Im 19. Jahrhundert gab es in fast allen grönländischen Eskimosiedlungen Missionsstationen und Handelsposten, sogar eine Zeitung in transkribierter Eskimo-Sprache erschien regelmäßig. Die dänische Regierung kontrollierte diese Entwicklung durch lokale Ratsversammlungen, die aus dem Pfarrer, dem Leiter des Handelspostens, dem Arzt und einer Anzahl von gewählten Grönländern bestand. Sie waren verantwortlich für die Aufrechterhaltung von Gesetz und Ordnung, stellten die politischen Führer, halfen in Notfällen und unterstützten den Hausbau durch zinslose Darlehen. Die lokalen Gremien wurden erst in den 50er Jahren von zentral gelenkten Verwaltungsinstanzen, wie dem Landesrat, abgelöst. Grönland wurde zu einer Provinz Dänemarks und ist im dänischen Parlament durch zwei Repräsentanten vertreten. Eine Erwärmung der Gewässer um Süd- und Westgrönland bewirkte, daß die Robben weiter nach Norden zogen; dafür stieg vor allem in den Gewässern vor der Südwestküste der Fischreichtum, so daß

26

der Lebensunterhalt der südgrönländischen Eskimo heute in erster Linie vom Küstenfischfang bestimmt wird. Wo eine Fischindustrie aufgebaut ist, verlockt man die Fischer durch den Bau von staatlich finanzierten Wohnungen zur Konzentration an bestimmten Orten; eine Urbanisierung ist allerdings nur in Ansätzen zu erkennen.

Auch die Einführung der Schafzucht und des Ackerbaus führten zu größerer Bevölkerungskonzentration. Dadurch wurden die ärztliche Betreuung und die schulische Erziehung verbessert sowie die Verwaltung der knapp 40.000 Eskimo Grönlands vereinfacht.

## Literaturauswahl

*Balikci, Asen:* The Netsilik Eskimo. Garden City 1970

*Birket-Smith, Kaj:* Die Eskimos. Zürich 1948

*Boas, Franz:* The Central Eskimo (Bureau of American Ethnology, 6th Annual Report: 399–669). Washington 1888

*Chance, Norman:* The Eskimo of North Alaska. New York 1966

*Drucker, Philip:* The Native Brotherhoods (Bureau of American Ethnology, Bulletin 168). Washington 1958

*Gubser, Nicholas J.:* The Nunamiut Eskimos. New Haven 1965

*Honigmann, John J. and Irma:* Eskimo Townsmen. Ottawa 1965

*Hughes, Charles C.:* Under Four Flags: Recent Culture Change among the Eskimos (Current Anthropology 6: 3–69). Chicago 1965

*Israel, Heinz:* Kulturwandel grönländischer Eskimo im 18. Jahrhundert (Abh. u. Berichte des Staatl. Museums für Völkerkunde Dresden, 29). 1969

*Jenness, Diamond:* The People of the Twilight. Chicago 1928

*Kleivan, Helge:* The Eskimo of Northeast Labrador (Norsk Polarinstitutt Skrifter, 139). Oslo 1966

*Malaurie, Jean:* The Last Kings of Thule. London 1956

*Nelson, Richard K.:* Hunters of the Northern Ice. Chicago 1969

*Oswalt, Wendell H.:* Alaskan Eskimos. Chicago 1967

*Rasmussen, Knud:* Rasmussens Thulefahrt. Frankfurt/M. 1934

*Spencer, Robert F.:* The North Alaska Eskimo: A Study in Ecology and Socitey (Bureau of American Ethnology, Bulletin 171). Washington 1959

*Weyer, Edward M.:* The Eskimo. Hamden 1962[2]

Weitere wichtige Arbeiten zur Ethnographie der Eskimo finden sich in den Reports of the Fifth Thule Expedition, Copenhagen.

## 2. Die subarktischen Indianer: Am Rande der Existenz

a) Lebensraum: Die nordamerikanische Taiga

Die riesigen Waldgebiete der nordamerikanischen Subarktis, die sich von Zentralalaska bis zur Mündung des St. Lorenzstromes erstrecken und damit den größten Teil Kanadas bedecken, wurden in voreuropäischer Zeit von nicht viel mehr als 30.000 Indianern, einfachen Jägern und Sammlern, bewohnt. Die Stämme westlich der Linie Winnipeg-See/Hudson Bay werden zusammenfassend als Nord-Athapasken, die östlichen, Algonkin sprechenden Stämme als Nord-Algonkin bezeichnet. Kulturell gab es nur geringfügige Unterschiede zwischen den beiden Sprachgruppen.

Der ursprüngliche subarktische Kulturtypus hat sich am besten bei den athapaskischen Kutchin und ihren unmittelbaren Nachbarn in den Northwest Territories im Gebiet des Großen Sklaven-Sees erhalten. Dagegen sind die alaskischen Athapasken starken Einflüssen aus dem höher entwickelten Küstengebiet (Eskimo, Nordwestküsten-Kulturen) ausgesetzt gewesen, die auf den Handel zwischen Binnenland- und Küstenbewohnern zurückzuführen sind. Auch die meisten athapaskischen Kordilleren-Gruppen British Columbias sind durch Kontakte mit Küstenstämmen in den kulturellen Ausstrahlungsbereich der Nordwestküstenkultur geraten. Die Sarsi, die wohl am weitesten nach Süden vorgestoßen sind, haben sich gar den Blackfoot der nördlichen Plains angeschlossen und sind zu einem Plainsstamm par excellence geworden.

Signifikante Einflüsse aus benachbarten, höher entwickelten Kulturen sind unter den Nordalgonkin nur bei den Ojibwa bemerkbar. Ob die Beothuk, die ausgestorbenen Bewohner Neufundlands, dem ursprünglichen subarktischen Kulturtypus näher standen als andere Algonkinstämme Kanadas wie die Cree oder die Naskapi vermag niemand zu sagen. Es scheint jedoch sicher, daß die Beothuk in ihrem isolierten Wohngebiet noch manche älteren Lebensformen bewahrt haben, die ihren Nachbarn auf dem Festland als Folge der Ausbreitung des sogenannten Schneeschuhkomplexes verloren gegangen sind.

Dieser Schneeschuhkomplex, den man sich – unbewiesenermaßen – als einen von außen (Sibirien) gekommenen Komplex von technischen Erfindungen, die sich im Gefolge der Einführung des Rahmenschneeschuhs (s. weiter unten) entwickelten, vorstellt, hat zweifellos wesentlich dazu beigetragen, die Lebensverhältnisse der subarktischen Indianer zu verändern; denn der Rahmenschneeschuh, ein runder Holzrahmen mit einigen Querstäben und Lederriemen, erlaubte dem Indianer auch im Winter bei tiefem Schnee der Jagd nachzugehen. Dadurch konnte der stets gefährdete Lebensunterhalt, der sich bis dahin im Winter ausschließlich auf die Eisfischerei gestützt hatte, besser gesichert werden.

b) Lebensunterhalt: Jagd und Fischfang. Wildreissammeln

Ihren Lebensunterhalt bestritten sowohl die athapaskischen wie auch die algonkinschen Subarktiker überwiegend durch die Jagd auf das Waldkaribu, den Waldbison, den Hirsch, den Elch und andere, kleinere Jagdtiere sowie durch den Fischfang in den zahlreichen Strömen und Seen. Das Sammeln eßbarer Wildpflanzen war von geringer Bedeutung; nur im Süden Zentralkanadas – schon außerhalb der eigentlichen Subarktis gelegen – spielte eine bestimmte Wildpflanze, der wilde Wasserreis (Zizania aquatica), eine hervorgehobene Rolle als Nahrungsmittel. Die hauptsächlich von den Körnern dieser Wildpflanze lebenden Algonkingruppen waren die Ojibwa (Chippewa) und Ottawa. Ihre Kultur weicht auch im nichtökonomischen Bereich stärker von dem allgemeinen subarktischen Grundtypus ab. Zweifellos gibt es hier in Südzentral-Kanada Einflüsse aus dem Maisanbaugebiet weiter im Süden, doch dürften sie allein nicht für die kulturellen Unterschiede verantwortlich sein.

c) Materieller Kulturbesitz: Rahmenschneeschuh, Toboggan und Rindenkanu

Die Subarktiker hatten zahlreiche Geräte, Waffen sowie Verkehrs- und Transportmittel entwickelt, die für ihr Waldjägerdasein wichtig waren und ihnen das Überleben in der rauhen Wildnis ermöglichten. An erster Stelle ist hier der bereits mehrfach erwähnte Rahmenschneeschuh zu nennen. Er besteht in seiner Grundform aus einer ovalen oder schwalbenschwanzförmigen Weidenrute, die kreuz und quer von Lederriemen (babiches) überzogen ist. Auf diesem Geflecht, das von zwei Querstreben gehalten wird, steht der Fuß, dessen Hacke sich beim Gehen heben kann, da die Zehen in einem „Auge" nach vorn durch das Geflecht stoßen. Man kann so schlurfenden Ganges, mit weit auseinanderstehenden Beinen gehen. Der subarktische Schneeschuh ist also kein Ski, sondern

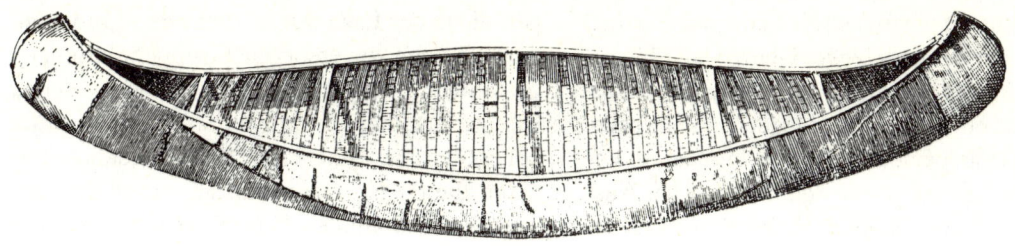

Birkenrindenkanu der Naskapi, Labrador (Turner 1894)

ein tellerförmiger Untersatz. Als Transportmittel war der Toboggan, ein einfaches, vorn hochgehobenes Brett, im Winter von großer Bedeutung. Auf ihm wurde die Jagdbeute ins Lager gebracht, Fallen und Köder aufgeladen oder auf Reisen Gepäck und Kinder transportiert. Im Sommer nahm das leichte Rindenkanu seinen Platz ein. Es bestand aus mehreren aneinandergenähten Birken- oder Fichtenrindenstücken, die auf hölzerne Rahmen gespannt wurden; die Nähte waren mit Kiefernpech abgedichtet. Die Boote waren außerordentlich leicht, was umso wichtiger war, als der Fahrer sein Boot allein über eine Portage, die kurze Landstelle zwischen zwei Wasserläufen, tragen mußte. Doch

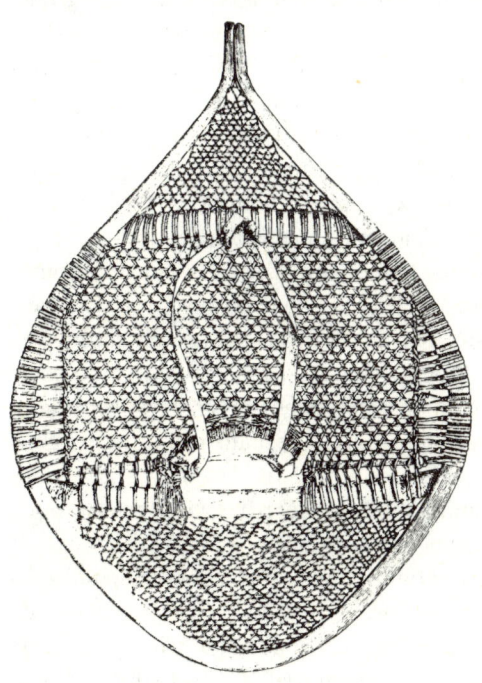

Rahmenschneeschuh („Schwalbenschwanztyp") der Naskapi, Labrador (Turner 1894)

gab es auch sehr große Rindenkanus, die bis zu einem Dutzend Personen tragen konnten. Diese Großkanus wurden meist für europäische Händler und Reisende hergestellt, die auf längeren Fahrten eine größere Bootsbesatzung mitnahmen und für die eingekauften Felle Platz brauchten. Die Kanus wurden mit kurzen Paddeln fortbewegt.

Die Behausungen der subarktischen Indianer, ob Athapasken oder Algonkin, waren sehr unterschiedlich. Konische Stangenzelte mit Fell- oder Rindenbedeckung kamen ebenso vor wie feste giebelförmige Holzhütten als Winterbehausungen bei den seßhaften Gruppen des südlichen Kordillerengebietes und kuppelförmige Hütten aus Zweigen mit Fell-, Rinden- oder Mattenbedeckung. Die letzteren werden nach einem Algonkinwort „Wigwams" genannt, ein Name, mit dem später die Europäer alle indianischen Behausungen bezeichneten. Wigwams errichteten sich vor allem die Cree und Ojibwa; in den nördlicheren Teilen der Subarktis hatten nur die kleinen Schwitzhütten eine kuppelartige Form.

Die meisten Haushaltsgeräte wurden aus Holz, Horn oder Baumrinde hergestellt; gelegentlich verwendete man auch Lederbehälter. Tonwaren fehlten in der voreuropäischen Zeit in der ganzen Subarktis. Dagegen kannten einige nordathapaskische Gruppen die Herstellung von kupfernen Beil- und Messerklingen, die kaltgehämmert wurden. Der Name „Yellowknife" leitet sich daher ab. Eine echte Metallurgie, d. h. irgendwelche Schmelzverfahren, waren in voreuropäischer Zeit in ganz Nordamerika unbekannt.

Als Kleidung verarbeiteten die subarktischen Waldjäger Felle, die durch Räuchern geschmeidig gemacht oder mit Tierhirn gegerbt wurden. Die Männer trugen lange Überröcke, Hosen und Mokkasins, die entweder an die Hosen angenäht waren oder getrennt getragen wurden. Der Mokkasin war ein Schuh, der aus einem Lederlappen hergestellt wurde und – mit Ausnahme des Präriegebietes – keine Sohle (als zusätzliches Lederstück) besaß. Er eignete sich besonders in Verbindung mit dem Rahmenschneeschuh. Im Winter waren Mäntel aus Hasenfellstreifen beliebt. Die Frauenkleidung bestand aus den gleichen körpergerecht zugeschnittenen Gewändern. Die Kleidungsstücke wurden entweder aus weichem Hirsch-, Elch- oder Karibuleder gearbeitet und waren oft reich mit Fransen, gefärbten Stachelschweinborsten oder mit Ornamenten verziert. Den Höhepunkt der Stachelschweinborstenapplikation (quillwork) erreichte das indianische Kunstgewerbe im nördlichen Teil des Östlichen Waldlandes, zwischen Atlantik und Mississippi. Das Präriegebiet, das ebenfalls Borstenapplikationen kennt, hat diese wohl von den zahlreichen aus dem Waldland eingewanderten Stämmen übernommen.

### d) Soziale Umwelt: Macht und Ohnmacht des Jagdhäuptlings

Die Bewohner der nordamerikanischen Taiga lebten in kleinen Gruppen weit verstreut voneinander. Es gab weder Stämme noch feste Siedlungen. Meist zogen die Familien unter der Führung eines bewährten und erfolgreichen Jägers dem Wild nach, und lediglich im Spätherbst ließ man sich in der Nachbarschaft befreundeter Gruppen nieder, um gemeinsam den Winter zu verbringen. Die oberste politische Instanz war dementsprechend der Jagdanführer. Aber auch er besaß nur geringe Autorität und stellte mehr den Sprecher seiner Gruppe als den Häuptling dar.

Die Verwandtschaftsorganisation der Subarktiker war bilateral, d. h. man rechnete seine Abstammung in väterlicher und mütterlicher Linie. Polygynie kam gelegentlich vor; sie beschränkte sich in der Regel auf erfolgreiche Jäger, die in der Lage waren, mehrere Frauen und deren Kinder zu versorgen. Gruppenbindungen bestanden nicht, ausgenommen die zwischen Blutsverwandten, so daß die Sozialorganisation ein archaisches Bild zeigte. Eine Ausnahme bildeten diejenigen Gruppen, die von den Nordwestküsten-Stämmen beeinflußt wurden. Hier war die Sozialstruktur z. T. wesentlich komplexer; es fanden sich – oft nur in Ansätzen – erbliches Häuptlingtum, gesellschaftliche Schichtung, Klanverbände mit unilinearer Abstammungsrechnung, Geheimbünde usw.

### e) Religion: Manitu, Tierschutzgeister und Midewiwinbund

Über die Glaubensvorstellungen der Subarktiker genügen wenige Worte. Wie in der Arktis war der Glaube an Tiergeister verbreitet. Jeder einzelne suchte sich schon in der Jugend einen Tierschutzgeist, von dem er bei Jagd, Krankheit und im Unglücksfall Hilfe erwartete. Konnte der eigene Schutzgeist in einem besonders schweren Krankheitsfall nicht helfen, zog man einen Schamanen zu Rate, dem besonders mächtige Schutzgeister – meist waren dies Bärengeister – zur Seite standen. Bei den Algonkin war darüberhinaus der Glaube an eine omnipotente Macht verbreitet, die „manitu" genannt wurde. Sie wohnte in allem: in den Menschen, Tieren, Pflanzen, Gegenständen, meteorologischen Erscheinungen, kurz in allen Phänomenen und belebten sowie unbelebten Erscheinungsformen der Welt. Der Mensch mußte sich diese Macht, der oft auch das Attribut eines Höchsten Wesens gegeben wurde, wohlwollend stimmen und durfte deshalb bestimmte Tabus nicht verletzen. Über den Manitu- und andere „prä-animistische" Begriffe wird später noch ausführlicher zu sprechen sein. Da die Vorstellung einer omnipotenten Macht bei den Subarktikern nur schwach ausgeprägt war – in der westlichen Subarktis fehlte sie so gut wie ganz, – ist es sehr wahrscheinlich, daß sie erst spät aus dem Süden hier eingedrungen ist; vielleicht ist sie sogar mit der Abdrängung eines Teiles der Algonkin aus dem östlichen Waldland in die Subarktis in Verbindung zu bringen.

Bei den sehr volkreichen und meist seßhaften Ojibwa trat der stark individualistische Zug, der den Glauben der subarktischen Stämme im allgemeinen auszeichnete, zugunsten kollektiver Riten in den Hintergrund. Der Ojibwa war in erster Linie bestrebt, Mitglied des Kultbundes zu werden, dem Midewiwin-Bund oder der Großen Medizingesellschaft. Dieser Geheimbund fand sich bei den meisten Zentralalgonkin südlich der kanadischen Grenze und trat auch im nördlichen Präriegebiet in abgeschwächter Form auf. Bei den Ojibwa war er jedoch besonders ausgeprägt, weshalb er an dieser Stelle kurz charakterisiert werden soll. Das Symbol des Bundes war eine Muschel. Sie wurde dem Novizen in einem feierlichen Ritual „eingeschossen", nachdem er eine längere Lehre, für die er ein beträchtliches „Lehrgeld" aufbringen mußte, absolviert hatte. Jedes Mitglied (Mide) gelangte auf diese Weise in den imaginären Besitz einer Muschel, die Leben spendete und ihren Träger gegen Krankheit feite. Die Zeremonie des Muscheleinschießens mußte in regelmäßigen Abständen – mindestens aber einmal im Jahr – wiederholt werden, damit die Kraft nicht verrann. Schon während der Lehrzeit und später dann in den Erneuerungsriten wurde jeder Mide mit den Mythen und Traditionen des Stammes vertraut gemacht, die von den Mide-Meistern in zahlreichen Gesängen vorgetragen wurden. Als Hilfsmittel dienten dabei mitunter bilderschriftliche Gedächtniszeichen, die auf Birkenrindenrollen eingeritzt waren.

f) Geschichte: Der Pelzhandel und die Hudson's Bay Company

Zwischen den indianischen Bewohnern der nordamerikanischen Taiga und den Europäern hat es nur selten gewaltsame Auseinandersetzungen gegeben, und die Indianer sind nicht, wie es in den USA die Regel war, von ihrem Land vertrieben worden. Das lag allerdings weniger an einer versöhnlicheren Einstellung der hierher eingewanderten Weißen gegenüber den Indianern als vielmehr an Klima und Physiographie des Landes. Ackerbau und Viehzucht, welche die Basis der vorindustriellen europäischen Gesellschaft bildeten, konnten hier nicht betrieben werden. Es war also nicht das Land als Produktionsmittel, das den einwandernden Europäer hier anzog, sondern der Pelzreichtum der riesigen Waldgebiete. Die Beziehungen zwischen Indianern und Weißen im Bereich der Subarktis sind noch bis zur Mitte des 20. Jahrhunderts im wesentlichen von dem Pelzhandel geprägt worden. Wo sich Weiße überhaupt im Indianerland niedergelassen hatten, geschah das meist als Trapper und Händler, nie als Siedler. Nur in Südkanada, im Tal des oberen St. Lorenzstromes, wo Bodenbau und Viehzucht möglich sind, waren schon frühzeitig Siedlungen europäischer Kolonisten entstanden, abgesehen von den kanadischen Prärien, die jedoch nicht als Teil der „Subarktis" betrachtet werden. Auch sie wurden in den letzten hundert Jahren in Ackerland umgewandelt.

Die pelzhungrigen Europäer folgten bei der kommerziellen Erschließung der kanadischen Wälder im wesentlichen drei Routen: dem St. Lorenzstrom aufwärts bis an die Großen Seen, dem Seeweg um die Halbinsel Labrador herum in die Hudson Bay und schließlich, fast 250 Jahre später, der Binnenlandroute über die zahlreichen Seen, Flüsse und Portages in das Innere Nordwest-Kanadas bis Zentralalaska und bis zur Mündung des Mackenzie-River in das nördliche Eismeer. Im Gefolge dieser kommerziellen Durchdringung des heutigen Kanada, die für immer mit dem Namen der Hudson's Bay Company verbunden sein wird, kam es nur zu relativ geringen Veränderungen der indianischen Kultur. Erst mit der Entstehung von ortsfesten Industrien (Sägemühlen, Bergwerken, Fischfabriken) und der Errichtung von Missions- und Regierungsstationen wurde der Kontakt intensiver, und zahlreiche Güter des täglichen Gebrauchs strömten nun auch in die entferntesten Gegenden: Holzbearbeitungsgeräte, eiserne Öfen, Außenbordmotoren, Benzinlaternen, Batterieradios, Handnähmaschinen und schließlich Plastikgegenstände verschiedenster

Art. Der Rückgang des Pelzbedarfs und die Beschränkung der Abschuß- und Fangquote verschiedener Pelztiere hatte einen erheblichen Einkommensverlust für die Indianer zur Folge. Als Pelzlieferanten waren sie immer weniger gefragt und büßten schließlich als Geschäftspartner ihren Wert ein. Die meisten Indianer mußten sich dem euro-kanadischen soziokulturellen System eingliedern und begannen ihr Leben als Wohlfahrtsempfänger zu fristen; einen Weg zurück gab es nicht.

Die Bedeutung des Pelzhandels mit den Europäern lag für die Indianer vor allem in dem Erwerb von Eisengeräten und Feuerwaffen. Der Kontakt brachte also zunächst beiden Seiten Vorteile. Allerdings kam es schon bald zu Auseinandersetzungen zwischen rivalisierenden indianischen Gruppen im oberen St. Lorenztal um die Vorherrschaft des Zwischenhandels zwischen den Europäern an der atlantischen Küste und den pelzliefernden zentralsubarktischen Stämmen. Ähnliche Auseinandersetzungen gab es auch auf europäischer Seite: Franzosen, Engländer und Holländer stritten sich um das Monopol des Pelzeinkaufs. Die Vorherrschaft der indianischen Zwischenhändler im oberen St. Lorenztal wurde schon früh von den beiden Franzosen Grosseliers und Radisson gebrochen, die jedoch ihrerseits den Engländern weichen mußten, die unter dem Schutz ihrer Regierung an den Küsten der Hudson Bay ihre Faktoreien errichteten und den gesamten Pelzhandel der zentralen und westlichen Subarktis an sich rissen. Sie erreichten damit, daß die zentralsubarktischen Indianer ihre Pelze zu den Stationen an der Hudson Bay brachten, wo 1821 schließlich die große, heute noch existierende Gesellschaft, die „Hudson's Bay Company", gegründet wurde. Im letzten Viertel des 18. Jahrhunderts drangen die Pelzaufkäufer dann weiter in das Landesinnere westlich der Hudson Bay vor, um den französischen Händlern, die ohne staatliche Unterstützung arbeiteten, auch hier den Handel aus der Hand zu nehmen. 1821 hatte die „Hudson's Bay Company" ihren letzten Konkurrenten, die zur „Northwest Company" zusammengeschlossenen Montrealer Händler, aus dem Felde geschlagen.

Zwischen weißen Händlern oder Trappern und ortsansässigen Indianerinnen war es häufig zu dauerhaften ehelichen Bindungen gekommen, so daß eine Mischlingsbevölkerung, die sogenannten Métis, entstand, die im Laufe der Zeit auch eine gewisse kulturelle und soziale Bedeutung erlangte. Als Mittelsmänner zwischen Weißen und Indianern spielen die Métis besonders im Nordwesten Kanadas auch heute noch eine besondere Rolle.

Die politischen Geschehnisse, die zur Entstehung Kanadas als Nation führten (1867 Proklamation als „Federal Union"), hatten nur geringe Auswirkungen auf die Gesamtheit der indianischen Bevölkerung. Nachdem schon vorher im St. Lorenztal vier Indianer-Reservate geschaffen worden waren, schloß man nach der Bildung der kanadischen Union weitere Verträge mit indianischen Gruppen, die schließlich auch in anderen Teilen Kanadas zur Einrichtung von Reservaten führten. Die letzten Verträge wurden 1921 mit den Athapasken ausgehandelt.

Da die traditionelle politische Organisation der subarktischen Indianer wenig entwickelt war, gab es keine Schwierigkeiten bei der Einführung von freien Wahlen. Heute wählt jede Lokalgruppe ihren Anführer und eine Anzahl von Ratsmitgliedern, die die Gruppe staatlichen Stellen gegenüber offiziell vertreten. Diese politischen Führer besitzen jedoch, wie früher auch die traditionellen Lokalgruppenführer, nur geringe Autorität. Zur Durchsetzung staatlicher Verfügungen werden heute Beamte der Royal Canadian Mounted Police (RCMP), die in den größeren Ansiedlungen stationiert sind, herangezogen. Nur bei schweren kriminellen Delikten greifen sie jedoch in die indianischen Belange ein. Erst vor wenigen Jahren wurde die „Canadian Indian Brotherhood", eine alle indianischen Gruppen repräsentierende Vereinigung, gegründet. Sie will die indianische Identität erhalten und für die Belange der Indianer eintreten.

Durch die Missionstätigkeit (Anglikaner, Wesleyaner, Katholiken) ist christliches Gedankengut unter allen indianischen Gruppen verbreitet, so daß heute alle kanadischen Indianer nominell Christen sind. Synkretistische Bewegungen sind von Zeit zu Zeit, vor allem unter den Athapasken, aufgetreten, haben jedoch nur wenig Anklang bei der Masse der Bevölkerung gefunden.

## Literaturauswahl

*Barnouw, Victor:* Acculturation and Personality among the Wisconsin Chippewa (American Anthropological Association, Memoir 72). Menasha 1950

*Helm, June:* The Lynx Point People: The Dynamics of a Northern Athapaskan Band (National Museum of Canada, Bulletin 176). Ottawa 1961

*Hoffman, W. J.:* The Midewiwin or ‚Grand Medicine Society‘ of the Ojibwa. (Bureau of American Ethnology, 7th Annual Report). Washington 1891

*Howley, James P.:* The Boethucks or Red Indians. Cambridge 1915

*Jenks, Albert E.:* The Wild-Rice Gatherers of the Upper Lakes (Bureau of American Ethnology, 19th Annual Report). Washington 1900

*Jenness, Diamond:* The Indians of Canada (National Museum of Canada, Bulletin 65). Ottawa 1958[4]

*Lips, Eva:* Die Reisernte der Ojibwa-Indianer. Berlin 1956

*Mason, Leonard:* The Swampy Cree: A Study in Acculturation (National Museum of Canada, Anthrop. Paper 13). Ottawa 1967

*Müller, Werner:* Die blaue Hütte (Studien zur Kulturkunde 12). Wiesbaden 1954

*Osgood, Cornelius:* Ingalik Material Culture. Ingalik Social Culture. Ingalik Mental Culture (Yale University Publications in Anthropology 22, 53, 56). New Haven 1940, 1958, 1959

*Patterson II, E. Palmer:* The Canadian Indian: A History since 1500. o. O. 1972

*Ray, Arthur J.:* Indians in the Fur Trade. Toronto 1974

*Savishinsky, Joel S.:* The Trail of the Hare. Life and Stress in an Arctic Community. New York 1974

*Speck, Frank G.:* Naskapi. Norman 1935

*VanStone, James W.:* Athapaskan Adaptations. Hunters and Fishermen of the Subarctic Forests. Chicago 1974

## 3. Die Nordwestküsten-Indianer: Die Überflußgesellschaft

### a) Lebensraum: Fjorde und Schären

Ein besonders eigenartiges, ja fast unindianisches Bild bietet die sogenannte Nordwestküstenkultur dem uneingeweihten Betrachter. Die pazifischen Küstenstämme, die den schmalen Landstreifen zwischen den Kordilleren und dem Meer sowie die vorgelagerten Archipele zwischen Südostalaska im Norden und Nordkalifornien im Süden bewohnen, haben hier, abgeschnitten von den indianischen Kulturen des übrigen nordamerikanischen Kontinents, eine Fischerkultur entfaltet, die ihresgleichen in der Welt sucht. Die fjordartige Landschaft mit ihrer üppig-feuchten Vegetation, die von Riesenzedern und anderen Mammutbäumen geprägt ist, war eines der am dichtesten besiedelten Gebiete Nordamerikas, obwohl der Bodenbau hier unbekannt war. Charakteristisch für die Nordwestküstenprovinz ist auf dem Gebiet der materiellen Kultur die hoch entwickelte Holzschnitzkunst, die in ihrer plastischen und ornamentalen Gestaltung eher an ostasiatische und ozeanische Vorbilder als an indianische erinnert. Trotz mancher formaler Parallelen mit Asien hat die Kunst der Nordwestküstenkultur aber wohl doch eine eigenständige Entwicklung gehabt, die ohne wesentliche Einflüsse von außen blieb.

Man teilt die Nordwestküstenkultur gewöhnlich in mehrere Kulturregionen, in denen Stämme von unterschiedlicher Größe und Sprachzugehörigkeit wohnen. Das nördliche Teilgebiet wird (nach A. L. Kroeber) als Nördliche Meeresregion bezeichnet. Es erstreckt sich von Südalaska bis zum fjordartigen Douglas Channel im zentralen British Columbia und schließt die der Küste vorgelagerten Inseln, insbesondere den Queen-Charlotte-Archipel, mit ein. Der Norden dieser Region wird von den Stämmen der Tlingit bewohnt, die Queen-Charlotte-Inseln von den Haida und der südliche Küstenbereich von den Tsimshian. Mit ihnen sind nur die wichtigsten Stämme bzw. Sprachfamilien bezeichnet. Zur Zeit der Ankunft der Europäer war die indianische Kultur der Nördlichen Meeresregion reich entfaltet; sie wurde oft als repräsentativ für die gesamte Nordwestküste angesehen. Es hat sich aber, vor allem aufgrund archäologischer Funde, die man weiter im Süden gemacht hat, gezeigt, daß die Kulturhöhe der Stämme des Nordens eine relativ junge Erscheinung ist und daß früher der Höhepunkt der pazifischen Fischerkulturen in der Zentralen Meeresregion lag. Dieser Raum umfaßt die zentrale Küste von British Columbia, die Insel Vancouver und den Nordteil der Olympia-Halbinsel. Die meisten seiner Bewohner gehören zur Wakash-Sprachfamilie. Von ihnen sind insbesondere die Kwakiutl durch die jahrzehntelangen Forschungen des Nestors der amerikanischen Völkerkunde, Franz Boas, weltweit bekanntgeworden. Neben den Kwakiutl leben in der Zentralen Meeresregion die Bellabella, die Bellacoola, die Nootka und die Makah.

Neueste archäologische Entdeckungen machen es wahrscheinlich, daß sich die Nordwestküstentradition wenigstens teilweise an der Mündung des Fraser River, in der Nähe der heutigen Stadt Vancouver, entwickelt hat. Hier findet sich schon seit etwa 1000 v. Chr. eine Küstenfischerkultur, die von Binnenlandstämmen ins Leben gerufen worden war und, aus dem Fraser-Plateau stromabwärts ans Meer vorstoßend, die reichen Fischgründe der Küste erreicht hatte. Das Fraser-Delta und der weiter südlich gelegene Puget Sund wurden in früher historischer Zeit von verschiedenen Stämmen

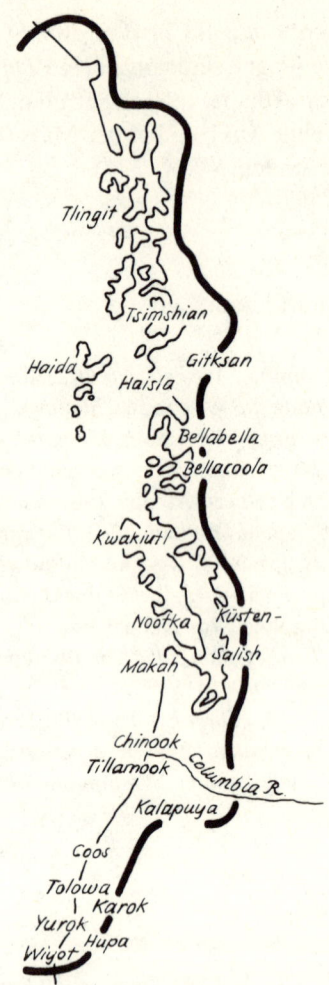

Verbreitung der Nordwestküstenstämme

der Küsten-Salish bewohnt, die, wie ihr Name besagt, sprachlich mit den Binnenland-Salish des Fraser- und nördlichen Columbia-Plateaus verwandt sind und von diesen abstammen dürften. Der archäologische Befund scheint das zu bestätigen.

Südlich des Küstengürtels und der großen Meeresbucht des Puget-Sundes lebte am Unterlauf des Columbia einst die volkreiche Gruppe der Chinook. Sie war der wichtigste Handelspartner der Binnenlandstämme jenseits der Kaskadenkette und versorgte diese mit den Produkten der Küste. Das Chinook war als Verkehrs- und Handelssprache von Vancouver bis nach Nordkalifornien verbreitet. Der Unterlauf des Columbia River, der bei The Dalles die

Kaskadenkette durchbricht und die Küste mit dem Columbia-Plateau verbindet, war schon seit altersher ein wichtiger Handelsweg; das bezeugen die hier gelegenen archäologischen Fundstationen von Indian Wells und Five Mile Rapids, deren unterste Fundschichten Artefakte und Fischgräten aus dem 5. Jahrtausend v. Chr. enthielten.

Am stärksten wichen die Kalapuya, die Bewohner des prärieartigen Willamette-Tales in Oregon, und die zahlreichen kleinen Stämme der mittleren und südlichen Oregonküste von der dynamischen und reichen Kultur der nördlichen und mittleren Nordwestküste ab. Nordkalifornien mit dem Unterlauf des Klamath-River zählt zwar ebenfalls noch zur Nordwestküstenprovinz, doch macht sich hier schon der Einfluß des kalifornischen Kulturtyps bemerkbar.

b) Lebensunterhalt: Fischfang und Waljagd

Alle Nordwestküstenstämme mit Ausnahme der Kalapuya lebten fast ausschließlich vom Fischfang; die Nootka und Makah gingen in größerem Umfang auch dem Walfang nach. Die zahlreichen Küstenflüsse und das küstennahe Meer lieferten so riesige Mengen von Fischen (vor allem Lachs, aber auch Hering, Heilbutt, Kabeljau, Schellfisch, Stint), daß hier niemand hungern mußte. Die Fische und Meeressäuger (Robben, Delphine, Seelöwen, Wale) vermochten eine dichte Bevölkerung ausreichend zu ernähren, und sie trugen zugleich zur Entstehung einer besonders hypertrophen Form des Verdienstfestwesens, dem Potlatch, bei, zu dessen Feiern große Mengen von Nahrungsmitteln verschenkt oder vernichtet wurden (s. unten). Der Flußfischfang wurde zur Laichzeit der Lachse, wenn diese in großen Schwärmen die Flüsse aufwärts zogen, mit Angeln, Speeren, Reusen und Dämmen betrieben. Zu anderen Jahreszeiten zog man mit großen Booten auf das Meer hinaus, um Kabeljau, Heilbutt und Dorsch zu angeln oder mit Netzen einzuholen. Für den Walfang verwendete man Harpunen und Lanzen, für die Robbenjagd Bogen und Pfeil. Der

Walfang wurde in ganz ähnlicher Weise betrieben, wie dies bei den Nordalaska-Eskimo beschrieben wurde; auch die magisch-rituellen Vorbereitungen erinnern in vielen Einzelheiten an eskimoische Gebräuche.

Weniger zur eigentlichen Ernährung als zur Abwechslung der Kost trugen die zahlreichen Schaltiere bei, die von den Frauen am Strand eingesammelt oder von den Felsen abgekratzt wurden. Eine geringe Rolle spielte die Jagd auf Landwild wie Hirsch, Bergschaf, Bergziege und Bär. Einige Stämme unterwarfen sich einem Tabu, das den Genuß von Wildbret und Lachs am gleichen Tage verbot. Oft wurde die Landjagd nur als Sport oder zur Erlangung der Wolle der Bergziege für die Deckenweberei betrieben. In Nordkalifornien dagegen war die Hirschjagd, zu der die Jäger Hirschmasken trugen, auch für die Ernährung von Bedeutung.

An pflanzlicher Nahrung wurden Beeren und Wurzeln, vor allem die wohlschmeckende und stärkehaltige Camaszwiebel (Camassia quamasch), gesammelt. Die Kwakiutl ernteten eine besondere Kleeart; wahrscheinlich wird es sich dabei weniger um einen eigenen Anbau als um ein regelmäßiges Einsammeln von Kleeblättern gehandelt haben. Im südlichen Oregon und in Nordkalifornien verwendeten die Indianer nach kalifornischem Vorbild Eichelmehl. Als die Russen in ihren amerikanischen Territorien die Kartoffel einführten, wurde diese Pflanze begeistert angebaut; sie machte bald einen beträchtlichen Teil der Ernährung aus. Seit Ende des 19. Jahrhunderts werden in den südlichen Teilen der Nordwestküste auch verschiedene europäische Getreidearten angepflanzt, die jedoch bei den Indianern nur geringen Anklang gefunden haben.

c) Materieller Kulturbesitz: Das Holz der Zeder

Die Ergologie der Nordwestküstenindianer wird überwiegend von einem Rohstoff geprägt, dem Holz. Mit einfachen Werkzeugen wie Dechseln, Meißeln, Keilen, Bohrern, Hämmern und Messern, die früher aus Stein und Muschelschalen bestanden, heute jedoch aus Eisen gefertigt sind, schlug man die Riesenzeder, spaltete sie und bearbeitete das Holz, meist Bretter, über heißem Wasser, Feuer oder – seltener – aus dem Vollen. Aus Zedernbrettern errichtete man Plankenhäuser, die im Durchschnitt 10 x 15 m, im Süden als Versammlungshäuser eine Länge von über 100 m erreichten. Auch für Kochkisten, Truhen und Wandschirme verwendete man Holzbretter. Aus dem Vollen dagegen wurden die Kanus, die als Kriegsboote bei den Haida bis zu 20 m Länge erreichten, gearbeitet. Halbierte Zedernstämme wurden mit Feuer ausgehöhlt, mit Hölzern gespreizt und so schließlich sorgfältig zugehauen. Die Seetüchtigkeit solcher Einbäume wurde erhöht, indem man an Bug und Heck Holzplanken aufsetzte.

Aus dem Vollen wurden außerdem kleine Schalen und Schüsseln für den Haushalt geschnitzt. In der Holzbearbeitung beherrschte man alle technologischen Methoden, von der Verzapfung bis zur Verformung in der Dampfkiste.

Zedernbast bildete das Grundmaterial für die geflochtenen Hüte und Kleidungsstücke. Der Bast für die Tracht wurde mit Klopfern weich geschlagen. Matten wurden aus Rinde oder Schilfrohr geflochten. Horn von Bergziegen oder Holz lieferte das Material für Löffel, die man im Dampf zurecht bog und mit Einlagen aus Muschelschalen, Glimmer und Kupfer verzierte. Aus Bergziegen- oder Hundewolle wurden in der Technik der Halbweberei, die näher mit der Flechterei als mit der Weberei mit einem Webschiffchen verwandt ist, Decken und andere Kleidungsstücke gewebt; in der gleichen

Hausgiebel mit Eingangstür der Kwakiutl. Die Szene stellt den Donnervogel dar, wie er einen Wal, der seine Nahrung bildet, aus dem Wasser emporhebt. (Boas 1897)

Doppelprofildarstellungen in der Malerei der Haida: Hai und Donnervogel (nach Mallery 1893)

Technik stellte man aus Bergziegenwolle nach gemalten Vorbildern die bekannten Chilkat-Decken der Tlingit her; sie dienten vor allem den Häuptlingen als Umhänge. Bei warmem Wetter gingen die Männer der Nordwestküste meist nackt, die Frauen trugen kurze Baströcke. Bei kalter und feuchter Witterung legte man Decken aus Zedernbast, Wolle oder Daunenfedern an oder zog Regencapes oder Pelz- und Lederhemden über; dazu trug man Korbhüte oder Kapuzen. Im Norden waren auch Mokkasins und Hosen bekannt.

Die meisten Gegenstände der materiellen Kultur, so z. B. Haus, Boot, Truhe, Löffel, Hut oder Decke, waren dekoriert (s. Kunst). Plastisch ausgestaltet waren Löffel- und Keulengriffe (sog. Sklaventöter), bemalt wurden Häuser, Boote und Hüte, in Halbrelief geschnitzt waren viele Truhen. Als Farben verwendete man bei den Chilkat-Decken Moos, Baumrinde oder Kupferlauge. Schon früh wurden europäische Farben, vor allem zur Bemalung der Kanus und Wappenpfähle, eingehandelt.

Als Körperschmuck war das Tatauieren und Bemalen mit Stempeln verbreitet. Lippenpflöcke wurden vor allem im Norden getragen, Schädeldeformation war besonders im zentralen Gebiet und im Süden verbreitet. Die Schädeldeformation, die auch bei den Stämmen des Columbia-Plateaus vorkam – man denke an die

„Flathead" –, zeigt die engen Beziehungen der südlichen Küstengruppen zur Binnenlandbevölkerung.

### d) Kunst: Der Tierstil in Plastik, Relief und Malerei

Auf dem Gebiet der Kunst erreicht die Nordwestküsten-Kultur einen für ganz Nordamerika einmaligen Höhepunkt. Sie ist besonders in der plastischen Darstellung in Holz, aber auch in der Reliefdarstellung und in der Malerei entwickelt. Eine überragende Rolle spielt hier die Tierplastik. Walter Krickeberg erklärt das aus der Bedeutung der Tiergeister in den Glaubensvorstellungen dieser Indianer. Meist sind die Tiere in schematisierter Form wiedergegeben, obwohl sich auch naturgetreue Skulpturen finden. Jede Tierart ist stark stilisiert und durch besondere charakteristische Merkmale gekennzeichnet: der Schwertwal durch die hoch aufragende Rückenflosse, der Bär durch das breite Maul mit den großen Zähnen, der Biber durch die oberen Schneidezähne und den schuppigen Schwanz. Der Grund für solche Stilisierung liegt darin, daß es sich nicht um die Darstellung individueller Tiere handelt, sondern um mythische Gattungswesen. Zu dieser Schematisierung, die sich vor allem im Norden der Nordwestküste findet, mag beigetragen haben, daß aus einer ursprünglich plastischen Kunst Reliefdarstellungen und dann später Malereien geworden sind. Der Gegenstand – eine Truhe, ein Hut, ein Wandschirm, ein Wappenpfahl – wurde als Tierfigur aufgefaßt, so daß das Tier um den Gegenstand herum gelegt werden mußte. Auf der Vorderseite wurde dann der Kopf, auf den Seiten der Körper mit den Vorderfüßen und auf der Rückseite der Schwanz mit den Hinterfüßen dargestellt. Das Flachrelief wurde durch Bemalen stärker hervorgehoben und schließlich ganz ersetzt. So entstand aus der Plastik die Flächendarstellung, die ihren früheren dreidimensionalen Charakter nur noch insofern besitzt, als sie um einen viereckigen oder runden Gegenstand gelegt ist. Der stärkere Zwang zum Realismus bei der Skulptur ist nun weggefallen, und so werden die ursprünglich naturalistischen Vorbilder immer stärker stilisiert und in ihre Grundbestandteile aufgelöst. Infolge der Füllsel und Betonung bestimmter Elemente, z. B. der Gelenke („Augenornament"), ist die zugrundeliegende Figur oft kaum noch zu erkennen. Ein Tier wird deshalb nur selten im Profil oder in Vorderansicht, sondern meist als Doppelprofil dargestellt, das entsteht, wenn man eine um einen Gegenstand herumgezeichnete Tierfigur auf eine Fläche ausbreitet. Dabei wird der Tierkörper durch einen Schnitt vom Schwanz zur Nase halbiert.

Solche Flächendarstellungen wurden auch auf Textilien übertragen, z. B. auf die Chilkat-Decken.

Die Wappenpfähle, die in der populären Literatur meist als Totempfähle bezeichnet werden, tragen ebenfalls stark schematisierte Tierdarstellungen. Die Tiere sind aber keine Totems, sondern Wappentiere und Würdezeichen des Besitzers eines Pfahles. Man errichtete solche Pfähle, die Höhen von 10 Metern erreichten, aus verschiedenen Anlässen: zu Ehren eines verstorbenen Häuptlings, anläßlich einer Bestattung – manchmal dienten sie selbst als Gräber, indem der Leichnam in sie hineingelegt wurde –, bei dem Bau eines neuen Hauses. Meist stellten die auf den Pfählen übereinander

Wappenpfahl (Totempfahl) der Haida; Höhe: 14 Meter. Von oben nach unten sind folgende Einzeldarstellungen zu erkennen: Rabe – Tanzhut eines Häuptlings – Mond (aus der Rabenmythe) – Rabe als sitzender Häuptling – Frosch – Schmetterling – Ohr des Raben mit menschlichem Gesicht – Rabe – Knabe, der vom Raben geraubt wurde – Frösche – Biber – Schwanz des Bibers mit kopfstehender Figur. Rabe und Biber sind die eigentlichen Wappentiere, die restlichen Figuren sind Füllsel. (Ritzenthaler 1965)

angeordneten Tiere wichtige Ereignisse aus der Familiengeschichte eines Häuptlings dar, z. B. vor allem Begegnungen mit Tiergeistern und Dämonen. Man liest gelegentlich, daß die Wappenpfähle erst nach der Einführung von eisernen Werkzeugen durch die Europäer hergestellt wurden; doch besitzen wir Berichte aus der zweiten Hälfte des 18. Jahrhunderts (James Cook 1778, Malaspina-Expedition 1793), aus denen hervorgeht, daß Wappenpfähle schon damals existierten, wenn sie auch kleiner gewesen sein mochten als die der Kontaktzeit. Offenbar hatten die Wappenpfähle primär die Funktion von Bestattungspfosten, wie sie in Westalaska und in Sibirien in allerdings wesentlich einfacherer Form vorkommen.

### e) Soziale Umwelt: Klassenschichtung, erbliches Häuptlingtum und totemistische Klane. Der Potlatch

Der riesige Überfluß an Nahrungsmitteln und der schier unerschöpfliche Vorrat von Rohstoffen für den materiellen Kulturbesitz, wobei das leicht zu bearbeitende Holz der Riesenzeder an erster Stelle zu nennen wäre, gaben den Nordwestküstenstämmen wie keiner anderen indianischen Bevölkerung Nordamerikas die Möglichkeit, auch komplexe gesellschaftliche Strukturen zu entwickeln, die sich im allgemeinen nur in archaischen Hochkulturen finden. Mit anderen Worten: Einer Gesellschaft mit primitiv-aneignender Produktionsweise standen hier Sozialordnungen gegenüber, die sonst nur bei entwickelteren Gesellschaften mit produzierender Wirtschaftsform auftreten. Aufgrund des hohen Stellenwertes, den das ständige Streben nach Anhäufung von Nahrungsmitteln und Gebrauchsgütern, Sklaven und Luxusartikeln einnahm, kann hier von einer primitiven Form des Kapitalismus gesprochen werden, verbunden mit einer vom Reichtum bestimmten sozialen Klassenschichtung. Charakteristisch für die Nordwestküstengesellschaften war ferner die Betonung genealogischen Denkens, die zur Entstehung unilinearer Gruppen führte, die bei der Erlangung von Reichtum und Privilegien miteinander rivalisierten.

Politische Verbände bei Naturvölkern werden oft als Stämme, ihre Führer als Häuptlinge bezeichnet. In den meisten Fällen, so auch in Bezug auf die Nordwestküste, ist das nicht korrekt. Die „Stämme" waren Lokalgruppen oder kleine Sprachfamilien, die sich aus mehreren autonomen Dörfern zusammensetzten; man könnte also höchstens von Dorf„häuptlingen" sprechen. Im ganzen nördlichen Bereich waren die Lokalgruppen oder Dorfgemeinschaften mit Klanen, im Süden mit Sippenverbänden identisch. Diese Klane des Nordens waren Verwandtschaftsgruppen, die sich aus den Frauen einer Sippe (oder Lineage) und ihren angeheirateten Ehepartnern sowie den noch unverheirateten männlichen Lineage-Angehörigen zusammensetzten. Während die drei nördlichen Sprachfamilien der Tlingit, Haida und Tsimshian ein matrilineares Verwandtschaftssystem mit Matri- bzw. Avunku-Klanen besaßen, waren die Stämme weiter im Süden, insbesondere die Küsten-Salish, überwiegend patrilinear und nicht in Klane organisiert. Ob dies ein älterer Zustand ist, wie vielfach behauptet wird, läßt sich bei der geringen historischen Tiefe unserer Nachrichten schlecht sagen, doch wäre das – evolutionistisch gesehen – nicht ausgeschlossen. Im Norden verbanden sich häufig mehrere Klane zu Matri-Moities, die die Namen Adler oder Rabe oder Wolf trugen, sie traten vorwiegend als Heiratsklassen in Erscheinung, regulierten aber auch den zeremoniellen Besitztausch während des Potlatches (s. unten).

Innerhalb dieser an und für sich schon komplexen Verwandtschaftsstrukturen gab es ein hierarchisches System mit verschiedenen Rangklassen: Häuptlinge, die den Löwenanteil aller Ehren beanspruchten und denen die Führung im Klan bzw. in der Sippe zustand, den Adel, meist von den engeren Verwandten der Häuptlinge getragen, und dem gewöhnlichen Volk. Die unterste Schicht bildeten die Sklaven, die gewöhnlich Kriegsgefangene waren und sich freikaufen lassen konnten. Es wäre nicht richtig, wollte man die Klassen als „Kasten" bezeichnen, wie das zuweilen in der Literatur geschieht, denn die Zugehörigkeit zu den Klassen war nicht unveränderbar. Jedes Individuum hatte die Möglichkeit, aus seiner Klasse in die nächst höhere Schicht aufzusteigen. Hierzu konnten ihm besondere Erfolge bei der Jagd oder im Krieg verhelfen; oder es konnte als angesehener Künstler sein Gewicht in die Waagschale werfen, wenn es galt, die Hilfe der Verwandten zu erbitten, um ein großes Verdienstfest, einen Potlatch, auszurichten. Denn nur bei solcher Gelegenheit konnte es die ihm durch Geburt zustehende gesellschaftliche Position verbessern. Diese vertikale Mobilität, die früher freilich sehr gering war, wurde besonders gefördert, als durch die von den Europäern eingeschleppten Epidemien die Bevölkerungszahl sank und die ausfallenden Rangpositionen wieder neu besetzt werden mußten (s. unten).

### Der Potlatch

Es ist schon des öfteren vom Potlatch gesprochen worden. Das Wort stammt aus dem Chinook und bedeutet soviel wie „geben". Man bezeichnet damit alle Formen von Geschenkverteilungsfesten, die an der Nordwestküste üblich waren: zur Namengebung, anläßlich der Übernahme eines Häuptlingsamtes, bei Rangerhöhungen, an Gedächtnisfeiern, bei der Errichtung eines Wappenpfahles, zur ersten Menstruation eines jungen Mädchens, bei Heirat, Tod und vielen anderen Anlässen. Die bedeutendsten Potlatche wurden von den Häuptlingen veranstaltet, wenn sie offiziell in ihren neuen Rang eingesetzt wurden.

Solche Feste bedurften umfangreicher Vorbereitungen. Oft dauerte es Jahre, bis alle Geschenke beisammen, d. h. durch Tausch eingehandelt oder in einem komplexen Kreditsystem gegen hohe Zinsen beschafft waren. Neben Gütern des täglichen Gebrauchs wie Decken, Kisten mit Olachenöl oder getrockneten Lachsen und Pelzen gehörten zu den Geschenken an die Gäste auch Schnitzarbeiten und aus rohem Kupfer gehämmerte und mit Wappen und Symbolen bemalte Y-förmige Platten. Die Kupferplatten stiegen nach jeder Übergabe in ihrem

Wert; bei den nördlichen Gruppen durften sie überhaupt nicht mehr verschenkt werden, sondern wurden nur noch als hochgeschätzte Familienerbstücke zur Schau gestellt. Das besonders bei den Kwakiutl entwickelte Kreditsystem mit Zinsen bis zu 200% jährlich ist allerdings erst nach der Ankunft der Europäer und der Errichtung europäischer Handelsposten, in deren Nähe sich die zahlreichen überlebenden Gruppen niederließen, entstanden.

Die Geschenke wurden den feierlich eingeladenen Gästen während des Festes überreicht oder bei einem Potlatch-„Kampf" zwischen zwei rivalisierenden Häuptlingen zerschlagen, verbrannt, ins Meer geworfen oder, im Falle von Sklaven, getötet. Der „besiegte" Rivale mußte nun bei passender Gelegenheit seinerseits einen Potlatch abhalten und seinen früheren Gastgeber an Geschenken oder zerstörten Gütern zu übertreffen versuchen. Ein wichtiger Potlatch fand immer dann statt, wenn ein Häuptling seinen Rang und seine Privilegien öffentlich übernahm – zugleich war das die Totenfeier für den verstorbenen Amtsinhaber – oder wenn er Namen, Rechte oder Orden verlieh. Die Gäste dienten dann quasi als Zeugen des Rechtsaktes und bestätigten die Ansprüche der Betreffenden. Speisen und Getränke waren ihr Lohn. Als der Pelzhandel Reichtum ins Land brachte, wurde das System des Wett-Potlatches zum Laster, zu einer schier endlosen Prozedur. Man

Klappmaske der Kwakiutl. Die geschlossene Maske (links) zeigt einen Hirschkopf, die geöffnete (rechts) dahinter ein menschliches Gesicht. (Boas 1897)

häufte Güter an, um andere zu ruinieren. Für die Zuschauer war das immer ein aufregendes Schauspiel, und es ist verständlich, daß diese Feste eine wichtige Rolle im Leben der Nordwestküstenindianer spielten.

f) Religion: Geheimbünde, Tiergeister und Schamanen

War die gesellschaftliche Struktur mit ihrem komplexen Verwandtschaftssystem und ihrer hierarchischen Klassenschichtung, die sich im steten Kampf um Statusänderung und in einer ungeheuerlichen Verschwendungssucht äußerte, in höchstem Maße auffallend für ein Kultursystem mit primitiv-aneignender Produktionsweise, so mag es nicht verwundern, daß auch der religiöse Sektor ein ähnlich komplexes und schillerndes Bild bietet.

Neben den verbreitet in Nordamerika vorkommenden Vorstellungen von Tiergeistern – hier sind es vor allem Lachsgeister, die als Unsterbliche in Gestalt von Lachsen jedes Jahr wieder die Ströme aufwärtsschwammen – und dem mit den Tiergeistvorstellungen zusammenhängenden Schamanismus, der bei der Krankenheilung in Erscheinung trat, gab es im Winter, der „heiligen Zeit", sakrale Gruppen mit

kollektiven Riten: die Geheimbünde. Sie übernahmen alle säkularen und magischen Funktionen der im Sommer agierenden Verwandtschaftsgruppen und boten mit Tänzen, Besessenheitszeremonien der Schamanenbünde, mit Masken, Marionetten und allerlei Zauberkunststücken ein höchst dramatisches und faszinierendes Schauspiel. Auch die gewöhnlichen magischen Tricks der Schamanen wurden zu erregenden theatralischen Aufführungen umgearbeitet. Da alle Vorstellungen bei Feuerschein in den halbdunklen Häusern stattfanden, konnten die Zuschauer umso leichter getäuscht werden: Mit feinen Fäden öffnete man Klappmasken, so daß sich plötzlich die Gesichter von Tieren in Menschen und umgekehrt verwandelten, oder man ließ übernatürliche Gestalten an dünnen Seilen durch den Raum schweben; mit Hilfe von Sprachrohren konnte man Stimmen aus verschiedenen Teilen des Raumes ertönen lassen.

Jeder Erwachsene war Mitglied eines Geheimbundes. Nachdem sich ihm in einem Traumerlebnis ein bestimmter Tiergeist, der Symbol- und Schutzgeist des betreffenden Bundes war, gezeigt hatte, wurde er in einer feierlichen Initiationszeremonie in den Bund aufgenommen. Der vornehmste Bund der Kwakiutl war der Hamatsa- oder Kannibalenbund; ihm gehörten alle reichen Häuptlinge und die großen Schamanen an. Seinen Mitgliedern stand das Recht zu, Menschenfleisch zu essen.

41

g) Geschichte: Vom ersten Handelskontakt bis zur Entstehung der „Native Brotherhoods" und der „Shaker-Kirche"

Der erste Teil der im folgenden geschilderten Kontaktgeschichte bezieht sich auf die in Südalaska lebenden Tlingit und Tsimshian. Anschließend werden die Verhältnisse bei den Küsten-Salish dargestellt, wobei insbesondere auf die Shaker-Kirche eingegangen wird.

Der früheste, noch ganz sporadische Kontakt mit Europäern erfolgte im 18. Jahrhundert (Vitus Bering, James Cook u. a.) und brachte die ersten eisernen Werkzeuge ins Land. In größerem Umfange kamen europäische Waffen, Werkzeuge und Geräte erst nach der Entstehung eines festen Handels mit Seeotterfellen in den Besitz der Indianer. Die Beziehungen der alaskischen Küstenindianer zu den Russen blieben, selbst als diese 1804 in Sitka ein Verwaltungs- und Handelszentrum gründeten, im wesentlichen kommerzieller Art. Die Russen selbst versuchten nicht, eine politische Kontrolle über die Indianer auszuüben. Dies entsprach im übrigen ganz der Politik der Hudson's Bay Company, die sich schließlich zu Beginn des 19. Jahrhunderts auch hier in den Handel mit Pelzen einschaltete. Eine größere Zahl von Weißen ließ sich erst spät im eigentlichen Wohngebiet der Nordwestküsten-Indianer nieder; die Zuwanderer beeinflußten zunächst die traditionelle indianische Lebensweise, die allein vom Fischfang abhing, nur wenig. Die alten Fangtechniken wurden noch lange beibehalten, nur verwendete man jetzt anstelle knöcherner Spitzen eiserne Harpunen- und Lanzenspitzen, und die Pelzjagd, die an Bedeutung zunahm, wurde mit Gewehren und Stahlfallen durchgeführt. Im Laufe der Zeit strömten aber immer mehr europäische Güter ins Land: Wolldecken, Tabak, Metallgefäße, eiserne Beilklingen, Glaswaren und prächtige Uniformen für die Häuptlinge. Gleichzeitig wurde hier, wie in anderen Teilen Nordamerikas auch, die indianische Bevölkerung durch eingeschleppte Krankheiten dezimiert (Pockenepidemie 1835); die Hälfte der Tlingit starb an dieser Seuche, und erst als die indianischen Medizinmänner ihre Ohnmacht offen eingestanden, ließen sich die Indianer von europäischen Ärzten impfen.

Mit dem Verkauf Alaskas an die USA (1867) wurden die Indianer immer mehr aus ihren Fischgründen, die die Grundlage ihrer Existenz bildeten, verdrängt. Die gewerbsmäßige Lachsfischerei, die zum Bau von Konservenfabriken führte, erschöpfte die Fischgründe, so daß der Lachs auszusterben drohte. Glücksritter aller Art strömten in das Territorium von Alaska, und es kam zu ersten Zusammenstößen zwischen Weißen und Indianern. Alkoholverkauf, die Unfähigkeit des Militärs, das in den ersten Jahren das neue Land verwaltete, und die Goldfunde in Juneau (1880) führten zu chaotischen Zuständen auch in den noch überwiegend indianischen Gebieten. Infolge des Rückgangs der Fangerträge wurden viele Indianer gezwungen, in den Siedlungen der Weißen als billige Arbeitskräfte ihren Lebensunterhalt zu suchen. Meist verdingten sie sich als Fischer oder arbeiteten in den Konservenfabriken. Einige Gruppen gründeten mit staatlicher Hilfe Genossenschaften.

Mit der erzwungenen Aufgabe der alten Wirtschaftsform brach auch das traditionelle Sozialsystem zusammen. Die Sippen- und Klanverbände lösten sich auf, der einzelne Indianer zog mit seiner Familie in die Nähe des neuen Arbeitsplatzes. Unterstützt wurde dieser Desintegrationsvorgang durch die Mission (Wesleyaner seit 1878 in Sitka), die auch die ersten Schulen betrieb. Die Missionare bekämpften die Totenverbrennung, die Sklaverei, das indianische Medizinmannwesen, den Potlatch und die Polygynie. Der Zustrom weißer Siedler brachte bald auch eine größere Mischlingsbevölkerung hervor, die – nach europäischer Sitte – den Vatersnamen übernahm und damit das alte Mutterrecht der Nordstämme untergrub.

Heute leben die Indianer Südalaskas entweder in rein indianischen Dörfern – Reservate gibt es in Alaska nicht –, in ursprünglich weißen Siedlungen, zusammen mit Mischlingen, oder als Minoritäten in den Slums der weißen Städte.

Seit der Gründung einer zunächst rein religiösen Organisation, der „Alaska Native Brotherhood" (1912), die nach dem Vorbild der „Arctic

Brotherhood", die gerade im Kampf um die Gewährung des Zivilrechts und einer Zivilregierung für die Indianer erfolgreich gewesen war, aufgebaut und von den Missionaren gefördert wurde, begann das Selbstbewußtsein der Indianer wieder langsam zu wachsen. Die zehn Gründer dieser Vereinigung waren getaufte Christen (Presbyterianer), deren erklärtes Ziel die Integration aller Indianer in die euro-amerikanische Gesellschaft war; paradoxerweise war das Ergebnis ihrer Bemühungen die Stärkung der indianischen Ethnizität. Mit der kirchlichen Organisation vertraut, bauten die Gründer der A.N.B. ihre eigene Organisation nach christlich-kirchlichem Vorbild auf. Die ersten lokalen Kapitel wurden in Sitka, in Juneau und in Douglas gegründet. Die Zentrale war das „Grand Camp", das einmal jährlich auf einem Kongreß mit den Delegierten der lokalen „Camps", zu denen auch Vertreter der „Alaska Native Sisterhood" gehörten, zusammentraf. Die Eintritts- und Jahresbeiträge, die 1952 zehn Dollar betrugen, bilden das finanzielle Rückgrat der Vereinigung. Obwohl nicht alle Indianer Südalaskas Mitglieder der A.N.B. oder A.N.S. sind, unterstützen doch auch die Nichtmitglieder die Organisation. In den Kapitelhäusern der Dörfer finden vor allem auch gesellschaftliche Zusammenkünfte statt. Filme werden hier vorgeführt; im Mittelpunkt stehen Besprechungen über die Politik der Organisation. Die Kapitelhäuser bilden heute das Zentrum eines indianischen Dorfes.

Das Ziel der A.N.B. ist die Abschaffung der Rassendiskriminierung und die Erlangung der gleichen Rechte und Chancen für die Indianer, wie sie den Weißen in Alaska von der Bundesregierung in Washington zugestanden worden waren. Das bedeutete eine Abkehr von alten indianischen Traditionen, vor allem die Abschaffung des Potlatch-Systems und die Übernahme der englischen Sprache. Erst 1924 erhielten alle alaskischen Indianer die gleichen Rechte wie die weißen Bürger des Landes. Ein weiteres wichtiges Anliegen der A.N.B. war die Zulassung indianischer Kinder zu den Staatsschulen, die gleichberechtigte Anerkennung indianischer Gewerkschaftsmitglieder – um für gleiche Löhne in den Betrieben der Fisch- und Holzindustrie kämpfen zu können – und die Lösung der Reservatsfrage, in der die Indianer untereinander verschiedener Meinung waren. Die meisten dieser Anliegen sind inzwischen verwirklicht worden und haben die A.N.B. weiter

Argillit-Schnitzerei der Haida: Gruppe von Tieren und menschlichen Wesen. Solche Steinschnitzereien werden ausschließlich für den Fremdenverkehr hergestellt (nach Fuhrmann 1923).

gestärkt. Heute stellt sie eine angesehene Organisation dar.

In British Columbia wurde 1931 nach dem Vorbild der A.N.B. die „Native Brotherhood of British Columbia" gegründet, nachdem die „Allied Tribes of British Columbia" nach langem hartem Kampf um die Besitzansprüche auf Landgebiete eine Niederlage hatten hinnehmen müssen. Die zu diesem Zeitpunkt bereits erfolgreiche „Alaska Native Brotherhood" wirkte stimulierend auf die Stämme in British Columbia und diente als Vorbild für die neue Organisation, so daß deren Struktur derjenigen der A.N.B. angeglichen wurde. Doch war die „Native Brotherhood of British Columbia" an der Basis, in ihren lokalen Kapiteln, im Gegensatz zu ihrem alaskischen Pendant wenig erfolgreich. Das lag vor allem daran, daß die „Alaska Native Brotherhood" alle kirchlichen, sozialen und sportlichen Vereinigungen zu integrieren vermocht hatte, während in den Dörfern von British Columbia die „Brotherhood" mit diesen lokalen Institutionen in heftigem Konkurrenzkampf lag. Hinzu traten Rivalitäten zwischen den Kapiteln der Dörfer, so daß der Einfluß der „Native Brotherhood of British Columbia" auf die politischen und Verwaltungsinstanzen der kanadischen Bundes- und Provinzialregierung recht gering war.

Die jüngere Kontaktgeschichte der Küsten-Salish im südlichen Teil British Columbias und im US-Staat Washington nahm einen völlig anderen Verlauf. Nach einer kurzen Zeit regen Handels mit weißen Pelzaufkäufern und den ersten Siedlern gerieten die Küsten-Salish in den Sog der hier einsetzenden rasanten Entwicklung von Produktions- und Handelsstätten, die schon bald zur Entstehung von Städten und industriellen Ballungsräumen führte. Es gibt, mit Ausnahme der nördlichen Atlantikküste zwischen Boston und New York, kaum ein Gebiet in Nordamerika, das so schnell und vollständig urbanisiert wurde wie das Küstengebiet zwischen der Straße von Georgia und dem südlichen Puget-Sund. Wollten sie nicht wegziehen, waren die hier ansässigen Indianer gezwungen, sich dieser Entwicklung anzupassen. Sie wurden zu Lohnempfängern in der Industrie, aber sie

blieben nicht ungelernte Arbeiter, die sich für Hungerlöhne verdingen mußten, sondern wurden bald Facharbeiter in den Fischereibetrieben, in Sägewerken und in der Holzverarbeitungsindustrie, und bald bekleideten sie auch in anderen Gewerbebetrieben verantwortliche Stellungen als Vorarbeiter. Zu dieser schnellen Anpassung trug entscheidend bei, daß die Küsten-Salish neuen Technologien gegenüber immer schon sehr aufgeschlossen waren und in ihrer eigenen Kultur eine ausgeprägte Arbeitsteilung kannten.

Auch in den Glaubensvorstellungen gelang den Küsten-Salish eine erstaunlich schnelle Anpassung an das christliche Ideengut, indem sie schon bald eine besondere Synthese zwischen indianischen und christlichen Vorstellungen schufen, die in der Shaker-Kirche ihren konkreten religiösen Ausdruck und ihre gemeinschaftsbindende Organisationsform fand. Die Shaker-Kirche breitete sich rasch aus und ist heute eine der wenigen bedeutenden indianisch-christlichen Sekten Nordamerikas.

Sie geht auf einen Küsten-Salish-Indianer namens John Slocum zurück, der 1881 im Alter von 40 Jahren in Trance fiel – nach indianischen Vorstellungen war er „gestorben" – und, als er wieder erwachte, erklärte, er sei im Himmel gewesen (Himmelsreise = Schutzgeistsuche). Er sei zur Erde zurückgekehrt, um die Menschen besser mit den christlichen Geboten vertraut machen zu können. Slocum verbrachte den Rest seines Lebens unter seinen Landsleuten als Prediger und gründete die Shaker-Kirche, die diese Bezeichnung nach den Schüttelzuständen erhielt, die sich bei Gottesdiensten und bei Krankenheilungen unter den Gläubigen einstellen.

Innerhalb eines halben Jahrhunderts verbreitete sich die neue Sekte über die ganze Westküste Nordamerikas, von Nordwestkalifornien bis an die Küste von Zentral-British Columbia. Nachdem das Schüttelritual zum festen Bestandteil des Gottesdienstes geworden war, gewann die Shaker-Kirche immer mehr Anhänger, denn das Schütteln oder Zittern der Hände war in den Augen der Indianer Ausdruck einer Macht, die sie ergriffen hatte. Es war ein Zustand, den früher nur ihre Schamanen an sich erfuhren und den diese als eindrucksvollen Beweis für die in ihnen schlummernde Kraft (z. B. zur Krankenheilung) betrachteten und demonstrierten. Als Mitglied der Shaker-Kirche aber konnte jeder Gläubige in den Besitz dieser Macht gelangen, die ihn zur Heilung von physisch und psychisch Kranken befähigte. Zu einer Zeit, als die amerikanische Regierung die Ausübung indianischer Heilpraktiken durch die Schamanen streng verboten hatte und das Vertrauen zu den weißen Ärzten noch sehr gering war, bot diese Form des erlaubten religiösen Empfindens und Ausdrucks den Indianern jene Hilfe, deren sie in einer besonders schwierigen Situation, nämlich dem vollständigen Zusammenbruch der traditionellen Werte, am dringendsten bedurften. Auch der indianische Glaube an die Geisterbesessenheit ließ sich verhältnismäßig leicht in eine „Gott-Besessenheit" übertragen. Fast alle Mitglieder der Shaker-Kirche waren getaufte Christen. Taufe und Hochzeit wurden nach christlichem Ritual in den christlichen Kirchen vorgenommen; Hauptfunktion der Shaker-Kirche dagegen war die Heilung von Kranken und die Bekehrung von Abtrünnigen und Ungläubigen.

## Literaturauswahl

Ballard, Arthur C.: Indians of the Lower Puget Sound. Portland 1963

Barbeau, Marius: Totem Poles. 2 vols. Ottawa 1950

Barbeau, Marius: Pathfinders in the North Pacific. Caldwell 1958

Barnett, Homer G.: The Coast Salish of British Columbia. Eugene 1955

Barnett, Homer G.: Indian Shakers: A Messianic Cult of the Pacific Northwest. Carbondale 1957

Boas, Franz: Social Organization and the Secret Societies of the Kwakiutl Indians (United States National Museum, Report 1895). Washington 1897

Boas, Franz: Kwakiutl Ethnography (Ed. by H. Codere). Chicago 1966

Codere, Helen: Fighting with Property (American Ethnological Society, Monograph 18). Seattle 1950

Colson, Elizabeth: The Makah Indians. Minneapolis 1953

Drucker, Philip: Indians of the Northwest Coast. New York 1955

Drucker, Philip: The Native Brotherhoods: Modern Intertribal Organizations on the Northwest Coast. (Bureau of American Ethnology, Bulletin 168). Washington 1958

Garfield, Viola E. and Paul S. Wingert: The Tsimshian: Their Arts and Music. New York 1951

Gunther, Erna: Art in the Life of the Northwest Coast Indians. Seattle 1966

Krause, Aurel: Die Tlingit-Indianer. Jena 1885

Laguna, Frederica de: Under Mount Elias: The History and Culture of the Yakutat Tlingit. 3 vols. (Smithsonian Contribution to Anthropology, Vol. 7). Washington 1972

Lewis, Claudia: Indian Families of the Northwest Coast: The Impact of Change. Chicago 1970

McEvers, Charles L.: Uncommon Controversy: Fishing Rights of the Muckleshoot, Puyallup, and Nisqually Indians. Seattle 1970

McFeat, Tom: Indians of the North Pacific Coast. Toronto 1966

Ray, Verne F.: Primitive Pragmatists. The Modoc Indians of Northern California. Seattle 1963

Rohner, Ronald P.: The People of Gilford: A Contemporary Kwakiutl Village. (National Museum of Canada, Bulletin 225). Ottawa 1967

Siebert, Erna und Werner Forman: Indianerkunst der amerikanischen Nordwestküste. Hanau 1967

Smith, Marian W. (ed): Indians of the Urban Northwest. New York 1949

Spradley, James P.: Guests Never Leave Hungry. The Autobiography of James Sewid, a Kwakiutl Indian. New Haven 1969

Swanton, John R.: Contributions to the Ethnology of the Haida (American Museum of Natural History, Memoir 8). New York 1905

## 4. Die Indianer Kaliforniens: Friedliche Sammler

### a) Lebensraum: Zwischen Pazifik und Sierra Nevada

Obwohl die indianische Kultur Kaliforniens manche Übereinstimmung mit den Wildbeuterkulturen des intermontanen Gebietes einerseits und denen des Südwestens andererseits aufweist, besitzt sie doch eine eigene Physiognomie, die weitgehend von den besonderen ökologischen Gegebenheiten, d. h. dem intensiven Sammelkomplex mit der Eichel als Hauptnahrungsprodukt, geprägt wird. Die bewaldeten Küsten Südkaliforniens, die nördlichen Küstenketten und das große kalifornische Längstal, das vom Sacramento River im Norden und vom San Joaquin River im Süden geformt wird, war einst mit dichten Beständen von Eichen durchsetzt. Ihre Früchte, die Eicheln, standen den Menschen in solcher Fülle zur Verfügung, daß hier eine dichte Bevölkerung mühelos davon leben konnte; man schätzt die Bevölkerung Kaliforniens in voreuropäischer Zeit auf etwa 85.000.

Landschaftlich hebt sich der schmale Küstensaum mit seinen vorgelagerten Inseln, dessen Bewohner überwiegend maritim orientiert waren, stärker vom übrigen Kalifornien ab. Hauptwohngebiet der binnenländischen Indianer war das große kalifornische Längstal mit dem angrenzenden nördlichen Wald- und Seengebiet. Die Westhänge der Sierra Nevada wurden nur zur Jagd aufgesucht, und auch der äußerste Süden und Südosten Kaliforniens mit seinem wüstenartigen Klima waren nur dünn besiedelt.

Im Gegensatz zur großen Homogenität der kalifornischen Kulturen steht ihre starke sprachliche Zersplitterung. In Kalifornien wohnen Angehörige von mehr Sprachfamilien als in irgendeinem anderen Kulturareal Nordamerikas. Neben kleinen und kleinsten Splittergruppen gehörten die meisten kalifornischen Indianer drei Sprachfamilien an: dem Hoka, dem Penuti und dem Shoshone. Aufgrund ihrer Ver-

breitung kann angenommen werden, daß die Hoka sprechenden Stämme Reste einer älteren Substratschicht sind, während die in Südkalifornien lebenden Shoshone erst vor etwa 800 Jahren aus dem Großen Becken kommend hierher einwanderten. Zu den nördlichen Hoka-Stämmen gehören die Karok, Shasta, Pomo, Yana und Chimariko, zur Südgruppe zählen die Salina, Chumash, Diegueño.

Den zentralen Teil Kaliforniens bewohnten vorwiegend die Penuti sprechenden Stämme.

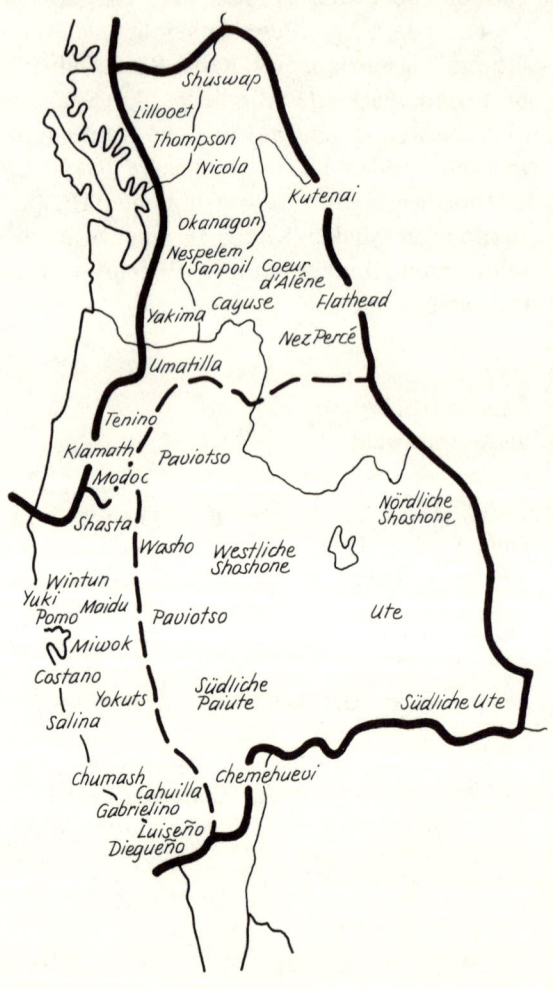

Verbreitung der Stämme Kaliforniens und der intermontanen Plateaus und Becken.

Mit mehr als 50.000 Menschen stellten sie den größten Teil der indianischen Bevölkerung dieses Gebietes. Man rechnet zu ihnen die Wintun, Maidu, Miwok, Costano und Yokuts.

Die Shoshone-Gruppen zählten nur etwa 20.000 Personen. Sie lebten im wüsten- und steppenartigen Teil Südkaliforniens, waren aber auch an der Küste anzutreffen. Zu ihnen rechnet man die Mono, Serrano, Cahuilla und Gabrielino. Sie waren es auch, die den größten Teil der sogenannten Missionsindianer stellten, die nach Gründung der ersten Mission durch die Franziskaner unter Junipero de Serra (ab 1770) auf Missionsland zusammengetrieben wurden und als erste die „Segnungen des weißen Mannes" empfingen.

b) Lebensunterhalt: Eichelsammeln und Vorratswirtschaft

Die meisten kalifornischen Indianer bestritten ihren Lebensunterhalt hauptsächlich vom Sammeln von Wildfrüchten. Die wichtigste Frucht war die Eichel. Sie genießbar zu machen war ein mehrere Arbeitsgänge erforderlicher Prozeß, da die Eichel in ihrem originären Zustand wegen ihrer Bitterstoffe für den Menschen ungenießbar ist. Zuerst einmal mußten die Fruchtkerne in Holzmörsern zerkleinert werden. Das so gewonnene Eichelmehl wurde dann in Sandmulden gefüllt, die gelegentlich auch mit Blättern ausgelegt waren. Mehrmals wurde heißes Wasser auf das Eichelmehl gegossen. Dadurch konnten die in dem Mehl enthaltenen bitteren Gerbstoffe in den Sand abfließen. Nach dem Trocknen wurde dann das Eichelmehl aus der Grube entfernt und in Vorratskörben gespeichert. Die Indianer bereiteten aus dem Mehl Suppen oder dünnen Brei, die mit Wildgemüse, Beeren oder Wildbret gewürzt wurden. Einige Stämme verarbeiteten das Eichelmehl auch zu Broten, die in Erdöfen oder auf erhitzten Steinen gebacken wurden.

Im Herbst und Winter brachte der reiche Wildbestand der kalifornischen Wälder eine zusätzliche Bereicherung an Nahrung. Im Süden

wurden Kollektivjagden auf Hasen durchgeführt, in der Sierra und in Nordkalifornien gingen dagegen nur einzelne Jäger oder kleinere Jagdgruppen auf Pirsch.

Fischfang war ebenfalls von großer wirtschaftlicher Bedeutung. Nicht nur in den Küstenflüssen des Nordens und in der großen Bucht von San Francisco, sondern vor allem an der südkalifornischen Küste und auf den vorgelagerten Inseln wurde er in großem Umfange betrieben. Das Fangen von Fischen war nicht nur auf die Flüsse und küstennahen Gewässer beschränkt. Mit großen Plankenbooten fuhren die südkalifornischen Küstenindianer auch aufs offene Meer hinaus und erlegten mit Harpunen Robben, Delphine und Seeotter. Die Küstenfischerkultur bestand schon seit mindestens 1000 Jahren; in ihrer letzten präkolumbischen Phase wird sie als Canaliño-Kultur bezeichnet.

Man hat sich oft die Frage gestellt, warum die kalifornischen Indianer keine produzierende Wirtschaftsweise betrieben, denn die Stämme des Coloradotales, mit denen die Südkalifornier in regem Handelskontakt (Import von Töpferei) standen, hätten ihnen die Kenntnis domestizierter Pflanzen und deren Anbau durchaus vermitteln können. Die einzige zufriedenstellende Antwort auf diese Frage lautet: Der Arbeitsaufwand wäre für den Anbau von kultivierten Pflanzen, zumal dort, wo die Felder hätten bewässert werden müssen, sehr viel größer gewesen als für das problemlose Einsammeln der in großen Mengen vorhandenen Wildpflanzen. Die intensive Sammelwirtschaft der Kalifornier bietet deshalb den Anhängern einer evolutionistischen Theorie kein Beispiel einer Zwischenstufe in der Entwicklung vom Wildbeutertum zum Bodenbau; sie ist vielmehr eine lokalspezifische Sonderentwicklung der aneignenden Produktionsweise.

c) Materieller Kulturbesitz: Körbe

Im traditionalen materiellen Kulturbesitz der Kalifornier standen die Erzeugnisse der Flechtkunst an vorderster Stelle. Sie waren wichtigstes

Requisit zum Einsammeln und Aufbewahren von Eicheln und anderen Wildfrüchten. Es gibt kaum ein anderes Gebiet Nordamerikas, das eine technisch und künstlerisch so hoch entwickelte Korbflechtkunst besaß. Die Flechtwaren wurden sowohl in Doppelfaden- als auch in Spiralwulsttechnik hergestellt. Während die erstere im Norden der Kulturprovinz überwog, fand sich die letztere vor allem im Süden; in den Zentralgebieten waren beide Techniken verbreitet. Es gab eine große Vielfalt von Körben: dicht geflochtene topfartige Körbe, die mit Kiefernpech wasserundurchlässig abgedichtet waren und in denen die Eichelsuppe gekocht wurde, indem man erhitzte Steine in die Flüssigkeit legte; kleine geflochtene Korbkellen („seedbeaters"), mit denen man die als Nahrungsmittel hoch geschätzten Grassamen von den Halmen abstreifte; flache Korbpfannen, in denen die Grassamen dann über glühender Holzkohle geröstet wurden; große kegel- und glockenförmige Körbe, in denen man die Vorräte transportierte und aufbewahrte. Nur im südlichen Binnenland Kaliforniens traten an die Stelle der kleinen Körbe importierte Tonwaren; eine grobe Keramik wurde dort auch selbst hergestellt.

Während die Kleidung der kalifornischen Indianer aus klimatischen Gründen auf das notwendigste beschränkt war – die Männer gingen meist nackt, die Frauen trugen einen zweiteiligen Schurz aus Hirschleder oder aus Pflanzenfasern –, waren die Formen der Behausung sehr vielgestaltig: im Norden gab es neben giebelförmigen Plankenhäusern kuppelförmige Hütten mit Gras, Rinden- oder Binsenmatten; in Zentralkalifornien, dem Verbreitungsgebiet des Kuksu-Kultes, errichtete man in den Dörfern neben den Wohnhäusern der Familien große in den Boden eingetiefte Versammlungshäuser, die bis zu 20 m Durchmesser besaßen und alle Männer des Dorfes fassen konnten. Im Süden bestanden die Unterkünfte meist aus kegelförmigen, mit Gras bedeckten Stangengerüsten.

Das Hauptschmuckmaterial der Kalifornier waren Federn, Muscheln und Meeresschnecken. Die Gesichtstatauierung, die vor allem das Kinn der Frauen zierte, war in vielen Teilen Kaliforniens verbreitet. Körper- und Gesichtsbemalung wurden ausschließlich zu zeremoniellen Zwecken aufgelegt.

### d) Soziale Umwelt: Lokalgruppe und Zeremonialgruppe

Im Gegensatz zu den einfachen Sozialstrukturen der meisten Wildbeutergruppen Nordamerikas besitzen die meisten kalifornischen Sammler komplexe Gesellschaftsformen, die in manchen Zügen der von entwickelten Bodenbauerkulturen entsprechen. Zwar ist die politische Organisation im allgemeinen nicht sehr differenziert; so gab es im Norden kleine autonome Lokalgruppen, die aus einem Hauptdorf und mehreren Weilern bestanden, und auch in Zentralkalifornien überwog die Lokalgruppenorganisation. Lediglich bei den Yokuts im San Joaquin Valley hatten sich kleine Stammesverbände herausgebildet, die unter der Führung von Häuptlingen standen. Die für den größten Teil Kaliforniens typischen autonomen Lokalgruppen setzten sich jedoch aus komplexeren Formen unilinearen Gepräges, wie exogamen und totemistischen patrilinearen Lineages oder Klanen (im Süden) zusammen. In einigen Gebieten bildeten die Klane auch Moieties mit überwiegend rituellen Funktionen, die besonders bei den Bestattungszeremonien eine wichtige Rolle spielten. Die Wohnsitzregelung nach der Heirat war meist viri-patrilokal, doch wurde diese Regelung nicht streng eingehalten. Auch Polygynie und Polyandrie (bei den Shoshone im Süden) kamen nur vereinzelt vor. Sie waren, wie Levirat und Sororat, zwar von der Gesellschaft toleriert, wurden aber nicht besonders hoch geschätzt; in ihrem mehr sporadischen Auftreten erinnern diese Gepflogenheiten stark an die gesellschaftlichen Verhältnisse bei den Wildbeutergruppen des Großen Beckens.

### e) Religion: Kuksu-Kult und Toloache-Ritual

Die Lokalgruppenführer besaßen nur geringe Autorität, die sie zudem meist ihrer religiösen

Funktion als Hüter von sakralen Paraphernalien verdankten. Ihnen stand im rituellen Bereich der Schamane als Krankheitsheiler (Bären-Schamanen der Pomo), Regen- oder Wetterzauberer, Geister„doktor" und Ritualleiter in verschiedenen Zeremonien zur Seite bzw. gegenüber.

Neben den individuellen Riten fanden sich in Kalifornien auch komplexere Rituale, wie sie sonst überwiegend für Bodenbauerkulturen charakteristisch sind. Solche organisierten Gemeinschaftskulte stellen offenbar eine jüngere Erscheinungsform in Kalifornien dar und waren dazu bestimmt, das Wohl der gesamten Dorfgemeinschaft zu fördern und nicht nur dem einzelnen zu helfen.

In Zentralkalifornien dominierte der Kuksu-Kult, in Südkalifornien fand der Toloache-Kult besondere Bedeutung. Im Mittelpunkt der kultischen Feiern beider Rituale stand die Aufnahme der jungen Männer in die Gemeinschaft der Erwachsenen. Kuksu war der große Krankenheiler und Herrscher des Totenreiches. Zu seinen Ehren tanzten die Teilnehmer der Feier in Federkleidern mit Federhauben und mit bemaltem Gesicht.

Während der Jahre 1871 bis 1873/74 gewann die Geistertanzbewegung in Zentralkalifornien eine ähnliche Bedeutung wie der frühere Kuksu-Kult. Sie war im westlichen Nevada von einem Paiute-Propheten namens Tävibo ins Leben gerufen worden und hatte vor allem in Kalifornien bei den Überlebenden der von den Weißen ausgerotteten Stämme Fuß gefaßt. Diese Geistertanzbewegung ist nicht zu verwechseln mit der großen Geistertanzbewegung der Jahre 1890/91, die fast alle Stämme der Plains und des intermontanen Raumes erfaßte und zum letzten großen Aufstand der Dakota und dem Massaker von Wounded Knee führte.

In Südkalifornien war das Toloache-Ritual verbreitet, das gewissermaßen ein Pendant zum Kuksu-Kult darstellte. Wie dieser war das Toloache-Ritual seinem Wesen nach eine Knabenpubertätszeremonie, verbunden mit der Aufnahme in die Gemeinschaft der Männer des Stammes. Sein Hauptmerkmal war die Einnahme eines narkotischen Getränkes, das aus der Stechapfelwurzel (Datura meteloides; span.: toloache, engl.: Jimson weed) gewonnen wurde. Dieses Narkotikum rief einen tranceartigen Zustand hervor und führte zu Visionen, in denen den jugendlichen Teilnehmern in meist tierischer Gestalt ihr zukünftiger Schutzgeist, an den sie sich in Not und Gefahr wenden konnten und der ihnen Schutz und Hilfe versprach, erschien. Im Gegensatz zum Kuksu-Kult zeigt das Toloache-Zeremoniell jedoch Einflüsse aus dem Südwesten: Vor einem Sandbild, das von einem Schamanen aus farbigem Sand, Holzkohlenpulver, Gips und anderem Material „gezeichnet" wurde und das meist die Erde oder den ganzen Kosmos darstellte, wurden dem jungen Novizen die Geschichte seines Stammes und die Gesetzes des Kosmos erläutert. Die Gabrielino und andere Shoshone-Stämme schrieben das Toloache-Ritual einer Gottheit zu, die sie Chingichnish nannten. Ihm standen die Nachkommen des Kulturbringers Wiyot zur Seite, die darüber wachten, daß die Menschen seine Gebote befolgten. Die Gestalt des Hochgottes ist möglicherweise erst christlichem Einfluß zuzuschreiben, denn sie fällt völlig aus dem Rahmen der hier verbreiteten Geistervorstellungen heraus, die keine oberste Gottheit kennen.

## f) Geschichte: Die spanische Mission und die Folgen des Goldrausches von 1848

Die ersten Kontakte der kalifornischen Indianer mit Europäern gehen bis ins 16. Jahrhundert zurück. Aber erst durch das Wirken von Franziskaner-Missionaren im letzten Viertel des 18. Jahrhunderts begann ein dauernder Kontakt, der einschneidende Folgen für die betroffenen indianischen Gruppen hatte. Innerhalb kurzer Zeit wurden 21 Missionsstationen errichtet, unter ihnen San Diego (1769), San Gabriel (1771), San Luis Obispo (1772), San Juan Capistrano (1776), Santa Barbara (1786), San Luis Rey (1798). Viele dieser Missionsstationen stehen heute noch; manche, die durch Erdbeben zerstört wurden, hat man wieder aufgebaut. Die Missionen konzentrierten sich vor allem auf die schmale Küstenzone und die Täler der Küstenketten. In ihrer Nachbarschaft änderte sich das Leben der Indianer grundlegend: Sie wurden gezwungen, sich bei den Stationen anzusiedeln, sie wurden getauft und erhielten europäische Kleidung; sie erlernten europäische Handwerkstechniken, z. B. Tischlern, Schmieden, Mauern; man machte sie mit europäischen Getreidepflanzen und Haustieren vertraut und man lehrte sie die spanische Sprache. Die Indianer arbeiteten auf dem Missionsland und mußten die Missionsangehörigen mit allen lebensnotwendigen Gütern versorgen. Neben dem einer Mission zugehörigen Land gab es riesige Landstriche, die der spanische König Mitgliedern der herrschenden spanischen Oberschicht schenkte. Diese richteten große Viehbetriebe ein, auf denen Indianer Fronarbeit leisten mußten. Die mittelständische Schicht spanischer Handwerker und mexikanischer Landwirte war klein, so daß Kalifornien damals noch stark von der Einfuhr aus dem Mutterland abhing.

Schon der erste Kontakt mit den Europäern hatte verheerende Folgen für die Indianer, denn die Infektionskrankheiten, gegen die die Europäer weitgehend immun waren, hatten tödliche Folgen für die Indianer. Während die Missionen ihren Einfluß immer weiter nach Norden und ins Binnenland ausdehnten, verließen viele Stämme ihr Land und flohen nach Osten, jenseits der Küstengebirge. Aber die eingeschleppten Seuchen verbreiteten sich rasch auch ins große kalifornische Längstal und dezimierten die hier lebenden Gruppen. Weiter nach Osten über die Sierra Nevada geflohene Stammessplitter und die im nördlichen Zentraltal ansässigen Stämme übernahmen das Pferd und überfielen in der Folgezeit als streifende Marodeure die spanischen Viehranches. Sie lebten vom Fleisch der gestohlenen Rinder und der Pferde ihrer eigenen Herden. Neuere Forschungen haben ergeben, daß diese schweifenden kriegerischen Gruppen, deren taktisches Konzept der Kriegsführung der Apache glich, sehr wohl imstande gewesen wären, die kleine spanisch-mexikanische Kolonistenschicht aus dem Lande zu vertreiben, wenn nicht plötzlich neue einschneidende Veränderungen eingetreten wären.

Nach der Unabhängigkeit Mexikos wurden die Missionen säkularisiert, und die Indianer erhielten nach dem Buchstaben des Gesetzes ihr Land zurück. Faktisch übernahmen jedoch die Großgrundbesitzer das ehemalige Missionsland. Die Indianer arbeiteten entweder weiter als Knechte auf „ihrem" Land oder sie verließen es und zogen ins Innere Kaliforniens, wo sie sich mit Mexikanern vermischten und eine europäisch-indianische Mischkultur hervorbrachten.

Den nördlichen und nordöstlichen Gruppen blieben die ersten verheerenden Folgen des Kontaktes mit Europäern erspart, denn der spanisch-mexikanische Einfluß beschränkte sich auf den schmalen Küstenstreifen bis nach San Francisco im Norden. Erst die Errichtung eines russischen Forts nördlich von San Francisco im Jahre 1812 bewirkte, daß die Spanier auch hier Missionen anlegten.

1848 trat ein weiterer Konkurrent auf den Plan, der Schweizer Abenteurer John Sutter. Er gründete am Zusammenfluß von Sacramento und American River eine stark befestigte Kolonie, die von landwirtschaftlichen und handwerklichen Experten getragen wurde und bald so erfolgreich war, daß sich weitere Kolonisten anschlossen. Auch Indianer, die hier lebten, wurden in den Betrieben beschäftigt.

Auf dem Sutterschen Grundbesitz, auf einer Sägemühle, wurde 1848 das erste Gold gefunden. Damit begann eine Epoche in der Geschichte Kaliforniens, die zu den traurigsten und grausamsten Kapiteln des neuen Bundesstaates gehört. Das Goldfieber lockte Tausende von Abenteurern an und brachte den Untergang fast aller zentralkalifornischen Stämme mit sich. Hunderttausende von Goldhungrigen strömten ins Land, und auch die Küstengebirge wurden nun von Weißen besetzt. Die Goldsucher waren in ihrer Gier nach dem edlen Metall skrupellos. Sie drangen in das Land der Indianer ein, besetzten auch die Kolonien der weißen Siedler und errichteten überall ihre Barackenstädte. Sie stahlen Vieh und schossen jeden nieder, der sich ihnen in den Weg stellte. Von 1858-1880 fanden mehrere „Indianer-Kriege" statt, das heißt friedliche Indianer, die sich und ihre Frauen vor dem Gesindel schützen wollten, wurden in sadistischen Massakern niedergemacht. Unter den Goldgräbern gab es Gruppen von Indianerjägern, die es sich zu einem Sport machten, die meist unbewaffneten Indianer zu jagen und wie Tiere abzuschießen.

Die nordwestkalifornischen Stämme leisteten dagegen erbitterten Widerstand, und es kam hier zu schweren Kämpfen, so daß an der Humboldt Bay ein militärischer Posten eingerichtet wurde. Die Versuche der Staatsregierung, die chaotischen Zustände in den Griff zu bekommen, scheiterten. Gegen Ende der 80er Jahre wurden die ersten Reservate für Indianer geschaffen, aber niemand kümmerte sich um sie. Viele Indianer kehrten deshalb in ihre alte Heimat zurück oder starben an den von den Weißen eingeschleppten Infektionskrankheiten.

Als der Goldrausch abklang, wurden die fruchtbaren Täler im Landesinnern des nördlichen Zentralkalifornien von weißen Bauern „erschlossen". Die immer noch dichte indianische Bevölkerung wurde vertrieben oder absorbiert. Reste einzelner Stämme wanderten in die Berge ab oder ließen sich in den Außenbezirken der größeren Siedlungen nieder. Sie blieben in kleinen Gruppen beisammen und paßten sich zum Teil mit Erfolg den neuen Lebensbedingungen an. Im Laufe der Zeit gingen sie in der weißen Bevölkerung auf (oder vermischten sich stark mit anderen indianischen Gruppen und eingewanderten Chinesen, die als Eisenbahnarbeiter mit ihnen in Berührung kamen), so daß ihre alte Stammesidentität bald vollständig verlorenging. Ihre letzten traditionellen Sitten verschwanden nach dem Zusammenbruch der nativistischen Geistertanzbewegung von 1870/71.

Die im äußersten Nordwesten Kaliforniens lebenden Stämme blieben von den schweren Schicksalsschlägen der Zentralkalifornier größtenteils verschont. Sie lebten auf Reservaten in ihren alten Wohngebieten und paßten sich langsam der Welt der Weißen an; heute verdienen sie sich ihren Lebensunterhalt als Holzfäller und Farmer. Aber auch sie haben ihre Sprache und ihre ethnische Identität weitgehend verloren; die Bezeichnung „Indianer" oder gar ein Stammesname sind, auf sie angewandt, völlig bedeutungslos.

In Südkalifornien vermischten sich die Reste der sogenannten Missionsindianer mit der mexikanischen Landbevölkerung. Seit die Anglo-Amerikaner als herrschende Schicht in Erscheinung zu treten begannen, wurden sie oft mit den Mexikanern in einen Topf geworfen. Erst im 20. Jahrhundert gab man ihnen aus Staatsbesitz kleine Reservate, die in den meisten Fällen nur wenige tausend Morgen groß waren. Sie wurden als Rancherias bezeichnet und waren weit verstreut, so daß sie schwer von den kalifornischen Dienststellen des Bureau of Indian Affairs zu verwalten waren. 1953 wurden die kalifornischen Indianer aus der Bundesverantwortung entlassen. Sie verloren damit zwar nicht viel, doch mußten sie nun ohne die Unterstützung von Bundesbehörden ihre Rechtsansprüche auf ihr Land vertreten und um finanzielle Abfindungen kämpfen.

Inzwischen haben die staatlichen und lokalen Behörden die Betreuung der Indianer übernommen, weil diese keinen Sonderstatus mehr innehaben. Viele besitzen nur eine mangelhafte Schulbildung, und entsprechend gering ist ihr Erfolg bei der Arbeitssuche. Als Wohlfahrtsempfänger erhalten sie wenigstens Krankenunterstützung.

Von den rund 18 Millionen Bewohnern Kaliforniens zählen offiziell noch 40.000 als Indianer, die in Reservaten, Rancherias und in indianischen Gemeinden leben; die Zahl derjenigen, die in den Städten leben, ist darin nicht eingeschlossen. Von den schätzungsweise 50.000 bis 100.000 nach Kalifornien eingewanderten Indianern haben sich viele an die amerikanische Lebensweise angepaßt, andere wiederum sind auf der untersten Stufe der sozialökonomischen Entwicklung stehen geblieben. Im ganzen gesehen, ist die heutige Situation der Indianer in Kalifornien sehr uneinheitlich.

Literaturauswahl

*Barrett, S. A. and Edward W. Gifford:* Miwok Material Culture. (Public Museum of the City of Milwaukee, Bulletin 2). Milwaukee 1933

*Baumhoff, Martin:* Ecological Determinants of Aboriginal California Populations. (University of California, Publications in American Archaeology and Ethnology, 49). Berkeley 1963

*Cook, Sherburne F.:* The Conflict between the Californian Indian and White Civilization. (Ibero-Americana 23). Berkeley 1943

*DuBois, Cora:* Wintu Ethnography. (University of California, Publications in American Archaeology and Ethnology, 36). Berkeley 1935

*Heizer, Robert H. and M. A. Whipple (eds):* The California Indians. Berkeley 1971[2]

*Johnston, Bernice E.:* California's Gabrielino Indians. (Frederick Webb Hodge Anniversary Publication Fund, Publication 8). Los Angeles 1962

*Krause, Fritz:* Die Kultur der kalifornischen Indianer. Leipzig 1921

*Kroeber, Alfred L.:* Handbook of the Indians of California. (Bureau of American Ethnology, Bulletin 78). Washington 1925

*Landberg, Leif C. W.:* The Chumash Indians of Southern California. (Southwest Museum Papers, 19). Los Angeles 1965

Zahlreiche ethnographische Arbeiten finden sich in den Reihen „University of California, Publications in American Archaeology and Ethnology" (Berkeley) und „University of California, Anthropological Records" (Berkeley).

## 5. Die Indianer der Plateaus und Hochbecken des Westens: Marginale Gruppen

a) Lebensraum: Westlich des Felsengebirges

Der intermontane Raum des westlichen Nordamerika wird aus den Plateau- und Beckenlandschaften zwischen dem Kaskaden-Gebirge und der Sierra Nevada im Westen und den Gebirgskomplexen der Rocky Mountains (Felsengebirge) im Osten gebildet. Er erstreckt sich von British Columbia (Fraser-Plateau) über Washington, Montana, Teilen von Oregon und Idaho (Columbia-Plateau) sowie Utah und Nevada (Great Basin) bis an das Colorado-Plateau, das unmittelbar an das südliche Rocky Mountain-Massiv anschließt und noch, über den Colorado River hinweg, bis nach Arizona hinein reicht. Während der nördliche Teil dieser großen Binnenlandschaft durch den Fraser River und den Columbia River in den Pazifik entwässert, ist das weiter südlich gelegene Gebiet des Großen Beckens eine abflußlose, aus zahlreichen Einzelbecken bestehende Plateaulandschaft, die „Basin and Range Province". Bis auf wenige kleinere Zonen trägt der gesamte intermontane Raum eine Trockensteppenvegetation aus Büschelgräsern und Kräutern (Sagebrush), der Süden geht in Halbwüste mit Kakteen und Yuccas über. Nur die höheren Lagen der meridional streichenden Bergketten des Großen Beckens und die Gebirgssysteme der Plateaus tragen dichteren Waldbewuchs (Gelbkiefer, Pinyon, Douglasie, Fichten).

Die Zahl der indianischen Bevölkerung der intermontanen Gebiete wird auf knapp 50.000 geschätzt. Sprachlich gehören die Stämme des Fraser- und nördlichen Columbia-Plateaus zu den Binnen-Salish. Die bekanntesten von ihnen sind die Shuswap, Lilloet, Thompson, Okanagon, Sanpoil, Nespelem, Spokan, Coeur d'Alêne und Flathead. Die Kutenai, die ebenfalls hier leben, bilden eine eigene Spracheinheit. Nach Südwesten zu schließen sich Sahaptin sprechende Stämme an: Yakima, Cayuse, Nez Percé, Umatilla u. a. Die ebenfalls Sahaptin sprechenden Klamath und Modoc wohnen im Grenzgebiet von Südwest-Oregon und Nordost-Kalifornien. Alle Gruppen des Großen Beckens gehören dagegen zur Shoshone-Sprachfamilie (Numisch) des Uto-Aztekischen.

Ihre wichtigsten Stammesverbände sind die Westlichen Shoshone, die Nördlichen Shoshone, die Windriver Shoshone, die Nördlichen Paiute (Paviotso), die Südlichen Paiute und die Ute. Als gegen Ende des 19. Jahrhunderts das Bisonjägertum des nordwestlichen Plainsgebietes seinen Höhepunkt erreichte, drangen starke Einflüsse über die Rocky Mountains in das östliche Columbia-Plateau und das östliche Große Becken ein. Von ihnen wurden im Norden insbesondere die Flathead, im Süden die Windriver Shoshone, die Nördlichen Shoshone und die Ute in so starkem Umfange erfaßt (Übernahme des Pferdes und zahlreicher materieller Güter und Ideen), daß diese Gruppen früher häufig als Plainsindianer klassifiziert wurden. Der Einfluß war aber nur von kurzer Dauer, denn mit der Ausrottung des Bisons in den 80er Jahren des vorigen Jahrhunderts und dem Vordringen der Weißen auch in diese entlegenen Teile des Kontinents brach diese Entwicklung ab.

## b) Lebensunterhalt: Reiche Lachsfischer auf dem Columbia-Plateau, arme Sammler im Great Basin

Die beiden nördlichen Plateaus, die von den ihnen den Namen gebenden großen Strömen entwässert werden, bieten den Bewohnern dieses Gebietes mit ihrem Wasserreichtum gute Voraussetzungen zum Lebensunterhalt, vor allem aufgrund der reichen Möglichkeiten des Fischfangs. Alle Ströme, bis in die kleinsten Nebenflüsse hinein, werden von verschiedenen Arten von Lachsen, die zum Laichen alljährlich stromaufwärts ziehen, in großen Mengen bevölkert, so daß sie von den Indianern ohne Mühe in Netzen gefangen, geangelt oder gespeert werden können. Außerdem bietet die Natur hier den Menschen Wildwurzeln, insbesondere die Camas-Knolle, zahlreiche Beerenarten und in den Wäldern Jagdwild. Im Süden ist das Nahrungsangebot der Natur weitaus kärglicher. Die abflußlosen Zonen weisen mit ihren wenigen Flüssen und nicht versalzenen Seen nur einen geringen Fischbestand auf, und auch das Wild ist weniger reichlich als im Norden; die wichtigsten Nahrungsquellen bilden Pinyon-Nüsse und Grassamen. Im Herbst finden Kaninchen- und Antilopenjagden statt. Der Norden ist also durch seinen Fischreichtum ein für den Menschen anziehendes Gebiet, der Süden dagegen ein armes Land, das nur wenige Menschen ernähren kann.

## c) Der materielle Kulturbesitz: Fischspeer, Grabstock und Sammelkorb

Der gesamte materielle Kulturbesitz war dürftig und entsprach dem wenig entwickelten sozio-ökonomischen Niveau dieser Jäger, Sammler und Fischer. Bei den mehr seßhaften Ethnien des Columbia- und Fraser-Plateaus waren Unterkunft und Gerätschaften differenzierter und vielfältiger als bei den nomadischen Gruppen des Großen Beckens. Hier im Norden dienten als Winterbehausungen stabile runde Grubenhäuser aus Planken, im Sommer zur Zeit der Fischzüge bewohnte man mit Matten bedeckte Sommerhütten. Dagegen kannten die Steppensammler im Süden nur einfache Windschirme, die ihrer nomadischen Lebensweise genügten; den Winter verbrachten sie in Höhlen oder Felsnischen.

Bei den Lachsfischern gab es Einbäume und Rindenboote (Kutenai), im Winter schnallte man in schneereichen Gebieten ovale Schneeschuhe („Bärentatzen") an, um dem Jagdwild zu folgen. Seit Beginn des 19. Jahrhunderts verbreitete sich in den östlichen Teilen beider Gebiete das Pferd; es wurde bald zum wichtigsten Transport- und Verkehrsmittel.

Bei den einfachen Sammlern und Kleinwildjägern des Großen Beckens waren Grabstöcke zum Ausgraben von wilden Wurzeln und Körbe zum Transport der gesammelten Früchte und als Vorratsbehälter wichtig. Lange Netze wurden während der herbstlichen Treibjagd quer durch kleine Täler gespannt, um die Kaninchen darin einzufangen. Auffallend war, daß die meisten Shoshone-Gruppen die Herstellung von einfachen Tonwaren kannten, eine Ausnahme bei nicht-seßhaften Wildbeutern. Mit Handwalzen wurden Samenkörner und Nüsse auf Steinplatten zu Mehl zerrieben. Solche Handreibsteine sind ein in diesem Gebiet sehr altes Artefakt, das schon von den archaischen Steppensammlern, deren Hinterlassenschaft man in zahlreichen Höhlen in der Nähe des Großen Salzsees gefunden hat, vor Tausenden von Jahren benutzt wurde.

### d) Soziale Umwelt: Lachshäuptling und Kaninchenschamane

Die Sozialstruktur war bei den Plateaustämmen des Nordens im allgemeinen stabiler, weil die ökonomische Basis durch den sehr ergiebigen Lachsfang gesichert war. Jedes Dorf hatte seinen Häuptling. Für die Dauer der großen Lachsfangzüge wurden sie allerdings von den sogenannten Lachshäuptlingen abgelöst, die während der ganzen Lachssaison uneingeschränkte autoritäre Befugnisse besaßen. Ein Stammeshäuptlingtum fand sich nur bei den Gruppen, die unter dem Einfluß der Plainskultur größere Stammesverbände gebildet hatten. Jedoch besaßen auch diese Häuptlinge nur selten absolute Autorität; sie verdankten ihre Macht, wie bei vielen Plainsstämmen, ihrem Führungsgeschick und ihrem Jagdglück.

Die Bewohner des Großen Beckens waren politisch noch weniger integriert. Das war die Folge einer durch die notwendige ökonomische Tätigkeit bedingten Aufsplitterung in kleine und kleinste Gruppen. Nur im Herbst schlossen sich mehrere solcher autonomer Sammelgruppen zu größeren Einheiten zusammen, um unter der Führung eines Schamanen die Kaninchen- oder die Antilopenjagd gemeinsam zu betreiben.

Die verwandtschaftliche Organisation war bei den meisten Gruppen des intermontanen Raumes bilateral, in den Plateaugebieten mit leichter Patri-, im Großen Becken mit leichter Matri-Dominanz. Beide Formen der Polygamie kamen vor. Weit verbreitet war die Sitte, nach dem Tode des Ehemannes dessen Bruder (Levirat) oder nach dem Tode der Ehefrau deren Schwester (Sororat) zu heiraten. Diese Gebote sowie die Kreuzvetternheirat erklären sich aus ökonomischen Gründen zur Sicherung der meist aus Verwandten bestehenden Kleingruppen. Die Wohnsitzregelung war nicht genau vorgeschrieben, bei einigen Plateaustämmen (Sanpoil, Flathead, Shuswap) war sie viri-patrilokal. Mädchenpubertätszeremonien als wichtigster rite de passage kamen in mehr oder weniger ausgeprägter Form bei allen Gruppen vor. Sie waren jedoch im Süden nicht von so großer Bedeutung wie im Norden.

### e) Religion: Kollektivrituale (im Norden), Ritualarmut (im Süden)

Die religiösen Vorstellungen der Bewohner des intermontanen Raumes ähnelten denen der Subarktiker. Man glaubte an die Macht übernatürlicher Tiergeister, die in Träumen oder in Visionen erscheinend den Menschen Kraft und Beistand im täglichen Leben, vor allem aber in Krisenlagen zu geben vermochten. Die Schutzgeistervorstellungen, die im Norden sehr ausgeprägt waren und dort zur Ausbildung eines Medizinmann- oder Schamanentums geführt hatten, spielten im Süden eine geringe Rolle. Ob der bei den Ute verbreitete Bärentanz zu einer älteren Glaubensschicht gehört – er ist vor allem in Ostsibirien verbreitet! – wird vielfach angenommen, kann aber nicht mit Gewißheit belegt werden. Auffallend ist im Großen Becken eine ausgesprochene Ritualarmut; alle Riten treten nur sehr verschwommen auf. Das ist sicher nicht eine Folge des schlechten Forschungsstandes, der hier zweifellos vorliegt, sondern ein Charakteristikum zahlreicher primitiver Wildbeutervölker.

An kollektiven Kultritualen steht im Norden die Zeremonie des Ersten Lachses im Vordergrund; im Großen Becken hat der Geistertanz, eine messianische Bewegung, die sich 1889/90 von Nevada aus über das ganze Große Becken und die Plains ausbreitete, zeitweilig eine gewisse Bedeutung gehabt. Der Sonnentanz, der auch heute noch von verschiedenen Stämmen im östlichen Großen Becken abgehalten wird, stammt dagegen aus den Plains und ist vermutlich durch die Arapaho zu den Nördlichen Shoshone und über sie zu den Ute gelangt.


f) Geschichte: Von der Übernahme des Pferdes bis zur Kapitulation von Chief Joseph

Den ersten dauerhaften Kontakt mit Europäern hatten um 1675 die Südlichen Ute, als der spanische Gouverneur Otermin mit ihnen Verhandlungen anstrebte. Zu dieser Zeit kannten die Indianer Südwest-Colorados bereits das Pferd, das sie durch Handel und Raub von anderen benachbarten Stämmen, vor allen den Plainsstämmen und den Pueblo-Indianern, in ihren Besitz brachten. Vermutlich hatten die Südlichen Ute in der Gegend von Santa Fé, ihrem südlichsten Winteraufenthalt, der zugleich die nördlichste spanische Kolonie war, Pferde und Anbauprodukte der seßhaften Indianer gegen Felle eingetauscht bekommen. Von nun an besaßen sie eine Schlüsselstellung in der Verbreitung der Tiere unter den Stämmen weiter im Norden und Nordwesten. Der Kontakt der Südlichen Ute mit den Spaniern beschränkte sich aber nicht nur auf kommerzielle Unternehmungen. Der Brauch der Adoption, der bei beiden Völkern üblich war, führte dazu, daß spanische Siedler Ute-Kinder in ihre Familien aufnahmen und dafür Pferde anboten. So entstanden im Laufe der Zeit recht freundschaftliche Beziehungen zwischen Ute und Spaniern, und in den Kämpfen der Spanier mit anderen Stämmen (Apache, Comanche, Pueblo) stellten die Ute als Verbündete oft Krieger zur Verfügung.

Unter diesen Umständen konnten die Südlichen Ute bald auch ungefährdet Teile der westlichen Plains aufsuchen, um dort den Bison zu jagen. Ihr materieller Besitz vergrößerte sich, und die Lagergemeinschaft wurde zu einem stabilen Zentrum der Gruppe. Ganz gleich verlief die Entwicklung dann auch später um die Mitte des 19. Jahrhunderts weiter im Norden bei den Nördlichen Ute, den Nördlichen Shoshone und den östlichen Gruppen des Columbia-Plateaus ab. Aus den kleinen Lokalgruppen bildeten sich

größere Verbände und ein (erbliches) Kriegshäuptlingstum entstand. Das Pferd erlaubte den Transport von größeren Mengen von Nahrungsmitteln zu zentral gelegenen Lagerplätzen, die alsbald den Charakter fester Dorfsiedlungen annehmen.

Aber schon in der ersten Hälfte des 19. Jahrhunderts wurden die Ute von den schnell expandierenden südlichen Plainsgruppen angegriffen. Außerdem mußten sie nun unter Zwang Land an Weiße Siedler abgeben. Aus dem ihnen zugesprochenen Reservat wurden in den 70er Jahren Parzellen auf öffentlichen Auktionen verkauft; als Rest blieb die Southern Ute Reservation, die sich in eine östliche anpassungswillige und eine westliche konservative Gruppe spaltete.

Die durch den Besitz des Pferdes entstandene Konsolidierung der Südlichen Ute, die eine Erweiterung ihres Beutegebietes zur Folge hatte und ein politisch stabiles Führertum hervorbrachte, ja sogar zu einem Männerbund nach Plainsmuster, die Hunde-Kompanie, führte, – alle diese Leistungen verfielen, gerieten in Vergessenheit oder verloren zumindest ihren alten Stellenwert in der Kultur und sanken zu bloßen Reminiszenzen herab. Die letzten Versuche einer kulturellen Revitalisation bildeten der Sonnentanz, der Geistertanz und der Peyote-Kult. Der Geistertanz war nur von kurzer Dauer und verschwand völlig. Bei den Bewohnern des östlichen Reservatsteiles wurde die Integration mit den Weißen stärker vorangetrieben, so daß bald nichts mehr von der traditionellen Kultur erhalten blieb. Dagegen behielten die westlichen Gruppen den Sonnentanz und den Peyote-Kult bei. Nach dem 2. Weltkrieg gerieten beide Gruppen wieder ins Scheinwerferlicht der Öffentlichkeit, als in ihrem Reservat Uran gefunden wurde. Man verstand es, die Indianer mit größeren Beträgen für längst schon verlorenes Land abzufinden und Bergwerke gegen Pachtgebühren einzurichten.

Auch im nördlichen Teil des Großen Beckens drangen weiße Siedler in die den Indianern zugesicherten Gebiete ein. Zuerst betrachteten die Weißen das Große Becken und die Plateaugebiete nur als Durchzugsgebiet, so daß die

Stämme wenig gestört wurden. Später aber begannen sie das Land zu besetzen. Es kam zu ständigen Reibungen. Da nur wenige Stämme stark genug organisiert waren, um ernstlichen Widerstand zu leisten, wurden viele Indianer zwangsverschleppt. Ein charakteristisches Schicksal erfuhr ein Teil der Nez Percé, der sich unter der Führung des Häuptlings Joseph vereinigt hatte. Zunächst hatte auch diese Gruppe zugestimmt, in ein für sie geschaffenes Reservat zu ziehen. Nach und nach wurde ihnen immer mehr Land dieses Reservats abgenommen, so daß sich Chief Joseph und seine Anhänger schließlich weigerten, weitere Gebietsverluste hinzunehmen und den Kampf gegen die Weißen aufnahmen. Es folgte ein langer und blutiger Kampf, in dem die Indianer zahlenmäßig hoffnungslos unterlegen waren. Deshalb entschlossen sie sich, unter Deckung ihrer Krieger nach Kanada zu fliehen. Begleitet von ihren Frauen und Kindern, lieferten sie aussichtslose Rückzugsgefechte. Vor Kälte erschöpft und fast verhungert, wurden sie eingeholt und kurz vor der kanadischen Grenze von amerikanischen Truppen umzingelt. Häuptling Joseph erhielt ein ehrenhaftes Angebot der Übergabe und ergab sich, um die Frauen und Kinder zu retten. Bald waren jedoch alle Abmachungen und Versprechungen vergessen, die amerikanischen Truppen deportierten ihn und seine Leute nach Oklahoma. Erst 1885 konnten sie in ihre alte Heimat zurückkehren, wo sie in winzigen Reservaten ihr Leben fristeten.

Auch der Bannock- und Ute-Krieg brachte schwere Verluste für die Indianer und endete mit ihrer Verschleppung in Reservate. Als die Mormonen unter Brigham Young 1847 nach Utah eindrangen, gelang es dem Mormonenführer zunächst, mit den Ute und Paiute friedlich auszukommen. In ihrem eigenen Kampf gegen Truppen der US ließen die Mormonen dann den Indianern freie Hand. Als aber bald darauf die großen Durchzugsrouten nach Kalifornien von den Paiute unterbrochen wurden, kam es zu schweren Kämpfen, auf die in den 60er Jahren die Niederschlagung der bewaffneten Indianeraufstände dieses Gebietes folgte, die die Sicherung der Überlandwege garantierte.

Literaturauswahl

*Anastasio, Angelo:* The Southern Plateau: An Ecological Analysis of Intergroup Relations. (Northwest Anthropological Research Notes, 6). Moscow, Id. 1972

*Beal, Merrill D.:* „I will fight no more forever". Chief Joseph and the Nez Perce War. Seattle 1963

*De Azevedo, W. L. (ed):* Washo Indians of California and Nevada. (University of Utah, Anthropological Papers, 67). Salt Lake City 1963

*Downs, James F.:* The Two Worlds of the Washo. New York 1966

*Kelly, Isabel T.:* Southern Paiute Ethnography (Univ. of Utah, Anthropological Papers, 69). Salt Lake City 1964

*Land, Gottfried O.:* A Study in Culture Contact and Culture Change: The Whiterock Utes in Transition. (Ebd. 15), 1953

*Lowie, Robert H.:* The Northern Shoshone. (American Museum of Natural History, Anthropological Papers, 2). New York 1909

*Murphy, Robert F. and Y.:* Shoshone-Bannock Subsistence and Society. (University of California, Anthropological Records, 16). Berkeley 1960

*Spier, Leslie:* Klamath Ethnography. (University of California, Publications in American Archaeology and Ethnology, 30). Berkeley 1930

*Steward, Julian H.:* Basin-Plateau Aboriginal Sociopolitical Groups. (Bureau of American Ethnology, Bulletin 120). Washington 1938

*Teit, James A.:* The Thompson Indians of British Columbia. (American Museum of Natural History, Memoir 2). New York 1900

*Teit, James A.:* The Shuswap. (Ebd. 4). New York 1909

*Teit, James A.:* The Salishan Tribes of the Western Plateaus (Bureau of American Ethnology, 45th Annual Report). Washington 1930

*Treide, Dietrich:* Die Organisierung des indianischen Lachsfangs im westlichen Nordamerika. (Veröffentlichungen des Museums für Völkerkunde zu Leipzig, 14). Berlin 1965

*Turney-High, Harry H.:* The Flathead Indians of Montana. (American Anthropological Association, Memoir 48). Menasha 1937

*Whiting, Beatrice B.:* Paiute Sorcery. (Viking Fund, Publications in Anthropology 15). New York 1950

a) Lebensraum: Der große Wald

Der Lebensraum der nordöstlichen Waldlandstämme reichte vom Sankt Lorenzstrom im
Norden bis zum Cumberland River im Süden
und vom Mississippi im Westen bis zur mittleren
atlantischen Küste. Zu Beginn der europäischen
Eroberung standen hier riesige Laub- und
Mischwälder, in denen die Indianer einen primitiven, aber intensiven Bodenbau betrieben.

Die nördliche Zone dieses ausgedehnten Wald-
areals wurde durch zahlreiche Seen und kleinere
Ströme geprägt, die für das indianische Ver-
kehrswesen von großer Bedeutung waren und
als Verbreitungswege von Kulturgütern und
Ideen zwischen den Stämmen eine wichtige
Rolle spielten. Abgesehen von einigen kleinen
Enklaven und den Landschaften um die östlichen Großen Seen, die von Angehörigen der
irokesischen Sprachfamilie bewohnt wurden,

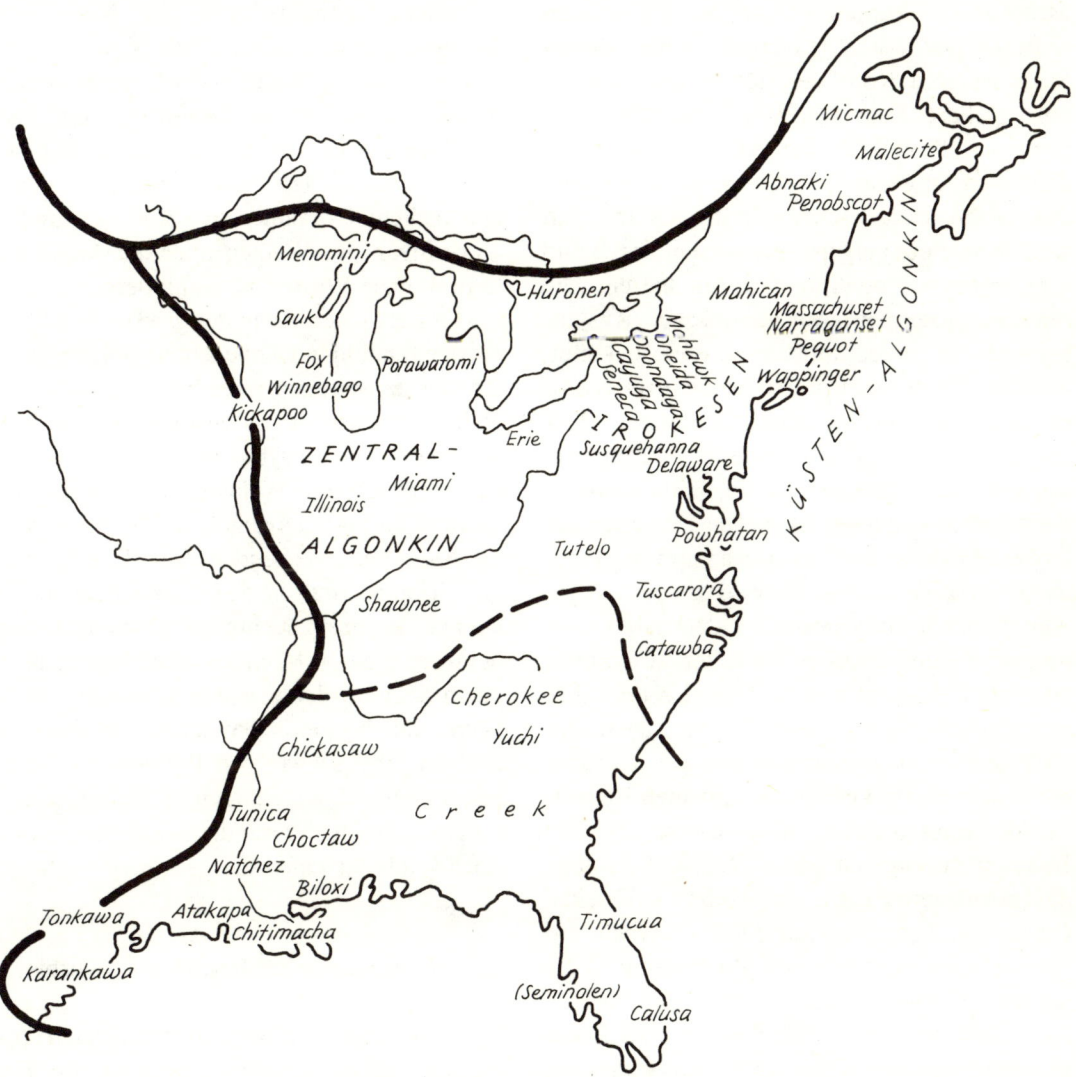

Verbreitung der östlichen und mittelwestlichen Waldlandstämme.

war das ganze nordöstliche Waldland von Algonkin sprechenden Stämmen besiedelt.

Die nördliche atlantische Küstenzone wurde von einer Anzahl von Algonkinstämmen bewohnt, die sich schon in frühkolonialer Zeit zu mehreren Stammesverbänden vereinigt hatten und von denen die Konföderation der Abnaki (Wabanaki) besonders zu erwähnen ist. Ihr hatten sich die früher selbständigen Micmac, Malecite, Penobscot und Passamaquoddy angeschlossen. Zu den namhaftesten Stämmen der mittleren atlantischen Küste, von den südlichen Neuenglandstaaten bis etwa zur Chesapeake Bay, zählten die Pennacook, Massachuset, Wampanoag, Narraganset, Mohegan (deutsch: Mohikaner), Wappinger und die volkreichen späteren Delawaren (Lenape). Außer diesen Stämmen und Konföderationen gab es noch eine größere Zahl von kleineren ethnischen Gruppen, die teils in den genannten größeren Einheiten aufgegangen oder schon kurz nach den ersten kriegerischen Konflikten mit den weißen Siedlern aufgerieben worden waren und ihre ethnische Identität verloren hatten. Die meisten dieser mittleren atlantischen Küstenstämme sind ethnographisch nur wenig bekannt, weil ihre Kultur sich in den kleinen Restgruppen, die in Reservaten leben, nicht mehr erhalten hat. Die südliche atlantische Küstenzone war von den Mitgliedern der Powhatan-Konföderation sowie einigen kleineren Einheiten der Irokesen (Meherrin, Tuscarora) und der östlichen Sioux (Catawba, Tutelo) besetzt. Auch diese Indianer sind schon durch den ersten Siedlungsschub der Weißen entweder ausgerottet oder vertrieben worden, so daß sich über ihre ursprüngliche Kultur nur noch wenig sagen läßt.

Wesentlich besser unterrichtet ist man über die Kultur der irokesisch sprechenden Bewohner des Binnenlandes, insbesondere über die Irokesen im engeren Sinne, d. h. die Stämme der irokesischen Liga: die Mohawk, Oneida, Onondaga, Tuscarora (ab 1722), Cayuga und Seneca (von Ost nach West). Zwar stammen die meisten ethnographischen Nachrichten über sie aus der Mitte des 19. Jahrhunderts, als Lewis Henry Morgan unter ihnen weilte, doch gibt es schon aus dem 17. Jahrhundert über einen iro-

kesischen Nachbarstamm, die Huronen, ausführliche Aufzeichnungen von jesuitischen Missionaren, die erst kürzlich auf ihren ethnographischen Aussagewert gesichtet worden sind. In der Kontaktgeschichte des östlichen Waldlandes sind die Irokesen vor allem wegen ihres erbitterten und anhaltenden Widerstandes gegen die Franzosen und später gegen die Amerikaner bekannt geworden. In ihrem ständigen Kampf hielten sie sich sogar ein stehendes Heer, ein einmaliges Phänomen in der indianischen Welt Nordamerikas. Sie unterwarfen alle benachbarten Stämme vom atlantischen Hinterland im Osten bis zum Unterlauf des Ohio River, wo einige ethnographisch weniger hervorgetretene Algonkinstämme (Shawnee, Illinois, Miami und Potawatomi) lebten. Von diesen sind später nur die Shawnee in der Geschichte durch ihren großen Führer Tecumseh und dessen Zwillingsbruder Tenkswatawa bekannt geworden, als sie 1811/12 noch einmal versuchten, alle östlichen Indianer zu vereinigen und das Vordringen der Weißen über die Appalachen hinweg nach Westen zu verhindern.

Am westlichen Rand des großen Waldgebietes der gemäßigten Zone lebten einige Stämme, die sich teils wegen ihrer besonderen Art der Nahrungsbeschaffung, teils wegen ihrer Nachbarschaft zu den Prärie-Indianern von den bisher besprochenen Waldlandstämmen in ihrem kulturellen Habitus abhoben. Zu ihnen zählen die Algonkin sprechenden Sauk, Fox, Menomini, Kickapoo und die Sioux sprechenden Winnebago. In ihrem seenreichen Wohngebiet der heutigen Staaten Minnesota und Michigan, vor allem aber an den seichten Ufern der großen Seen, gedieh eine Art Wildreis, die diesen Indianern, ebenso wie den Ojibwa des Oberen Sees (s. Subarktis), eine reiche Sammelnahrung lieferten. Auch hier war der Bodenbau bekannt, doch spielte er eine untergeordnete Rolle.

b) Lebensunterhalt: Mais, Bohne, Kürbis

Die nördlichsten atlantischen Küstengruppen und die soeben erwähnten Stämme am Westrand des Waldlandes betrieben nur in geringem

Umfange Bodenbau; die Küstenbewohner lebten überwiegend vom Fischfang und von der Jagd, die Westgruppen vom wilden Wasserreis. Alle anderen Bewohner des nördlichen Waldlandes aber waren Bodenbauer par excellence. Trotz recht primitiver Anbaumethoden erwirtschafteten sie einen so großen Überschuß an Nahrungsmitteln (vor allem Mais, Bohnen und Kürbisse), daß sie große Vorräte anlegen und manchen Sturm überdauern konnten. Die Irokesen beispielsweise kannten über 200 verschiedene Nahrungspflanzen, darunter allein 17 Mais-, 60 Bohnen- und 8 Kürbisarten. Außerdem wußten sie zahlreiche halbdomestizierte Pflanzen wie Sonnenblume, Melone, Tabak und Hanf zu verwerten, ebenso eine große Zahl von wildwachsenden Pflanzen (Beeren, Nüsse, Pilze, Wildrüben). Der hohe Ernteertrag in diesen Breiten beruht auf einer frostfreien Zeit von mindestens 120 Tagen und einem relativ hohen Niederschlag (75 bis 125 cm). Die von den Indianern angebauten Nutzpflanzen waren sehr kälteempfindlich und vertrugen selbst geringen Frost nicht. Da der Boden nur oberflächlich mit Hacken, die aus einem Holzstiel mit einer Klinge aus einem tierischen Schulterblatt oder einem Schildkrötenpanzer bestanden, gelockert wurde und eine Düngung unbekannt war, mußten die Felder häufig gewechselt werden. Die Hauptlast der Feldarbeit, von der Rodung abgesehen, lag bei den Frauen; dies ist wohl auch einer der wesentlichen Gründe, weshalb der Frau bei den Irokesen in sozialer und politischer Hinsicht eine besondere Bedeutung zukam. Die Indianer zogen es im allgemeinen vor, ihre Felder in den leicht zu bestellenden Flußauen anzulegen, wo eine schwere Rodungsarbeit nicht erforderlich war. Nur in Neuengland kannte man eine gelegentliche Düngung mit Fischresten und Muschelschalen. Meist wurden einige Beete zu einer kleinen Pflanzung vereinigt, so daß hier von einem Gartenbau gesprochen werden kann. Man verarbeitete das Hauptnahrungsmittel, den Mais, indem man die Körner mit Stößeln in einem Holzmörser zu Mehl zerstampfte. Das Mehl wurde dann zu Brei oder Hominy, einem Gericht aus gekochtem Maisbrei mit Fleisch- oder Fischstückchen, verarbeitet.

Der Besitz an Land war wie bei fast allen Indianern Nordamerikas niemals individuell verteilt, sondern gehörte der ganzen Gemeinschaft. Das Land stand nur für die Zeit der Bebauung derjenigen Familie zur Verfügung, die es in Nutzung genommen hatte. Die Irokesen bildeten für die wichtigen Arbeiten des Rodens, des Pflanzens und des Erntens kollektive Arbeitsgemeinschaften. Während der Wachstumszeit mußte die ermüdende, aber wichtige Arbeit des Hackens und Jätens von den Familien einzeln durchgeführt werden. Mit der Verlegung der Felder, die oft nach wenigen Jahren erschöpft waren, wurden auch die Dörfer verlassen, so daß man hier in gewissem Sinne von einem Wanderfeldbau sprechen kann. Es muß aber festgehalten werden, daß sich dieser Wanderfeldbau immer im Rahmen eines genau abgesteckten Territoriums abspielte, den Stammesgrenzen. Da das Wohngebiet der Irokesen dicht besiedelt war, gab es hier nur geringe Möglichkeiten, Felder unbegrenzt in Nutzung zu nehmen. Zudem blieb eine starke Bindung an das angestammte Land durch die Gräber bzw. Ossuarien erhalten, in denen die Gebeine der Vorfahren ruhten. Der andere Faktor, der die Siedlungsmobilität in Grenzen hielt, war – bis zur Ankunft der Europäer – die Möglichkeit, die angebaute Nahrung durch Wildbret, Fische und Wildpflanzen in ausreichendem Maße zu ergänzen. Das änderte sich erst nach dem harten Eingriff durch die weißen Siedler, die die Jagdtiere in größeren Mengen abschossen und das Siedlungsgebiet einengten. Die immer stärker von den Erträgen des Bodenbaus abhängig gewordenen Indianer setzten sich zunächst heftig gegen die Weißen zur Wehr (s. Geschichte), mußten sich aber schließlich dem Druck der Kolonisten beugen und büßten die Quellen ihrer früheren reichen Nahrungsversorgung ein, was sie zu ihrer heutigen Lage führte, in der sie als Wohlfahrtsempfänger, die nebenbei etwas Ackerbau betreiben, ihr Leben fristen.

Eine besondere Bedeutung erlangte für die Indianer die Pelztierjagd, als die Nachfrage nach Biber- und anderen Pelzen durch die weißen Händler, hinter denen der europäische Markt stand, wuchs. Bald war der begehrte Biber in vielen Teilen des östlichen Waldlandes praktisch ausgerottet, und die meisten Indianer, insbesondere die Irokesen, mußten sich auf den Handel mit den weiter landeinwärts lebenden Stämmen verlegen. Der Kampf um das Monopol dieses Zwischenhandels bestimmte auch die Auseinandersetzungen zwischen den indianischen Stämmen und Konföderationen, denn jede Gruppe wollte sich an dem Handel beteiligen, um in den Besitz der begehrten europäischen Güter, darunter Feuerwaffen, eisernen Geräten, Schmuck, Stoffen und Alkohol, zu gelangen. Auch der Besitz von Familienjagdgebieten ist erst auf die Knappheit der Pelztiere in europäischer Zeit zurückzuführen. Solche territorialen Abgrenzungen spielten vor allem bei denjenigen Stämmen eine größere Rolle, bei denen die Jagd die überwiegende Form der Nahrungsbeschaffung darstellte und die Pelze überdies das einzige Mittel waren, durch die sie über den Weg des Tausches oder Handels in den Besitz der begehrten europäischen Güter kamen. Familienjagdgebiete fanden sich dementsprechend bei den nördlichen Küstenalgonkin und bei allen südlichen subarktischen Völkerschaften, von Neufundland bis zum Oberen See.

Im Nahrungserwerb der Bodenbauern war auch der Fischfang in den zahlreichen Flüssen und Seen des nördlichen Teiles des Waldlandes, also vor allem im Wohngebiet der verschiedenen irokesischen Stämme, von Bedeutung. Man fing die Fische mit Angelhaken, mit Speeren und in Netzen. Waren die Gewässer flach, errichtete man sogar Sperrzäune und Steindämme. Gefangen wurden Lachse, Aale, Barsche, Hechte, Pickerelen, Forellen und Weißfische.

Der Anteil der Wildpflanzennutzung bei den Bodenbauern archaischer, d. h. vorhochkultureller Prägung wird oft unterschätzt. Die Höhe des Anteils ist nicht immer genau zu ermitteln; auch schwankt sie natürlich von Jahreszeit zu Jahreszeit beträchtlich. Einige wichtige Wildpflanzen, die im östlichen Waldgebiet genutzt wurden, sind bereits erwähnt worden. Noch zu nennen ist die Gewinnung von Zucker aus dem Saft des Ahorns (Acer saccharum). Im zeitigen Frühjahr, von Ende Februar bis Anfang April, zog das ganze Dorf in die Ahornwälder und errichtete dort das Zuckerlager. Man zapfte die Bäume an, kochte den Saft ein und ließ schließlich den dicken Sirupsaft zu Zucker kristallisieren, der in kleinen kuchenförmigen Stücken aufbewahrt wurde. Welche Bedeutung diese Speisewürze für die Indianer hatte, zeigt sich in der ungewöhnlich großen Menge des geernteten Stoffes; im Jahre 1859 wurden von den Indianern der östlichen USA 200.000 Pfund Ahornzucker hergestellt.

Auf die Bedeutung des Handels bei einigen indianischen Stämmen wurde bereits hingewiesen. Nicht erwähnt wurde, daß die Stämme der atlantischen Küste und des unmittelbaren Hinterlandes bereits eine primitive Form von Geld kannten, das im südlichen Neuengland „Wampum" und in Virginia „Roanoake" genannt wurde. Dieses „Geld" bestand aus Wampumperlen, die man zu Schnüren aufreihte. Sie wurden aus Meeresschnecken (Fulgur carica, Buccinum) und der dunkelvioletten Venusmuschel (Venus mercenaria) hergestellt. Im Laufe der Zeit gewannen sie auch dokumentarischen Wert, da man sie bei Friedensschlüssen, Kriegs-

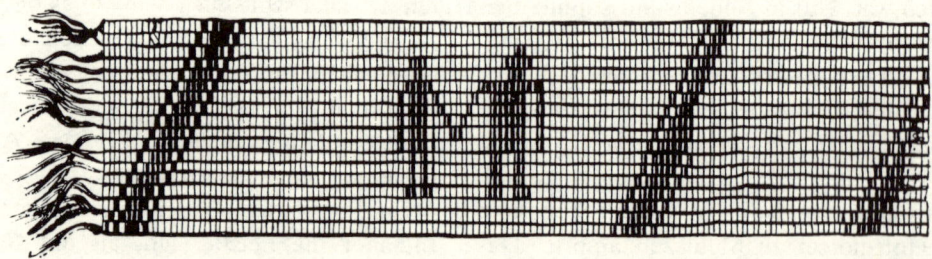

Wampum-Gürtel, der anläßlich eines Vertragsabschlusses zwischen William Penn und den Delaware (oder den Irokesen) dem Begründer Pennsylvanias überreicht wurde.

60

erklärungen und Handelsverträgen seinen Partnern überreichte. In Farbe und Musterung wurden sie dem jeweiligen Anlaß angepaßt, und jeder Partner erhielt das genaue Duplikat des Musters. Einer der berühmten Wampumgürtel ist der sogenannte Penn-Gürtel, der den Vertrag zwischen den Liga-Irokesen und dem amerikanischen Gouverneur William Penn besiegelte und die Sicherung des Staates Pennsylvania seitens der Indianer garantierte.

## c) Materieller Kulturbesitz: Wigwam und Großhaus

Der charakteristische Rohstoff der Waldlandindianer war das Holz. Es bildete das Grundmaterial für den Hausbau und die meisten Geräte des täglichen Lebens, wie Waffen, Eßgeräte und Gefäße. Die Behausungen bestanden bei den nördlichen Küsten-Algonkin und den Zentral-Algonkin aus kuppelförmigen Wigwams vom subarktischen Typ; bei den Irokesen und den volkreichen benachbarten Algonkin der mittleren und südlichen atlantischen Küste bewohnte man große, rechteckige Langhäuser mit Giebel- oder Tonnendach. Die Häuser der Irokesen erreichten oft eine beträchtliche Länge; sie dienten mehreren Kleinfamilien, die zu einer Matri-Lineage gehören, zur Unterkunft.

Aus Rindenstücken (im Norden Birken-, weiter im Süden Ulmenrinde) nähte man Kanus zusammen und dichtete die Nähte mit Kiefernpech. Hölzerne Querstreben und ein Holzrand sorgten für eine große Stabilität der sehr leichten Boote. Aus Baumrinde stellte man auch wasserdichte Gefäße her, in denen man mit heißen Steinen Wasser oder Nahrung erhitzte. Aus Baumrinde wurden auch große Vorratsbehälter, flache Tabletts, muldenförmige Ahornsaftkessel (mockocks) und Schöpflöffel gefertigt. Körbe flocht man aus den Ruten der Schwarzesche. Matten wurden aus Baststreifen oder Schilfstengeln zusammengenäht. Zu jedem Haushalt gehörten ein großer Holzmörser und ein Stößel, mit dem Mais zerstampft und Nüsse zerkleinert wurden.

Mokkasin, mit Stachelschweinborsten bestickt („Quillwork") Irokesen. (Morgan 1851)

Die in vorgeschichtlicher Zeit hochentwickelte Töpferei wurde in frühkolonialer Zeit kaum noch betrieben, da die meisten Gefäße aus Holz hergestellt wurden und schon bald nach Ankunft der Europäer durch Kupfer- und Messingkessel ersetzt wurden. Tabakspfeifen und Kalumets entsprachen denen der Prärie-Indianer und sind dort beschrieben.

Die Kleidung wurde meist aus Tierhäuten, kleinere Stücke aus Bastfasern und dem sogenannten Indianerhanf (Apocynum cannabinum) hergestellt. Aus weichem Hirschleder bestanden Durchziehschurz und das kurze Hemd des Mannes sowie Rock und langärmeliges Überhemd der Frauen. Als Fußbekleidung waren Mokkasins mit weicher Sohle üblich. Bei kalter Witterung wurden Leggings und Fell-

mäntel übergezogen. Viele Kleidungsstücke
waren mit gefärbten Stachelschweinborsten
oder Elchhaaren geschmückt, die auf die Gegenstände aufgenäht waren. Man nennt diese
Applikationstechnik im Englischen „Quillwork". Sie hatte in frühkolonialer Zeit ein bemerkenswert hohes handwerkliches Können
und künstlerisches Niveau erreicht.

An die Stelle des heimischen Quillworks traten schon früh durch europäische Importe Glas-
perlen- und Seidenbandapplikationen.

Als Waffen kannten die östlichen Waldlandstämme vor Ankunft der Weißen hölzerne Sä-
bel- und Kugelkopfkeulen sowie Bogen und
Pfeile für den Fernkampf. Holz- und Leder-
schilde dienten zum Schutz, die Huronen trugen
Holzstäbchenpanzer. In der Kolonialzeit setzte
sich bald der Tomahawk (Algonkin „takäha-
kan"), eine kleine Axt mit Eisenklinge – später
die Bezeichnung für alle Arten von indianischen
Wurfäxten – und das Gewehr durch.

Ab 1820 etwa ist die materielle Kultur, auch
die der weiter westlich lebenden Stämme, durch
europäische Metallwerkzeuge und -geräte, Gewehre und Stoffe fast völlig umgewandelt worden. An der atlantischen Küste setzte dieser
Vorgang bereits im 17. Jahrhundert ein.

Mit Perlen bestickte Tasche der Irokesen. Die Muster sind
europäischer Herkunft (Morgan 1851).

### d) Soziale Umwelt: Langhaus und Liga
### der Irokesen

In der sozialen Struktur zeigt sich sehr deutlich
der Unterschied zwischen den Jäger- und
Sammlerstämmen, die nur gelegentlich etwas
Bodenbau betrieben, und den vollseßhaften
Bodenbauern, als deren Repräsentanten die
Irokesen gelten können. Bei ersteren herrschte
eine labile Lokalgruppenverfassung, zuweilen
mit Häuptlingstum, bei letzteren eine komplexe
Verwandtschaftsstruktur mit erblichem Stammeshäuptlingtum und organisierter Territorialorganisation sowie kollektiven Gruppenbildun-
gen außerhalb der Blutsverwandtschaftsgrup-
pen. In einer Mittelstellung zwischen diesen
beiden Polen gesellschaftlicher Gruppenbil-
dung bzw. im Übergang von der einen zur ande-

ren befanden sich die Zentral-Algonkin, die zur
Zeit der ersten ethnographischen Bestandsauf-
nahme gerade eine Periode des Umbruchs von
der Lokalgruppenorganisation zu festeren sozialen Formen durchliefen.

Im folgenden sollen die Irokesen, im engeren
Sinne die Seneca, als Repräsentanten der seßhaften Bodenbauern gelten, denn die ethnographische Quellenlage ist hier, seit Lewis H. Morgan seine umfangreichen Berichte über den
Stamm der Seneca verfaßte, besonders günstig.

Bei den Irokesen bildeten mehrere Kernfamilien eine exogame Matrilineage, die „ohwachira" genannt wurde und mit dem sogenannten
Langhaus identisch war. In einem Langhaus
wohnten zwischen 20 und 200 Personen; meist
waren es über 100 Menschen, die in Familienab-
teilungen getrennt das lange irokesische Gie-
beldachhaus gemeinsam bewohnten und be-
wirtschafteten. Die Bewohner eines solchen
Langhauses setzten sich aus einer Verwandt-

schaftsgruppe zusammen, deren Mitglieder sich als Nachkommen einer gemeinsamen Ahnfrau betrachteten. Die ehelichen und adoptierten Kinder zählten zur Lineage der Mutter, so daß hier eine Matrilineage oder Matrisippe bestand. Bei einer Heirat zog der Ehemann in das Langhaus seiner Frau (uxori-matrilokale Wohnsitzregelung), doch hatte er in der ohwachira, in der er nun lebte, nur geringe Rechte und Pflichten. Diese bestanden vielmehr gegenüber seiner eigenen Matri-Lineage, d. h. gegenüber seiner Mutter, seinen Schwestern und deren Kindern. Männliche Rechte und Pflichten der Elternschaft übernahmen die Brüder der Mutter. Man hat diese in der Welt nicht sehr häufig vorkommende matrilineare Deszendenzregelung, kombiniert mit uxori-matrilokaler Wohnsitzregelung, oft als Matriarchat, als Mutterherrschaft, bezeichnet, wobei die Irokesen gern als Paradebeispiel einer solchen Sozialordnung betrachtet werden. Schließlich hat man vielfältige Theorien daran geknüpft, besonders hinsichtlich der evolutionistischen Entwicklung von Sozialordnungen. Die Bezeichnung Matriarchat ist jedoch im Falle der Irokesen trotz der zweifellos starken Stellung der Frau in der irokesischen Gesellschaft ganz sicher nicht berechtigt. Denn die eigentlichen, die tatsächliche Führung bedingenden Entscheidungen, von der Leitung eines Langhauses einmal abgesehen, wo mehr großfamilienähnliche Zustände herrschten, lagen immer in den Händen der Männer. Selbst wenn diese Männer als Führer von Klanen oder Stämmen von der Leiterin einer ohwachira gewählt wurden, so stellten sie doch ein eigenes männliches Führungselement dar; denn eine Matrone konnte nicht einfach einen beliebigen Mann ihrer Wahl zum Klanhäuptling oder Sachem bestimmen, sondern mußte sich bestimmten Regeln fügen, bei denen die Erbfolge eine entscheidende Rolle spielte. Die wichtigste Tätigkeit einer Matrone war die Überwachung der gemeinschaftlichen Feldarbeit und der Ordnung im Langhaus. Dabei standen ihr auch alle männlichen Nachkommen zur Seite, die – soweit sie verheiratet waren – zwar im Langhaus ihrer Ehefrauen lebten, aber dort nur geringe Rechte und Pflichten besaßen. Insofern war auch die

Klanintegrität bei den Irokesen nicht sehr stark entwickelt, denn eines der wesentlichen Kennzeichen eines Klanes (nach der Definition von G. P. Murdock) war die Existenz eines Wir-Bewußtseins der Familienangehörigen, im Falle der Irokesen also das Zusammengehörigkeitsbewußtsein des Mannes mit seiner Frau und seinen Kindern. Sehen wir einmal von der strengen Auslegung des Klanbegriffs durch Murdock ab, so läßt sich von den Irokesen sagen, daß die Langhausbewohner ein Klansegment stellten, das zusammen mit den Bewohnern anderer Langhäuser einen totemistischen Klan bildete. Die Mitglieder eines solchen Klans hatten die Pflicht, sich gegenseitig zu helfen, den Blutpreis einzutreiben bzw. die Blutrache zu üben, und sie hatten das Recht, Fremde zu adoptieren. Der Klanrat regelte auch die Nutzungsrechte der Felder, schlichtete Zwistigkeiten unter den Klanmitgliedern, verlieh Ehrennamen und veranstaltete wichtige öffentliche Zeremonien. Die bedeutendsten Klane in den Stämmen der irokesischen Liga waren der Schildkröten-, der Wolf- und der Bärenklan. Sie waren unter allen Stämmen vertreten. In einigen Stämmen wurden sie durch einen Habicht-, einen Hirsch-, einen Biber-, einen Schnepfen- und einen Reiherklan ergänzt.

Der Zusammenschluß der Klane zu zwei sozialen Einheiten (Moieties), die jedoch keinen eigenen Namen trugen, sondern nach dem Hauptklan benannt wurden, ist vermutlich jüngeren Ursprungs; denn sie trat nur bei bestimmten religiösen Zeremonien in Erscheinung, z. B. bei Begräbnisfeierlichkeiten oder bei kultischen Wettkämpfen und Spielen.

Die politische Einheit war der Stamm, der in einem abgegrenzten Territorium mehrere Dörfer bewohnte, einen gemeinsamen Dialekt sprach und durch einen Stammesrat repräsentiert wurde. Neben den erblichen Klanhäuptlingen gab es die Gruppe der sogenannten „Pine Tree Chiefs"; das waren verdiente und tapfere Krieger, die aufgrund hervorragender Leistungen zu Häuptlingen auf Lebenszeit gekürt wurden. Der Stammesrat unterstand in seinen politischen Entscheidungen weitgehend der Exekutivgewalt des Ligarates, der höchsten Instanz der Irokesen-Liga, die eine Konföderation von fünf, zeitweilig sechs Stämmen war. Irokesischen Überlieferungen zufolge soll sie um 1575 von Dekanawida und seinem Adepten Hiawatha gegründet worden sein. Das geschah, als nach der Gründung europäischer Kolonien am Alantik die Küstenalgonkin in den Besitz von Gewehren gelangten und den einzelnen irokesischen Stämmen des Binnenlandes militärisch überlegen wurden. Die Liga als Institution besteht heute noch, 400 Jahre nach ihrer Gründung.

Den Ligarat bildeten fünfzig Sachems, deren Ämter erblich waren und die nach einem genauen Schlüssel auf die verschiedenen Stämme verteilt wurden. Dabei war es unerheblich, wieviel Sachems ein Stamm stellte, denn alle Entscheidungen mußten einstimmig beschlossen werden. Theoretisch beriet und bestimmte der Liga- oder Sachemrat Angelegenheiten, die alle Stämme gemeinsam betrafen, also in erster Linie Krieg und Frieden. Es kam aber häufig vor, daß die Stämme selbständig handelten. Trotz allem läßt sich jedoch nicht bestreiten, daß der Ligarat eine wichtige Institution darstellte, deren Macht sich in den Auseinandersetzungen zunächst mit den Franzosen und später dann mit den Amerikanern manifestierte, als sich die Stämme geschlossen auf die Seite der Briten stellten und den Amerikanern in langen erbitterten Kämpfen schwere Verluste zufügten. Nachdem die Engländer den Krieg verloren hatten, mußten viele Irokesen ihre Heimat verlassen und nach Kanada umsiedeln, wo bis heute noch eine größere Zahl von ihnen lebt, die meisten in der „Six Nations Reserve" im südlichen Ontario. Die in den Vereinigten Staaten gebliebenen Irokesen verhalfen durch die strikte Einhaltung ihrer neuen Treueverpflichtung gegenüber den Amerikanern, diesen einer vernichtenden Niederlage der verbündeten Indianer und Engländer unter dem Shawneeführer Tecumseh (1812) zu entgehen. Im Laufe des 19. Jahrhunderts gaben einige Irokesengruppen Teile ihres Landes auf und siedelten nach Oklahoma, in das Indianerterritorium, über. Heute leben immerhin noch 6000 Irokesen in kleinen Reservaten des Staates New York.

## e) Religion: Traum, Vision und Maskenbund

Während bei den halb-seßhaften Algonkinstämmen des nördlichen Küstenabschnitts Geistervorstellungen vom subarktischen Typ vorherrschten, besaßen die seßhaften Bodenbauer der mittel- und südatlantischen Küste sowie des Hinterlandes (Irokesen) ein ausgebildetes Götterpantheon, das sich über und neben die alten Geistervorstellungen geschoben hatte; die Schamanen waren bei ihnen im wesentlichen nur noch als Krankenheiler tätig und hatten sich – was für die Irokesen gilt – in Geheimbünden zusammengeschlossen. Durch schamanistische Kunstgriffe, aber auch durch eine genaue Kenntnis von der Wirkung bestimmter Heilpflanzen, in neuerer Zeit auch bei der Behandlung von neuropsychischen Leiden, stellten sie durch eine Art Suggestion ihre Fähigkeiten unter Beweis. Da der Glaube an die Erlangung besonderer Macht in einem Traum oder in einer Trance allgemein auch bei den seßhaften Mais-

Tecumseh (1768 - 1813) war der Führer des letzten organisierten Widerstandes der Zentral-Algonkin. Er trägt auf diesem Porträt eine englische Offiziersuniform.

bauern verbreitet war, wurden die Schamanen als die Empfänger besonders mächtiger Schutzgeister geachtet, aber auch gefürchtet.

Neben ihnen gab es agrarische Gottheiten, die eng mit der Entstehung des Kosmos und des Menschen verbunden waren. In der Schöpfungsgeschichte der Irokesen standen die beiden göttlichen Zwillinge Teharonhiawagon und Tawiskaron im Vordergrund. Der erstere verkörperte das Gute, der letztere das Böse. Inwieweit hier bereits christliches Gedankengut Eingang gefunden hat, muß dahingestellt bleiben, weil ja alle Quellen aus der nachkolumbischen Zeit stammen. Es ist anzunehmen, daß der Dualismus früher wohl nicht so ausgeprägt war wie in nacheuropäischer Zeit.

Nach der Zerschlagung des irokesischen Widerstandes gegen die Amerikaner und der Wiederherstellung eines ungestörten Wirtschaftslebens wurden die religiösen Feste im Einklang mit dem feldbäuerlichen Lebensrhythmus kalendarisch fixiert. Die regelmäßige Abhaltung von mindestens sechs jährlichen Festen mit kompliziertem Ritual erforderte die Bildung eines zeremoniellen Apparates. Die Mitglieder einer solchen Institution waren die „Keepers of the Faith". Als Zeremonialleiter nahmen sie während der Kultfeiern eine geachtete Stellung ein. Das erste Fest war das Ahornfest. Es folgte das Maisaussaatfest; bei großer Trockenheit wurde noch das Donnertanzfest eingeschoben, bei dem Heno, der Donner- und Vegetationsgott, angerufen wurde. Darauf folgte das Erdbeerfest. Die wichtigsten zeremoniellen Feste des Jahres aber waren die drei letzten: das Maisreife- oder Grünkornfest, das Maiserntefest und das Neujahrs- oder Mittwinterfest. Bei allen Festen wurden kultische Tänze abgehalten, der Federtanz beim Grünkornfest, der Adlertanz beim Mittwinterfest usw. Das Mittwinter- oder Neujahrsfest war das bedeutendste aller irokesischen Feste: In seinem Rahmen fand das Traum- und Weißhundfest statt. Es begann damit, daß alle Teilnehmer ihre Sünden öffentlich beichteten; dann wurden die Häuser zeremoniell gereinigt. Zum Abschluß wurde ein erdrosselter weißer Hund feierlich in dem erneuerten Feuer verbrannt, um die Sünden des Dorfes mit

sich zu nehmen. Die christlichen Elemente in der irokesischen Glaubenswelt erschöpften sich trotz langer Missionszeit noch bis ins 19. Jahrhundert hinein in Äußerlichkeiten. Selbst die Buße, die man bei bestimmten Zeremonien Sündern auferlegte, wurde im Grunde nicht richtig verstanden. Das zentrale christliche Ritual der Kommunion war nie von den Irokesen übernommen worden. Wahrscheinlich ging nur die Gestalt des großen Geistes als eines obersten Gottes auf christlichen Einfluß zurück.

Träume und Visionen spielten im religiösen Leben vieler nordamerikanischer Indianer eine zentrale Rolle. Sie bildeten auch den Inhalt vieler Mythen und nahmen in Kultobjekten, z. B. in den irokesischen Masken, sichtbar Gestalt an. Der Traum war für den einfachen Indianer Voraussetzung zur Erlangung eines persönlichen Schutzgeistes, der ihm bei der Meisterung des Lebens, bei Krankheit und zur Aufnahme in einen Geheimbund behilflich war. Wem ein bestimmtes Tier im Traum erschienen war, konnte um Aufnahme in einen Geheimbund bitten. Andererseits gab es noch die Möglichkeit, Mitglied einer esoterischen Gesellschaft zu werden, wenn man von einer schweren Krankheit durch Medizinmänner eines bestimmten Bundes geheilt wurde. Da man im Verlauf der Heilung die sie bewirkenden sakralen Riten kennenlernte, bestand gleichsam die Verpflichtung, Mitglied des betreffenden Bundes zu werden. Das tat natürlich jeder gern, denn er stand von nun an unter dem Schutz der Bunddoktoren, die ein beträchtliches Repertoire nicht nur von suggestiven Zaubertricks besaßen, sondern auch ganz konkrete Heilmittelwirkungen und Behandlungsmethoden kannten, die sie ihren Bundgenossen zur Verfügung stellten. Jedes Mitglied war zudem des Schutzes der Bundesgeister sicher. Einzige Voraussetzung war Verschwiegenheit und regelmäßige Teilnahme an den Bunderneuerungsriten, die als Krafterneuerungsriten mindestens einmal im Jahr abgehalten wurden. Nahm man an diesen Riten nicht teil, konnte sich die „Medizin" ins Negative umwandeln und den Betreffenden gefährden. Diese Vorstellung dürfte wohl von den führenden Mitgliedern der Bünde, die ja ein beträchtliches politisches Gewicht besaßen, gefördert worden sein, weil sie sich auf diese Weise der unbedingten Gehorsamkeit und Abhängigkeit ihrer Mitglieder versichern konnten.

Von allen Stämmen des östlichen Waldlandes kannten nur die Irokesen Masken. Insbesondere der Falschgesichterbund, der auch heute noch viele Mitglieder hat, war ein Maskenbund. Man trug aus Holz geschnitzte Masken mit menschenähnlichen, stark verzerrten Zügen, die teilweise zweifarbig gemalt waren. Eine weniger wichtige Rolle spielte der Maisstrohgesichterbund, deren Mitglieder aus Maisstroh geflochtene Masken anlegten. Der dritte irokesische Maskenbund war der Idos-Bund.

Die Geheimbünde, von denen die meisten heute noch existieren, haben inzwischen eine zusätzliche Funktion übernommen: Sie sind die Wahrer der alten Stammessitten, der alten Glaubensvorstellungen und Riten. Die Mitglieder der irokesischen Geheimbünde stellen somit die konservative Partei der Reservatsbevölkerung. Die konservative, nativistische Einstellung ist auch durch die Lehre des Seneca-Propheten Handsome Lake (1735-1815) gestärkt worden, dessen „Neue Religion", eine konservative Ausdeutung indianischer Morallehre mit christlichem Gedankengut, mit dem Bundwesen eine enge Verbindung einging und sich in der sogenannten Langhausreligion gegenüber den getauften Christen in den meisten Reservaten bis in die Gegenwart hinein erhalten hat.

Krankenheilungsritual des Falschgesichterbundes. Zeichnung eines Seneca-Indianers.

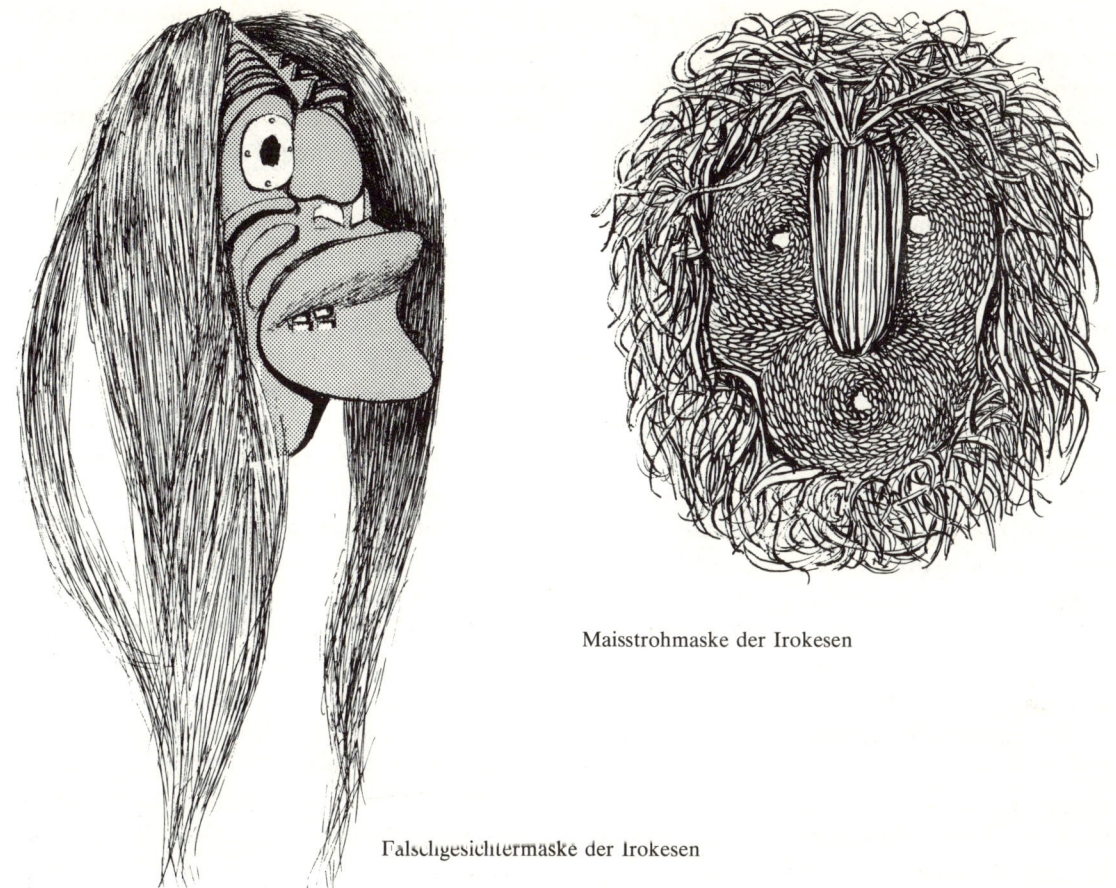

Maisstrohmaske der Irokesen

Falschgesichtermaske der Irokesen

## f) Geschichte: Der Pelzhandel. Zwischen den Fronten. Der Neo-Indianismus

### Der Pelzhandel

Die erste Kontakt-Periode (1550-1700) wurde durch den Handel geprägt. Sie betraf in erster Linie die Küstenalgonkin und die am St. Lorenz-Strom lebenden Irokesen. Die Händler tauschten Eisenwaren, Perlen, Messingkessel, Alkohol und andere Waren gegen die auf den europäischen Märkten gesuchten Pelze, vor allem Biberpelze. Die Händler brachten auch die ersten Infektionskrankheiten, denen die Indianer zu Tausenden erlagen, ins Land. Ab 1535 waren die ersten französischen Entdecker den St. Lorenz-Strom weit aufwärts gefahren und hatten mit den hier ansässigen laurentischen Irokesen Handelskontakte hergestellt. Von hier gelangten europäische Waren über die alten indianischen Verkehrswege bald bis weit in das Binnenland. Dieser für beide Seiten einträgliche Handel war schließlich auch die Ursache für die Kriege indianischer Gruppen und Stämme untereinander, denn alle wollten sich daran beteiligen. Bald stritt man sich um die Jagdgebiete mit den Pelztieren. Es dauerte nicht lange, so war der Biber im ganzen Küstengebiet und im Hinterland ausgerottet. Einige Stämme schlossen sich zu größeren Einheiten zusammen. Die Bildung der Konföderationen war also letztlich Ausdruck des Handelsimpaktes der Weißen auf die Indianer. Mit Hilfe europäischer Feuerwaffen vertrieben Stämme der nördlichen Küstenalgonkin die laurentischen Irokesen aus dem St. Lorenztal (bis 1580). Trotz großer Anstrengungen gelang es den Irokesen nicht, dieses Gebiet zurückzuerobern, zumal sich die Franzosen mit den Huronen und Algonkin verbündeten und 1609 einen großen Handelsposten bei Quebec gründeten. Doch bildeten fortan die Stämme der irokesischen Liga eine Quelle ständiger Un ruhe, in die sich dann später auch die Kolonialmächte einschalteten.

An der mittleren atlantischen Küste hatten im frühen 17. Jahrhundert Engländer, Schweden und Holländer Handelsposten gegründet. Sie verbündeten sich mit den hier ansässigen Algonkin, die nun mit Unterstützung der Weißen benachbarte Landstriche erobern konnten. So vergrößerten die Powhatan, die Pequot und die Wampanoag ihre Stammesgebiete, und die Angehörigen der Mahican-Konföderation griffen die Delaware am unteren Hudson River an. Auch Teile der östlichen Irokesen mußten den Mahican Tribut zollen.

Während der Pelzhandel in den Küstengebieten zurückging und die weißen Händler weiter landeinwärts vordrangen, erlebten die Indianer, insbesondere auf Long Island, noch eine kurze Blütezeit durch die Herstellung und den Handel mit Wampumperlen, die als Kleingeld auch von den europäischen Händlern benutzt wurden. 1623 gründeten die Holländer am oberen Hudson River einen Handelsposten – Fort Orange (das heutige Albany) –, wodurch eine Verschiebung der Machtverhältnisse eintrat. Nun gewannen die Mohawk die Oberhand über die Mahican, denn den Holländern erschien ein Handelsbündnis mit den Mohawk wichtiger. Die Algonkin zogen sich auf das Ostufer des Hudson River zurück.

Jetzt waren die Irokesen in einer günstigeren Position als die Küstenalgonkin; sie rissen den gesamten Handel an sich, und mit Hilfe der von den Holländern eingetauschten Feuerwaffen unterjochten sie die benachbarten Stämme bis zum unteren Ohio.

Die Folgen des Handels machten sich auch in der sozio-politischen Struktur der betroffenen Stämme bemerkbar: Man wurde sich auf einmal des Wertes des Landes bewußt, in dem die Pelztiere lebten, und man strebte territoriale Abgrenzungen an. Während früher die Arbeitsteilung zwischen den Geschlechtern den ökonomischen Notwendigkeiten entsprach, wandten sich die Männer jetzt fast ganz dem Pelzhandel bzw. der -jagd zu, und die Verantwortung für die Sicherstellung der Nahrung lag allein in den Händen der Frauen.

Oft entstanden im Kampf um Handelsvorteile Rivalitäten unter den einzelnen Gruppen. So waren es nicht nur die eingeschleppten Krankheiten, sondern auch die ständigen Auseinandersetzungen und Kämpfe, die die Bevölkerung allmählich dezimierten und zur Auflösung ganzer Stammesgruppen führten.

*Zwischen den Fronten*

Ab 1620 begannen die Weißen nunmehr als Siedler das Bild der Kontaktgeschichte zu prägen. Nachdem die Händler die Flüsse aufwärts gezogen und ihre Tätigkeit immer weiter ins Binnenland verlagert hatten, traten an den Küsten die Siedler an ihre Stelle. Man schätzt die Zahl der englischen Einwanderer zu Anfang des 17. Jahrhunderts auf etwa 30.000; 1650 waren es bereits 50.000. Sie wohnten vorwiegend an der Küste der Neuenglandstaaten und um die Chesapeake Bay. Zwischen diesen beiden englischen Siedlungszentren hatten sich einige Tausend Holländer, Finnen, Schweden und Pfälzer, die späteren Pennsylvania-Dutch, niedergelassen.

Mit der Ankunft der Siedler veränderten sich die Beziehungen der Indianer zu den Weißen: War den Händlern an einem möglichst ungestörten Leben ihrer indianischen Handelspartner gelegen, kamen die Siedler mit dem Ziel, den Indianern ihr Land abzukaufen. Zunächst reagierten die Indianer noch freundlich und versuchten, sich mit den Siedlern zu arrangieren. Sie boten ihnen Land zur Bearbeitung an, wie es bei ihnen selbst üblich war. Als jedoch die Siedler das Land für immer behalten wollten – eine Vorstellung, die den Indianern fremd war –, kam es zu Streitigkeiten und schließlich zum offenen Kampf. Die Siedler fühlten sich nun getäuscht, und in einem ungleichen Kampf wurden die Indianer Schritt für Schritt aus ihren Wohngebieten vertrieben, getötet oder versklavt. Ihre Häuptlinge wurden von den Kolonialbehörden bestimmt und bestätigt; Oberhäuptlinge gab es nicht mehr. 1663 wurde die kleine holländische Kolonie von den Engländern besetzt. Nach einem letzten Aufbäumen brach schließlich 1675 im sogenannten König-Philipp-Krieg der Widerstand der Indianer endgültig zusammen. Ein Massaker folgte dem anderen; indianische Frauen und Kinder wurden ermordet oder mit ihren Männern lebendig in ihren Hütten verbrannt. Um 1680 lebten nur noch rund 15.000 Indianer im zentralen und südlichen Teil der Neuenglandstaaten. Es gab nur noch wenige Reservatsindianer, soweit sie nicht Sklaven waren. Die wenigen Überlebenden waren geflohen und hatten sich den Franzosen am St. Lorenz-Strom angeschlossen.

Nach der Eroberung der atlantischen Küstenzone wurde die koloniale Expansion der Siedler durch den wachsenden Widerstand der nach Westen geflohenen und sich dort mit den Irokesen vereinenden Stämme, die durch die Pelzhändler unterstützt und mit Gewehren und Munition versorgt wurden, zunächst einmal gestoppt.

Es dauerte ein halbes Jahrhundert, bis die Siedlungsgrenze die Oberläufe der Flüsse erreichte. Um 1740 hatten sich die historischen Delaware aus versprengten Resten verschiedener Stämme zu einem Stammesbund zusammengeschlossen. Der berühmte Friedensvertrag, den William Penn mit ihnen schloß, als er Pennsylvanien gründete, sicherte ihnen zunächst ein friedliches Leben. Nach dem Tode Penns wurden sie jedoch von ihrem Land vertrieben und verbündeten sich nun mit der irokesischen Liga. Immer wieder schlossen die Delaware Verträge mit den Weißen, aber stets wurden sie wieder gebrochen. Auch von ihrem selbst gekauften Land in Kansas wurden sie vertrieben, bis sie schließlich in Oklahoma eine neue Heimat fanden.

Die Haltung vieler Weißer gegenüber den Indianern war oft von unvorstellbarer Grausamkeit geprägt. Ein Beispiel ist das Massaker von Gnadenhütten in Ohio im Jahr 1782, als die hier lebenden christlichen Delaware von einer Streife Weißer in sinnloser Weise niedergemetzelt wurden.

Die Periode der Siedler-Frontier brachte die ersten umwälzenden Veränderungen der traditionellen indianischen Kultur mit sich. Es waren besonders die friedlichen Kontakte mit den skandinavischen Siedlern, die die indianische Welt zu verändern begannen. Europäische Haustiere (vor allem Schweine und Hühner) und Obstbäume wurden eingeführt. Seit 1650 beteiligten sich zahlreiche Indianer der Neuenglandstaaten an der Walfangindustrie. Zwischen Holländern und Indianerinnen kam es häufig zu Mischehen, während sich die Engländer, die ihre Familien mitgebracht hatten, für sich hielten.

Mit der Integrationsperiode (1650 bis 1800) begann eine verstärkte Missionstätigkeit protestantischer Sekten. Die früheren Missionare, vor allem die Jesuiten, hatten bei ihrer mühseligen Arbeit wenig Erfolg gehabt, weil die traditionelle indianische Kultur noch intakt und die Glaubens- und Wertvorstellungen der Indianer noch unerschüttert waren. Nun aber wurden die traditionellen indianischen Strukturen gründlich zerstört, und die Engländer, vor allem die Puritaner im Norden, waren entschlossen, den Indianern, nachdem sie „zivilisiert" worden waren, die christlichen Moralbegriffe beizubringen. Man nahm indianische Kinder in englischen Familien auf und hatte damit zugleich billige Haussklaven. In den Kämpfen gefangen genommene indianische Frauen und Kinder wurden unter den Kolonisten verteilt. Eine intensive Missionstätigkeit begann aber erst, als einige Prediger die indianische Sprache erlernten und sich unter die Indianer begaben. Finanziell wurden diese Unternehmen vor allem von der 1649 gegründeten Gesellschaft „Society for the Propagation of the Gospel in New England" unterstützt. Man siedelte die Indianer in aufgekauftem Land an, wo man sie ständig unter Kontrolle hatte. 1674 gab es bereits 14 solcher Missionsdörfer im Gebiet von Massachuesetts. Von seiten der weißen Kolonisten entstand diesen Indianern gegenüber ein gewisser Paternalismus. Von den eigenen Stammesgenossen wurden die Missionsindianer verachtet; vor allem waren es die Stammeshäuptlinge, deren Kontrolle sie ja nun entzogen waren, die sich gegen sie wandten. Im König-Philipp-Krieg (1675-76) waren diese Indianer besonderen Verfolgungen ausgesetzt. Von den 4000, die 1674 gezählt worden waren, lebten 1698 nur noch 2500. Auch die Arbeit französischer katholischer Missionare bei den Mohawk und Mahican war bis 1730 wenig erfolgreich, in erster Linie wegen der politischen Allianz dieser Indianer mit den Engländern.

Die Stockbridge-Indianer im westlichen Massachusetts hatten sich aus Resten der Mahican, Wappinger und anderer Gruppen gebildet, als dort 1734 eine Mission gegründet wurde. Ihre Führer wurden besonders gefördert, und weiße Handwerker brachten ihnen europäische Werkzeuge und bildeten sie in handwerklichen Fertigkeiten aus. Die Siedlung gedieh, Häuser wurden gebaut und Äcker angelegt. Später fielen aber auch die Stockbridge-Indianer dem Landhunger weißer Siedler zum Opfer; sie wanderten 1785 zu den Oneida ab, denen sie sich auch später auf ihrem Zug nach Wisconsin anschlossen. Anderen Missionssiedlungen erging es ähnlich.

In dieser Zeit brach die traditionelle Kultur der Küstenstämme endgültig zusammen. Religiöse Sanktionen, die früher soziale Normverstöße eingedämmt hatten, wurden wirkungslos. Die zeremoniellen Feste wurden nicht mehr veranstaltet, weil der Glaube an ihre Bedeutung verlorengegangen war. Die Annahme des christlichen Glaubens und christlicher Moralvorstellungen brachte eine gründliche Veränderung des indianischen Führertums und des Gemeindelebens mit sich. Die Stellung des Häuptlings wurde durch die Missionare gestärkt; er war oft der einzige, der lesen und schreiben konnte. Durch die Missionsschulen verbreitete sich die englische Sprache rasch. Die Arbeit auf den Feldern ging auf Frauen über, während die Männer auf den Höfen der Weißen arbeiteten und oft längere Zeit von ihren Familien getrennt lebten.

Der letzte Abschnitt im Leben der östlichen Waldlandindianer setzte um 1800 ein. Die einzelnen Restgruppen lebten weit verstreut in einer Welt von Farmen, Dörfern und kleinen Städten, ihre eigenen „Höfe" lagen am Rande der Siedlungen und unterschieden sich schon äußerlich von den Behausungen der Weißen durch ihr ärmliches Aussehen. Einige größere indianische Siedlungen wurden als Staatsreservate anerkannt. Die in den isolierten Einzelgehöften lebende indianische Bevölkerung ging bald in den Slums mit den „Poor Whites" und Negern auf. Auch das in den größeren indianischen Siedlungskomplexen noch vorhandene Gefühl der Solidarität verschwand bald völlig, als Streitigkeiten zwischen den Mischlingen und einem Kern von Mitgliedern alter Häuptlingsfamilien ausbrachen. Schließlich wurden die erblichen Häuptlinge durch gewählte Führer ersetzt, womit auch diese traditionalistische Gruppe auseinanderfiel. Nun übernahmen die Mischlinge als gewählte Repräsentanten die Führungsrolle; unter ihnen fanden sich auch Negermischlinge, Nachkommen von Sklaven, die sich nach der Revolution hier versteckt hatten und sich nach der Abschaffung der Sklaverei mit den Indianern vermischten bzw. verbanden.

*Der Neo-Indianismus*

Ab 1860 begann die gewaltige Expansion der weißen Bevölkerung. In der Nähe der großen Städte setzte eine Urbanisierungswelle ein, in deren Folge überall neue Wohn- und Erholungsgebiete entstanden. Dabei wurde den Indianern das letzte Stück Land abgenommen. Den Mischlingsgruppen wurde die indianische Identität abgesprochen, die Reste reinrassiger Indianer wurden in andere Gegenden umgesiedelt.

Die gelegentlich vorkommenden Streitigkeiten zwischen Mischlings- und reinrassigen Gruppen der Reservate und der nun allmählich aufkommende Tourismus riefen gegen Ende des 19. Jahrhunderts eine Welle des Neo-Indianismus und eine Reihe intertribaler Aktivitäten hervor, die heute noch im Gange sind. Jedoch steht dieser neue Indianismus nur noch ganz entfernt mit der alten indianischen Kultur in Verbindung. Die materielle Welt existierte nicht mehr, und die alte Sprache war verschwunden. Die indianischen Traditionen hatten sich noch am ehesten bei gewissen Jagd- und Fischfangriten sowie in der Wettermagie erhalten. Der Neo-Indianismus wurde nicht zuletzt durch romantische literarische Darstellungen gefördert. Die Weißen aus den Städten, die nun als Touristen auftraten, sahen in den überlebenden Indianern die Nachkommen der alten indianischen Helden der Grenzerkriege. Indianische Namen kamen als Vornamen in Mode und indianische Trachten, wie sie noch von Reservatsgruppen weiter westlich getragen wurden, belebten die Indianerromantik. Oft wird vergessen, daß auch die unter den einzelnen Gruppen arbeitenden Ethnologen, wie Frank Speck und James Mooney, die Wiederaufnahme indianischer Sitten stimulierten. Ab 1930 stellten sich die in New York lebenden Irokesen an die Spitze der Bewegung zur Wiederbelebung des Indianertums. Zahlreiche Indianer, die nicht in Reservaten lebten, wollten nicht auf ihre indianische Identität verzichten; sie schickten ihre Kinder auf indianische Bundesschulen im Westen und erhoben bei den Gerichten Ansprüche auf verlorengegangenes Land. Die neo-indianischen Bestrebungen stärkten das indianische Selbstgefühl, und auch die gespannten Beziehungen zwischen Indianern und Mestizen klangen ab. Nach dem Zweiten Weltkrieg traten junge Männer – meist mit College-Bildung – als Führer an die Stelle der Abkömmlinge von Häuptlingen.

Durch die Verkehrserschließung des Landes, den Massentourismus und die Expansion der Städte sind die Reservate heute weniger isoliert als früher. Damit erschließen sich den Indianern neue Einkommensquellen: Sie arbeiten in den stadtnahen Erholungszentren, in der Industrie oder leben von der Herstellung und dem Verkauf indianischen Kunstgewerbes. Im Winter erhalten viele Familien Wohlfahrtsunterstützung, denn die Zahl der Arbeitslosen ist in den meisten indianischen Gemeinden sehr hoch. Andererseits bedingt die Steuerfreiheit in den Reservaten, daß immer weniger Indianer abwandern, ja daß in einzelnen Reservaten die Bevölkerung durch Rückkehr anwächst. Als man die schlecht ausgestatteten Indianerschulen schloß, stiegen durch den Besuch der integrierten Schulen die Bildungschancen. Die Zahl der Indianer wächst als Folge besserer hygienischer Betreuung und niedrigerer Sterblichkeitsrate überproportional stark an. Im Jahre 1960 zählte man über 12.000 Küstenalgonkin von den südlichen Neuenglandstaaten bis nach Virginia.

## Literaturauswahl

*Bjorklund, Karna L.:* The Indians of Northeastern America. New York 1969

*Colden, Cadwallader:* The History of the Five Indian Nations of Canada. 2 vols. London 1755

*Dräger, Lothar:* Formen der lokalen Organisation bei den Stämmen der Zentral-Algonkin. (Veröff. des Museums für Völkerkunde zu Leipzig, 18). Berlin 1968

*Fenton, William N.:* Iroquoian Culture History. (Bureau of American Ethnology, Bulletin 180). Washington 1961

*Flannery, Regina:* An Analysis of Coastal Algonquian Culture (The Catholic University of America, Anthrop. Series 7). Washington 1939

*Hewitt, J. N. B.:* Iroquoian Cosmology. 2 pts. (Bureau of American Ethnology, 21st and 43rd Annual Reports). Washington 1903/28

*Lindig, Wolfgang:* Geheimbünde und Männerbünde der Prärie- und der Waldlandindianer Nordamerikas. (Studien zur Kulturkunde 23) Wiesbaden 1970

*Morgan, Lewis H.:* League of the Ho-de-no-sau-nee or Iroquois. 2 vols. Rochester 1851

*Müller, Werner:* Die Religionen der Waldlandindianer Nordamerikas. Berlin 1956

*Parker, Arthur C.:* The Code of Handsome Lake, the Seneca Prophet. (New York State Museum, Bulletin 163). Albany 1912

*Shimony, Annemarie:* Conservatism among the Iroquois at the Six Nations Reserve (Yale University, Publications in Anthropology 65). New Haven 1961

*Schumacher, Irene:* Gesellschaftsstruktur und Rolle der Frau. Das Beispiel der Irokesen (Soziologische Schriften 10). Berlin 1972

*Speck, Frank G.:* Midwinter Rites of the Cayuga Longhouse. Philadelphia 1949

*Tooker, Elizabeth:* An Ethnography of the Huron Indians 1615-1649. (Bureau of American Ethnology, Bulletin 190). Washington 1964

*Tooker, Elizabeth (ed):* Iroquois Culture, History, and Prehistory. Albany 1967

*Weslager, C. A.:* The Delaware Indians. New Brunswick 1972

*Wallace, Anthony F. C.:* The Death and Rebirth of the Seneca. New York 1969

## 7. Die Indianer des südöstlichen Waldlandes: Die „Fünf Zivilisierten Nationen"

### a) Lebensraum: Zwischen Appalachen und Everglades

Die Kulturprovinz des südöstlichen Waldlandes wird im wesentlichen von drei Landschaftsformen geprägt: dem südlichen Teil der Appalachen, der Mittelgebirgscharakter aufweist, dem Piedmont-Gebiet, einem breiten, hügeligen Vorgebirge und der weiten flachen, auch die Halbinsel Florida umfassenden Küstenebene unterhalb der Fallinie. Alle drei Landschaften waren in voreuropäischer Zeit mit dichten Wäldern bedeckt, so daß die hier lebenden Indianer ihre Felder mit ihren primitiven Werkzeugen in mühevoller Arbeit roden und anlegen mußten. Ein großer Teil der küstennahen Ebenen war die meiste Zeit des Jahres überschwemmt und für Dauersiedlungen ungeeignet.

In den Appalachen und im südwestlichen Piedmont-Gebiet lebten die Cherokee. Sie stehen sprachlich den Irokesen des Nordens nahe, sind jedoch kulturell den südöstlichen Stämmen zuzurechnen, die in ihrer Mehrheit aus den Muskogee sprechenden Chickasaw, Choctaw und Creek bestehen. Weitere Südoststämme sind die Natchez und Tunica im unteren Mississippital, die Chitimacha und Atakapa an der Golfküste westlich der Mississippi-Mündung und schließlich die Bewohner Floridas: im Norden die Timucua und im Süden die Calusa. Die letzteren sind der einzige Stamm, der keinen Bodenbau betrieb, sondern vom Sammeln und Fischfang lebte.

Die Zahl der Indianer des südöstlichen Waldlandes belief sich nach neueren Schätzungen zur Zeit der Ankunft der Weißen im 16. Jahrhundert auf etwa 150.000. Der heute bekannteste Stamm, derjenige der Seminolen, ist ein Mischvolk aus zahlreichen Splittergruppen von Muskogee sprechenden Stämmen, hauptsächlich Creek, und entlaufenen Negersklaven. Von allen genannten Stämmen lebt heute nur noch ein kleiner Teil in seiner alten Heimat: einige Tausend Cherokee in den südlichen Appalachen, einige Hundert Seminolen im Innern Floridas, und etwa 2500 Choctaw im Staate Mississippi, dazu einige verstreute kleine Gruppen von Creek, Biloxi, Chitimacha und Houma in Louisiana. Die meisten südöstlichen Waldland-Indianer wurden im Jahre 1834 nach Oklahoma deportiert, dem damaligen Indianerterritorium, wo sie heute noch mit 140.000 Köpfen den größten Anteil der indianischen Bevölkerung stellen. Die dort zusammengepferchten Indianer, zu denen später zahlreiche Restgruppen von Präriestämmen kamen, haben im Laufe der Zeit ihre tribale Identität weitgehend verloren; an ihrer Stelle hat sich eine panindianische Solidarität gebildet, die allerdings nicht zuletzt wegen der heute relativ guten wirtschaftlichen Situation dieser Gruppen (Erdölfunde!) nicht sehr stark in Erscheinung tritt und keinesfalls als eine politische Bewegung gewertet werden darf.

### b) Lebensunterhalt: Mais, Bohne, Kürbis

Alle Südostindianer, mit Ausnahme der Calusa Südfloridas, waren intensive Maisbauern. Archäologisch ist der Maisbau bereits aus der Zeit um 1000 v. Chr. (Poverty Point, Louisiana) belegt, doch hat er seine überragende Rolle in der Nahrungsversorgung der Indianer erst in der Mittelwaldlandzeit (etwa ab Christi Geburt) gewonnen. In den ersten tausend Jahren seit der Erfindung des Maisbaus hatten halbdomestizierte Pflanzen, wie Sonnenblume (Helianthus annuus) und Gänsefuß (Chenopodium sp.), sowie eine Anzahl wilder Gewächse einen beträchtlichen Anteil der Nahrung ausgemacht; hinzu kamen der Fischfang bei den Küstenbewohnern und die Erträge der Jagd bei den Binnenlandgruppen. Der Anbau von Mais, Bohne und Kürbis erreichte seinen Höhepunkt in der

Spätwaldlandzeit (500-1500 n. Chr.), aus der uns durch Ausgrabungen eine große Zahl bedeutender Siedlungs- und Kultzentren bekannt ist. Der Bodenbau wurde in sehr primitiver Weise betrieben: Man rodete ein Waldstück mit der Steinaxt, lockerte den Boden mit einer Hacke und befreite ihn von Unkraut; dann stach man mit dem Grabstock kleine Löcher für die Saatkörner in den Boden. Da die Vegetationsperiode im Süden länger dauert als im Norden und die Niederschläge ergiebiger sind, war der Ertrag am Aufwand gemessen außerordentlich hoch, so daß hier eine dichte Besiedlung möglich war. Außer den Grundnahrungsmitteln baute man Tabak an, der, mit Sumachblättern vermischt, zu zeremoniellen Anlässen geraucht wurde. Aus Dattelpflaumen (Persimmon) verstand man ein mildes Rauschmittel herzustellen; alkoholische Getränke waren unbekannt. Von den weißen Eroberern wurden schon bald neue Pflanzen, vor allem Reis, Melonen und Obstbäume, eingeführt und in größeren Mengen angebaut.

Wichtigste Jagdtiere der Binnenlandstämme waren Hirsch, Bär, Hase und wilder Truthahn. Hasen jagte man gemeinsam, dem Bär stellte man einzeln und vor allem wegen seines Fettes nach; dabei diente der Hund als Jagdhelfer. Die im Mississippital wohnenden Stämme, wie die Natchez, zogen im Winter gelegentlich zur Bisonjagd in die südlichen Prärien. An der Golfküste und in Florida wurden Alligatoren und Seekühe erlegt; den Fischfang gab es besonders in den Flüssen des Binnenlandes, an der Küste spielte er dagegen nur eine geringe Rolle.

## c) Materieller Kulturbesitz: Blasrohr, Keule und Tomahawk

Holzgeräte, Korb- und Tonwaren sowie Kürbisgefäße machten den größten Teil der Ge-

Muschelgravierungen aus der vorgeschichtlichen Mississippi-Kultur (um 1200 n. Chr.), die eine hochentwickelte Handwerkskunst kannte. (Prufer 1965)

brauchsgegenstände aus. Gemessen an dem hohen Stand der handwerklichen Kunst der Spätwaldlandzeit ist eine bemerkenswerte Degeneration in der frühkolonialen Phase erkennbar. Daß dies kein rein lokales Phänomen ist, beweist eine ähnliche Entwicklung im Gebiet der Pueblo-Indianer des Südwestens. Man könnte fast meinen, die Eroberung des nordamerikanischen Kontinentes durch die Europäer hätte ihren Schatten bereits vorausgeworfen. Es ist aber archäologisch zu belegen, daß der Rückgang handwerklicher Fertigkeit schon einige Jahrhunderte vor der Ankunft der Weißen einsetzte.

Die wichtigsten Jagd- und Kriegswaffen der Südost-Indianer waren Bogen und Pfeil sowie das Blasrohr, das wohl ein Importgut aus Westindien ist. Auch Speere und Lanzen fanden im Kampf und bei der Jagd auf Großwild Verwendung; für kurze Speere benutzte man die Speerschleuder. Als Waffe im Nahkampf diente den Stämmen im allgemeinen eine Holzkeule, die säbelartig gearbeitet war oder, wie bei den Timucua, schaufelförmige Gestalt aufwies. Seit Mitte des 18. Jahrhunderts hatte sich bei den meisten Gruppen bereits der Tomahawk, die Streitaxt mit geschweifter Stahlklinge (spanischer Typ), durchgesetzt. Die Schutzwaffen bestanden aus runden Lederschilden.

In frühkolonialer Zeit war in vielen Gebieten Nordamerikas die Sitte des Skalpierens verbreitet; ursprünglich stammt sie aus dem Südosten und hat sich von dort aus über die Prärien und Plains bis in den Norden durchgesetzt. Seine große Bedeutung erlangte das Skalpieren jedoch erst mit dem Bekanntwerden des Stahlmessers und der Aussetzung von Skalpprämien durch die Weißen. Walter Krickeberg hat wohl recht, wenn er das Skalpieren, wie es in voreuropäischer Zeit im Südosten üblich war, als eine religiöse Zeremonie interpretiert und in ihr eine Parallele zum Xipe-Kult der Azteken sieht, wo dem Opfer die Haut abgezogen wurde.

Als Transportmittel dienten auf den Flüssen und an der Küste Einbäume unterschiedlicher Größe; gelegentlich wurden auch einfache Rohrflöße verwendet. Beim Transport über Land benutzte man große Tragkörbe aus einem Stufengeflecht mit einem hölzernen Gestell, die

von Brust- oder Stirnbändern gehalten wurden. Eine Besonderheit war die Sänfte, die in ganz Nordamerika nur hier vorkam. In ihr wurden sakrale Häuptlinge und Vornehme getragen. Auf ähnliche Weise beförderte man Verwundete, und zwar in Hängematten, die von Tragstangen gehalten wurden.

Eine große Variationsbreite wiesen die Haustypen der Indianer im Südosten auf. Sie lassen sich jedoch auf zwei Hauptformen zurückführen: das runde feste Winterhaus und das leichte rechteckige Sommerhaus, das in Florida ohne Wände, als schattenspendende Laube, konstruiert wurde. Im allgemeinen waren die Häuser der Häuptlinge besser und solider gebaut als diejenigen der einfachen Stammesmitglieder. Besser gestellte Familien hatten einen „Hof", der aus mehreren Häusern bestand, die sich um einen kleinen Platz gruppierten: dem Wohnhaus mit Küche, dem Sommer- und dem Gästehaus sowie dem Speicher und dem Lagerhaus. Das Mobiliar bestand aus einfachen Plattformbetten, die mit Matten oder Tierfellen belegt waren, und kleinen dreibeinigen Schemeln sowie den täglichen Gebrauchsgegenständen.

Jedes größere Dorf, das sich aus mehreren solcher Höfe und Einzelhäuser zusammensetzte, besaß ein kultisches Zentrum, die Plaza. Hier standen das Zeremonial- und Versammlungshaus, vier große Sommerhäuser, und hier befand sich auch der Ballspielplatz, an dem gewöhnlich ein großer Holzpfosten mit dem Emblem des Dorfes aufgestellt war. Die Anlagen unterschieden sich in Größe und Ausstattung beträchtlich voneinander; so liegen uns Beschreibungen von den Bauten des Hauptdorfes der Natchez vor, die in vielem an die großen kultischen Zentren der Mississippi-Kultur des 13. Jahrhunderts erinnern.

Die größeren Dörfer waren von Palisaden umgeben, die bei Überfällen Schutz gewährten. Nach der festen Etablierung der Kolonialmächte wurde der Bau dieser Art von Befestigungsanlagen wieder eingestellt. Ganz offensichtlich war erst in den unruhigen Zeiten, als die Europäer hier Fuß zu fassen suchten, mit ihrer Errichtung begonnen worden; denn vorher lebten die meisten Stämme friedlich nebeneinander. Die Streitigkeiten zwischen ihnen arteten zu größeren Kämpfen erst dann aus, als sich einige Stämme den Spaniern, andere den Engländern und wieder andere den Franzosen anschlossen und damit in die Querelen der europäischen Kolonialmächte hineingezogen wurden.

Wie bereits erwähnt, war die in vorgeschichtlicher Zeit hochentwickelte Handwerkskunst schon vor der Ankunft der Europäer auf ein niedriges Niveau zurückgefallen. Dieser Niedergang setzte sich fort, und bald ersetzten europäische Waren die einheimischen Erzeugnisse niederer Qualität. Zur Zeit der beginnenden französischen Kolonisierung und in deren Folge wurde das Kalumet als Zeremonialpfeife aus den französischen Nordprovinzen hier im Südosten eingeführt. Wichtigstes kultisches Spiel war das Lacrosse-Spiel, wie es von den Franzosen genannt wurde. Man spielte es mit Holz- oder kleinen Lederbällen und tennisartigen Schlägern auf die Weise, daß der Ball über eine bestimmte Torlinie geschlagen werden mußte. Zwei Parteien standen sich bei diesem Spiel gegenüber. Sie wurden von den Moieties oder Dorfhälften gestellt. Ein bekanntes Gemälde von George Catlin zeigt eine solche Ballspielszene bei den Choctaw.

Im Südosten war in voreuropäischer Zeit der Anbau von Baumwolle wahrscheinlich unbekannt. Die Kleidung der Indianer bestand meist aus Tierfellen. Die Männer trugen einfache Durchziehschurze, die von einem Gürtel gehalten wurden, sowie Leggings mit Kniebändern, Mokkasins und in der kühlen Jahreszeit Fellmäntel. Die Frauen kannten einen knielangen Lederrock mit Gürtel; auch sie trugen Mokkasins und im Winter einen Lederumhang, der je nach ihrer sozialen Stellung ganz oder teilweise mit Vogelfedern besetzt war. Messerscheide, Jagdtasche und Tabaksbeutel ergänzten die Tageskleidung des Mannes. Die Häuptlinge trugen meist Kopfbänder aus Häuten, Federn oder Metallstreifen, die in frühkolonialer Zeit durch Turbane aus Halstüchern ersetzt wurden. Die Reichen zierten darüber hinaus ihre Kleidung mit viel Schmuck. Wie dieser war auch die Tatauierung ein Vorrecht, das nur den Angehörigen der Häuptlingsschicht zukam.

## d) Soziale Umwelt: Totemistische Klane, Moieties und sakrales Häuptlingtum

Die Gesellschaftssysteme der Südoststämme waren meist ziemlich komplex. Es gab fast überall matrilineare Sippen, die in der Regel in totemistischen Klanen organisiert waren, doch konnte diese Klanorganisation auch fehlen. An ihre Stelle trat dann etwa eine Lokalgruppenverfassung. In anderen Stämmen wiederum war die Klanstruktur zwar vorhanden, aber nur schwach ausgeprägt und meistens mit anderen sozialen Institutionen kombiniert, beispielsweise mit einer endogamen Adelskaste (Chitimacha, Timucua). Es ist nicht sicher, ob die Klanordnung jüngeren Ursprungs ist, die alte Strukturen durchscheinen läßt, oder vielmehr doch die ältere Form der Sozialstruktur darstellt, die von neuen Formen, die aus der institutionalisierten Endogamie durch ethnische Überlagerung resultierten, verdrängt wurde.

So unterschiedlich wie die Klanorganisation war auch der Totemismus entwickelt. Neben Tieren waren Pflanzen, Gegenstände oder Naturerscheinungen als Totems bekannt. Am stärksten war der Totemismus bei den Yuchi aus dem Norden ausgeprägt. Es wird deshalb angenommen, daß der Totemismus sich von ihnen aus zu den übrigen Südoststämmen verbreitete.

Unter den Häuptlingen und ihren nächsten Verwandten war die Polygynie, meist in Form der sororalen Polygynie, erlaubt, d. h. ein Mann lebte mit mehreren Schwestern zusammen. Im allgemeinen herrschte jedoch die monogame Form der Ehe vor. Ähnlich verstreut in seiner Verbreitung ist auch das die Klane überlappende Moiety-System; es besagt, daß sich mehrere Klane zu zwei Stammeshälften (Moieties) oder, seltener, zu mehreren Phratrien verbanden. Die Moieties kamen vor allem bei den Muskogee sprechenden Stämmen vor, traten aber in verkümmerter (?) Form auch bei den Cherokee auf. Dies könnte bedeuten, daß das dualistische System für das Sprachgebiet der Muskogee charakteristisch war und benachbarte Stämme erst sekundär beeinflußt hat. Die Moieties hatten vor allem zeremonielle Funktionen; so standen sie sich bei den Creek und

Choctaw im kultischen Ballspiel gegenüber, in dem die Parteien den kosmischen Dualismus Himmel und Erde symbolisierten. Ob die politische Gewaltenteilung zwischen Friedens- und Kriegshäuptlingtum mit diesem kultischen Dualismus in Verbindung gebracht werden kann, dürfte zweifelhaft sein. In vielen nordamerikanischen Stämmen gab es nämlich neben der Institution des Friedenshäuptlingtums, das in erster Linie für den Zusammenhalt des Stammes verantwortlich war, also überwiegend innenpolitische Funktionen besaß, in Kriegszeiten das Amt des Kriegshäuptlings, der während der Dauer des Konfliktes dem Friedenshäuptling übergeordnet war. Nur in Kriegszeiten erhielten mithin die besonders bewährten und erfolgreichen Kriegshäuptlinge größeren Einfluß auf die Stammespolitik. Das trat besonders in den Kämpfen mit den europäischen Kolonialmächten in Erscheinung, als sich die Kriegshäuptlinge profilieren und auch für längere Zeit die Führungsgewalt des Stammes an sich reißen konnten. In Friedenszeiten verloren sie ihre Macht und traten wieder hinter die Friedenshäuptlinge, die meist ihre Stellung ererbt hatten, zurück. Dieses in Nordamerika verbreitete Wechselspiel zwischen der Amtsführung von Friedens- und Kriegshäuptlingen existierte auch unter den Stämmen des Südostens. Doch sollte allgemein bedacht werden, daß die Mehrheit der ethnographischen Nachrichten aus einer Zeit datiert, in der diese Stämme in größeren kriegerischen Konflikten mit den Weißen standen, wodurch die Institution des Kriegsanführers oft eine dominierende Rolle erlangte.

Das Friedenshäuptlingtum des Südostens, häufig kombiniert mit dem Priesteramt, ist eng mit einer festen sozialen Schichtung verbunden; die sakralen Häuptlinge entstammten immer der Adelsschicht. Die gesellschaftliche Stratifikation der Natchez, die besonders ausgeprägt ist, geht allerdings wohl auf eine exogene Überlagerung oder eine von außen erzwungene Integration einer matrilinear organisierten und endogamen Adelskaste mit einer fremden Bevölkerungsschicht zurück. Bei den Muskogee-Stämmen war das Klassensystem weniger stark entwickelt.

Die Adelsschicht der Natchez, die sich über die mütterliche Linie direkt auf die Sonne zurückführte, gliederte sich wiederum in drei Ränge: Dem obersten gehörten die unmittelbaren Verwandten des sakralen Oberhäuptlings an, die „Sonnen". Zum nächstniederen Rang zählten die entfernteren Verwandten der „Sonne", die man als „Edle" bezeichnete; die Mitglieder des untersten Adelsranges waren die „Geehrten". Die zweite Schicht der Natchez bestand aus der großen Menge der „Gemeinen", die in der einschlägigen amerikanischen Literatur als „stinkards" (= Stinkende) bezeichnet werden. Als dritte Schicht können die „Sklaven", die in ihrer Mehrzahl Kriegsgefangene waren, betrachtet werden. Ich bediene mich hier der Bezeichnungen, die von den französischen Chronisten verwendet wurden und in dieser Form in die ethnographische Literatur Eingang gefunden haben. Daß in ihnen die Vorstellungen der europäischen Historiographie aus der Zeit des Absolutismus ihren Niederschlag gefunden haben, versteht sich von selbst. Doch wäre es müßig, wollte man die im Stil ihrer Zeit verfaßten Berichte umdeuten, denn unbestreitbar hat das theokratische Gesellschaftssystem der Natchez als solches existiert.

Der Oberhäuptling der Natchez galt als direkter Abkömmling und als Inkarnation der Sonne. Entsprechend lautete sein Titel „Große Sonne". Da sich die Zugehörigkeit zur Schicht durch die Mutter vererbte, standen die Mutter und die Schwester der „Großen Sonne" in gleich hohem Ansehen wie der Oberhäuptling selbst; die Bezeichnung für die Mutter als ranghöchste Frau war „Weiße Frau". Hatte die „Große Sonne" einen jüngeren Bruder, der dann den Titel „Kleine Sonne" trug, so hatte dieser das Amt des Kriegshäuptlings inne, unterstand aber unmittelbar seinem Bruder, der „Großen Sonne". Gab es noch weitere Brüder, so waren diese als einfache „Sonnen" Mitglieder der obersten Adelsschicht. Man kann also sagen, daß die Herrschaft des Stammes in den Händen einer Dynastie ruhte, die sich in weiblicher Erbfolge fortsetzte.

Der Status der Kinder wurde durch eine genau festgelegte Heiratsordnung bestimmt. Da-

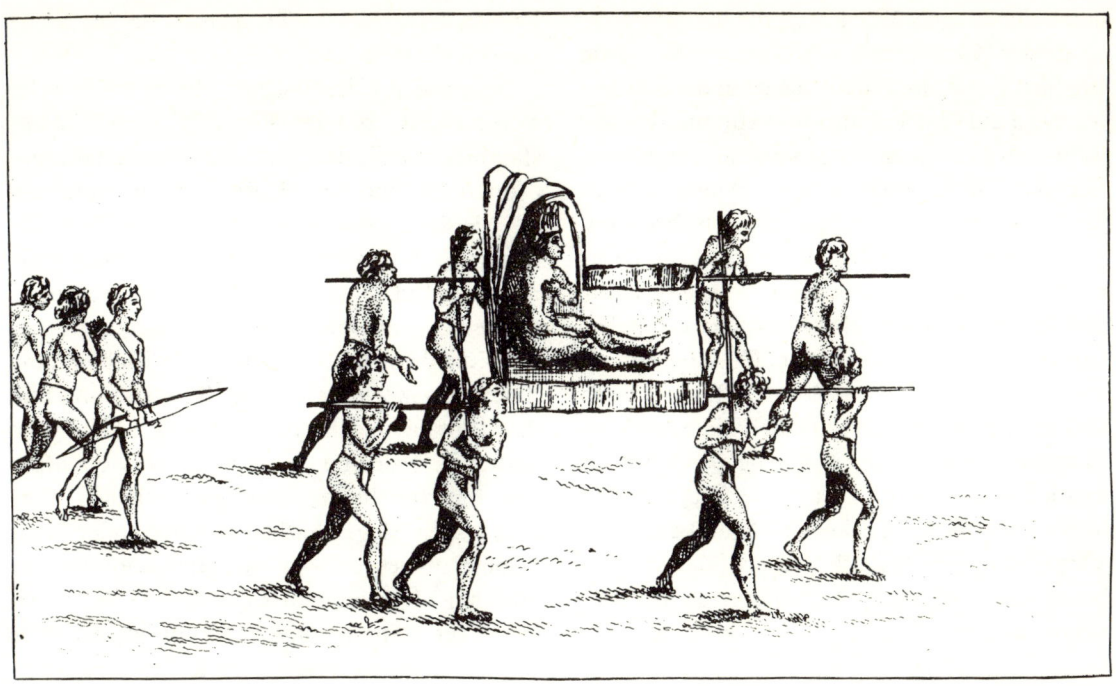

Die „Große Sonne", der sakrale Oberhäuptling der Natchez, wird in einer Sänfte zum Erntefest getragen. Dieser Holzschnitt aus dem Jahre 1758 wurde von einem französischen Meister angefertigt, der die Schilderung eines Reisenden unter dem Einfluß der französischen Hofsitten wiedergab und so die indianische Realität verfälschte.

bei standen die männlichen Nachkommen in der sozialen Hierarchie jeweils eine Stufe tiefer als der Vater, weil die Mitglieder der drei Adelsklassen immer Gemeine als Ehepartner nehmen mußten. Das galt auch für die männlichen Nachkommen der „Großen Sonne", dessen Urenkel somit zur untersten Schicht, den „stinkards" absank. Nach dem Tode der „Großen Sonne" trat der Sohn der Schwester die Nachfolge an. In schematischer Darstellung sieht dieses System so aus:

| Vater | Mutter | Kind |
| --- | --- | --- |
| Sonne | Gemeine | Edler |
| Edler | Gemeine | Geehrter |
| Geehrter | Gemeine | Gemeiner |
| Gemeiner | Sonne | Sonne |
| Gemeiner | Edle | Edler |
| Gemeiner | Geehrte | Geehrter |
| Gemeiner | Gemeine | Gemeiner |

Diese strenge Ordnung der Rangzugehörigkeit durch weiblichen Erbgang konnte jedoch in einzelnen Fällen durchbrochen werden, wenn „Gemeine" durch besondere persönliche Tapferkeit in den untersten Adelsrang aufgenommen wurden; mit ihnen erlangten die Ehefrauen den gleichen Status. Im umgekehrten Falle dagegen, wenn eine „Sonne" oder eine „Edle" einen „Gemeinen" heiratete, behielt der Ehemann seinen alten Status bei; meist wurde er nach dem Tode seiner Ehefrau getötet und neben ihr beigesetzt.

Zur politisch-territorialen Organisation, die bei vielen Stämmen des Südostens in ihrer höchsten Stufe aus Konföderationen bestand, muß ebenfalls die Einschränkung gemacht werden, daß unsere ersten Nachrichten über diese Verbände aus der Zeit der Konflikte mit den europäischen Kolonialmächten stammen. So ist nicht auszuschließen, daß sich die Konföderationen erst nach der Ankunft der Weißen gebildet haben, als es um die Existenz der betroffenen Stämme ging. Wie gering die integrierende Kraft der Konföderationen war, zeigte sich in friedlicheren Zeiten; dann agierten die Stämme oft meist auf eigene Faust und kümmerten sich wenig um einst gemeinsam gefaßte Beschlüsse. Für die These eines jungen Alters solcher Stammesverbände spricht auch, daß ihre Führungsgremien relativ instabil waren. Die sogenannten Ratsversammlungen wurden häufig von denjenigen führenden Persönlichkeiten beherrscht, die zu dieser Zeit zufällig in ihrem eigenen Stamm an der Macht waren. Es fehlte den südöstlichen Stammesverbänden eine Art konföderativer Verfassung, wie sie bei den Irokesen existierte, wo die Gründung der Liga in den Stammesmythus eingegangen war und damit zur Verpflichtung zwang, die Gesetze dieser Körperschaft bei strenger Androhung von Sanktionen zu achten.

### e) Religion: Priester und Medizinmann

Ein intensiver und erfolgreicher, wenn auch mit primitiven Mitteln und Methoden betriebener Bodenbau, ein hoher Grad von Seßhaftigkeit, ein zumindest für die späte vorgeschichtliche Zeit bezeugter hoher Entwicklungsstand der Technologie und Ergologie sowie eine streng hierarchische, teilweise in endogame Adelskasten gegliederte Gesellschaft läßt auch eine institutionalisierte, von einem Priestertum organisierte Religion erwarten. Diese Vermutung trifft in der Tat zu, und zwar besonders für jene Gesellschaften, die in stärkerem Maße die materiellen Voraussetzungen für die Ausbildung komplexer religiöser Formen besaßen als andere, in denen Wirtschaft und Gesellschaft weniger stabil waren. Generell betrachtet herrschen in den Stämmen mit niederem Kulturniveau Naturgeistervorstellungen vor, in den höher entwickelten Gesellschaften monotheistische Glaubensvorstellungen, die sich in einem Himmels- oder Sonnenkult ausdrückten. Stämme wie die Natchez, Chitimacha und Yuchi hatten den Sonnengottglauben faktisch zur Staatsreligion erhoben, verwaltet von einer allmächtigen

Priesterkaste, die zugleich auch die weltliche Gewalt darstellte.

Neben der Priesterschaft, die in mehr oder weniger ausgeprägter Form in allen Südoststämmen vorhanden war, gab es eine untergeordnete Gruppe von religiösen Helfern, die man als Medizinmänner oder Schamanen bezeichnen kann. Ihnen oblag die Krankenheilung, die man meist in geheimen Séancen durch Extraktion eines fremden Objektes aus dem Körper des Kranken herbeiführte. Zur Behandlung Kranker gehörten auch die Skarifizierung und das Blutaussaugen, der Aderlaß. Außerdem hatten die Medizinmänner noch andere Aufgaben wahrzunehmen: künftige Ereignisse vorauszusagen, Regen herbeizuzaubern oder Jagderfolge zu sichern, – alles Tätigkeiten, wie sie von den Medizinmännern anderer nordamerikanischer Stämme auch ausgeübt wurden. Die Priester dagegen standen den kollektiven Riten vor; sie überwachten vor allem die zeremoniellen Reinigungsvorschriften vor Beginn der größeren religiösen Feste und hüteten das heilige Feuer in der Rotunda, dem großen Versammlungshaus. Die meisten großen kultischen Feste waren dem Bodenbau gewidmet. Die wichtigste Zeremonie war das Buskfest (von Creek „poskita" = fasten). Es wurde abgehalten, wenn die ersten Maiskolben röstreif waren, also Ende Juli bis Anfang August. Zum Zeitpunkt des Buskfestes, das auch prähistorisch durch Muschelgravierungen bezeugt ist, wurden in allen Häusern die Herdfeuer gelöscht, das alte Tongeschirr zerbrochen und Häuser, Straßen und Plätze gesäubert. Auch die Menschen reinigten sich, indem sie fasteten und nach Einnahme des „Schwarzen Trankes", eines Erbrechen hervorrufenden Pflanzenextrakts, den Körper von allen Schlacken befreiten. Während der mindestens vier Tage anhaltenden Feiern – in den großen Siedlungs- und Kulturzentren dauerten die Feierlichkeiten acht Tage – wurde jeder Streit vermieden, und alle Wettkämpfe trugen einen kultischen Charakter. Hierzu zählen vor allem die bereits erwähnten Ballspiele, die von den Vertretern der zwei Stammeshälften ausgetragen wurden. Nach Ende des Buskfestes wurde das Feuer vom Tempelpriester neu entzündet, und damit hatte das neue Jahr begonnen. Ähnliche Neujahrszeremonien, wenn auch in ihrer gesamten Ausgestaltung viel komplexer, sind aus altmexikanischen Kulturen, etwa aus der aztekischen Kultur, bekannt. Auch im religiösen Bereich sind somit Elemente zu finden, die auf Mesoamerika hinweisen. Den archäologischen Zeugnissen aus den Zeremonialzentren der prähistorischen Mississippi-Kultur (500 bis 1500 n. Chr.) zufolge, hatten die Kultfeste um 1200 n. Chr. ihre höchste Entfaltung; in der nachkontaktzeitlichen Kultur der Südoststämme dürften sie nur noch einen schwachen Abglanz jener alten Kultfeierlichkeiten besessen haben.

f) Geschichte: Von der Ankunft der Spanier bis zur Vertreibung in das „Indian Territory"

*Die Spanier, der Kampf um Florida und die Seminolen*

Die Kontaktgeschichte der Südoststämme mit den europäischen Kolonialmächten beginnt mit der Ankunft der Spanier in Amerika im Jahre 1513, obwohl sich diese in Nordost-Florida erst nach der Gründung von St. Augustine im Jahre 1565 festsetzten. 1573 gründeten die Franziskaner bei den Timucua und anderen Gruppen im nördlichen Florida eine Reihe von Missionen, die schon wenige Jahre später bis zum heutigen Pensacola im äußersten Nordwesten Floridas reichten. Die Missionen standen unter der Kontrolle der spanischen Krone. Für die Spanier bedeutete der Besitz dieses Gebietes die strategische Absicherung der Nordflanke ihrer Besitzungen in Mittelamerika gegen die Engländer und Franzosen. Sie verzichteten deshalb darauf, Siedlungen anzulegen, und selbst die Garnisonen wurden, ebenso wie die Missionen, nur dürftig ausgestattet. Den Spaniern genügte der nominelle Besitz Floridas und eines schmalen Küstenstreifens von Georgia. Sie unternahmen keinen Versuch, sich im Binnenland, im Gebiet der Creek, festzusetzen.

Der Kontakt der Spanier mit den Indianern Floridas verlief in dieser ersten Zeit überwiegend in friedlichen Bahnen. Als Folge der Missionstätigkeit entstand unter den Timucua und Apalachee Nordfloridas ein synkretistisches Glaubenssystem, wie es auch in anderen spanischen Kolonialgebieten Amerikas vorkam. Weder die materielle Kultur noch die soziopolitische Organisation der Indianer wurden nachhaltig beeinflußt. Doch wurde schon zu dieser Zeit die indianische Bevölkerung durch eingeschleppte Krankheiten zum Teil erheblich dezimiert. Eine Ausnahme bildeten die Calusa in Südflorida. Sie gerieten nicht unter spanische Kontrolle; allerdings waren sie durch die Kette der spanischen Missionen und Garnisonen in Nordflorida von der Mehrzahl der Südoststämme abgeschnitten.

Das friedliche Nebeneinander von Spaniern und Indianern wurde durch den Vorstoß der Engländer bis zur Nordgrenze Floridas und die Gründung von Charleston in South Carolina im Jahre 1670 erstmals gestört. Die Engländer waren am Reisanbau interessiert, und niemand konnte ihnen hierbei geeigneter erscheinen als die Indianer, die sie als Sklavenarbeiter einsetzen konnten. Ein Mittel zu diesem Zweck war der Verkauf von Gewehren, durch den sie die intertribalen Streitigkeiten der Indianer unterstützten. Es gelang ihnen, die Creek und Yamasee gegen ihre Nachbarstämme aufzuwiegeln. Da die spanischen Stationen, wie gesagt, nur dürftig ausgestattet waren, konnten die Creek und Yamasee um 1680 praktisch ungehindert nach Florida eindringen. Der spanische Gouverneur von St. Augustine berichtete im Jahre 1708, daß er alle Vorhuten zurückgezogen habe und daß über 10.000 der im Schutze seiner Festung lebenden Indianer von den Creek und Yamasee versklavt worden seien.

Dagegen schlug im Jahr 1715 ein Versuch der Yamasee, die europäischen Kolonialmächte aus dem Südosten zu vertreiben, nach anfänglichen Erfolgen fehl, vor allem als es den Siedlern in South Carolina gelang, die Cherokee aus dem Kampf herauszuhalten. Als Resultat dieses Krieges und auch aus Unzufriedenheit über die Handelsbedingungen der Engländer zogen sich die Creek von der englischen Frontier weiter ins Innere zurück. Sie verstanden es, für den Rest des Jahrhunderts mit einer Politik der Neutralität von den Engländern und Spaniern unbehelligt zu bleiben. In dieser Zeit entwickelte sich unter den Creek ein pro-englisches und pro-spanisches Lager; letzteres entstand durch den Versuch der Spanier, einen Teil der Creek in dem früher von den Apalachee bewohnten Gebiet anzusiedeln und damit eine Pufferzone gegenüber den Engländern zu bilden. Obwohl über diese spanischen Bemühungen aus den Jahren 1716–1718 keine direkten Zeugnisse vorliegen, scheinen sie doch teilweise erfolgreich gewesen zu sein. Vorstöße der Cherokee und die Expansion der Engländer (Gründung der Kolonie Georgia) führten zu weiteren Abwanderungen von Creek-Gruppen in die Apalachee-Region. Diese ersten hier ansässig gewordenen Creek bildeten den Kern der späteren Seminolen, in denen außer den Creek selbst der Rest der überlebenden Apalachee und Timucua aufgingen. Die Proto-Seminolen waren pro-spanisch und anti-englisch eingestellt. In ganz ähnlicher Weise ist wohl auch die Gruppe der östlichen Proto-Seminolen südlich von St. Augustine entstanden, unter denen die Hitchiti die dominierende Gruppe bildeten, während die Creek hier in der Minderheit waren. Ferner gesellten sich einige Alabama, Yuchi und andere Splittergruppen zu ihnen.

Die Entstehung der Seminolen hängt also mit der Südwanderung von Creek- und anderen Gruppen in die Halbinsel Florida hinein zusammen, die dem Druck der aus Virginia und Georgia nach Süden vorstoßenden Engländer auswichen. Pelzhandel, Waffengeschäfte und das Anwachsen kriegerischer Konflikte trugen zur gesteigerten Mobilität und zum Zusammenbruch der alten Siedlungen sowie schließlich zum Verlust der traditionellen Kultur bei. Von 1763 bis 1783 stand Florida unter englischer Herrschaft. Die neuen Herren bauten vor allem die Handelskontakte mit den Indianern, in erster Linie den Creek, aus. Handelsgüter und diplomatische Geschenke gelangten über St. Augustine, St. Marks und Pensacola sowie über Händler aus Carolina und Georgia in großen Mengen in die Hände der Indianer. Die Expansion der Creek nach Süden verstärkte sich während dieser Zeit so sehr, daß 1783 bereits ganz Nord- und Zentral-Florida von Creek-Gruppen besiedelt war. In ihren Beziehungen zu den Engländern verhielten sich die Creek keineswegs geschlossen, wie man aus dem Prädikat „Konföderation" schließen könnte, vielmehr handelten die Gruppen meist selbständig. In dieser Zeit taucht auch zum ersten Mal der Name „Seminole" auf, und zwar als Bezeichnung für eine Gruppe von Indianern, in der die Creek überwogen; aber schon bald zählte man zu den „Seminolen" auch alle übrigen Siedlungen der Apalachee-Region. Noch 1860 bezeichnete man mit diesem Namen alle Indianer Floridas, andererseits aber bezog man sich nur auf jene Gruppen, die von den Alachua-Siedlungen südlich des heutigen Gainesville abstammten. Das Wort kommt aus der Muskogee-Sprache, wo „simanoli" die Bedeutung von „wild, weggerannt", im Sinne von Emigranten, Pioniere, hat.

Nach dem amerikanischen Unabhängigkeitskrieg wurde die Grenze, die sich zwischen den Oberen Creek und den Kolonisten gebildet hatte, niedergebrochen, so daß amerikanische Siedler und Händler in das Indianerland einzuströmen begannen. 1796 gibt es den ersten amerikanischen Indianeragenten bei den Creek. Dieser unterstützte den einsetzenden ökonomischen Wandel mit allen sich daraus ergebenden Konsequenzen für die traditionelle Sozialstruktur der Indianer und drängte nicht zuletzt auf die Schaffung einer zentralen politischen Instanz. Gegen diesen Plan erhob sich eine starke Opposition unter den Creek, die durch den Besuch des Shawnee-Führers Tecumseh im Jahre 1811 gestärkt wurde. Mehrere Propheten verkündeten die Rückkehr zur althergebrachten Lebensweise; 1813 wurde ein Fort der Amerikaner von Anhängern der konservativen Gruppen angegriffen und dabei eine Anzahl Weißer getötet. Daraufhin setzte die amerikanische Regierung Truppen gegen die Creek ein, die die Indianer vernichtend schlugen. Sie mußten ihre Siedlungen verlassen und flüchteten nach Florida. Viele verbanden sich hier mit den Florida-Creek (=

Seminolen), andere zogen weiter und ließen sich im Raum südlich von Tampa nieder. Damit erhöhte sich die indianische Bevölkerung Floridas von 3500 um fast das Doppelte.

Die westlichen Seminolen, einschließlich einiger konservativer Creek-Gruppen und entlaufener Negersklaven, standen im Krieg von 1812-14 auf Seiten der Briten und Spanier. Aus diesem Grunde drangen die amerikanischen Kolonisten von Georgia in das bisher von ihnen nicht besetzte Indianergebiet ein. Sie stahlen dort Vieh und verschleppten Neger, die sie zu Sklaven machten. 1818 – während des sogenannten 1. Seminolenkrieges (1817-1818) – überquerte Andrew Jackson mit einer Truppe von 2000 Mann, darunter zahlreiche indianische Hilfstrupps, die Grenze von Spanisch-Florida. Er zerstörte die befestigten Siedlungen der Seminolen und Neger am Apalachicola River und zog dann weiter nach Osten zum Suwannee River. Dort brannte er die Seminolendörfer in der alten Apalachee-Region und um das heutige Tallahassee nieder. Die Seminolen flohen daraufhin nach Osten in die Alachua-Region, viele aber zogen weiter südwärts in die Halbinsel hinein.

Der Zustrom konservativer Creek-Flüchtlinge, die Kollaboration pro-amerikanischer Creek mit den Truppen Andrew Jacksons im ersten Seminolen-Krieg und die Verlagerung der Seminolen-Siedlungen nach Osten und Süden in die Halbinsel Florida hinein trugen zur endgültigen Trennung der Seminolen von der Creek-Konföderation bei und führten zur völligen Selbständigkeit des neuen „Stammes“.

Das Resultat des ersten Seminolen-Krieges war die Eroberung Floridas, die formell 1819 bestätigt wurde. Die Amerikaner nahmen sofort Kontakte mit den Seminolen auf. Auf sie gehen die ersten Berichte über diesen neuen „Stamm“ zurück. Sie bemühten sich, die Siedlungen der Indianer ausfindig zu machen. Dabei zählten sie 17 Siedlungen, acht Dörfer , drei von Negern bewohnte Dörfer und zwei mit unbekannter ethnischer Zugehörigkeit. Die Siedlungen waren über die ganze Halbinsel Florida verstreut. Nur die Sümpfe der Everglades und des Big Cypress Swamp in Süd-Florida waren noch nicht bewohnt; sie dienten lediglich als Jagd-, Fischfang- und Sammelgebiet. Um diese Sumpflandschaften mit ihrer subtropischen Vegetation zu erschließen, mußten erst neue ökologische Techniken entwickelt werden.

Die Indianer kannten keine zentrale politische Organisation. Beim Vertragsschluß von 1823 mußte beispielsweise einer der Dorfhäuptlinge eigens als Vertragspartner bestimmt werden. In diesem Vertrag gaben die Indianer alle Besitzrechte in Florida bis auf ein Reservatsgebiet, das in Zentral-Florida angelegt werden sollte, auf. Eine erste Volkszählung ergab 4883 Köpfe; wahrscheinlich lag die tatsächliche Zahl um etwa 600 höher. Anfänglich bereitete es Schwierigkeiten, dieses Reservat anzulegen und die Indianer dorthin zu transportieren. Die Amerikaner nahmen schließlich ganz Florida in Besitz, wobei es zu zahlreichen Übergriffen kam, weil sie auch Teile des vorgesehenen Reservates für sich in Anspruch nahmen. Die freien Neger, die dort lebten, waren besonders gefährdet, da man sie als Sklaven brauchte.

1835 begann der 2. Seminolen-Krieg. Er dauerte sieben Jahre und endete mit einem Waffenstillstand. Er war wohl der kostspieligste und unpopulärste Indianerkrieg, den die amerikanische Armee jemals geführt hat. Tausende von Soldaten standen im Kampf, um die freien Seminolen aus den Wäldern und Sümpfen zu treiben. Durch den Krieg wurden große Teile der Indianer aufgerieben; 4420 Seminolen wurden gefangengenommen und nach Oklahoma deportiert. Die Zahl der Gefallenen ist unbekannt. Ebenso unbekannt ist auch die Zahl der Flüchtlinge, denen es gelang, sich in Florida zu verstecken und der Vertreibung zu entgehen. Man schätzt sie auf etwa 500. Nicht minder hoch waren die Verluste der amerikanischen Truppen in diesem ersten Guerilla-Krieg der modernen Geschichte. Das Ziel des Krieges war die Vertreibung der Indianer des Ostens jenseits des Mississippi in das sogenannte Indianer-Territorium. Eng verbunden mit diesem 2. Seminolen-Krieg war das andere Ziel der Amerikaner: die zu den Indianern übergelaufenen Neger wieder festzunehmen. Es gelang jedoch nicht, alle Neger von den Indianern zu trennen. Die in

Florida verbliebenen Indianer, unter denen sich nur wenige Neger aufhielten, entwickelten sich ab 1842 unabhängig von den Oklahoma-Seminolen, die sich schon bald nach ihrer Deportation mit den Creek und anderen Südost-Stämmen zu dem Bund der „Fünf Zivilisierten Nationen" zusammenschlossen. Wir wollen hier zunächst das Schicksal der Zurückgebliebenen weiter verfolgen.

Um 1850 brachen wiederum Streitigkeiten zwischen den Florida-Seminolen und den Amerikanern aus. 1855 begann der 3. Seminolen-Krieg. Er dauerte drei Jahre und endete mit der Deportation weiterer 240 Indianer. Es blieben nunmehr nur noch etwa 200 Seminolen in Florida. Da sich die Hitchiti (Mikasuki) als Umgangssprache des Muskogee bedienten, entstand der Eindruck, daß auch sie ursprünglich Muskogee waren. Durch die fortschreitende amerikanische Erschließung Floridas kamen alle Seminolen, sogar die in den Sümpfen fast völlig isolierten Gruppen, in Kontakt mit den Weißen. Trotzdem haben sich bis heute noch einige Züge der einstigen matrilokalen Familienorganistion erhalten, z. B. das alljährlich im Herbst stattfindende Busk-Fest, an dem sich die verschiedenen Busk-Gruppen, die um ein Medizinbündel herum organisiert waren, versammeln.

Mit dem Versuch der amerikanischen Regierung, eine endgültige Regelung für die Florida-Seminolen zu finden, d. h. sie ins Indianerterritorium zu deportieren, setzte auch die Tätigkeit des „Bureau of Indian Affairs" ein. Erst 1891 entschloß man sich, die Indianer in Florida zu belassen und ihnen Reservate zur Verfügung zu stellen. Die Indianer kümmerten sich wenig um das Regierungsprogramm. Noch 1940 lebten 35 von 39 Seminolen-Gruppen außerhalb der Reservate, die in den 30er Jahren zu drei größeren Reservaten konsolidiert wurden: der Brighton-Reservation am Westufer von Lake Okeechobee, der Dania- (jetzt: Hollywood-) Reservation an der Ostküste nördlich von Miami und der Big Cypress-Reservation im Nordosten des Big Cypress Swamp.

In den Reservaten wurde langsam die Infrastruktur ausgebaut mit Straßen, Schulen, dem Wohlfahrtswesen und einem Tierzuchtpro-

gramm. Aufgrund der Stellenangebote und des Wohlfahrtsdienstes zogen schließlich zahlreiche Indianer, die als Arbeitslose außerhalb der Reservate lebten, in diese hinüber. Der Schulbesuch nahm dagegen zunächst nur langsam zu. Als Symptom eines stärkeren Kulturwandels kann der plötzliche Erfolg der Mission gelten, der in erster Linie einem Baptistenprediger, einem Creek-Indianer, zu verdanken war. Die Annahme des Christentums bedeutete nämlich die Trennung von der Busk-Organisation und damit eine Lösung der Bindungen zur Mehrheit der Personen außerhalb der Reservate. Als die Zahl der Reservatsbewohner zunahm, wurde die Kulturdichotomie zwischen den außerhalb der Reservate wohnenden Traditionalisten und den auf den Reservaten lebenden Christen immer größer. Um 1950 waren die Busk-Gruppen stark dezimiert; die Hälfte der Indianer waren Christen.

In dieser Zeit des Umschwungs begann auch das „Bureau of Indian Affairs" mit Erfolg formale politische Organisationsformen einzurichten; so wurde eine repräsentative Ratsversammlung, die über den drei Reservaten stand, geschaffen. Auch der Staat Florida begann offiziell von den Seminolen Notiz zu nehmen. Selbst die Mehrheit der außerhalb der Reservate lebenden Seminolen fand schließlich neue Formen der Organisation. Sie nahmen die Verfassung und die Statuten des „Indian Reorganization Act" an, schlossen sich zum Miccosukee-Stamm zusammen und zogen in die ihnen zur Verfügung gestellten kleinen Schutzgebiete in verschiedenen Teilen Floridas. Von den Ende der 60er Jahre in Florida lebenden Seminolen wohnten 860 Seminolen und 150 Miccosukee in und rund 340 außerhalb der Reservate. Inzwischen hat die durch die religiöse Glaubenszugehörigkeit bedingte Dichotomie an Bedeutung verloren. Ein Beweis dafür ist der starke Rückgang der Teilnahme am christlichen Gottesdienst, viele nominelle Christen besuchen demgegenüber wieder die Busk-Feste.

Die Anpassung an die moderne Zeit geht unaufhaltsam weiter. Vor allem als Touristenattraktion sehen die Seminolen eine Möglichkeit, sich der heutigen Welt anzupassen. Der Weg dahin ist beschritten, und das „Bureau of Indian Affairs" leistet hier entsprechende Entwicklungshilfe. Da der Tourismus für den Staat Florida eine wichtige Einnahmequelle ist, vereinen sich hier einmal ausnahmsweise die Interessen der weißen Bevölkerung mit denen der Indianer.

*Die Franzosen und das Schicksal der Natchez*

Das Schicksal der Natchez, die hauptsächlich mit den Franzosen in Berührung kamen, verlief zunächst ähnlich wie das der Seminolen, im Laufe der Zeit führte es jedoch zur fast völligen Vernichtung und Auflösung des Stammes. Nachdem die Spanier unter Hernando de Soto im Jahre 1543 von den Natchez überfallen und verjagt worden waren, kamen erst 1682 wieder Weiße ins Land, und zwar mit dem französischen Reisenden und Forscher Sieur de la Salle. Durch ihn wurde die erste Phase der eigentlichen Kontaktgeschichte eingeleitet, die im Zeichen der Besuche von reisenden Forschern stand. Die Weißen wurden im allgemeinen von den Indianern freundlich aufgenommen und bewirtet, die Atmosphäre war freundschaftlich, und man respektierte sich gegenseitig. 1698 kamen die ersten Missionare aus Französisch-Kanada. Obgleich eine Anzahl von Indianerkindern getauft wurde, blieb den Missionaren ein wirklicher Erfolg versagt. Im Jahre 1700 nahm Pierre de Iberville, vom Süden her auf die Natchez stoßend, den Kontakt mit diesen auf. Damit begann die zweite Phase in der Kontaktgeschichte des Stammes: die Errichtung eines französischen Handelspostens. Aber der Handel florierte nicht. Als der Posten, vermutlich durch Intrigen der Engländer aus Carolina, von einigen Natchez angegriffen und zerstört wurde, befanden sich die Franzosen in einer äußerst prekären Lage. Sie sahen sich gezwungen, um ihr Ansehen zu bewahren und ihre Macht zu halten, die Natchez zu unterwerfen und militärisch unter Kontrolle zu bringen. 1716 gelang es einer kleinen Truppe unter Jean de Bienville, viele Natchez gefangen zu nehmen und zu töten.

Die Überlebenden erklärten sich bereit, mit den Franzosen Frieden zu schließen und halfen ihnen beim Aufbau von Fort Rosalie am Mississippi. 1717 erhielt die „Western Company" Erschließungsrechte, wodurch ein starker Zuzug französischer Adliger einsetzte, gefolgt von Bauern, Handwerkern und Sklaven. 1718 wurde das ganze Land um Fort Rosalie besiedelt, das die Indianer den Franzosen „verkauft" hatten. Die weißen Bauern begannen vor allem Tabak anzubauen, ihre Beziehungen zu den Indianern waren friedlich. Um diese Zeit ließ sich auch der französische Chronist Antoine S. Le Page du Pratz, dem wir die ersten ausführlichen Nachrichten über die Natchez verdanken, hier nieder. Er blieb bis 1734 in Louisiana. Die Franzosen tauschten Land und Lebensmittel von den Indianern gegen Gewehre, Pulver, Blei, Alkohol und Stoffe ein. Zu Konflikten kam es erst wieder, als 1723 ein Natchez von einem französischen Soldaten getötet wurde, und diese Tat ungesühnt blieb.

In dieser Zeit gespannter Beziehungen starben zwei führende Persönlichkeiten der Natchez, darunter die „Große Sonne", dem 1728 eine sehr junge und unerfahrene „Sonne" folgte. Als die Streitigkeiten sich zuspitzten, beschlossen die Natchez, alle Franzosen zu vertreiben. In einem ersten Gefecht wurden über 200 französische Siedler und Soldaten getötet. Den Natchez schlossen sich nun die Yazoo an. Die Choctaw hingegen, die sich ursprünglich an einem Bündnis gegen die Franzosen beteiligen wollten, schlugen sich auf die Seite der Franzosen. Zwar gelang es 1730 den Natchez, eine gemeinsame Truppe von Franzosen und Choctaw zurückzuschlagen, doch im folgenden Jahr verloren sie den ungleichen Kampf. Vierhundert von ihnen wurden gefangengenommen und als Sklaven nach Westindien verschleppt. Die wenigen Natchez, die entkommen konnten, schlossen sich den Chickasaw an, die damals mit den Engländern verbunden waren. Die Franzosen erreichten jedoch die Auslieferung eines Teiles der geflüchteten Natchez. Die übrigen Angehörigen der Natchez schlossen sich nun den Creek an und zogen mit diesen 1832 in das neue Indianerterritorium.

*Die Engländer und der Untergang der Creek*

Zwischen 1700 und 1790 bildeten die Creek mit etwa 20.000 Köpfen den mächtigsten indianischen Stammesbund des Südostens. Sie lebten zur Zeit de Sotos von Georgia bis Alabama verstreut. 1715 waren die Creek erstmals als Verbündete der Yamasee mit den europäischen Kolonialmächten in Konflikt geraten. Sie verlagerten dann aber ihr Hauptsiedlungsgebiet bis zum Chattahoochee River und konnten sich dadurch zunächst der weiteren Konfrontation mit den Weißen entziehen. Einzelnen Creek-Gruppen hatten sich bereits vor dem Yamasee-Krieg den Briten gegen die Spanier angeschlossen und waren nach Florida eingedrungen. Das Prinzip der völligen Nichteinmischung in die Auseinandersetzungen der Kolonialmächte wurde lange Zeit von den Creek konsequent verfolgt. Weder französische Missionare noch französische Truppen konnten sich in ihrem Siedlungsgebiet festsetzen. Andererseits hielten sie jedoch an den Handelsabmachungen fest, die sie mit den Engländern getroffen hatten. Im Krieg der Franzosen gegen die Natchez blieben sie trotz englischer Provokationen neutral. Als die Natchez von den französischen Truppen geschlagen wurden, nahmen sie die Flüchtlinge in ihre Konföderation auf. Diese Adoption war eine häufig geübte Maßnahme, die schon früher zur Ausbildung von Konföderationen beigetragen hatte. Im Verlaufe der Kriegshandlungen zwischen den europäischen Kolonialmächten und den darin verstrickten Stämmen stieg die Zahl der aufgenommenen indianischen Gruppen beträchtlich. Yamasee und Apalachicola, Alabama und Yuchi, auch einige Shawnee-Gruppen wurden integriert. Die meisten waren jedoch Angehörige der Muskogee-Sprachfamilie. Durch die Aufnahme dieser verschiedenen Gruppen wuchs die Zahl der Creek und damit ihr machtpolitisches Gewicht.

Die Beibehaltung der strikten Neutralität der Creek beruhte nicht zuletzt auf der Existenz von indianischen Pufferstaaten: Im Süden und Westen schützten sie die Choctaw vor den Franzosen und Spaniern der Golfküste, im Nordwesten die Chickasaw vor den Engländern und Franzo-

sen, im Nordosten die Cherokee vor den englischen Siedlern am Cumberland River und vor den Virginiern. Nur im Osten gab es, nachdem die Yamasee geschlagen worden waren, keinen Stamm mehr, der zwischen ihnen und den vordringenden Weißen stand. Doch wußten die Creek an dieser offenen Grenze durch geschickte Handelsvereinbarungen mit den Engländern und teilweise auch den Spaniern eine zeitlang stabile Verhältnisse zu schaffen.

Die Neutralität der Creek wurde erstmals um 1733 erschüttert, als die rücksichtslosen Siedler Georgias, die sich wenig um die offizielle britische Politik kümmerten, in das Gebiet der Creek einfielen. Um 1780 war die Neutralität schließlich nicht mehr zu halten, umso weniger als sich die Machtkonstellation der Kolonialmächte erheblich verändert hatte. Im Westen waren die Franzosen eliminiert, und die Engländer lagen mit ihren Kolonisten in ernsthaftem Streit. Die Grenzer vom Cumberland-River und aus Georgia wurden immer aggressiver. Als die Engländer den Unabhängigkeitskrieg der amerikanischen Kolonien 1783 verloren hatten, vermochte der Creek-Häuptling Alexander McGillivray als geschickter Diplomat – er hatte eine Schule in Charleston besucht und war als Handelsvertreter einer spanischen Gesellschaft tätig gewesen – mit der neuen Macht auf dem Kontinent, den Amerikanern, einen Vertrag zu schließen, in dem ihm von General Washington ein eigener Creek-Staat zugestanden wurde. Aber die Georgia-Siedler hielten sich nicht an diesen Vertrag, und auch die Mehrheit der Creek fühlte sich nicht an diese Abmachung McGillivrays gebunden. Unter dem Druck amerikanischer Siedler wurden die Grenzen niedergerissen, womit die allgemeine Auflösung der Creek-Konföderation begann.

*Die Wiedergeburt der Cherokee*

Um diese Zeit des Niederganges der Creek setzte die Stabilisierung der Cherokee-Konföderation ein. Sie kam zustande, als die Cherokee ihre politische Struktur nach dem Vorbild der Vereinigten Staaten aufzubauen begannen. Im

Gegensatz zum Glauben an übernatürliche Offenbarungen, die sich bei den Irokesen und vielen Algonkinstämmen (Handsome Lake, Algonkin-Propheten) fand, versuchten die Cherokee, ein neues Wert- und Moralsystem auf rationaler Basis einzuführen. Sie bemühten sich, den Ruf eines friedlichen und fortschrittlichen Volkes zu erwerben, das sich des vollen Schutzes der amerikanischen Gesetze würdig erweisen sollte. Während die Creek-Konföderation sich in zahlreiche Siedlungszentren aufgesplittert hatte, stellten die Cherokee mit ihren 75 Dörfern um 1800 noch ein einheitliches politisches Gebilde dar. In fast allen Siedlungen gab es zahlreiche Mischlinge, die auf den Zuzug von Siedlern aus Virginia, britischen Tories und Wanderhändlern aus Deutschland zurückgingen. Zwischen 1800 und 1830 fand bei den Cherokee als Folge des Druckes von außen und als Antwort auf diesen eine Konsolidierung, verbunden mit einer völligen Neuorientierung und politischen Umstrukturierung, statt. Zunächst bestand die Notwendigkeit, einen Weg zu finden, die Gruppen ihrer eigenen Gesellschaft wieder unter Kontrolle zu bringen, da sie dem äußeren Druck, ihr Land abzutreten, nachgegeben hatten und bereit waren, in Gebiete westlich des Mississippi abzuwandern. Die führenden Häuptlinge wollten dagegen mit der Bildung einer neuen politischen Struktur den Cherokee ermöglichen, in ihrem alten Heimatland weiterzuleben. Eine Verfassung sollte geschaffen, Missionsschulen eingerichtet und eine fortschrittliche Gemeindeordnung entworfen werden. 1808 wurde ein gesetzgebender Nationalrat ins Leben gerufen und dessen Gesetze in einer eigenen Schrift niedergeschrieben (s. weiter unten). Diese bestimmten unter anderem die Schaffung eines Polizeikorps (Light Horse Guards), das für Recht und Ordnung im gesamten Cherokee-Gebiet zu sorgen hatte. 1810 schaffte man die alte Tradition der Blutrache ab. 1817 wurde das Zweikammersystem, ein Nationalkomitee und der traditionelle Nationalrat eingeführt. Das neue Komitee übernahm die Verantwortung für die nationalen Angelegenheiten, das heißt alle Verträge auszuhandeln und die jährlichen Einkünfte aus früheren Landabtretungen zu regulieren. 1820 führte man weitere Maßnahmen ein, um die Gerichtsverwaltung zu organisieren. Das Cherokee-Gebiet wurde hierzu in acht Gerichts-Distrikte geteilt, die je vier Repräsentanten auf ein Jahr wählten und in den Nationalrat entsandten. 1822 errichtete der Rat einen nationalen obersten Gerichtshof und definierte die obersten Ämter der nationalen politischen Struktur: zwei „Beloved Men", einen Präsidenten des Nationalkomitees und einen Ratssprecher. 1825 autorisierte der Nationalrat den Bau einer eigenen Hauptstadt in New Echota und die Einrichtung einer nationalen Druckerei. 1827 schließlich gründete er eine verfassunggebende Nationalversammlung (National Constitutional Convention); diese bestand aus elf Repräsentanten, die in einer verbindlichen Verfassung das bereits Erreichte formal legalisieren sollte. 1828 wurde die neue Verfassung gebilligt.

Ein weiteres wesentliches Programm der Cherokee-Führungsschicht bestand in der Ermutigung zur qualitativen Erziehung der Konföderations-Mitglieder im Sinne der Amerikaner. Hier mußte der Nationalrat eng mit den Missionaren zusammenarbeiten, die nach 1800 in immer größerem Umfange die Indianer zu bekehren suchten. Der Nationalrat drängte darauf, Missionsschulen zu errichten und zugunsten dieser die freie Missiontätigkeit einzuschränken. 1825 gab es 13 Schulen. Der Schulbesuch war gut. Einige Schüler mit abgeschlossener Schulbildung wurden auf weiterführende Schulen geschickt, von denen sie nach Beendigung der Ausbildung in die Konföderation zurückkehrten. Hier bildeten sie den Kern der neuen Führungsschicht.

Die dritte bedeutende Leistung, die die Entwicklung des Stammesverbundes vorantrieb, kam ohne Planung des Nationalrates zustande. Zwischen 1809 und 1821 hatte ein Cherokee namens Sequoyah, der sich selbst Charles Gist nannte, unter Verwendung lateinischer Buchstaben und eigener erfundener Zeichen, eine Silbenschrift ausgearbeitet, nach der ein Lehrbuch, eine Zeitung und das Neue Testament gedruckt wurden. 1828 gründete man eine nationale Druckerei. In wenigen Jahren war das In-

Das Cherokee- „Alphabet", das von Sequoyah, einem Cherokee-Halbblut, 1821 in Anlehnung an lateinische Buchstaben geschaffen wurde und anfänglich eine weite Verbreitung fand. Die Zeichen stehen für Silben, nicht für einzelne Laute. Auch besteht keine Übereinstimmung zwischen den lateinischen Buchstaben erinnernden Zeichen und dem damit verbundenen Lautwert.

teresse an der Erlernung der Schrift so groß geworden, daß nur noch wenige Cherokee Analphabeten waren. Oliver La Farge schreibt in seinem Buch „Die große Jagd": „Das ganze Volk wollte lesen und schreiben lernen: Greise, junge Krieger, Hausfrauen, Großmütter am Spinnrocken, Knaben und Mädchen. Bauern prägten sich die Zeichen ein, wenn sie beim Pflügen eine Pause einschalteten. Und schon nach wenigen Monaten war jeder Cherokee, der nicht zu jung oder zu alt war, imstande, das neue Alphabet zu lesen und zu schreiben. Jünglinge begaben sich auf Reisen, nur um ihrer Liebsten einen Brief schreiben zu können."

Diese umwälzenden Neuerungen machten die Cherokee zum einflußreichsten Indianerstamm im Südosten. Nach ihrem Vorbild schufen sich die Creek eine eigene Schrift. Fast alle der fünf großen Stämme schrieben nun ihre Gesetze nieder. Der eindrucksvolle Erfolg der eigenen Bemühungen dieser Indianer findet in den Worten La Farges berechtigte Anerkennung: „Auf diese Weise entwickelten sich diese Völker zu den ‚fünf zivilisierten Stämmen'. Sie luden Weiße ein, ihnen zu helfen, aber ihr Fortschritt war ihr eigenes Werk und die Frucht eigener Initiative. Sie förderten ihr Gewerbe und wurden ein friedliches Volk. Sie begannen ihre Äcker nach den Methoden des weißen Mannes zu bebauen und Vieh zu züchten. In den fruchtbaren Tiefebenen des Südens entfalteten sich manche ihrer Höfe zu richtigen Plantagen, die mit (Neger)sklaven bearbeitet wurden. Unter Führung der Cherokee verwirklichten sie etwas, das in der ganzen Weltgeschichte nur selten vorgekommen ist. Sie lieferten den Beweis, daß es ein verhältnismäßig unkultiviertes Volk schon nach kurzer Zeit aus eigener Kraft mit den Europäern aufnehmen kann. Fortschritt solcher Art kann nicht von außen aufgezwungen werden, sondern muß von innen heraus wachsen."

Die Weißen sahen mit Neid auf die Erfolge der Cherokee. Sie forderten das Land dieser Indianer für sich selbst, um dort eigene Höfe und (Baumwoll-)Plantagen anzulegen. Das Land erschien ihnen umso begehrenswerter, als dort Gold entdeckt wurde. Schließlich drangen sie von Georgia her mit Gewalt in das Cherokee-Gebiet ein. Obwohl die Indianer in einer Klage vor dem Obersten Gericht der Vereinigten Staaten gegen den Staat Georgia Recht bekamen, verfügte der amerikanische Präsident Jackson ihre Vertreibung aus dem Südosten. Durch Bestechung, Betrug und brutale Gewalt wurden 1832 die Cherokee und die anderen Indianer des Südostens aus ihrer Heimat vertrieben und in das damalige Indianerterritorium gebracht. Unter der Aufsicht der Armee zogen 16.000 Cherokee über den „Weg der Tränen" nach Oklahoma. Tausende von Indianern, Männer, Frauen und Kinder, starben an Hunger und Erschöpfung. Jeder, der versuchte, sein Heim zu verteidigen, wurde erschossen oder mit Bajonetten erstochen. Als die Indianer aus ihrer Heimat auszogen, mußten sie mit ansehen, wie die Weißen in ihre Häuser einzogen. Einer Minderheit von ihnen gelang es, sich in den Bergen zu verstecken. Mit eigenem Geld kauften sie sich schließlich ein Reservat in North Carolina.

Auch einige Choctaw entkamen den amerikanischen Truppen. Ihre Nachkommen leben verstreut auf Landstücken im Staate Mississippi.

## Die „Fünf Zivilisierten Nationen"

Die Geschichte der „Fünf Zivilisierten Nationen" beginnt mit ihrer Vertreibung aus ihrer Heimat in das damalige Indianerterritorium. Zu ihnen gehörten die Stämme der Creek, Cherokee, Choctaw, Chickasaw und Seminolen; das Epitheton „zivilisiert" bezog sich auf den höheren Kulturstand dieser Stämme gegenüber dem der dort ansässigen indianischen Gruppen, besonders den Plainsstämmen. Während die „Fünf Zivilisierten Nationen" als seßhafte Bodenbauern mit zentraler politischer Autorität, gesellschaftlicher Stratifikation und von den Amerikanern übernommener Technologie sich im Äußeren nur wenig von den weißen Bauern unterschieden, hielten die westlichen Indianer noch an ihrer traditionellen schweifenden Lebensweise fest, – sie waren noch „Indianer". Die öffentliche Meinung Amerikas ließ sich beeindrucken von dem ihrer eigenen Verfassung und Gesetzgebung angepaßten politischen System der Cherokee und der stabilen politischen Struktur der Südoststämme, die diese selbst nach ihrer Ankunft im Indianerterritorium bewahrten. Um 1850 hatten sich die fünf Stämme auch politisch zu einer Einheit mit zentraler politischer Instanz organisiert.

In der neuen Heimat brachen die alten Konflikte zwischen den „Mischlingen" und „Vollblütigen", wie sie bereits in der alten Heimat besonders bei den Cherokee bestanden hatten, wieder auf. Die Unterscheidung von „Mischlingen" und „Vollblütigen" ist irreführend, denn in allen Stämmen war es zu mehr oder weniger starken Vermischungen mit Weißen und Negern gekommen. Der eigentliche Unterschied war nicht rassischer, sondern politischer Art: Er bestand zwischen Anpassungswilligen und Traditionalisten, die jeden Kontakt mit den Weißen ablehnten. Dieser Fraktionalismus beeinträchtigte allerdings die politische Solidarität nur zeitweilig.

Die erste gemeinsame Aufgabe der „Fünf Zivilisierten Nationen" war die Fortentwicklung der bereits in der alten Heimat begonnenen Kodifizierung der Gesetze und der Verbesserung der politischen Organisation. Dies betraf vor allem die Creek, galt aber mutatis mutandis auch für die anderen Stämme. Entsprechend der traditionellen dualistischen Struktur der politischen Organisation fand bei den Creek das Zweikammersystem leichten Eingang: das Haus der Krieger entsprach den Roten, das Haus der Könige den Weißen. Außerdem behielten die Creek ihre alte Stadtverfassung bei. Nach dem Beispiel der Cherokee schufen sie eine Ordnungspolizei und setzten örtliche Gerichte ein. Diese Entfaltung und das Wachsen der neuen inneren Ordnung wurde durch den amerikanischen Bürgerkrieg unterbrochen, in dem sich die Mehrzahl der fünf Stämme auf die Seite der Südstaaten schlug. Als die Unionstruppen 1864 die Oberhand gewannen, bestraften sie die Creek mit dem Verlust der Hälfte ihres Landes. So kam es, daß erst 1875 die erste ordentliche Wahl stattfand und der erste Oberhäuptling für vier Jahre gewählt wurde. Die „Vollblut"-Fraktion versuchte geltend zu machen, der Union immer Treue gehalten zu haben, und wehrte sich – ohne Erfolg – gegen jede Landabtretung. Daneben gab es einige kleinere Splittergruppen sowie die größere Fraktion der „Mischlinge". Die politischen Meinungen, mit Ausnahme der grundsätzlichen über die Landabtretungen, schillerten stark, später bildeten sie die Kristallisationszentren für neue Interessengruppen.

Die zweite Aufgabe der Creek als der mächtigsten Gruppe war die Schaffung einer solidarischen Front aller Territorium-Indianer. Bald nach ihrer Ankunft beriefen sie einen intertribalen Rat ein. Ihr dringlichstes Ziel war der Schutz vor den Pawnee und anderen Stämmen, die noch nicht in Reservaten lebten und die Neuankömmlinge im Westen überfielen. An der ersten gemeinsamen Ratsversammlung beteiligten sich 17 Stämme, darunter die Osage und die Kiowa. 1843 wurde eine feierliche Ratsversammlung einberufen und ein intertribaler Kodex niedergeschrieben; er basierte auf dem Gedanken, daß die Verschleppung die Situation aller Indianer grundlegend verändert habe und somit die alten Ordnungen überholt seien. Er enthielt eine Bestimmung über die Möglichkeit der Aufnahme fremder Zuwanderer in die Stämme und bestätigte das Landverkaufsverbot, das nur mit Zustimmung aller Stämme Ausnahmen erlaubte. Der Kodex blieb zwar nur ein Stück Papier, doch dokumentierte er den Führungsanspruch der fünf Stämme unter der Führung der Cherokee und Creek. Erst 1875 wurde eine allgemeine Verfassung verkündet, der sich 29 Stämme unterwarfen. 1880 beschlossen die amerikanischen Behörden das Verbot jeglicher gemeinsamer politischer Organisation. 1887 und 1888 traf sich der intertribale Stammesrat nochmals, um dem amerikanischen Kongreß eine Bittschrift zu überreichen, die sich gegen den „General Allotment Act", der Aufteilung des Indianerlandes, wandte. Ferner wurde beschlossen, ein Komitee zu gründen mit dem Auftrag, einen Plan zu erarbeiten, demzufolge alle Stämme einer gemeinsamen Regierung unterstehen sollten. All dies war als Gegenmaßnahme zum Programm der amerikanischen Regierung gedacht.

Inzwischen verbreitete sich das Christentum im Indianerterritorium schnell. Doch bestanden die Creek, wie zuvor die Cherokee in der alten Heimat, darauf, daß die Geistlichen in erster Linie Schulunterricht leisten sollten. Mit Hilfe von finanziellen Abfindungen unterstützten die Creek, Cherokee und Choctaw den Bau und die Erhaltung von Schulen.

Die Creek hatten schon in den frühen 70er Jahren das Wesen der amerikanischen politischen Struktur erkannt, dem sie ausgesetzt waren. Sie hatten zu ihrem Leidwesen feststellen müssen, daß das „Bureau of Indian Affairs" nicht immer ihre Interessen vertrat, und die eingesetzten Agenten, die ihnen helfen sollten, eigneten sich sehr unterschiedlich für ihre Aufgaben: Es gab ehrliche und unehrliche, geschäftstüchtige und verwaltungsmäßig unerfahrene Vertreter unter ihnen. Häufig geschah es, daß die Agenten vor allem gegen die Erhaltung des Landanspruchs und die Beibehaltung ihrer eigenen Regierungsform auftraten. Die Indianer sahen sich deshalb genötigt, eigene Repräsentanten nach Washington zu senden, um die laufende Gesetzgebungsarbeit des Kongresses zu beobachten, damit sie gegen sie gerichtete Gesetze rechtzeitig Einspruch erheben konnten. Doch die amerikanische Regierung erwies sich in dieser Zeit als unfähig, Rechte der Indianer und die Vertretung ihrer Interessen zu beachten; sie erlag vielmehr dem Druck von Spekulanten und Siedlern, die das indianische Land beanspruchten.

Bis gegen Ende der 80er Jahre hatten die fünf Stämme gezeigt, daß sie sich trotz der schwierigen Situation in dem fremden, neuen Land, das von Zeit zu Zeit von wilden Stämmen und weißem Gesindel heimgesucht wurde, nicht entmutigen ließen. Sie rodeten das Land, richteten ihre Höfe ein und begannen mit der Aufzucht von Vieh. Sie lebten ganz wie die bäuerliche Bevölkerung der Weißen. Das Schulsystem funktionierte, es gab nur wenige Analphabeten. Die Selbstregierung und die eigene Polizeitruppe hielten Ruhe und Ordnung. Der Erfolg dieser Bemühungen wurde stillschweigend in den Verfügungen des „General Allotment Act" von 1887 anerkannt. Dieses Gesetz sah vor, daß mit Ausnahme des Landes der „Fünf Zivilisierten Nationen" alles Stammesland aufgelöst und den Indianern individuell Land zugesprochen werden sollte. Nur bei Zustimmung der fünf Stämme würde das Gesetz auch auf sie Anwendung finden können. Als die Zuteilung voranschritt, beugten sich die Choctaw dem – wie sie meinten – Unausweichlichen; nur die Cherokee und Creek weigerten sich, ihr neues Siedlungsgebiet preiszugeben. 1898 wurde ein weiteres Gesetz vom amerikanischen Kongreß verabschiedet, das alle indianischen Selbstregierungen aufhob. Damit hörten auch die „Fünf Zivilisierten Stämme" auf, als politische Einheit zu existieren.

Nach dem Verlust ihrer politischen Autonomie wurden von der Regierung in Washington „Principal Chiefs" ernannt, die die Abwicklung der Angelegenheiten der Indianer in die Hand nahmen. Alle Versuche der Creek, sich der Ausführung des „Allotment Act" zu widersetzen, schlugen fehl. Es bildeten sich nun vielerorts zeremonielle Gruppen mit nativistischem

Charakter, z. B. die Redbird Smith-Bewegung. Andere Gesellschaften, wie die Cherokee-„Mischlinge", begannen, sich an dem politischen Leben des inzwischen als Staat anerkannten Oklahoma politisch aktiv zu beteiligen. Die ersten Folgen des „Allotment Act" waren die Einmischung von Regierungsangestellten in indianische Belange, die Infiltration von Weißen in indianische Gemeinden, die Entstehung einer Klasse relativ wohlhabender „Mischlinge" und der Rückzug der ärmeren Indianer in entlegene und unwirtliche Gebiete. In den ersten 15 Jahren nach dem „Allotment Act" besaßen die Indianer nur noch ein Drittel ihres einstigen Landes; 35 Jahre später wurden die politischen Ämter in den Bezirken, die früher den „Fünf Zivilisierten Nationen" gehört hatten, fast ausschließlich von Weißen eingenommen.

1924 wurde den Indianern das amerikanische Bürgerrecht zugesprochen. Die Mehrzahl der Indianer Oklahomas waren Abkömmlinge der fünf Stämme. Sie besaßen noch etwa 1.250.000 Morgen Land im östlichen Oklahoma, meist Böden minderer Güte. 1973 zählte man rund 57.000 Indianer, die von den fünf Stämmen des Südostens abstammen. Sie leben heute in kleinen ländlichen Siedlungen und unterscheiden sich äußerlich nur wenig von der ärmeren weißen Landbevölkerung. Aber im Gegensatz zu ihren Stammesgenossen im Osten haben sie ihre eigene Sprache bewahrt. Ihre soziale Organisation beruht nicht auf der Familie, sondern auf dem größeren Blutsverwandtschaftsverband. Durch die weniger engen Bindungen ist es psychologisch leichter, daß einzelne zeitweise das Land verlassen und gegen Entgelt arbeiten. Die Mehrheit sind Baptisten oder Methodisten, ihr Gemeinschaftsleben konzentriert sich um die örtliche Kirche. Nur unter den „Vollblut"-Indianern hat sich noch die traditionelle Cherokee-Religion erhalten, die sich von der Redbird-Bewegung aus der Zeit um die Jahrhundertwende herleitet. Der „stomp ground" ist das Zentrum dieser Gruppen, er ersetzt die Kirche der „Mischlinge".

## Literaturauswahl

*Burt, Jesse and Robert B. Ferguson:* Indians of the Southeast: Then and Now. Nashville 1973

*Fundaburk, Emma L.:* Southeastern Indians. Luverne 1958

*Garbarino, Merwỳn S.:* Big Cypress: A Changing Seminole Community. New York 1972

*Gibson, Arrell M.:* The Chickasaws. Norman 1971

*Griffin, John W.:* The Florida Indian and his Neighbors. Winter Park 1949

*Hudson, Charles M. (ed.):* Four Centuries of Southern Indians. Athens, Ga. 1975

*Kilpatrick, Jack and A. G.:* The Shadow of Sequoyah: Social Documents of the Cherokees, 1862-1964. Norman 1965

*Kupferer, Harriet J.:* The ‚Principal People', 1960: A Study of Cultural and Social Groups of the Eastern Cherokee. (Bureau of American Ethnology, Bulletin 196). Washington 1966

*Speck, Frank G.:* Ethnology of the Yuchi Indians. Philadelphia 1909

*Swanton, John R.:* The Indians of the Southeastern United States. (Bureau of American Ethnology, Bulletin 137). Washington 1946

## 8. Die Indianer der Prärien und Plains: Zwischen Krieg und Frieden

a) Lebensraum: Die großen Ebenen

Die Prärien und Plains, im amerikanischen Sprachgebrauch meist durch die Bezeichnung „Great Plains" zusammengefaßt, bilden ab Mitte des 18. Jahrhunderts eine eigene indianische Kulturprovinz. Bis zu diesem Zeitpunkt waren die (östlichen) Prärien von Völkern mit einer dem östlichen Waldland entsprechenden Kulturform besetzt, die (westlichen) Plains dagegen – von wenigen Ausnahmen abgesehen – nur im Süden ständig besiedelt; das zentrale und nördliche Plainsgebiet wurde allein von den Stämmen aus den Prärien und aus den Gebirgsbecken westlich des Felsengebirges aufgesucht, wenn sie zur Jagd auszogen. Erst als das Pferd aus den damaligen nördlichen spanischen Kolonien übernommen wurde, entstand ein neues ökologisches Kulturmuster, indem nun einige Stämme dazu übergingen, ausschließlich von der Bisonjagd zu leben und die Plains dauernd zu besetzen. Die neue Kulturkonfiguration strahlte dann schließlich auch auf den Prärieraum aus und rief dort Veränderungen bei den Bodenbau treibenden Präriekulturen hervor. Das sogenannte Prärie-Indianertum – besser: „Plains-Indianertum" – ist also eine sehr junge Kulturerscheinung in Nordamerika, die zudem nicht lange Bestand hatte. Schon knapp hundert Jahre nach seiner Entstehung begann mit der Dezimierung der Bevölkerung durch eingeschleppte Krankheiten und der Ausrottung des Bisons sein Zusammenbruch; die (östlichen) Präriestämme waren um diese Zeit bereits voll in den Mahlstrom der amerikanischen Kolonisation geraten und drohten darin unterzugehen.

Wenn also der Bisonjägerkultur der Plains auch nur ein kurzes Dasein beschieden war, so ist sie doch wegen ihrer dynamischen Erscheinungsform in aller Welt zum Inbegriff des nordamerikanischen Indianertums schlechthin geworden. Hinzu kam, daß der hartnäckige Kampf der kriegerischen Plains-Indianer gegen die unaufhaltsam vordringenden Amerikaner, der mit dem blutigen Gemetzel am Wounded Kne (1890) endete, der Welt den erbarmungslosen Kampf der Weißen gegen den Roten Mann noch einmal in eindrucksvoller Weise vor Augen führte. Das Schicksal der Plains-Indianer steht symbolisch für dasjenige vieler durch die Geschichte weniger bekannter Stämme Nordamerikas.

Die Landschaft mit ihrem baumlosen großartigen Steppen- und Savannencharakter ist eines der größten Grasländer der Erde. Sie erstreckt sich vom Ostabhang des Felsengebirges bis an den Westrand des Mississippitales und von Zentral-Kanada bis zum Rio Grande in Texas. Eingebettet in diese riesige Offenlandschaft sind einige kleinere Berglandschaften mit Waldbewuchs: die Black Hills von South Dakota, die Ouchita Mountains und das Ozark-Plateau in Oklahoma und Arkansas. Die weiten sanft gewellten Ebenen werden von zahlreichen Flüssen durchschnitten, die das Land in starken Mäandern von West nach Ost durchfließen, um schließlich in den Missouri oder direkt in den Mississippi einzumünden. Die wichtigsten Flüsse sind – von Nord nach Süd –: der Missouri, der Niobrara River, der Platte River mit seinen beiden Quellflüssen, dem North Platte und South Platte, der Arkansas River, der Canadian River, der Brazos River und der Red River. In den mittleren und unteren Flußtälern dieser Ströme treten Galeriewälder auf, die sich teilweise weit ausdehnen und dann nach Westen zu, mit ansteigender Höhe, immer schmaler werden. Während der östliche Teil der großen Ebene, die „Prärie", kräuter- und staudenreiche Schwarzerdeböden mit Langgrasbeständen aufweist, hat der westliche Teil, die „Plains", nur eine steppenartige dünne Vegetation, die durch weitständig verteiltes niedriges Büschelgras und xerophytische Zwergsträucher, weiter im Westen dann auch durch Kakteen und Sagebrush (Artemisia) bestimmt wird. Ökologisch äußerst

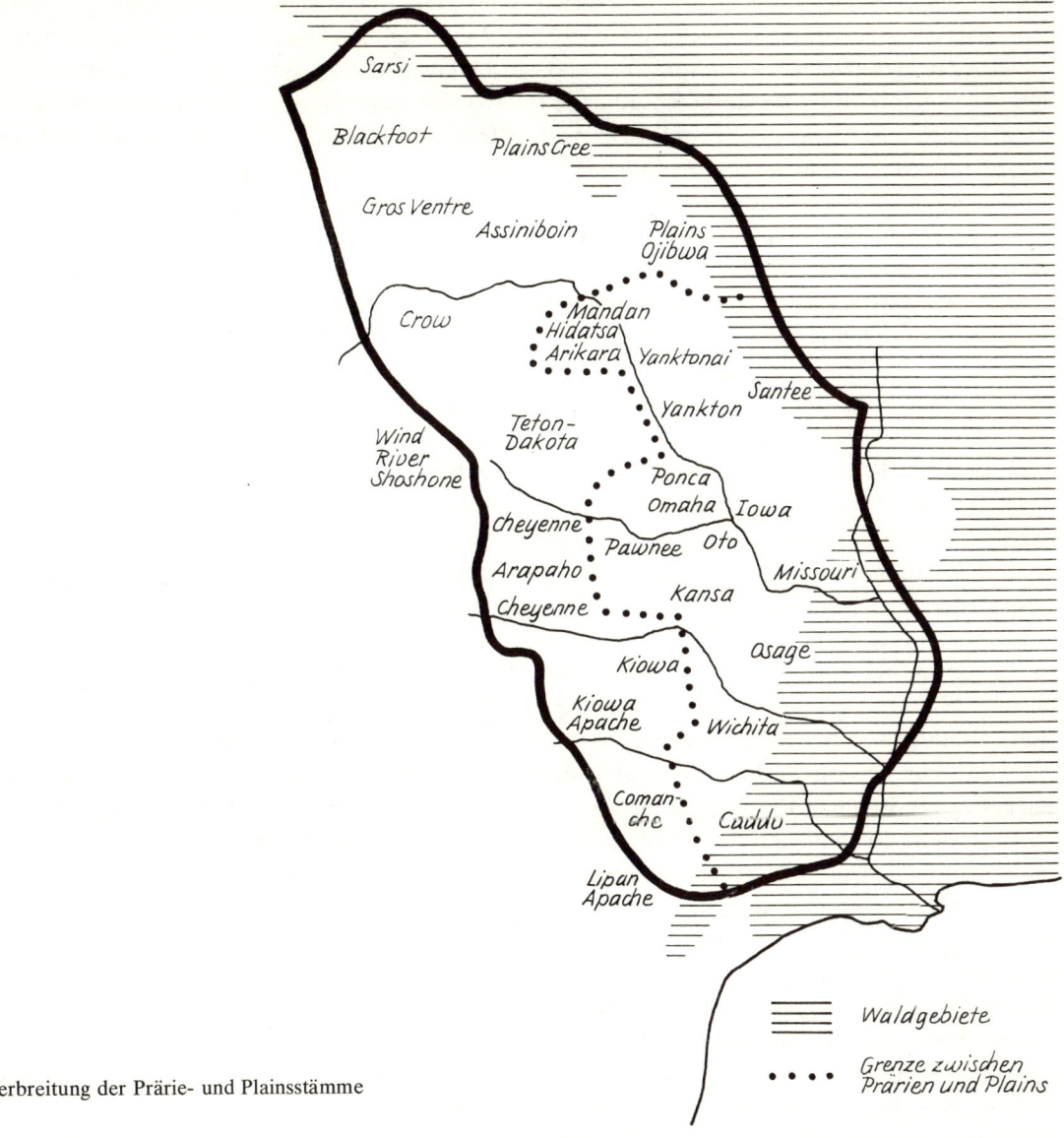

Verbreitung der Prärie- und Plainsstämme

Die Karte enthält folgende Beschriftungen:

Sarsi
Blackfoot
Plains Cree
Gros Ventre
Assiniboin
Plains Ojibwa
Crow
Mandan
Hidatsa
Arikara
Yanktonai
Santee
Yankton
Teton-Dakota
Wind River Shoshone
Ponca
Omaha
Iowa
Cheyenne
Pawnee
Oto
Arapaho
Missouri
Cheyenne
Kansa
Kiowa
Osage
Kiowa Apache
Wichita
Coman-che
Caddo
Lipan Apache

Waldgebiete
Grenze zwischen Prärien und Plains

wichtig und folgenreich ist die Tatsache, daß die jährlichen Niederschläge in den Plains geringer sind als 50 cm und daß die Dauer der frostfreien Tage im Jahr unter 100 bzw. 120 Tagen liegt. Das bedeutet, daß in den Plains ein Bodenbau für die Indianer nicht möglich war. Die Voraussetzung für den Anbau von kultivierten Pflanzen, den sie mit primitiven Geräten betrieben, war nur in den Prärien gegeben, und auch hier allein in den Alluvialböden der Flußauen, nicht auf der Prärietafel mit ihrem dichten Wurzelge-

flecht. Erst der von den Weißen mitgebrachte Pflug vermochte den an sich fruchtbaren Prärieboden der Landwirtschaft zu erschließen.

Die Plains boten sich dagegen als bevorzugtes Jagdgebiet vieler Stämme an. Hier grasten riesige Bisonherden, so daß sich ein Nomadentum par excellence entwickeln konnte, sobald die Verwendung von Reittieren den Indianern eine größere Mobilität, d. h. schnellere Fortbewegungsmöglichkeiten gewährte. Ehe wir uns den beiden charakteristischen Ökosystemen zuwenden, durch die sich die Stämme der Prärien von denen der Plains unterscheiden, soll die Bevölkerung beider Zonen in ihrer Sprachzugehörigkeit und in ihrer Bevölkerungsdichte zur Zeit des ersten intensiven Kontaktes mit den Weißen, aber noch vor dem Zusammenbruch ihrer Kultur um 1850, betrachtet werden.

Die Mehrzahl der in der Prärie lebenden Stämme gehört zur großen Sprachfamilie des Sioux. Sioux-Stämme sind, von Nord nach Süd (in Klammern dahinter jeweils die für das Jahr 1800 geschätzte Zahl): Mandan (3.600), Hidatsa (2.500), Yanktonai-, Yankton- und Santee-Dakota (= Östliche Dakota, zusammen rund 15.000), Ponca (800), Omaha (2.800), Iowa (1.200), Oto (900), Missouri (1.000), Kansa (3.000), Osage (6.200), Quapaw (2.500). Inmitten der nördlichen Sioux-Stämme hatten sich die Caddo sprechenden Arikara (3.000) niedergelassen, während ihre nächsten Sprachverwandten, die Pawnee (10.000), die Wichita (3.200) und die Caddo im engeren Sinne (10.200) weiter im Süden wohnten.

Es ist archäologisch nachzuweisen, daß der Bodenbau im östlichen Prärieraum bereits um Christi Geburt durch die aus dem Ohio- und Illinoisgebiet expandierende mittelwaldlandzeitliche Hopewell-Kultur eingeführt wurde. Ob die Träger dieser frühen Bodenbaukultur allerdings zu den Sioux gehörten, ist zweifelhaft. Mehrere Tatsachen sprechen dafür, daß die Sioux-Stämme erst vor einigen hundert Jahren aus dem östlichsten Waldland, ihrer ursprünglichen Heimat, in diese Gebiete einwanderten. Auch archäologische Funde belegen eine solche späte(re) Einwanderung. Sicherer ist die Zugehörigkeit der südlichen Präriepflanzer zur Gruppe der Caddo sprechenden Stämme. Die Verbindung beider Gruppen zum östlichen Waldland riß jedoch ab, als das Bisonjägertum der Plains das Ökosystem der seßhaften Präriepflanzer veränderte, also um die Mitte des 19. Jahrhunderts.

Die Plains sind, wie bereits gesagt wurde, erst in relativ junger Zeit von Völkern aus dem Osten besetzt worden, und zwar im Norden von einigen Sioux-Stämmen, aber auch von Algonkin, die wie die Sioux, aus dem östlichen Waldland hier tief nach Westen vorgedrungen waren. Weiter im Süden setzten sich außerdem Stämme anderer Sprachzugehörigkeit, die einst aus dem Westen und Norden des Kontinents kamen, fest, nämlich die Comanche und die Athapasken.

Zu den Plains-Siouxstämmen zählen die Teton-Dakota (= Westliche Dakota, zusammen 10.000), Crow (4.000) und Assiniboin (10.000), die einst Teile der Yanktonai waren, während die Blackfoot (15.000), die Gros Ventre oder Atsina (3.000), die Arapaho (3.000) und die Cheyenne (3.500), ferner die aus der Subarktis hier eingewanderten Plains Ojibwa (2.000) und Plains Cree (3.000) zu den Algonkin gehören. Den Blackfoot hatten sich die athapaskisch sprechenden Sarsi (700) angeschlossen, die aus den Wäldern des kanadischen Felsengebirges nach Süden gezogen waren. Die südlichen Plains waren von den uto-aztekischen Comanche (7.000) besetzt, die um 1700 aus dem östlichen Großen Becken abgezogen, die Rocky Mountains überquert und sich hier im Süden niedergelassen hatten. In ihrer Nachbarschaft fanden sich die Kiowa (2.000), die einen isolierten Dialekt sprachen, und die mit ihnen zusammenlebenden Kiowa-Apache (300), eine versprengte Gruppe der Süd-Athapasken. Es kann angenommen werden, daß früher noch weitere Süd-Athapasken in den Plains gelebt haben, etwa die Lipan-Apache, die Jicarilla und die Mescalero; sie wurden aber schon lange vor der europäischen Landnahme in den Südwesten abgedrängt.

## b) Lebensunterhalt: Mais und Bison

In der Subsistenzwirtschaft heben sich deutlich die zwei Ökosysteme, die einerseits von den Plains und andererseits von der Prärie geprägt sind, voneinander ab, wenn auch die Bodenbau treibenden Stämme, nachdem sie in den Besitz des Pferdes gekommen waren, zeitweilig der Bisonjagd in verstärktem Maße nachgingen.

*Die Maispflanzer der Prärie*

Es wurde bereits erwähnt, daß der Anbau von kultivierten Pflanzen bereits zur Mittelwaldlandzeit im östlichen Präriegebiet, am Unterlauf des Missouri, nachgewiesen ist. Von dort aus verbreitete er sich dann in den folgenden Jahrhunderten weiter nach Westen bis an die Mittelläufe der Prärieströme. Aber erst in der Spätwaldlandzeit findet er sich auch an einigen Flußoberläufen. Insgesamt beschränkte sich der indianische Feldbau auf die Mittel- und Unterläufe der Flüsse. Er sah hier ähnlich wie in den östlichen Waldländern aus: Mit der Steinaxt wurde zunächst die vorgesehene Anbaufläche gerodet, dann mit der Hacke die Bodenkrume gelockert. Mit dem Grabstock stach man Löcher für Saatkörner aus, legte diese hinein und häufelte darüber Erde. In kleinen Beeten wurden auch Bohnen-, Kürbis- und Sonnenblumenkörner gesät. Der Pflanzstock, die Hacke, aus dem Schulterblatt eines Wapitis oder eines Bisons hergestellt, und ein einfacher Holz- oder Geweihrechen waren die einzigen Feldbaugeräte, die die Maispflanzer kannten. Die Anbauflächen waren in kleine Parzellen aufgeteilt, die den Familien eines Dorfes gehörten; sie waren selten größer als 100 Ar.

Die Felder wurden möglichst in der Nähe des Dorfes angelegt; doch konnte es vorkommen, daß sie auch bis zu 10 km entfernt waren, denn ein Dorf wurde nicht sofort verlegt, wenn der Boden in dessen unmittelbarer Umgebung erschöpft war. Dazu waren die Dörfer zu stabil errichtet; meist trugen sie Befestigungen. Die Felder befanden sich nicht nur wegen der leichten Bearbeitung des Bodens in den Flußauen, sondern auch wegen der besseren Schutzlage vor den heißen und trockenen Sommerwinden und wegen der in den Tälern etwas später einsetzenden Herbstfröste. Die Ergiebigkeit des Maisbaus war in den verschiedenen Teilen der Prärien recht unterschiedlich: Im Norden erbrachten die Maispflanzen meist nur Kolben von 10 cm Länge, während in der südlichen Prärie bei besseren Wachstumsbedingungen die Kolben bis zu 25 cm lang wurden. Doch waren die im Norden angebauten Arten frostresistenter,

und sie benötigten nur eine Wachstumszeit von etwa 60 bis 70 Tagen bis zur Vollreife. Die Anpassung an die örtlichen klimatischen Bedingungen und die Herausbildung besonderer Arten sprechen für eine längere Siedlungszeit auch in den nördlichen Teilen der Prärie.

Bereits Anfang August wurden die ersten grünen Maiskolben geerntet. Doch ließ man den überwiegenden Teil der Pflanzen voll ausreifen, so daß die Haupternte erst ab Mitte September stattfand. Die getrockneten Kolben wurden mit einer Art Flegel ausgedroschen und die Maiskörner schließlich in große Lederbehälter gefüllt und in tiefen Vorratsgruben aufbewahrt. Die besten Körner behielt man als Saatgut für das nächste Jahr oder als Tauschware, insbesondere für die Plainsstämme.

Zur Weiterverarbeitung zerstampfte man den Mais in Holzmörsern zu Mehl, das in primitiven Tontöpfen zu einer Suppe mit Fleisch und Gemüse gekocht wurde. Das recht eintönige Essen wurde durch Wildfrüchte und Wildbret angereichert. Bisonfleisch war für die Präriestämme traditionellermaßen die Hauptquelle zur notwendigen Deckung ihres Bedarfs an tierischem Eiweiß. Der Fischfang wurde dagegen nur von einigen Gruppen am oberen Missouri betrieben. Im allgemeinen spielte er keine Rolle, da die Flüsse, mit Ausnahme des Missouri, sehr flach und die Fischbestände dementsprechend gering waren.

Eine andere Kulturpflanze, die allerdings nur von den Präriedorfstämmen (Arikara, Mandan, Hidatsa) und einigen nördlichen Plainsstämmen (Blackfoot, Crow, Cheyenne) angebaut wurde, war der Tabak. Er diente ausschließlich zeremoniellen Zwecken und wurde in einigen Fällen nicht einmal geraucht, sondern als Opfer dargeboten.

*Die Bisonjäger der Plains*

Die nomadischen Stämme der Plains lebten fast ausschließlich von der Jagd auf den Bison, das größte nordamerikanische Herdentier, dessen Hauptjagdzeit im Sommer lag. Dann verteilten sich die Stämme auf kleine Jagdgruppen, wobei sie teilweise uralte Methoden praktizierten wie z. B. das Kesseltreiben, bei dem sie kleinere Bisonherden umzingelten, um sie dann leichter zu erlegen. Durch den Besitz von Pferden konnten sie später auch Herden auf größere Entfernungen hin ausmachen, abgesehen davon, daß sich die Mobilität der ganzen Gruppe vergrößerte, so daß die Jagd des Bisons mit dem Pferd schließlich dominierte. Wohl ebenso alt wie das Kesseltreiben war die Treibjagd. Dabei wurden die Tiere zwischen zwei konvergierenden Linien aus Steinen, Strauchwerk oder schreienden, Felle schwenkenden Menschen entweder in ein Gehege oder in einen Abgrund getrieben. Eine dritte Methode schließlich war die Einkreisung von Bisonherden durch das Anlegen von Grasbränden; das war jedoch zumeist ein riskantes Unternehmen, denn es bestand immer die Gefahr, daß der Wind sich drehte und das Feuer das eigene Lager bedrohte; dabei war aber auch anderes Wild mitbetroffen und wurde meist vernichtet. Deshalb wandte man diese Methode, die bei den Stämmen der nördlichen Plains und in den Prärien von Illinois bekannt war, nur in Notfällen an. Die verbreitetste Art, den Bison zu erlegen, war die, ihn zu umzingeln. Das begann damit, daß eine Gruppe von Spähern, die einem eigens für die Jagdzeit gewählten Jagdanführer unterstanden, auszog, um eine Herde aufzuspüren. Waren die Späher erfolgreich, so setzte sich die ganze Gruppe in Marsch und bewegte sich vorsichtig in Richtung auf die gemeldete Herde. Die Umzingelung wurde von einer Art Jagd „polizei", die während der Jagdzeit erhebliche Befugnisse besaß und Unvorsichtige und Voreilige mit harten Mitteln (Auspeitschen) in Schach hielt, überwacht. Erst auf das Zeichen des Jagdanführers hin begannen dann die Männer die eingeschlossenen Tiere abzuschießen.

Die große Bedeutung des Pferdes für die Entstehung der Bisonjägerkultur ist schon mehrfach angedeutet worden. Wie kam es aber zu der weiten Verbreitung des Pferdes in den nordamerikanischen Plains und Prärien? Die Spanier hatten diese Tiere schon gleich zu Beginn ihrer Landnahme in Texas (San Antonio) und im heutigen New Mexico (Santa Fe) eingeführt

und dort Pferdezuchten errichtet. Bereits um 1630 kamen die ersten Pferde in den Besitz von Indianern, die bei den Spaniern als Hirten reiten und mit den Tieren umzugehen gelernt hatten. Meist stahlen sie die Pferde, nur selten wurden die Tiere – oft gegen Kinder – eingehandelt. Die südlichen Ute und die Comanche galten als die größten Pferdediebe. Sie vertauschten die Tiere an die Stämme weiter im Norden. Schon um 1750 waren die meisten Präriestämme im Besitz von Pferden, und um 1775 standen sie auch den nördlichsten Plainsstämmen in größeren Herden zur Verfügung. Der Besitz des Pferdes war – in der Regel – für sie eine wichtige Voraussetzung, um sich in diesen Gebieten niederzulassen.

Das Gewehr, dem in vielen populären Darstellungen der Plains-Indianer ebenfalls eine wichtige Rolle zugewiesen wird, hat für die Ausbildung der Bisonjagdkultur jedoch nur geringe Bedeutung gehabt, denn die Jagd erfolgte meist mit Bogen und Pfeil, deren Handhabung einfacher, billiger, rascher und treffsicherer war als das umständliche Schießen mit dem alten Vorderlader.

Im Sommer, wenn die Bisons gemeinsam in großen Herden weideten, war es üblich, kollektive Jagden durchzuführen, um größere Mengen an Fleisch zu beschaffen. Dieses Fleisch wurde zu Pemmikan verarbeitet, indem man es in lange schmale Streifen schnitt, trocknete, mit Steinhämmern zerstampfte und schließlich mit Knochenmark, Talg und getrockneten Beeren vermischte, als welches es zum Wintervorrat diente. Aber auch im Winter ging man auf die Jagd, und zwar einzeln oder gemeinsam mit einem Gefährten. Ziel war vor allem, die dicken warmen Winterpelze der Tiere zu erbeuten. Man versuchte, die Tiere in tiefe Schneewehen zu treiben, wo sie leicht eingeholt und angegriffen werden konnten. Bei dieser winterlichen Verfolgungsjagd benutzte man auch Rahmenschneeschuhe. Die Anstrengungen waren groß aber man konnte bzw. wollte auch im Winter nicht ganz auf frisches Fleisch verzichten, zumal das getrocknete Bisonfleisch wohl selbst für den anspruchslosesten Indianer nur eine Notlösung war.

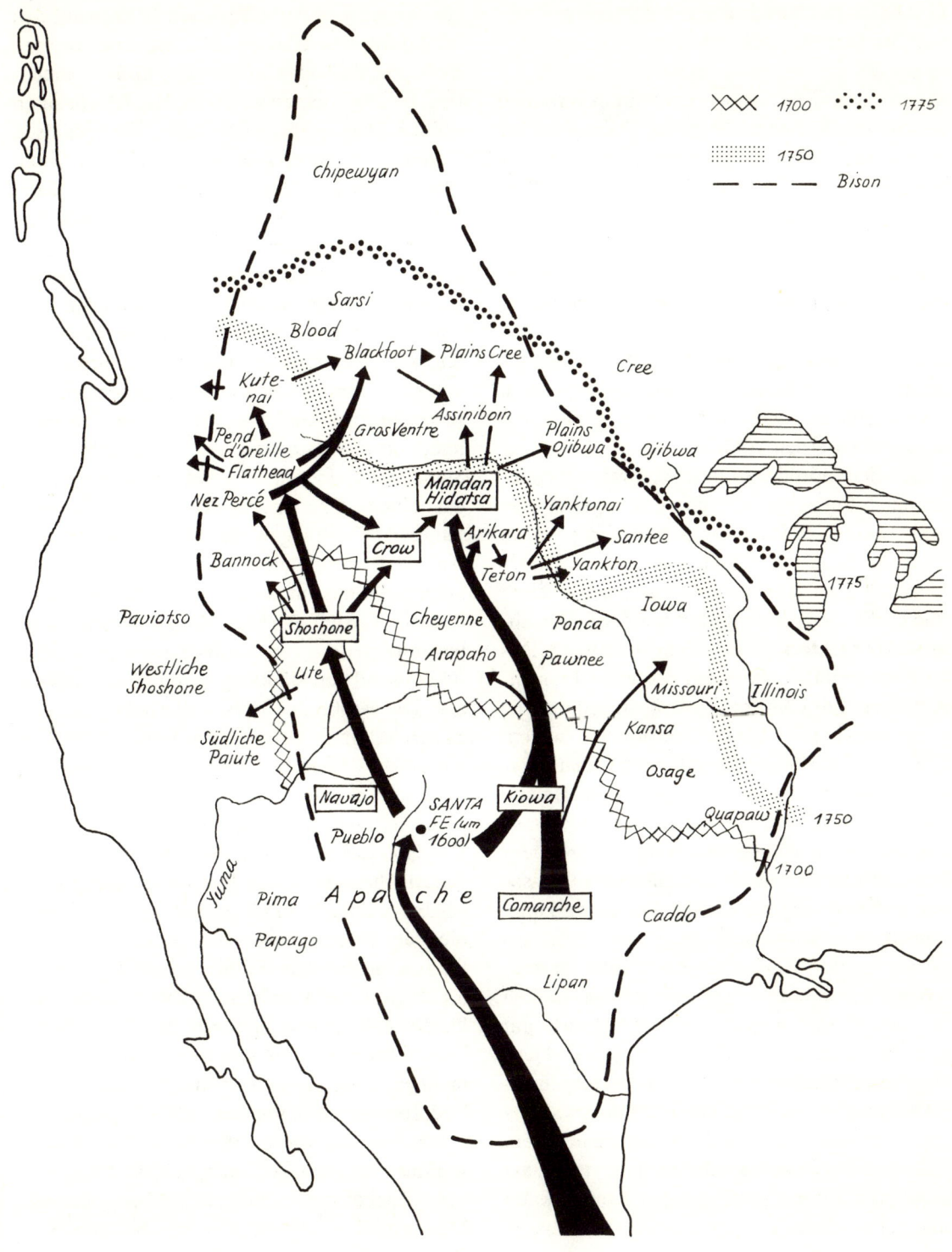

Verbreitung des Pferdes

c) Materieller Kulturbesitz: Erdhaus und Stangenzelt (Tipi)

Wie nicht anders zu erwarten, gibt es zwischen den beiden Kulturgebieten der Plains und der Prärie wesentliche Unterschiede auch im Bereich der materiellen Kultur, die sich vor allem an den Behausungsformen oder an einzelnen Objekten ablesen lassen, welch letztere in der einen Kultur vorhanden sein konnten und in der anderen nicht, wie etwa Tonwaren, die nur in der Prärie vorkamen. Im übrigen zeigen sich jedoch infolge der prägenden Kraft der Bisonjägerkultur so zahlreiche Übereinstimmungen, daß Ergologie und Technologie gemeinsam dargestellt werden können.

Bei den nördlichen und zentralen Präriestämmen findet sich das große, kuppelförmige und etwas in den Boden eingetiefte Erdhaus; an seiner Stelle stand im Süden die wie ein großer Heuhaufen aussehende Grashütte der Wichita und Caddo oder das mit Matten oder Fellen abgedeckte rechteckige Holzhaus der Osage. Das Erdhaus bestand aus einem zentralen Pfostengerüst von vier schweren Holzpfosten, die durch Querbalken miteinander verbunden waren. Eine Anzahl kleinerer Pfosten bildete den äußeren Pfostenkranz. Von ihm liefen leichte Balken radial auf das Zentralgerüst zu und bildeten so ein großes Gewölbegerüst, das mit Weidenzweigen, mit Gras und schließlich mit Grassoden und Erde abgedeckt war. Die ganze Holzkonstruktion wurde ohne Nägel oder Stifte zusammengefügt. Ein schräg nach unten verlaufender Eingangstunnel war ebenfalls aus Balken hergestellt und, wie das Gewölbegerüst, mit Erde bedeckt. In der Mitte hatte das Erdhaus ein großes Rauchabzugsloch, das bei Regen zugedeckt werden konnte. Die Erdhäuser variierten in der Größe etwas, doch kann man sagen, daß 15 m Durchmesser die Norm darstellte. Sie konnten aufgrund ihrer stabilen Konstruktion und bei regelmäßiger Erneuerung der äußeren Abdeckung bis zu 10 Jahre bewohnt werden. Aber man verstand auch, große Häuser zu errichten, die als Versammlungshäuser dienten und bis zu 40 Personen aufnehmen konnten. Die Erdhausdörfer der Missouri-Stämme wa-

ren an leicht zu verteidigenden Plätzen auf den Steilufern des Flusses angelegt und wurden meist mit Palisaden und breiten Gräben umgeben. Im allgemeinen waren die Häuser um einen großen Platz gruppiert, auf dem die religiösen Zeremonien abgehalten wurden. Einen festen Plan, wie er für zahlreiche prähistorische Dorfanlagen bezeugt ist, gab es in historischer Zeit offenbar nicht mehr.

Im Unterschied zu den seßhaften Präriestämmen wohnten die Reiternomaden der Plains das ganze Jahr über in großen Lederzelten, wie sie im übrigen auch im 19. Jahrhundert von den Dorfstämmen bei ihrer sommerlichen Bisonjagd verwendet wurden. Dem Typ nach handelte es sich hierbei um ein kegelförmiges Stangenzelt, das Tipi. Es bestand in der Regel aus einem Grundgerüst von drei oder vier schweren Zeltstangen, die, zusammen mit einer Anzahl weiterer leichter Stangen, kreisförmig aufgestellt und mit einer Plane aus Bisonhäuten bedeckt wurden. Ab Mitte des 19. Jahrhunderts begann sich die – von den Weißen eingetauschte – Leinwand den Häuten gegenüber durchzusetzen. Die Größe der Tipis variierte bei den einzelnen Stämmen beträchtlich: Ein Zelt der Santee-Dakota hatte bei einem Durchmesser von etwa 3,50 m eine Höhe von 3,50 m; die Lederplane bestand aus sieben bis acht Bisonfellen. Die Tipis der nördlichen Plainsstämme dagegen waren erheblich größer. Ihre Zeltstangen betrugen bis zu über 10 m Länge und ragten weit über die Plane hinaus, die sich aus 14 bis 18 Bisonfellen zusammensetzte. Früher, als allein der Hund als Zugtier zur Verfügung stand, konnten nur kleine Zeltstangen in Form der Tragschleife transportiert werden; erst das Pferd machte es möglich, auch große Zeltstangen und schwere Lederplanen zu befördern.

Das Mobiliar war bei den Prärie- und Plainsstämmen kärglich. Als einziges Möbelstück war eine Rückenstütze aus Holzstäben bekannt. Man schlief auf Bisonfellen, die bei den Arapaho auf einer niedrigen Plattform, sonst aber auf dem Boden ausgebreitet waren. Der Hausrat bestand bei den seßhaften Stämmen aus Tonwaren, Kalebassen und Holzgegenständen sowie Korbflechtwaren, bei den Nomaden da-

Zeltlager der Comanche (Catlin 1841)

gegen ausschließlich aus Lederbehältern sowie Knochen- und Bisonhorngeräten. Holzgegenstände waren bei den Plainsstämmen, die in der baumlosen Steppe lebten, rar. Schon bald nach den ersten Kontakten mit europäischen Händlern, die zum Pelzeinkauf in den Westen kamen, und oft den ganzen Winter im Indianerlager verbrachten, wurden europäische Metallgegenstände, vor allem Kessel, Eimer und Trinkbecher, eingeführt.

Die traditionellen Waffen der Prärie- und Plains-Indianer waren Bogen und Pfeil, Lanze, Keule und Schild. Ab 1700 kam noch das von den weißen Händlern gegen Felle eingetauschte Gewehr dazu; doch konnte der Vorderlader Bogen und Pfeil nicht voll ersetzen. Der Bogen war im Präriegebiet als einfacher kurzer Flachbogen konstruiert, bei den Stämmen der Plains aus überwiegend einzelnen Knochen- und Hornstücken zusammengesetzt und mit Leder bezogen. Im allgemeinen wurde er mit Tiersehnen bespannt, während die Spitzen der Pfeile aus Stein, Knochen, Horn – und später – Eisen gefertigt wurden. Als Köcher für Bogen und Pfeile dienten Tierbälge oder Rohlederbehälter.

Im Kampf und zur Jagd verwendeten die Plains- ebenso wie die Präriestämme Lanzen. Wenn man diese nur selten in den Amerika-Sammlungen der Museen findet, so hat das seinen Grund vor allem darin, daß sie gewöhnlich zugleich als Embleme von Kriegerbünden dienten und deshalb nur als solche in die Hände von Weißen gelangten. Auf diese Weise in ihrer ursprünglichen Funktion verändert, behielten sie auch dann noch eine Bedeutung, als sie durch das Gewehr ersetzt worden waren. Zum Schutze im Kampf benutzte man, solange noch die Lanze im Gebrauch war, runde bemalte Bisonlederschilde. Sie wurden auch später noch verwendet, da man sich Schutz vor allem von der Bemalung bzw. den Anhängseln versprach. Im

Nahkampf wurden Hammer- und Totschläger-keulen verwendet. Die Hammerkeule trug an einem biegsamen Stiel einen spitzeiförmigen Stein in einer Lederschlaufe, während die Totschlägerkeule aus einem in Leder eingenähten kugelförmigen Stein bestand, der beweglich mit dem oberen Ende des Schaftes verbunden war. Darüber hinaus gab es noch einen dritten Keulentyp, die Gewehrkolbenkeule, die sich aus der Säbelkeule, einer Art hölzernem Schwert, entwickelt hatte. Nach Einführung des Eisens wurde die Gewehrkolbenkeule auf der Schlagseite meist mit einer stählernen Klinge versehen. Der bekannte Name Tomahawk bezeichnet eine Steinaxt mit verschiedenen Klingenformen. Diese Axt ist in der Kolonialzeit von den Europäern eingeführt worden.

Das Rauchen war als Kultakt in Nordamerika weit verbreitet, so daß die Tabakspfeife für jeden Indianer einen wichtigen Gegenstand des täglichen Lebens darstellte. Die Pfeifenköpfe der Prärie- und Plains-Indianer waren meist aus Catlinit hergestellt, dem rötlichen, feinförmi-

Schild aus Bisonleder mit Bemalung. Blackfoot. (Wissler 1912)

gen, durch Eisenoxyd gefärbten Aluminiumsilikat, das sich, frisch gebrochen, leicht schneiden ließ. Die Bezeichnung „Catlinit" leitet sich von dem amerikanischen Maler George Catlin her, der den Pfeifensteinbruch im südwestlichen Minnesota als erster Weißer besuchte und beschrieb. Der Pfeifenkopf war oft reich ornamentiert, aber ebenso erfuhr das hölzerne Pfeifenrohr häufig eine kunstvolle Ausgestaltung. Von der gewöhnlichen Tabakspfeife, die auch in Kombination mit dem Tomahawk auftreten konnte (Pfeifentomahawk), unterschied sich das Kalumet, das zwar vielfach als Pfeife diente, vor allem aber ein bemalter federgeschmückter Stab war und stets paarweise bei zeremoniellen Anlässen benutzt wurde. Das Kalumet war blau und grün bemalt und darin von symbolischer Bedeutung, als die beiden Farben Blau und Grün einen kosmischen Dualismus von Himmel-Erde, Krieg-Frieden, Tag-Nacht, Sonne-Mond, Süden-Norden, männlich-weiblich widerspiegelten.

Das Rauchen des Tabaks war eine wichtige soziale und religiöse Angelegenheit. Der Tabak wurde als heilige Pflanze betrachtet, deren Ursprung man in die mythische Zeit zurückverlegte. Man rauchte stets nur bei feierlichen Anlässen, bei Adoptionen, Festen, bei Beratungen und Verhandlungen von Bedeutung. Die Zeremonie verlangte, daß die Pfeife zuerst zur Sonne emporgehoben, daraufhin zur Erde gesenkt und dann ihr Rauch in alle vier Himmelsrichtungen geblasen wurde, bevor sie in der Runde der Teilnehmer zu kreisen begann. Mit den einheimischen Tabakarten wurden gewöhnlich noch andere Blätter vermischt. Der „kinnikinnik" bestand also nicht aus reinem Tabak.

Der Landtransport wurde, bevor das Pferd erschien, mit Hilfe des Hundes bewerkstelligt. Die Tiere trugen entweder die Lasten auf dem Rücken oder schleppten eine Stangenschleife, das Travois, hinter sich her. Die Schleife bestand aus zwei im spitzen Winkel miteinander verbundenen Stangen, auf denen entweder ein leiterartiges oder ein ovales Gestell aus Weidenruten angebracht war. Seitdem das Pferd zur Verfügung stand, konnten die Lasten erheblich schwerer sein; vor allem konnten nun längere

Zeltstangen und größere Lederplanen, aber auch Kinder, Kranke und Alte leicht transportiert werden. Mit dem Pferd übernahmen die Indianer von den Spaniern auch Steigbügel, Satteltaschen, Zügel, Peitsche sowie Reit- und Packsättel, nicht dagegen die Sporen. Als Beförderungsmittel von freilich einem ganz anderen Charakter ist schließlich noch die Kindertrage zu erwähnen, die aus einem hölzernen Rahmen und einem Ledersack bestand, in dem der Säugling auf dem Rücken getragen wurde.

Eine echte Weberei war im ganzen Prärie- und Plainsgebiet unbekannt. Nur die Flecht- und gewisse Knüpftechniken wurden beherrscht. Jagdtaschen, Säcke, aber auch Gürtel, Halstücher und Stirnbinden verstand man aus Bisonwolle oder Baumbast zu flechten; Matten und Leichentücher knüpften die Indianerinnen aus Gras oder Binsen. Auch die Korbflechterei war wenig verbreitet; sie fand sich nur bei den Dorfstämmen am oberen Missouri. Weit wichtiger war die Fellbearbeitung bei den Nomaden. Sie lag ganz in den Händen der Frauen, die das Rohmaterial sehr sorgfältig bearbeiteten, gerbten und schließlich zu Kleidungsstücken zusammennahten. Als Material wurden Felle von Antilopen, Bergschafen und Hirschen verwendet; für schwere Wintermäntel verarbeitete man Bisonhäute. Die Männer trugen Durchziehschurz, Mokkasins und Fellmantel. Später traten Hemd und Leggings („Hose") hinzu. Hauptkleidungsstücke der Frauen waren ein langes Lederkleid und kurze Leggings sowie Mokkasins.

Große Mühe gaben sich die Indianer mit der Ausschmückung ihrer ledernen Kleidungsstücke ebenso wie der Gebrauchsgegenstände aus Leder. Alle Arbeiten besetzten sie mit gemusterten Auflagen aus gefärbten und abgeplatteten Stachelschweinborsten („quillwork"), mit Fransen, Tierfellstreifen oder Haarbüscheln, während sie die aus Rohleder hergestellten Köcher, Mokkasinsohlen und die „parfleche" genannten Falttaschen mit geometrischen Mustern bemalten. In späterer Zeit traten an die Stelle der Stachelschweinborstenapplikationen solche aus Perlen, die sie von den europäischen Händlern eintauschten.

Von besonderem künstlerischen und kulturellen Interesse sind die großen Fellmäntel der Krieger und Häuptlinge. Man bezeichnet sie als Bisonroben. Sie waren sehr dekorativ entweder mit Figuren und ganzen Szenen oder mit geometrischen Symbolen bemalt. Die heute noch vorhandenen Bisonroben zählen zu den wertvollsten Gegenständen einer jeden indianischen Museumssammlung.

Schmuckgegenstände wurden meist aus Tiermaterialien gefertigt: Halsketten aus Grislybärenkrallen, Ohrringe und Anhänger aus eingehandelten Muschelstücken, Brustschmuck aus polierten Hirschknochen, Adlerfedern, kammartiger Hirschhaarkopfschmuck, Bisonhörner auf Lederkappen und die große Adlerfederhaube mit langer Schleppe. Körper- und Gesichtsbemalung waren weit verbreitet. Auch die Tatauierung kam im ganzen Gebiet, besonders aber im südlichen Prärieraum, vor.

d) Soziale Umwelt: Häuptling und Kriegerbund, Stammesrat und Geheimgesellschaft

In der gesellschaftlichen Organisation und in der politischen Struktur bestanden zwischen den seßhaften Präriestämmen und den nomadischen Bisonjägern zum Teil erhebliche Unterschiede. Sie hatten ihre Ursache in der Fortentwicklung von mehr statischen und kollektiven Organisationsformen, durch die sich die Seßhaften auszeichneten, gegenüber den dynamischen und individualistischen Wertvorstellungen und Verhaltensmustern, die für die Nomaden eigentümlich sind. Andererseits hat das neue Kulturmuster der Plainsstämme auch wieder auf die alten Prärieformen zurückgewirkt und dadurch Veränderungen, die zu einer gegenseitigen Anpassung der Strukturen führten, hervorgerufen.

Sehr unterschiedlich war die Wohnsitzregelung gestaltet, die quer durch das ganze Prärie- und Plainsgebiet ging. Bei einigen Stämmen herrschte die viri-patrilokale Form (Assiniboin, Blackfoot, Comanche, Crow, Dakota, Gros Ventre und bei den meisten südlichen Sioux-Stämmen), bei anderen die uxori-matrilokale

Bisonrobe mit szenischen Darstellungen (Krickeberg 1954)

(Arapaho, Cheyenne, Hidatsa, Mandan, Pawnee). In der Abstammungsberechnung machte sich jedoch die durch die nomadische Lebensweise bedingte Veränderung geltend: bei den seßhaften Stämmen der Prärie war sie im allgemeinen unilinear und entsprach der Wohnsitzregelung; die meisten Plainsstämme dagegen waren (nicht mehr?) unilinear organisiert, sondern besaßen eine bilaterale Deszendenzregelung, meist mit patrilinearer Tendenz. Ähnlich ist das Fehlen der Klanorganisation bei fast allen Plainsstämmen zu erklären, deren Ökosystem ein Zusammenleben in kleinen Lokalgruppen förderte und eine stark fluktuierende Zusammensetzung begünstigte. Die seßhaften Präriestämme hingegen waren fast ausschließlich in Klane organisiert; entsprechend der jeweiligen

Deszendenzregelung waren es Matri- oder Patriklane. Die Zugehörigkeit zu einem bestimmten Klan zeigte sich in den besonderen Funktionen der Klane innerhalb des Stammes; sie manifestierte sich in der Körperbemalung (bei Festen) und in verschiedenen Abzeichen. Bei einigen Stämmen gab es auch eine bestimmte Rangfolge innerhalb der Klane, und bisweilen schlossen sich mehrere Klane zu Moieties oder Phratrien zusammen, die allerdings häufig nur einen zeremoniellen Charakter trugen. Das Moiety-System, das sich vor allem bei den Süd-Sioux, aber auch bei den Pawnee fand, stammte vermutlich aus dem südöstlichen Waldland, wo es weit verbreitet und von großer Bedeutung im sozialen und religiösen Bereich war. Bei den Präriestämmen trat es vor allem in Wettkämp-

Bisonrobe mit Sonnenmotiv. Blackfoot. (Krickeberg 1954)

fen, in der Zeltaufstellung während der Sommerjagd und bei zeremoniellen Veranstaltungen zutage.

Neben den Sippen und Klanen hatten sich bei fast allen Stämmen auch soziale Gruppierungen gebildet, die nicht auf der Basis der Blutsverwandtschaft organisiert waren: Es handelte sich hierbei um die Männer- und Geheimbünde. Die Männerbünde waren häufig in Altersstufen gestaffelt und hatten bestimmte Sozialisations- und judikative Funktionen. Die Geheimbünde dagegen griffen mehr in die Beziehungen des Menschen zur transzendenten Welt ein. Da die Männerbünde der Plainsstämme einen ausgesprochen kriegerischen Charakter besaßen, werden sie auch als Kriegerbünde oder Militärgesellschaften bezeichnet.

Männerbünde mit Altersstaffelung oder Altersklassen kamen vor allem bei den nördlichen Sioux-Stämmen der Prärie vor, aber auch im Plainsgebiet, z. B. bei den Blackfoot, den Arapaho und den Gros Ventre. Jeder Erwachsene der Gemeinschaft rückte der Reihe nach in die verschiedenen Altersklassen (= Grade) ein, d. h. die Mitglieder einzelner Grade waren (theoretisch) im gleichen Alter. In den meisten Stämmen wurde man jedoch bei Erreichung eines bestimmten Alters nicht automatisch Mitglied der betreffenden Altersklasse, sondern mußte sich jeweils einkaufen. Da mit zunehmendem Alter immer höhere Zahlungen, die in Pferden, Decken, Gewehren usw. zu leisten waren, verlangt wurden, gelang es in der Regel nur wenigen Personen, in die höchsten Grade aufzusteigen. Ein einzelner konnte ohnehin die Eintrittspreise nicht allein aufbringen, er war in diesem Falle auf die Hilfe der ganzen Verwandtschaft angewiesen, die dazu umso eher bereit war, als die Aufnahme eines Blutsverwandten in eine höhere Klasse auch das Prestige der Gruppe erhöhte. Eine ganz ähnliche Altersstaffelung war auch bei den Frauenbünden der Mandan üblich.

Zur Gruppe der ungestaffelten Männerbünde gehörten die Kriegerbünde der Teton-Dakota, Assiniboin, Cheyenne, Crow, aber auch die Männerbünde der südlichen Sioux-Stämme der Prärie sowie der Pawnee und Arikara. Die Mitgliedschaft war hier nicht an eine bestimmte Altersstufe gebunden und konnte ohne Einkauf erfolgen; allerdings mußten gewisse Aufnahmeriten befolgt werden, die bei den Kriegerbünden darin bestanden, daß bestimmte kriegerische Leistungen vorgezeigt werden mußten. Das hatte zur Folge, daß sich jeder junge Mann bemühte, auf den Kriegspfad zu ziehen, um durch Einzeltaten Kriegsruhm zu erwerben. Daraus erwuchs eine ständige Gefahr für die Lagergemeinschaft, die sich auf diese Weise oft unversehens und ungewollt in einen Konflikt mit einer Nachbargruppe verwickelt sah.

Die Männerbünde hatten unter anderem eine ganze Reihe öffentlicher Aufgaben zu erfüllen.

Muster auf einer bemalten Ledertasche. Sauk. (Boas 1927)

Eine wichtige bestand beispielsweise darin, die Polizeiaufsicht während der Bisonjagd oder beim Sonnentanz zu stellen. Nicht selten entwickelten sich Rivalitäten über der Entscheidung, wem die Ehre zuteil würde, die Aufgabe der Lagerpolizei zu übernehmen. Nur in wenigen Stämmen wurden stets dieselben Bünde mit dieser Aufgabe betraut, bei den Mandan die „Soldaten" oder „Schwarzmäuler", bei den Teton-Dakota die „akicita". Die wesentlichste Aufgabe der Männerbünde aber lag darin, die heranwachsende Generation im Rahmen der gesellschaftlichen Formen zu erziehen. Ein junger Mann, der in einen Bund eingetreten war, lebte praktisch voll und ganz dort; er schlief, aß, tanzte und sang mit seinen älteren Genossen und lernte auf diese Weise die Wertvorstellungen und Verhaltensnormen kennen. In den Kriegerbünden wurde ihm vor allem kriegerischer Geist, vorbildhaftes Verhalten, Großzügigkeit und Tapferkeit beigebracht. Nach vollendeten Kriegstaten durfte der junge Mann besondere Embleme tragen: Federschmuck, Rasseln, Bemalung usw. Bei öffentlichen Festen paradierten die Krieger im Schmuck ihrer Abzeichen vor den Angehörigen des Lagers. Für die Plainsstämme sind die Zurschaustellung solcher erworbenen Ehrenzeichen und das prahlerische Vortragen der vollbrachten Taten überaus charakteristisch.

In manchen Fällen wiesen die Männerbünde eine religiöse Bindung auf, indem die Riten mit sogenannten Heiligen Bündeln verknüpft waren (Pawnee). Der Inhalt dieser Bündel bestand aus Teilen von Tieren (Vogelfedern oder -bälgen, Krallen, Fellteilen) und verschiedenen Gegenständen wie Flöten, Rasseln, Feuerzeugen. Meist ging der Inhalt der Bündel auf die Träume oder die Visionen einzelner Bundmitglieder zurück.

Damit stehen die Männerbünde bereits den esoterischen Gesellschaften nahe, den Geheimbünden. Die Funktion dieser Geheimbünde bestand darin, mit Hilfe bestimmter, in Visionen gewonnener Tierschutzgeister eine Verbindung mit der jenseitigen Welt herzustellen, um von dort Rat, Schutz und Hilfe in kritischen Lebenssituationen zu erlangen. Die Geheimbünde traten vor allem bei der Krankenheilung in Erscheinung. Man muß sich vor Augen halten, daß die Heilung von Krankheiten ein außerordentlich wichtiges Anliegen aller dieser Menschen war, die, bei geringer Lebenserwartung, den Unbilden und Gefahren von Wind und Wetter in heute nur mehr schwer vorstellbarem Maße ausgesetzt waren. Die natürliche Widerstandsfähigkeit und robuste Gesundheit, die den sogenannten Naturvölkern nachgesagt wird, ist eine aus Unkenntnis der damaligen Lebensumstände genährte Verfälschung unserer Tage.

Die Geheimbünde, die offenbar den älteren Typ bündischen Zusammenschlusses darstellen, fanden sich fast ausschließlich bei den Präriestämmen. Die Voraussetzung zur Aufnahme in einen Geheimbund bildete die Visionserfahrung des Kandidaten, Durch bestimmte Praktiken wie Fasten, Kasteiungen und Einnahme von Drogen verstand man solche Visionen absichtlich herbeizuführen. Abgesehen von der Form des Kaufs einer Vision, die nur selten vorkam, wurden Praktiken der Visonsübertragung geübt, die darin bestanden, daß ein älterer Mann seine Vision seinem Sohn oder Schwiegersohn übertrug (Omaha). Die Mitgliedschaft in einem Geheimbund wurde dadurch innerhalb der Familie weitergegeben. Selbst bei einer persönlich erlebten Vision, die ja auch häufig genug vorkam, konnte sich der Betreffende nicht dem allgegenwärtigen Einfluß der Stammesüberlieferung entziehen. Denn was findet man bei der Überprüfung des scheinbar rein subjektiven Visionsinhaltes? Der Indianer bemühte sich, eine Offenbarung zu erlangen, da nur diese ihm die gewünschte gesellschaftliche Stellung verschaffen konnte: ein „Mann ohne Vision" galt nichts in seiner Gesellschaft. Um eine Vision herbeizurufen, bediente er sich der herkömmlichen Verfahren. Die Einzelheiten des mystischen Erlebnisses wuchsen somit keineswegs spontan aus der Psyche des Visionärs heraus, sondern waren nur neue Konfigurationen derselben alten Motive. Wie anders wäre es zu erklären, daß die Schutzgeister ihre Schützlinge immer als „Kinder" adoptierten, daß sie zumeist – bei den Sioux – nach viernächtiger Wartezeit erschienen, daß den verschiedenen Visionären ähnliche Gebote aufgetragen wurden? Kaum ein Visionär empfing eine nur ihm eigene Vision. Wie er sie erhielt und was er erschaute, bestimmten die herkömmlichen, im Umlauf stehenden Gedankengänge seiner Familie und seines Stammes, wenn diese auch von der individuellen Phantasie und der Forderung des Augenblicks abgewandelt wurden. Ruth Benedict, die die Visionssuche der Prärie- und Plainsstämme untersucht hat, spricht deshalb von stereotypen Visionen.

Die Besessenheit, von der in älteren Quellen berichtet wird, gehörte zur gleichen Kategorie psycho-somatischer Phänomene. In moderner Zeit sind Bedingung und Voraussetzung des Eintritts stark modifiziert worden. So genügt oft das Auftreten einer bestimmten Krankheit, um in einen entsprechenden Bund aufgenommen zu werden.

Die Geheimbünde trugen meist den Namen ihres Schutzgeistes und lauteten entsprechend: Bisonbund, Bärenbund, Klapperschlangenbund, Pferdebund, Grislybärenbund, Wolfbund usw. Die wichtigste Funktion jedes Bundes war, wie bereits erwähnt, die Krankenheilung. Von ihren Schutzgeistern hatten die Mitglieder (= Medizinmänner) magische Kräfte und bestimmte medizinische Kenntnisse empfangen. Daß solche Kenntnisse von der Heilwirkung verschiedener Pflanzen nicht in Sekundenschnelle erschaut werden konnten, liegt auf der Hand. So war denn auch eine jahrelange „Lehre" notwendig, um die Fähigkeiten eines Krankenheilers zu erlernen und damit zu einem Vollmitglied eines Geheimbundes heranzuwachsen. Jeder Bund war für bestimmte Krankheiten zuständig; auch kleinere chirurgische Eingriffe wurden von Medizinmännern vorgenommen.

Die Kriegführung der Plainsindianer mit ihrem ausgeprägt individualistischen Verhaltensmuster war determiniert durch ihre Zielsetzung: man führte Krieg, um Rache zu nehmen, kriegerischen Ruhm zu erlangen oder Pferde zu stehlen. Rein ökonomische Motive waren von untergeordneter Bedeutung; auch der Pferdediebstahl diente mehr zur Gewinnung persönlichen Prestiges, denn das Pferd wurde weder als

Nahrungsmittel verwendet noch bestand die Möglichkeit, größere Pferdeherden über den Winter zu bringen. An einem Kriegszug waren meist nur wenige Personen beteiligt. Er entstand gewöhnlich aus persönlichen Motiven: ein Heißsporn wollte zu Kriegerehren kommen, um in einen Bund aufgenommen zu werden, oder ein bereits erfahrener Krieger wollte einen höheren Grad in seinem Bund erlangen. In solchen Fällen versuchte man einige Gleichgesinnte zu gewinnen, um mit ihnen den Plan zu verwirklichen. Oft entsprang auch ein Kriegszug dem Traum eines jungen Mannes, in dem ein übernatürliches Wesen ihm das Ziel des Kriegszuges angab. Es ging ja bei einem solchen „Krieg" nur darum, die Tapferkeit unter Beweis zu stellen. Dabei spielte stets die Erlangung eines Coup (frz. Schlag) eine größere Rolle als etwa die Erbeutung eines Skalpes oder die Tötung des Gegners. Unter dem Coup versteht man das Berühren eines unverwundeten Feindes im Gefecht mit der Hand oder mit einem besonderen Stab (Cheyenne). Eine ähnlich hohe Ehre bedeutete es, wenn es einem Krieger gelang, einen gefangenen Stammesgenossen aus Feindeshand zu befreien. Ein komplexes System regulierte bei den verschiedenen Stämmen den Wert der einzelnen Kriegstaten.

Entsprechend den beiden Ökosystemen gab es nicht nur in der Gesellschaftsstruktur, sondern auch in der politisch-territorialen Organisation erhebliche Unterschiede. Die Präriestämme lebten in festen Winterdörfern eng beieinander, und im Sommer zogen sie gemeinsam zur großen Bisonjagd auf die Prärie hinaus. Es gab also einen ständigen Zusammenhalt, der sich schließlich auch in einem stabilen Häuptlingstum mit erblichen Zügen äußerte. Die Plainsstämme fanden sich dagegen oft nur während der Hauptjagdzeit zu großen Verbänden zusammen; den größten Teil des Jahres verbrachten sie in locker organisierten Lokalgruppen, die in ihrer Zusammensetzung und Führung nicht sehr stabil waren. Es kam häufig vor, daß eine Familie die Gruppe verließ, wenn sie mit dieser in Streit geriet oder wenn sie mit dem Anführer unzufrieden war. Von letzterem, von dessen Prestige und Erfolg hingen ganz wesent-

lich die Größe und Bedeutung der einzelnen Lokalgruppen ab. Ein Häuptling mußte sich durch Erfolg bei der Jagd, durch Tapferkeit und Klugheit, durch Großzügigkeit und Rednergabe stets neu als Führer beweisen. Im übrigen war es mit der Autorität indianischer Häuptlinge im allgemeinen wie mit derjenigen bei den meisten Prärie- und Plainsstämme im besonderen nicht weit her. Ein Häuptling war in keiner Weise Autokrat, er hatte in erster Linie die Pflicht, in seiner Gruppe den Frieden zu erhalten, Wohltäter der Armen zu sein und für die Existenz seiner Leute zu sorgen. Natürlich konnte eine starke Persönlichkeit im Laufe ihres Lebens ein besonderes Prestige erwerben und ihre Stellung infolgedessen ausbauen. Besonders aus der Zeit der großen Konflikte mit den Weißen sind solche Häuptlingsgestalten, wie Sitting Bull, Red Cloud, Crazy Horse, weit über die Grenzen ihrer Lokalgruppe, ja ihres Stammes hinaus, bekannt geworden. Im allgemeinen aber lag die Macht des Stammes in den Händen eines Stammesrates, der aus bewährten Männern bestand, die sich im Krieg und im Frieden ausgezeichnet hatten und hohes Ansehen genossen.

Die traditionellen Machtorgane unterlagen bei den Plainsstämmen einem Wandel, der nur unter den folgenden historischen Bedingungen zu verstehen ist. Die Anpassung an die neuen ökologischen Verhältnisse in den Plains erforderte eine Stabilisierung der zentripetalen Kräfte, die ihr institutionelles Äquivalent in der Ratsversammlung fand. Das Ökosystem erzwang jedoch jahreszeitlich die Bildung von Lokalgruppen. Seit der Herausbildung des Reiternomadentums war es zu erheblichen Eigentumsunterschieden und zur Entstehung einer sozialen Schichtung gekommen. In der ersten Zeit des direkten Konfliktes mit den Weißen begannen sich politische Fraktionen zu bilden: einerseits durch die Aufwertung des Kriegsanführers und die Ausbildung einer straffen militärischen Organisation der Bünde (s. oben), andererseits durch den Autoritätsanspruch der Stammesleitung und damit der Friedenspartei. Nachdem der Widerstand der aktiven Gruppen endgültig gebrochen worden war und die Indianer unter Aufgabe ihres traditionellen Wirtschaftsystems in Reservate gebracht wurden, begannen die amerikanischen Behörden, die konservativen Häuptlinge durch sogenannte progressive Häuptlinge zu ersetzen. Damit sollte die Auflösung des Stammesbewußtseins und die weitere Zersplitterung der Stammesgruppen beschleunigt werden. Mit der Aufteilung von Reservatsländereien 1887 und der Auflösung der traditionellen Organisationsform war auch die Entmachtung der alten Stammesführer einhergegangen. Der im Zuge der „Allotment"-Politik durchgeführten Abschaffung des kollektiven Landbesitzes zugunsten des Privateigentums konnten die Indianer keinen Widerstand entgegensetzen, denn durch Erpressung, Absetzung und Bestechung ihrer politischen Führer sowie durch Förderung kollaborationswilliger Häuptlinge und Schaffung neuer Organisationen wie der Indianerpolizei und der Indianergerichte konnten die amerikanischen Behörden ihren direkten Einfluß ausspielen. Die durch das Parzellierungssystem hervorgerufene Entmündigung und Vereinzelung der Indianer und ihre Unterstellung unter die amerikanische Verwaltung und Gerichtsbarkeit machten ein gemeinsames politisches Handeln unmöglich. So waren die Indianer zu Beginn des 20. Jahrhunderts faktisch zu politisch unmündigen Minoritäten herabgesunken, und es kam häufig vor, daß die Angehörigen eines Stammes über mehrere Reservatsgebiete verteilt lebten, – eine wohl von der amerikanischen Regierung bewußt betriebene Aufsplitterung der alten politischen Einheiten. Diese neuen „Stämme" wurden dann durch den „Indian Reorgnization Act" von 1934 fixiert. Die neu gebildeten „Stammes"räte haben nichts mehr mit der alten Ratsversammlung zu tun; sie bestehen aus gewählten Personen und sind in erster Linie für den Kontakt mit den weißen Behörden zuständig. Nachdem man den Indianern erlaubt hatte, ihre traditionellen religiösen Zeremonien wieder aufzunehmen, bildeten sich neben den neuen politischen Organen auch Institutionen heraus, die auf die alten traditionellen Muster zurückgingen, allerdings handelt es sich hierbei ausschließlich um religiöse und zeremonielle Funktionen. Die Wiederaufnahme von kollek-

tiven Zeremonien wie etwa des Sonnentanzes hat zu einer gewissen Neubelebung des alten Stammesbewußtseins geführt. Es bleibt jedoch abzuwarten, ob durch die „Machtübernahme" der jüngeren Generation, die die politische Führung und die Verwaltung im neuen Stammesrat übernommen hat, und durch die Abwanderung aus den indianischen Siedlungsgebieten in die Städte und Industriezentren nicht doch die Stammesideologie durch das Bewußtsein, Indianer zu sein, verdrängt wird.

e) Religion: Visionssuche, Sonnentanz und Geistertanzbewegung

Den Algonkin der Subarktis, den Stämmen des nordöstlichen Waldlandes und den Prärie- und Plains-Indianern war die Vorstellung gemeinsam, daß Tiere, Pflanzen und alle Naturgegenstände und -phänomene von einer übernatürlichen, magischen Lebenspotenz durchdrungen waren, die von den Algonkin „manitu", von den Dakota „wakan" und von den Crow „maxpe" genannt wurde. Sie konnte in bestimmten Riten und durch besondere Gegenstände (Muschel, Kieselstein) oder aber in Träumen und Visionen durch mythische Tiere auch auf den Menschen übertragen werden, der ohne sie praktisch nicht leben konnte. Aus diesem Grund war die Visionssuche nachgerade zu einer religiösen Institution geworden. Um von einem – meist tierischen – Schutzgeist diese lebenswichtige Potenz kennenzulernen und an ihr teilzuhaben, unterzog man sich im Jünglingsalter den härtesten Kasteiungen. Oft wurde das Verhältnis zwischen Schutzgeist und einem Menschen wie das zwischen Vater und Sohn empfunden; man sprach deshalb von einer „Adoption". Wichtig war das Erlernen eines Rufes oder einer Melodie, mit der dieser Geist herbeigerufen werden konnte, wenn man seiner bedurfte. Der Schutzgeist gab dem Visionär unter anderem Anweisungen, wie er sich im Kampfe verhalten sollte und welche Medizinen er erwerben mußte, um sich seines, des Geistes, Macht und Schutz zu sichern. Ein Mann trug häufig das Zeichen seiner Vision auf der Kleidung oder auf seinem Schild,

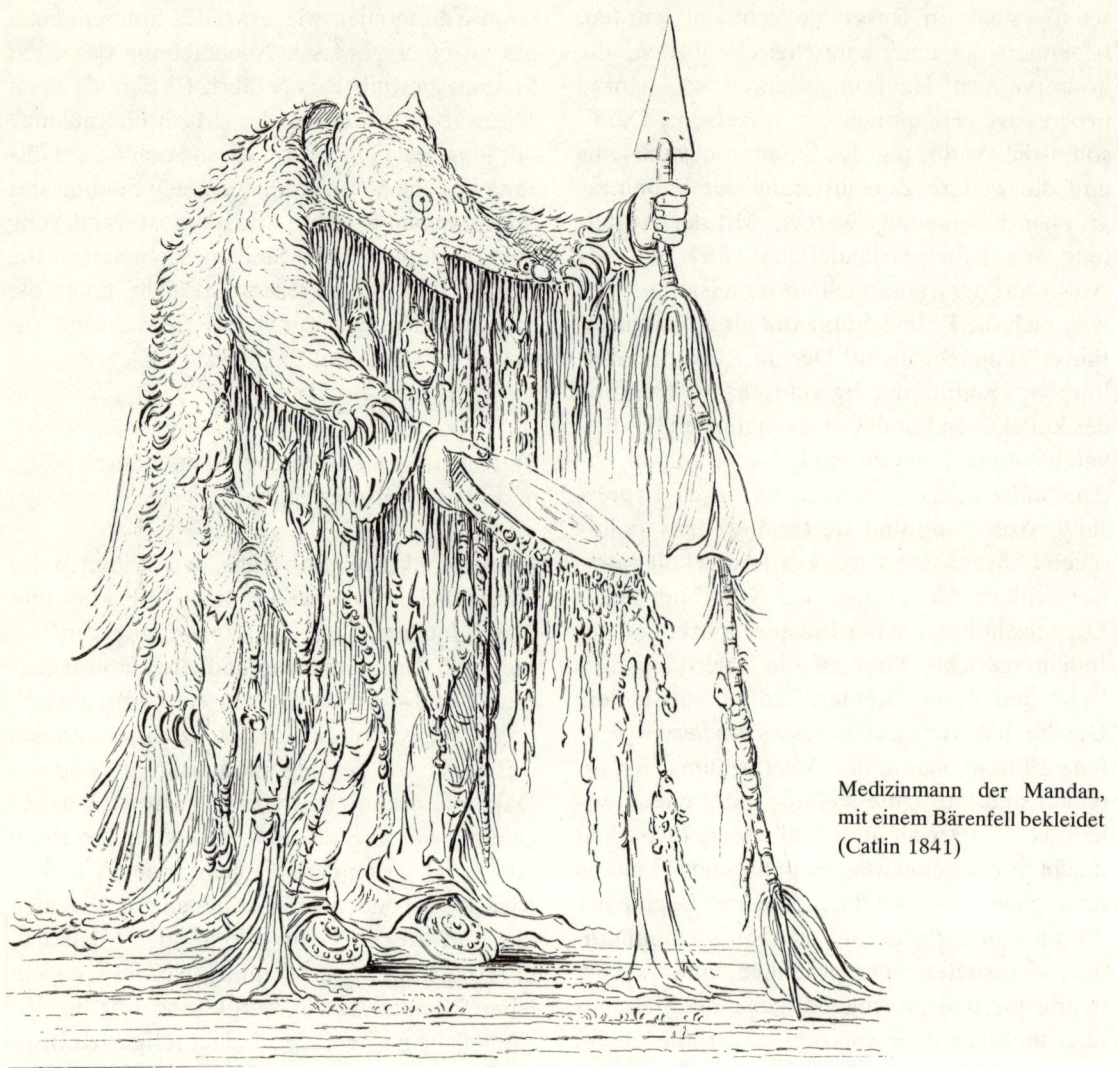

Medizinmann der Mandan,
mit einem Bärenfell bekleidet
(Catlin 1841)

er besaß auch meist ein Medizinbündel, das die Dinge enthielt, die er nach Anweisung seines Schutzgeistes gesammelt und zusammengestellt hatte. Da diese Potenz als Lebenskraft aufgefaßt wurde, durfte kein Fremder das Bündel an sich nehmen oder öffnen. Dem Bündelbesitzer drohte in diesem Falle Gefahr, denn eine solche gefährliche Potenz konnte auch ins Negative umschlagen. Personen, die einen besonders mächtigen Schutzgeist oder gar mehrere überirdische Helfer besaßen, mit deren Hilfe sie besondere Taten vollbringen konnten, wurden als Schamanen oder Medizinmänner bezeichnet. Zu ihnen kam man, wenn der eigene Schutzgeist nicht helfen konnte. Die Medizinmänner wandten sich dann an ihre Geister. In öffentlichen Zeremonien führten sie die ihnen zur Verfügung stehenden übernatürlichen Kräfte vor: Sie ließen Gegenstände verschwinden, zauberten Tiere und Pflanzen aus ihrem Körper hervor und faßten glühende Steine an, ohne sich zu verbrennen. Bei ihren Séancen schlugen sie die Trommel, bis sie in Trance versanken und ihr Geist sich vom Körper lösen und mit den Geistern sprechen konnte. In Krankheitsfällen war es üblich, ein die Krankheit verursachendes Objekt aus dem Körper des Kranken herauszusaugen. Sie zeigten dann, was sie vermeintlich extrahiert hatten: einen Dorn, einen Holzsplitter, einen Käfer oder einen Stein. Aber nicht nur mit Zaubertricks und Suggestion vermochten die Medizinmänner kranken Menschen zu helfen, sie kannten auch ein ganzes Repertoire von medizinisch therapeutischen Praktiken: Massage, Aderlaß, Schwitzbad, Einatmen von Dämpfen des Sagebrush oder Sweetgrass. Außerdem wurden Heilkräuter verabreicht, deren Kenntnis man seit Generationen weiterreichte.

Außer den individuellen Bündeln gab es auch kollektive Bündel, die dem ganzen Stamm gehörten. Die bekannteste Zeremonie um ein solches Bündel war die Okipa-Zeremonie der Mandan. Ich habe an anderer Stelle das Okipa-Ritualdrama einmal zusammenfassend dargestellt und beziehe mich im folgenden auf die dort gegebene Schilderung.

Die Okipa-Zeremonie wurde zum Wohle des gesamten Stammes abgehalten; Pubertätsriten, Kriegerinitiationen, schamanistische Praktiken, Bundeinweihungsriten sowie dramatische Darstellungen über die Entstehung der Erde, ihrer Bewohner und der Geschichte des Stammes waren ihre wichtigsten Bestandteile. Die Gesänge und Riten durften nur von Personen dargeboten werden, die das Recht hierzu ererbt oder käuflich erworben hatten. Die Texte der Lieder und mythischen Erzählungen wurden teilweise in einer archaischen Sprache vorgetragen, die nur von Eingeweihten verstanden wurde. Die Okipa-Zeremonie wurde stets von einem Manne ausgerichtet, dem in einer Vision der Auftrag dazu erteilt worden war, und fand meist vor oder nach der sommerlichen Bisonjagd, wenn der Stamm wieder im Dorf versammelt war, statt. Sie wurde im Zeremonialhaus, das auf dem großen Zentralplatz des Dorfes stand, abgehalten, wo auch das heilige Okipabündel aufbewahrt wurde. Der das Fest veranstaltende Okipamacher hatte mindestens hundert verschiedene Gegenstände (Bisonroben, Kleidungsstücke, Decken, Waffen) als Geschenke zu beschaffen, die an die Teilnehmer verteilt wurden. Ein Mann, der eine Okipa-Zeremonie ausgerichtet hatte, erwarb sich hohes Ansehen und das

Okipa-Zermonie der Mandan (Catlin 1841)

107

Recht, an allen späteren Okipa-Zeremonien teilzunehmen: Er gehörte von nun an zum Okipa-Klub. Die Tänzer, Mitglieder des Bisonbundes, trugen Masken oder Bemalung und stellten mythische Wesen dar. Die Tänze wurden von Trommelschlag, Rasseln und Gesang begleitet. Der Okipamacher und die aktiven Teilnehmer (meist Kandidaten des Bisonbundes) unterwarfen sich Marterungen, die darin gipfelten, daß auf Brust oder Rücken Holzspeile durch das Fleisch gestoßen und daran Riemen geknüpft wurden, die an dem vierpfostigen Zentralgerüst des Hauses befestigt waren. Sie mußten nun versuchen, die Holzpflöcke aus dem Fleisch zu reißen. Bisweilen wurden die blutüberströmten Körper auch an den Riemen am Pfostengerüst hochgezogen, an Beinen und Oberkörper beschwert mit Bisonschädeln. Mit Sonnenuntergang des vierten Tages endete die Okipa-Feier.

Eine weitere wichtige Kollektivzeremonie war der Sonnentanz, der bei den meisten Prärie- und fast allen Plainsstämmen verbreitet war. Auch der Sonnentanz wurde, wie die Okipa-Feier, von einem Mann oder einer Frau in Erfüllung eines Gelübdes ausgerichtet, das sie während einer schweren Krankheit, in Hungersnot oder in Lebensgefahr als Dank für übernatürliche Hilfe abgelegt hatten. Das Zeremoniell wurde von einem Sonnentanzleiter und seinen Gehilfen in genau festgelegtem Ablauf überwacht und geleitet. Die Tanzhütte war eine kreisrunde Einzäunung, deren äußerer Pfostenkranz durch Querbalken mit einem Zentralpfosten verbunden war. Dieser Zentralpfosten bildete den Mittelpunkt; in seine Gabelung wurden Zweige, eine Bisonhaut und verschiedene Opfergaben gesteckt, die das Nest des Adlers bzw. des Donnervogels symbolisierten. Die Seiten der Tanzhütte wurden im Laufe der Feier mit Zweigen und Strauchwerk abgedeckt, nur nach Osten zu blieb ein Eingang offen, so daß die aufgehende Sonne hineinscheinen und die Tänzer begrüßen konnte. Ein freier Platz vor dem zentralen Pfosten bildete den Altar; am Pfosten hing ein Bisonschädel. Der Tanz dauerte im allgemeinen vier Tage und vier Nächte, in denen die Tänzer nichts zu sich nahmen. Während der ganzen Zeit schlug eine kleine

Gruppe auf eine riesige Trommel, die weit über das Land hallte. In ihrem Rhythmus tanzten die Teilnehmer der Zeremonie in kleinen Schritten vor- und rückwärts. Wenn ein Tänzer infolge von Hunger, Durst und Hitze – das Fest fand stets im Hochsommer statt – ohnmächtig wurde, glaubte er den Kontakt zu den übernatürlichen Mächten gefunden zu haben (Visionssuche!). Schamanen traten in Aktion, wenn der Staub zu Füßen des Zentralpfostens durch die Tänzer geweiht worden war, um Kranke zu heilen, die herbeikamen oder -gebracht wurden. – Auch der Sonnentanz besitzt viele traditionelle Elemente verschiedener Stämme. Gegen Ende des 19. Jahrhunderts hat er sich auch über die Rocky Mountains nach Westen zu den Nördlichen Shoshone und den Ute-Indianern verbreitet und wird dort bis heute abgehalten.

f) Geschichte: Der Kampf der Reiterkrieger. Wounded Knee (1973) und das „American Indian Movement"

Die erste Phase der Kontaktgeschichte der Prärie- und Plainsstämme steht im Zeichen der Verbreitung des Pferdes, das von den Spaniern in Nordamerika eingeführt wurde. Die Weißen selbst traten nur vereinzelt als Händler in Erscheinung; ihr Einfluß blieb im wesentlichen auf die Präriestämme beschränkt. Bereits um die Mitte des 17. Jahrhunderts waren die Südathapasken, die als Nomaden in den südlichen Plains lebten, mit Pferden ausgerüstet. Mit Hilfe dieses neuen Transportmittels, das ihnen eine größere Mobilität und einen weiteren Aktionsradius erlaubte, belästigten sie die seßhaften Caddo-Stämme der zentralen und südlichen Prärie, die noch nicht im Besitz von Pferden waren, in zunehmendem Maße. Erst als 1690 auch diese Gruppen sich durch Handel mit Pferden versorgten, konnten sie der taktischen Übermacht der Athapasken Herr werden. Schon früh waren auch die Ute-Indianer aus dem östlichen großen Becken und den südlichen Rocky Mountains nach Südosten vorgedrungen und hatten sich in der Nähe der Pueblo-Siedlungen am oberen Rio

Grande niedergelassen. Hier gelangten sie im Laufe von wenigen Jahrzehnten durch Handel und Diebstahl in den Besitz von Pferden und waren bald zu gefürchteten Gegnern der Apache und Pueblo-Indianer geworden. Die Comanche, die ebenfalls aus den Rocky Mountains kamen und sich in den südlichen Plains niederließen, wußten sich als Pferdehändler und Krieger bald großen Respekt unter den anderen Stämmen zu verschaffen: sie wurden die Herren der südlichen Plains. Zu Beginn des 18. Jahrhunderts kamen auch große Teile der nördlichen Shoshone in den Besitz von Pferden, und zwischen 1750 und 1770 begannen schließlich die Arikara Pferde an die nördlichen Sioux-Stämme, die bereits seit etwa 1680 im Besitz von einer beträchtlichen Anzahl von Gewehren waren, zu verhandeln. Die Sioux konnten sich zunächst mit Hilfe der stärkeren Feuerkraft ihrer Gewehre gegenüber den berittenen Missouri-Stämmen halten. Als sie sich dann durch Tausch und Raub ebenfalls des Pferdes bemächtigt hatten, gelang es ihnen binnen kurzer Zeit, das ganze nördliche und zentrale Plainsgebiet zu kontrollieren und eine der effektivsten indianischen Kavallerietruppen aufzustellen.

Die erste offizielle Begegnung der Prärie- und Plains-Indianer mit Vertretern der amerikanischen Regierung erfolgte nach dem Kauf Louisianas im Verlauf der großen Expedition von Captain Meriwether Lewis und Captain William Clark in den Jahren 1804-1806 nach Westen. Die Expedition hatte den Zweck, den Missouri aufwärts zu ziehen und von dort einen Wasserweg zum pazifischen Ozean zu erkunden. In der folgenden Zeit wurden zahlreiche Verträge zwischen den Indianern und den Regierungsvertretern abgeschlossen, um den Handel zu sichern. Im Rahmen des Planes von Andrew Jackson, der alle Gebiete östlich des Mississippi den Weißen und die Länder westlich des großen Stromes den Indianern zusprechen wollte, verliefen die Beziehungen zwischen beiden Gruppen relativ friedlich. Zahlreiche Forscher, darunter Prinz Maximilian zu Wied und George Catlin, denen wir die ersten authentischen Bilddokumente über Indianer verdanken, bereisten ungefährdet die weiten Ebenen bis zum Felsen-

gebirge. Obwohl die erste große Pockenepidemie um 1830 die Indianer in den nördlichen Gebieten stark dezimiert hatte, stand die Prärie- und Plainskultur noch auf dem Höhepunkt ihrer Entwicklung.

*Der Kampf der Reiterkrieger*

Der Damm im Osten brach, als die ersten Kolonisten über den Mississippi in das Präriegebiet eindrangen. Zur Verschärfung der Lage trug bei, daß ständig Siedlerzüge, die in die sich entwickelnden Ortschaften an der pazifischen Küste strebten, das Indianerland durchzogen. Schließlich lockten die Goldfunde in Kalifornien viele weitere tausend Menschen nach Westen. Die durchziehenden Wagenkolonnen wurden daraufhin von den kriegerischen Plains-Indianern, vor allem von den Gruppen der Teton-Dakota, überfallen. Die Amerikaner, die um diese Zeit die europäischen Kolonialmächte im Osten ausgeschaltet hatten, vermochten nun größere Truppenverbände in den Westen zu verlegen und dort zahlreiche Forts zu errichten. Sie zwangen die westlichen Dakota, auf „Ratsversammlungen" Verträge, wie den von Fort Laramie 1851, zu unterschreiben. Irrtümlicherweise glaubten sie, die Verträge gälten für alle Sioux-Gruppen; sie wußten nicht, daß die Plains-Dakota im Gegensatz zu den straff organisierten östlichen Stämmen keine zentrale Stammesleitung besaßen. Die „Sieben Ratsfeuer" hatten eher den Charakter einer symbolischen Vereinigung, deren politischer Wert gering war. Die Vertreter der verschiedenen Stammesabteilungen versammelten sich zwar zu Beratungen, doch trennten sie sich gewöhnlich ohne gemeinsame Beschlüsse gefaßt zu haben und handelten auf eigene Faust. Nach 1854 verstärkten die Amerikaner ihre Bemühungen, die Indianer zu pazifizieren und sie militärisch auszuschalten. Ein allgemeiner Waffenstillstand schien 1868 erreicht zu sein, als in Fort Laramie die Sioux unter der Führung ihres mächtigsten Häuptlings, Red Cloud, einen Vertrag mit den amerikanischen Truppen schlossen, der ihnen zusicherte, daß, wenn sie ihre Überfälle auf die weißen Siedler einstellten, diese das indianische Land nur noch mit ihrer Zustimmung betreten durften. Doch bald sollte auch dieser Vertrag gebrochen werden. Die erste Störung entstand durch den Plan, die nördliche Pazifik-Bahn auszubauen und zum Schutz der Strecke in den Black Hills ein Fort anzulegen. Bei der Erkundung fanden Geologen Gold, das zwar nicht in großen Mengen vorkam, aber die Gerüchte verbreiteten sich rasch, und die ersten Prospektoren strömten herbei. Die Indianer beriefen sich auf den Vertrag von Laramie, doch vergebens. Die Regierung zeigte sich außerstande, ihre eigenen Bürger zur Einhaltung der vertraglich vereinbarten Bedingungen zu zwingen. 1875 wurde beschlossen, die Indianer aus den Black Hills auszusiedeln und das Land für die Goldsucher zu öffnen. Bis zum 31. Januar 1876 sollten sich alle Indianer bei ihren Agenturen melden. Dort hatte man die Absicht, ihnen die Waffen und Pferde abzunehmen, was den Hungertod vieler Indianer zur Folge gehabt hätte, denn auf den Agenturen gab es nicht genügend Lebensmittel für alle, die sich jetzt nicht mehr hätten selbst versorgen können. Praktisch war dieses Ultimatum, das eine flagrante Verletzung des Vertrages von 1868 bedeutete, für die Indianer, die im Winter über ein weites Gebiet verstreut lebten, unannehmbar. Nur eine kleine Gruppe fand sich zum festgesetzten Termin bei den Agenturen ein; die Abteilungen unter Sitting Bull und Crazy Horse waren nicht gekommen. Im Kampf mit den geschickt operierenden Indianern erlitt 1876 die Kavallerieabteilung unter Oberst Custer am Little Big Horn eine vernichtende Niederlage. Aber dann wurde eine Indianergruppe nach der anderen geschlagen. Sitting Bull floh nach Kanada, wo er Asyl erhielt; Crazy Horse, der Sieger von Little Big Horn, wurde heimtückisch überfallen, als er sich 1877 zu einer Unterredung mit General Crook einfand. Nachdem sich die letzten kämpfenden Sioux ergeben hatten, wurden einige Gruppen auf der „Rosebud Reservation", andere auf der „Pine Ridge Reservation" untergebracht.

1878 gab es im ganzen Prärie- und Plainsbereich keine freien Indianer mehr. Mit der Abschlachtung der letzten Bisonherden war auch die Quelle versiegt, die die Grundlage und Voraussetzung der eigenständigen Kultur der Plains-Indianer bedeutete.

Verfolgen wir nun das Schicksal der Westlichen Dakota weiter bis zum letzten Kampf am „Wounded Knee". Red Cloud war neben Sitting Bull und Crazy Horse der bekannteste Anführer der Teton-Dakota. Er versuchte, seine Leute zu einem friedlichen Leben in den Reservaten zu bewegen, wo sie auf die Rationen, die ihnen die amerikanische Regierung zur Verfügung stellte, angewiesen waren. Auch Kleidung erhielten sie und einige Häuser wurden errichtet. Der Superintendent formierte gegen den Willen von Red Cloud und seinen Anhängern eine eigene Indianerpolizei. Um 1889 wurden die Rationen gekürzt. In Folge davon litten viele Indianer an Hunger, und Infektionskrankheiten forderten große Opfer, so daß sich allmählich die Spannungen verschärften. Die jungen Männer verließen die Reservate, um für ihren Unterhalt selbst zu sorgen. Doch die Jagd brachte nichts mehr ein, der Bison war ausgerottet. Red Cloud besaß wie Sitting Bull, der 1881 aus Kanada zurückgekehrt war, Ansehen und Achtung als Häuptling; aber beide wußten sich keinen Rat, was zu tun sei. Hoffnungslosigkeit und Verzweiflung erfüllte die Dakota. In dieser Situation zog eine mystische Bewegung, die unter dem Namen „Geistertanz" bekannt geworden ist, zahlreiche Anhänger in ihren Bann. Der Geistertanz wurde erstmals im Jahre 1870 von Tävibo, einem Paviotso-Indianer in Nevada, auf Grund einer Vision verkündet und von einigen Stämmen des westlichen Nevada und Zentral-Kaliforniens übernommen. Die Toten, so lautete auch die Botschaft des späteren Propheten Wovoka, würden zur Erde zurückkehren, und alles würde wieder so werden, wie es war, bevor der weiße Mann gekommen war. Die Jagdtiere würden wieder da sein, und Friede würde herrschen unter den Indianern und zwischen den Indianern und den Weißen. In einem Rundtanz und zum Gesang besonderer Lieder sollte dieser Zustand erreicht werden. Alkohol sollte nicht getrunken und jeder Mensch sollte freundschaftlich behandelt werden.

Die Heilslehre fand 1889 besonders unter

Das Massaker von Wounded Knee (1890) ist zum Symbol der Unterdrückung der Indianer geworden. Von dieser Abbildung gibt es mehrere Versionen. Auf der vorliegenden, die ausschließlich veröffentlicht wurde, hat man die getöteten Frauen und Kinder weggelassen. (Nach einer Photographie von Mooney 1896)

den hungernden und verzweifelten nördlichen Plainsstämmen (Teton-Dakota, Arapaho, Cheyenne) großen Anklang. Durch die Fertigstellung der transkontinentalen Eisenbahn und der Telegraphenlinie war die Kommunikation besser geworden, so daß indianische Abordnungen auch aus entfernten Gebieten den neuen Messias aufsuchen und die Botschaft und den Tanz persönlich kennenlernen konnten. Doch in ihre Reservate zurückgekehrt, verstärkten sich ihre Bedenken zur Überzeugung, daß die Botschaft nicht den Frieden mit dem weißen Mann, der sie so schmählich behandelte, bringen könne. So wurde der Kampf um die alten Jagdgründe zum Kern der neuen Heilslehre. Visionen kündeten vom heiligen Krieg gegen die weißen Unterdrücker, deren Kleidung und

Lebensgewohnheiten tabuisiert wurden. Die alten traditionellen Lebensgewohnheiten wurden wieder eingeführt und eifrig gepflegt. In Massentreffen steigerten sich die gläubigen Anhänger der neuen Lehre in hypnotische Trance. Nach dem Erwachen berichteten sie von ihren Visionen: vom Treffen mit ihren toten Verwandten, von riesigen Bisonherden und von der alten Freiheit des Lebens ohne Weiße. Man ersann Lederhemden, die, symbolisch bemalt, ihre Träger kugelsicher machen sollten, und hielt regelmäßig Sitzungen und Tänze ab. Als einer ihrer berühmtesten Anführer, Sitting Bull, Ende 1890 getötet wurde, weil er sich der Festnahme durch indianische Lagerpolizei widersetzte, brach der offene Aufstand der Teton-Dakota aus. Sobald amerikanische Truppen anrückten, zogen sich die Indianer nach vergeblichen Scharmützeln in die Berge der „Badlands" am „Wounded Knee", zurück. Hier richteten amerikanische Truppen unter Oberst Forsyth unter den schlechtbewaffneten Indianern, die von ihren Frauen und Kindern begleitet waren, ein schreckliches Blutbad an, das zum Symbol für den letzten Freiheitskampf der Indianer gegen ihre weißen Unterdrücker werden sollte.

Das südliche Plainsgebiet wurde ab 1750 in zunehmendem Maße von den Comanche beherrscht. Sie waren schon zu dieser Zeit im Besitz von Pferden und dehnten ihre Raubzüge bis nach New Mexico aus. Die zahlreichen Gruppen der östlichen Apache trieben sie aus den Plains hinweg in den Südwesten. Zu den Caddosprachigen Pawnee dagegen bewahrten die Comanche meist ein freundschaftliches Verhältnis. Um 1830 beherrschten sie das gesamte südliche Plainsgebiet zwischen dem Arkansas River und Nord-Mexiko und von Taos bis zum Indianerterritorium im heutigen Ost-Oklahoma. Mit der Schaffung dieses Territoriums wurde ihre Ostgrenze bedroht, im Südwesten ihres Schweifgebietes gerieten sie mit den Texas-Siedlern in Konflikt. 1835 stimmten die Comanche zu, Teile ihres Jagdgebietes auch den Stämmen des südöstlichen Waldlandes, die dorthin zwangsverschleppt worden waren, zur Nutzung zur Verfügung zu stellen. Die Texas-Siedler dagegen sträubten sich stets, das Gebiet der Comanche anzuerkennen. 1853 versuchten die Comanche vergeblich mit Hilfe einiger Apache-Gruppen, die Stämme des Indianer-Territoriums zu vertreiben. 1858 drangen amerikanische Truppen im Gefolge dieses Kampfes in das Comanche-Gebiet ein, unterwarfen sie und bestimmten für sie den westlichen Abschnitt ihres ehemaligen Territoriums. Aber die meisten der Comanche zogen sich nicht dorthin zurück, sondern gingen nach wie vor der Bisonjagd nach; ihr letzter Überfall fand 1879 statt. 1873 verkündete ein Prophet unter ihnen, daß ein Komet erscheinen und eine Dürre kommen würde. Als beide Ereignisse eintraten, entstand unter seinem Einfluß eine religiöse Bewegung. Ishatai, der Prophet, lehnte ein seßhaftes Leben für seinen Stamm ab und drängte zu einem Krieg, in dem die Weißen ausgerottet werden sollten. Durch mit magischen Zeichen bemalte Lederhemden glaubten sie sich vor den Kugeln der Weißen gefeit. Eine größere Zahl von Comanche, die Ishatai nicht folgen wollte, wanderte nach Texas ab. Seine Anhänger, zusammen mit den Kiowa, Arapaho und Cheyenne, die inzwischen in das Indianerterritorium gebracht waren, wurden, als es zum Kampf kam, bei Adobe Walls geschlagen.

Trotz aller Versuche der Amerikaner, die indianischen Stammeskulturen aufzulösen und auszulöschen, ist ihnen dies bis heute nur teilweise gelungen. Wiederholt kam es dabei zu Vermischungsprozessen von westlicher mit indianischer Tradition. Das Resultat eines solchen Prozesses ist der heute bei vielen indianischen Gruppen verbreitete Peyote-Kult. Gegenüber den mehr lokalen Fusionsprozessen, wie etwa der Langhaus-Religion des irokesischen Religionsstifters Handsome Lake oder der kurzlebigen regionalen Sekten in der Zeit des ersten Zusammenbruchs der alten Kulturen, ist der Peyote-Kult, der gegen Ende des vorigen Jahrhunderts zahlreiche Plainsstämme erfaßte und sich rasch nach Westen ausbreitete, eine intertribale, ja beinahe panindianische Erscheinung. Er ist eine echte Synthese von christlichen und altindianischen Glaubensvorstellungen. Seine Wurzeln gehen auf eine ursprünglich im nordwestlichen Mexiko beheimatete Kultzeremonie zurück, die erst als Folge des ihr innewohnenden nativistischen Aspekts aus einer individuellen Visionssuche zu einem kollektiven Ritus abgewandelt wurde. Im Verlauf ihrer Verbreitung kam es zu zahlreichen Varianten im Ritual; kein bestimmter indianischer Glaubenskanon wurde verbindlich. Die Religion ruht also nicht auf einem spezifischen theologischen Glaubenssystem, sondern auf verschiedenen Gruppenzeremonien. Das wichtigste allgemeine Element liegt wohl in dem Glauben an einen Großen Geist, der oft mit Gott oder Jesus gleichgesetzt wird; auch die während der Zeremonie erlangten Visionen werden häufig als von Jesus kommend interpretiert. Wegen der angeblich Sucht erzeugenden Wirkung von Peyote, einer Behauptung, die unbewiesen ist, wurde der Peyote-Kult eine zeitlang von protestantischen Kirchen und Missionaren heftig attackiert und schließlich von der amerikanischen Regierung verboten. Unter der Bezeichnung „Native American Church", ab 1944 unter dem Namen „Native American Church of North America", hat sie sich jedoch gegen ihre Verleumder durchgesetzt und als christlich-indianische Kirche mit einem gewählten Präsidenten institutionalisiert.

Das Peyote-Zeremoniell besteht im wesentlichen in der Einnahme des Peyote-Kaktus (Lophophora Williamsii), eines kleinen stachellosen Kaktusses, dessen dicke Wurzel in getrocknetem oder zerriebenem Zustand gegessen oder, zu einem Aufguß bereitet, getrunken wird. Die besondere Wirkung des Peyote-Kaktus liegt in seiner chemischen Zusammensetzung von neun Alkaloiden, deren wichtigstes Mescalin ist, das visuelle Halluzinationen und gewisse physiologische Störungen des menschlichen Bewußtseins hervorruft. Die ersten Wirkungen zeigen sich in Form von Übelkeit und Depressionen, denen eine Phase der Euphorie folgt. Meist hat der Peyote-Esser auch einen Farbenrausch und, damit verbunden, eine Vision. In diesem Punkt trifft sich die altindianische Visionssuche mit dem Offenbarungsglauben des Christentums.

Ein Peyote-Meeting wird gewöhnlich abgehalten, wenn sich jemand durch ein Gelübde dazu verpflichtet hat; meist wird es aber heute in regelmäßigen Abständen, etwa einmal in der Woche, durchgeführt. In der ursprünglichen Form war zuerst ein reinigendes Schwitzbad vorgeschrieben – auch dies ein altindianischer Brauch. Der Stifter der Zeremonie muß vor der Sitzung nicht nur genügend Peyote-„Knöpfe" besorgen, die er durch Tausch oder Kauf aus Südtexas oder aus dem nördlichen Mexiko erwirbt, er hat auch für alle weiteren Kosten aufzukommen, z. B. für den Zeremonialleiter und dessen Helfer. Das rituelle Zubehör, das die Zeremonie erfordert, besteht aus einem Stab, einer kleinen Kürbisrassel, einer Pfeife aus Adlerflügelknochen, einem Fächer aus Vogelfedern, einer halb mit Wasser gefüllten Trommel und einem Vorrat an Zedernholz zur Erzeugung von würzigem Rauch. Die Zeremonie selbst verläuft folgendermaßen: Auf einem kleinen halbmondförmigen Altar aus Erde wird eine Peyote-Scheibe gelegt, der „Great Peyote". Nahebei wird ein Feuer angezündet. Die Teilnehmer sitzen kreisförmig um Altar und Feuerstelle herum. Das Treffen wird nach Möglichkeit in einem Tipi abgehalten, das in vielen Reservaten speziell zu diesem Zweck beibehalten worden ist. Zu Beginn der eigentlichen Zeremonie erhalten sie nun reihum eine Peyote-Scheibe oder einen Schluck des Peyote-Suds. Jeder Teilnehmer singt Peyote-Lieder und wird dabei von seinem Nachbarn auf der Trommel und von einer Rassel begleitet. Dann wird wieder Peyote zu sich genommen, der Zedernwart fächelt den Rauch in die Gesichter der Teilnehmer. Jeder starrt in die Flamme des Feuers und überläßt sich ganz der vom Peyote erzeugten Wirkung und dem Rhythmus des monotonen Trommelschlages. Während der Andacht werden Zigaretten aus einem besonderen Tabak gefertigt und geraucht; die Zigarettenenden werden als Opfergaben an den kleinen halbmondförmigen Altar gelegt. Ein strenger Peyotist raucht niemals außerhalb des Peyote-Rituals. Man beginnt meist gegen Abend, um Mitternacht wird eine kleine Pause eingelegt, in der jeder Teilnehmer einen Schluck Wasser erhält, und im Morgengrauen endet die Zeremonie mit einem feierlichen gemeinsamen Mahl (Kommunion), dem Peyote-Frühstück aus Obst, Mais und Wildbret.

Diese Synthese von indianischer und christlicher Glaubenslehre übte besonders auf jene jungen Menschen eine Anziehungskraft aus, die bereits mit den Weißen in längerem Kontakt gestanden hatten und die das Bedürfnis empfanden, eine Brücke zwischen ihrem indianischen und dem weißen Lebensweg zu finden. Die „Native American Church" entwickelte dabei eine neue (alte) Morallehre, die z. B. die Meidung von Alkohol und Tabakgenuß enthält. Sie betonte die brüderliche Liebe untereinander und die Fürsorge für die Familie sowie ein fast puritanisches Arbeitsethos. Sie ist intertribal ausgerichtet und erfüllt ganz offensichtlich das dringende Bedürfnis nach einem ebenso gemeinsamen wie eigenen indianischen Glaubensbekenntnis.

## Wounded Knee (1973) und das „American Indian Movement"

Der in jüngster Zeit von Mitgliedern einiger indianischer Gruppen gegen die amerikanischen Bundesbehörden vorgetragene scharfe Protest und die Gründung des „American Indian Movement" (AIM) ging von den in den Großstädten lebenden Indianern aus, weil ihnen hier die auf den Reservaten gewährten kostenlosen Dienste (Krankenversorgung usw.) nicht zur Verfügung standen. Ausgangspunkt dieser städtischen indianischen Protestwelle war Minneapolis, wo im Jahre 1968 das „American Indian Movement" ins Leben gerufen wurde. Minneapolis war das Ziel von Indianern aus rund 20 Reservaten in Wisconsin, Minnesota, North und South Dakota, die besonders kraß unter den schwierigen ökonomischen Verhältnissen zu leiden hatten. Die Zuwanderer waren meist Angehörige der verschiedenen Dakotastämme (Sioux) oder Ojibwa (Chippewa). Nach dem Vorbild schwarzer Bürgerrechtskämpfer forderten sie von dem 1968 in Detroit tagenden „National Council of Churches" einen Betrag in Höhe von 750 Millionen Dollar für den Verlust indianischen Landes, ein Betrag, der sich mehr an die damalige Forderung der militanten Negerführer orientierte als an die ihnen wirklich entstandenen Gebietsverluste.

Der kirchliche Krisenfond, der die ethnischen Minoritäten des Landes schon mehrfach finanziell unterstützt hatte, bewilligte einen Betrag, der jedoch weit unter den Forderungen der Neger, Mexiko-Amerikaner und Indianer lag. Angespornt von diesem Anfangserfolg einer ersten gemeinsam auftretenden indianischen Organisation, stellte das AIM weitere Forderungen zunächst an Kirchenorganisationen, dann an verschiedene Bundesbehörden und schließlich an die eigenen Stammesräte, die von ihnen nicht als die legitimen Führer der Stämme anerkannt wurden, weil sie auf Geheiß Washingtons gewählt und nicht von den traditionellen Führern gestellt waren. Das AIM fand hauptsächlich in den Reservaten der genannten Gruppen starken Widerhall, denn die Konfrontationstaktik dieser Organisation zeigte sich bei der Aufdeckung von Unzulänglichkeiten und Ungerechtigkeiten seitens amerikanischer Behörden gegenüber den Indianern als erfolgreich. Die wachsende Anhängerschaft des AIM hatte zur Folge, daß die sich mit indianischen Angelegenheiten befassenden Behörden und Organisationen unter Umgehung der gemäßigten Stammesräte direkt mit den Führern des AIM-Zirkels verhandelten.

Aufgrund des Verhaltens und gewisser Verhandlungserfolge der militanten Indianer verbanden sich nun die Stammesräte in den Reservaten stärker mit dem auch von ihnen früher scharf kritisierten „Bureau of Indian Affairs". Dies wiederum wurde von den Militanten zum Anlaß genommen, die Stammesräte des Verrats an der indianischen Sache zu bezichtigen und ihnen vorzuwerfen, daß sie in ihre eigene Tasche arbeiteten. Das BIA unterstützte seinerseits die Stammesräte, indem es ihnen 1971 einen eigenen Fond für eine „National Tribal Chairmen's Association" zur Verfügung stellte. Erneute Angriffe des AIM wurden mit dem formal sicher korrekten Argument zurückgewiesen, daß sie nicht die gewählten Vertreter ihrer Stämme seien. Hier zeigte sich wieder einmal in aller Deutlichkeit der Konflikt zwischen dem Block der traditionellen Führer und den auf Oktroi des BIA gewählten Vertretern.

Neben diesen beiden Kontrahenten gab es noch eine dritte Gruppe, die in gewisser Weise eine Mittelstellung zwischen den extremen Flügeln einnahm: Es waren Indianer mit einer abgeschlossenen Schul- oder Hochschulbildung, die einerseits prinzipiell die gewaltsame Konfrontationstaktik des AIM ablehnten, andererseits aber auch gegen die konservative und passive Haltung der Stammesräte und deren Verbindung mit dem BIA eingestellt waren. Sie unterstützten zwar im Prinzip die Legalität der gewählten Führer, versagten aber im Einzelfall ihre Unterstützung solchen Stammesführern, die sich ihrer Meinung nach zu wenig für die Nöte ihrer Stammesgenossen einsetzten. In vielen Punkten traten sie für die Forderungen des AIM ein, lehnten aber stets Gewaltmaßnahmen als sinnlos ab.

Im Sommer 1972 wollte das AIM mit einem Marsch auf Washington bei den bevorstehenden

Präsidentschaftswahlen die Bundesregierung zu einer schnellen Erfüllung ihrer Forderungen zwingen. Als Präsidentschaftskandidat und dann auch als gewählter Präsident unterstützte Richard Nixon ihre Forderungen. So war eine seiner ersten Amtshandlungen die Rückgabe von Bundesland an Taos Pueblo und an die Warm Springs Band. Auch den Anspruch auf unrechtmäßig abgenommenes Land in Alaska bestätigte er. Die Leitung des Marsches auf Washington forderte nun die neue Regierung auf, alle gebrochenen Verträge zu annullieren und stellte sich unter das Motto „The Trail of Broken Treaties". Ein 20-Punkte-Programm wurde aufgestellt, in dem u. a. gefordert wurde, daß die Indianer wieder das Recht erhielten, selbst Verträge abzuschließen (was ihnen seit 1871 verboten worden war) sowie die unter Zwang geschlossenen Verträge neu auszuhandeln. Alle individuellen Pacht- und Verkaufsverträge sollten eingeschränkt werden, das Land sollte wieder dem gesamten betreffenden Stamm gehören. Damit würde die Selbstverwaltung der Stämme im Sinne einer Wiederherstellung alter traditioneller Führungsorganisationen gestärkt und müßten die finanziellen Unterstützungshilfen des Bundes beträchtlich erhöht werden.

Diese von der Mehrzahl der weißen Amerikaner als berechtigt angesehenen Forderungen der „Karawane" wurden durch unglückselige, aber doch wohl vermeidbare Mißverständnisse erschüttert, die sich nach der Ankunft der Indianer in Washington ergaben. Man hatte keine Unterkunft besorgt, so daß sie vorläufig im Auditorium des „Bureau of Indians Affairs" untergebracht wurden. Als eine Gruppe von Bundesbeamten, denen offenbar nicht bekannt war, daß die Indianer in dem Gebäude nächtigen durften, sie zu vertreiben versuchte, besetzten die Mitglieder des Protestmarsches den gesamten Gebäudekomplex. Da die Verhandlungen nach einer Woche scheiterten, richteten sich die Indianer auf eine Verteidigung ein; sie zertrümmerten die Einrichtungsgegenstände und bauten Barrikaden. Doch entschlossen sie sich schließlich, das Haus ohne Kampf zu räumen und zogen sich unter Mitnahme wichtiger Dokumente aus den Archiven aus Washington zurück. Die Bundesregierung, die zwar die Gewaltsamkeiten während der Besetzung des BIA verurteilte und strafrechtliche Maßnahmen ankündigte, jedoch schließlich von einer Strafverfolgung Abstand nahm, behandelte kurzsichtigerweise das 20-Punkte-Programm des AIM sehr dilatorisch und ging nicht auf die einzelnen konkreten Forderungen ein. Daraufhin schlossen sich weitere Indianer der Protestbewegung an, die durch ihren Marsch auf Washington und ihre alle Indianer bewegenden Forderungen Prestige und Ansehen gewonnen hatte.

Die Reaktion der Stammesräte auf die gewalttätigen Maßnahmen des AIM war scharf ablehnend. Sie forderten sogar eine Bestrafung der Schuldigen. Was sie aber weit mehr in Gegensatz zu vielen ihrer Stammesgenossen brachte, war die unbegreifliche Ablehnung des 20-Punkte-Programmes, mit dem sich inzwischen die Mehrzahl aller Indianer identifiziert hatte.

Der Höhepunkt der Konfrontation zwischen dem AIM und den Stammesräten führte im Februar 1973 zu der Besetzung der kleinen Ortschaft Wounded Knee in South Dakota, die in der Geschichte der Teton-Dakota durch das 1890 von amerikanischen Truppen angerichtete Massaker eine schreckliche Berühmtheit erlangt hatte. Der Vorsitzende des Stammesrates der Oglala, eines Unterstammes der Teton-Dakota, Richard Wilson, verkündete öffentlich, daß er alle Anhänger des AIM von der Reservation ausweisen wolle. Als Russell Means, Führer der Opposition gegen Wilson und einer der führenden Persönlichkeiten der AIM-Bewegung, von Wilsons Anhängern angegriffen und zusammengeschlagen wurde, besetzte das AIM die Ortschaft Wounded Knee. Sie forderte die Absetzung von Wilson und die Erfüllung des 20-Punkte-Programms. Ihre drei Hauptforderungen seien hier zitiert:

„1. Die Ernennung einer Präsidialkommission durch das Weiße Haus, die auf das Reservat kommen und direkt mit den traditionellen Häuptlingen und Führern des Stammes verhandeln sollte.

2. Einhaltung des Vertrages von 1868 und die Abberufung der von der Regierung eingesetz-

ten Marionettenführungen der Pine Ridge und anderer Reservationen, die seit 1934 als ein Instrument zur systematischen Unterdrückung der Indianer benutzt wurden.

3. Eine Prüfung der Geschäftsbücher des Stammes, um die gegen den von der Regierung eingesetzten Stammesvorsitzenden in Pine Ridge, Richard Wilson, erhobenen Anschuldigungen der Korruption und einer mit seiner treuhänderischen Pflichten unvereinbaren Geschäftsführung zu enthüllen."

Während der beiden Monate März und April 1973 war die Situation ziemlich verworren: Wilson, als legal gewählter Stammesratsvorsitzender und Means als bekanntester und talentiertester Sprecher der militanten Gruppe zählten beide eine große Zahl von Anhängern auf dem Pine Ridge-Reservat und außerhalb desselben. Da eine der Forderungen des AIM auf die Einhaltung des Vertrages von 1868 (Vertrag von Laramie), der von den Amerikanern gebrochen worden war, zielte, fand das AIM zwar viele Mitstreiter, denen aber andererseits von einer fast ebenso starken Gruppe Widerstand entgegengesetzt wurde, die eine Stärkung des Stammesratsystems forderten und Wilson als ihren legitimen Führer ansahen, wobei es fragwürdig ist, ob das Demokratieverständnis der US-Amerikaner für die Indianer angemessen ist.

Die Bundesregierung, die von den konservativen Angehörigen des Stammesrates zum Sturm auf Wounded Knee aufgefordert wurde, entschloß sich nach einigen halbherzigen Versuchen, bei denen zwei Männer getötet und ein Dutzend verwundet wurden, zu verhandeln. Sie stimmte schließlich auch der Ernennung einer Präsidialkommission zu, die direkt mit den traditionellen Häuptlingen über den Vertrag von 1868 verhandeln sollte. Nach der Unterzeichnung der Vereinbarung durch Vertreter des Weißen Hauses beendete das AIM die Besetzung von Wounded Knee. Diese nachgebende Haltung brachte der Bundesregierung die Sympathien aller jener Indianer ein, die ein Blutvergießen scheuten. Als die Belagerung jedoch aufgehoben wurde, verhaftete man die AIM-Anführer und stellte sie vor Gericht, mit der Er-

klärung, „man habe entdeckt, daß das Weiße Haus nicht berechtigt sei, direkt mit den traditionellen Häuptlingen und über den Vertrag von 1868 zu verhandeln. Es sei Sache des Kongresses, sich mit diesen Problemen zu befassen". (Zitat nach AIM-Quelle.) Im September 1974 wurden sie in erster Instanz freigesprochen. Die weltweite Publizität, die die Ereignisse von Washington und Wounded Knee erlangten, wird hoffentlich die Bundesregierung zwingen, alle Verträge, die mit den Indianern abgeschlossen worden waren, zu überprüfen, zu revidieren oder Ersatzlösungen anzubieten. Andererseits hat sich für die Indianer gezeigt – so meint Vine Deloria, ein Vertreter der gemäßigten Gruppe und Autor des Buches „Custer died for your sins" –, daß sie sich eine gutorganisierte, stabile und progressive Selbstverwaltung schaffen muß, um ihre Rechte auf juristischem Wege durchzusetzen, denn konkrete Entscheidungen können nur vom amerikanischen Kongreß, nicht vom Präsidenten gefällt werden.

## Literaturauswahl

*Benedict, Ruth F.:* The Concept of the Guardian Spirit in North America (American Anthropological Association, Memoir 29). Menasha 1923

*Bennett, John W.:* Northern Plainsmen. Chicago 1969

*Bowers, Alfred W.:* Mandan Social and Ceremonial Organization. Chicago 1950

*Brown, Dee:* Begrabt mein Herz an der Biegung des Flusses (dt. Übers.) 1974

*Catlin, George:* Letters and Notes on the Manners, Customs, and Condition of the North American Indian. 2 vols. New York 1841

*Deloria, Vine:* God is Red. 1975

*Ewers, John C.:* The Blackfeet. Norman 1958

*Fletcher, Alice C. and Francis LaFlesche:* The Omaha Tribe. (Bureau of American Ethnology, 27th Annual Report). Washington 1906

*Fortune, R. F.:* Omaha Secret Societies. (Columbia University, Contributions to Anthropology 14). New York 1932

*Grinnell, George B.:* The Cheyenne Indians. 2 vols. New Haven 1923

*Hartmann, Horst:* Die Plains- und Prärieindianer Nordamerikas. (Veröffentlichungen des Museums für Völkerkunde Berlin N. F. 22). Berlin 1973

*Hoebel, E. Adamson:* The Political Organization and Law-Ways of the Comanche Indians (American Anthropological Association, Memoir 54). Menasha 1940

*Hultkrantz, Ake:* Prairie and Plains Indians. (Iconography of Religions, Section X: North America). Leiden 1973

*Hyde, George E.:* Red Cloud's Folk. A History of the Oglala Sioux Indians. Norman 1957[2]

*Jorgensen, Joseph G.:* The Sun dance religion. Chicago 1972

*Kroeber, Alfred L.:* The Arapaho. (American Museum of Natural History, Bulletin 18). New York 1902/07

*Krusche, Rolf:* Soziale Gruppierung und politische Autorität bei indianischen Stämmen im Zentral-Plains-Gebiet und ihr historischer Wandel. (Jahrbuch des Museums für Völkerkunde Leipzig, 28). 1972

*LaBarre, Weston:* The Peyote Cult. (Yale University, Publications in Anthropology 19). New Haven 1938

*Lindig, Wolfgang:* Geheimbünde und Männerbünde der Prärie- und der Waldlandindianer Nordamerikas. (Studien zur Kulturkunde 23). Wiesbaden 1970

*Lowie, Robert H.:* The Crow Indians. New York 1935

*Lowie, Robert H.:* Indians of the Plains. New York 1963

*Mooney, James:* The Ghost-Dance Religion and the Sioux Outbreak of 1890. (Bureau of American Ethnology, 14th Annual Report). Washington 1896

*Müller, Werner:* Glauben und Denken der Sioux. Berlin 1970

*Utley, R. M.:* The Last Days of the Sioux Nation. New Haven 1963

*Wallace, E. and E. A. Hoebel:* The Comanches. Norman 1952

*Wied, Maximilian Prinz zu:* Reise in das innere Nord-America in den Jahren 1832 bis 1834. 2 Bde. Coblenz 1839/41

*Wissler, Clark:* Material Culture of the Blackfoot Indians (American Museum of Natural History, Anthropological Papers 5). New York 1910

## 9. Die Indianer des Südwestens: Auf dem Wege zur Hochkultur

### a) Lebensraum: Die Trockensteppe

Die weiten Trockensteppen des Südwestens bildeten den Lebensraum einer Anzahl von indianischen Gruppen, die sich in ihrer Mehrheit von den sie umgebenden Stämmen im Westen (Kalifornien), Norden (Großes Becken) und Osten (Südliche Plains) dadurch unterschieden, daß sie intensiven Bodenbau betrieben. Das Kerngebiet des „Südwestens" erstreckt sich über die beiden heutigen amerikanischen Bundesstaaten Arizona und New Mexico sowie den Nordwesten Mexikos (Sonora, Sinaloa).

Topographisch wird der Südwesten in seinem nördlichen Teil vom südlichen Ausläufer des Colorado-Plateaus geprägt, einem flachen, von tief erodierten Flußläufen zerschnittenen Tafel-land, aus dem nur gelegentlich isolierte Bergmassive aufsteigen; es wird im Westen vom Colorado River und seinen Nebenflüssen (San Juan River, Little Colorado River, Gila River), im Osten vom Rio Grande (del Norte) und dessen Zuflüssen entwässert. Nur die Hauptströme führen das ganze Jahr über Wasser; die Zuflüsse aus dem südlichen Colorado-Plateau sind Trockenflüsse, die nur bei starken Niederschlägen Wasser führen. Das Land liegt im Durchschnitt über 2000 Meter hoch und empfängt, bei ausgeprägt kontinentalem Klima (heiße Sommer und kalte Winter), etwa 20 cm Niederschlag im Jahresdurchschnitt. In der Vegetation herrscht die Trockenbuschsteppe oder Halbwüste vor, die von locker gestellten Büschen, Gräsern und Sukkulenten geprägt wird. In den höheren La gen finden sich Juniperus-Arten, an den West-hängen der Berge auch größere Bestände von Kiefern. Wüsten, d. h. völlig vegetationslose Strecken, kommen in größerer Ausdehnung nur selten vor.

In seinem mittleren und südlichen Teil bildet der Südwesten eine etwas tiefer gelegene Zone mit zahlreichen, meist abflußlosen Beckenlandschaften und Zeugenbergen, der sogenannten Basin-and-Range-Provinz, aus der im östlichen Arizona und in Nordwestmexiko größere Bergketten emporragen. Die Sierra Madre Occidental, die sich von Norden nach Süden quer durch den mittleren Teil Sonoras zieht und die inneren Hochebenen Nordmexikos vom Pazifik abschirmt, hebt sich am deutlichsten von der Tieflandzone ab. Hier liegen die Niederschläge, vor allem an den Westhängen, erheblich über dem Durchschnitt, so daß die Vegetation durchweg dichter ist und größere geschlossene Waldbestände aufweist. Die amerikanische „Desert" des Tieflandes (1000–1500 m Höhe) hat eine ähnliche Vegetation wie das Colorado-Plateau, wenn auch die Charakterpflanzen hier dem südlichen Breitengrad entsprechen: neben locker gestellten Büschen und Krüppelbäumen (z. B. Mesquite) überwiegen Yuccas und zahllose Kakteenarten, darunter Riesenkakteen, wie der über 10 Meter hohe Sahuaro (Carnegiea gigantea), der vor allem an den Südhängen der Berge verbreitet ist. Die „Desert" hat ausgesprochen milde Winter und trockenheiße Sommer mit Temperaturen von über 40 Grad Celsius. Bis auf den Gila River, der Zentral-Arizona von Ost nach West durchquert, sind alle Flüsse der sonorischen Wüste Trockenflüsse, die nur gelegentlich Wasser führen. Das gilt auch für die vom Westhang der Sierra Madre Occidental herabkommenden kurzen Küstenflüsse, die meist schon vor ihrer Einmündung in den Pazifik versickern (Rio Sonora, Rio Fuerte, Rio Yaqui). Die Niederschläge, die hier in Form von kurzen heftigen Gewitterregen auftreten, liegen in der „Desert" teilweise weit unter 20 cm im Jahr. Ähnliche Verhältnisse herrschen auf der Mesa del Norte vor, dem riesigen Steppenraum östlich der Sierra Madre Occidental (Chihuahua).

Im Gegensatz zu den anderen Kulturarealen Nordamerikas zeigt der Südwesten ein außerordentlich breites Spektrum indianischer Kulturentwicklung, das von einfachen halbnomadischen Sammlern und Jägern bis zu hochentwickelten seßhaften Bodenbauern mit differenzierter Bewässerungswirtschaft und komplexen Sozialstrukturen reicht. Unter kombinierender Berücksichtigung von ökonomischen und historischen Faktoren läßt sich ein grobes Raster von drei dominierenden Kulturtypen erkennen:

1. Ein autochthones Wildbeutersubstrat,

2. eine aus diesem Wildbeutertum hervorgegangene und gegen Ende des ersten Jahrtausends v. Chr. durch Stimuli von außen entstandene Bodenbauerschicht und

3. eine junge, ab 1300 n. Chr. aus den Plains in den Südwesten eingewanderte Jäger- und Sammlerbevölkerung, die dann in frühkolonialer Zeit durch die Übernahme europäischer Haustiere (Ziege, Schaf, Rind, Pferd) zur Viehzucht überging.

Sehen wir zunächst von dem seit der europäischen Kolonialzeit und insbesondere seit der anglo-amerikanischen Landnahme beginnenden Nivellierungsprozeß ab. Die in Resten sich behauptenden Vertreter des Wildbeutersubstrats stellen die Nachkommen eines alten Steppensammlervolkes dar, das über die riesigen Trockensteppenräume vom Großen Becken bis tief nach Mexiko verbreitet war und kulturgenetisch mit der prähistorischen „Desert Culture" („Wüstenkultur") zusammenhängt. Dieses alte Steppensammlertum hat sich bis zur Ankunft der Europäer in einem westlichen und einem östlichen Flügel erhalten. Uns interessiert hier nur der Westflügel, denn der östliche Wildbeuterkomplex, der den südlichen Teil von Texas und ganz Nordostmexiko einnahm, ist wissenschaftlich kaum erforscht, die Bevölkerung heute ausgestorben.

Zwischen diesen zahlenmäßig kleinen und weit verstreut lebenden Wildbeuterverbänden, vor allem aber in den Flußniederungen und in klimatisch günstigen Landschaften lebten wie in Oasen inmitten einer Wüste größere Gruppen von Bodenbauern. Im Unterschied zu den Wildbeutern, die alle der Hoka-Sprachfamilie angehören, zählen diese Bodenbauer zu ganz verschiedenen Sprachfamilien; auch kulturell unterscheiden sie sich trotz mancher Gemeinsamkeiten deutlich voneinander.

Die bekannteste und bevölkerungsmäßig größte Gruppe der Bodenbauer stellen die in zahlreichen größeren Dörfern lebenden Pueblo-Indianer (von Spanisch pueblo = Dorf) dar, zu denen heute etwa 32.000 Menschen rechnen. Sie wohnen zum großen Teil auch jetzt noch in den Dörfern, die denen der voreuropäischen Zeit ähneln. Sie sind die Nachkommen der prähistorischen Pueblo-Indianer, die ab etwa Christi Geburt eine eigene spezifische Kulturtradition (Anasazi) ausgebildet hatten und schon vor knapp 1500 Jahren, wahrscheinlich unter dem Stimulus altmexikanischer Kulturen, zur Kultivierung von Pflanzen und damit zur Seßhaftigkeit übergegangen waren. Ihren Höhepunkt erreichte die Anasazi-Kultur zwischen 1100 und 1300 n. Chr., als die großen Klippen-

siedlungen des Mesa-Verde-Gebietes und die Großbauten im Chaco Canyon (Pueblo Bonito u. a.) entstanden. Gegen Ende dieser Blütezeit wanderten Teile der Anasazi nach Süden und Osten ab, wo sie im oberen Rio-Grande-Tal neue Siedlungen errichteten.

Man teilt die heutigen Pueblo-Indianer (kurz: Pueblo) in eine westliche und eine östliche Gruppe, wobei die Unterschiede zwischen beiden Gruppen zum Teil auf ökologische Anpassungsprozesse, zum Teil aber auch auf kolonialzeitliche Einflüsse zurückzuführen sind. Zu den westlichen Pueblo zählen die Hopi, die einen Shoshone-Dialekt, also eine uto-aztekische Sprache, besitzen. Sie leben heute inmitten des riesigen Navajo-Reservates auf einem eigenen Territorium. Unter ihnen hat sich seit etwa 250 Jahren eine kleine Gruppe von Tewa-Indianern gehalten, die vor den Spaniern aus dem Rio-Grande-Tal geflüchtet waren. Zur Gruppe der westlichen Pueblo-Indianer rechnet man auch

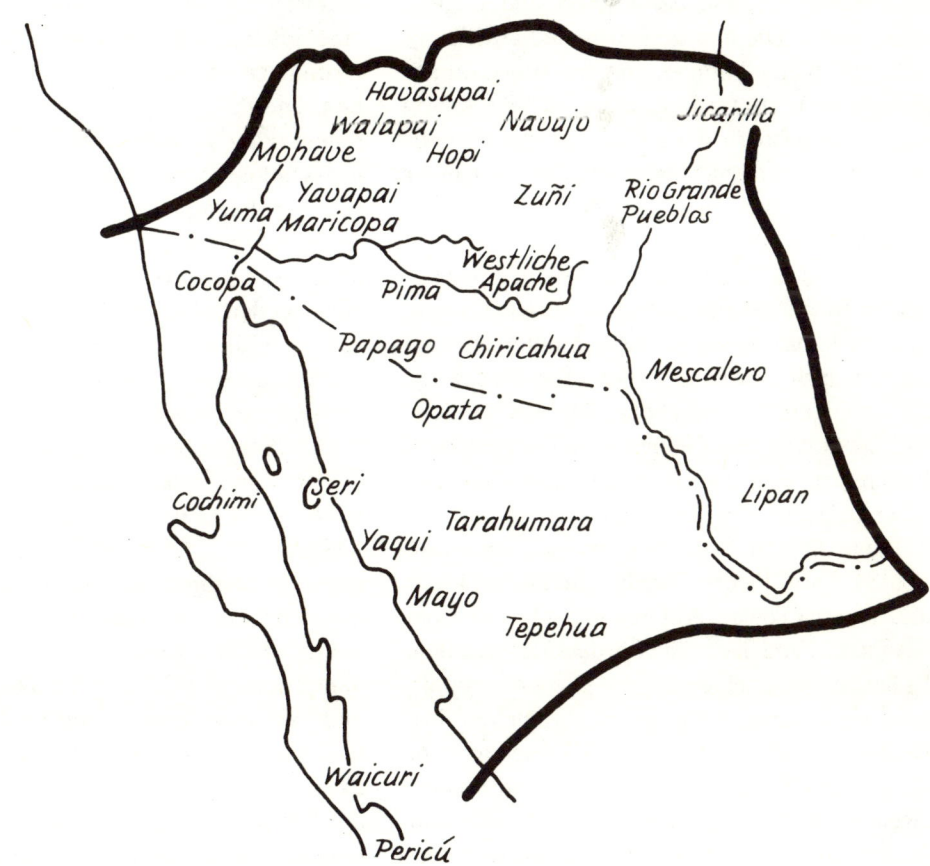

Verbreitung der Stämme des Südwestens, einschließlich Nordwest-Mexikos.

die Zuni (Zuñi), die etwa 60 Meilen südlich von Gallup im westlichen Zentral-New Mexico in einem isolierten Dorf (früher gab es mehrere Zuni-Dörfer) wohnen. Die Sprache der Zuni kann keiner der großen indianischen Sprachfamilien zugerechnet werden, doch scheint eine Affinität zur Penuti-Sprachfamilie Kaliforniens zu bestehen.

Die acht Hopi-Dörfer, die auf den Zipfeln eines sich zungenartig nach Süden ausstreckenden Plateaus, den sogenannten drei Mesas, angelegt sind, zählen heute rund 6.000 Menschen. In neuerer Zeit werden die einst zum Schutz vor Feinden auf den Mesas angelegten Dörfer immer mehr aufgegeben, um neue, bequemer gelegene Siedlungen in der Nähe der Felder im Tal zu errichten. Einige solcher Siedlungen wurden sogar auf Grund von internen Streitigkeiten weit entfernt vom Kerngebiet der Hopi angelegt.

Die westlichsten Dörfer der östlichen oder Rio-Grande-Gruppe der Pueblo sind Laguna und Acoma. Die hier gesprochene Sprache gehört zur Keres-Familie, die im Rio-Grande-Gebiet verbreitet ist. Laguna ist mit knapp 5.000 Einwohnern die größte östliche Pueblo-Siedlung, Acoma hat heute hingegen nur mehr halb so viele Einwohner, weil ein Teil abgewandert ist.

Die meisten Dörfer der Pueblo-Indianer liegen im Tal des oberen und mittleren Rio Grande und am Jemez River. Sprachlich unterscheiden sie sich nach den Keres- und Tano-Dialekten. Zu den Keres sprechenden Pueblos gehören Zia, Santa Ana, San Felipe, Santo Domingo und Cochiti, zu den Tano sprechenden (mit den Tewa-, Tiwa- und Towa-Dialekten) Nambé, Tesuque, San Juan, Santa Clara, San Ildefonso (Tewa), Taos, Picuris, Sandia und Isleta (Tiwa) und Jemez (Towa). Am bekanntesten ist wohl das Pueblo von Taos, die nördlichste Siedlung. Es hat bis heute seinen ursprünglichen kompakten Baustil mit bis zu fünf Stockwerken bewahrt. Die meisten anderen Pueblos haben selten mehr als zwei Stockwerke; die Regel sind einstöckige „Reihenhäuser", die neuerdings jedoch immer stärker von einzelstehenden Gehöften verdrängt werden.

Die zweite große Gruppe der Bodenbauer des Südwestens wird von den Stämmen des unteren Colorado-Tales, unterhalb des heutigen Hoover-Dammes, gebildet. Ihre Sprache ist das Yuma – daher die Bezeichnung „River Yumans". Ihnen gehören die Mohave (600), Yuma (1.150), Maricopa und Cocopa (2.000) an. Weitere kleine Gruppen, die einmal zu ihnen zählten, sind heute ausgestorben oder in den größeren Stämmen aufgegangen. Sie alle sind die Nachkommen der Träger der prähistorischen Patayan-Tradition. Die Yuma-Stämme leben unmittelbar im schmalen Tal des Colorado River bzw. am Unterlauf des in diesen einmündenden Gila River.

Die dritte Gruppe der Bodenbauer stellen die Pima (6.800) und Papago (9.500 innerhalb der USA) von Zentral- und Südzentral-Arizona sowie Sonora (Mexiko). Sie sind die Nachkommen der Träger der prähistorischen Hohokam-Tradition, die schon in den letzten Jahrhunderten vor Christi Geburt im Gila-Becken eine intensive Bodenbewirtschaftung auf der Grundlage des Kanalbewässerungsbaus betrieben. Die Pima und Papago sind sprachlich eng miteinander verwandt, sie sprechen beide eine uto-aztekische Sprache. Die südlichen Papago („Desert Papago"), die südwestlich von Tucson sowie in Sonora leben, unterscheiden sich in ihrer Subsistenzwirtschaft teilweise jedoch erheblich von den Pima, weil es hier keine perennierenden Flüsse gibt, die zur Bewässerung der Felder angezapft werden können. Die „Desert-Papago" sind nur Teilzeit-Feldbauern mit starker Sammelwirtschaftskomponente.

Den Pima und Papago steht sprachlich die vierte große Gruppe der Bodenbauer des Südwestens nahe: die ebenfalls uto-aztekisch sprechenden Stämme des nordwestmexikanischen Berglandes. Sie setzen sich zusammen aus den in den nördlichen Ketten der Sierra Madre Occidental lebenden Opata, Tarahumara (50.000) und Tepehuan und den im heißen Küstenvorland von Sonora und Sinaloa siedelnden Cáhita (Yaqui [15.000] und Mayo [30.000]). Bis auf die Yaqui und Teile der Tarahumara haben die nordwestmexikanischen Stämme weitgehend ihre indianische Identität verloren und sind in der Masse der mexikanischen Mischlingsbevölkerung aufgegangen. Die Yaqui, die früher die zahlenmäßig größte Gruppe bildeten, sind vor allem nach der mexikanischen Revolution weit verstreut worden (nach Yucatán, Baja California, Arizona), so daß die heute in ihrem alten Stammesland noch lebenden 15.000 Yaqui nur einen Rest der ursprünglichen Bevölkerung darstellen.

Die jüngste indianische Bevölkerungsschicht, die, ursprünglich aus dem Norden stammend, ab etwa 1300 n. Chr. in den Südwesten einwanderte und das weite Steppenland zwischen den seßhaften Bodenbauern einnahm, besteht aus (Süd-)Athapasken. Sie haben sich vor vielen hundert Jahren von ihren Sprachverwandten, den Nord-Athapasken im heutigen Nordwest-Kanada, getrennt und sind am Ostrand des Felsengebirges entlang nach Süden gewandert, wo sie archäologisch als Dismal-River-Kultur im Zentral-Plainsgebiet noch im 15. Jahrhundert nach Christi nachgewiesen worden sind. Man teilt die Südathapasken in die Navajo (Navaho), die mit über 100.000 Menschen heute die größte indianische Bevölkerung Nordamerikas stellen, und in die verschiedenen Apache-Stämme. Während einzelne Gruppen der Navajo, die in unabhängigen Lokalgruppen und nicht in einem integrierten Stamm lebten, schon in voreuropäischer Zeit von den Pueblo-Indianern den Bodenbau übernahmen und teilweise seßhaft wurden, später dann vor allem die von den Spaniern eingeführten europäischen Haustiere ihrer Wirtschaft eingliederten und bald als Viehzüchter Erfolge zu verzeichnen hatten, verharrten vor allem die westlichen Apache bis zu ihrer endgültigen militärischen Besiegung durch amerikanische Truppen im Jahre 1886 in ihrer alten Wildbeuterwirtschaft als Jäger und Sammler. Sie übernahmen zwar von den Spaniern das Pferd und konnten dadurch ihre Mobilität erhöhen und ihre Jagd- und Sammelgründe beträchtlich erweitern – auch konnten sie sich zu größeren Verbänden vereinigen und so die amerikanischen und mexikanischen Truppen über viele Jahrzehnte hinweg erfolgreich bekämpfen –, aber sie haben im Grunde nie ihr altes Wildbeutertum aufgegeben und eine andere Produktionsweise entwickelt oder übernommen. Zu den westlichen Apache gehören die verschiedenen Banden der heutigen White Mountain- und San Carlos-Apache (Cibecue, Tonto u. a.); auch die Chiricahua, die noch etwa 10.000 Köpfe zählen, werden häufig zu den westlichen Apache gerechnet. Die östlichen Apache setzen sich aus den Jicarilla (1.600), Mescalero (1.500) und Lipan (500) zusammen, die in getrennten Reservaten in New Mexico und Texas untergebracht sind. Die Apache bewohnen die höher gelegenen Bergländer des Südwestens, wo sie gegenwärtig einen relativ ertragreichen Ackerbau mit Viehhaltung betreiben.

Alle Indianer des Südwestens, mit Ausnahme der in Mexico lebenden Stämme, wohnen auf Reservaten, von den teilweise in die Städte abgewanderten bzw. auch weiterhin abwandernden natürlich abgesehen. Deren Zahl wächst ständig, so daß sie heute einen Großteil der indianischen Bevölkerung Nordamerikas bilden. Die auf den Reservaten lebenden Indianer sind, im Vergleich zu vielen anderen indianischen Gruppen Nordamerikas, sehr viel selbstbewußter und stolz auf ihre indianische Rassenzugehörigkeit. Dazu trägt nicht zuletzt mit bei, daß sie es verstanden haben, ihre traditionelle Kultur in größerem Umfange als in anderen Gebieten Nordamerikas – nicht zuletzt auch begünstigt durch ihren kargen Lebensraum, der den Weißen wirtschaftlich wenig ergiebig schien und ihnen deshalb gelassen wurde – zu erhalten und trotz mancher Fährnisse bis in die Gegenwart zu retten. In besonderem Maße trifft dies auf die Pueblo-Indianer zu, die immer schon ein höheres Kulturniveau als die Nichtseßhaften aufwiesen und offenbar auch die Kraft besitzen, dem ungeheuren Druck der anglo-amerikanischen Zivilisation besser standzuhalten.

b) Lebensunterhalt: Der Kampf ums Wasser

Im folgenden Abschnitt sollen die verschiedenen Formen der traditionellen Subsistenzwirtschaft, die bereits mehrfach erwähnt wurden, eingehender besprochen und typisiert werden.

Auch hierbei gilt wieder, daß zunächst ausschließlich die traditionellen Produktionsweisen behandelt werden.

Die autochthonen Wildbeuter waren spezialisierte Sammler, die den Hauptteil ihrer Nahrung aus wild wachsenden Pflanzen gewannen. In der „Desert" standen an erster Stelle die Mesquite-Bohnen (Prosopis juliflora), wie die kleinen Körner der Schoten der Mesquite-Bäume genannt wurden. Nahrung boten auch die zahlreichen Kaktusfrüchte und Agavewurzeln. Von Bedeutung waren ferner die Samenkörner zahlreicher Wildgrasarten. Die Körner wurden mit Manos, d. h. Handreibsteinen, auf Felsplatten oder flachen Mahlsteinen (metates) zu Mehl zerrieben und dann zu Brei, Suppe oder „Brot" weiterverarbeitet. Die Agavewurzeln dünstete man in Erdöfen. Eine weitere wichtige Wildfrucht, die auch von den Mais anbauenden Pueblo-Indianern genutzt wurde, war die Pinyon-Nuß (Pinus edulis), die in den höheren Lagen des Colorado-Plateaus oft in großen Mengen zur Verfügung stand, denn die seßhaften Bodenbauer wußten viele Wildfrüchte als Zusatzkost durchaus zu schätzen, so daß der Anteil der Wildpflanzennahrung bei den Bodenbauern nicht unbeträchtlich war. Bei den in der „Desert" lebenden Stämmen waren die in den heißen Sommermonaten reifenden Kaktusfrüchte sehr begehrt. Die Papago ziehen auch heute noch während der Hauptreifezeit dieser Kaktusfrüchte, insbesondere des Saguaro und des Pitahayo, für mehrere Wochen in die Kakteen„wälder". Hier schlagen sie ihr Lager auf, sammeln die süßen und saftigen Früchte, essen sie an Ort und Stelle oder verarbeiten sie zu Sirup oder Wein. Ihr hoher Zuckergehalt macht die Kaktusfrüchte für die Indianer zu einem begehrten „Obst", und auch der frische Fruchtsaft ist in der heißen Jahreszeit ein überaus angenehmes Getränk. Vor allem für die Wildbeuter Baja Californias, für die Wüsten-Papago Süd-Arizonas und für die Seri Sonoras, die am Rande des Existenzminimums lebten, war die Kaktusfruchternte die schönste Zeit des Jahres, so daß man, wie Jacob Baegert, ein Missionar des 18. Jahrhunderts, berichtet, „nicht sagen konnte, wer dieser oder wer jener, den ich sonst

wie meinen Bruder kannte; also war der ganze Leib, absonderlich das Angesicht von lauter Pitahajas aufgeschwollen".

Eine lokale Besonderheit war der Seeschildkrötenfang bei den Seri. Auf großen, zu drei langen Wülsten verbundenen Schilfrohren fuhr man weit in den Golf von Kalifornien hinaus und erlegte mit einfachen Harpunen die bis zu 100 kg schweren Schildkröten. Ihre großen Panzer dienten früher (auch) zum Abdecken der flachen runden Windschirme.

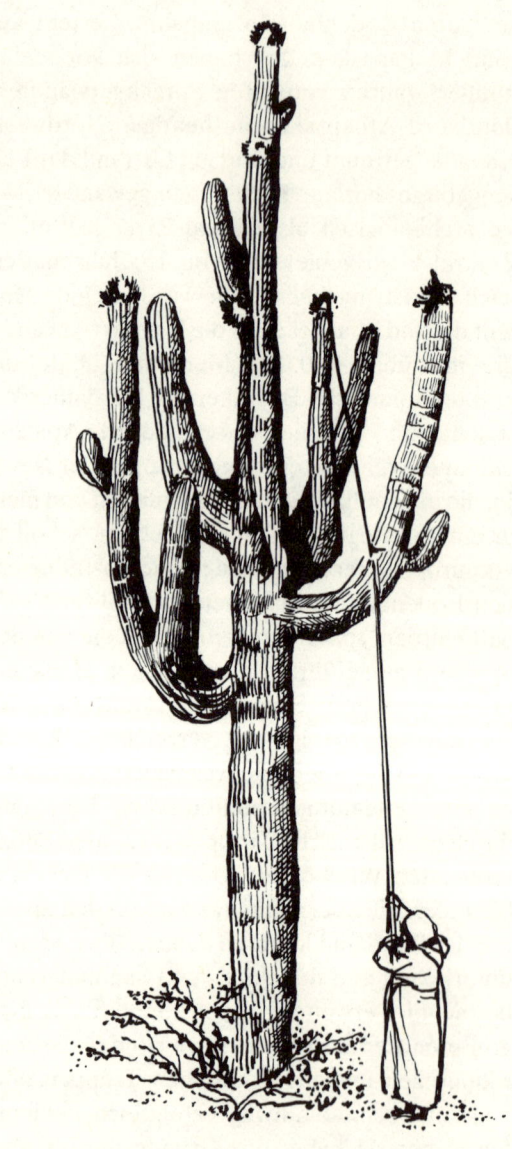

Papago bei der Saguaro-Ernte in Südwest-Arizona.

Die Jagd auf Landwild als die zweite Komponente des Wildbeuterlebens war vielfach nur von untergeordneter Bedeutung, weil jagdbares Wild in den Trockengebieten des Südwestens nicht in größeren Mengen vorkam. Man jagte in den Bergen vor allem den Hirsch, in der Steppe die Antilope und den großen amerikanischen Hasen („jack rabbit", Lepus-Arten). Bei den östlichen Stämmen, den Mescalero- und Lipan-Apache sowie bei den nördlichen Rio-Grande-Pueblo spielte früher die Bisonjagd auf den südlichen Plains eine große Rolle.

Wie in allen Trockengebieten der Erde ist auch im Südwesten die Frage der Wasserversorgung für die hier lebenden Menschen von größter Bedeutung. Während für die Wildbeuter lediglich Trinkwasser beschafft zu werden brauchte, das entweder an versteckten Wasserstellen oder an Wasserläufen zur Verfügung stand, benötigten die seßhaften Stämme für ihren Bodenbau größere Mengen des kostbaren Nasses, um die Felder nach der Aussaat mit der notwendigen Feuchtigkeit zu versorgen. Die Verfügbarkeit von Wasser ist also auf das engste mit dem Bodenbau verknüpft. Dieses Problem wurde von den prähistorischen Bewohnern des Südwestens bereits in vielfacher und hervorragender Weise gelöst, so daß bereits vor rund 2000 Jahren im Südwesten ein intensiver Bodenbau betrieben werden konnte.

Die verschiedenen Bewässerungstechniken der vorgeschichtlichen Bewohner des Südwestens sind im wesentlichen bis in die Gegenwart die gleichen geblieben. Man kann drei Formen der Feldbewässerung unterscheiden, die natürlich auch kombiniert vorkommen und je nach den lokalen topographischen Verhältnissen angewendet werden:

1. Kanalbewässerung
2. Überschwemmung und
3. Sturzwasserfeldbau.

Der letztere tritt häufig kombiniert mit kleinen Reservoir- und Kanalsystemen auf.

Das ausgedehnteste Kanalbewässerungssystem besaßen die Pima von Zentral-Arizona. Es erstreckte sich über mehr als hundert Kilometer und bestand aus mehreren Hauptkanälen sowie zahlreichen kleinen Nebenkanälen. Bereits in prähistorischer Zeit, wahrscheinlich schon lange vor Christi Geburt, wurden hier Kanäle zur Feldbewässerung angelegt. Das Kanalsystem von Snaketown, einer Siedlung der prähistorischen Hohokam in der Nähe des heutigen Phoenix, erreichte eine Gesamtlänge von 200 km. Die Hauptkanäle waren bis zu 10 Meter breit und bis zu 3 Meter tief. Da der Gila River und sein Nebenfluß, der Salt River, das ganze Jahr über Wasser führten, war hier also eine kontinuierliche Feldbewässerung größeren Umfanges möglich. Warum die historischen Pima im Niveau ihrer materiellen Kulturentwicklung nicht an ihre Vorfahren, die prähistorischen Hohokam, heranreichen, hat bisher noch keine einleuchtende Erklärung gefunden. Doch scheint es sich hierbei um ein allgemeines Phänomen zu handeln, das für zahlreiche prähistorische nordamerikanische Kulturen zutrifft, deren hoher Stand auf technologisch-handwerklichem Gebiet ab 1400, also schon vor Ankunft der europäischen Eroberer, deutliche Degenerationserscheinungen aufweist. Das trifft insbesondere auf die hochentwickelten Kulturen des unteren Mississippitales und auch auf die formativen Südwestkulturen der Anasazi und Hohokam zu.

Mit Hilfe der Kanalbewässerung gelang es den Pima am Gila-River, sogar eine zweite Ernte einzubringen. Während für die Spätsommerernte die kurzen Sommerregen ausreichten, mußten die Felder im niederschlagsarmen Frühjahr aus den Kanälen bewässert werden. Trotz der insgesamt reichlichen Ernteerträge von kultivierten Pflanzen betrug bei den Pima der Anteil an Wildpflanzennahrung immerhin noch nahezu 40 % der Gesamtnahrung, eine Tatsache, die durchaus nicht aus dem Rahmen der einfachen Bodenbaukultur aller nordamerikanischen Indianer fällt. Bei den in der sonorischen Wüste lebenden Papago, wo die Wasserverhältnisse noch wesentlich ungünstiger waren, weil hier eine Kanalbewässerung wegen des Fehlens perennierender Flüsse nur gelegentlich betrieben werden konnte, erreichte der Anteil der Wildpflanzennahrung sogar 75 %.

Das zweite Gebiet, in dem die Kanalbewässerung eine entscheidende ökonomische Rolle spielte, ist das obere und mittlere Rio-Grande-Tal von New Mexico, das von den östlichen Pueblo-Indianern bewohnt wird. Auch hier wurde der Fluß zunächst durch Hauptkanäle angezapft und dann in Seitenkanälen auf die Felder geleitet, wobei ein eingespieltes Team die Verteilung der Wassermengen vornahm. Während in Zentral-Arizona diese Form des Bewässerungsfeldbaus von den Indianern kaum noch betrieben wird, existiert sie im Tal des Rio Grande noch heute. Einem „Ditch-Boss" obliegt die Überwachung der Kanäle, die im Frühjahr, ehe das Schmelzwasser kommt, mühsam vom Schlamm gereinigt werden. Nach genau eingeteiltem Schema wird dann das Wasser den einzelnen Parzellen zugeleitet. Eine spezielle, mit der Kanalbewässerung beschäftigte Gruppe ist für alle Fragen der Organisation zuständig und trägt für die Instandhaltung des lebenswichtigen Wasserversorgungssystems die Verantwortung. Zwei Ernten sind allerdings hier auf dem über 2000 m hohen Land wegen der langen Frostperiode nicht möglich.

Wesentlich komplizierter und zugleich weniger effektiv war der Regenfeldbau, hier Sturzwasserfeldbau genannt, der von den westlichen Pueblo-Indianern des südlichen Colorado-Plateaus betrieben wurde. Zwar legte man, wo immer es möglich war, auch kleine Wasserreservoirs mit kurzen Kanälen an, aber die Frage der Wasserversorgung stellte hier Aufgaben, die nur auf eine ganz andere Art und Weise zu lösen waren. Zunächst muß festgehalten werden, daß das Wohngebiet auf dem Plateau nicht von perennierenden Flüssen durchzogen wird und daß die jährlichen Niederschlagsmengen nur selten 25 cm im Durchschnitt erreichen, so daß weder eine Kanalbewässerung noch ein einfacher Regenfeldbau möglich sind. Hinzu kommt, daß die Niederschläge meist in Form von kurzen heftigen Gewittergüssen auftreten, die der ausgedörrte Boden nicht so schnell absorbieren kann. Die Technik der westlichen Pueblo-Indianer bestand nun darin, kleine Regenrinnen, die heute den spanischen Namen „arroyo" tragen, anzulegen, um in ihnen das Regenwasser über die leicht geneigte Plateaufläche, die „mesa" genannt wird, in tiefer liegende Täler abzulei-

ten. An der Einmündung der „arroyos" breitete sich das Wasser dann fächerförmig aus und versickerte rasch in dem lockeren Alluvialboden. Diese Teile des Talabschnittes empfingen somit eine größere Wassermenge, und hier legten die Indianer ihre kleinen Felder an. Um das herabschießende Regenwasser aufzuhalten und die jungen Pflanzen vor einer Verschlammung zu schützen, errichteten sie kleine Steinmauern, die die Wucht des Wassers auffingen und verteilten. Der Sturzwasserfeldbau (floodwater farming) wird in dieser Art noch heute von den Hopi und Navajo betrieben. Voraussetzung zu einem erfolgreichen Sturzwasserfeldbau war und ist eine genaue Kenntnis des Terrains und der örtlichen Niederschlagsverhältnisse. Etwa 75% aller Hopi-Felder wurden auf diese Weise mit Wasser versorgt. Der einfache Regenfeldbau ohne Zuhilfenahme irgendwelcher Techniken war nur in wenigen Landschaften des Südwestens möglich. Auf leicht geneigten Flächen behalf man sich dann mit kleinen Terrassen, um eine Bodenerosion zu verhindern.

Eine völlig andere Bewässerungstechnik hatten die Stämme des unteren Colorado-Tales entwickelt. Ähnlich wie im ägyptischen Niltal trägt der Colorado-River im Frühjahr mit seinem Schmelzwasser große Mengen fruchtbaren Schlammes mit sich, der fast die gesamte schmale Talsohle bedeckt. Noch lange nach Abfluß des Wassers behält der Boden genügend Feuchtigkeit, um die gesäten Pflanzen zur Reife zu bringen, zumal auch der Grundwasserspiegel hier nicht stark absinkt. Da das Frühjahrshochwasser ziemlich regelmäßig einsetzt, konnte die Aussaat genau geplant werden.

Eine ähnliche Form des Überschwemmungsfeldbaus wurde an den Unterläufen des Rio Yaqui, Rio Fuerte und Rio Mayo von den Yaqui und Mayo in Nordwestmexiko betrieben. Erst der Bau von Staudämmen in moderner Zeit zerstörte ihre Feldbautechnik. Das fruchtbare Schlammwasser blieb aus, so daß die Indianer ihre Felder aufgeben mußten. Sie wanderten auf die Plantagen mexikanischer Großgrundbesitzer ab, die von dem Wasser der neuen Staudämme profitierten, und verdingten sich dort als billige Arbeitskräfte.

Die Hauptanbaupflanzen aller indianischen Feldbauern des Südwestens waren Mais, Bohne, Kürbis und Baumwolle; auch Tabak wurde hier schon in voreuropäischer Zeit angepflanzt. Von sämtlichen Kulturpflanzen, insbesondere vom Mais, hatten sie verschiedene Arten gezüchtet, die in jahrhundertelanger Auslese so entwickelt worden waren, daß sie mit wenig Feuchtigkeit auskamen und nur eine relativ kurze Wachstums- und Reifezeit brauchten. In Nordwestmexiko wurde auch Amaranth angebaut, und in den tiefen Schluchten der Sierra Madre Occidental gediehen subtropische Pflanzen wie Zitrusfrüchte, Bananen, Nüsse usw. Seit spanischer Zeit werden bei vielen Stämmen Weizen, Hafer, Kartoffeln und zahlreiche europäische Obstsorten angebaut. Die meisten Ethnien betrieben auch ein wenig Viehzucht; einige Stämme sind regelrechte Viehzüchter geworden (Navajo, Westliche Apache). Heute ist überall dort der Pflug verbreitet, wo der Boden eine starke Krümelung erlaubt, und selbst moderne agrarwissenschaftliche Methoden haben Eingang gefunden. In den Trockengebieten haben Brunnenbohrungen die Wasserversorgung für die anwachsende Bevölkerung einigermaßen gesichert (Papago).

Die indianischen Felder weichen in ihrem Aussehen nicht unbeträchtlich von unseren europäischen Anbauflächen ab, und zwar insofern, als die Pflanzen nicht dicht und in Reihen nebeneinander gesät, sondern in Abständen bis zu zwei Metern büschelweise angelegt werden. Mit einem Grabstock bohrt der Indianer mehrere kleine Löcher in den Boden, legt dann 15 bis 20 Maiskörner hinein und häufelt etwas Erde darüber. Die jungen Pflanzen schützt er vor den trocken-heißen Westwinden, indem er Steine davorlegt oder die kleinen Felder ummauert. Bohnen und Kürbisse sind häufig direkt neben die Maispflanzen gesetzt. Durch das büschelweise Pflanzen wird der Boden nicht so stark ausgelaugt, und die Wurzeln der Pflanzen erhalten zugleich mehr Feuchtigkeit. Künstliche Düngung war in voreuropäischer Zeit nicht bekannt. In neuerer Zeit düngen die Tarahumara ihre Felder, indem sie sie vorher als Weideland benutzen.

Die Hauptnahrung der seßhaften Bodenbauer besteht aus Mais und Bohnen. Die Maiskörner werden mit Handreibsteinen (manos) auf steinernen Mahlplatten (metates) zu Mehl zerrieben und dann auf heißen Steinen zu papierdünnen tellergroßen Fladen (tortillas) gebacken. Dazu wird Wildbret und Gemüse gegessen. Aber auch Maisbrei ist bekannt. Brote werden erst seit der Einführung europäischer Getreidearten und des spanischen Backofens (estufa) gebacken.

Die von den Spaniern in die Neue Welt eingeführte Viehzucht hat vor allem für die Navajo eine große wirtschaftliche Bedeutung erlangt. Man kann sogar so weit gehen, die Navajo als (sekundäre) Viehzüchter zu klassifizieren, denn in keiner anderen indianischen Bevölkerung Nordamerikas spielte die Haltung und Züchtung europäischer Haustiere eine so beherrschende wirtschaftliche Rolle. An erster Stelle stand das genügsame Schaf. Aber auch Ziegen, Rinder und später Pferde gewannen für die Navajo in steigendem Maße Bedeutung. Die Tierhaltung wurde so wichtig, daß das gesamte Wertsystem der Navajo vom Tierbesitz mitbestimmt wurde und der soziale Status des einzelnen von der Größe seiner Herden abhing. Die dünne Grasnarbe in weiten Teilen des Navajolandes zwang die Indianer zu einer Art Wechselweidewirtschaft (Transhumanz): Im Winter lebten sie mit ihren Herden in den Tälern, die Schutz vor der Kälte boten, im Sommer zogen sie auf die höher gelegenen und meist auch saftigeren Weiden. Eine ähnliche Form der Transhumanz findet man bei den Tarahumara vor, die ihre Felder im Bergland in der Nähe der Almen anlegten, während sie im Herbst, nach der Ernte, das Vieh in die warmen Schluchten abtrieben und den Winter in Felsabris verbrachten. Als zu Anfang dieses Jahrhunderts mit dem Anwachsen der Navajo-Bevölkerung auch der Viehbestand beträchtlich zunahm und riesige Mengen von Tieren gehalten wurden, die keinerlei ökonomischen Nutzen mehr besaßen, drohte die dünne Grasnarbe völlig zerstört zu werden. Die amerikanischen Behörden zwangen deshalb die Navajo, einen großen Teil ihrer Herden gegen Prämien zu schlachten oder zu verkaufen. Seither spielt die Viehzucht, auf diese Weise gezwungenermaßen reduziert, keine beherrschende Rolle im Leben der Navajo mehr, wie sie es zu Anfang des 20. Jahrhunderts noch tat.

Neben den Navajo waren es vor allem die westlichen Apache sowie die Papago, die seit Anfang des 20. Jahrhunderts Rinder- und Pferdezucht betrieben. In den Bergen Ost-Arizonas gibt es gute Weidegründe, und um diese mußten die Apache hart kämpfen, ehe sie ihnen von den amerikanischen Ranchers zurückgegeben wurden. Auf der Papago-Reservation dagegen stellten sich andere Schwierigkeiten; hier waren erst Brunnen zu bohren, damit das Vieh in ausreichendem Maße getränkt werden konnte. Auch die meisten Pueblo-Indianer hielten Vieh, doch hat die Viehhaltung nur in Acoma und Laguna eine größere wirtschaftliche Bedeutung erlangt.

Vor allem die nordwestmexikanischen Stämme haben den europäischen Ackerbau mit Viehhaltung anstelle des traditionellen Bodenbaus mit Grabstock und Hacke übernommen. Während in den höheren Lagen der Sierra Madre Occidental nur auf kleinen Terrassen gearbeitet werden kann, sind die Felder in den tiefer gelegenen flachen Tälern ganz nach europäischer Art angelegt.

## c) Materieller Kulturbesitz: Vom Windschirm zum mehrstöckigen Lehmziegelhaus

Im materiellen Kulturbesitz spiegelt sich der Unterschied zwischen den einfachen nomadischen Wildbeutern einerseits und den hochentwickelten Bodenbauern andererseits besonders wider. Jedoch ist in den vielen Jahrhunderten des Kontaktes zwischen den beiden Gruppen eine Reihe von Kulturelementen von der einen auf die andere übertragen worden, so daß das klare Bild, das zwei so unterschiedliche Kultursysteme – auch und vor allem im gesellschaftlichen und kultischen Bereich – an und für sich liefern, nicht unerheblich verwischt worden ist. So haben im Laufe der Zeit die Nomaden töpfern und andere handwerkliche Fertigkeiten erlernt, die sonst nur von den Seßhaften ausgeübt

werden, wenn die Produkte dieser allmählich erworbenen Fertigkeiten in ihrer Qualität auch nicht mit jenen der höher entwickelten seßhaften Kulturen zu vergleichen sind. Die ökonomischen Grundlagen, die solche Übertragungsprozesse erforderten (wenigstens teilweise Seßhaftigkeit), waren insofern gegeben, als entweder in vorspanischer Zeit die Nomaden bereits einen marginalen Bodenbau betrieben, oder – in der frühen Kolonialzeit – von den Europäern bestimmte Techniken und Kenntnisse übernommen worden waren, die eben solche Verschiebungen an der Subsistenzbasis zur Folge hatten, z. B. Einführung von domestizierten Tieren.

Wenn wir jetzt zunächst einmal von diesen in der europäischen Kolonialzeit erfolgten Übertragungen absehen, so ergibt sich für die vorspanische Zeit in etwa das folgende Bild:

In allen Stämmen des Südwestens, bei Nomaden wie Bodenbauern, war die Korbflechtkunst hoch entwickelt; denn man brauchte Körbe von verschiedener Größe und Form zum Einsammeln und Aufbewahren von Wildfrüchten ebenso wie von angebauten Getreidefrüchten. Korbwaren wurden (wie in Kalifornien) auf zweierlei Art hergestellt: in Spiralwulsttechnik, die gleiche, in der man auch die meisten Tontöpfe fertigte, oder in der sogenannten Doppelfadentechnik, die im Prinzip der Weberei entspricht.

Als einziges Kulturareal kannte der Südwesten schon in vorspanischer Zeit die echte Weberei. Die Pueblo-Indianer bauten seit über tausend Jahren Baumwolle (Gossypium hopi) an. Nach der Einführung des Schafes durch die Spanier entwickelten dann die Navajo, die inzwischen die Technik des Webens von den Pueblo erlernt hatten, die Deckenweberei. Dieser Handwerkskunst sollen am Ende des Kapitels noch einige Worte gewidmet werden.

Die Töpferei, von jeher ein charakteristisches Merkmal fast aller seßhaften neolithischen Kulturen, ist schon seit dem ersten Jahrtausend v. Chr. im Südwesten bezeugt und tritt im Bereich der prähistorischen Pueblo-Kultur (Anasazi-Tradition) ab etwa Christi Geburt mit einer eigenständigen Keramik (schwarz auf weiß, dann auch polychrom) in Erscheinung. Man kann die Entwicklungsphasen dieser Töpferkunst – nicht nur bei den Anasazi, doch hier in absolut-chronologischer Datierung (Baumringdatierung von Holzbalken) – genau verfolgen und hat danach die gesamte Kulturgeschichte des Südwestens eingeteilt. Natürlich werden die einzelnen Entwicklungsstufen auch noch durch andere wichtige Erfindungen charakterisiert wie z. B. die oberirdische Architektur mit den wabenförmigen Häuserblöcken. Den offenbar höchsten Entwicklungsstand in prähistorischer Zeit weisen die Südwestkulturen, von denen die noch lebenden Kulturen der Gegenwart ganz unbestreitbar abstammen, zwischen 1100 und 1300 n. Chr. auf. Diese Zeitspanne gilt als ihr „Klassikum“. Gegenüber dem Klassikum der mesoamerikanischen Kulturen ergibt sich dadurch eine Zeitverschiebung von einigen hundert Jahren, denn die klassische Phase endet in Altmexiko bereits im 9. Jahrhundert n. Chr. Es ist gut, sich dieses chronologischen Problems bewußt zu werden, weil sich im Südwesten (vor allem in der prähistorischen Hohokam-Tradition Zentral-Arizonas) zahlreiche Kulturerscheinungen finden, die zweifellos ihren Ursprung im hochkulturellen Mesoamerika haben. Ich werde im folgenden gelegentlich auf solche Übereinstimmungen hinweisen.

Die Behausungen der schweifenden Wildbeuter waren einfache Windschirme (bei den Apache „wickiups“ genannt), die gelegentlich auch mit Erde abgedeckt wurden. Neben diesem kleinen kegelförmigen Bau kannten die Navajo den geräumigeren Hogan, der achteckig und ähnlich wie ein Blockhaus konstruiert war,

ein kuppelförmiges Dach besaß und ebenfalls mit Erde angeschüttet wurde.

Die seßhaften Pima und Papago errichteten sich dagegen kastenförmige Häuser, die aus Flechtwerk, das sie mit Lehm füllten, oder aus Trockenlehmziegeln (adobes) bestanden. Ähnliche Behausungen waren auch bei den Coloradotalstämmen üblich. In den heißen Sommermonaten hielt man sich in einfachen Laubhütten (ramadas) auf, die Schutz vor der glühenden Sonne boten.

Eine von den beschriebenen Beispielen völlig verschiedene Architektur trifft man bei den Pueblo-Indianern an. Sie fanden es, wohl primär aus Verteidigungsgründen, zweckmäßig, einzelne kastenförmige Hauseinheiten, die entweder aus Steinen mit Mörtelverputz oder (im Osten) aus Lehmziegeln bestanden, zu langen Häuserzeilen oder gar mehrstöckigen Häuserkomplexen zusammenzufügen. Diese neben- und übereinander gebauten Einhausdörfer, die terrassenförmig gelegentlich bis zu fünf Stockwerken ansteigen konnten (Taos-Pueblo), sind einzigartig im indianischen Nordamerika und bezeugen wiederum den hohen technologischen Stand dieser Kultur. Der Einstieg in ein Pueblo-Haus erfolgte durch eine Dachluke, die über eine Leiter zu erreichen war. Bei einem Angriff zog man die Leitern (ursprünglich aus gekerbten Baumstämmen gefertigt) einfach hoch. Da die Häuser keine Fenster besaßen, glichen sie Festungen. Die Hauskomplexe waren früher um einen Versammlungsplatz (plaza) angeordnet, der den Mittelpunkt des Dorfes bildete. Heute ist diese strenge Architektur aufgegeben. Die Siedlungen sind nicht viel mehr als Ag-

Taos-Pueblo, Nordhälfte des Dorfes.

glomerationen neben- und übereinander gebauter Räume, und das Einzelhaus amerikanischen Stils ist auch hier am Vordringen. An kultischen Bauten seien die Schwitzhütten der nomadischen Stämme und die Kivas, die runden oder rechteckigen Zeremonialkammern der Pueblo-Indianer, erwähnt. Tempelbezirke mit Pyramiden oder heilige Ballspielplätze sind aus der prähistorischen Hohokam-Tradition bekannt. In manchen Pueblos gibt es Großkivas, die den Moieties als Versammlungsorte dienen, andere Pueblos haben mehrere kleinere Kivas, in denen die Medizinbünde ihre Zeremonien abhalten.

Das Mobiliar bei den Seßhaften ist einfach: Aus Lehmplattformen wurden Bänke gebaut, die an den Wänden entlang liefen und mit Fellen und Decken „gepolstert" wurden. Die Pueblo kannten darüber hinaus kleine dreibeinige Hocker. Zum Haushalt gehörten Körbe, Tongefäße, Reibschalen (metates), Kürbisschalen, Holzlöffel. An Kleidung wurden im Sommer von den Männern Durchziehschurze, von den Frauen Hüftröcke getragen; bei den Wildbeutern bestanden diese aus Leder, bei den Seßhaften aus Baumwolle. Zu den Hüfttüchern trugen die Pueblo-Indianer häufig auch einen hemdartigen Poncho. In der kalten Jahreszeit wurde die Kleidung durch Fellmantel und Ledergamaschen ergänzt. Die Frauen trugen ein weites togaähnliches Gewand. Lederponchos waren auch den Apache bekannt.

Eine Besonderheit war die Weberei von Decken, die vor allem im 19. Jahrhundert von den Navajo zu höchster Blüte entwickelt wurde. Aus selbstgefärbter Schafwolle (die Farben wurden aus Vegetabilien oder Mineralien gewonnen) entstanden zwischen 1850 und 1875 überaus schöne Decken, die in billiger Ausführung und mit Anilinfarben gefärbt heute nachgeahmt werden und als Touristenware hoch begehrt sind.

Als Schmuck diente die Gesichtsbemalung (so bei den Yuma, Mohave, Seri, Navajo), daneben schätzte man Halsketten und Ohrschmuck, der aus Türkis, Muscheln und Jett hergestellt wurde. Seit der spanischen Zeit wurden auch mexikanische Silbermünzen verarbeitet, die man punzte, sägte oder goß.

## d) Soziale Umwelt: Dorfgemeinschaft und Nomadenlager

Bei der folgenden Darstellung der sozialen Verhältnisse muß man sich bewußt sein, daß trotz der starken äußerlichen Kontinuität der traditionellen indianischen Kultur das heutige Bild in vieler Hinsicht von dem ursprünglichen abweicht. Zu stark sind durch den Kontakt der verschiedenen indianischen Bevölkerungen untereinander (Athapasken – Pueblo) und durch den Einfluß der spanischen Eroberer und der amerikanischen Administration die traditionellen Strukturen verändert und nivelliert worden. Das trifft insbesondere für die westlichen Süd-Athapasken zu, die durch die Symbiose mit den westlichen Pueblo-Gruppen einige wesentliche Züge, z. B. in der Ökonomie (Bodenbau) oder in der Verwandtschaftsrechnung, von ihren seßhaften Nachbarn übernommen haben. Offenbar setzte der Nivellierungsprozeß bereits mit der Ankunft der Athapasken ein; er verstärkte sich unter dem Druck spanisch-mexikanisch-angloamerikanischer Herrschaft und der damit einhergehenden langsamen, aber stetigen Veränderung der ursprünglichen ökonomischen Verhältnisse. Es soll dennoch der Versuch unternommen werden, die alten Strukturen, die während der ersten Kontaktzeit existierten und in manchen Gemeinschaften auch heute noch wenigstens teilweise lebendig sind, zu beschreiben.

Die gesellschaftlichen Verhältnisse der nichtathapaskischen Wildbeuterbevölkerung dürfen als charakteristisch für alle Jäger und Sammler des Westens gelten. Die Verwandtschaftsrechnung war bilateral, mit leichter Präferenz der paternalen Seite. Die Wohnsitzregelung war transitorisch, bis zur Geburt des ersten Kindes zunächst uxori-matrilokal, dann neolokal. Obwohl Polygynie und Polyandrie vorkamen, waren diese beiden Formen der Polygamie doch wegen der nomadischen Lebensweise selten. Bevorzugt war die Kreuzvetternbasenheirat.

Die Athapasken, die wir als jüngere Wildbeuterschicht bezeichnet haben, zeigen in ihren östlichen Gruppen (Mescalero, Jicarilla, Lipan) ebenfalls ein bilaterales Verwandtschaftssystem mit Lokalgruppenorganisation. Die westlichen Süd-Athapasken dagegen (westliche Apache, Chiricahua, Navajo) bevorzugten eine matrilineare Abstammungsrechnung, meist kombiniert mit uxori-matrilokaler Wohnsitzregelung. Daraus ergibt sich eine Klanorganisation, die aus Matri-Klanen, die exogam waren, bestand. Oft schlossen sich auch mehrere Klane zu größeren Klanverbänden zusammen, die in der einschlägigen Literatur als Phratrien bezeichnet werden. Daß die Klanorganisation in diesen Gruppen noch recht jung war, dafür kann als Indiz ihre geographische Nomenklatur gelten. Denn hier scheint der alte Lokalgruppencharakter, wie er bei anderen Wildbeutern vorkommt, noch deutlich durch. Die Beantwortung der Frage nach der Herkunft der maternalen Klanstruktur ergibt sich aus der Betrachtung der sozialen Verhältnisse der westlichen Pueblo-Gruppen. Offenbar ist der Kontakt zwischen den Athapasken und den Pueblo-Indianern doch erheblich enger gewesen, als man das bisher angenommen hat, denn es ist nicht sehr wahrscheinlich, daß Navajo und westliche Apache von sich aus zu einer sozialen Gliederung übergegangen sind, die ihnen ursprünglich fremd gewesen ist. Allerdings muß bedacht werden, daß die Veränderung der Subsistenzwirtschaft, die eine seßhafte Lebensweise mit sich brachte, mit dazu beigetragen haben mag, die neuen Formen zu integrieren.

Wie sieht nun die Sozialstruktur der Pueblo-Indianer aus? Zunächst einmal muß festgestellt werden, daß sie keineswegs so einheitlich ist, wie sie auf den ersten Blick erscheinen mag. Die westlichen Pueblo besaßen eine andere gesellschaftliche Ordnung als die östlichen Gruppen im Rio-Grande-Gebiet. Auf die möglichen Ursachen dieses Unterschiedes wird noch zurückzukommen sein. Stellen wir zunächst die Tatsache fest: die westlichen Pueblo waren in exogame Matri-Klane organisiert, d. h. man rechnete die Verwandtschaftsbeziehungen in matrilinearer Abstammung und lebte nach uxori-matrilokaler Wohnsitzregelung. Die Klane wurden nach Tieren, Pflanzen, Naturerscheinungen oder Gebrauchsgegenständen benannt. Obwohl sie als „totemistisch" gelten können, weil gewisse reverentielle Beziehungen zwischen den Klanangehörigen und ihren „Totems" bestanden, war ihr totemistischer Charakter doch ausgesprochen schwach ausgeprägt und spielte im kultischen Leben keine besondere Rolle; auch galten die Klantotems weder als Klanvorfahren noch wurden sie tabuiert.

Sehr viel differenzierter ist das Bild der gesellschaftlichen Verhältnisse bei den Rio-Grande-Pueblo. Die Keres kannten zwar (noch?) Matriklane, doch besaßen hier die Klane nicht mehr ihre (alten?) politischen und zeremoniellen Funktionen; diese wurden vielmehr von den Medizinbünden wahrgenommen. So war der Dorfhäuptling auch nicht Mitglied eines bestimmten Klanes, sondern eines bestimmten Medizinbundes, deren Mitgliedschaft im allgemeinen freiwillig war. Auch die Tano (Tewa, Tiwa, Towa) hatten, wenn man der älteren Literatur folgt, „Klane". Doch handelt es sich hier nicht (mehr?) um echte Verwandtschaftsgruppen, sondern nur um Zeremonialnamen, die vom Vater oder von der Mutter geerbt wurden. Man hat den Eindruck, daß bei den Tano eigentlich nur Klannamen existieren, weil bei den häufigen Besuchen von Pueblo-Familien untereinander die Klanbezeichnungen die Herstellung freundschaftlicher Beziehungen erleichterten. Die Tano lebten in bilateralen Großfamilien mit ambilokaler Wohnsitzregelung. Bei den Tiwa von Isleta werden häufig die Geheimbünde als Klane bezeichnet.

Die maternale Organisation der westlichen Pueblo, die offenbar alten Ursprungs ist, zeigt sich auch und vor allem im Eigentumsrecht der Frauen an den Häusern und Feldern. Hier war die Hausgemeinschaft praktisch identisch mit dem Matri-Klan. Gemeinsam bearbeiteten die Männer eines Klanes die Felder und brachten die Ernte ein. Umgekehrt war bei den Tano des Rio-Grande-Gebietes die Zugehörigkeit eines jungverheirateten Paares zu einem bestimmten Haushalt nicht vorgeschrieben; man zog in der Regel zu dem Elternpaar, das das bessere Angebot an Land und Hausbesitz machen konnte. Aber auch hier waren die Familien integriert und arbeiteten gemeinsam auf den Feldern und im Haushalt. In „Reihenhäusern" lebten die

Familien nebeneinander; erst in jüngster Zeit ist eine aufgelockerte Bauweise zu beobachten, die den allgemeinen Trend zum Wohnen im einzelstehenden Haus, auch außerhalb des Dorfkerns, erkennen läßt. Ein Haushalt der Tano war, wie bei den Klanen des Westens üblich, stets exogam, denn alle Mitglieder – auch entferntere – betrachteten sich als Verwandte.

Weitere wichtige Gruppierungen, denen allerdings überwiegend zeremonielle Funktionen zukamen, waren die bei den Pueblo des Rio-Grande-Gebietes verbreiteten Moieties oder Stammeshälften. Jeder Angehörige eines Pueblos gehörte zu einer von zwei Moieties, entweder zur Winter- bzw. Türkis-Moiety oder zur Sommer- bzw. Kürbis-Hälfte. Jede Moiety besaß eine Kiva, d. h. eine halbunterirdische Versammlungsstätte, die meist mitten im Dorf lag und zu der der Zutritt für Fremde streng verboten war – und übrigens auch heute noch ist. Die Mitgliedschaft zu einer Moiety basierte nicht oder nicht immer auf verwandtschaftlicher Zugehörigkeit; eine Ausnahme davon machte Santa Ana, wo von neun Klanen sechs der Kürbis- und drei der Türkis-Hälfte angehörten. Wenn dennoch gelegentlich von einer patrilinearen Zugehörigkeit ("Patri-Moieties") gesprochen werden kann, dann erklärt sich das daraus, daß im allgemeinen der Eintritt in eine Moiety bereits im Kindesalter – zwischen sechs und zehn Jahren – erfolgte und die Zugehörigkeit des Kindes vom Vater festgelegt wurde. Prinzipiell stand jedoch jedem die Moiety- oder Kiva-Zugehörigkeit frei, so daß es gelegentlich zu einem Wechsel der Mitgliedschaft kam, wenn die Betreffenden erwachsen waren und sich aus bestimmten persönlichen Gründen der anderen Dorfgruppe anschließen wollten. Dabei spielte die Zugehörigkeit zu einem von mehreren Geheimbünden, von denen noch zu sprechen sein wird, eine gewisse Rolle; doch wäre es zu viel zu sagen, daß die Moieties sich etwa aus Geheimbünden zusammensetzten.

Die wichtigsten Aufgaben der Moieties waren:

1. Die Beobachtung des Sonnen- und Mondstandes und damit die Fixierung bestimmter Zeremonien des agrarischen Kalenders.

2. Die Organisierung und Leitung großer kommunaler Tänze und Zeremonien.

3. Die Koordinierung der Reinigungsriten, denen sich einige Geheimbünde für das ganze Dorf unterwarfen.

4. Die Koordinierung von Gemeinschaftsjagden, die von den Mitgliedern der Jagdbünde durchgeführt wurden.

5. Die Koordinierung von Kriegszeremonien, die vom Kriegerbund abgehalten wurden.

6. Die Organisierung und Leitung der Aussaat und Ernte.

7. Die Konstruktion und Instandhaltung der Bewässerungskanäle.

8. Die Instandhaltung und Konstruktion der Kivas und die Säuberung der Plazas vor den Kivas vor Beginn der kommunalen Zeremonien.

9. Die Nominierung und Einsetzung von säkularen Amtsträgern.

Die beiden Moieties lösten sich in ihren Aufgaben einmal im Jahr ab: im Winter übernahm die Winter- oder Türkis-Moiety die Führung, im Sommer wurde sie von der Sommer- oder Kürbis-Moiety wahrgenommen (Tewa-Tiwa).

Die Führungsspitze eines Pueblos bestand aus dem obersten Kultpriester, dem „Kaziken", eine aruakische Bezeichnung, die von den Spaniern aus Westindien übertragen worden war und die sich in New Mexico bei den Weißen als Bezeichnung für den sakralen Oberhäuptling eingebürgert hatte. Dem Kaziken standen zwei Vertreter zur Seite, von denen der eine als designierter Nachfolger galt. Alle drei waren Mitglieder eines Geheimbundes; der Kazike stammte meist aus einem bestimmten Bund, und zwar aus dem Feuersteinbund.

Die Geheimgesellschaften hatten überwiegend den Charakter von Krankenheilungs- oder Medizinbünden. Durch Gelübde, im Krankheitsfall oder durch eine Teilnahme an einer Zeremonie, jedoch immer erst nach Ablegung einer Reihe von Prüfungen konnte man bzw. mußte man Mitglied eines Geheimbundes werden.

Die Anordnungen des sakralen Dorfhäuptlings, der auf Lebenszeit gewählt wurde, mußten stets befolgt werden. Bei Ungehorsam war im extremsten Falle mit einem Ausschluß aus dem

Pueblo und der Konfiskation von Land, Haus und Besitz zu rechnen. Da die Pueblo-Indianer – von schweren Verbrechen abgesehen – nicht der Gerichtsbarkeit der amerikanischen Behörden unterstehen, hatten die Betroffenen keine Möglichkeit, sich gegen solche Sanktionen zur Wehr zu setzen. Daran hat sich bis zur Gegenwart nicht viel geändert. Die Macht der Kaziken trägt erheblich dazu bei, Widerstände gegen das intakte traditionelle System zu brechen oder auszuschalten, so daß heute noch in vielen Pueblos die alte Wertordnung fortbesteht. Das trifft insbesondere für die Pueblos der Keres zu. Da die Kaziken auch die zivilen Führer, deren Ämter von den Spaniern eingeführt wurden, ernennen, haben sie faktisch die alleinige politische Gewalt in Händen. Das wird oft von den Weißen übersehen, die sich in Verwaltungsangelegenheiten stets an die offiziellen zivilen Amtsträger wenden.

Damit kommen wir zur Behandlung der politischen Organisation der Pueblo-Indianer des Rio-Grande-Gebietes, die nominell von einer anderen Personengruppe, die nicht mit den Mitgliedern der Bünde oder Moieties identisch ist, getragen wird. Da es keine allen Pueblos übergeordnete politische Zentralinstanz gibt, ist jedes Pueblo ein unabhängiger politischer Verband mit eigener Führungsspitze. Im Zuge ihrer Eroberung gründeten die Spanier in den meisten Pueblos Missionen. Seit Beginn des 17. Jahrhunderts schufen sie in allen Pueblos neue politische Ämter, die sie mit ihnen genehmen Personen besetzen zu können glaubten. Dadurch sollten die politische Abhängigkeit der Indianer und der Erfolg der Christianisierung abgesichert werden. Das höchste zivile Führungsamt ist das des Gouverneurs (gobernador). Seine Stellvertreter sind die Kriegshäuptlinge (capitanes de la guerra). Zu den neuen Amtsträgern gehörten ferner ein Sakristan, die Mayordomos und die Fiscales. Der Gouverneur ist Repräsentant des Pueblos nach außen. Sein Stellvertreter, der „lieutenant governor" (wie er heute genannt wird), vertritt ihn bei Abwesenheit oder Krankheit und gilt als sein designierter Nachfolger. Die Kriegshäuptlinge hatten die Aufgabe, für Recht und Ordnung zu sorgen und die Anordnungen des Kaziken, also des traditionellen Dorfoberhauptes, auszuführen. Sie waren damit zugleich sowohl Vertreter des traditionellen Systems als auch der säkularen Gewalt. Wie ihre Amtsbezeichnung verrät, waren sie früher die Anführer der Krieger im Kampfe gegen feindliche Indianer. Der Sakristan war der Helfer des spanischen Priesters der Mission; die Fiscales trugen die Verantwortung für die Angelegenheiten der Mission. Die Mayordomos beaufsichtigten die Bewässerungsanlagen.

Diese Regierungsbeamten neuer Art wurden und werden auch heute noch jährlich vom traditionellen Dorfoberhaupt, dem Kaziken, ernannt. Im Falle der Kriegshäuptlinge handelt es sich lediglich um eine Bestätigung von Personen, die bereits im traditionellen politischen System ihre Aufgaben besaßen. Zu Beginn ihrer Kolonialherrschaft hatten die Spanier dieses System auch bei den westlichen Pueblo-Indianern eingeführt; dort ist es jedoch inzwischen völlig verschwunden. In Zuni dagegen ist die Stellung des Gouverneurs und seines Stellvertreters im Stammesrat heute indes von großer Bedeutung. Solche Stammesräte, wie sie von den Anglo Amerikanern bei vielen Stämmen eingeführt wurden und deren Vertreter man wählt, gibt es neuerdings vor allem im westlichen Pueblogebiet: bei den Hopi, Zuni, aber auch in Laguna, Isleta und in Santa Clara. Sie gewinnen zusehends an Bedeutung und verdrängen langsam die traditionelle Führung aus der politischen Verantwortung. Überall, wo solche gewählten Amtsträger ihre Macht ausüben, hat eine Trennung von religiösen und säkularen Funktionen begonnen. Bei den Hopi, wo es sogar einen Stammesrat anstelle mehrerer Dorfräte gibt, sendet jedes Dorf seine Repräsentanten, je nach der Zahl der Dorfbewohner, in den gemeinsamen Rat; der Stammesratsvorsitzende wird als „chairman" bezeichnet. Bei den Rio-Grande-Pueblo ist die Bezeichnung „Governor" beibehalten worden. Neu hinzugekommen sind Amtsbezeichnungen wie Sekretär und Schatzmeister, aufgegeben dagegen die des Fiscales, Sakristans und des Mayordomos, weil sie in die heutige säkulare Organisation nicht passen und im Falle der Mayordomos die mit dem Titel verbundene Aufgabe, die Überwachung der Bewässerungssysteme, weitgehend an Bedeutung verloren hat; ein „ditch boss", der vom Stamm angestellt ist, versieht heute diese Arbeit. Es gibt außerdem eine Reihe von Komitees, die neue Funktionen übernommen haben, z. B. ein Erziehungskomitee.

Auch die nomadischen bzw. halbnomadischen Navajo und Apache kannten in vorspanischer Zeit in der Regel keine Zentralgewalt, sondern lebten in politisch autonomen Lokalgruppen. Erst nach ihrer Einweisung in Reservate durch die Amerikaner wurden „Stammesräte" gewählt, die ein Stammesratsvorsitzender leitete. Bei den schweren Kämpfen der westlichen Apache, vor allem der Chiricahua, gegen Amerikaner und Mexikaner war es zeitweise zu größeren stammesartigen Zusammenschlüssen einzelner Lokalgruppen gekommen. Deren Führer sind nicht selten berühmt geworden, wie etwa Cochise und Geronimo. Doch war ihr Amt nicht erblich, sie galten als primus inter pares. Nach Auflösung der Kampfeinheiten waren sie nur noch Bandenführer, die allerdings zeitlebens ein hohes Prestige genossen. Auch mehrere Gruppen der östlichen Navajo schlossen sich zeitweise unter einem Führer zusammen; der bekannteste von ihnen war Manuelito.

Insgesamt gesehen waren die Machtbefugnisse der Anführer von Lokalgruppen der nichtathapaskischen Wildbeuter (Yavapai, Walapai etc.) sehr gering. Sie konnten nach Belieben abgesetzt werden, oder man trennte sich von ihnen, wenn sie sich als unfähig erwiesen hatten. Sie waren keine Häuptlinge, sondern Sprecher von Kleingruppen. Die Lokalgruppenführer der meisten Athapasken dagegen waren als Klanälteste nicht absetzbar und besaßen ein höheres Maß an Autorität. Sie standen gelegentlich mehreren Horden als Häuptling vor. Auch heute noch spielt der Lokalgruppenführer bei den Navajo, der „natani", als religiöser Führer, der die „Blessingway-Zeremonie", das wichtigste kollektive Ritual der Navajo leitet, eine von den Weißen meist unterschätzte Rolle.

### e) Religion: Regenzauber und Krankenheilung

Es fällt auf, daß bei aller Vielfältigkeit der religiösen Vorstellungen der Völker des Südwestens der sonst unter nordamerikanischen Indianern so weit verbreitete Glaube an tierische Schutzgeister hier fehlt. Ein weiteres charakterisierendes Merkmal ist das breite Spektrum von Ritus und Kultus: Es liegen Welten zwischen den individuellen magisch-religiösen Praktiken der Wildbeuter Nordwest-Arizonas mit ihrer ausgesprochenen Ritualarmut einerseits und dem hochentwickelten komplexen Zeremonialismus der Pueblo-Indianer andererseits. Wie in kaum einem anderen Bereich der Kultur wird der Grad der kulturellen Entwicklung so deutlich sichtbar wie in der Religion und den eng damit verbundenen Wertvorstellungen. Wenn gelegentlich auf die „Nähe" der mexikanischen Hochkulturen hingewiesen und damit impliziert wird, daß Einflüsse von außen eingewirkt haben, so zeigt sich doch bei eingehender Analyse immer wieder eine Entwicklung, die sich aus eigenen Wurzeln nährt. Sie gründet sich allem Anschein nach ursächlich auf der sehr prekären Form des Bodenbaues, aus der die Notwendigkeit starker gemeinschaftsbildender Kooperation der verschiedenen Gruppen, um sich gegenüber den Widrigkeiten der Umwelt zu behaupten, abgeleitet werden muß. Denn zur Existenzsicherung bedarf es nicht nur der gemeinsamen äußersten physischen Anstrengung der Menschen im Kampf um das lebensnotwendige Wasser, sondern auch des Beistandes übernatürlicher Mächte. Ein Hopi oder Zuni verwendet mehr als die Hälfte seiner Arbeitszeit darauf, magische Zeremonien abzuhalten, die alle darum kreisen, den lebenspendenden Regen zu erbitten. Heute hat sich diese Situation geändert, da viele der jungen Indianer die Zusammenhänge von Naturgesetzen kennen. Als Folge davon haben die früher so wichtigen Regenzeremonien allgemein an Bedeutung verloren.

Der Zeremonialismus der Pueblo-Indianer kann nur unter dem Aspekt eines allgemeinen Konzeptes, das der Verbundenheit und des Zusammenwirkens aller Kräfte des Universums, verstanden werden. Denn jede zeremonielle Aktivität wird als Beitrag zur Erhaltung eines harmonischen Gleichgewichts zwischen den Kräften der Natur, von denen der Mensch ein Teil ist, betrachtet. Solange diese Zeremonien ständig und richtig durchgeführt werden, wird die Natur auch dafür sorgen, daß Mensch und Tier die lebensnotwendigen Dinge wie Nahrung und Wasser erhalten. Mensch und Natur arbeiten also gemeinsam, die universale Harmonie aufrechtzuerhalten. Und nur der Mensch kann diese Balance gefährden oder ins Ungleichgewicht bringen, indem er sich entweder nicht an den Zeremonien beteiligt, böse Gedanken hegt, Einzelheiten der zeremoniellen Kleidung vernachlässigt oder etwa ein Ritual nicht genau nach Vorschrift durchführt. Deshalb achtet man mit peinlicher Sorgfalt auf die genaue Einhaltung der jahrhundertealten Ritualvorschriften, insbesondere der Liturgie. Die Priester als Leiter der Zeremonien tragen die größte Verantwortung für Wohl und Wehe der Gemeinschaft. Wenn Trockenheit, Krankheit oder Unbilden ein Pueblo befallen, haben sie die Schuld daran zu tragen haben. Zugleich wird aber auch jeder Kultteilnehmer, der seinen Zeremonialanteil nicht voll geleistet hat, mit harter Kritik bedacht und nicht selten mit harten Sanktionen bestraft. Eine richtige Erfüllung der zeremoniellen Pflichten setzt den psychischen Zustand eines „guten Herzens" voraus, d. h. der Betreffende muß innerlich ruhig und guten Willens sein. Um diesen inneren Zustand zu erreichen, ist in der Regel eine meditative Vorbereitung erforderlich.

Hierzu gehören insbesondere Reinigungszeremonien und sexuelle Abstinenz. Neben Opfern und Gebeten einzelner stehen gemeinsame Tänze und dramatische Darstellungen mythischer Erzählungen. Hierbei überwiegen zeremonielle Handlungen magischer Art; sie prägen das Bild der Religion der Pueblo-Indianer.

Die Zeremonien werden in besonderen Kulträumen, den Kivas, vorbereitet. Letztere hat man sich als halbunterirdische, kreisrunde oder rechteckige Kammern von mitunter beträchtlicher Größe vorzustellen. Sie liegen isoliert im Zentrum des Dorfes an der Plaza. Ihr Zutritt oder besser Einstieg erfolgt von oben mit Hilfe von Leitern durch eine Dachluke. In den Kivas werden Reinigungs- und Fastenrituale abgehalten, Altäre präpariert und Gebetsstäbe geopfert, mitunter werden aber auch Tänze vor ihnen auf der Plaza aufgeführt. Bei diesen Tänzen treten zumeist maskierte Tänzer auf, die die regenbringenden Ahnengeister, die Kachinas, darstellen. In der Regel gehören die Tänzer einem bestimmten Geheimbund an. Die Mitglieder dieser Bünde oder Kultgemeinschaften setzen sich – mit Ausnahme von Zuni, wo die Mitgliedschaft in einigen Bünden in gewissen Klanen vererbt wird – nicht aus den Angehörigen bestimmter Verwandtschaftsgruppen zusammen, sondern bestehen aus Freiwilligen. Jeder konnte sich im allgemeinen seinen Bund aussuchen. War er allerdings durch eine Krankheit gezwungen, die Hilfe eines bestimmten Bundes anzunehmen, so mußte er Mitglied dieses Bundes werden; denn er hatte ja als Patient die an ihm geübten Heilpraktiken kennengelernt und durfte sie nun nicht weiter verbreiten. Außerdem mußte er an den regelmäßig stattfindenden Wiederholungsriten teilnehmen, um seine Gesundheit nicht zu gefährden. Es kam auch vor, daß jemand Mitglied mehrerer Bünde zugleich war. Generell herrscht also das gleiche Prinzip vor wie bei den Geheimbünden der Prärie-Indianer.

Die wichtigsten Aufgaben der Bünde bestehen in:

1. Krankenheilung; weshalb viele Bünde auch mit Recht „Medizinbünde" genannt werden.
2. Regenmagie
3. Fruchtbarkeitsmagie
4. Jagdmagie
5. Kriegsmagie
6. Clownerie

In einigen Pueblos war die Leitung bestimmter Bünde mit politischen Ämtern verknüpft, doch waren dies Ausnahmen. Bei den Hopi fehlen in jüngerer Zeit spezielle Krankenheilungs- oder Medizinbünde; vermutlich hat es sie früher aber auch bei ihnen gegeben. An ihre Stelle sind die Regenmagie-Bünde stärker in den Vordergrund getreten, was sich angesichts der hier vorherrschenden extrem niederschlagsarmen Verhältnisse sehr natürlich erklären läßt. Die Krankenheilungsbünde haben vor allem bei den östlichen Pueblo-Gruppen, und zwar den Keres-Pueblo, eine besondere Bedeutung. Für die nördlichen Tano waren dagegen Jagd- und Kriegsbünde wichtiger; hier an der Peripherie des südlichen Plainsgebietes gab es noch in spanischer Kolonialzeit häufig kriegerische Auseinandersetzungen mit den Bisonjägern, wenn es darum ging, zur Jagd auf die Plains zu ziehen. Schließlich noch ein Wort zu den Clownbünden. Die Clownerie war bei allen Bodenbauern des Südwestens verbreitet; sie galt als ein Mittel der sozialen Kontrolle. Unter dem Mantel tölpelhafter Kunststücke und derber Späße legten die Clowns, die ebenfalls einen Geheimbund bildeten, Verstöße gegen die öffentliche Ordnung bloß und machten die „Sünder" in aller Öffentlichkeit lächerlich.

Das Bundwesen der Pueblo-Indianer ist also – im Vergleich zu dem Bundwesen der Nordwestküstenindianer, der Irokesen oder der Prärie- und Plainsstämme – von erstaunlicher Komplexität. Ursache sind letztlich die lokalen ökologischen Bedingungen, unter denen sich die Pueblo behaupten mußten. Indessen läßt sich auch für den Südwesten festhalten, daß dort fast überall Krankenheilungsbünde vorkommen, die somit eine Art Basistyp aller Geheimbünde darstellen.

Jeder der zahlreichen Bünde hatte seine eigenen Rituale, besaß einen eigenen Zeremonialkalender, hatte seine eigene Priesterschaft und bewahrte in einem bestimmten Haus seine wichtigsten Paraphernalien, in einem „Bündel" zusammengeschnürt, auf. Die sogenannten Fetische bestanden aus besonderen Holz- oder Steinfiguren, in Federn gehüllten Maiskolben, bemalten Federn und ähnlichem. Die Zahl der Mitglieder eines Bundes war relativ klein und umfaßte meist nicht mehr als ein Dutzend Personen. Auch beim Medizinbundwesen trat das allgemeine Konzept der Kollektivverantwortung in Erscheinung: die Heilungsriten waren nicht, wie in anderen Gebieten Nordamerikas, individueller Natur, sondern betrafen stets die

ganze Gesellschaft, die von bösem Zauber befreit oder durch prophylaktische Maßnahmen gegen Unglück und Krankheit gefeit wurde. Die Riten zielten, wie bereits eingangs vermerkt, darauf, einen die gesamte Natur umfassenden Harmonieausgleich zu bewahren: ein Teil der Natur, das in Ungleichgewicht geraten war, mußte sofort von allen Angehörigen der Gruppe wieder in die ursprüngliche Ordnung zurückgeführt werden, damit auch die Gesamtheit wieder in Harmonie, d. h. in Gesundheit und Zufriedenheit, leben konnte. Ein einzelner konnte nach dieser Vorstellung nur genesen, wenn die Allgemeinheit gesund war; und umgekehrt konnte die Allgemeinheit nur in Harmonie leben, wenn alle einzelnen Mitglieder gesund waren.

Wohl am höchsten nicht nur im Südwesten, sondern in ganz Nordamerika war das Kultwesen bei den Zuni entwickelt. Sie besaßen sechs esoterische Kultbünde, die mit einem Ahnenkult gekoppelt waren. Die Ahnen galten ihnen als wohlwollende Geistwesen, die die lebenden Nachkommen beschützten, ihre Ernährung sicherstellten und ihnen in allen kritischen Lebenslagen halfen. Sie kamen als regenbringende Wolken und wurden mit Gesundheit und Fruchtbarkeit identifiziert. Ihre Boten waren die sogenannten Regenmacher, die Shalako, die mit riesigen, bis zu drei Meter hohen Holzmasken ins Dorf einzogen und ihre Ankunft meldeten.

Einen etwas anderen Typus als die Geheimbünde verkörpern die Kachina-Bünde. Sie entsprechen in ihrer primären Funktion sowie in manch anderer Hinsicht dem Typ des Männerbundes, in den alle Knaben im Alter von 10 bis 12 Jahren aufgenommen und dann zur Gemeinschaft der Erwachsenen gezählt werden. Da jeder Kachina-Bund eine eigene Kiva besitzt, in der die geheimen Initiationszeremonien abgehalten werden, ist die Anzahl der Kachina-Bünde durch die Zahl der Kivas in jedem Pueblo leicht erkennbar. Die Großkivas dagegen stellen die Versammlungsstätten von Moieties dar. Wo Frauen Mitglieder von Kachina-Bünden werden durften, waren sie von der aktiven Teilnahme an den Zeremonien ausgeschlossen

(Ausnahme: Hopi); sie besorgten die Vorbereitungen.

Was aber sind nun Kachinas? Sie sind Ahnengeister, die auf den Regen und das Gedeihen der Pflanzen Einfluß ausüben. Bei den Zuni leben die Kachina auf dem Grunde des Heiligen Sees, zu dem die Zuni nach ihrem Tode gelangen. Einmal im Jahr kehren die Kachinas in ihr altes Dorf zurück und tanzen dort, indem sie als Masken ihre Träger in Ahnengeister verwandeln. Die Kachina-Tänze finden fast stets unter Ausschluß der Öffentlichkeit in den Kivas oder in einem abgeschlossenen und bewachten Gelände statt.

Im Gegensatz zu der Komplexität der magisch-religiösen und zeremoniellen Sphäre der Pueblo-Indianer, die hier nur angedeutet werden konnte, sind die Glaubensvorstellungen und der Ritualismus der Athapasken, denen wir uns jetzt zuwenden wollen, leichter überschaubar. Während sich bei den westlichen Apache und den Chiricahua der ursprüngliche Typ athapaskischer Glaubensvorstellungen recht gut erhalten hat, sind vor allem bei den Navajo die Einflüsse aus der religiösen Welt der Pueblo-Indianer nicht zu übersehen.

Hopi-Kachina (nach Wright 1965)

Die meisten Zeremonien der Apache – und früher wohl auch der Navajo – waren der Krankenheilung gewidmet, die sich jedoch im Gegensatz zur Gemeinschaftsverantwortung der Pueblo-Indianer hier auf den einzelnen bezog. Die Riten wurden von Medizinmännern vollzogen, ähnlich wie es etwa bei den Stämmen des Großen Beckens oder in der westlichen Subarktis der Fall war. Es gab jedoch auch bei den Athapasken eine große religiöse Gemeinschaftsfeier, die Mädchenpubertätszeremonie, die in der Populärliteratur den Namen „Teufelstanz" trägt. Mit diesem Initiationsritual, bei dem die Mädchen in die Gesellschaft der erwachsenen Frauen aufgenommen wurden, war gleichzeitig eine kollektive prophylaktische Zeremonie verbunden, durch die die gesamte Gemeinschaft vor dem Einfluß böser Geistmächte, die Krankheit und Unglück bringen konnten, bewahrt werden sollte. Von der langen Vorbereitungszeit abgesehen, dauerte die Zeremonie vier Tage und Nächte. Während dieser ganzen Zeit tanzten die Mimen der Berggeister, in schwarze Masken mit großen hölzernen Kopfaufsätzen gehüllt und das Schwirrholz schwingend, zu monotonem Trommelschlag. Bis heute hat sich das Ritual unverändert erhalten.

Etwas eingehender soll nun die Religion der Navajo, die bevölkerungsmäßig den stärksten Indianerstamm des Südwestens stellen, behandelt werden. Natürlich können aber auch hier nur die wesentlichen Züge hervorgehoben werden.

Wie die Pueblo-Indianer betrachten auch die Navajo das Universum als eine organische Ganzheit. Jede Störung der kosmischen Harmonie hat für sie Krankheit oder Unglück zur Folge, die nur durch bestimmte (magische) Riten abgewendet bzw. behoben werden kann. Allerdings beziehen sich bei den Navajo die Zeremonialakte nicht auf die Gemeinschaft, von der sie dann auf den einzelnen ausstrahlen, sondern sind direkt auf das Individuum ausgerichtet, dem sie Gesundheit, Glück und Erfolg verheißen. Der wohltuende und heilende Einfluß strahlt jedoch von diesem auch auf die Verwandten und die übrigen Anwesenden aus.

In der einschlägigen Literatur werden diese

Riten meist als Gesänge (chants) bezeichnet. Die Anstimmung eines Heilgesanges setzt die genaue Kenntnis der Ursache der Krankheit voraus, die zuvor ermittelt werden muß. Die Diagnose stellen Medizinmänner, die die Fähigkeit hierzu besitzen. Eine häufig angewandte Diagnosemethode besteht bei den Navajo im sogenannten Handzittern: zuerst werden auf den Körper des Patienten Maispollen gestäubt, dann auch auf den des Diagnostikers, der während dieses Vorganges bestimmte Geistwesen um Hilfe anruft. In der Folge der Sitzung beginnt die Hand des Medizinmannes willenlos zu zittern. Die Art der Bewegungen zeigt an, welcher Heilgesang angestimmt werden muß, um dem Kranken zu helfen.

Die Navajo-„chants" bestehen aus Hunderten von Liedern, die voller mythischer Bezüge sind. Sie müssen wortwörtlich von einem Ritualleiter vorgetragen werden. Wichtiger Bestandteil einer Krankenheilung ist neben der Liturgie die Anfertigung eines Sandbildes, auf das der Kranke gesetzt wird, um einen direkten Kontakt zwischen ihm und den dargestellten mythischen Wesen, den „Heiligen Leuten", herzustellen. Jedes Zeremoniell hat ein eigenes, ihm zugeordnetes Sandbild, das in seinen wesentlichen Bestandteilen einem festen Muster entspricht. Man kennt heute über 500 solcher Sandbilder, die ursprünglich von den Pueblo-Indianern übernommen und bei den Navajo zu besonderer Großartigkeit entwickelt worden sind. Auf einem geglätteten Boden werden mit farbigem Sand stark schematisierte Darstellungen von Wolken, Blitzen, Bergen und Regenbogen sowie langgezogene menschenähnliche Wesen, die „Heiligen Leute", und die vier heiligen Pflanzen (Mais, Bohne, Kürbis, Tabak) „gemalt". Ein solches Sandgemälde kann sehr klein sein (etwa 30 cm Durchmesser), aber auch bis zu 5 m Durchmesser erreichen. Es muß an einem einzigen Tag hergestellt und vor Sonnenuntergang wieder gelöscht werden.

Die „Heiligen Leute" sind die Zentralgestalten der Navajo-Mythologie. Sie verkörpern die mächtigen und mystischen Kräfte, welche in früher Urzeit die Menschen schufen und ihnen alle Dinge des Lebens schenkten. Ihre letzte

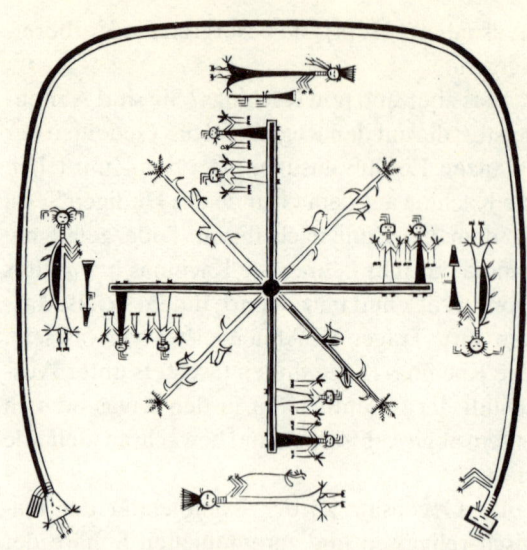

Sandbild der Navajo (Tschopik 1958)

große Zusammenkunft wird im „Segensweg" geschildert, dem wohl wichtigsten Zeremoniell der Navajo. Bei ihrer Aktualisierung wird an die „Heiligen Leute" appelliert, Gesundheit und Wohlergehen für sich und die Gemeinschaft zu erbitten.

f) Geschichte: Spanische Konquistadoren. Die Verbannung der Navajo. Der lange Kampf der Apache

Unter der Führung des Konquistadors Francisco Vazquez Coronado drangen die ersten spanischen Soldaten, begleitet von Missionaren, 1540 in den Südwesten ein. Opfer dieser Begegnung waren die im Rio-Grande-Tal von El Paso bis Santa Fe lebenden Pueblo-Indianer. 1598 wurde die erste spanische Dauersiedlung im heutigen Santa Fe, New Mexico, eingerichtet. Die Pueblo-Indianer, die in politisch voneinander unabhängigen Dörfern lebten, leisteten kaum militärischen Widerstand. Sie unterwarfen sich der politischen und kirchlichen Kontrolle der Spanier, zahlten Tribut (vor allem in Form von Decken) und ließen sich taufen. Nahezu hundert Jahre vergingen, bis sich die Pueblo zu einem gemeinsamen Kampf gegen die spanischen Unterdrücker zusammenfanden. Der nominelle Anspruch der Spanier auf das Land (da es nur wenige spanische Siedler gab, kam es zu keinen Landstreitigkeiten) und die Einführung des spanischen Verwaltungssystems waren von den Indianern ohne Murren hingenommen worden, weil mit der spanischen Herrschaft zugleich eine Sicherung ihrer Dörfer gegen die häufigen Überfälle feindlicher Stämme verbunden war.

Während sich die Indianer der politischen Kontrolle wegen des militärischen Schutzes beugten, begannen sie im Laufe der Zeit den Missionaren, die mit fanatischem Eifer und mit Gewalt daran gegangen waren, die alten Glaubensvorstellungen und religiösen Praktiken ihrer „Schützlinge" auszurotten, heftigen Widerstand entgegenzusetzen. Die bigotten Priester wandten sich vor allem gegen das Maskenwesen, das sie als Teufelswerk betrachteten. Sie drangen in die heiligen Versammlungsstätten der Indianer ein, erbeuteten die Masken und andere Kultgegenstände und verbrannten sie öffentlich.

Der Aufstand von 1680 richtete sich also vor allem gegen die religiöse Unterdrückung. Unter der Führung von Popé, einem Indianer aus dem Pueblo von San Juan bei Santa Fe, erhoben sich alle Pueblo-Indianer vom Rio Grande im Osten bis zu den entfernten Hopi-Dörfern im Westen. Sie töteten mehr als 1000 Spanier, die übrigen flohen nach Süden. Damit war das Ziel ihres Aufstandes erreicht, und die mühselig geschaffene Organisation zerfiel wieder. Dies sollte die einzige gemeinsame Aktion *aller* Pueblo-Indianer bleiben.

Schon nach wenigen Jahren begannen die Spanier von El Paso aus erneut nach Norden vorzurücken und ein Indianerdorf nach dem anderen zu besetzen. Um 1696 waren die meisten Pueblos am Rio Grande wieder in spanischer Hand; nur die weit entfernten Hopi-Dörfer wurden nicht ständig besetzt. Die Indianer der Rio-Grande-Dörfer beugten sich nun endgültig dem spanischen Joch, doch gelang es ihnen unter dem Deckmantel der oberflächlich angenommenen spanischen Kultur, zahlreiche Elemente ihrer eigenen Tradition bis auf die heutige Zeit zu bewahren. Wir werden über das weitere Schicksal der Pueblo-Indianer später noch berichten und wollen uns zunächst den Geschicken der anderen indianischen Völker des Südwestens in dieser ersten Phase der spanischen Kolonialherrschaft zuwenden.

Während die Pueblo-Indianer es schon während der ersten Phase des Kontaktes mit den Spaniern verstanden hatten, die europäischen Einbrüche in ihre traditionelle Kultur in Schranken zu halten und ihnen gleichzeitig eine maßvolle Anpassung (im Rahmen ihrer eigenen Kultur) zu gelingen begann, wurden die Kulturen anderer Völker des Südwestens tiefgreifenden Veränderungen unterworfen. Paradoxerweise betraf dies gerade jene Gruppen, die außerhalb der direkten politischen Kontrolle der Spanier lebten: die nomadischen Sammler und Jäger, die überwiegend der athapaskischen Sprachfamilie angehörten. Mit der Übernahme des von den Spaniern eingeführten Pferdes gaben sie die ohnehin nicht sehr erfolgreiche Sammelwirtschaft und Kleinwildjagd auf und gingen zur Bildung größerer berittener Verbände über, mit denen sie die spanischen Siedlungen überfielen, ausplünderten, und die Bewohner erschlugen. Der Aktionsradius dieser vor allem von den Apache gestellten Banden breitete sich bald über den ganzen Südwesten aus. Nicht nur die Minenstädte und Poststationen, Missionen und kleinen Garnisonen der Weißen, sondern auch die Dörfer der seßhaften Indianer waren ständig bedroht. Es entstanden völlig neue Machtverhältnisse, die die spanische Herrschaft in diesem Bereich ernsthaft gefährdeten.

Erschwerend kamen für die Spanier die gegen Ende des 17. Jahrhunderts im europäischen Mutterland auftretenden politischen Wirren hinzu. Sie führten zu einem Mangel an Nachschub, so daß die Missionare keine neuen Mitarbeiter mehr fanden und die Geldmittel zur Aufrechterhaltung der militärischen Außenposten beschnitten wurden. Außerdem stellte sich heraus, daß die Bodenschätze, nach denen man im Gebiet nördlich der heutigen mexikanischen Grenze schürfte, immer minderwertiger wurden, so daß sich ihr Abbau kaum noch lohnte.

Das politische Interesse der Spanier an Nordmexiko und dem Südwesten schwand zusehends, und damit ging die Stärke ihrer militärischen Präsenz zurück. Der Spielraum der noch unter spanischer Kontrolle stehenden seßhaften Stämme – der Pueblo-Indianer des Rio-Grande-Tales und der Pima und Papago in Südarizona – wurde mithin immer größer. Ungestört konnten europäische Technologien in die indianische Kultur integriert und neue Produktionstechniken entwickelt werden, wie z. B. die Viehhaltung, die Deckenweberei und die Silberschmiedekunst.

Während im Osten Nordamerikas die Indianer immer mehr unter die Kontrolle und den Druck der europäischen Kolonialmächte gerieten, gewannen die Stämme des Südwestens in der ersten Hälfte des 18. Jahrhunderts durch den Rückzug der Spanier ihre Freiheit zurück.

In New Mexico entwickelte sich nach dem Abzug der spanischen Truppen und Verwaltungsbeamten ein von den im Lande zurückbleibenden spanischen Kleinbauern gebildetes neues Volkstum, das von den Pueblo-Indianern unbehelligt gelassen wurde. Mit dem Verlust des Mutterlandes wuchs die Bindung dieser Siedler zur neuen Heimat. Verschiedentlich kam es zu Mischehen mit Indianern und damit zu einer Verbreitung zahlreicher Kulturelemente in beiden Richtungen, die um so eher möglich war, als es sich bei beiden Gruppen um seßhafte Ackerbauern handelte. Gegen die Angriffe nomadischer Indianer setzten sich beide gemeinsam zur Wehr. Bis zur Mitte des 19. Jahrhunderts blieben die Beziehungen zwischen spanischen Siedlern (Hispanos), Mischlingen und Indianern friedlich, ein Umstand, der dadurch begünstigt wurde, daß keine neuen Siedler mehr ins Land kamen und Landbesitz oder politische Herrschaft nicht Anlaß zu Streitigkeiten wurden. Jeder konnte genügend Land bewirtschaften, um davon leben zu können. Es war eine Zeit des kulturellen Pluralismus, aber auch einer sich immer mehr angleichenden bäuerlichen Kultur, die sich durch das Fehlen äußeren politischen Druckes auszeichnete. Diese Lage änderte sich erst mit der Ankunft der Anglo-Amerikaner in diesem Raum um 1848.

Der Friedensschluß von Guadalupe Hidalgo zwischen Mexiko und den Vereinigten Staaten brachte die indianischen Stämme des Südwestens mit einer neuen Kolonialmacht ganz anderen Gepräges in Berührung, den Amerikanern. Als erste wurden die Apache betroffen. Sie waren zu dieser Zeit praktisch die Herren des Südwestens. Da ihr Machtbereich von den Spaniern und später von den Mexikanern nie ernsthaft infrage gestellt worden war, glaubten sie, daß sie unter den neuen amerikanischen Herren ihr angestammtes Territorium weiterhin unbeschadet behalten könnten, ja daß sie nun ungestörter als zuvor Raubzüge auf mexikanisches Gebiet durchführen konnten. Es überraschte sie daher, daß ihnen die Amerikaner bereits in den ersten Verhandlungen zu erkennen gaben, daß diese selbst sich nun als verantwortlich für alle Indianer des Südwestens betrachteten und daß Überfälle auf mexikanische Siedlungen mit aller Strenge geahndet würden. Der volle Einfluß der Amerikaner machte sich allerdings erst gegen Ende des amerikanischen Bürgerkrieges (1865) bemerkbar, als die ersten stärkeren Truppenverbände zu Abmachungen mit den Indianern zusammentrafen. Erschwert wurden die Verhandlungen dadurch, daß die nomadischen Stämme (Navajo, Apache) keine zentrale politische Instanz besaßen, die für alle Indianer bindende Zusagen machen konnte. Nur selten unterstellten sich mehrere Gruppen einem gemeinsamen Anführer.

Der bekannteste Navajo-Häuptling jener Zeit war Manuelito. Ihm hatten sich mehrere Lokalgruppen aus dem Südosten des Navajolandes angeschlossen. Sein Kampf gegen die amerikanischen Truppen unter der Führung von General Carleton und dessen Scout Kit Carson war von Anfang an hoffnungslos. Mit brutaler Härte zerstörten die Amerikaner alles, was sie vorfanden: Vieh, Felder, Gehöfte. 1864 waren die Navajo am Ende ihrer Kraft; ihrer letzten Lebensmittel beraubt, ergaben sie sich den amerikanischen Soldaten. Nur wenigen Hundert gelang es zu fliehen und sich in den weiten Steppen und Bergen des Westens zu verstecken. Die gefangenen Navajo wurden 400 km weit nach Osten zum Fort Sumner verschleppt. Hier sollten sie, zusammen mit Apache (vor allem Mescalero), zu Ackerbauern umgeschult werden. Hunderte von Indianern starben auf dem Marsch und im Lager von Bosque Redondo, wo sie unter unerträglichen Bedingungen leben mußten. Schließlich brachen die Amerikaner den hoffnungslosen Versuch ab und ließen die Navajo wieder in ihr altes Stammland zurückkehren (1868). Man gab ihnen ein Reservat, stellte ihnen Zuchtschafe zur Verfügung und richtete einige Schulen ein. Weißen war der Zutritt zum Reservat verboten. Noch heute lebt die Erinnerung an die furchtbaren Jahre der Gefangenschaft bei vielen Navajo fort. Trotz weiterer Rückschläge (Dürrekatastrophen, Wegnahme der besten Winterweiden und wichtigsten Viehtränken, für die man ihnen unbrauchbare Wüstenstriche gab) entwickelten die Navajo in ihrem Reservat, das im Laufe der Zeit noch etwas vergrößert wurde, eine marginale bäuerliche Mischwirtschaft von Bodenbau und Viehhaltung. Auch alte Handwerkstraditionen lebten wieder auf, so vor allem die Deckenweberei und die Silberschmiedekunst. Die Bevölkerung nahm stetig zu. Der Einfluß der Amerikaner blieb gering, denn das Reservat war sehr groß und bot den nun in Scharen in den Südwesten einströmenden Weißen keine besonders attraktiven Böden; Bodenschätze wurden erst in jüngster Zeit entdeckt. Wirtschaftlich ging es den Navajo in den 90er Jahren des vorigen Jahrhunderts besser als den meisten anderen Reservatsindianern Nordamerikas, so daß sie sich der Ende 1890 aufflammenden Geistertanzbewegung, an der sich fast alle Stämme des Westens (außer Kaliforniens) sowie der Prärie und Plains beteiligten, nicht anschlossen. Dabei mag allerdings auch die grundsätzlich andere Einstellung der Navajo ihren Verstorbenen gegenüber mitgewirkt haben (Angst vor Totengeister).

Ganz anders als den Navajo erging es den meisten Apache. Ihre Jagd- und Sammelgebiete wurden zu bevorzugten Weideflächen der neuen Herren des Landes, und in den Bergen Ost-Arizonas kam es zu einem boomartigen Abbau von Bodenschätzen. Die Jicarilla brachte man in einem kleinen Reservat im nördlichen New Mexico unter. Die Chiricahua und die westliche Apache fochten einen erbitterten Kampf gegen einströmende Siedler, Minenarbeiter und Glücksritter. Die heftigen Kämpfe währten über 15 Jahre lang, wobei die Apache oft siegreich blieben. Doch wurden im Laufe der Zeit ihre kampffähigen Mannschaften unter so bekannten Führern wie Cochise und Geronimo durch die Vernichtung ganzer Lokalgruppen immer mehr reduziert. Von befestigten Forts aus, die die Weißen mitten im Apache-Gebiet errichtet hatten, verfolgten Kavallerietruppen die meist einzeln operierenden Apachegruppen. Trotz ihrer militärischen Überlegenheit gelang es den zahlenmäßig weit stärkeren Amerikanern erst 1887, die Indianer einzukesseln und endgültig zu besiegen. In der Folge wurden diese in drei Reservaten von San Carlos, Fort Apache und Camp Verde in Arizona untergebracht, wo sie unter der Aufsicht des Militärs Decken und Lebensmittelrationen erhielten. Über ihr weiteres Schicksal wird später noch zu berichten sein. Zunächst wollen wir uns wieder den seßhaften Indianern des Rio-Grande-Tales zuwenden.

Bei den Pueblo-Indianern begann sich der Einfluß der Anglo-Amerikaner ab 1850 bemerkbar zu machen. 1851 richteten die Weißen in Santa Fe eine Erzdiözese ein, von der neue Impulse auf die Hispanos und Indianer ausgingen. Mit missionarischem Eifer wurden die Indianer angehalten, ihre heidnischen Praktiken aufzugeben, und verschiedene Erziehungsprogramme wurden eingeleitet. Diese neue kirchliche Aktivität blieb allerdings auf die östlichen Pueblo beschränkt. Erst gegen Ende des Jahrhunderts ließen sich auch bei den Hopi protestantische Missionare nieder.

In New Mexico hatten die Anstrengungen der katholischen Kirche vor allem bei der nicht-indianischen Bevölkerung, den Hispanos und den Mischlingen, Erfolg. Längst zerfallene Missionen wurden wieder aufgebaut und neue mit dazugehörigen Schulen und Konventen errichtet. Mit dem Zustrom anglo-amerikanischer Siedler (Errichtung einer Bahnlinie) begannen sich auch die zivilen Autoritäten wieder stärker um die Indianer zu kümmern. Die Zahl der Hispanos war inzwischen stark angewachsen; sie bildeten neben den Indianern und Anglos eine eigene ethnische Gruppe, die für die Zeit der mexikanischen Unabhängigkeit auf 40.000 geschätzt wird, während die Zahl der Pueblo-Indianer zur gleichen Zeit auf 10.000 Personen gesunken war. Bis 1880 hatte sich die Bevölkerungsgruppe der Hispanos sogar verdoppelt, während die der Indianer konstant geblieben war.

Unter den Anglo-Amerikanern gingen die Pueblo immer mehr aus ihrer selbst gewählten Isolierung heraus. Denn die neuen Herren des Landes beanspruchten weder Indianerland noch beuteten sie indianische Arbeitskräfte aus, und sie verlangten auch keine Tributleistungen wie die Spanier. Zudem war der Schutz vor den nomadischen Nachbarn nun wirkungsvoller als in mexikanischer Zeit, denn nachdem die amerikanischen Truppen die Navajo unterjocht hatten, wandten sie sich gegen die Comanche, deren letzten Widerstand sie 1880 brachen. Unter diesen Umständen ist die damalige positive Einstellung der Pueblo-Indianer gegenüber den Anglos, wie sie die Amerikaner nannten, verständlich. Sie wurden, nachdem ihnen die Bürgerrechte als ehemalige mexikanische Bürger abgesprochen worden waren, den anderen indianischen Stämmen der USA gleichgesetzt. Man schaffte für sie Reservate, die recht großzügig bemessen waren und ihr altes Siedlungsland sowie angrenzende Jagdgebiete umschlossen. Um 1890 wurden auch für die westlichen Pueblo-Indianer Reservate eingerichtet und Indianeragenten als Kontaktleute angestellt. Mit Hilfe moderner landwirtschaftlicher Geräte und durch den Bau von Staudämmen und Bewässerungskanälen wurden in New Mexico die Anbauflächen vergrößert und die Produktion der Nahrungsmittel erhöht. Im Zuge dieser Entwicklung ging die Bedeutung der alten Handwerkstechniken wie das Deckenweben, deren Ergebnisse der Hauptanteil der Tributlast an die Spanier und Mexikaner ausgemacht hatten zurück. Die Hopi dagegen, bei denen die Herstellung von Decken keine kolonialistischen Reminiszenzen hervorruft, üben auch heute noch das Handwerk des Webens aus. Andererseits behielt im Osten die Töpferei ihre Bedeutung,

während sie im Westen fast völlig eingestellt wurde. Man kann allgemein sagen, daß während der ersten Phase der amerikanischen Herrschaft die traditionelle Pueblo-Kultur mit ihrem zeremoniellen Apparat weitgehend unberührt blieb. Auch die bald einsetzende protestantische Missionierung vermochte keine wesentlichen Einbrüche in das alte Wertsystem und die religiöse Ideologie zu erzielen. Diese sind erst im 20. Jahrhundert festzustellen, als den Indianern alle eigenen Zeremonien verboten und ihnen Programme erzwungener Anpassung vorgestzt wurden.

Die ersten Kontaktpersonen zwischen Indianern und Anglos waren Regierungsbeamte sowie katholische und später protestantische Missionare. Nach der Errichtung der Reservate und mit der Einführung der Schulpflicht setzte die systematische Ausrottung „un-amerikanischer" (– welch ein Hohn!) indianischer Sitten und Gebräuche ein. Sogenannte unmoralische und antichristliche Praktiken wurden angezeigt, und die Beamten des Indianerdienstes waren angewiesen, die indianischen Zeremonien zu unterbinden und die Veranstalter zu bestrafen. In den Internatsschulen, die mit voller Absicht weit außerhalb der Reservate errichtet wurden, sollten die indianischen Kinder ihr traditionelles Kulturerbe vergessen. Nicht selten wurden Kinder ohne Zustimmung der Eltern oder Verwandten in die Schulen eingewiesen, wo die indianischen Sprachen verboten waren und jede Überschreitung der vorgeschriebenen Richtlinien hart bestraft wurde.

Die Reaktion der Pueblo-Indianer auf diese Unterdrückungspolitik der Regierung und auf das Verhalten der Missionare, die dieses Programm unterstützten, bestand darin, die religiösen Zeremonien wie zur Zeit der spanischen Kolonialherrschaft, in den Untergrund zu verlegen. Ähnlich verhielten sich die bisher kaum betroffenen Zuni und Hopi. Obwohl inzwischen die Verbote von den Amerikanern längst aufgehoben worden sind, hat sich bis heute als die charakteristische Anpassungsform der Pueblo-Indianer die „Compartmentalization" erhalten, wie man die Zweigleisigkeit des kulturellen Lebens in der einschlägigen Literatur bezeichnet:

Nominell sind sie Christen und beachten die von der Regierung verhängten Gesetze, gleichzeitig aber halten sie unter strenger Geheimhaltung ihre alten religiösen Zeremonien ab und unterwerfen sich der traditionell-sakralen Führungsspitze sowie den alten Normen religiös-politischen Verhaltens. Diese für Nordamerika wohl einzigartige und erstaunlicherweise auch heute noch hervorragend funktionierende Form der Anpassung an eine dominierende andere Gesellschaft findet sich jedoch nur bei den östlichen Pueblo-Indianern. Die Hopi und Zuni lehnten demgegenüber von Anfang an strikt alle ihnen von außen aufgezwungenen Formen ab, mußten sich aber schließlich dem Druck der Anglo-Amerikaner beugen und besitzen heute sogar den von Washington geschaffenen, alle Dörfer vereinenden zentralen politischen Stammesrat.

Die entscheidenden Veränderungen bei fast allen indianischen Gruppen setzten ab etwa 1900 ein. Die amerikanische Bevölkerung nahm beträchtlich zu, wenn sie sich auch – mit Ausnahme des östlichen New Mexico und Albuquerque – auf Arizona konzentrierte, wo die ersten Städte entstanden. In dieser Zeit wuchs erstmals auch die Zahl der Pueblo-Indianer. Immer mehr Indianer, die trotz ausreichender Versorgung den alten Lebensstil nicht mehr als befriedigend empfanden, wanderten in amerikanische Großstädte ab, vor allem nach Denver, Albuquerque, Los Angeles und San Francisco. Hier waren die Arbeitsmöglichkeiten vielfältiger und das Angebot an Unterhaltung attraktiver, besonders wenn die jungen Indianer den Lebensstandard der unteren Mittelklasse erreicht hatten. Viele kehrten jedoch später wieder in ihr Dorf zurück oder hielten doch die Verbindung zu ihren nächsten Verwandten durch Besuche aufrecht. Im großen und ganzen ist die Anpassungsquote unter den Pueblo wesentlich höher als bei anderen Gruppen.

Als die Vereinigten Staaten die Herrschaft in New Mexico übernahmen, sahen sie sich den Indianern gegenüber in einer schwierigen Position, denn sie hatten ihnen als einstigen mexikanischen Staatsbürgern ihre Rechte garantiert. Die Indianer konnten also Grund und Boden erwerben und besitzen. Die volle Verfügungsgewalt über ihr Land wurde ihnen jedoch schon lange vor 1913 genommen, als auch sie de jure dem Innenministerium unterstellt wurden (s. oben). Der Verkauf von Grund und Boden wurde ihnen untersagt. Die Hispanos und Anglos, die Land von ihnen erworben hatten, mußten dieses zurückgeben, ohne dafür entschädigt zu werden. Es handelte sich dabei in erster Linie um Weideland. Als Staatsmündeln wurde den Indianern kostenlose Schulerziehung, ärztliche Betreuung und Unterstützung beim Ackerbau geboten, während die Hispanos von diesen Hilfen ausgeschlossen wurden. Heute, da die Indianer wieder freie Bürger sind, stehen sie sich oft besser als jene. Langsam beginnen sie auch ihre spanische Vergangenheit abzulegen: Sie übernehmen in immer stärkerem Maße die englische Sprache und sind Mitglieder verschiedener protestantischer Kirchen.

Die Spannungen zwischen Amerikanern und Pueblo-Indianern haben sich seit 1928, als der Meriam-Report die Unterdrückungspraktiken der Regierung aufdeckte, insbesondere aber seit 1934, als der „Indian Reorganization Act" den Indianern wieder eine entscheidende Mitsprache und Mitwirkung bei der Regelung ihrer eigenen Angelegenheiten zubilligte, stark reduziert. Wenn dennoch ein Pueblo-Indianer heute nicht jene vollen persönlichen Entscheidungsfreiheiten wie sein weißer amerikanischer Mitbürger besitzt, so liegt das an der strengen konservativen Grundhaltung seines „Dorfrates", der alle Nonkonformisten nach einem abgestuften Sanktionskatalog bestraft oder gar aus der Gemeinschaft ausschließt. Edward P. Dozier, selbst ein Pueblo-Indianer, beschreibt die gegenwärtige Situation wie folgt: „Nativistische und revivalistische Reaktionen sind in den Pueblos nicht entstanden. Diese Gemeinschaften haben nicht den schweren kulturellen Verlust erlitten, der die Basis für solche Reaktionen zu sein scheint, noch haben sie schwere ökonomische Entbehrungen erfahren. Die sozialen und religiösen organisatorischen Aspekte ihrer Kultur sind noch intakt. Sie sind allmählich von einer primären Abhängigkeit von der Ackerbauwirtschaft zu einem Kredit- und dann zu einem

Cash-System übergegangen. Der Wandel war nicht abrupt, und die Pueblos haben nicht jene soziale Desorganisation und Demoralisierung durchgemacht, die gewöhnlich solche Veränderungen hervorrufen. Die Pueblos gründen immer noch auf den traditionellen Institutionen, die modifiziert, aber nicht verdrängt und durch andere ersetzt wurden. Die alten Institutionen und die Techniken des Angst-Abbaus der traditionellen Kultur sind daher noch in Ordnung und effektiv. Da sie durch den anglo-amerikanischen Kontakt nicht ernsthaft in ihrer Existenz gefährdet worden sind, waren die Pueblos nicht gezwungen, die grundsätzliche Angemessenheit oder den Wert ihrer Kultur infrage zu stellen. Es ist tatsächlich so, daß die besondere Anziehungskraft, die ihre Zeremonien heute auf die Weißen haben, sie in ihrer Ansicht bestärkt, daß ihre Lebensweise noch immer die richtige ist."

Das Reservationssystem, unter dem alle Indianer in den Vereinigten Staaten leben mußten und noch müssen, beeinflußte fast alle Aspekte ihres Lebens; am stärksten machte es sich in der Sozialstruktur und der politischen Organisation bemerkbar. Nur die Pueblo-Indianer, die in autonom organisierten Dörfern lebten, unterlagen nicht den besonderen Bedingungen des Reservatssystems und dessen Veränderungen, und die Papago wurden erst 1917 dem allgemeinen Reservatssystem unterstellt. In anderer Weise fühlten auch die Navajo, die in stark isolierten Siedlungen über ein weit verstreutes Gebiet lebten, nicht unmittelbar den Zwang des Reservatslebens. Alle drei Gruppen hatten weitgehend ihre traditionelle Produktionsweise beibehalten können bzw. waren – wie die Navajo – mit Erfolg zu einer neuen Produktionsform übergegangen. Bei anderen Stämmen des Südwestens entstand indes eine Verwaltungsdominanz mit entsprechender Lähmung der lokalen politischen Organisation. Edward Spicer beschreibt diesen Prozeß am Bespiel der San Carlos Apache:

Als die San Carlos-Reservation in den 80er Jahren des vorigen Jahrhunderts eingerichtet wurde, trafen dort etwa 3.000 Indianer, die verschiedenen Lokalgruppen angehörten, zusammen, darunter auch die sogenannten Mohave-Apache (d. i. Yavapai). Diese Indianer wohnten in einer einzigen Siedlung in der Nähe des Forts. Sie erhielten von der amerikanischen Armee täglich Rationen und durften nicht auf die Jagd oder zum Sammeln von Wildpflanzen in die Berge ziehen. Bis 1904 lebten sie allein von den ihnen zugeteilten Lebensmitteln. Dann wurde die Armeekontrolle durch eine Verwaltung des „Bureau of Indian Affairs" ersetzt. Damals war es das Ziel der Amerikaner, die Apache zu seßhaften Ackerbauern umzuschulen. Dieses Vorhaben gelang sogar zum Teil, denn die Apache hatten früher selbst in kleinen Parzellen Mais und Kürbis angebaut. Die Amerikaner planten jedoch größere Anbauflächen mit Hilfe künstlicher Bewässerung zu schaffen. Dabei ging der Verwaltungsbeamte des BIA zu Werke, ohne die bestehenden politischen Instanzen der Indianer zu beachten. Er ernannte solche Personen, die er kannte und vorzog, zu Polizisten, bestimmte einige ältere Männer zu Schiedsrichtern, die in einem Gericht Fälle von Streitigkeiten schlichten sollten, wählte die Saatfrüchte aus, plante die Aussaat und überwachte den Anbau. Er ging sogar so weit, ohne die Indianer überhaupt zu befragen, deren gutes Weideland an amerikanische Viehzüchter zu verpachten. Im Laufe der Zeit wurden immer größere Teile des Reservates verpachtet, die Einkünfte daraus wurden an die Treuhandschaftsverwaltung des Innenministeriums abgeführt, während die tatsächlichen Besitzer praktisch keine Verfügungsgewalt über ihr eigenes Geld hatten. Im Laufe der Jahre wurde die Reservatsverwaltung noch diktatorischer ausgeübt. Der Superintendent verfügte eigenmächtig mit einem Stab von bezahlten Angestellten über die Ressourcen des Reservates. Nirgends gab es eine lokale Regierungsinstitution, die seine Entscheidungen überprüft oder gar die Teilnahme von Indianern an diesen Entscheidungen gefordert hätte. 1922 waren die Apache praktisch Entrechtete auf ihrem eigenen Land, das zu großen Teilen an weiße Rancher verpachtet war und wo sie mitunter als Cowboys Beschäftigung fanden. Andere Apache hatten das Reservat verlassen und arbeiteten als Bauarbeiter bei verschiedenen Wasserprojekten der Amerikaner. Als die amerikanische Regierung beschloß, in der Nähe der größten Apache-Siedlung des Reservats einen Staudamm zu bauen und ein großes Speicherbecken aufzufüllen, das die alte Siedlung unter Wasser setzte, mußten die Indianer in zwei neu eingerichtete Siedlungen umziehen, die vom Superintendenten geplant worden waren. Das „Bureau of Indian Affairs" entschied in diesem Zusammenhang nun, daß die Apache zu Viehhaltern ausgebildet werden sollten. Die alten Pachtverträge mit den amerikanischen Ranchern wurden nicht mehr erneuert, und die Apache erhielten ihr gesamtes Weideland zur eigenen Verfügung zurück. Fachleute des BIA begannen mit der Entwicklung einer Apache-eigenen Viehzucht. Auch der Ausbau neuer Farmen in der Nähe der beiden Siedlungen wurde geplant. Als jedoch das Ackerland zum Anbau bereit stand, wußten die Apache nicht, wem dieses Land nun eigentlich gehörte, denn sie selbst waren bei der Planung nicht gefragt worden. Die alten traditionellen Strukturen, ihre Lokalgruppen, hatten sich aufgelöst, und neue Organisationen, die an ihre Stelle hätten treten können, vermochten sich nicht herauszubilden. Fünfzig Jahre der „Verplanung" durch Regierungsbeamte hatten ein Vakuum in ihrer Gesellschaftsstruktur hinterlassen. Wo früher ein dynamischer Organismus mit politisch unabhängigen Lokalgruppen herrschte, fand man jetzt nur noch eine Ansammlung mehr oder weniger apathischer Indianer vor. Die alte Apache-Gesellschaft war infolge der Überwachung und Verplanung durch die Superintendenten des BIA restlos zerstört.

Wie die meisten Südweststämme waren die Apache dem „Allotment Act", d. h der Aufteilung des Landes in Privatparzellen, entgangen. Was man ihnen aber zunächst in den 80er Jahren als Reservatsland gegeben hatte, wurde um nahezu Dreiviertel seiner ursprünglichen Ausdehnung reduziert, als man dort reiche Kupfervorkommen entdeckte. Trotz allem war ihnen mit den restlichen 1.500.000 Morgen das reichste Weideland von Arizona verblieben.

Am Beispiel der Navajo kann ein anderer Prozeß indianischen Kulturwandels aufgezeigt werden. 1960 stellten die Navajo den größten „Stamm" innerhalb der Indianer in den USA. Von den 8.000 Navajo, die 1864 in Bosque Redondo bei Fort Sumner gefangen worden waren, stieg die Bevölkerungszahl in den folgenden 100 Jahren auf mindestens 100.000 Personen an. Seit ihrer Rückkehr von Fort Sumner hatten sie einen gewissen Grad von Stammessolidarität entwickelt. Ihr riesiges Reservat von 15 Millionen Morgen machte eine lückenlose Überwachung durch amerikanisches Verwaltungspersonal unmöglich. Die Entwicklung der Schafzucht erlaubte ihnen zugleich eine marginale Subsistenz, die sie von der amerikanischen Regierung wirtschaftlich weitgehend unabhängig machte. In den 20er und 30er Jahren wurden die Navajo dazu ermutigt, neue Formen interner Organisation zu entwickeln. Man nannte diese ersten lokalen Verwaltungseinheiten „Kapitel" (chapter). Später bildete sich eine übergreifende Organisation heraus, das „Business Committee", das die Beziehungen aller Gruppen zu den Weißen regelte. Ab 1930 wurde dieses Komitee zu einer effektiven Verwaltungsorganisation auf repräsentativer Basis, die den von der Regierung in anderen Stämmen geschaffenen Stammesräten entsprach, ausgebaut. Ohne eine formale Konstituierung arbeitete diese Organisation bis in die 60er Jahre hinein recht erfolgreich. Mit Hilfe eines eigenen Rechtsanwaltes schuf das Komitee während und nach der Zeit der großen Viehreduktion ein eigenes Weiderecht und organisierte die Entwicklung der Ressourcen. Hierzu gehörten die Einrichtung eines Sägewerkes und die Entwicklung von Öl- und Gasvorkommen sowie anderer Bodenschätze. 1957 hatte der Navajo-Stamm, inzwischen als „Business Corporation" organisiert, ein jährliches Einkommen von etwa 35 Millionen Dollar allein aus den Pachterlösen der Öl- und Gasvorkommen. Diese Einnahmen wurden verwendet, um weitere Entwicklungsprojekte voranzutreiben. 10 Millionen Dollar wurden beiseite gelegt, als 1959 ein Treuhandschaftsfond für Stipendien von Navajo-Kindern gegründet wurde. Die amerikanische Regierung unterstützte die Aufbaupläne der Navajo durch Straßenbauten, die Errichtung von Schulen und durch andere Infrastrukturprogramme. 1960

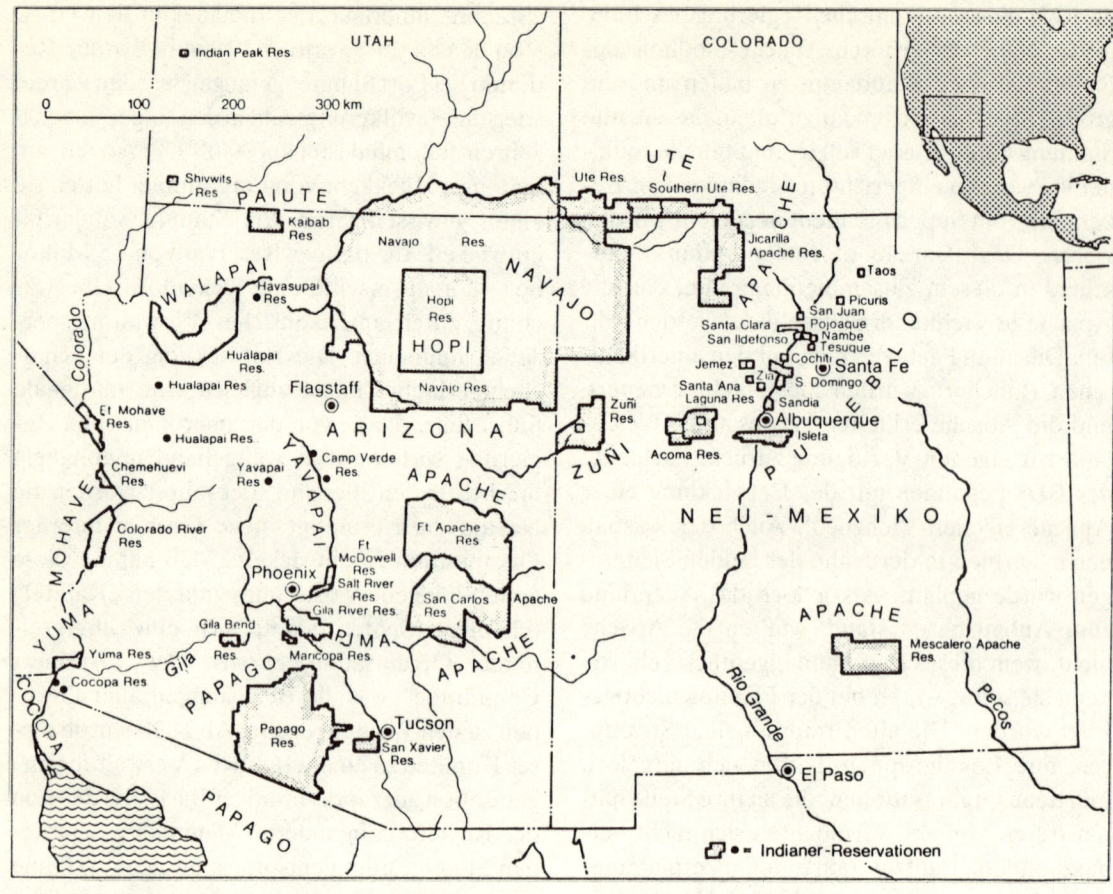

Verbreitung der Indianer des Südwestens der USA und ihre heutigen Reservate.

galt der Navajo-Stamm als anerkannte politische Einheit innerhalb der amerikanischen Gesellschaft. Die meisten Indianer auf dem Reservat verwendeten die Navajosprache. Auch als Schriftsprache war sie in den 30er und 40er Jahren vom „Bureau of Indian Affairs" anerkannt worden. Die Wahlsatzungen, eine Zeitung und historische Studien wurden auf Navajo geschrieben. Selbst ein Museum („Museum of Navajo Ceremonial Art" in Santa Fe) und einen eigenen Komplex von Naturschutzgebieten organisierte der Stamm. Das religiöse Leben auf dem Reservat spielte sich auf mehreren Ebenen ab. Katholische Missionsstationen und Schulen der Franziskaner waren weit verbreitet. 1950 wurden rund 12.000 getaufte Katholiken gezählt. Mehr als 15 aktive Protestantengruppen unterhielten Missionsprogramme. 14 % der Navajo waren Mitglieder der „Native American Church", die seit 1940 schnell eine große An-

hängerschaft gefunden hatte. Ungeachtet der vielfältigen kirchlichen Aktivitäten hielten die Indianer jedoch nach wie vor an ihren alten Zeremonien fest. Unter ihnen war vor allem die Blessingway-Zeremonie nicht nur von religiöser Bedeutung, sondern besaß auch einen hohen psychotherapeutischen Wert, so daß sie selbst von den weißen Reservatsärzten gefördert wurde.

Durch den starken Bevölkerungszuwachs ist die wirtschaftliche Situation der Navajo in neuester Zeit jedoch immer prekärer geworden. Das Land kann seine Bewohner nicht mehr von den eigenen Erträgen ernähren. Auch der Abbau von Bodenschätzen, weitgehend automatisiert, beschäftigt nur noch eine kleine Zahl von Personen. So ist heute das Durchschnittseinkommen der Navajo wieder gesunken, die Hoffnungslosigkeit ist weit verbreitet, und der Alkoholismus findet wieder seine Opfer. Ob ein neues großes Abbauprogramm von Kohle diese Situation wesentlich bessern wird, bleibt abzuwarten. Von größerer Bedeutung wird das vorgesehene und bereits begonnene Bewässerungsvorhaben im Norden des Reservates sein.

## Literaturauswahl

*Aberle, David F.:* The Peyote Religion among the Navaho. (Viking Fund, Publications in Anthropology, 42). New York 1966

*Adams, William Y.:* Shonto: A Study of the Role of the Trader in a Modern Navaho Community. (Bureau of American Ethnology, Bull. 188). Washington 1963

*Basso, Keith H.:* The Cibecue Apache. New York 1970

*Basso, Keith H. (ed):* Western Apache Raiding and Warfare. From the notes of Grenville Goodwin. Tucson 1971

*Basso, Keith H. and Morris Opler (eds):* Apachean Culture History and Ethnology. (University of Arizona, Anthropological Papers, 21). Tucson 1971

*Beals, Ralph L.:* The Comparative Ethnology of Northern Mexico Before 1750. (Ibero-Americana, 2). Berkeley 1932

*Beals, Ralph L.:* The Contemporary Culture of the Cáhita Indians. (Bureau of American Ethnology, Bulletin 142). Washington 1945

*Benedict, Ruth:* Zuni Mythology. 2 Vols. New York 1935

*Bennet, John W.:* Die Interpretation der Pueblo-Kultur: Eine Frage der Werte. In: W. E. Mühlmann u. E. W. Müller (Hrsg.) „Kulturanthropologie". Köln u. Berlin 1966

*Bennett, Wendell C. and Robert M. Zingg:* The Tarahumara. Chicago 1935

*Bunzel, Ruth L.:* Introduction to Zuni Ceremonialism. (Bureau of American Ethnology, 47th Annual Report). Washington 1932

*Castetter, Edward F. and Willis H. Bell:* Pima and Papago Indian Agriculture. (Inter-American Studies, 1). Albuquerque 1942

*Castetter, Edward F. and Willis H. Bell:* Yuman Indian Agriculture. Albuquerque 1951

*Downs, James F.:* Animal Husbandry in Navajo Society and Culture. (University of California, Publications in Anthropology, 1). Berkeley 1964

*Downs, James F.:* The Navajo. New York 1972

*Dozier, Edward P.:* Hano. A Tewa Indian Community in Arizona. New York 1966

*Dozier, Edward P.:* The Pueblo Indians of North America. New York 1970

*Dyk, Walter:* Son of Old Man Hat. A Navaho Autobiography. New York 1938

*Eggan, Fred:* Social Organization of the Western Pueblos. Chicago 1950

*Fábila, Alfonso:* Las Indios Yaquis de Sonora. México 1945

*Fontana, Bernhard L. et al.:* Papago Indian Pottery. Seattle 1964

*Forbes, Jack D.:* Apache, Navaho, and Spaniard. Norman 1960

*Forde, Daryll:* Ethnography of the Yuma Indians. (University of Claifornia, Publications in American Archaeology and Ethnology 28). Berkeley 1931

*Gifford, Edward W.:* The Southeastern Yavapai. (University of California, Publications in American Archaeology and Ethnology 29). Berkeley 1932

*Gilpin, Laura:* The Enduring Navaho. Austin 1968

*Goddard, Pliny E.:* Indians of the Southwest. New York 1921[2]

*Goodwin, Grenville:* The Social Organization of the Western Apache. Chicago 1942

*Griffen, William R.:* Notes on Seri Indian Culture. Sonora, Mexico. (Latin American Monographs, 10). Gainesville 1959

*Gunnerson, Dolores A.:* The Jicarilla Apache. De-Kalb 1974

*Harrington, John P.:* Ethnogeography of the Tewa Indians. (Bureau of American Ethnology, 29th Annual Report). Washington 1916

*Haury, Emil W. (ed):* Southwest Issue of the American Anthropologist. (American Anthropologist 56, no. 4). Menasha 1954

*James, Harry C.:* Pages from Hopi History. Tucson 1974

*Joseph, Alice et al.:* The Desert People: A Study of the Papago Indians of Southern Arizona. Chicago 1949

*Kirchhoff, Paul:* Las tribus de la Baja California y el libro del P. Baegert. México 1942

*Kluckhohn, Clyde and Dorothea Leighton:* The Navaho. Cambridge 1946

*Kluckhohn, Clyde et al.:* Navaho Material Culture. Cambridge 1971

*Lange, Charles H.:* Cochiti: A New Mexico Pueblo Past and Present. Austin 1959

*Lindig, Wolfgang:* Die Seri. (Internationales Archiv für Ethnographie 49). Leiden 1959

*Lindig, Wolfgang:* Der Riesenkaktus in Wirtschaft und Mythologie der sonorischen Wüstenstämme. (Paideuma 9 : 27-62). Wiesbaden 1963

*Lumholtz, Carl:* Unknown Mexico. 2 vols. New York 1902

*Mails, Thomas E.:* The People Called Apache. Englewood Cliffs 1974

*Newcomb, W. W., Jr.:* The Indians of Texas. Austin 1961

*Opler, Morris E.:* An Apache Life-Way: The Economic, Social and Religious Institutions of the Chiricahua Indians. Chicago 1941

*Opler, Morris E.:* Apache Odyssey. New York 1969

*Ortiz, Alfonso:* The Tewa World. Chicago 1969

*Ortiz, Alfonso (ed):* New Perspectives on the Pueblos. Albuquerque 1972

*Parsons, Elsie C.:* Pueblo Indian Religion. 2 vols. Chicago 1939

*Pennington, Campbell W.:* The Tarahumar of Mexico. Salt Lake City 1963

*Pennington, Campbell W.:* The Tepehuan of Chihuahua. Salt Lake City 1969

*Reichard, Gladys A.:* Navaho Religion. 2 vols. New York 1950

*Russell, Frank:* The Pima. (Bureau of American Ethnology, 26th Annual Report). Washington 1908

*Shepardson, Mary:* Navajo Ways in Government (American Anthropological Association, Memoir 96). Menasha 1963

*Simmons, Leo W. (ed):* Sun Chief. The Autobiography of a Hopi Indian. New Haven 1942

*Sonnichsen, C. L.:* The Mescalero Apaches. Norman 1958

*Spicer, Edward H.:* Pascua. A Yaqui Indian Village in Arizona. Chicago 1940

*Spicer, Edward H.:* Potam. A Yaqui Village in Sonora. (American Anthropological Association, Memoir 77). Menasha 1954

*Spicer, Edward H.:* Cycles of Conquest. The Impact of Spain and the United States on the Indians of the Southwest. Tucson 1962

*Spier, Leslie:* Havasupai Ethnography. (American Museum of Natural History, Anthropological Papers, 29). New York 1928

*Spier, Leslie:* Yuman Tribes of the Gila River. Chicago 1933

*Stevenson, Matilda C.:* The Zuni Indians. (Bureau of American Ethnology, 23rd Annual Report). Washington 1904

*Thompson, Laura:* Culture in Crisis. A Study of the Hopi Indians. New York 1950

*Underhill, Ruth:* Social Organization of the Papago Indians. (Columbia University, Contribution to Anthropology, 30). New York 1939

*Underhill, Ruth M.:* Ceremonial Patterns in the Greater Southwest. (American Ethnological Society, Monograph 13). New York 1948

*Weaver, Thomas (ed):* Indians of Arizona. A Contemporary Perspective. Tucson 1974

## 10. Die Indianer Zentralmexikos: Die bäuerliche Welt der alten Hochkulturen

Das Kulturareal von Zentralmexiko (= Nördliches Mesoamerika) erstreckt sich vom nördlichen Wendekreis bis zum Isthmus von Tehuantepec. Es umfaßt noch heute eine Vielzahl von indianischen Bevölkerungsgruppen. Ihre kulturmorphologischen Gemeinsamkeiten kann man in einem Überblick folgendermaßen zusammenfassen:

Der Maisbau stellt die Subsistenzgrundlage dar;

im Wirtschaftsleben bilden Märkte einen wichtigen Faktor;

die Gehöfte sind in Streulage um ein Dorfzentrum mit einem Schutzheiligen angeordnet;

die Arbeitsteilung erfolgt nach Geschlechtern: Männer übernehmen schwere Arbeiten und sind Leiter der traditionellen Kulte, Frauen führen häusliche Arbeiten aus und sind stärker an den von Spaniern eingeführten christlichen Riten beteiligt;

die Familien sind innerhalb größerer Verbände selbständig (ohne Sippen- oder Klanoligarchie), nur in größeren Gemeinden existieren territoriale Gliederungen zwischen den Familien und der Gemeindespitze; in sich sind die Familien hierarchisch gegliedert, mit patrifokaler Dominanz;

die Verwandtschaftsrechnung ist bilateral mit leicht patrilinearer Tendenz bei Namensgebung und Erbgang;

Heiraten werden von den Älteren vermittelt (rituelle Besuche, Geschenkaustausch), Brautdienst oder temporäre Uxorilokalität kommen gelegentlich vor;

die politische Organisation der indianischen Dörfer ist als unterste Stufe in die von den Spaniern bzw. Mexikanern eingeführte staatliche und kirchliche Verwaltung eingebettet;

eine eigene soziale Klassenstruktur ist zwar nicht (mehr) vorhanden – soweit man die Indianer nicht als unterstes Glied der mexikanischen Gesellschaft betrachten will –, aber Prestige, Reichtum, Macht und persönliche Leistungen des einzelnen haben ein beträchtliches soziales Gefälle verursacht;

eine Altershierarchie, vor allem unter Männern, ist ausgeprägt und mit der Ausübung von Ämtern in der politisch-religiösen Hierarchie verknüpft;

wichtigste Stationen des Lebens sind die Taufe und die Heirat, Pubertätsriten fehlen, der Tod wird als natürliches Ereignis angesehen;

Krankheiten werden häufig Substanzen zugeschrieben, die auf verschiedene Weise – zumeist durch die Luft – in den Körper gelangen können;

Krankenheiler sind Spezialisten, die mit den *heilenden* oft zugleich über schädliche magische Kräfte verfügen;

die übernatürliche Welt besteht aus Geistwesen, sie sind eingeordnet in eine vage Hierarchie von Gottheiten mit einem obersten Gott und verschiedenen Heiligen der katholischen Kirche, die häufig heidnische Attribute und Machtbefugnisse besitzen;

die heidnischen Mächte werden mit Naturkräften identifiziert (Wind, Regen, Blitz);

der Heiligenkult ist stark ausgeprägt und um ein Kultzentrum mit Heiligendarstellungen in Form von Hausaltären oder in speziellen Tempeln organisiert;

der Jahresablauf wird nach dem europäischen Kalender reguliert und von verschiedenen Festen begleitet, das Ritual des örtlichen Schutzpatrons ist wichtigstes Ereignis des Jahres;

daneben steht ein heidnischer Kalender, der hauptsächlich divinatorischen Charakter hat und mit den Ackerbauriten verbunden ist;

das Weltbild ist animistisch in dem Sinne, daß man glaubt, die Welt sei von Geistern, Totenseelen, Zauberern und Naturkräften bevölkert;

Vorzeichen, Träume und Talismane sind von Bedeutung;

rituelle Konformität ist wichtiger als innere Frömmigkeit.

Aus den uns archäologisch gut bekannten alt-indianischen Reichen der Azteken, Zapoteken, Mixteken, Tarasken und Totonaken ist nur die bäuerliche Grundbevölkerung übriggeblieben. Die sakrale und profane Führungsschicht, die von der obersten Klasse einer streng hierarchisch gegliederten Gesellschaft gestellt wurde, ist von den Spaniern schon in der frühen Kolonialzeit restlos zerstört worden. Die heutige bäuerliche Bevölkerung geht auf die alte Basis jener Superstrukturen zurück; sie lebt noch in teils geschlossenen, teils aber regional stark zersplitterten Restgruppen inmitten einer ziemlich homogenen Mischlingskultur spanischen Gepräges fort. Als „indianisch" gelten nur jene Bevölkerungsgruppen, die ihre ursprüngliche indianische Kultur noch relativ gut erhalten haben, indem sie sich – mono- oder bilingual – ihrer eigenen Sprache bedienen und ihr eigenes Wertsystem bewahrt haben. Man schätzt ihre Zahl im gesamten heutigen Mexiko auf zwei bis drei Millionen.


a) Lebensraum: Das zentrale Hochland und das südliche Bergland

Zentralmexiko setzt sich aus einer Reihe von Hochebenen und Beckenlandschaften zusammen, die, parallel zur pazifischen und atlantischen Küste, von hohen Gebirgszügen begrenzt werden. Die westliche pazifische Küstenzone besteht nur aus einem schmalen Streifen von wenigen Kilometern Tiefe, weil hier das südliche Sierra Madre Occidental-Massiv bis fast zur Küste vorstößt. Östlich dieser Gebirgskette erhebt sich eine weite innere Hochebene, die Mesa Central, mit dem Valle de México und weiteren großen Talbecken. Die Mesa Central, die eine durchschnittliche Meereshöhe von 2200 m aufweist, wird im Süden von der neovulkanischen Gebirgszone, die von West nach Ost durch ganz Zentralmexiko verläuft, abgeschlossen. Die bekanntesten Vulkankegel sind der Popocatépetl (5452 m) und der Iztaccihuatl (5286 m) am Ostrand des Beckens von México, ferner der weiter östlich gelegene Malinche (4461 m) und der noch weiter östlich von diesem aufragende Pik von Orizaba oder Citlaltépetl, der mit 5700 m der höchste Berg Mexikos ist. Im Osten wird die Hochebene mit ihren Beckenlandschaften von der Sierra Madre Oriental abgeschlossen. Jenseits fällt das Land allmählich bis auf das atlantische Küstenvorland ab, das hier eine breite Zone bildet. Südlich der neovulkanischen Gebirgszone liegt das „südmexikanische Gebirgsland", ein stark zerklüftetes Gebiet, das von der Sierra Madre del Sur und der Sierra Madre de Oaxaca beherrscht wird. Es erstreckt sich bis zum 215 km breiten Isthmus von Tehuantepec im Süden, der die Grenze des von uns hier behandelten Kulturraumes bildet. Entsprechend der beschriebenen geographischen Verhältnisse unterscheidet man verschiedene Landschafts- und Klimazonen, auf die vor allem die Meereshöhe einen bestimmenden Einfluß ausübt:

1. Die Tierra Caliente, die feucht-heiße Küstenzone beiderseits der hohen Gebirgsketten, die die innermexikanische Hochebene von den beiden Ozeanen abschirmt; sie reicht bis zu 800 m Seehöhe und besitzt vor allem am Golf von Mexiko eine größere Ausdehnung;

2. die Terra Templada mit gemäßigt-heißem Klima und einer Seehöhe bis zu 1700 m (Obergrenze des Reis-, Baumwoll- und Zuckerrohranbaus);

3. die Tierra Fría, das „Kalte Land", das die

höher gelegenen Berg- und Beckenregionen kennzeichnet. Die Maisanbaugrenze reicht in einzelnen Lagen bis weit in diese Zone – bis zu einer Höhe von 3000 m – hinein.

Das Klima der Tierra Caliente ist tropisch bis subtropisch, mit sehr feuchten und heißen Sommern, die Vegetation ist hier, bedingt durch die hohen Niederschläge und die Wärme, sehr reich und üppig. Die Tierra Templada, die gemäßigte Zone, variiert in Niederschlagsmenge und Vegetationsdecke; sie ist im allgemeinen im Osten feuchter als im Westen. Hauptanbaupflanzen sind hier neben Mais und Bohnen, die die Grundlage der indianischen Ernährung bilden, namentlich Kaffee, Zitrusfrüchte und Zuckerrohr. Die Tierra Fría, das Hochland, ist eine vegetationsarme Trockensteppe, die von Sukkulenten, verschiedenen Kaktusarten und anderen Trockengewächsen beherrscht wird. Nur mit künstlicher Bewässerung können hier Kulturpflanzen gedeihen. Die in dieser Zone liegende Mesa Central ist abflußlos.

Die Bergketten der Sierra Madre Occidental und der anderen Gebirgsmassive sind durch tiefe Einschnitte und Becken stark gekammert. Sie erhalten teilweise ausreichende Niederschläge aus beiden Himmelsrichtungen. Ein Bodenbau ist hier also möglich, doch müssen oftmals erst Terrassen angelegt werden, um größere Nutzflächen zu schaffen. In der Sierra Madre del Sur bildet das Tal von Oaxaca die einzige natürliche Tallandschaft. Es sind also namentlich die Täler der großen Gebirgsmassive Zentralmexikos – und nicht die Mesa Central –, die genügend Niederschläge empfangen und somit einen Bodenbau gestatten. Hier lebte die Mehrzahl der indianischen Bevölkerung.

*Verbreitung der ethnischen Gruppen*

Für eine Grobgliederung der Bevölkerungsgruppen nach Kulturräumen bietet sich die Aufteilung in (A) das zentralmexikanische Hochland und (B) das südmexikanische Gebirgsland an. Die atlantische Küstenzone, die von den Huaxteken, einem Maya-sprechenden Stamm, bewohnt wird, klammern wir aus, weil dieser

Kulturtyp im Kapitel „südliches Mesoamerika" besprochen wird.

(A) Die im zentralmexikanischen Hochland lebenden indianischen Bevölkerungsgruppen gehören überwiegend vier Sprachfamilien bzw. Stämmen an:

1. Die Nahua stellen mit rund 650.000 Menschen den größten Anteil an der heutigen indianischen Bevölkerung ganz Mexikos.* Sie sind die Reste eines Stammes, der zur Sprachfamilie des Nahuatl zählte und früher über den ganzen Zentralteil des Hochlandes verbreitet war. Die noch Nahuatl sprechenden Nahua leben namentlich im Staate Puebla. Kleinere Gruppen finden sich aber auch in den Staaten Hidalgo, México, Tlaxcala und Morelos sowie im Distrito Federal der Hauptstadt Mexico-Stadt.

Eine weitere Gruppe bilden die Otomí (270.000). Sprachlich rechnet man zu dieser früher ebenfalls weit verbreiteten Sprachfamilie die eigentlichen Otomí, ferner die Mazahua, die Ocuiltec, die Pame und die Matlatzinca. Sie bewohnen heute vor allem die innere Hochebene,

_____

*Die Zahlen sind dem „Handbook of Middle American Indians", Vol. 6 (1967) entnommen.

die Mesa Central, wo sie nördlich und westlich des Staates México unmittelbar an die Nahua angrenzen. In vorspanischer Zeit schirmten sie die seßhaften und kulturell hochentwickelten Bewohner des südlichen Hochtales gegen die Nomaden des Nordens ab.

3. Die Totonaken (170.000) nehmen Teile der Staaten Puebla und Vera Cruz ein mit dem (heutigen) Kerngebiet an der Grenze dieser beiden Staaten, d. h. am Osthang der südlichen Sierra Madre Oriental, sowie im Tiefland von Papantla. Sprachlich sind ihnen die Tepehua verwandt, mit denen sie gemeinsam die Sprachfamilie des Totonakischen bilden. In ihrer Kulturausprägung standen die Totonaken in vorkolonialer Zeit den mesoamerikanischen Hochkulturvölkern der Tolteken und Azteken nahe, doch besaßen die Tiefland-Totonaken eine Reihe von Kulturzügen, die auf enge Beziehungen zum zirkum-karibischen Kulturraum deuten (s. Die zirkum-karibischen Indianer).

4. Die Huaxteken (67.000) haben ihren Sitz an der atlantischen Golfküste und in dem Hinterland von Vera Cruz sowie dem Staat San Luis Potosí; sprachlich gehören sie zu den Maya.

5. Die Tarasken (45.000) besiedeln den

Verbreitung indianischer Stämme im heutigen Mexiko nördlich des Isthmus von Tehuantepec.

westlichen und zentralen Teil des nördlichen Michoacan (Westmexiko), um den See von Patzcuaro. Ihr Verbreitungsgebiet reichte in vorspanischer Zeit weiter nach Osten und Süden bis zum Rio de las Balsas, während sich ihr heutiges Wohngebiet fast ganz auf die Tierra Fría der südlichen Sierra Madre Occidental beschränkt. Die Tarasken gehören zu den wenigen indianischen Völkern, die nicht von den Azteken unterworfen worden waren, sondern ihre politische Unabhängigkeit bis nach der Eroberung des aztekischen Reiches durch die Spanier bewahrten.

Einige kleinere Stämme, die im mittleren Teil der Sierra Madre Occidental leben, wie die Cora, Huichol, Tepehuan und Tepecano zählt man kulturanthropologisch zu den nordwestmexikanischen Indianern, die im Kapitel „Der Südwesten" kurz behandelt worden sind.

(B) Im südmexikanischen Gebirgsland ist eine Vielzahl indianischer Bevölkerungsgruppen beheimatet. Die indianische Tradition hat sich hier stärker erhalten als im Norden, weil der spanische Einfluß weitaus geringer war als im Hochtal von Mexiko und insgesamt erst viel später einsetzte. Unter den Indianern dieses Berglandes stellen die Zapoteken und die Mixteken die Mehrheit.

1. Die Zapoteken von Oaxaca (230.000) bewohnen die Sierra Madre del Sur bis zum Isthmus von Tehuantepec und zerfallen in mehrere sprachliche Untergruppen, wobei größere kulturelle Unterschiede zwischen den Berg-Zapoteken des Nordens und den Tal-Zapoteken des Südens bestehen. In den (heute) größeren Städten sowie im gesamten Isthmusgebiet ist bereits eine starke Mestizisierung festzustellen.

2. Die Mixteken (185.000) bewohnen den nördlichen und westlichen Teil des Staates Oaxaca, ein stark zerklüftetes Bergland, bis hin zur pazifischen Küste. Man unterscheidet zwischen dem inneren Berg- und Plateaugebiet (Mixteca Alta), der legendären Heimat der Mixteken, dem tiefer gelegenen Teil am Rio Mixteco (Mixteca Baja) sowie der Küstenregion (Mixteca Costa). Das Mixtekenreich war zur Zeit der Ankunft der Spanier den Azteken tributpflichtig,

nachdem es zuvor die zapotekische Herrschaft abgeschüttelt hatte.

3. Die Mazateken (78.000) konzentrieren sich auf den nördlichen Teil des Staates Oaxaca.

4. Die Mixe (46.000) und die Zoque (18.000) leben im östlichen Oaxaca und in angrenzenden Teilen von Chiapas. Das ganze Gebiet ist, wie die Mixteca Alta, gebirgig und stark gekammert; es wird noch von weiteren größeren und kleineren Ethnien bewohnt.

Die meisten Splittergruppen gehören der Macro-mixtekischen Sprachgruppe an: Chatino (14.000), Cuicatec (10.000), Popoluca (25.000), Popoloca (17.000), Tlapanec (18.000), Chinantec (35.000), Chontal (25.000). Noch kleinere Gruppen bilden die Trique, Amuzgo und Huave.*

b) Lebensunterhalt: Mais und die Vielfalt der subtropischen Pflanzenwelt

In allen indianischen Ethnien Zentralmexikos bildet der Bodenbau die Grundlage der Selbstversorgung. Wichtigste Anbaupflanze ist der Mais, der nach neuesten archäo-botanischen Untersuchungen bereits im 5. Jahrtausend v. Chr. im Tal von Tehuacán, im Süden des Staates Puebla, aus einer primitiven, kleinkolbigen Wildmaisart gezüchtet worden ist. Da das Vorkommen von Mais auch in Südamerika bereits aus sehr früher Zeit archäologisch bezeugt ist, kann nicht ausgeschlossen werden, daß sowohl in Mesoamerika als auch in Südamerika (Anden?) unabhängig voneinander diese wichtigste indianische Nahrungspflanze aus lokalen Wildformen gezüchtet worden ist. Die Belege für einen Kontakt zwischen den Hochkulturzonen Alt-Amerikas (Mesoamerika und zentrales Andengebiet) sind bisher für eine so frühe Zeit viel zu karg und ungesichert, um nachweisen zu können, daß Mais nur in einem Kulturbereich entwickelt und von dort über Tausende von Ki-

---

* Es wird hier, soweit die Namen nicht eingedeutscht sind, die im „Handbook of Middle American Indians" übliche Schreibweise übernommen.

150

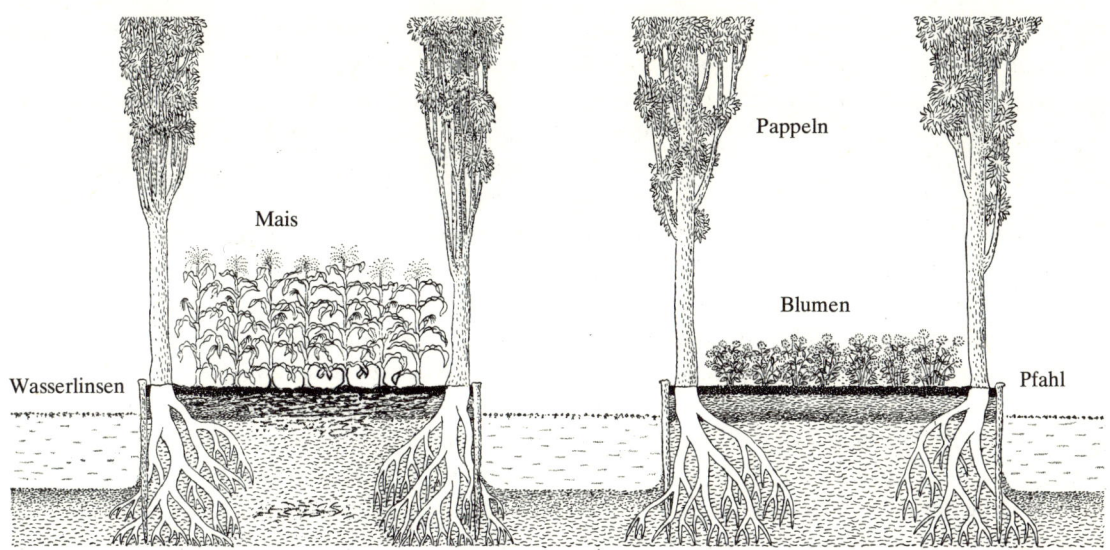

Querschnitt durch die Chinampas, Hochtal von Mexiko (Coe 1964).

lometern hinweg in eine andere Hochkulturwelt verbreitet wurde. Für Mesoamerika steht jedenfalls fest, daß Mais und andere wichtige Nahrungspflanzen wie Bohne (Phaseolus) und Kürbis (Cucurbita) im Gebiet des zentralen Mexiko domestiziert worden sind und schon in präklassischer Zeit (etwa 1500 bis 200 v. Chr.) die Grundnahrung der Indianer bildeten. Vor der Einführung europäischer Getreidearten spielte der Anbau von Amaranth (Amaranthus) im Hochland eine gewisse Rolle. Aber auch Kakao (Theobrama cacao), Tomate (Lycopersicum, Physalis), Vanille (Vanilla planifolia), Ananas, Camote oder Süßkartoffel (Ipomoea batatas), süßer Maniok (Manihot esculenta, M. dulcis), Papaya (Carica papaya), Chili-Pfefferschoten (Capsicum), Baumwolle (Gossypium hirsutum) und Tabak (Nicotiana tabacum, N. rustica) waren hier bereits bekannt. Die meisten dieser Kulturpflanzen stammen aus den Tiefländern der Golfküste.

Im allgemeinen waren die Anbaumethoden der indianischen Pflanzer in vorkolonialer Zeit – und sind es übrigens heute noch – recht primitiv und unterscheiden sich nicht wesentlich von denen der einfachen Bodenbaukulturen anderswo. Der Grabstock diente als Universalinstrument; heute sind Feldhacke, Pflug und andere Geräte europäischen Ursprungs fast überall an seine Stelle getreten. Daß es jedoch in Me-

soamerika schon gegen Ende des Präklassikums trotz dieses primitiven Grabstockbaus zu einem starken Bevölkerungszuwachs infolge guter Nahrungsversorgung kommen konnte, ist namentlich der Kenntnis und Anwendung intensiver Formen der Bodennutzung zu verdanken: Man verstand es bereits, die Felder in Gebirgsgegenden zu terrassieren und aride Zonen zu bewässern, wobei nicht nur die Techniken der Brunnen–,sondern auch der Kanalbewässerung und des Überflutungssystems beherrscht wurden. Nur in der Tierra Caliente der Küste waren natürliche Voraussetzungen für hohe Erträge (starke Niederschläge, keine Frostperiode) gegeben, so daß hier sogar zwei Ernten im Jahr erzielt werden konnten.

Eine einmalige Sonderform des Bodenbaus stellt die Chinampas-Kultur im Hochtal von Mexiko dar. Die um den See von Texcoco lebenden Gruppen hatten sogenannte schwimmende Inseln, Chinampas, angelegt, die mit dem fruchtbaren Faulschlamm des Seebodens gedüngt wurden und dadurch außerordentlich hohe Erträge lieferten. Die Chinampas waren kleine rechteckige Flöße aus Flechtwerk, die mit Schilf, Zweigen und Schlamm aufgefüllt und durch Bepflanzen der Ränder mit rasch wachsenden Pappeln im Seeboden verankert wurden. Die Chinampa produziert ohne Unterbrechung Jahr für Jahr, weil sie ständig neue Nährstoffe erhält und stets auch Wasser durch die Wurzeln aufsaugt. Ohne zu übertreiben kann man sagen, daß das Chinampas-System das stabilste, intensivste und produktivste Kultivierungssystem auf der Welt ist.

In neuester Zeit mußte in manchen Teilen Zentralmexikos, dort wo Staudämme gebaut wurden, die einheimische Bevölkerung ihr Land verlassen (Mazateken, Chinanteken). Sie wurde in anderen, oft weit entfernten Gebieten, in kleinen Gruppen aufgesplittert, neu angesiedelt. Die sozialen Konsequenzen waren für diese Ethnien so verheerend, daß man von einem Ethnozid sprechen muß.

Die verbesserte Bodennutzung findet sich namentlich im zentralen und südlichen Hochland. Hier, vor allem aber in den Tiefländern (vgl. „Südliches Mesoamerika"), wird der Anbau in Form der Brandrodung (aztekisch „milpa"), auch „roza-System" genannt, betrieben, deren Technik darin besteht, daß man mit der Machete, einem eisernen, leicht gekrümmten Haumesser (früher wurden Steinbeile benutzt) kleine Bäume und Sträucher abschlägt, dann das Gestrüpp austrocknen läßt und es vor dem Einsetzen der Regenzeit verbrennt. Die großen Bäume werden in Bodenhöhe gefällt, d. h. man läßt die Stümpfe stehen. Die Asche des verbrannten Holzes dient zugleich als eine natürliche Düngung. Mit der „coa", einem Grabstock mit spatenartiger Klinge, wird der Boden dann zur Pflanzung vorbereitet. Ein weiteres Gerät, die „espeque", die ein einfacher Stock mit gehärteter Spitze oder Eisentülle ist, dient schließlich dazu, Saatlöcher in das Brandrodungsfeld zu stechen. In die Löcher werden mehrere, meist schon vorgekeimte Maiskörner gelegt, über die der Boden zuletzt leicht angehäufelt wird. Im Maisfeld oder in angrenzenden Feldern werden Bohnen, Kürbisse, Zuckerrohr und – im Totonakengebiet – Vanille angebaut. Wichtig ist die fast tägliche Unkrautbekämpfung, an der sich alle Haushaltsmitglieder beteiligen.

In der Tierra Templada und der Tierra Fría ist hauptsächlich das „barbecho-System" verbreitet. Es ähnelt dem „roza-System", doch werden hier die Baumstümpfe gerodet und der Boden – meist ohnehin baumfrei, weil ständig kultiviert –

sorgfältiger vorbereitet. Ein solches Feld kann dann auch mit dem Pflug bearbeitet werden.

Die Arbeitsteilung folgt alten Regeln: Die Männer arbeiten auf den Feldern, enthülsen den Mais, sind für das Brennholz zuständig, stellen Holzkohle her, jagen, kümmern sich um die Arbeitstiere und bauen und reparieren die Häuser. Die Frauen verrichten die häuslichen Arbeiten, sehen nach dem Kleinvieh, bearbeiten die Hausgärten, sammeln Wildpflanzen, handeln auf den Märkten und helfen gelegentlich bei der Feldarbeit, etwa beim Jäten. In vorspanischer Zeit gab es vor allem im aztekischen Bereich eine Händlerkaste (pochteca), in deren Händen der gesamte Fernhandel lag, der hauptsächlich aus Luxusgütern bestand. Diese Händler hatten ein hohes soziales Prestige und waren im Rang den Kriegern ebenbürtig. Heute liegt der überörtliche Handel meist in den Händen von Mestizen.

Als Grundnahrungsmittel gilt, wie schon zu sehen war, für alle Indianer Mexikos gleichermaßen der Mais. Er wird mit Handreibsteinen (manos) auf steinernen Mahlplatten (metates) zusammen mit Staub aus gebranntem Kalk zu Mehl zerrieben, das dann auf erhitzten Steinen oder Tonplatten (comales) in dünnen Fladen (tortillas) gebacken wird. Als Beikost dienen verschiedene Gemüse- oder Fleischarten, früher namentlich Truthahn-, heute überwiegend Hühnerfleisch. Auch Wildbret ist geschätzt. Heute findet man überall europäische Haustiere. Schweine- und Geflügelhaltung sind in allen indianischen Bauerngruppen Mexikos anzutreffen, während die Rinderhaltung im wesentlichen auf die Hochländer beschränkt ist, ebenso wie die Schaf- und Ziegenhaltung (Otomí, Tarasken). Auch der Holzpflug kommt aus Europa. Er wird jedoch nur auf größeren Ackerflächen, besonders auf den Ebenen des Hochlandes, verwendet; auf den Brandrodungsfeldern des zerklüfteten Berglandes oder im Tiefland dagegen, wo man die größeren Baumstümpfe stehen läßt („roza-System"), eignet er sich nicht, zumal er hier die sehr dünne Humusdecke aufreißen würde. Durch die Einführung europäischer Getreidepflanzen, die meist in der Pflugtechnik angebaut werden, ist die Nahrung vielfältiger geworden, obwohl im Ganzen gesehen die Indianer kaum auf die europäischen Getreidearten zurückgreifen, und wenn, dann nur wo Chinampas und bewässerte Felder zur Verfügung stehen. Weizen wird vor allem im südlichen Puebla und in Westmexiko, Reis im Tiefland angepflanzt. Oberhalb der Maisanbaugrenze werden die Felder mit Roggen und Hafer bestellt. Das europäische Getreide verkaufen die Indios zumeist auf dem Markt, der eigenen Ernährung dient es seltener. Als Vermarktungsprodukte haben sich hauptsächlich Kaffee, Zuckerrohr und Vanille durchgesetzt. In der Region von Vera Cruz wurde die Vanille bereits in vorspanischer Zeit kultiviert und galt schon damals ebenso wie der Kakao als wichtiges Handelsgut. Auf den aztekischen Tributlisten erscheinen Kakaobohnen als eine Art von Wertmesser. Heute werden die Kakaopflanzen auf Plantagen im tropischen Tiefland von Tabasco gezogen.

Das wichtigste Maisgericht, auch heute in der gesamten mexikanischen Bevölkerung beliebt, sind die „tamales". Es sind mit Fleisch, Gemüse und Gewürzen gefüllte und in Blätter eingerollte gekochte Maisfladen (tortillas). Häufig werden Bohnen dazu gegessen. Außerdem gibt es eine scharfe Soße, „mole poblano" genannt, die je nach Zusammensetzung aus Chili, Mandeln, Avocados, Erdnüssen und anderen Zutaten hergestellt wird und meist zu Fleischarten, vor allem aber zu Gemüse, gegessen wird. Als Getränke ist das „pinole" bekannt, das man aus geröstetem Mais mit Gewürzen (Kakao, Anis, Zucker, Ingwer oder Zimt) und Wasser mischt. Zu erwähnen ist ferner der aus vergorenem Saft der Maguey-Pflanze (Agave) gewonnene „pulque", der gebrannt wird und in Form von „tequila" als scharfes Getränk sehr beliebt ist. Auch Maisbier wird in großen Mengen hergestellt und besonders von der ländlichen Bevölkerung bevorzugt.

Innerhalb der indianischen Gemeinden spielt sich der Produktionsprozeß in der (Groß-)Familie ab: Diese kommt für den Gewinn der Nahrungs- und Genußmittel ebenso wie für die Herstellung von Handwerksprodukten auf, womit sie die Selbstversorgung, die Belieferung des Marktes und die Tributleistungen, die im frühen Kolonialsystem an die königliche Schatzkammer und die Latifundienbesitzer gerichtet wurden, sicherte.

Neben dem privaten Sektor des Wirtschaftens gibt es den öffentlichen, der von Staatsbeamten verwaltet wird. Das gesamte Land gehörte in frühkolonialer Zeit der Gemeinde – vom Privatbesitz des Kaziken abgesehen – und wurde ursprünglich auf die Familienhaushalte verteilt. Darüber hinaus gab es die Allmende, gemeinsam genutztes oder verpachtetes Land („ejido" oder „propio"), dessen Erträge in die Gemeindekasse (für Schulen, Straßen- und Brückenbau) flossen. Außerdem erbrachte jeder Haushalt entsprechend seinem Landnutzungsanteil Arbeitsleistungen oder Zahlungen an die Inhaber von Ämtern der zivilen oder religiös-zeremoniellen Hierarchie. Solche Dienstleistungen sind inzwischen abgebaut oder werden vom Staat als Gehalt erstattet.

In den heutigen indianischen Gemeinden hat sich eine stärkere Spezialisierung von Anbauprodukten und Handwerkserzeugnissen durchgesetzt, die auf den regionalen Märkten eine Interdependenz zwischen den Gemeinden und dem nicht-indianischen Segment der Bevölkerung bewirkt hat. Das Gemeindeland ist in der Regel in privaten Besitz übergegangen, obwohl nach der Revolution von 1910/17 im Gefolge der allgemeinen, aber nur teilweise durchgeführten Landreform in einigen Regionen wiederum Gemeindeland („ejido") geschaffen wurde.

Die Abgaben erfolgen heute als Steuern an Staats- oder Bundesbehörden. Vom prä- und frühkolonialen „öffentlichen Sektor" ist meist nur der „tequio" übriggeblieben: die Verpflichtung, gewisse Dienstleistungen für den Bau und die Instandhaltung öffentlicher Anlagen zu erbringen sowie gelegentliche Sammlungen für die Ausstattung zeremonieller Feste zu organisieren. Die zivilen und zeremoniellen Amtsinhaber werden somit nicht mehr von den privaten Haushalten bezahlt, sondern müssen ihre öffentlichen Ausgaben aus eigenen Mitteln bestreiten (System der Bürgschaft [„mayordomía"]).

Generell kann man sagen, daß es heute drei Formen des Landbesitzes gibt: (1) Gemeindeland, das allen Dörfern in einem Municipio gehört, (2) „ejido"-Land, das nominell dem Dorf gehört, aber tatsächlich von Verwaltungsbeamten der Staatsregierung an die Familienhaushalte aufgeteilt wird, und (3) Privatland, das aus kleineren Landflächen besteht, deren Produkte zur Unterstützung der Kirche verkauft oder den kirchlichen Amtsträgern zur Verfügung gestellt werden.

Die Verteilung von Gemeinschaftsland und Privatbesitz variiert von Region zu Region sehr stark. Da Privatland mancherorts durch die Landreform wieder in „ejido"-Land umgewandelt worden ist, gibt es in dichter besiedelten Gebieten nur noch selten größere Privatländereien.

Haupterwerbsquelle und Hauptgrundlage der indianischen Wirtschaftsstruktur ist neben der Landwirtschaft das Handwerk. Zu seinen wichtigsten Erzeugnissen gehören die Produkte der Weberei, die sehr vielfältig sind: etwa Wolldecken, die als „serapes" (Umhänge) dienen, „huipiles" (Blusen) aus Baumwolle, „rebozos" (Stolen) und „fajas" (Schärpen oder Gürtel). Tragsäcke, Matten und Seile werden aus Fasern der Sisalagave hergestellt (s. auch den Abschnitt „Materieller Kulturbesitz").

Weit verbreitet und regional sehr unterschiedlich in Qualität und Form sind die Erzeugnisse des Töpferhandwerks: Wasserkrüge, Kochtöpfe und Gefäße verschiedenster Art, heute auch Touristenware in größeren Mengen.

Es bleibt noch nachzutragen, wie sich die indianische Landwirtschaft in den letzten Jahrzehnten verändert hat. Dazu wäre vor allem anzuführen, daß die Stellung und die Funktion der indianischen Subsistenzproduktion im Rahmen der nationalen mexikanischen Gesellschaft tiefgreifende Veränderungen erfahren hat, indem sie in zunehmendem Maße eine marginale Position einnimmt. Hinzu kommt, daß die Indianer sowohl als Individuen wie auch als geschlossene Gemeinden immer stärker in die nationale Gesellschaft integriert und von ihr absorbiert werden. Die Integration erfolgt für den einzelnen aufgrund neuer ökonomischer Tätigkeiten, die

erst in zweiter Linie landwirtschaftlicher Natur sind. Geschlossene indianische Gemeinden werden dagegen hauptsächlich durch die Kommerzialisierung der traditionellen landwirtschaftlichen Arbeit absorbiert. Die indianische Landwirtschaft ist also in einem Transformationsprozeß von einer dualen in eine moderne, nationale und konformistische Gesellschaft begriffen.

c) Materieller Kulturbesitz: Bäuerliches Handwerk

Die lokale Umwelt beeinflußt Hausbau, Siedlungswesen, Handwerkskunst, Kleidung und andere Bereiche des materiellen Kulturbesitzes. Da der Boden im Bergland intensiver kultiviert wird als im Tiefland, trifft man hier auf dichte Besiedlung, Landknappheit, Handwerksspezialisierung und eine differenzierte Marktwirtschaft. Im großen und ganzen ist diese Entwicklung bis lange vor die Ankunft der Spanier, wahrscheinlich schon bis in das Klassikum, im ganzen mesoamerikanischen Raum zurückzuverfolgen. Sie hat heute umso mehr Gültigkeit, als die indianische Bevölkerung sich weiter stark vermehrt hat. Das Tiefland mit seinem tropischen Klima dagegen wurde nur extensiv genutzt und zeigt in seiner Geschichte eine weniger dynamische Entwicklung.

Wie in der Wirtschaft und Gesellschaft zeichnet sich auch in der materiellen Kultur einerseits eine Kontinuität in der Technologie und Ergologie der Bauernwirtschaft ab, während sich andererseits vom materiellen Besitz der indianischen Adelsschicht (Architektur, Luxusgüter, durch Fernhandel erworbene exotische Materialien) fast nichts erhalten hat. Häuser und viele Handwerksprodukte der Gegenwart (Töpferwaren, Flechtarbeiten, Webereierzeugnisse), die auf vorspanische Tradition zurückgehen, entstammen dem indianischen Bauerntum. Die öffentliche Architektur und die Produktion von Gütern für die spanische und mestizisierte Oberschicht dagegen ist fast ausschließlich spanischen Ursprungs. Aus der altindianischen

Welt sind nur wenige Luxusprodukte, wie Federschmuck- und Goldarbeiten bis in die Kolonialzeit erhalten geblieben; sie wurden für die Spanier und die katholische Kirche hergestellt. Die hochentwickelte Steinmetzkunst der vorspanischen Hochkulturen hat sich zum Teil in der Architektur der öffentlichen Gebäude und Kirchen der frühkolonialen Phase niedergeschlagen.

Obwohl zahlreiche traditionelle indianische Techniken bis in die Gegenwart weiterleben, ist der Einfluß der vorindustriellen europäischen Technologie doch überall bemerkbar: er zeigt sich vor allem in der Töpferei (Töpferscheibe), Wollweberei und Holzbearbeitung. In neuerer Zeit haben auch industrielle Erzeugnisse in der indianischen Bauernbevölkerung Eingang gefunden. So werden fast überall importierte Eisenwaren (beim Hausbau, bei den Geräten des Bodenbaus usw.) verwendet.

*Haus und Hausrat*

Für die Hochebenen und die höheren Lagen der Gebirge ist ein Rechteckhaus charakteristisch, das aus sogenannten Adobes, Trockenlehmziegeln, errichtet wird und ein Flachdach aus Maisstroh besitzt. Es hat nur einen einzigen Raum, an den bei Bedarf weitere Räume angebaut werden (Tarasken, Zapoteken). Daneben finden sich aber auch Häuser mit Giebeldach, die sowohl mit Palm- oder Agaveblättern, als auch mit Gras oder Holzschindeln abgedeckt sein können. In den tieferen Lagen der Gebirge und im eigentlichen Tiefland kommen ferner Häuser mit einfachen Wänden aus Bambus und Strohdächern vor. Die Stangenwände sind mit Gras zugestopft und gelegentlich mit Kalk verputzt (Tiefland-Totonaken, Huaxteken). Manchen Häusern, vor allem im warmen Tiefland, ist eine Veranda angebaut, auf der man sich im Sommer aufhält.

Die Wohnhäuser werden durch Kochhütten, Vorratsspeicher und Schwitzhütten ergänzt. Bemerkenswert ist die Konstruktion der Vorratsspeicher: Sie gleichen gewaltigen, mit Strohdächern versehenen Tonurnen, die über Steinsockeln errichtet sind, oder sie werden als Kästen aus einem Balken- bzw. Stangengerüst gebaut und ruhen auf Stützen. Die Schwitzhütten sind wiederum rechteckig und mit einem gewölbten oder flachen Dach versehen. Schließlich gehören zu einem kleinen Gehöft noch Stallungen für das Vieh.

Gekocht wird entweder auf offenem Feuer oder auf einem Herd mit einer Herdplatte aus Ton, heute aus Eisen.

Maisspeicher mexikanischer Indianer (Gierloff-Emden 1970)

Zur Inneneinrichtung der Wohnhäuser gehören inzwischen überall Stühle, kleine Hocker, Sitzbänke, Tische und Schlafpritschen mit geflochtenen Matten und Wolldecken. Im Tiefland schläft man auf Matten aus Palmblattgeflecht, die tagsüber zusammengerollt werden. Hängematten sind vor allem im südmexikanischen Bergland verbreitet, wohin sie in spanischer Zeit aus den Antillen eingeführt wurden. Der Hausrat besteht aus Metates und Manos (Mahlsteinen und Handwalzen), Töpfen und Vorratskrügen für Wasser, Kalebassen und Holztruhen. Plastik- und Eisengeräte haben heute auch in den entlegensten Dörfern Einlaß gefunden.

## Töpferei

Die Töpferkunst hat eine lange, in die vorspanische Zeit zurückreichende Tradition und ist seit jeher überall im indianischen Mexiko verbreitet gewesen. Sie unterscheidet sich bei den verschiedenen Stämmen sehr deutlich durch eine jeweils andere Formung des Aufbaus der Tonmasse (Wulstringtechnik, Formung durch Kalebassen oder durch pilzförmige Modeln) sowie der Glasur (europäischen Ursprungs), der Polierung und der Bemalung. Diese Unterschiede zeigen sich auch heute noch in der überwiegend für die Touristen gefertigten Ware. In Coyotepec (Oaxaca) wird eine monochrome schwarze Keramik hergestellt, neuerdings auch in Acatlan (Puebla) und Tzintzuntzan (Michoacan). Getöpfert wird heutzutage häufig auf der von den Spaniern eingeführten, in der Neuen Welt zuvor unbekannten Töpferscheibe. Seither ist die Töpferarbeit Männersache. Entweder wird im Freien oder im ebenfalls erst von den Spaniern eingeführten Brennofen gebrannt, in dem die Keramik auch mit Blei oder Zinn glasiert wird. In traditioneller Handarbeit fertigen die Frauen und jungen Mädchen kleinere Tonwaren (Räuchergefäße, Spinnwirtel, Siebe und nachgemachte Antiquitäten für die Touristen) an. Die für den Hausgebrauch hergestellten Gefäße (Wasserkrüge, Kochtöpfe, Kasserolen usw.) bleiben meist unverziert.

## Weberei und Kleidung

Mit der Einführung der Wolle, des Spinnrades und des Fußwebstuhles sind entscheidende Veränderungen auch hier eingetreten. Die Baumwollweberei (wie heute noch die Gürtelweberei) war früher Arbeit der Frauen, heute bedient der Mann den großen Fußwebstuhl, ähnlich wie es bei der Töpferscheibe der Fall ist.

In der Kleidung wirkte sich die spanische Eroberung besonders nachhaltig aus: anstelle des bisherigen Lendenschurzes übernahmen die Männer die spanische Hose und das Hemd. Hinter dieser Veränderung stand der Druck der Kirche, die den indianischen Lendenschurz als Nacktheit verurteilte. Erhalten blieb der Umhang (tilma), und auch die Frauenkleidung, die aus einem Wickelrock und einer Bluse bestand, hielt sich noch lange. Im Laufe der Kolonialzeit wurde dann das Tragen von Wollsachen (Rökke, Serapes) üblich. Auch der Rebozo ist europäischen Ursprungs.

Die Weberei ist bei den Nahua das wichtigste Handwerk. Männer fertigen Serapes, Wolldecken und Schärpen an. Im Gebiet von Puebla stellen Frauen für den Hausgebrauch Produkte auf dem alt-aztekischen Webstuhl her, und zwar hauptsächlich „fajas" (Gürtel, Schärpen). In der Nähe von Teotihuacan gibt es ausgesprochene Weberdörfer. Gefärbt wurde früher mit Mineralien und Cochenille, einer roten Laus, die auf Kakteen regelrecht gezüchtet wurde. Die Cochenille-Färberei war noch bis vor kurzem im zapotekischen Bereich bekannt. Baumwolltextilien werden vor allem bei den Tiefland-Totonaken hergestellt. Über Webtechniken vgl. das Kapitel „Südliches Mesoamerika".

## Sonstige Handwerke

Tragsäcke, Matten und Seile werden aus Agavefasern (maguey) geknüpft (Nahua). Die Korbflechterei war früher weit verbreitet, bei einigen Stämmen ist sie jedoch heute nahezu ausgestorben (Totonaken). Holzarbeiten fertigen vor allem die Tarasken an: sie reichen von Planken für Häuser und Boote über Gitarren und Violinen

Huichol-Tablilla, mit farbigen Baumwollfäden auf eine Holztafel geklebt. Einst Opfergaben, heute für den Fremdenverkehr hergestellt. (Nach Rubin de la Barbolla 1963).

bis zu zahlreichen Exportgütern, wie Möbelteilen, Schalen, Kerzenhaltern, Schachfiguren und Spielzeug.

Auch Lackarbeiten werden von den Tarasken hergestellt; sie haben eine alte Tradition, die auf vorspanische Zeit zurückgeht. Man stellte früher den Lack aus Öl von Samenkörnern und Insektenfett her, heute wird Schellack benutzt. Lackiert werden namentlich Kürbishälften, die entweder bemalte, (mit Farben) eingelegte oder herausgeschnittene Muster tragen. Lackarbeiten werden außer im Taraskenland noch in Guerrero und in Chiapas hergestellt.

Für die handwerkliche Industrie, d. h. für die Heimarbeit von serienmäßigen Produkten (Webwaren, Töpferwaren, Lederwaren, Hüte und andere Flechtarbeiten), die meist für den Touristenhandel bestimmt sind, arbeiten etwa zwei Millionen Mexikaner, davon ein relativ hoher Prozentsatz von Indianern, die allerdings nur einen Bruchteil des Verkaufspreises für ihre Arbeit bekommen. Oft verkaufen die Handwerker ihre Produkte nicht selbst. Entsprechend einer Arbeitsteilung nach rassisch-sozialen Gesichtspunkten, die sich häufig durchgesetzt hat, ist der Indianer ausschließlich Produzent, während der Mischling als Händler auftritt.

### d) Soziale Umwelt: Haushalt und Cargo-System

*Familie und Verwandtschaft*

Bei den zentralmexikanischen Indianern bildet die Familie in der Form der Gemeinschaft des Haushaltes auch heute noch den Kern der intakten sozialen Umwelt. Gleichzeitig stellt der Haushalt auch die ökonomische Einheit dar, die die Produktion, die Konsumtion und die Rekrutierung der Arbeitskräfte kontrolliert; mit anderen Worten: die Mitglieder eines Haushaltes bestellen gemeinsam ein Stück Land oder sie üben gemeinsam ein Handwerk aus.

Die Familien sind im allgemeinen patrifokal und kennen sowohl die Polygynie als auch das Levirat. Doch haben die beiden letztgenannten Institutionen in den verschiedenen Ethnien ein unterschiedliches Gewicht. Die Polygynie findet sich vor allem in den oberen sozialen Schichten, das Levirat (als sukzessive Form der Polygynie) ist auch bei der breiten Masse der Bevölkerung üblich, weil hier familienökonomische Erwägungen eine Rolle spielen (Versorgung der Witwe). Bei den Isthmus-Zapoteken ist die besonders herausragende Rolle der Frau bemerkenswert; sie bleibt allerdings die Ausnahme. Als nach der spanischen Eroberung die katholische Kirche auch in entlegenen Gebieten Fuß faßte, wurden offiziell die Polygynie, das Levirat und die Heirat zwischen Verwandten zweiten und dritten Grades verboten; doch hat sich in abgelegenen Teilen des Landes dieses Verbot nicht durchgesetzt.

In vorkolonialer Zeit war es üblich, erst in späteren Lebensjahren zu heiraten, weil der Mann zuvor seinen vollen Status in der Gesellschaft erreicht haben mußte. Außerdem mag dabei eine Rolle gespielt haben, daß eine Ehe meist nur unter präferentiellen Partnern, z. B. Kreuzkusinen bzw. -vettern, stattfand. Nach dem weitgehenden Abbau der sozialen Hierarchie durch die spanische Kolonialmacht wurde es jedoch möglich, die Ehe schon wesentlich früher zu schließen, was bald die Regel wurde. Die institutionalisierte Heiratsvermittlung durch Zwischenträger, mit rituellen Besuchen und Gegenbesuchen, Geschenkaustausch und formalen Ansprachen, ist wahrscheinlich alt-indianische Tradition, sie war aber auch den Spaniern nicht unbekannt.

### Dorf- und Kultgemeinschaft

Die frühere indianische Oberschicht, die Träger der höheren politischen, militärischen und religiösen Organisation war, ist völlig untergegangen. In der Architektur öffentlicher und religiöser Gebäude (Tempel), die diese Schicht durch die Forderung von Tributleistungen realisierte, hat sie sich ein eindrucksvolles Denkmal gesetzt. In der kolonialen Zeit ist sie zum Teil ausgestorben, zum Teil ist sie durch Mischehen in der spanischen Mittelschicht oder dem kleinen Landadel aufgegangen. Nachdem die Kolonialregierung nicht mehr auf die lokalen Machthaber angewiesen war, wurde sie von den Spaniern völlig entmachtet und aus der indianischen Mikro-Gesellschaft ausgeschlossen. In einem zweiten großen Transformationsprozeß erfolgte der Abbau der weitgehenden Autonomie der indianischen Gemeinde und ihre Integration in die breite „mexikanische" Bauernbevölkerung. Wie weit sich dieser Prozeß realisierte, hing von der Größe des Anteils der nicht-indianischen Bevölkerung ab: Während die schon mestizisierten Gebiete auf der höheren Verwaltungsebene völlig desintegriert wurden und sich dem mexikanisch-neuspanischen Dorfsystem anpaßten, wobei die Mestizen die Verwaltungsposten übernahmen, blieben die Rückzugsgebiete, in denen heute der Großteil der rein indianischen Bevölkerung lebt, davon lange Zeit unberührt.

Die politische Struktur der indianischen Gemeinde wird heute im wesentlichen von den allgemein geltenden Staatsgesetzen bestimmt, welche die Zahl der Amtsträger, ihre Amtsbezeichnungen und ihre Funktionen genau festlegen. Neben den offiziellen Amtspersonen gibt es die von den Indianern nach ihrer eigenen Tradition eingesetzten religiösen Würdenträger. Deren Ämter gehen auf ein altes indianisches System einer strengen sozialen und religiösen Rangstufenleiter zurück und sind meistens einjährig besetzt. Alle Männer einer Ge-

meinschaft ordnen sich diesem System unter. Je nach ihren Erfolgen und Interessen – im Kampf oder im kultischen Wettspiel – können sie sich für eine politische (früher: militärische) oder zeremonielle Laufbahn entscheiden. Sie durchlaufen eine Anzahl von Ämtern (cargos) und haben die Möglichkeit, im Laufe ihres Lebens bis zur höchsten Stufe eines „Ältesten" (principal) zu gelangen, aus denen die Mitglieder der Ratsversammlungen gewählt werden. In diesen Gremien verzahnt sich das indianische mit dem spanischen System.

Es ist weithin üblich, daß ein Mann im Laufe seines sozialen Aufstiegs zivile und zeremonielle Positionen wechselt. Zwischen den einzelnen Amtszeiten werden stets Ruhezeiten eingelegt. Ein „Ältester" ist immer in profanen wie in zeremoniellen Angelegenheiten bewandert und ausgebildet.

In einigen Gemeinden gibt es keine oder nur geringe Unterschiede zwischen den zivilen und den religiös-zeremoniellen Ämtern. Eine solche Unterscheidung läßt sich am besten im Hinblick auf die Funktionen machen: Die Träger ziviler Ämter sind für die Beziehungen der Gemeinde zur Außenwelt und für die Rechtsprechung innerhalb der Gemeinde verantwortlich. Die religiösen Amtsträger richten die Zeremonien des Heiligenkultes (der katholischen Kirche) aus, sorgen für die Erhaltung der kirchlichen Gebäude und leiten die Feiern anläßlich der Festtage der Heiligen (Fiestas). Die Integration der zivilen und religiösen Funktionen wird umso enger je höher die Ämter sind; die niederen Ämter bleiben in der Regel nach ihren zivilen oder zeremoniellen Aufgaben getrennt. In den meisten Gemeinden hat die Nationalregierung kürzlich ein System von zivilen Ämtern eingeführt. Hier haben die alten kombinierten höheren Ämter ihre zivilen Funktionen verloren.

Die heutigen Indianer sind meist Bauern, Handwerker oder Lohnarbeiter, die für den Eigenbedarf oder für lokale Märkte produzieren. Dabei schreitet die Arbeitsspezialisierung immer stärker voran, so daß eine ganze lokale Verwandtschaftsgruppe oder ein gesamtes Dorf etwa Töpferwaren herstellt, während in einem benachbarten Weiler nur Matten oder Webwaren gefertigt, in einem dritten vor allem landwirtschaftliche Produkte erzeugt werden. Die kooperative Arbeit an den einzelnen Produktionszweigen trägt entscheidend zur Bindung des einzelnen an die Gemeinschaft bei. Bei stärkerer Industrialisierung und Abwanderung in die Städte werden diese Bande oft stark gelockert.

In den größeren Siedlungen (Pueblos mit über 200 Einwohnern) gab es früher Stadtviertel („barrios", Aztekisch „calpulli"), die überwiegend aus einem Verwandtschaftsverband bestanden, dessen Struktur sich jedoch meist nicht mehr genau bestimmen läßt. Nur bei den Totonaken und in Tlaxcala gibt es noch heute Barrios, die mit Patriklanen identisch sind. Das Barrio wählt die Führer der politischen und zeremoniellen Ämter und überwacht – genau wie die Dorfgemeinschaft – die profanen und religiösen Aktivitäten des Gemeinwesens. Das moderne Barrio stellt primär eine territoriale Gliederung dar; es findet sich auch in Gebieten mit Mischlingsbevölkerung und in den Außenbezirken der Großstädte.

In den meisten Gegenden des zentralen Hochlandes kommt dem „compadrazgo"-System, der zeremoniellen Patenschaft, innerhalb des sozialen Beziehungssystems der einzelnen Verwandtschaftsgruppen eine große Bedeutung zu. Das System wurde von den Spaniern eingeführt und ist hauptsächlich von den Priestern verbreitet worden, um die Christianisierung voranzutreiben.

### e) Religion: Götterkulte und Krankenheilung

„Die Tempel sanken in Schutt und Asche, die Idole zerbarsten, und die heiligen Bücher gingen in Flammen auf – aber die alten Götter lebten im Herzen der Indianer fort und sind noch heute, viereinhalb Jahrhunderte nach Einführung des Christentums, in manchen indianischen Orten gegenwärtiger als alle Heiligen der Kirche", so schreibt Walter Krickeberg in seinem Buch „Altmexikanische Kulturen". Treffender kann man die allgemeine religiöse Situation der mexikanischen Indianer nicht charakterisieren.

Diese allgemeine Aussage bedarf jedoch einer Differenzierung. Man muß davon ausgehen, daß sich verschiedene Formen der religiösen Integration bei den mexikanischen Indianern beobachten lassen, die einmal im privaten oder Familienbereich, zum anderen im öffentlichen Sektor liegen.

Nach der Zwangsbekehrung zum Christentum wurde von der indianischen Bevölkerung nach außen hin die neue Staatsreligion angenommen. Die großen öffentlichen Feiern der katholischen Kirche wurden von Priestern, die keine Indianer sein durften, geleitet. Sie waren häufig mit Heiligenkulten verbunden. In der privaten Sphäre, vor allem bei der ländlichen Bevölkerung, lebten dennoch zahlreiche alte Glaubensvorstellungen und Riten unverändert fort. Sie wurden in kleinem Kreis abgehalten, etwa anläßlich der Geburt eines Kindes, bei der Hochzeit, im Krankheitsfall oder beim Tod eines nahen Verwandten; ein Schamane oder Medizinmann leitete sie. Man hielt solche Riten vor den katholischen Priestern verborgen und erlaubte keinem Außenstehenden, daran teilzunehmen.

Die Spanier waren bei der Ausrottung der indianischen „Staatsreligion" so weit gegangen, daß sie ihre neuen Kirchen auf den Trümmern der alten Tempel errichteten. Die Wirkung war

Ritzmuster auf Kalebassen.
Oaxaca.

manchmal aber ihren Absichten geradezu entgegengesetzt, indem die alten Götterkulte – abgesehen von solchen Wertkomplexen wie
„Krieg" und „Menschenopfer" bei den Azteken
– im neuen christlichen Gewande weiterlebten.
Das bekannteste Beispiel dafür ist das Natio-
nalheiligtum Mexikos, die Wallfahrtskirche der
Madonna von Guadalupe, die auf dem aztekischen Tempel der „Göttermutter" (Tonantzin
oder Coatlicue) errichtet wurde. Hier brauchte
nicht einmal der Name geändert zu werden,
denn auch die Mutter Gottes ist die Mamacita,
das „Mütterchen" der indianischen Pilger. Wie
hier die ungeheure Popularität der braunen
Madonna von Guadalupe, die 1531 Gläubigen
erschienen war, von dem Ansehen der alten aztekischen Göttin lebt, so haben in vielen Gegenden des Landes heidnische Götter dem
Christentum den Weg bereitet. Andere aztekische Götter wie Huitzilopochtli, der Kriegsgott
und Tezcatlipoca, der Gott der Nacht, hatten
ihre Glaubwürdigkeit verloren, als die Azteken
von den Fremden besiegt worden waren. Sie
verschwanden aus dem aztekischen Universum.

Ein weiteres, viel zitiertes Beispiel von reli-
giösem Synkretismus bietet der in den ärmeren
Schichten und auf dem Lande verbreitete To-
tenkult. Hier werden katholische Gebete für die
Seelen der Verstorbenen mit uralten heidnischen Vorstellungen vom jährlich wiederkehrenden Besuch der Toten als Geister vereinigt.

Verallgemeinernd läßt sich sagen, daß die katholische Kirche und ihre Würdenträger anfänglich solche Formen des Synkretismus durchaus
duldeten, da sie das weitere Vordringen christlicher Glaubensinhalte förderten und zum Verschwinden heidnischer Kulte und Riten beitru-
gen. In der Tat zeigte es sich, daß im Laufe der
Jahrhunderte die katholischen Heiligen in den
öffentlichen Riten die Oberhand gewannen und
die heidnischen Götter in die private Sphäre
abdrängten, wo sie, ohne Bezug zum alten Pantheon und ihrer ursprünglichen Funktionen beraubt, zu Naturgottheiten herabsanken und
immer mehr an Bedeutung verloren.

Für den zentralmexikanischen Bereich lassen
sich heute zwei Haupttypen religiöser Konfigu-
ration unterscheiden:

160

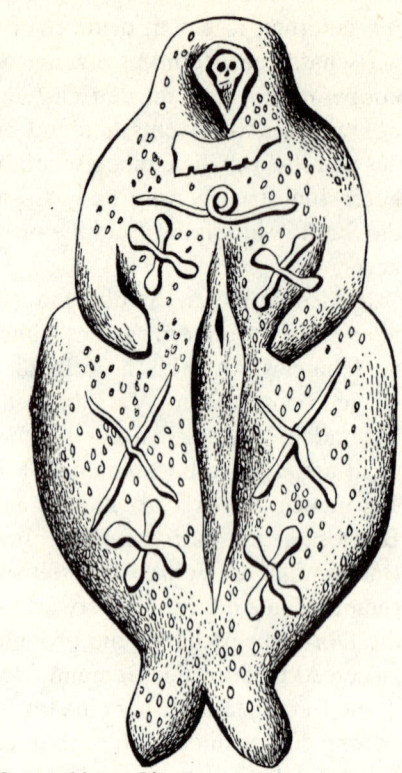

„Totenbrot" (Covarrubias o. J.).

1. An den östlichen Hängen des Plateaus
(Totonaken) und im Innern des südlichen Berglandes (südliche Zapoteken) leben zahlreiche
Reste alter heidnischer Glaubensvorstellungen
fort. Selbst im öffentlichen Sektor sind sie noch
vorhanden, so z. B. beim „volador"-Spiel: In
Papantla und Tajín tanzen vier Männer, die vier
Himmelsrichtungen darstellend, siebenmal
„eine Kette" um einen Pfahl. Dann erklettern
sie ihn, binden sich mit einem Seil an einem
drehbaren Gestell an seiner Spitze fest und lassen sich, an dem Gestell um den Pfosten dre-
hend, kopfüber mit ausgebreiteten Armen herabsinken. Sie drehen sich 13 mal um sich selbst,
entsprechend dem aztekischen Kalenderzyklus
(4 x 13 = 52), in dem nach Ablauf von 52 Jahren der Tag des Jahresanfangs wieder die gleiche Kombination von Ziffer und Zeichen erhält
wie der erste Tag des ersten Jahres dieses Zyklus. Die „voladores" symbolisieren die Son-
nenvögel, die durch ihr Herabsinken Regen
bringen. – Dieser altindianische Brauch findet
sich in der östlichen Sierra Madre Oriental und
in den Staaten Hidalgo und San Luis Potosí,

kommt aber auch in Guatemala vor. Er ist vermutlich toltekischer Provenienz.

Im privaten Bereich sind vorchristliche Kulte noch zahlreicher erhalten (Tarasken). So gibt es ein hochentwickeltes System von Riten anläßlich Geburt, Hochzeit, Krankheit und Tod sowie bei Subsistenzaktivitäten (Truthahnopfer bei Aussaat- und Erntezeremonien). Dieses System ist mit dem Glauben an Naturgeister verbunden, die in Schreinen, in Höhlen, an Seen oder anderen Örtlichkeiten (San Pablita) verehrt werden. Auch die konservativen Gruppen im Staat Oaxaca (Mazateken, Mixe, südliche Zapoteken) kennen ähnliche Zeremonien.

2. Ganz anders sieht es bei der ländlichen indianischen Bevölkerung in den Hochtälern von Mexiko, Puebla und Morelos aus. Hier, wie bei den stärker akkulturierten Gruppen Mexikos (Tarasken, Tal-Zapoteken), gibt es keine heidnischen Relikte in den öffentlichen Feiern mehr, und auch in der privaten Sphäre sind sie weitgehend vom Katholizismus zurückgedrängt worden. Sie finden sich nur noch im Bereich der Krankenheilung und der Wetterprophetie.

Die mexikanischen Indianer kennen zwei Arten von Krankenheilern:

1. Den allgemeinen („praktischen") Arzt oder den „Facharzt" und

2. den „Sozialtherapeuten", der unter Beibehaltung der von dem allgemeinen Krankenheiler verwendeten Medikamentierung sich vor allem mit dem sozialpsychologischen Aspekt der Krankheit befaßt.

Zur ersten Gruppe gehören die Hellseher, Hebammen, (Geister-)boten, Sauger(schamanan), Heilpraktiker, Chiropraktiker, aber auch der akademisch ausgebildete Arzt und Pharmazeutiker. Wem die Behandlung übertragen wird, hängt von der Diagnose und der Verfügbarkeit eines gesuchten Spezialisten, aber auch von dem Bekanntheitsgrad des „Heilers" ab. In Kliniken ausgebildete Ärzte oder Apotheker stehen den Indianern in den Landbezirken nur selten zur Verfügung.

Die „Sozialtherapeuten" sind in der Regel keine „hauptamtlichen" Krankenheiler, sondern angesehene Männer der Gemeindeleitung (principales) oder zählen zur Gruppe jener Ze-

remonialleiter, die für das rituelle Wohl der Gemeinschaft verantwortlich sind und über besondere (Zauber)kräfte verfügen. Ihre Therapie besteht hauptsächlich darin, den psychisch Erkrankten wieder in die Gemeinschaft einzugliedern, aus der er sich durch selbstverschuldetes Verhalten, das zu der Krankheit führte, ausschloß. Sein Fehlverhalten bestand meist in der Nichteinhaltung bestimmter Riten, in mangelndem Respekt vor den verstorbenen Ahnen oder ähnlichen Versäumnissen. Hinter dieser Anschauung steht der Glaube, daß die Harmonie der Gruppe durch Verstöße gegen fest vorgeschriebene Riten gestört wird, so daß es auch im Interesse der Gruppe liegt, den einzelnen Frevler wieder in das kollektive Harmoniegefühl zurückzuführen. Die Behandlung besteht zum einen aus den herkömmlichen Praktiken wie Massieren, Saugen (eines eingedrungenen Fremdkörpers aus dem Leib des Kranken), der Einnahme oder der Applikation von Heilkräutern und der Durchführung von Schwitzbädern, aber auch aus Beschwörungen und magischen Zauberformeln. Ein „curandero" nimmt gewöhnlich kein Entgelt für seine Tätigkeit; seine besonderen Fähigkeiten, die er den engen Beziehungen zur Welt des Übernatürlichen, der Geisterwelt, verdankt, stellt er in den Dienst der Gemeinschaft in dem oben angedeuteten Sinne der Wiederherstellung von deren Harmonie. Ein Curandero hat ein „nagual", ein Alter Ego, das sich in ein Tier verwandeln kann und das seinem menschlichen Partner in übernatürlichen Angelegenheiten hilfreich zur Seite steht, indem es ihn an seiner magischen Kraft partizipieren läßt. Die Curanderos mit sozialtherapeutischer Behandlungsmethode sind wegen ihrer übernatürlichen Kräfte oft auch gefürchtet, weil sie – als Zauberer (dies ist die Kehrseite!) – zugleich in der Lage sind, Böses zu verursachen, d. h. Menschen krank machen können, wogegen nur der Gegenzauber eines anderen Medizinmannes hilft.

Es gibt eine ganze Reihe von präventiven Maßnahmen, um bestimmte Situationen, die zu Krankheiten führen können, abzuwenden: Vor Zauberei kann man sich vor allem durch korrektes soziales Verhalten und durch ständige Einhaltung vorgeschriebener Riten schützen, vor dem „Bösen Auge" beschirmt eine Mutter ihr Kind, vor den Totengeistern kann sich schützen, wer regelmäßig an den Zeremonien teilnimmt und Respekt vor den Verstorbenen bezeugt, und Angriffen bösartiger Geister kann man vorbeugen, wenn man den Versuchungen der nicht-indianischen Lebenswelt widersteht und in der Nähe seines Dorfes bleibt.

## f) Geschichte: Vom Zusammenbruch der indianischen Reiche bis zur mexikanischen Revolution

Von der Geschichte Mexikos genügt es hier, diejenigen wesentlichen Ereignisse aufzuzeigen, die für die indianische Bevölkerung und die Entstehung ihrer heutigen Situation von Bedeutung sind.

Am 21. April 1519 landet Hernán Cortés mit 508 Offizieren und Soldaten, 16 Pferden und 14 Geschützen an der mexikanischen Küste und gründet die heutige Stadt Veracruz. Er verbrennt seine Karavellen und tritt am 15. August 1519 seinen Eroberungszug in das Landesinnere an. Mit Hilfe indianischer Bundesgenossen (Totonaken, Tlaxcalteken), die sich als Feinde der Azteken den Spaniern anschließen, gelangt er am 3. November in das Hochtal von Mexico, wo er von dem aztekischen Herrscher Moctezuma II. (1502-20) gastfreundlich aufgenommen wird. Nach einem Aufstand, bei dem Moctezuma getötet wird, schließen sich die Azteken unter der Führung des angesehenen Kriegshäuptlings Cuauhtémoc aus Tenochtitlán zusammen und vertreiben Cortés. Dieser kehrt jedoch schon nach mehreren Monaten mit einer starken indianischen Hilfstruppe, die überwiegend aus Bewohnern der den Azteken traditionell feindlich gesonnenen Stadt Tlaxcala besteht, zurück und nimmt nach 75tägiger schwerer Belagerung die aztekische Hauptstadt im Sturm. Am 13. August 1521 bricht das Aztekenreich endgültig zusammen, die Stadt Tenochtitlán mit ihren zahlreichen Tempeln und Palästen wird dem Erdboden gleichgemacht.

In den folgenden Jahren erobern die Spanier und ihre indianische Hilfstruppen weitere indianische Reiche und schließen sie zu dem neuen Kolonialreich „Neuspanien" zusammen. 1535 ernennt Kaiser Karl V. Antonio de Mendoza (1535-1550) zum ersten Vizekönig von Neuspanien; das Großreich umfaßt den gesamten spanischen Besitz in Nord- und Mittelamerika sowie Westindien und Venezuela.

In allen indianischen Gebieten werden die herrschenden Kaziken abgesetzt, die Tempel zerstört und die gesamte Oberschicht, sowohl die weltlichen wie auch die geistlichen Führer ihrer Privilegien beraubt. Die Spanier führen ihr eigenes Verwaltungssystem ein und erklären das Christentum zur alleinigen Staatsreligion. Schon unmittelbar im Anschluß an die Eroberung haben Hungersnöte und eingeschleppte Krankheiten zahlreiche Opfer unter der Bevölkerung gefordert. Weitere Tausende sterben als Sklaven. In Westindien wird praktisch die gesamte indianische Bevölkerung ausgerottet. Die Bevölkerungszahl sinkt so stark, daß der Dominikanermönch Bartolomé de Las Casas, auf den Schutz der Indianer bedacht, den später von ihm bedauerten Vorschlag macht, Negersklaven aus Afrika einzuführen. Von 1519 bis 1600 sind schätzungsweise 85% der indianischen Bevölkerung den Folgen der Eroberung und der frühen Kolonialisierung erlegen.

Das eroberte Land, auch der Landbesitz der indianischen Kaziken, wird Eigentum der spanischen Krone. Während man den kleinbäuerlichen Besitz und das Dorfeigentum den Indianern beläßt, werden große Ländereien als Lehensgüter, sogenannte „encomiendas", samt den darauf lebenden Indianern, an verdiente Soldaten oder Beamte vergeben. Dadurch geraten die Indianer in kollektive Leibeigenschaft. Sie wurden zu bestimmten Dienstleistungen und Abgaben verpflichtet. Zwar ist den „encomenderos" die Auflage übertragen worden, für den Schutz der Indianer zu sorgen, sie zu ernähren, zu kleiden und sie zum Christentum zu bekehren, doch Mißhandlungen und die erbarmungslose Ausnutzung der Arbeitskraft der Indianer führten bald zu Klagen beim Indienrat in Spanien. Besonders Fray Bartolomé de las Casas setzt sich für die Freiheit und Menschenwürde der Indianer ein und führt einen leidenschaftlichen Kampf gegen die unmenschlichsten Auswüchse des spanischen Kolonialsystems. Das Ergebnis der Arbeit an verschiedenen Reformvorschlägen sind die 1542 erlassenen „Leyes Nuevas" (Neue Gesetze), die verbieten, neue Encomiendas zu vergeben bzw. schon vorhandene weiter zu vererben. Die Indianer sollen unmittelbar der Krone unterstellt werden, ihr Land und ihre Arbeitskraft nicht mehr einzelnen Besitzenden in Neuspanien ausgeliefert sein. Um 1570 gibt es noch insgesamt 827 Encomiendas, davon gehören 320 dem König. Sie werden von den Bischöfen von México, Tlaxcala und Michoacán „verwaltet", die Tribute an die Krone abliefern. Erst 1720 werden die „encomiendas" von der Krone endgültig abgeschafft.

Von den Inka übernehmen die Spanier die „mita", eine zwangsweise Dienstverpflichtung der Indianer zu Bergbau (Silberminen von Potosí) und Straßenbau. Die Schutzbestimmungen (festgelegte Arbeits- und Ruhezeit sowie Arbeitslohn) werden meist nicht beachtet, so daß es zur Flucht der Indianer aus den zur „mita" verpflichteten Provinzen kommt. 1812 werden die „mita" abgeschafft.

Von weitreichender Bedeutung ist die Anordnung des spanischen Königs aus dem Jahre 1547, die verstreut siedelnden Indianern in Zentren („reducciones") zusammenzufassen, wo die Bekehrung zum Christentum besser überwacht und die Tribute besser eingetrieben werden können. Das hat die Gründung vieler neuer Ortschaften zur Folge, die den typischen quadratischen Grundriß der spanischen Neusiedlungen haben. Für die Indianer, die als Jäger und Sammler leben (z. B. in Baja California), führt die „reducción" zum Aussterben fast der gesamten Bevölkerung.

Die Symbiose von spanischer und indianischer Kultur und die Mischung der Rassen beginnt zunächst in den Städten. Die Institution des Konkubinats, zwar durch König und Kirche verboten, jedoch in den neuen Kolonien mehr oder weniger geduldet, fördert das dauernde Zusammenleben von Spaniern mit Indianerinnen bzw. Mestizenmädchen. Die Mestizen entstammen also meist außerehelichen Beziehungen. Als Bevölkerungsklasse sind sie sowohl aus der indianischen Gemeinschaft wie auch aus der spanischen Kultur ausgeschlossen.

Schon im 17. Jahrhundert entbrennen vereinzelt Aufstände. Ursachen der Unzufriedenheit sind die hohe Besteuerung, die Bestechlichkeit der Verwaltung und die Gewinnsucht der dünnen Oberschicht. Mit dem Aufruf des Landpfarrers Miguel Hidalgo y Costilla zur Gegenwehr beginnt 1810 der Freiheitskampf, der eine Agrarreform, bessere Sozialverhältnisse und die Unabhängigkeit von Spanien bringen soll. Der Aufstand wird, ebenso wie die folgenden unter José Maria Morelos und Vicente Guerrero, niedergeschlagen. Erst 1820 kann der spanische Vizekönig zur Abdankung gezwungen werden. Am 24. 2. 1821 wird Mexiko unabhängig, 1824 (nach dem Sturz von Agustín de Iturbide [1822-23]) Republik nach amerikanischem Vorbild. 1825 räumen die Spanier ihre letzten Stützpunkte im Land. Doch bleiben auch weiterhin viele soziale Privilegien der Feudalgruppen bestehen. Es kommt zu weiteren Putschen und Aufständen. Nach dem Krieg mit den USA (1845-1848) gehen die nördlichen Staaten California, Texas, Neumexiko, Arizona und Teile von Colorado und Utah im Frieden von Guadalupe-Hidalgo 1848 an die USA verloren. Die Lage der Indios verschlechtert sich nach der Unabhängigkeit, da die Latifundienwirtschaft, neue Formen der Zwangsarbeit und Leibeigenschaft infolge Verschuldung zunehmen. Die schrittweise Aufteilung des Gemeindebesitzes nützt nur den Großgrundbesitzern und macht die Indianer zu lohnabhängigen Landarbeitern. Wiederum brechen mehrere Aufstände aus und werden niedergeschlagen. Unter Benito Juárez (1858), einem Zapoteken, beginnt eine liberalere Ära mit entsprechenden Gesetzen: das ungeheure Kirchenvermögen wird Nationaleigentum, die Religionsfreiheit wird garantiert und die bürgerliche Eheschließung legalisiert, Reformen gegen die Großgrundbesitzer kommen in Gang. 1857-60 toben blutige Revolutionskämpfe, in deren Folge das Land verarmt und Klerikale wie Zentralisten im Ausland um Hilfe suchen. Als Juárez die Rückzahlung der Auslandsschulden aussetzt, entsenden Spanien, Frankreich und England ein Expeditionskorps nach Mexiko, um die Erfüllung der Verpflichtungen zu erzwingen. Napoleon III. hofft durch Einsetzung eines Marionettenregimes Mexikos Reichtümer für Frankreich erschließen zu können. Nach Abzug der Spanier und Engländer erobern französische Streitkräfte Puebla und ziehen in Mexiko-Stadt ein. 1863 bis 1867 wird Mexiko Kaiserreich unter dem österreichischen Erzherzog Maximilian. Nach Abzug der französischen Truppen (auf Drängen der USA) erkämpft sich Mexiko, angeführt von Benito Juárez, wieder die Unabhängigkeit. 1877 gelangt General Porfírio Díaz an die Macht und bleibt bis 1911 Präsident. Er regiert als Diktator, wobei er sich auf eine Militärhausmacht, die Staatspolizei (rurales) und den hohen Klerus stützt. Unter ihm beginnt die Modernisierung des Landes, fremdes Kapital strömt ein, Bergbau und Erdölreserven werden erschlossen, die Industrie gefördert und die Eisenbahnen ausgebaut. Die Stadt Mexiko wird modernisiert und entwickelt sich zu einer Metropole. In den Städten entsteht ein Industriearbeiterproletariat. Während die Großgrundbesitzer und Industrielle vom wirtschaftlichen Wohlstand profitieren, verelenden die Mestizen und Indianer immer mehr, besonders als sie den Rest ihres Gemeindeeigentums verlieren. Die sozialen Spannungen (Arbeiter, Bauern) entladen sich anläßlich der Wiederwahl von Díaz in einem revolutionären Ausbruch, in dessen Verlauf Díaz zurücktritt. Sein Nachfolger wird der gemäßigte Politiker Francisco Madera (1911), neben den sich im Bürgerkrieg als Mitkämpfer Pancho Villa und der Bauernführer Emiliano Zapata stellen. 1913 wird Madera ermordet. In den Jahren bis 1917 verwüstet der Bürgerkrieg das Land, Dörfer werden niedergebrannt und die großen Viehbestände der Haciendas dezimiert. Etwa 1 Million Menschen kommen um. In der neuen Verfassung von 1917 werden die Ziele der Revolution verkündet, und unter den Präsidenten Obregón (1920-1924), später unter Cárdenas (1934-1940) schrittweise durchgeführt; Agrarreform, Enteignung des Großgrundbesitzes der Kirche und der privaten Hand, Verstaatlichung der Petroleumindustrie und anderer Schlüsselwirtschaften, Gültigkeit des Zivilrechts vor dem Kirchenrecht, Mindestlohn für Arbeiter, Schulpflicht, Abschaffung der Rassendiskriminierung, Unveräußerlichkeit des bäuerlichen Gemeindebesitzes (ejidos) und anderes mehr. Sie enthält also starke nationalistische und sozialistische Züge und richtet sich vor allem gegen die Macht des ausländischen Großkapitals und die kulturelle Vorherrschaft der katholischen Kirche.

Indessen begegnet die Verwirklichung dieser einschneidenden Bestimmungen stärksten Widerständen von innen durch die katholische Kirche und von außen durch die USA. 1928 wird mit der Partido Nacional Revolucionario, 1946 in Partido Revolucionario Institutional (PRI) umgewandelt, eine Regierungspartei geschaffen, die seither den Präsidenten des Landes stellt. Nach 1945 beginnt eine Agrarreform: die Ansiedlung von Bauern auf Land, das früher in ausländischem Besitz war und jetzt konfisziert ist. Die Bodenreform beschleunigt die Industrialisierung, da sich der Binnenmarkt erweitert und die Verstädterung (durch die langen Revolutionskämpfe) vorangetrieben wird.

*Indigenismus*

Unter dieser Bezeichnung faßt man in Mexiko alle Bestrebungen zusammen, die sich die Eingliederung der Indios in die mexikanische Gesellschaft zum Ziel gesetzt haben. Der Indigenismus basiert in seiner heutigen Form auf der mexikanischen Revolutionsideologie, geht aber darüber hinaus auf die Abschaffung der rassischen Diskriminierung unter Juárez und die christlich-humanistischen Ziele eines Bartolomé de las Casas zurück. Die Bewegung wird von der Regierung unterstützt, die ein eigenes Indianerinstitut (Instituto Nacional Indigenista [INI]) gegründet hat (1948). Es hat die Aufgabe, Theorien und Programme zum gelenkten Kulturwandel in indianischen Gemeinden zu entwickeln und durchzuführen. Als Voraussetzung zu einem Gelingen seiner Arbeit werden die endgültige Lösung der Bodenreform und der

Abbau der Spannungen zwischen Mestizen und Indios in den ländlichen Gebieten angesehen.

Das INI untersteht direkt dem mexikanischen Präsidenten. Sein Hauptsitz ist Mexiko-Stadt. Hier werden auch die einzelnen Regionalpläne erarbeitet, die sich nach den Ergebnissen und Erfahrungen der regionalen Filialen des Instituts, den Koordinationszentren, ausrichten sollen. Unter ihrer Aufsicht laufen die Hilfsprogramme, sie überwachen die Aufträge für Straßenbau, Erziehungswesen, Landwirtschaft, Gesundheitswesen und juristische Probleme, die von der Zentrale vergeben werden. Die Zentrale in Mexiko-Stadt beschäftigt sich überwiegend mit der wissenschaftlichen Auswertung dieser Programme. Die Leitung der Projekte liegt in der Hand von Ethnologen, „um so politische und ökonomische Interessen weitgehend auszuschalten". Bis 1972 gab es in Mexiko 22 Koordinationszentren, die knapp 2 Millionen der rund fünf Millionen Indianer Mexikos kontrollieren. Die Finanzierung erfolgt im Rahmen des mexikanischen Haushaltsplanes; der Gesamtbetrag belief sich in den letzten Jahren auf knapp über sechs Millionen DM, eine absurd kleine Summe.

## Literaturauswahl

*Basauri, Carlos:* La población indigena de México. 3 Bde. México 1940

*Beals, Ralph L.:* Ethnology of the Western Mixe. (University of California, Publications in American Archaeology and Ethnology 42). Berkeley 1945

*Beals, Ralph L.:* Cheran: A Sierra Tarascan Village. (Smithsonian Institution, Institute of Social Anthropology, Publ. 2). Washington 1946

*Bernal, Ignacio:* Bibliografía de Arqueología y Etnografía. Mesoamérica y Norte de México, 1514-1960. (Insito Nacional de Antropología e Historia, Memorias VII). México 1962

*Carrasco, P.:* Los Otomies. (Publ. Inst. Hist., 1st ser., no. 15). 1950

*Caso, Alfonso:* Indigenismo. México 1958

*Chiñas, Beverly L.:* The Isthmus Zapotecs. Women's Roles in Cultural Context. New York 1973

*Covarrubias, Miguel:* Mexico South. The Isthmus of Tehuantepec. London (1947)

*Fisher, G.:* Directed Culture Change in Nayarit, Mexico. (Tulane University, Middle American Research Institute, Publ. 17). New Orleans 1953

*Foster, George M.:* Culture and Conquest. America's Spanish Heritage. (Viking Fund, Publications in Anthropology, 27). New York 1960

*Foster, George M. (ed):* Contemporary Latin American Culture: An Anthropological Sourcebook. New York o. J.

*Gierloff-Emden, H. G.:* Mexico. Eine Landeskunde. Berlin 1970

*Goldschmidt, Walter and Harry Hoijer:* The Social Anthropology of Latin America. Los Angeles 1970

*Kearney, Michael:* The Winds of Ixtepeji. World View and Society in a Zapotec Town. New York 1972

*Krickeberg, Walter:* Die Totonaken. (Baessler-Archiv 7). Berlin 1918/22

*Kelly, I. T. and A. Palerm:* The Tajin Totonac. (Smithsonian Institution, Institute of Social Anthropology, Publ 13). Washington 1952

*Köhler, Ulrich:* Gelenkter Kulturwandel im Hochland von Chiapas. (Freiburger Studien zu Politik und Gesellschaft überseeischer Länder, 7). Gütersloh 1969

*Moone, Janet R.:* Tarascan Development: National Integration in Western Mexico. (PhD Thesis, University of Arizona). Tucson 1969

*Nader, Laura:* Talea and Juquila. A Comparison of Zapotec Social Organization. (University of California, Publications in American Archaeology and Ethnology 48). Berkeley 1964

*Preuss, K. Th.:* Die Nayarit-Expedition. Leipzig 1912

*Rubin de la Borbolla, Daniel F.:* Arte popular de México. México 1963

*Schultze-Jena, L. S.:* Bei den Azteken, Mixteken und Tlapaneken der Sierra Madre del Sur von Mexiko. (Indiana, 3). Jena 1938

*Tax, Sol:* Heritage of Conquest. The Ethnology of Middle America. Glencoe 1952

*West, R. C.:* Cultural Geography of the Modern Tarascan Ara e. (Smithsonian Institution, Institute of Social Anthropology, Publ. 7). Washington 1948

*Wolf, Eric R.:* Sons of Shaking Eaeth. Chicago 1959

Die am leichtesten zugängliche Darstellung der indianischen Kulturen von Mexiko findet sich in den folgenden Bänden des „Handbook of Middle American Indians": Vol. 6: Social Anthropology (Austin 1967), Vol. 7: Ethnology, Part One (Austin 1969) und Vol. 8: Ethnology, Part Two (Austin 1969).

# Mark Münzel

## Teil II **Mittel- und Südamerika**

### Von Yucatán bis Feuerland

Jede Woche bringt der Rundfunk der Insel Feuerland ein Programm über „unsere Indianer", die edlen Feuerländer. Die Weißen, die heute dort wohnen, lernen so die indianische Kultur schätzen und ihre Ausrottung bedauern. Die Feuerland-Indianer sind ausgestorben.

Nur wenige Kilometer entfernt, nur durch eine schmale Meerenge getrennt, liegt Patagonien. Der patagonische Rundfunk erwähnt die Indianer nicht. In Patagonien leben noch Indianer, und zwar in elenden Verhältnissen.

Das südamerikanische Land, das sich am meisten auf seine indianische Vergangenheit beruft, ist Paraguay. Der Name der Guaraní, eines indianischen Volkes, von dem viele moderne Paraguyaer abstammen, wird mit großem Stolz immer wieder genannt. Die Landeswährung heißt „Guaraní", das Heer heißt poetisch „Guaraní-Heer", und der Diktator wird in Lobeshymnen als „Guaraní-Häuptling" besungen. Gleichzeitig aber leben die echten, heutigen Guaraní in Armut als diskriminierte, verachtete Minderheit.

In Mittel- und Südamerika ist auch heute noch in vielen Fällen nur ein toter Indianer ein interessanter Indianer. Solange er noch lebt, wird er vorsorglich totgesagt. Ist er erst einmal gestorben, errichtet man ihm Denkmäler. Der für die Degeneration einer bestimmten Art europäischer Bildung in Lateinamerika typische Abstand zwischen rhetorischem Engagement und praktischer Gleichgültigkeit hat zu paradoxen Auswüchsen der literarischen Behandlung des Indianerproblems geführt. 1857 veröffentlichte der brasilianische Dichter Gonçalves Dias die „Timbiras", eine Verherrlichung des gleichnamigen Stammes im Stil der späten Romantik – im selben Jahr wurden die realen Timbiras fast ausgerottet. 1962 wurde in der paraguayischen Stadt Concepción ein „Denkmal für den Indianer" zu sehr hohen Kosten errichtet; der feierlichen Einweihung wohnten Indianer bei, die danach wieder in ihre Lager zurückgebracht wurden, wo viele von ihnen verhungerten. Die Liste der Beispiele ließe sich beliebig verlängern.

In allen diesen Fällen wird nicht der heutige, lebendige Indianer gefeiert, sondern der vergangene, tote. Dies ist der wesentliche Strukturfehler des pathetischen Bekenntnisses zur indianischen Vergangenheit, das literarische Begeisterung für vergangene Größe mit Engagement für heute Lebende verwechselt. Übersehen wird dabei gerne, daß noch sehr viele Indianer leben und daß weder ihre Rasse noch ihre Kultur bald verschwinden werden. Im Gegenteil: In Peru etwa hat die Land-Stadt-Wanderung der letzten Jahre zu einer merklichen Indianisierung der Großstädte geführt, und selbst die von unseren Massenmedien so gerne den Vernichteten zugerechneten Amazonas-Indianer leben trotz zahlreicher gegen sie begangener Greueltaten und trotz Straßenbau noch immer, ja sie beweisen in den letzten Jahren neue Vitalität.

Deshalb ist es auch keine Ausgrabung der Vergangenheit, wenn wir in diesem Buch indianische Kulturen beschreiben. Gewiß, viele der im Folgenden geschilderten traditionellen Züge wandeln sich heute, einige gehen auch ganz verloren; die indianische Grundstruktur, auf die es uns bei unserer Beschreibung vor allem ankommt, bleibt jedoch weiterhin sichtbar. Auch der Amazonas-Indianer in Hemd und Hose, der in einem Haus mit Wellblechdach wohnt, spricht weiterhin seine indianische Sprache, pflegt Verwandtschaftsbeziehungen nach dem indianischen System, wird kein Europäer. Die Darstellung seines traditionellen Hintergrundes ist deshalb ein wichtiges Hilfsmittel, um ihn zu verstehen.

Dieser Hintergrund ist allerdings in Mittel- und Südamerika nicht mehr derjenige der voreuropäischen Zeit. Schon die traditionelle indianische Kultur ist ein Resultat von Akkulturation und historischem Wandel. Spanier und Portugiesen haben früher mit der Durchdringung

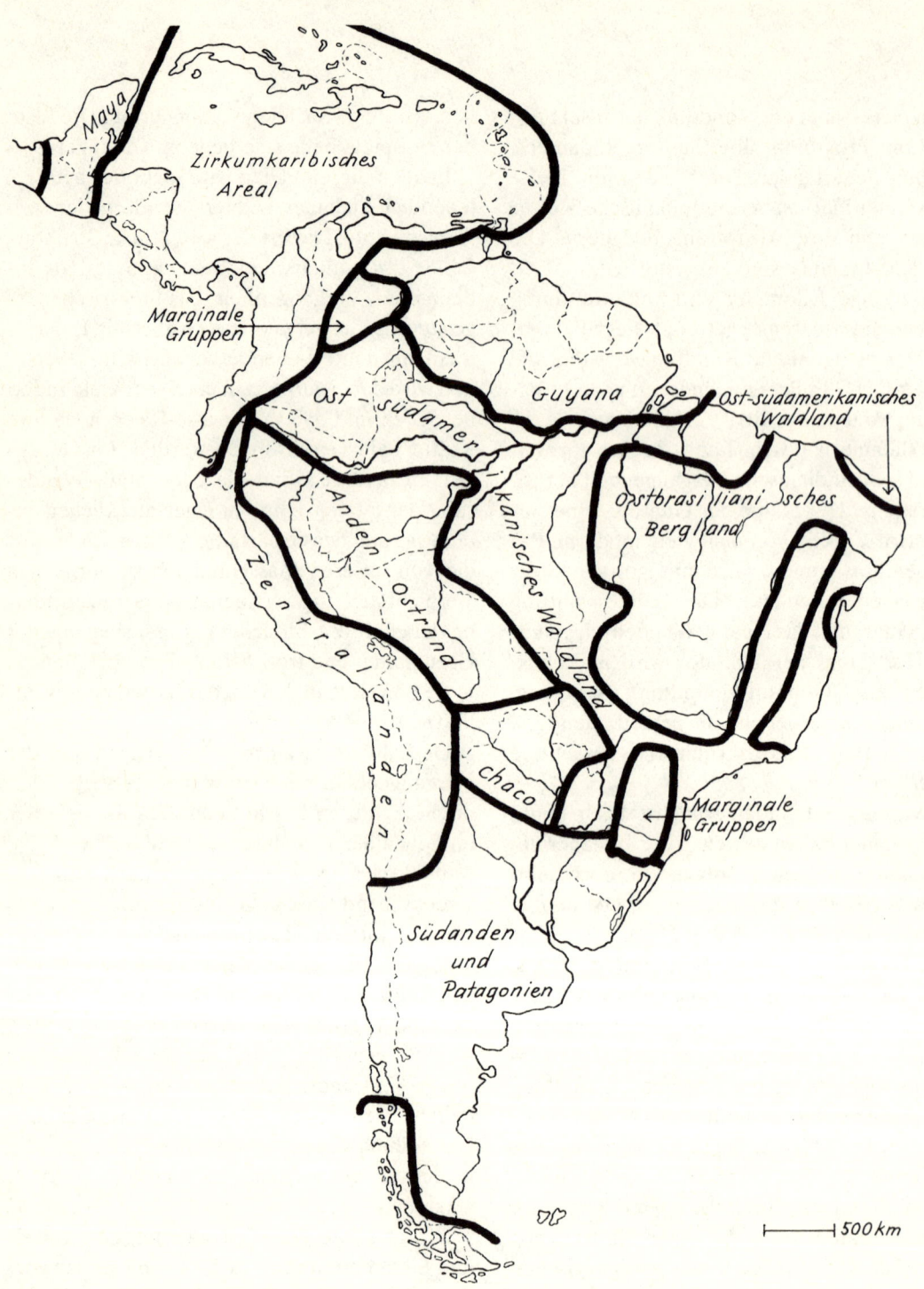

Kulturareale in Mittel- und Südamerika

170

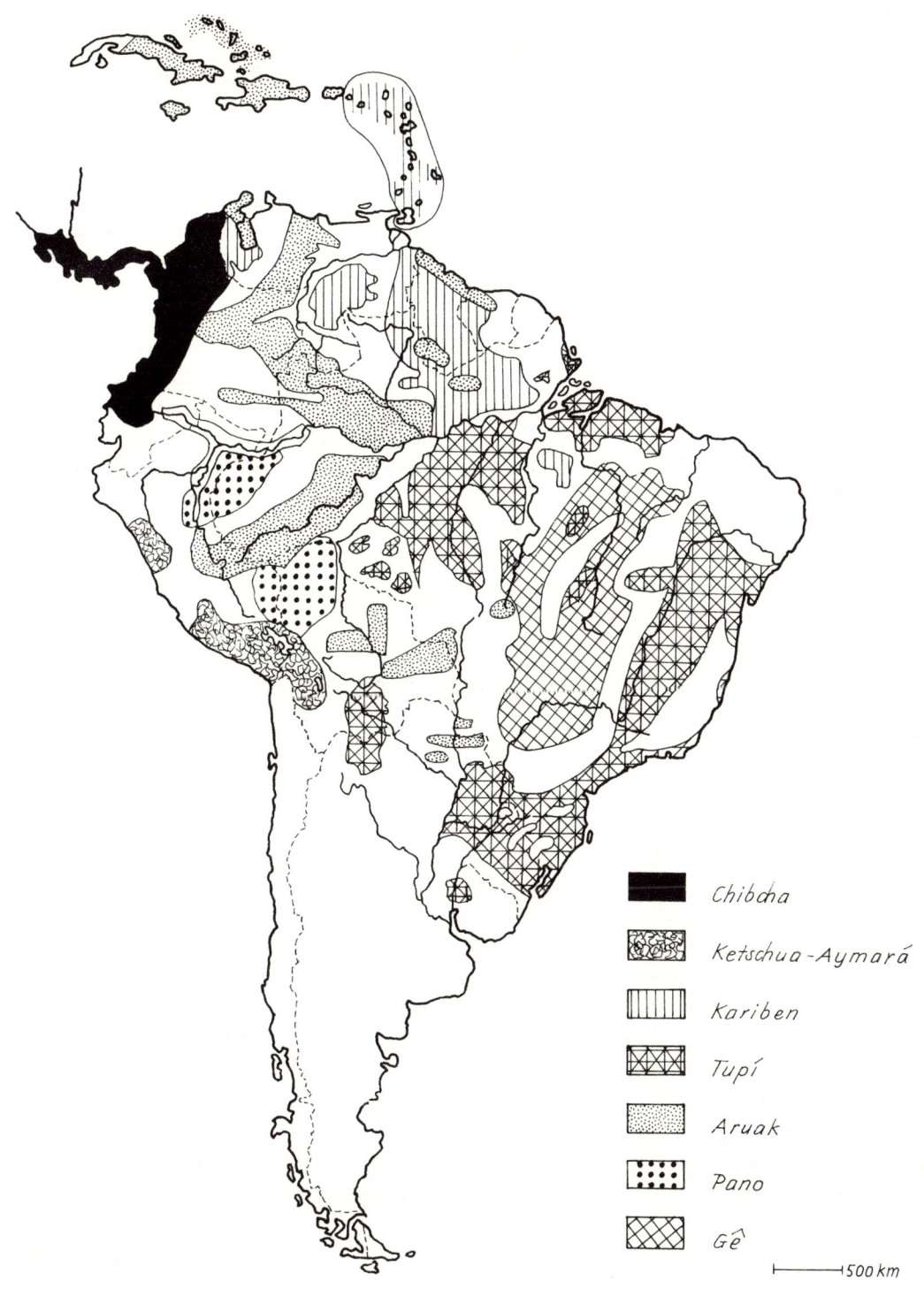

Legend:

- **Chibcha**
- **Ketschua-Aymará**
- **Kariben**
- **Tupí**
- **Aruak**
- **Pano**
- **Gê**

⊢———⊣ 500 km

Die wichtigsten Sprachfamilien Südamerikas

des Kontinents begonnen als Engländer und Franzosen, zudem begünstigte die iberische Politik im Gegensatz zur angelsächsischen die Bildung von Mischkulturen (Mischung im kulturellen und rassischen Sinn), die als Zwischenglieder zwischen europäischer und indianischer Welt wirkten; der europäische Einfluß ist in Mittel- und Südamerika selbst bei den abgelegensten indianischen Gruppen älter als in Nordamerika. Auch im Norden lernten wir vereinzelt das Phänomen kennen, daß indianische Kulturen durch europäischen Einfluß ein neues Gesicht gewannen (Plains-Kultur) – im Süden ist dies die Regel. Die Beschreibung indianischer Traditionen muß deshalb stärker als bei Nordamerika den Wandel schon ins Ausgangsbild einflechten.

Das Konzept der „Kulturareale", das der Gliederung des Buches zugrundeliegt, wurde zuerst in Nordamerika entwickelt, dessen Situation es daher auch besonders angepaßt ist. In Südamerika ist es als Einteilungsschema ebenfalls brauchbar, jedoch mit gewissen Einschränkungen. Das kulturelle Bild ist hier verworrener, innerhalb der einzelnen Areale gibt es fast immer bedeutende Enklaven, die völlig aus dem jeweiligen Rahmen fallen (vgl. das Kapitel „Die marginalen Indianer", das den wichtigsten Fall solcher nicht in den Rahmen der umliegenden Areale passenden Kulturenklaven behandelt). Rezente Wanderungen – z. B. die der Tupí bis in frühkoloniale Zeit – haben die Areale durcheinandergebracht.

Der Wirrwarr der Völker und Kulturen ist überhaupt ein ernstes Hindernis für eine systematische Beschreibung der Indianer Südamerikas. Sie halten unter den Völkern der Welt einen Zersplitterungsrekord, der wohl nur noch von den Papua auf Neuguinea überboten wird. Kleine und kleinste Grüppchen besitzen jedes seine eigene, unverwechselbare Kultur. Wer dieses Kaleidoskop in einfachen Farben beschreiben will, ohne den Leser durch endlose Aufzählung von Unterschieden zu ermüden und zu verwirren, muß die komplizierte Realität so lange vereinfachen, bis sie darstellbar wird – anders geht es nicht. Er muß etwa die über 50 Ethnien des Kulturareals Guyana, die jede wieder anders ist, in der Beschreibung eines einzigen Areals und damit praktisch als eine einzige Kultur zusammenfassen. Er muß die über 120 Ethnien Brasiliens auf nur 5 Kulturareale verteilen, als wären es nur 5 Kulturen, während Autoren, die sich allein und dies dann um so ausführlicher mit Brasilien befassen, meist 11 Kulturareale mit zahlreichen lokalen Varianten darstellen.

Insgesamt dürften in Mittel- und Südamerika knapp 15 Millionen Indianer leben – allerdings ist genaue Demographie unmöglich. In den mesoamerikanischen und zentralandinen Hochkulturbereichen wechselt die Definition des Begriffs „Indianer" von Statistik zu Statistik (vgl. hierzu unten das Kapitel „Nachkommen der Inka"), wodurch sich Abweichungen in Millionenhöhe ergeben. Im östlichen Südamerika ist das Zählen ein Problem. Manche Indianer dort entziehen sich noch immer der Kontrolle der Behörden und Wissenschaftler. Andere könnten statistisch erfaßt werden, aber niemand hat ein Interesse daran – einige Stellen geben die Zahl der ihnen untergeordneten Indianer zu hoch an, um mehr Geldmittel zum Indianerschutz flüssig zu machen, andere drücken umgekehrt von vornherein, um eine im Gang befindliche oder geplante Dezimierung zu verschleiern. Rascher Wechsel der realen Zahlen (rapides Aussterben einer Gruppe, extremer Geburtenüberschuß einer anderen) kann auch eine ehrliche Statistik in wenigen Jahren völlig entwerten. Abneigung der Indianer gegen jede bürokratische Erfassung und Sprachschwierigkeiten kommen hinzu. Da die Indianer des östlichen Südamerika in kleinsten Grüppchen über weiteste Räume verstreut leben, wird auch ihre Zählung auf viele unterschiedliche Stellen verteilt. Das Gesamtergebnis setzt sich dann aus Einzelposten zusammen, die auf Grund ihrer unterschiedlichen Voraussetzungen und wegen der Tatsache, daß sie aus verschiedenen Jahren stammen, eigentlich gar nicht zusammenzählbar sind.

So kann es zum Phänomen des statistischen Genozids kommen. In Brasilien wurde bis etwa 1960 mit über 150.000 Indianern gerechnet. In den 60er Jahren stellte man dann neue Berechnungen an, die eine Zahl unter 80.000 ergaben.

Die Schlußfolgerung, daß über 70.000 Indianer in wenigen Jahren ausgerottet worden seien, lag nahe, war aber falsch: Die Verringerung beruhte nicht auf einem Rückgang der Indianer, sondern darauf, daß neue, vorsichtigere Methoden der Schätzung angewendet wurden. Umgekehrt ist es auch nicht auf eine plötzliche demographische Explosion, sondern wiederum auf neue Schätzverfahren zurückzuführen, daß die brasilianischen Behörden in den letzten Jahren wieder von über 100.000 Indianern sprechen. Wie die Bevölkerungsentwicklung tatsächlich seit 1960 verlief, ist hinter diesem statistischen Geplänkel nur schwer auszumachen.

Wenn wir trotzdem Zahlen wagen wollen: Der größte Teil der Indianer Mittel- und Südamerikas wohnt zweifellos im Zentralandenraum, etwa 10 Millionen. Ein weiterer Bevölkerungsschwerpunkt liegt mit über 2 Millionen im Gebiet der Maya am Nordrand Mittelamerikas. Dagegen leben in Südamerika außerhalb des zentralandinen Areals nur vielleicht etwa 1,5 Millionen Indianer. Die ungleichmäßige Verteilung ist ein Erbe der vorkolonialen Entwicklung, die in den Anden eine Hochkultur von demographischer Intensität entstehen ließ, während im östlichen Südamerika primitive Gesellschaften den weiten Raum nur dünn besiedelten.

Der Kolonialismus hat diesen Unterschied noch verstärkt, indem er im östlichen Südamerika mit unvergleichlich größerer Brutalität vorging als im Gebiet des ehemaligen Inkareiches und so im Osten die Bevölkerung stärker reduzierte als im Westen. Der Grund: Die Untertanen des Inkareiches im Westen lebten bereits in vorspanischer Zeit in einer geschichteten, auf sozialer Unterdrückung aufgebauten Gesellschaft, ließen sich deshalb auch leichter ins Unterdrückungssystem des Kolonialreiches integrieren als die in primitiven Demokratien organisierten Indianer des Ostens, für die imperiale Herrschaft etwas Neues, kaum Akzeptierbares darstellte. Die Bauern des Westens produzierten mit ihren komplizierten Bewässerungsanlagen und intensiven Bodennutzungsmethoden schon in voreuropäischer Zeit einen beachtlichen Überschuß, von dem sie einen großen Teil schon traditionell an die Städte und an die oberen Schichten abgaben. Sie waren deshalb relativ leicht dazu zu bewegen, als Lieferanten der Grundnahrungsmittel ein wichtiges Element des spanischen Kolonialsystems zu werden. Die Bauern des Ostens dagegen produzierten traditionell weniger Überschuß, den sie auch meist nicht abgaben, sondern selbst z. B. bei großen Festen konsumierten. Sie waren daher weder bereit noch von der Beschaffenheit ihrer Landwirtschaft her in der Lage, den Weißen große Nahrungsmenge abzugeben. Daraus folgte: Im Westen wäre die Ausrottung der Indianer den ökonomischen Interessen der Kolonisatoren zuwidergelaufen, denn man brauchte die Masse der indianischen Bauernschaft als Grundlage des Systems; im Osten dagegen waren die Indianer unnütz, denn einerseits ließen sie sich nicht ins System einspannen, andererseits hielten sie Land besetzt, das, von Europäern intensiver genutzt, dem System mehr nützen konnte. Eigentlichen Genozid gab es daher vor allem im Osten, viel seltener im Westen.

Andererseits haben die wenigen überlebenden Indianer des Ostens ihre voreuropäische Kultur eher bewahrt als die des Westens. Denn im Westen wurden sie zwar physisch geschont, dafür aber – eben weil sie nützlich waren – systematisch integriert. Im Osten dagegen waren die Kolonisatoren daran interessiert, wirtschaftlich nutzbare Gebiete von unnützen Indianern zu säubern, nicht aber daran, die weiterhin unnützen Überlebenden dieser Säuberungen zu integrieren.

Die Verteidigung gegen die Säuberungen, etwa der Kampf der brasilianischen Indianer gegen die vorrückenden Weißen, ist ein Kapitel der Kolonialgeschichte, das im Gegensatz zum Widerstand der nordamerikanischen Indianer kaum bei uns bekannt ist. Die Indianerkriege in Südamerika waren länger und blutiger als die des Nordens, und die Indianer waren oft erfolgreicher als Sioux oder Apachen. Diesen Widerstand stärker ins Bewußtsein des deutschen Lesers zu rücken, ist auch ein Anliegen der folgenden Kapitel.

Die Darstellung sucht durch ihren Aufbau Wiederholungen zu vermeiden: Mehrfach wiederkehrende Phänomene werden bei ihrer ersten Erwähnung eingehender beschrieben, nachher nur durch kurze Rückverweise nochmals ins Gedächtnis gerufen. Die Kulturen des tropischen Tieflandes besitzen eine Grundmasse von Gemeinsamkeiten. So ist die Darstellung der Kultur des ost-südamerikanischen Waldlandes besonders knapp: Die ökonomische Grundlage, der Maniokanbau, wird schon in den Kapiteln über andere tropische Tieflandkulturen geschildert, der materielle Kulturbesitz entspricht in den großen Grundzügen (die allein uns hier interessieren) dem der Areale Guyana und Ostanden-Abhang, ebenso die Religion. Vieles in der Sozialstruktur des östlichen Waldlandes erhellt aus in vorherigen Kapiteln gezogenen Vergleichen, auch wenn dabei nicht auf Gemeinsamkeiten, sondern auf Unterschiede hingewiesen wird.

## Literaturauswahl Südamerika

*Baldus, Herbert:* Herrschaftsbildung und Schichtung bei Naturvölkern Südamerikas. in: Archiv für Anthropologie, Völkerforschung und kolonialen Kulturwandel, n. F. 25, 2-3. Braunschweig 1939

*Baumann, Peter und Uhlig, Helmut:* Kein Platz für „wilde" Menschen – Das Schicksal der letzten Naturvölker. Wien-München-Zürich 1974

*Beyhout, Gustavo:* Süd- und Mittelamerika II – Von der Unabhängigkeit bis zur Krise der Gegenwart (Fischer Weltgeschichte 23). Frankfurt am Main 1965

*Carsten, Dietmar:* Letzte Inseln der Glückseligkeit, Als Forscher unter den bedrohten Paradiesmenschen in Lateinamerika. Wien-Düsseldorf 1973

*Dostal, Walter:* Hrsg.: The Situation of the Indian in South America (Veröffentlichungen des Seminars für Ethnologie der Universität Bern 3). Geneva 1972

*Dressler, Renate:* Zum sozialen Charakter einiger Indianeraufstände in Lateinamerika. in: Wissenschaftl. Zschrft. d. Humboldt-U., Gesellschafts- und Sprachwissenschaftl. Reihe 12,5. Berlin 1963

*Enzensberger, Hans Magnus:* Las Casas oder der Rückblick in die Zukunft. in: Enzensberger: Deutschland, Deutschland, unter anderm. Frankfurt 1967

*Friederici, Georg:* Der Charakter der Entdeckung und Eroberung Amerikas durch die Völker der Alten Welt. 3 Bde., Stuttgart 1925-1936

*Garlick, J. P. Hrsg.:* Human Ecology in the Tropics. Oxford 1970

*Gross, Daniel R. Hrsg.:* Peoples and Cultures of Native South America. Garden City, N.Y. 1973

*Haekel, Josef und Lukesch, Anton:* Einführung in die Ethnologie Südamerikas. Wien 1972

*Hartmann, Günther:* Masken südamerikanischer Naturvölker (Veröffentlichungen des Museums für Völkerkunde Berlin, n. F. 13, Abteilung Amerikanische Naturvölker 1). Berlin 1967

*Hohenthal, W. D. und McCorkle, Thomas:* The Problem of Aboriginal Persistence. in: Southwestern Journal of Anthropology 11,3. Albuquerque 1955

*Huizer, Gerrit:* Peasant Rebellion in Latin America. Harmondsworth 1973

*Jaulin, Robert Hrsg.:* L'Ethnocide à Travers les Amériques. Paris 1972

*Jaulin, Robert Hrsg.:* De l'Ethnocide – Recueil de textes. Paris 1972

*Konetzke, Richard:* Süd- und Mittelamerika I – Die Indianerkulturen Altamerikas und die spanisch-portugiesische Kolonialherrschaft (Fischer Weltgeschichte 22). Frankfurt am Main 1965

*Las Casas, Bartolomé de:* Kurzgefaßter Bericht von der Verwüstung der Westindischen Länder. Hrsg. H. M. Enzensberger. Frankfurt 1966

*Lips, Eva:* Das Indianerbuch. Leipzig 1956

*Lyon, Patricia J. Hrsg.:* Native South Americans – Ethnology of the Least Known Continent. Boston-Toronto 1974

*Manshard, W.:* Wanderfeldbau und Landwechselwirtschaft in den Tropen (Heidelberger Studien zur Kulturgeographie, Festband Pfeifer). Wiesbaden 1966

*Meunier, Jacques und Savarin, a. M.:* Le Chant du Silbaco – Massacre en Amazonie. Paris 1969

*Métraux, Alfred:* Religions et Magies Indiennes d'Amérique du Sud. Paris 1967

*Münzel, Mark:* Völkermord? in: pogrom 28. Hamburg 1974

*O'Shaughnessy, Hugh:* What Future for the Amerindians of South America? (Minority Rights Group Report 15). London 1973

*Ribeiro, Darcy:* The Americas and Civilization. London 1971

*Saake, Wilhelm:* Der Maniok bei den Urwaldstämmen Südamerikas. Freiburg/Schweiz 1950

*Sapper, Karl:* Geographie und Geschichte der indianischen Landwirtschaft (Ibero-americanische Studien 1). Hamburg 1936

*Schaden, Egon:* Indianische Kulturen und die Zivilisation. in: Von fremden Völkern und Kulturen, Hans Plischke zum 65. Geburtstag. Düsseldorf 1955

*Schaden, Egon:* Das Schicksal der Indianer. in: Staden-Jahrbuch 5. São Paulo 1957

*Schaden, Egon:* Aculturação Indígena (Revista de Antropologia 13, 1–2. São Paulo 1965

*Schulze-Thulin, Axel:* Zur Situation der Indianer in Südamerika. in: Tribus 22. Stuttgart 1973

*Sioli, Harald:* Die „Fruchtbarkeit" der Urwaldböden des brasilianischen Amazonasgebietes. in: Staden-Jahrbuch 5. São Paulo 1957

*Steward, Julian H. und Faron, Louis C.:* Native Peoples of South America. New York – Toronto – London 1959

*Steward, Julian H. Hrsg.:* Handbook of South American Indians, Bd. 1-7 (Smithsonian Institution, Bureau of American Ethnology Bulletin 143). New York 1963 (Nachdruck)

*Wagley, Charles:* The Effects of Depopulation upon Social Organization as Illustrated by the Tapirapé Indians. in: Transactions of the New York Academy of Sciences 2, 3, 1. New York 1940

*Wilbert, Johannes Hrsg.:* The evolution of horticultural systems in native South America (Antropológica, Supplement Publication 2). Carácas 1961

*Wolf, Eric R.:* Peasants. Englewood Cliffs 1966

*Zerries, Otto:* Wild- und Buschgeister in Südamerika – Eine Untersuchung jägerzeitlicher Phänomene im Kulturbild südamerikanischer Indianer (Studien zur Kulturkunde 11). Wiesbaden 1954

*Zerries, Otto:* Die Religionen der Naturvölker Südamerikas und Westindiens. in: Die Religionen des alten Amerika (Die Religionen der Menschheit 7). Stuttgart 1961

*Zerries, Otto:* Die Indianer der Wälder und Savannen. in: Die Erben des Inkareiches und die Indianer der Wälder (Völkerkunde der Gegenwart – Südamerika). Berlin 1974

*Zülch, Tilman Hrsg.:* Von denen keiner spricht, Unterdrückte Minderheiten – von der Friedenspolitik vergessen (rororo aktuell 580). Reinbek bei Hamburg 1975

Arbeiten, die mehrere Kulturareale behandeln, sind hier aufgeführt, bzw. unter Kap. 19, wenn sie Brasilien behandeln.

So unübersichtlich und vielfältig das Kultur- und Völkermosaik des zentralen Mexiko ist, so sehr vereinfacht es sich zwischen dem Isthmus von Tehuantepec und der Nord-Süd-Linie von Puerto Cortés zum Golf von Fonseca. Nur eine einzige, allerdings regional und historisch stark differenzierte Kultur beschäftigt hier die Archäologen: die der Maya. Nur ein einziges, allerdings noch immer regional stark aufgesplittertes Volk, das der Maya, bewohnt heute diese Region, einmal abgesehen von kleinen, kaum erforschten Enklaven, die wir hier vernachlässigen können.

Die Maya sind nicht nur Relikt, Nachkommen der Träger einer der klassischen Hochkulturen der Neuen Welt. Mit über zwei Millionen Menschen sind sie auch in der Gegenwart eine der größten Volksgruppen des indianischen Amerika. In einem der modernen Staate Lateinamerikas, Guatemala, bilden sie die Hauptmasse der Bevölkerung. Zwar sind die auffälligsten Zeichen ihrer alten Kultur – religiös-politische Zentren mit Pyramidenarchitektur, hervorragender Bildhauerkunst, Malerei, Wissenschaft, Schrift – den Europäern zum Opfer gefallen. Aber das Fundament der Hochkultur, das Maya-Bauerntum, hat sich erhalten. Es ist nicht in die Primitivität zurückgesunken, sondern noch heute typisch hochkulturlich, nur entbehrt es des für die voreuropäische Kultur charakteristischen Daches: der indianischen Oberschicht in den Kulturzentren, der Priester, Wissenschaftler, Verwalter, die von den Europäern hinweggefegt wurden. Mit ihnen verschwanden auch die wissenschaftlich-künstlerischen Spitzenleistungen. An die Stelle des Verlorenen traten vor allem im Hochland von Guatemala provinzielle Elemente der kolonial-europäischen Kultur, so wie sich an die Stelle der indianischen Oberschicht die europäischen Kolonialherren setzten.

Doch dieser Prozeß, typische Folge spanischer Kolonialpolitik im Gebiet indianischer Hochkulturen, lief bei den Maya längst nicht so reibungslos ab wie etwa im Inka-Reich. Vielerorts, insbesondere auf Yucatán, verweigerte sich die Maya-Gesellschaft der Überschichtung durch die Kolonialherren und deren Kultur. Das Ergebnis erinnert bisweilen an ein Haus, dessen Dach abgedeckt, aber nicht durch ein neues ersetzt wurde. Vor allem die Lacandonen scheinen bei flüchtiger Betrachtung durch Fehlen einer ausgebildeten Oberschicht und vieler mit einer solchen in vor-europäischer Zeit verbundener Elemente den primitiven Bauern des tropischen Tieflandes Südamerikas nahezustehen. Jedoch auch die Lacandonen erweisen sich bei genauerem Hinsehen als Hochkultur-Volk, nur eben ohne Dach.

Hochkulturliche Charakteristika noch bei den heutigen Maya-Bauern sind etwa: Politische Organisation in territorialen, nicht in verwandtschaftlichen Einheiten; geringe Ausbildung eines Verwandtschaftssystems über die Kernfamilie hinaus; Zusammenhalt mehrerer Kernfamilien im territorialen Rahmen durch Unterordnung unter eine politische und religiöse Hierarchie, deren Würdenträger auch heute noch teilweise in religiös-politischen Zentren siedeln; Austausch von Produkten auf regelrechten Märkten in diesen Zentren; hochgradige Formalisierung des gesellschaftlichen Lebens; Hierarchisierung der Höheren Wesen der Religion. Diese Elemente sind am stärksten im Hochland von Guatemala ausgeprägt, wo sie durch den Einfluß der gerade in diesen Punkten verwandten europäischen Hochkultur gestützt wurden. Weniger lebendig sind sie auf Yucatán, am schwächsten bei den Lacandonen, wo der europäische Einfluß sich eher als in eigenen konstruktiven Beiträgen in Verwüstungen niederschlug, die schließlich auch an die Substanz der gesellschaftlichen Struktur griffen. Auf Yucatán etwa verschwanden die voreuropäischen Märkte in spätkolonialer Zeit weitgehend.

Die Kulturprovinz der Maya faßt zwei geographisch sehr verschiedene Räume zusammen, das Hochland von Guatemala und Chiapas einerseits, das Tiefland von Yucatán und Tabasco andererseits. Dem entspricht teilweise die Aufgliederung der Maya-Sprachfamilie in zwei Zweige, die Hochland- oder Quiche- und die Tiefland- oder eigentlichen Maya-Sprachen. Auch kulturell ist ein Unterschied zwischen Gebirgs- und Tieflandbauern deutlich. Dabei stimmen aber die sprachlichen, kulturellen und historischen Grenzen nicht gänzlich überein. Für die Gegenwart ergibt sich folgendes Bild.

Tiefland-Maya mit eigentlichen Maya-Sprachen:

Yucateken (Halbinsel Yucatán), Lacandonen (oberer Usumacinta, Chiapas), Chontal (Tabasco), Chol (Nord-Chiapas).

Hochland-Maya mit Quiché-Sprachen:

Mam (nordwestliches Hochland von Guatemala, mit Chuh, Jacalteken, Kanhobal, Ixil, Aguacateken und eigentlichen Mam), Quiché (zentrales Hochland von Guatemala, mit Uspanteken, Tzutuhil und eigentlichen Quiché), Pokomchi (zentrales Hochland von Guatemala), Pokomam (östliches Hochland von Guatemala).

Maya zwischen Tief- und Hochland:

Kekchi (kulturell eher Tiefland, sprachlich aber zu den Quiché; in Alta Verapaz und in Enklave in Belize), Chorti (kulturell eher Hochland, sprachlich aber eigentliche Maya; Grenzgebiet von Guatemala, El Salvador und Honduras), Tzeltal, Tzotzil und Toholabal (alle drei kulturell Hochland, sprachlich jedoch eigentliche Maya; Chiapas).

Im Rahmen der allgemeinen Maya-Kultur ist die Aufsplitterung beträchtlich, insbesondere im Hochland, wo unterschiedliche Höhenlagen und die Abgeschiedenheit einzelner Gebirgsregionen Differenzierungsfaktoren bilden.

a) Lebensraum:
Zweiteilung Hochland – tropisches Tiefland

Der Begriff des Lebensraums im Sinne von Grundlage eines „Ökosystems" als ursächlicher Einheit von sozio-ökonomischer Ordnung und regionaler Ökologie ist für das Maya-Tiefland fruchtbar, wo indianische Gemeinschaften noch relativ abgeschlossen gegen überregionale Systeme und deren Einflüsse leben und sich deshalb in erster Linie mit der sie umgebenden Ökologie auseinandersetzen müssen. Dagegen muß der Begriff schon in den städtischen Zentren Yucatáns, etwa Mérida, und im Ausstrahlungsgebiet der Städte anders verstanden werden, erst recht im größten Teil des Hochlandes, wo sich die Indianer weniger mit der Natur als mit den ihren Gesellschaften übergestülpten Ordnungen einrichten müssen, die unabhängig vom lokalen Ökosystem in einem anderen Erdteil entstanden sind. Selbst im Tiefland ist bei einem Hochkultur-Volk wie den Maya die Wechselbeziehung zwischen natürlichem Ökosystem und Gesamtkultur weniger deutlich als bei einem „Naturvolk". Schon daß wir hier Hoch- und Tiefland-Maya in vieler Hinsicht als Einheit behandeln können, demonstriert das Übergewicht historisch-kultureller Faktoren über das Ökosystem, aus dem sie ursprünglich einmal erwachsen sein mögen.

Auch die Unterschiede zwischen Hoch- und Tiefland lassen sich mit dem Begriff des „Ökosystems" allein nicht fassen: Sie sind ebensosehr historisch bedingt, durch unterschiedliche Ausrichtung der kolonialen Wirtschaft in den beiden Teilräumen. Das nach dem Atlantik, das heißt letztlich auch: nach Europa orientierte Tiefland wurde zur Lieferung von Exportprodukten bestimmt, während man im Europa abgewandten Hochland die indianischen Kleinbauern mehr sich selbst überließ. Andererseits bestimmten aber auch wieder klimatische Bedingungen die Kolonialgeschichte: Abgesehen von einigen städtischen Handelszentren war im tropisch-feuchten Tiefland die europäische Einwanderung relativ unbedeutender als im Hochland. Das Ergebnis ist im Tiefland eine stärker auf Indianer beschränkte, aber mehr auf den Export ausgerichtete Ökonomie, im Hochland eine enge Wechselbeziehung zwischen Indianern, Mestizen und Weißen im Rahmen einer mehr auf die lokalen Bedürfnisse ausgerichteten Wirtschaft.

Das heißt im Tiefland: Weitere Verbreitung der von Indianern im Auftrag nicht-indianischer Unternehmer betriebenen extraktiven und Plantagenwirtschaft neben dem auch hier vorherrschenden Kleinbauerntum, damit verschärfter Gegensatz zwischen Indianern und Nicht-Indianern. Auf kulturellem Gebiet: Stärkere Abschließung der indianischen Kultur nach außen, insbesondere bei denjenigen Maya, die nach Aufständen vor ihren Ausbeutern in unzugängliche Regionen flohen, um dort ein unabhängiges Leben zu versuchen. Im Hochland dagegen haben die Handelsbeziehungen zwischen indianischen Kleinbauern und nicht-indianischen Händlern und Handwerkern zu einer engeren kulturellen Durchdringung geführt, mit dem Ergebnis einer stark mestizisierten hispano-amerikanischen Provinzkultur, bei der ähnlich wie im ehemaligen Inka-Reich indianische und provinz-spanische Elemente kaum noch säuberlich zu trennen sind.

b) Lebensunterhalt:
Mais im Brandrodungsbau

*Das Tiefland*

Die Maya-Kultur, vielleicht in den Regenwäldern von Tabasco, Chiapas und des Petén entstanden erst ab etwa 600 n. Chr. nach Yucatán übertragen, wäre damit unter den großen Hochkulturen der Welt wohl die einzige aus dem tropischen Regenwald stammende (andere tropische Hochkulturen wie etwa die von Angkor gehen wohl auf außertropische Vorgänger zurück). Subsistenzgrundlage war der Maisanbau im Brandrodungssystem, das in Lateinamerika auch mit dem spanisch-portugiesischen Namen „Roza-System" bezeichnet wird. Brandrodungsfelder – „rozas" – legen die Bauern des Maya-Tieflandes auch heute noch an. Voraussetzung sind ein Klima mit klarem Wechsel von Trocken- und Regenzeiten, eine Vegetation schnell nachwachsenden tropischen Regenwaldes oder Buschlandes sowie Besitzverhältnisse mit genügend zur Verfügung stehendem Land.

Besonders geeignet scheint das Roza-System für Böden mit dünner Humusschicht zu sein.

Gerodet wird zu Beginn der Trockenzeit. Die gekappte Vegetation wird nicht beseitigt, sondern die Trockenzeit über liegengelassen, so daß sie vollkommen austrocknet und gegen Ende dieser Periode, wenn die indianischen Bauern Feuer an das Rodland legen, schnell abbrennt. Die entstehende Asche dient in der Folgezeit als Dünger. Zu Beginn der Regenzeit wird gepflanzt. Genaue Vorherbestimmung von Beginn und Ende der Trocken- und Regenzeiten, das heißt der geeigneten Zeitpunkte zum Roden, Brennen und Pflanzen ist Voraussetzung des wirtschaftlichen Erfolges der Bauern. Hier mag vielleicht einer der Ursprünge der Bedeutung der Kalenderrechnung in der voreuropäischen Maya-Kultur liegen. Hier liegt auf jeden Fall einer der Gründe für die zentrale Rolle von Jahreszeit-Marken, wie etwa Sternbildern, der Blüte bestimmter Pflanzen, dem Ausschlüpfen bestimmter Jungtiere, im religiösen Leben indianischer Brandrodungs-Völker.

Nach etwa zwei bis vier Jahren wird ein Brandrodungsfeld im allgemeinen aufgegeben, teils wegen allmählicher Erschöpfung des Bodens, teils wegen Überhandnahme des Unkrauts. Die Institution des Felderwechsels zwingt seßhafte Bauern dazu, stets eine große Fläche Brachland (auf Yucatán etwa das Achtfache des genutzten Landes) als vorläufig nicht genutzte Reserve im Auge zu behalten. Bis heute ist nicht völlig geklärt, wie lange im Fall der Verringerung des zur Verfügung stehenden Reservelandes das noch verbleibende Land, bei dem dann kein oder kaum mehr Felderwechsel möglich wäre, noch genutzt werden könnte, bevor es völlig erschöpft wäre. Manche Forscher führen die Verkarstung des nördlichen Yucatán auf eine Überbeanspruchung des Boden durch eine zu stark gestiegene Bevölkerungszahl zurück. Auch das Ende des „Alten Reiches" der Maya im 9. Jahrhundert n. Chr. wird gerne mit allmählicher Erschöpfung des Bodens, und zwar in der südlichen Hälfte des Maya-Tieflandes (Petén) in Verbindung gebracht. Die Bevölkerungsdichte des „Alten Reiches" soll mit 6,6 Menschen pro km² die Kapazität des Brandrodungsbaus überschritten haben. Neuerdings jedoch scheinen Untersuchungen eher darauf hinzudeuten, daß die heutigen Brandrodungsbauern des tropischen Amerika die Belastungsgrenze ihrer Anbaumethode noch keineswegs erreichen. Im Amazonas-Gebiet, einer anderen typischen Brandrodungsregion, wird sogar vermutet, daß der indianische Bodenbau zur Entstehung der besonders fruchtbaren „Schwarzerdeböden" oder „terras de indio" beigetragen haben könnte, also der Bodenfruchtbarkeit zuträglich wäre und mithin seine Kapazität sozusagen selbst ausweiten könnte. Doch ist dies zweifelhaft.

Beim Roden und Beseitigen des Unkrauts werden heute Instrumente europäischen Ursprungs oder zumindest mit europäischer Metallverstärkung verwendet: Axt, Machete, Hakke, Coa (eine Art gekrümmte Machete, in der Form altindianisch, heute jedoch mit europäischer Metallscheide, verwendet ähnlich wie ein Grabstock). Zum Säen wird der traditionelle voreuropäische Grabstock gebraucht, ein meist übermannslanger Stock mit einer gehärteten, heute oft metallverstärkten Spitze, mit welcher der Bauer in regelmäßigen Abständen Löcher in die Erde sticht, in die er jeweils etwa fünf oder sechs Maiskörner legt, um sie dann mit dem Grabstock oder dem Fuß zuzuscharren.

Ein Gerät aus Europa, das sonst vielerorts die Landwirtschaft der „3. Welt" revolutioniert hat, setzt sich im Gebiet des Brandrodungsbaus nur sehr mühsam durch: Der Pflug. Aus der „roza" beseitigt der indianische Bauer Baumstrünke, Gestrüpp usw. nicht gänzlich, sondern beläßt sie als angekohlte Reste, die einerseits dazu beitragen, die im Gebiet der tropischen Regenwälder oft nur sehr dünne Humusschicht vor dem Weggespültwerden, das heißt der Erosion, zu schützen, andererseits durch allmähliches Verrotten natürlichen Dünger bilden. Die Löcher für die Maiskörner werden zwischen diesen vegetabilischen Überresten angelegt. Es wäre unmöglich, anstatt mit einem Grabstock mit einem Pflug über eine solche „roza" zu gehen, da dieser auf zu viele verbliebene Hindernisse stoßen würde. Zudem bestünde die Gefahr, daß der Pflug die dünne Humusschicht zu tief aufbrechen und so

die bei heftigen tropischen Regengüssen ohnehin leicht drohende Erosion fördern könnte. Die Einführung des Pfluges durch europäische Siedler in typische Brandrodungsgebiete endete mehrfach (bekanntestes Beispiel ist ein Experiment mitteleuropäischer Einwanderer in Brasilien im 19. Jahrhundert) mit einem landwirtschaftlichen Fiasko.

Aber auch die Nicht-Übernahme des Pfluges hat ihrerseits wichtige Folgen. Das in Bearbeitung genommene Gebiet bleibt kleiner als in Regionen, wo mit dem Pflug gearbeitet wird, die Überschußproduktion ist damit geringer. Infolgedessen integrieren sich die Brandrodungsbauern relativ langsamer in einen größeren Markt. Auf politischem Gebiet heißt das oft Widerstand gegen Integration in größere Systeme (erinnern wir uns an das, was oben vom Widerstand der Maya-Gesellschaft gegen Einordnung ins Kolonialsystem gesagt wurde), auf kulturellem stärkerer Konservativismus. Ohne Pflug besteht auch geringere Notwendigkeit der Übernahme europäischer Zugtiere, damit des Übergangs zur Viehzucht nach Art der europäischen Landwirtschaft. Es scheint auch, daß die Abwesenheit des Pfluges mit nur zögernder Übernahme europäischer, gewöhnlich im Pflugbau kultivierter Pflanzen Hand in Hand geht. Auch dies bedeutet wiederum, daß die Brandrodungsbauern weniger auf dem überlokalen Markt anzubieten haben und somit weniger leicht integrierbar sind. Dem entspricht von seiten der überregionalen Gesellschaft größere Brutalität, weil Schwierigkeit, der Integrationsbemühungen. Eben dies ist ja einer der Aspekte des Unterschiedes zwischen Tief- und Hochland im südlichen Mesoamerika: Der allmählichen, man könnte sagen gemächlichen (wenn auch durchaus nicht problemlosen oder gar idyllischen) Marktintegration der Hochlandbauern steht die bis in die jüngste Vergangenheit oft gewaltsame Rekrutierung der Tiefland-Maya für Plantagen gegenüber, mit der Folge, daß Tiefland-Bauern versuchten, sich dem Integrationsdruck durch Flucht in Rückzugsgebiete und Experimente der Rückkehr zu vorspanischen Produktionsformen zu entziehen.

Dennoch sind selbst bei den pfluglosen

Brandrodungsbauern des Maya-Tieflandes etwa 30-40 % der Maisernte für den Verkauf bestimmt. In der eigenen Ernährung der Bauern macht Mais gewichtsmäßig etwa 85 % des Gesamtvolumens aus. Der tägliche Konsum dürfte etwa 600 g Mais pro Person betragen. Der einseitig hohe Anteil von Mais an der Gesamternährung führt trotz scheinbar ausreichender Quantität der täglichen Nahrung zu einem Proteinmangel, der hier, im hochkulturlichen Bereich mit seiner monopolisierenden Bedeutung des Bodenbaus, nicht wie im tropischen Tiefland Südamerikas durch verstärkte Jagd und Fischfang ausgeglichen wird, aber auch nicht wie in Gebieten stärkeren europäischen Einflusses durch Viehzucht. Weitere Anbaupflanzen schaffen, da nicht in genügender Menge angebaut oder nicht ertragreich genug, keinen ausreichenden Ersatz. Dieser Mangel dürfte nach unserem bisherigen Wissensstand in voreuropäischer Zeit eher noch größer als heute gewesen sein.

Auf den Feldern werden außer Mais vor allem angebaut: Bohne (Phaseolus vulgaris) und verschiedene Kürbisarten (Cucurbita), ferner Macal-Yams (Dioscorea alata, Pflanze altweltlichen Ursprungs, die eine ähnliche Knollenfrucht der voreuropäischen Zeit ersetzt zu haben scheint), Süßkartoffel (Ipomoea batatas, möglicherweise im Petén im Maya-Tiefland erstmals gezüchtet), ungiftiger Maniok (Manihot esculenta, wahrscheinlich südamerikanischen Ursprungs, nach einer anderen Hypothese jedoch ebenfalls zuerst im Maya-Tiefland gezüchtet), Wassermelone, Erdnuß. Vor allem in Nord-Chiapas kommen noch die Exportprodukte Kaffee, Zucker und Reis hinzu. In Gewürzgärten beim Haus werden Zwiebel, Tomate (Lycopersicum exulentum), Chili-Pfeffer (Capsicum, z. B. C. baccatum), Oregano, Epazote (Chenopodium nuttaliae), Petersilie u. a. m. angebaut. Besondere Aufmerksamkeit gilt den beim Haus gezogenen Früchten: Goiaba (Psidium pomiferum), Papaya (Carica papaya), Limone (Citrus limetta), Zitrone (C. limonum), Orange (insbesondere eine durch vorübergehende Verwilderung im Geschmack geminderte saure Variante, die charakteristisch für Regio-

nen früher europäischer Durchdringung im tropischen Regenwald Amerikas ist), Banane (insbesondere Musa paradisiaca und M. sapientum), Pflaume, Granatapfel, Ananas u. a. m. Bei Gewürzen und Früchten, also den nicht die Hauptnahrung ausmachenden Zutaten, haben sich, wie dieser Überblick zeigt, Pflanzen europäischen Ursprungs (z. B. Petersilie, Orange) stärker durchsetzen können als bei den Grundnahrungsmitteln.

Hühner und Schweine gehören hier ebenso wie fast überall in Lateinamerika zum Gehöft des Kleinbauern. Sie sind jedoch mehr für den Verkauf oder für den Konsum bei festlichen Anlässen bestimmt, als für regelmäßige Ergänzung der alltäglichen Nahrung. Auch die Hühnereier werden mehr an Nicht-Indianer verkauft als vom indianischen Bauern selbst konsumiert. Rinderzucht ist verbreitet, jedoch noch nicht so weit, daß sie schon als typisch für die Tiefland-Maya gelten kann.

Mais-Tortillas sind wie im nördlichen Mesoamerika Grundlage fast jeder Mahlzeit. Hinzu kommen die ebenfalls allgemein mesoamerikanischen Tamales (mit Fleisch gefüllte, gekochte oder gedünstete Maiskuchen), Pozol (grützenhaftes Getränk aus getrocknetem Maisteig), Atole (mit Honig gesüßtes Getränk oder Grütze aus dem Teig in Wasser gekochter und dann zermahlener Maiskörner), Pinol (Getränk aus dem Teig gerösteter und dann zermahlener Maiskörner). Die Lacandonen lassen Zuckerwasser, in das sie Rinde des Balché-Baumes eingeweicht haben, fermentieren. Alkohol nach europäischen Fabrikationsmethoden ist heute bei den Maya ebenso wie sonst in Lateinamerika verbreitet.

Ein großer Teil der heutigen Tiefland-Maya ist nicht mehr als für die eigene Subsistenz arbeitende Kleinbauern tätig, sondern insbesondere in der extraktiven Wirtschaft zur Gewinnung von Holz, Henequén (Agave rigida, Rohstoff für Seile, Netze, Taschen usw.) und Chiclé (Latex-Art, wildwachsender Rohstoff für Kaugummi). Diese Arbeiten werden meist im Auftrag von Kompanien durchgeführt, die durch internationale Kapitalbeteiligung eine unmittelbare Verbindung zum Weltmarkt herstellen.

180

## Das Hochland

Die Subsistenzwirtschaft der Hochlandbauern des südlichen Mesoamerika gleicht eher derjenigen des nördlichen und zentralen Mesoamerika als der ihrer Verwandten im Maya-Tiefland. Wie nordwestlich des Isthmus von Tehuantepec finden wir hier die verschiedenen, an die Notwendigkeiten der unterschiedlichen Höhenlagen und Böden der Tierra fría bzw. Tierra templada angepaßten Anbaumethoden der vorspanischen Zeit, heute allmählich ergänzt durch die Einführung des Pflugbaues. Die häufigste Bodenbaumethode ist das „Barbecho-System", eine Variante des Brandrodungsbaues, bei welcher der Rodungsvorgang intensiver und seltener durchgeführt und der Boden weniger extensiv genutzt wird als beim Roza-System. Bäume werden einschließlich der Wurzeln gänzlich vom Feld entfernt, so daß nur Untergehölz für späteres Abbrennen verbleibt. Vor dem Pflanzen wird die Erde ein- oder zweimal umgewälzt, heute oft mit dem Pflug, früher mit Hacke und Coa. Einmal genutztes Land wird nur kurze Zeit brach liegengelassen, etwa solange, wie es vorher bestellt wurde. Wird es dann erneut in Nutzung genommen, ist die Vegetation meist noch nicht wieder genügend nachgewachsen, um erneutes Roden nötig zu machen. Echte Rodungsvorgänge werden dadurch sehr selten. Das Verhältnis zwischen genutztem Land und bracher Reserve beträgt nur etwa 1:2 oder 1:3. Das Barbecho-System wird meist mit anderen Methoden, im Maya-Hochland etwa der Düngung mehr oder weniger permanenter Felder in unmittelbarer Hausnähe mittels Haustier-Dünger kombiniert. Bewässerungsanlagen sind kaum üblich. Insgesamt ist die Landwirtschaft der Hochland-Maya wesentlich intensiver als die der Tiefland-Bauern, aber extensiver als etwa die des Hochtals von Mexiko.

Statt der für das Maya-Tiefland typischen Überentwicklung des Anteils des Maises treffen wir hier wieder auf die klassische mesoamerikanische Dreiheit von Mais (der natürlich auch hier wieder die Hauptrolle spielt), Bohne und Kürbis. Im Grenzgebiet von Guatemala und Honduras wurde für die Ernährung der Chorti errechnet, daß sie gewichtsmäßig etwa zu 65 % mit Mais bestritten wird, zu etwa 22 % mit Bohnen und zu etwa 13 % mit anderer Nahrung. Die Maisvarietäten sind zahlreicher, die Anbaumethoden entsprechend der stärkeren ökologischen Differenzierung des Hochlandes vielfältiger. Die tropischen Knollenfrüchte des Tieflandes werden hier weitgehend durch die Kartoffel ersetzt. Hinzu kommen der europäische Weizen und zahlreiche, teilweise aus der Alten Welt eingeführte Gemüsearten.

Vielerorts reicht allerdings die Eigenproduktion der Kleinbauern nicht aus, die eigene Ernährung zu gewährleisten. Hieraus resultiert die stärkere Abhängigkeit von lokalen Märkten, auf denen die fehlende Nahrung eingehandelt wird. Typisch ist überhaupt die starke Verflechtung der Kleinbauern in eine lokale Marktwirtschaft, an der Nicht-Indianer beteiligt sind. Dem entspricht ein starker Anteil von cashcrops, das heißt für den Verkauf an Nicht-Indianer bestimmten Produkten, insbesondere Früchten (z. B. Pfirsiche, Birnen), sowie von einem typisch indianischen, jedoch weitgehend auf den Verkauf an Nicht-Indianer ausgerichteten Kunsthandwerk. Viehzucht ist stärker entwickelt als im Tiefland. Fleisch von Rind und Schwein werden regelmäßig bei festlichen Anlässen, jedoch nicht im Alltag konsumiert. Hühnerfleisch ist so reichlich vorhanden, daß es auch für den alltäglichen Verzehr Verwendung finden könnte, wird allerdings lieber auf den Markt getragen, ebenso wie die vielerorts als eine Art Marktwährung fungierenden Hühnereier. Insgesamt ist die Ernährung der indianischen Kleinbauern ausreichend. Mangelernährung oder gar Hunger sind selten.

Dieses Bild ist allerdings nur unvollständig, erwähnt man nicht auch, daß ein immer größerer Teil der Hochland-Indianer sein Auskommen eben nicht mehr als Kleinbauern findet, sondern als Saisonarbeiter im Tiefland, oder in den Städten. Zwischen Hoch- und Tiefland hat sich der Kaffeeanbau auf Nicht-Indianern gehörenden Plantagen mit indianischen Arbeitskräften entwickelt. In den letzten Jahren, und gefördert durch die genossenschaftliche Bewegung, bemühen sich auch indianische Kleinbauern verstärkt um einen Einstieg ins Kaffeegeschäft, bislang allerdings nur mit beschränktem Erfolg.

Die ökologische Aufsplitterung des Hochlandes in Mikroregionen spiegelt sich in der Aufspaltung der Hochland-Kultur in unzählige lokale, oft nur auf ein einziges Dorf beschränkte Varianten wieder. Wie für andere Areale gilt deshalb für das südmesoamerikanische, daß der knappe Überblick, den wir hier nur geben können, unzählige Detailvariationen vernachlässigen muß.

### c) Materieller Kulturbesitz: Hochkulturlicher Trachtenreichtum

Der geläufigste Haustyp (für die erweiterte Kleinfamilie) ist rechteckig, mit einem einzigen, in einen Küchen- und einen Schlafteil unterteilten Raum. Quadratische Formen, insbesondere im Hochland, apside im Tiefland kommen ebenfalls vor. Einfachste Bauform bei den Lacandonen ist ein Gerüst aus ca. 20 cm dicken Pfosten, auf denen Querbalken für den Dachstuhl mit Lianen festgebunden sind. Bei dieser dem feuchtheißen Urwaldklima angepaßten, luftigen, an Hauskonstruktionen des südamerikanischen tropischen Tieflandes erinnernden Variante fehlen oft die Wände. Im holzreichen Tiefland ist die einfachste Wandform die Knüppelwand, die mit Lianen- oder Rindenstreifen am Gerüst verlascht wird. Häufiger sind Wände in Fachwerkkonstruktion aus Flechtwerk und Lehm. Im Hochland tritt daneben der mesoamerikanische Bau aus Trockenlehmziegeln, wie er auch im nordamerikanischen Südwesten verbreitet ist. Das Dach ist meist eine Giebel- (im Tiefland und insbesondere bei den Lacandonen auch oft eine Kuppelwalmdach-)Konstruktion aus Stroh, im Tiefland werden auch Palmblätter verwendet. Die Wände sind im Tiefland oft aus Stroh, im Hochland mit weißem Kalk bedeckt. Fenster fehlen, die meisten Häuser haben eine einzige Tür, vor der bisweilen noch eine Veranda spanischen Typs liegt. Charakteristisch für das Hochland ist das Schwitzbad neben dem Haus, aus groben Steinen und Adobebe, mit flachem, adobebedecktem Holzdach. Man kriecht durch einen schmalen Eingang hinein, um sich auf eine niedrige Holzbank zu legen. Dampf wird durch Gießen von Wasser auf erhitzte Steine erzeugt.

Zum Hausrat gehören die auf drei Steinen über dem offenen Feuer stehende runde, flache Tonplatte zum Rösten von Tortillas, ferner eine hüfthohe Holzplattform (im Tiefland ein regelrechter Tisch) mit Mano und Metate darauf, sowie Kalebassen und Töpfe. Geschlafen wird entweder auf einer niedrigen, breiten Schlafpritsche aus einem Holzgestell mit Lianenflechtwerk oder auf Schlafmatten auf dem Boden, im Tiefland auch in Hängematten, die jedoch immer mehr durch Schlafpritschen ersetzt werden.

Die bedeutendsten Zweige des Maya-Kunsthandwerks sind Weberei und Töpferei. Hier wie im zentralen Mesoamerika und im Gebiet des ehemaligen Inka-Reiches hat sich vorspanische Webtradition mit Ornamentik und Technik aus der spanischen Volkskultur verbunden. Volkstrachten mit endlosem Kombinationsreichtum verschiedener Farben und Muster, als lokale, soziale und ethnische Unterscheidungsmerkmale, sind das Vehikel des Lokalstolzes der Hochlanddörfer und -regionen und des Wunsches der Indianer, sich durch Kunstentfaltung von den die Indianer als kunstlos verachtenden Mestizen abzusetzen. Zu den traditionellen vorspanischen Rohstoffen, nämlich Baumwolle (Gossypium hirsutum L., eine weiße Variante, und Gossypium mexicanum Tod., braun) und Agavenfaser, kamen in der Kolonialzeit Schafwolle und Seide hinzu, und in den letzten Jahren schließlich Kunstfasern. Fabrikmäßig hergestellte Garne verdrängen immer mehr die ursprüngliche Art des Spinnens. Die verbreitete Färbetechnik ist Ikat. Neben den heute vorherrschenden chemischen Farben sind gelegentlich auch noch Naturfarbstoffe in Gebrauch, vor allem Rot von der Urukum-Frucht (Bixa orellana) oder aus auf Opuntien gezüchteten Cochenille-Läusen, Gelb aus der Rinde zweier Baumarten (Chlorophora tinctoria und Haematoxylum campechianum), Blau aus Indigo, Braun aus mit Kalk vermischter Rinde von Alnus acuminata, Schwarz aus einer Eisensulfat-Indigo-Mischung. Eine Lösung aus gekochtem Rosmarin bewahrt die Lichtechtheit der Farben. Das traditionelle, schon voreuropäische Gürtelwebgerät mit Litzenstab ist zum Weben von bis zu ca. 70 cm breiten Schärpen, Gürteln o. ä. bestimmt. Es wird mit dem Kettbaum und einem Strick an einem Baum o. ä. befestigt, während der Brustbaum an seinen beiden Enden über Stricke mit einem Gurt verbunden ist, den die Weberin mit ihrem Rücken hält und der gleichzeitig zum Spannen des Gerätes dient. Breitere Streifen webt man auf dem von den Spaniern eingeführten Trittwebstuhl. Wichtigste Bindetechniken sind Rips-, Leinen-, Gaze- und Köperbindung. Zur Verzierung sind ein- und zweiseitige Broschiertechnik, Applikationen und Applikationsstickerei am gebräuchlichsten. Die Muster sind stark geometrisch, oft für den europäischen Betrachter völlig abstrakt. Neben Symbolen und Darstellungen Höherer Wesen (Federschlange, Regengötter) stehen Tierbilder (vor allem die aus Europa eingeführten Tiere: Huhn, Pfau, Pferd, Esel, Schaf; daneben Jaguar, Adler, Truthahn, Affe, Hirsch), wohl aus der spanischen Volkskunst übernommene christliche Symbole wie Kreuz und Lebensbaum, das barocke Blumenmotiv der europäischen Volkskunst und der doppelköpfige Adler, der in der Kolonialepoche als Wappentier der Habsburger zu einem Leitmotiv der mexikanisch-guatemaltekischen Volkskunst wurde.

1970 zählte man im Hochland von Guatemala noch ca. 150 verschiedene Dorf- oder Regionaltrachten, weiter differenziert durch soziale Positionen des Trägers und Anlaß des Tragens. Obwohl hier wie fast überall auf der Welt vor allem die Frauen die traditionelle Kleidung bewahren, haben sich doch auch Männertrachten relativ gut erhalten. Dabei handelt es sich im Hochland um eine typische Provinztracht, die Grundelemente der Mode kultureller Zentren nachahmt und bewahrt, auch wenn sie in den Metropolen längst durch andere Moden überholt sind. Im wesentlichen erkennen wir altspanische Provinztrachten wieder, die im zentralen Mesoamerika mit indianischen Restelementen versetzt

und von dort schließlich in die südliche Provinz übernommen wurden. Bezeichnenderweise sind die Benennungen der einzelnen Kleidungsstücke nicht allein Maya-Wörter, sondern stammen teilweise aus dem Spanischen bzw. Aztekischen. Die Frau kleidet sich über ihrer nach europäischem Vorbild des 19. Jahrhunderts gestalteten Unterwäsche in einen Wickel- bzw. altspanischen Faltenrock mit Gürtel oder Schärpe und in ein Huipil genanntes Hemd. Dazu trägt sie einen Schal, Sandalen und eine Kopfbedeckung, meist ein Kopfband. Der Mann trägt über seiner europäischen Unterwäsche Hemd, Hose, Jackett, Gürtel bzw. Schärpe, Umhang, dazu Sandalen, Hut und Tragtasche. Viel schlichter und leichter ist die Tracht im warmen Tiefland. Die Frauen tragen über dem langen, unten oft hervorschauenden Unterrock den hier Tunika-artig einfachen und langen Huipil, dazu ein Allzwecktuch und Pantoffeln. Die Kleidung ist einfarbig, meist weiß, nur an den Säumen mit Stickerei verziert. Der Mann trägt eine um die Hüfte geknotete Kniehose, die etwa wie eine lange Unterhose wirkt, dazu ein kurzärmeliges Unterhemd und Sandalen, sofern er noch nicht zur europäischen Tracht übergegangen ist. Bei den Lacandonen tragen Männer und Frauen eine Art Tunika. Ebenso wie überhaupt das Kulturbild des Tieflandes einheitlicher ist als das des Hochlandes, und entsprechend der geringeren Ausbildung von Dorf-zu-Dorf-Gegensätzen fehlt im Tiefland die Aufsplitterung in unzählige Lokal-Trachten. So ist hier die Weberei nicht wie im Hochland zu einem zentralen, mit der Identitätsfindung des einzelnen Dorfes und Individuums verbundenen Thema geworden und überhaupt weniger entwickelt.

Die von den Spaniern eingeführte Töpferscheibe und der ebenfalls altweltliche Brennofen, in dem Keramik mit Blei und Zinn glasiert wird, sind heute untrennbarer Teil der Maya-Töpferei. Sie werden von den Männern bedient. Die Frauen dagegen stellen in traditioneller Handarbeit kleinere Tonwaren (Spinnwirteln, Räucher-, Farb-, Wasser-, Koch- und Eßgefäße, kleine Pfannen und Siebe) her. Sie formen das Gefäß entweder frei oder über einem alten

Ton- oder anderen Gefäß (z. B. einer Kalebasse, die beim Brand verbrennt). Die Ware wird sodann einmal gebrannt. Die Formen sind überwiegend spanischen Usprungs, im Hochland mit vielfarbigen und an die Webmuster erinnernden Ornamenten versehen, im Tiefland meist schmucklos. Die Lacandonen fertigen „Göttertöpfe": Räuchergefäße, früher auch tönerne Trommeln, deren oberer Rand ein tönernes Göttergesicht bzw. eine stark abstrahierte Götterfigur trägt, nach Art der Götterdarstellungen alter Mayatempel. Die Herstellung von Keramik ist Sache von Spezialisten, wobei sich im Hochland auch noch eine dorfmäßige Spezialisierung („Töpferdörfer") ergeben hat. Die meisten Maya kaufen ihre Töpferware auf dem Markt. Ein anderes Kunsthandwerk ist die Verzierung von Kalebassen, die sonst meist schmucklos sind, für die Verwendung bei religiösen Zeremonien oder für den Verkauf an Nicht-Indianer. Die Kalebassenschnitzerei ist vorspanischen Ursprungs und auch heute noch weniger als Weberei und Töpferei von der europäischen Volkskunst berührt. Fiber-Arbeiten (Seile, Beutel, Taschen, Hängematten, Feuerfächer, Fischnetze u. a. m.) aus den Blättern der Henequén-Agave und Flechtwerk (Matten, Körbe, Feuerfächer, Hüte) aus Weiden, Lianen, Binsen, Rohr oder Palmblättern werden im gesamten Maya-Gebiet ausgeführt, wobei die sogenannten „Panamá-Hüte" des Tieflandes als einzige überregionale kommerzielle Bedeutung erlangt haben. Auf hochwertige vorspanische Traditionen, die einst, wie archäologische Funde zeigen, auch für hochentwickelte Kunst verwendet wurden, blickt die heute fast nur noch für Gebrauchsgegenstände eingesetzte Holz- und Steinbearbeitung zurück. Überwiegend in spanischer Tradition steht wohl die Goldschmiedekunst, die den in Tief- und Hochland zur Frauentracht gehörigen und oft sehr reichen Gold-, Silber-, Glas- oder Muschelschmuck liefert.

d) Soziale Umwelt:
Hochkulturliche Territorialorganisation

Die heutige Sozialordnung der Maya läßt sich nicht mehr völlig von der sie umgebenden sozio-politischen Welt trennen, der sie eng verbunden sind. Die indianischen Gemeinschaften bilden Subkulturen und Subgesellschaften in einem größeren Rahmen, der „Nationalen Gesellschaft" Mexikos bzw. Guatemalas, El Salvadors oder Honduras. Die Grenze zwischen Indianern und „Ladinos" (Mischlinge zwischen Indianern und Weißen, oft auch Zwischenhändlerschicht und kulturelle Vermittler zwischen den indianischen Dörfern und Kleinstädten einerseits, den Städten der Weißen andererseits) ist in Lateinamerika fließend. Sozialer Aufstieg und kulturelle Anpassung können einen Indianer in einen Ladino verwandeln. Im Rahmen dieses Buches wollen wir jedoch im wesentlichen nur die indianische Mikro-Gesellschaft betrachten, wobei wir natürlich nicht vergessen können, daß diese nur der untergeordnete Teil eines Makroorganismus ist, zu dem in besserer Position Ladinos und Weiße gehören.

Zwei soziale Einheiten bestimmen die Ordnung im indianischen Mikrokosmos der Maya: Die erweiterte patrilineare Kernfamilie und das „municipio". Die Basis des Verwandtschaftssystems ist die patrilineare, patrilokale (bei den Lacandonen auch polygyne, oft sororale) Kernfamilie. Im Tiefland zeigen sich daneben in der Verwandtschaftsterminologie, in Heiratsbeschränkungen und bei einigen Riten auch bilaterale Tendenzen. Die Verwandtschaftsterminologie ist im Tiefland gelegentlich leicht klassifikatorisch, ganz stark aber ist sie dies bei den Lacandonen. Die Erweiterung der Familie um Großeltern und ´Enkel und der enge Zusammenhalt mehrerer solcher erweiterter Kernfamilien auf patrilinearer Basis, bekräftigt durch patrilokale Nachbarschaft unter der Autorität eines Patriarchen führt in Teilen des Hochlandes zur Bildung patrilinearer Lineages, die sich nach drei oder vier Generationen wieder in weitere ähnliche Lineages auflösen. Ihr Zusammenhalt wird gestützt durch das religiöse Symbol des „Kreuzes unserer Väter" oder „Heiligen

Brunnens", das sich im oder am Haus des Patriarchen befindet und bei Auflösung der Lineage durch gleiche Symbole der neu entstehenden Gemeinschaft ersetzt wird. Diese verehrungswürdigen Zeichen gelten als Eigentum bzw. Sitz Höherer Wesen, die ihre schützende Hand über die betreffende Lineage halten.

Bei den Lacandonen glauben einige Forscher über die kurzlebige Lineage hinaus nach Totemtieren benannte Patrisippen ausmachen zu können. Deren Namen werden gerne von denen vorspanischer Großfamilien in Yucatán abgeleitet, wobei man allerdings bedenken muß, daß es sich einfach um Namen geläufiger Tiere der Region handelt, die auch ohne direkte Abstammung erneut wieder aufgegriffen worden sein können. Am deutlichsten und stabilsten ist die Existenz patrilinearer Sippen und Lineages im Hochland von Chiapas, wo sie in den Namen zum Ausdruck kommen: Spanische Nachnamen für den Klan, Maya-Namen (Tier-, Pflanzen- oder Objekt-Bezeichnungen) für die den Klanen zugeordneten Lineages. Sippen sind exogam, und ihre Mitglieder leben nicht zusammen. Lineages bilden zwei bis drei Weiler. Bei diesen heute relativ seltenen erweiterten Formen der Verwandtschaftsorganisation fehlt der übergeordnete Patriarch und meistens auch die Erinnerung an den gemeinsamen Vorfahren.

Ungleich bedeutender im politischen und sozialen Leben der Mehrheit der Maya ist das „Municipio", eine moderne Verwaltungseinheit, die aber auch mit traditionellen Inhalten gefüllt ist. Man kann sie sowohl als moderne Form der territorialen Einheit um vorspanische Tempelzentren interpretieren, wie auch als ein Resultat der spanischen Kolonialpolitik, die inmitten der verstreuten indianischen Weiler religiös-administrative Zentren schuf. Diese sind heute entweder Distrikthauptstädte und Marktflecken europäischen Vorbildes, oft mit einer beträchtlichen nicht-indianischen Oberschicht, z. B. Ladino-Händlern, oder aber „leere Dörfer", die eben an die vorspanischen Tempelzentren anknüpfen, mögen sie auch an anderen Orten liegen.

Das Charakteristikum der voreuropäischen Maya-„Städte" war, daß sie Verwaltungs- und Religions-Mittelpunkte mit einer Bevölkerung administrativ-religiösen Personals bildeten, außer diesen Führungskräften und ihren Angehörigen jedoch keine bedeutende städtische Bevölkerung besaßen. Die Masse des Volkes siedelte verstreut auf dem flachen Land und kam nur zu besonderen Anlässen in die heiligen Stätten. Ähnlich noch heute die „leeren Dörfer": Sie werden nicht von einer geschlossenen städtischen Bevölkerung bewohnt, sondern nur von den wichtigsten religiösen und politischen Funktionären des municipio, deren Angehörigen, Personal und einigen Händlern. Ein typischer Fall ist etwa der eines Municipio-Zentrums, in dem rund 300 Menschen, davon 100 Nicht-Indianer, leben, während das Gesamt-Municipio über 3.000 Einwohner hat, die meist verstreut in Weilern leben und nur zu bestimmten Anlässen in die „Stadt" kommen. Zwischen echter Kleinstadt (vor allem im Tiefland) und „leerem Dorf" gibt es eine ganze Reihe Zwischenstufen. Die Kleinstadt ist wohl meist die Folge der spanischen Kolonialpolitik, die auf Konzentration der Indianer in Dörfern und Städten zur besseren Kontrolle der unterworfenen Bevölkerung abzielte.

Im Zentrum stehen Verwaltungsgebäude, Kirche, Schule, einige Läden und die Wohnungen der dort Tätigen. Unter diesen können wir neben Kaufleuten, Lehrern und Personal unterscheiden:

1. Die Glieder der offiziellen Verwaltungshierarchie, in den unteren Rängen meist Indianer, sonst Ladinos.

2. Würdenträger der katholischen Kirche, vor allem der (meist nichtindianische) Dorfpfarrer.

3. Von den Indianern nach eigenen Systemen eingesetzte Würdenträger. Hierbei handelt es sich einerseits um Überreste kolonialspanischer Selbstverwaltungsorganisation, wie sie aus den spätmittelalterlichen spanischen Städten nach Amerika übertragen wurde und in Spuren noch heute, meist ohne offizielle Anerkennung aber mit offizieller Duldung, in den indianischen Dörfern weiterlebt. Andererseits gibt es die „Bruderschaften" („cofradías"), die sich dem Kult lokaler Heiliger widmen und Patronatsfeste veranstalten.

Die Cofradías, eine in der Kolonialzeit von der iberischen Halbinsel übernommene Institution, haben sich erst in Lateinamerika voll entwickelt. Sie waren vielerorts in den spanischen und portugiesischen Kolonien das organisatorische Gerüst einer Art Gegenstaat der Kolonisierten. In ihren Zielsetzungen und Beschäftigungen grundsätzlich strikt apolitisch auf die Organisierung der Heiligenverehrung ausgerichtet, gewannen sie doch allein schon durch die Tatsache, daß sie freiwillige, relativ unkontrollierte Zusammenschlüsse der Kolonisierten darstellten, soziale Bedeutung. Sie kultivierten oft in karnevalesk-unpolitischer Form die Erinnerung an vorkoloniale Regierungsformen (vgl. die Kürung eines „Königs des Kongo" unter Sklaven in Brasilien). Die Kolonialregierung ließ sie gewähren, solange sie sich auf die Regelung innerer Angelegenheiten der Mitglieder beschränkten und nicht mit der Kolonialverwaltung konkurrierten. In einigen Fällen entwickelten die Cofradías sogar eine eigene Gerichtsbarkeit, die Streitigkeiten regelte und so die offiziellen Gerichte entlastete.

In seltenen Einzelfällen wurden diese Vereinigungen zu Keimzellen des Widerstandes gegen den Kolonialherren, bzw. ihre Organisationsform diente als Vorbild für Widerstandsorganisationen. Dies war z. B. wahrscheinlich der Ursprung der Organisation der X-Cacal, einer Maya-Gruppe im Osten der Halbinsel Yucatán, die im 19. Jahrhundert einen jahrzehntelangen Kampf gegen den mexikanischen Staat führte und bis in die Mitte des 20. Jahrhunderts Reste einer unabhängigen Organisation bewahrte. Sie zeigt besonders eindrucksvoll die Vermischung von Elementen der europäischen Cofradía mit alter Maya-Tradition unter kolonialem Druck, der zum Verteidigungsbündnis zwang. Die militanten Züge der Organisation mögen aber auch zum Teil auf vorspanische Elemente der Kriegerkultur der Halbinsel Yucatán zurückgehen. Man könnte die Gesellschaft der X-Cacal in der ersten Hälfte unseres Jahrhunderts als militärische Theokratie bezeichnen. Die verheirateten Männer waren obligatorisch in „Kompanien" organisiert, die militärisch gedrillt und bewaffnet wurden und unter dem Oberbefehl von je-

weils drei Kriegsführern standen, gleichzeitig Gerichtsherren über die Mitglieder der Kompanie und deren Familienangehörige. Eine Hierarchie militärischer Ränge durchzog die männliche Gesellschaft. Die „Unteroffiziere", „Leutnants", „Hauptleute" usw. übten auch zivile Verwaltungsfunktionen aus. An der Spitze des Apparats stand ein militärischer Oberbefehlshaber, der dem Oberhaupt der parallel aufgebauten religiösen Hierarchie, dem „Großen Vater" untergeordnet war. Dieser führte die wichtigsten Zeremonien des katholischen Kultus in der Hauptkirche in der Residenz durch. Er hatte ein Kontrollrecht über den persönlichen Lebenswandel der politisch-militärischen Führer. Neben den Verwaltungsapparaten der Priester und Soldaten standen zwei sogenannten „Sekretäre", die die offizielle Korrespondenz führten und außerdem die „heiligen Bücher" bewahrten, spanische Katechismen, alte Almanache, Bibeln, von den Indianern selbst verfaßte ethnographische Studien, aber auch „Chilam Balam" (in vorspanischer Tradition stehende Bücher in Maya-Sprache mit lateinischer Schrift, mythologische und historische Berichte sowie Wahrsagetexte enthaltend).

Im administrativ-militärisch-religiösen Zentrum standen die Hauptkirche, das Haus des „Großen Vaters", ein gemeinschaftliches Versammlungshaus und fünf große Hütten für die fünf „Kompanien" der Gemeinschaft. Dies alles waren einfache Lehm- und Holzgebäude mit Strohdächern. In der Hauptkirche wurde ein heiliges Kreuz aufbewahrt, das auch als Orakel fungierte und mit militärischen Ehren bewacht wurde. Zu Zeiten der Gefahr, insbesondere bei Angriffen der mexikanischen Truppen auf die rebellischen Maya, flüchteten die sonst in Weilern verstreut übers weite Land lebenden Bauern in die Residenz, wo die verheirateten Männer ihren Platz in der militärischen „Kompanie" einnahmen.

Auffälliges Charakteristikum der meisten heute noch (fast nur im Hochland) erhaltenen „Bruderschaften" und indianischen Selbstverwaltungsrelikte, bei dem bis heute strittig ist, ob es auf alte Maya-Tradition zurückgeht oder sich an die kolonialspanischen Demokratieansätze anlehnt, ist der häufige Ämterwechsel: Würdenträger haben ihr Amt für oft nicht mehr als ein Jahr inne. Da die Würde oft auch mit erheblichen Kosten für die Ausrichtung von Patronatsfesten o. ä. verbunden ist, dürften sich ihre Träger eine längere Amtszeit auch gar nicht immer wünschen. Ein Amt erlangen kann nur derjenige, der in der Lage ist, es auszufüllen. Das heißt, er muß reich genug sein, die Kosten zu tragen. Hieraus ergibt sich von selbst eine Einschränkung des Kreises der möglichen Funktionäre auf die ökonomisch Bessergestellten und damit eine Versteinerung der ökonomisch-sozialen Unterschiede unter den Indianern, die im allgemeinen auf unterschiedlichem Landbesitz beruhen. Die meisten indianischen Selbstverwaltungsformen in den Municipios müssen deshalb auch als Instrument der Reicheren verstanden werden. In einigen Regionen, insbesondere bei den Tzeltal in Chiapas, ist jedoch andererseits die Übertragung eines Amtes gerade ein Mechanismus, der den Reichen zwingt, beträchtliche Teile seines Reichtums in prunkvollen Festen oder der ihm auferlegten Mildtätigkeit zu opfern. Dieses System nähert sich in überraschender Weise den sozioökonomischen Verhältnissen bei vielen südamerikanischen Tiefland-Indianern ebenso wie an der nordamerikanischen Nordwestküste und auf den Plains an, bei denen gerade die Übertragung gesellschaftlicher Positionen an wirtschaftlich Erfolgreiche mit dem damit verbundenen Zwang zur Großzügigkeit und Verteilung des erworbenen Reichtums einen Mechanismus zur Aufrechterhaltung der ökonomischen Nivellierung der Gemeinschaft darstellt.

Generell läßt sich sagen, daß die Funktionen innerhalb der indianischen administrativen und religiösen Hierarchie von der Gemeinschaft nach sozialem Ansehen, Reichtum und Alter vergeben werden. Das bedeutet einen starken Einfluß der Reichen und der Alten auf die Gesamtgesellschaft. Der Prozeß der Kür der Würdenträger reicht von mehr oder weniger demokratischen Wahlvorgängen westlicher Prägung bis zur Ernennung durch einen informellen Rat der Alten oder durch ein Orakel. Während im Hochland religiöse und administrative Funktio-

nen kaum säuberlich zu trennen sind, ist die indianische Selbstverwaltung im Tiefland heute fast nur mehr auf den religiösen Bereich halbheidnischer Tradition beschränkt.

e) Religion: Heidnische Götter überleben

Nominell sind fast alle Maya Katholiken, doch ist ihr Christentum so stark heidnisch durchsetzt, daß es für den Ethnologen eine eigene nicht-christliche Religion darstellt. Diese ist jedoch nicht mit den Glaubensvorstellungen der vorspanischen heidnischen Theologen identisch. Vielmehr hat sich offenbar neben und unter der komplizierten Priesterreligion der alten Maya eine Volksreligion erhalten, die das Ende der Priesterschicht und ihrer Spekulationen überlebte und in der Kolonialzeit eine ebensolche Verbindung mit der Religion der europäischen Eroberer einging wie vorher wohl mit der Theologie der alten Herren. Ein Gesamtüberblick über die heutige Maya-Religion ist schwierig, da die meisten Forscher nur Teilaspekte der sehr unterschiedlichen lokalen Varianten festgehalten haben.

Wir können vier Arten übermenschlicher Wesen unterscheiden:

1. Herren der Welt oder großer Teile derselben,
2. Schutzherren bestimmter menschlicher Gemeinschaften,
3. Gebieter über Naturphänomene,
4. Geister, die praktisch die gesamte Natur beseelen.

Herren der Welt sind insbesondere „Gott", der oft mit der Sonne identifiziert wird, und die „Großmutter" Mond, auch als Mutter der Sonne bezeichnet und bisweilen der Muttergottes gleichgesetzt. Gott hat die Erde nicht geschaffen, sie aber nach einer ersten Phase, in der die Menschen einander bekriegten und auffraßen, weitgehend vernichtet und dann in neuer Ordnung wiederhergestellt.

Nach der Vorstellung der Tzotzil wurden die Menschen der früheren Phase in Affen verwandelt, die Priester der früheren Götter z. B. in

187

Brüllaffen, die noch heute wie Priester bei der Messe heulen. Auf Yucatán spricht man von drei früheren Welten, die der gegenwärtigen vorausgingen und jeweils durch Flutkatastrophen vernichtet wurden. Die erste war in Dunkelheit getaucht und von Zwergen bewohnt. Die zweite sah das Auftreten der Sonne, welche die Zwerge in Steine verwandelte. Die Menschen der dritten Welt waren die Vorfahren der unteren sozialen Schichten von heute. Die heutigen Weltbewohner sind aus denen früherer Zeitalter gemischt. Die gegenwärtige Phase wird ihrerseits in einer furchtbaren Katastrophe enden, in der nach einigen Aussagen auch die jetzt herrschenden Götter zugrunde gehen müssen. Vorerst ist Gott aber noch der Herr weiterer Höherer Wesen, die z. B. Blitz, Feuer oder Krankheit bringen können, wenn die Menschen ihn verärgern. Die Mondgöttin ist eng mit der Fruchtbarkeit der Natur verbunden. Während der Mondfinsternisse wird sie bedrängt und braucht menschliche Hilfe. Die Bedrohung geht nach Ansicht vieler Hochlandbewohner von Gott aus, den man deshalb um Gnade für die Göttin bitten muß. Die Chol glaubten dagegen früher, ein Jaguar, der als böser Gegenspieler der guten Götter auch bei anderen Maya eine Rolle spielt, greife den Mond an und müsse durch den Lärm der Menschen vertrieben werden. Vielerorts scheint sich ferner der Glaube an eine zweigeschlechtliche Gottheit erkennen zu lassen, die in den Bergen residiert, die Fruchtbarkeit der Erde, des Maises und der Tiere des Waldes bestimmt und die Menschheit für ihre Sünden straft. Im Tiefland spielen Sterngottheiten eine wichtige Rolle sowie die, „die den Himmel heben" und an den vier Himmelsenden stehen. Christus spielt in diesem Pantheon im wesentlichen die Rolle eines Kulturheros, der nach der Ordnung der Welt durch Gottvater die Erde bereiste und die Arbeit der Menschen verbesserte und regelte. Kreuze, Objekte des intensiven Kreuzkultes im südlichen Mesoamerika, gelten als Verkörperung des Göttlichen allgemein und der Macht Gottes im besonderen.

Die Heiligen einschließlich der Jungfrau Maria werden als eine Vielzahl von Lokalgottheiten verstanden: So ist etwa „Unsere Muttergottes von Santiago" nicht mit „Unserer Muttergottes vom Berge" identisch. Diese sind vielmehr Schutzpatrone jeweils einzelner indianischer Gemeinschaften. Andere Heilige beschützen Ladino-Gemeinschaften und besitzen demzufolge für die Indianer kaum Interesse. Es gibt auch Schutzpatrone bestimmter Berufsgruppen und indianische Vorfahren, die zu Schutzherren bestimmter Lineages geworden sind.

Die „Eigentümer" jeweils bestimmter Naturphänomene wie der Wälder, der Berge, des Regens, des Maises usw. greifen unmittelbarer als ferne Götter ins Leben der Maya-Bauern ein und sind Gegenstand besonders intensiver Beachtung und Verehrung. Im Hochland sind die mächtigsten dieser Wesen die „Herren der Berge" (die oft auch allgemein Herren des Erdreichs sind und manchmal mit der schon erwähnten Fruchtbarkeitsgottheit verschmelzen), im Tiefland die Regengötter Chac. Ihnen steht eine Reihe von Hilfsgeistern zur Verfügung, so in der Vorstellung der Chorti die „arbeitenden Männer", die gröbere Geisterarbeiten übernehmen. Die Riten zur Sicherung der Fruchtbarkeit und des Regens bestehen im wesentlichen aus Opfern etwa von Baumharz, das verbrannt wird, oder von Kerzen, Zweigen oder Blumen und aus Gebeten an die „Eigentümer". Die Gemeinschaft überträgt die Verantwortung für diese Riten an die schon erwähnten indianischen Würdenträger. Unter den so verehrten mächtigen Wesen steht noch eine Vielzahl kleinerer Geister, wie die Seelen in auffälligen Steinen usw.

Anscheinend ist praktisch die ganze Natur, jeder Stein, jeder Baum, jede Manifestation, wie ein Wolke oder ein Blitz, von einem solchen Geist beseelt. Der Mensch selbst kann zahlreiche Seelen besitzen. Sie treffen sich im Traum, begegnen dort auch bisweilen übermenschlichen Wesen. Den Träumen wird deshalb ganz besondere Bedeutung zugemessen. Eine in Teilen des Hochlandes verbreitete Form des Orakels sind die „Sprechenden Heiligen", die bestimmten Personen – meist religiösen Mittlern – im Traum erscheinen. Man kauft die Figur des Heiligen, der einem erschienen ist, und hält sie dann in einem Schrein, wo man sie als Orakel befragt. Im Orakelwesen spielt in manchen Gegenden (besonders gut nachgewiesen für das Hochland von Nordwest-Guatemala) noch der vorspanische Mayakalender zur Bestimmung „guter" und „schlechter" Tage eine wichtige Rolle.

Krankheiten werden im wesentlichen, falls keine moderne Medizin zur Anwendung kommt, mit Hilfe der Pflanzenheilkunde bekämpft. Den Pflanzen wird dabei übernatürliche Heilkraft zugeschrieben, die man gegen die ebenfalls übernatürliche Kraft böser Geister einsetzt. Dabei spielt die Unterscheidung zwischen „kalten" und „warmen" Krankheiten und Heilmitteln eine zentrale Rolle. Umstritten ist, ob dies auf die schon von Hippokrates aufgestellte „Hitze-Kälte"-Dualität zurückgeht, die von den spanischen Ärzten des Spätmittelalters nach Amerika übertragen worden sein könnte, oder auf alter Maya-Tradition beruht. Den Geistern und Naturphänomenen wird ein Einfluß auf die menschliche Körpertemperatur zugeschrieben, der Krankheit hervorrufen kann und dann durch Heilmittel entgegengesetzter Wirkung bekämpft wird.

f) Geschichte: Die Encomiendas.
Die Entstehung der provinziellen Mischkultur. Der Krieg der Kasten. Der Kaugummi-Boom. Gelenkter Kulturwandel.

Die in den vorangegangenen Abschnitten immer wieder betonte regionale Aufsplitterung der Maya machte schon den spanischen Konquistadoren zu schaffen. Hatten sie in den Reichen der Azteken und Inka relativ leichtes Spiel – sie rissen die Gewalt über den riesigen Gesamtstaat an sich, indem sie den Herrscher in einer Art Staatsstreich gefangennahmen –, mußten sie im dritten der Hochkulturgebiete der Neuen Welt, bei den Maya, statt eines großen Reiches auf einen Schlag, viele kleine Zentren mühselig nacheinander erobern. Zudem war innerhalb der Kleinstaaten die Macht nicht derart zentralisiert wie bei den Azteken oder gar Inka. Es gab keine Spitze, den uneingeschränkten Alleinherrscher,

den man nur in die Hand bekommen mußte, um den ganzen Staat kontrollieren zu können. Vielmehr war die politische Macht in den Tempelzentren auf eine Führungsgruppe verteilt, und überdies hatte sich die Entscheidungsgewalt in den letzten Jahrzehnten vor Ankunft der Spanier aus den Zentren teilweise in die Dörfer und Weiler verlagert. Für die Spanier, selbst an eine zentralistische Ordnung gewöhnt, war der dezentralisierte Organismus der Maya-Kleinstaaten fremdartig und schwer zu bewältigen. Zwar konnten sie örtliche Gegensätze nach dem Grundsatz des Divide et Impera für sich nutzen, doch insgesamt war der Kolonialkrieg gegen die Maya langwierig.

Auf Yucatán dauerte die Unterwerfung 15 Jahre, von 1527 bis 1542. Bald nach dem Ende des Krieges kam es 1546 noch zu einem Aufstand unter Führung der Maya-Priester, der erst nach langen Kämpfen durch blutigen Terror niedergeworfen werden konnte. Länger noch dauerte der Widerstand in den tropischen Wäldern am oberen Usumacinta (Chiapas). Als die Spanier dort 1530 erstmals eindrangen und Dörfer verwüsteten, begannen die Bewohner einen jahrzehntelangen Verteidigungskrieg in Guerilla-Taktik, den die Weißen erst 1586 mit der Politik der Verbrannten Erde und der Liquidierung eines Großteils der Bevölkerung beendeten. Einzelne Dörfer wurden erst 1695, 165 Jahre nach Beginn des Kampfes, in den spanischen Machtbereich eingegliedert. Im Petén hielt sich der Kleinstaat Itzá in einem isolierten Zufluchtswinkel bis 1697. In diesem Gebiet überlebten keine Maya.

Die Kämpfe und der Terror der Eroberer führten im ganzen Tiefland zu einer Massenfluchtbewegung in abgelegene Gebiete. Anscheinend haben vor den Spaniern fliehende Maya ihrerseits andere, weiter landeinwärts siedelnde Gruppen zur Flucht getrieben. Nachkommen von Flüchtlingen aus Yucatán sind die Lacandonen, heute nur noch etwa 250 Menschen. Sie retteten sich in das mittlerweile von den Spaniern in menschenleere Wildnis verwandelte Waldgebiet am mittleren Usumacinta, wo sie ihre Unabhängigkeit bis ins 20. Jahrhundert hinein bewahren konnten.

Sehr viel rascher ging die Eroberung des Hochlandes vonstatten, abgeschlossen im wesentlichen 1528. Die Eroberungskriege, die von den Europäern eingeschleppten Krankheiten, die Massenfluchtbewegungen und Umsiedlungen sowie die oft sehr harten Lebensbedingungen der Unterworfenen führten zu einer in ihrem Ausmaß heute nicht mehr genau rekonstruierbaren Dezimierung der Bevölkerung. Für die meisten Maya-Provinzen ist ein Bevölkerungsrückgang um über 90 % für die Zeit vom Beginn der spanischen Invasion bis etwa um 1800 zu vermuten.

Nach der Unterwerfung führten die Eroberer ihr System der Encomiendas und Repartimientos ein, das hauptsächlich die Heranziehung der Indianer zur Zwangsarbeit bedeutete. Gleichzeitig bemühten sich staatliche und kirchliche Stellen, teilweise im Gegensatz zu den an der indianischen Arbeitskraft auf dem Lande interessierten Privatunternehmern, mit wechselndem Erfolg um die Konzentration der Indianer in Städten und Marktflecken zum Zweck der besseren politischen und religiösen Kontrolle. Bekehrung und politische Unterwerfung waren kaum klar voneinander getrennt. Die „Ordenanzas" von 1552, eine Art koloniales Kriegs- und Missionsrecht, verlangten sowohl die sofortige Bekehrung der Indianer zum Christentum, die Aufgabe alter Riten und Traditionen, als auch Umsiedlung in Städte zur besseren administrativen Überwachung. Die vor allem seit 1558 durch Bischof Diego de Landa mit blutigem Fanatismus organisierte Inquisition sollte sowohl das alte Heidentum als auch eventuelle politische Widerstandsnester ausrotten. Allein in der Provinz Maní und allein im Jahr 1562 wurden z. B. 4549 Männer und Frauen bei Verhören gefoltert, 157 kamen dabei um, 6330 „Schuldige" wurden ausgepeitscht (bis zu 200 Hiebe, woran sicherlich noch viele gestorben sein dürften) und kahlgeschoren. Ein systematischer, massiver Terror brach im Namen der Inquisition über die Maya herein. Wie in Diktaturen unseres Jahrhunderts wurden unliebsame Bücher verbrannt: Ein unwiederbringlicher kultureller Schatz wurde mit den Maya-Codices sorgfältig vernichtet.

Wenn auch der härteste Druck nach dem Tod Bischof Landas 1579 nachließ, blieb doch das Zwangsarbeitssystem der Encomiendas bis 1720 erhalten, verlor allerdings zusehends an Bedeutung. An seine Stelle traten im Tiefland um die Städte große Haciendas, die Indianer auf Lohnbasis beschäftigten, teilweise kehrten die Maya auch zu einem relativ unabhängigen Leben als Kleinbauern zurück. Das Ende der Encomiendas war nicht immer friedlich. So erhoben sich die Encomienda-Indianer in Quintana Roo 1639 gegen ihre Herren, vertrieben sie, brannten die Kirchen nieder, entweihten christliche Kultobjekte und zogen sich schließlich in den Wald zurück, um dort als Kleinbauern neu anzufangen. Im Hochland traten an die Stelle der Encomiendas die neu belebten indianischen Dorfgemeinschaften, die jedoch von Handelsbeziehungen mit Kolonisten abhängig blieben.

Gerade im 18. Jahrhundert, als der belastende, verhaßte Druck der Zwangsarbeit fortfiel, kam es zur Aufnahme zahlreicher europäischer Kulturelemente durch die Maya. Es entwickelte sich jene provinzielle Mischkultur, wie sie heute das Bild des südlichen Mesoamerika prägt. Damals entstanden auch aus Ansätzen der frühen Kolonialzeit die oben beschriebenen Formen indianischer Selbstverwaltung. Das 19. Jahrhundert war dagegen wieder eine Zeit schärferer Konflikte. Die Ladinos begannen, sich durch die unterschiedlichsten Druckmaßnahmen indianisches Land anzueignen, gestützt auf die neue politische Situation im unabhängigen, weitgehend von Ladinos bestimmten Mexiko bzw. Guatemala. Der relativ begrenzte, doch immerhin vorhandene Schutz der Indianer durch die spanische Krone fiel weg. Im Tiefland dehnten sich die Haciendas, die sich seit dem 17. Jahrhundert entwickelt hatten, immer aggressiver auf Kosten indianischer Kleinbauern und der Ausnutzung indianischer Arbeitskraft aus.

Das führte 1847 zum größten Maya-Aufstand seit der europäischen Invasion, dem „Krieg der Kasten" auf Yucatán. Im gesamt-lateinamerikanischen Zusammenhang nicht viel mehr als eine späte Wiederholung analoger eingeborener Bauernaufstände z. B. in Brasilien (Cabanada) oder Peru (Tupak Amaru), war die Maya-Rebellion doch radikaler und gebietsweise auch erfolgreicher. Im Zusammenhang der damaligen internationalen Politik stand sie in Beziehung zum mexikanisch-nordamerikanischen Konflikt und zu den Auseinandersetzungen zwischen Großbritannien und den USA um den zentralamerikanischen Einflußbereich. Der Aufstand zielte nicht auf die Abschaffung einiger Mißstände, sondern auf den Hinauswurf aller mexikanischen Weißen. Er wurde nur teilweise niedergeworfen. Zehntausende von Indianern entzogen sich den Regierungstruppen durch einen langen Marsch in den Urwald von Quintana Roo, wo sie eigene Kleinstaaten unabhängig von den Weißen aufbauten. Sie kehrten zu einem (allerdings stark christlich gefärbten) Heidentum zurück und entwickelten Organisationsformen wie die oben für die X-Cacal beschriebene. Erst in der 2. Hälfte des 19. Jahrhunderts wurde ein unabhängiges Gebiet mit ca. 12.000-15.000 Maya wieder dem mexikanischen Staat eingegliedert. Eine andere Gruppe, ca. 30.000-40.000 Maya, konnte sich bis 1915 gegen die immer wieder einfallenden mexikanischen Truppen verteidigen. Einen ähnlichen Aufstand unternahmen die Tzotzil im Hochland von Chiapas 1867-1870. Sie proklamierten ein indianisches Christentum, wofür sie einen Maya-Jungen kreuzigten, um nicht mehr einen Weißen anbeten zu müssen.

Seit etwa 1860 wurde das Vordringen der Plantagenwirtschaft ins Maya-Gebiet aggressiver, weil von mächtigeren Gruppen oft ausländischer Kapitalmehrheit getragen. Die Kaffeeplantagen der Grenzzone zwischen Hoch- und Tiefland suchten auch im Hochland, wo ansonsten der Einfluß der Plantagen gering blieb, Arbeitskräfte, oft mit Gewalt. Im Tiefland gewannen neben den Plantagenbesitzern auch Holzfällerkompanien Einfluß, die auf riesigen Konzessions-Arealen praktisch Staaten im Staat gründeten. Ihre indianischen Arbeiter lebten meist in bewachten Lagern, die eine frühe Form moderner Zwangsarbeitslager darstellten und zu einer Bevölkerungsabnahme führten. Der Holzboom im Maya-Tiefland war ein ähnliches Phänomen wie der Kautschukboom im Amazonasgebiet zur gleichen Zeit, auch mit ähnlichen

Greueltaten gegen Indianer verbunden. Im 20. Jahrhundert wandelte sich die offene Zwangsarbeit bei den Kompanien immer mehr zu einem System der permanenten Verschuldung der Indianer, aus dem es für diese keinen Ausweg gibt. Offene Gewalt brach noch einmal zu Anfang des Zweiten Weltkrieges aus, als erneut Kompanien bis dahin kaum für den Weltmarkt genutztes Waldland eroberten, diesmal zur Gewinnung von Chiclé, dem wildwachsenden Rohstoff für Kaugummi. Mit dem Aufkommen synthetischer Stoffe ging der Chiclé-Boom Ende der 40er Jahre zurück, wenngleich auch heute noch Chiclé gesammelt wird.

Während der ersten Jahrzehnte der mexikanischen Revolution war das Maya-Gebiet Schauplatz anarchistischer und anarcho-syndikalistischer Revolten. Yucatán versuchte, sich 1915 unabhängig von Mexiko zu machen. Die von der mexikanischen Revolution eingeleiteten Reformen machten sich nach 1930 auch bei den Maya bemerkbar. Vor allem seit der Regierungsperiode des Präsidenten Cárdenas kamen die Maya in den Genuß der Landverteilung. Heute sind Integrationsprogramme der mexikanischen Indianerbehörden, sogenannter „gelenkter Kulturwandel", in Gang, unabhängig von denen es auch eine oppositionelle indianische Bauernbewegung vor allem in Chiapas gibt. In Guatemala läßt sich die politische Geschichte der Maya im 20. Jahrhundert kaum noch von der des guatemaltekischen Gesamtstaates (der ja überwiegend durch Maya gebildet wird) trennen.

## Literaturauswahl

*Cancian, Frank:* Economics and Prestige in a Maya Community: The Religious Cargo System in Zinancantan. Stanford 1965

*Carter, William E.:* New Lands and Old Traditions – Kekchi Cultivators in the Guatemalan Lowlands (Latin American Monographs 2nd Series, 6). Jacksonville, Florida 1969

*Coe, William R.:* Environmental limitation on Maya culture. in: American Anthropologist 59-2. Menasha 1957

*Coe, Michael:* Die Maya. Bergisch Gladbach 1967

*Girard, Raphael:* Le Popol-Vuh, Histoire culturelle des Maya-Quichés. Paris 1954

*Girard, Rafael:* Die ewigen Mayas. Zürich 1969

*Hahn-Hissink, Karin:* Volkskunst aus Guatemala. Frankfurt am Main 1971

*Köhler, Ulrich:* Gelenkter Kulturwandel im Hochland von Chiapas. Bielefeld 1969

*Middle American Research Institute, Tulane University, Hrsg.:* Handbook of Middle American Indians, Bd. 1, 6, 7. Austin 1964, 1967, 1969

*Nash, Manning:* Los Mayas en la Era de la Máquina (Seminario de Integración Social Guatemalteca 27). Guatemala 1970

*Redfield, Robert:* The Folk Culture of Yucatan. Chicago 1941

*Reed, Nelson:* The Caste War of Yucatan. Stanford 1964

*Riese, Berthold:* Geschichte der Maya (Urban Taschenbuch 148). Stuttgart 1973

*Siemens, Alfred H. und Puleston, Dennis E.:* Ridged fields and associated features in southern Campeche: New perspectives on the Lowland Maya (American Antiquity 37, 2). Washington 1972

*Soustelle, Jacques:* Les quatre soleils. Paris 1967

*Westphal, Wilfried:* Lacandonia – Ein Volk stirbt im Dschungel. Zürich 1972

*Westphal, Wilfried:* Exogener soziokultureller Wandel bei den Lakandonen (Mexiko) – Eine Studie zur Problematik der nationalen Integration in den Entwicklungsländern. Hamburg 1973

## 12. Die Zirkum-karibischen Indianer: Zwischen Archaikum und Hochkultur

Die beiden neuweltlichen Hochkulturgruppen, in Mesoamerika und in den Anden, entstanden im letzten Jahrtausend vor Christus aus der „Formativen Periode". Damals ermöglichte technischer Fortschritt des Bodenbaus eine Überschußproduktion und so die Freistellung von Teilen der Bevölkerung von der Feldarbeit. Es enstanden allmählich eigene, sich immer mehr von den Bauern absondernde Schichten: Priester, Verwalter, Handwerker, Kaufleute. Zugehörigkeit zur gleichen sozialen Schicht begann, eine ebenso wichtige Rolle zu spielen wie verwandtschaftliche Bande. Im sich herausbildenden arbeitsteiligen System usurpierten die vom unmittelbaren Nahrungserwerb Freigestellten die mit politischer Macht verbundenen Tätigkeiten. Die Unterschiede in Macht und Besitzstand machten langsam die Spaltung in Herrscher und Untertanen zu einem allbeherrschenden Moment der Gesellschaftsstruktur.

An die Stelle des mehr oder weniger egalitären, auf Verwandtschaftsbasis beruhenden Stammesverbandes trat der auf Unterwerfung gegründete Staat.

Im Anfangsstadium dieser Entwicklung waren jedoch die Machtverhältnisse noch nicht derart verfestigt wie in der späteren eigentlichen Hochkultur. Aufstieg von einfacherer zu höherer Position war leicht, Gewalt über andere beruhte noch immer weitgehend auf persönlichem Verdienst und Charisma (wie einst in der archaischen Bauerngesellschaft), nur zum geringeren Teil auf ererbten Vorteilen. War in den früheren Gesellschaften die Möglichkeit des einzelnen, ökonomischen Reichtum und Macht über andere zu erringen, weitgehend begrenzt durch die egalitäre Struktur, und wurde die Chance in den späteren Hochkulturen durch die Erstarrung der geschichteten Struktur erneut eingeschränkt, so hatte dagegen in der Übergangsphase der einzele Gelegenheit, seine Position aus eigener Anstrengung entscheidend zu verändern. Der Kampf um sozialen Aufstieg, um Prestige war ein zentrales Moment des täglichen Lebens. Er fand seine eindrucksvollste Verkörperung in der Kopfjagd, die dem Jäger ebensoviel Prestige wie dem Erjagten Schimpf einbrachte, und deren Begleiterscheinung, die ständigen Blutfehden, Gelegenheit zur Vergrößerung des Krieger-Ruhms bot. Eine andere Ausformung erfuhr der Prestigekampf in jener Spielart der Anthropophagie, bei der Eigenschaften und Prestige des Gefressenen nach der Vorstellung der Anthropophagen auf den Fresser übergehen: Der Sieger vermehrt seinen Ruhm um den des Opfers, und dieses findet noch im Tod eine Bestätigung eigenen Ansehens darin, daß man es des Gefressenswerdens für würdig hält.

Diese Extremausprägungen des Prestigekampfes haben in den eigentlichen Hochkulturen der Neuen Welt keine oder nur eine vorübergehende Rolle gespielt, gelangten aber zu höchster Ausprägung in jener Übergangsregion zwischen Mesoamerika und dem Andenraum, welche die Kultur der formativen Anfangsphase bewahrt und vertieft hatte, anstatt sie zur Hochkultur weiterzuentwickeln: Im zirkum-karibischen Raum. Relativ ungünstige ökologische Voraussetzungen, darunter wohl der in weiten Teilen des zirkum-karibischen Raumes vorherrschende tropische Regenwald, vielleicht auch, auf den Inseln, die Isolierung durch ein Meer, das Invasionen eher aus den primitiven Regionen des südamerikanischen Waldlandes als aus der Hochkulturregion Mesoamerika zuließ, haben die Indianer hier daran gehindert, mehr als nur den ersten Schritt zur Hochkultur zu tun. Handelsbeziehungen zu und Wanderbewegungen aus Mesoamerika und dem Andenraum haben andererseits immer wieder hochkulturliche Impulse in das Gebiet getragen, dessen historisches Interesse gerade darin besteht, daß es zu Beginn der europäischen Eroberung jene Schwelle der menschheitsgeschichtlichen Entwicklung repräsentierte, an der primitive sich zur Hochkultur wandelt.

## a) Lebensraum: Um die Karibische See

Mit „zirkum-karibischem Raum" meint die Völkerkunde im engsten Sinn die Karibischen Inseln und die Anrainer-Länder der Karibischen See südlich des mesoamerikanischen Hochkulturbereichs. Im weiteren Sinn schließt man auch den äußersten Südosten der heutigen USA ein, insbesondere das in vorkolumbischer Zeit mit den karibischen Inseln in kultureller Wechselbeziehung stehende Florida, sowie überhaupt die ganze Zwischenzone von Mesoamerika bis zum Rand der Zentralanden (El Salvador bis Nord-Ekuador). Im Südosten mag man das zirkum-karibische Kulturareal mit den Tiefebenen begrenzen, die an die östliche Kordillere Kolumbiens, an die venezolanischen Anden und an das Karibische Gebirge in Venezuela anschließen. Im noch weiteren Sinn kann man ferner die Tiefebenen des östlichen und südlichen Kolumbien und Venezuela sowie den guyanensischen Raum hinzurechnen, also etwa das gesamte südamerikanische Tiefland nördlich des Amazonas-Beckens. Doch sind dort zirkum-karibische, d. h. der formativen Periode der amerikanischen Frühgeschichte verwandte Kulturelemente zu wenig bestimmend gegenüber den stärkeren Zügen der zum Amazonasbecken überleitenden Tieflandkultur. Dieses Gebiet wird deshalb gesondert behandelt. Allerdings ist auch das eigentliche zirkum-karibische Areal stark mit Elementen einer an das Amazonas-Becken erinnernden Waldlandkultur durchsetzt. Da es sich hier aber um eingestreute Enklaven handelt, werden sie aus einteilungstechnischen Gründen in diesem Buch zum vorliegenden Kapitel geschlagen. Die zirkum-karibisch beeinflußten Gruppen Süd-Floridas wurden schon früher in diesem Buch behandelt. Das vorliegende Kapitel faßt also folgende Gebiete als „zirkum-karibisch" zusammen: Westindien, die heutigen Staaten El Salvador, Honduras, Nicaragua, Costa Rica, Panama, Kolumbien bis zum Ostrand der Östlichen Kordillere, das nördliche Venezuela bis zum Südrand der Gebirgszone.

In diesem Raum kreuzen sich mindestens fünf historische Schichten:

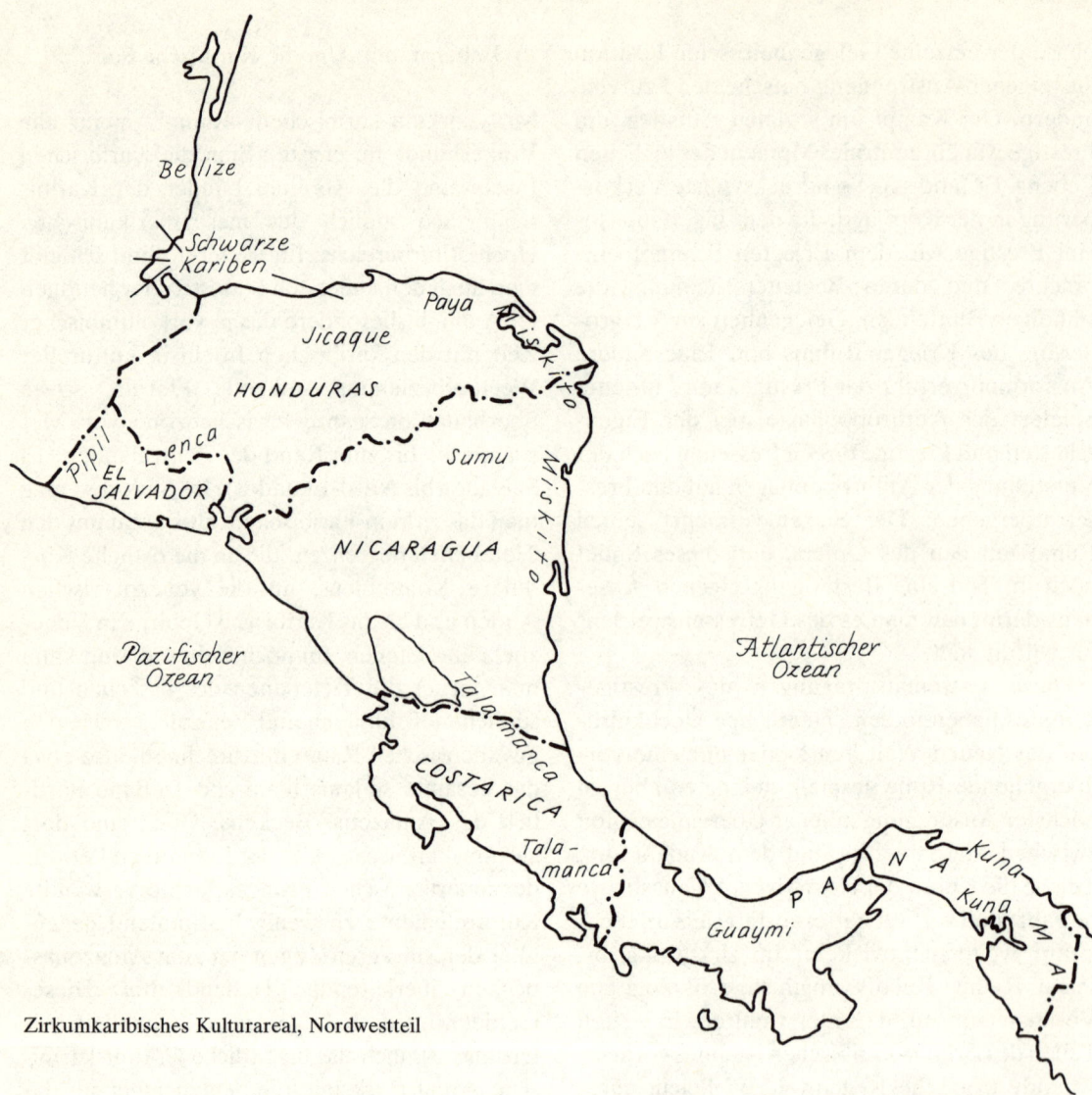

Zirkumkaribisches Kulturareal, Nordwestteil

1. Eine archaische Waldlandkultur, verwandt derjenigen des Amazonas-Beckens.

2. Die aus der formativen Periode der amerikanischen Frühgeschichte erwachsene Halb-Hochkultur, die dem zirkum-karibischen Areal seine eigene Originalität verleiht.

3. Spätere Einflüsse aus der zentralandinen Hochkultur, meist bei der Anpassung an die niedere Entwicklungsstufe der Halb-Hochkultur derart verändert, daß sie sich nur noch schwer von den ursprünglichen formativen Elementen unterscheiden lassen.

4. Spätere mesoamerikanische Hochkultureinflüsse.

5. Der Einfluß des europäischen Kolonialismus, der stellenweise eine europäisch-indianische Mischkultur förderte, vor allem aber vielerorts zu einer Rückentwicklung der an der Schwelle zur Hochkultur stehenden Indianer fast auf das Niveau archaischer Bauern führte.

Heute ist es kaum noch möglich, säuberlich zu unterscheiden, ob wir es mit ursprünglichen, durch die formative Entwicklung auch in vorkolumbischer Zeit nicht angetasteten Elementen zu tun haben, oder mit Folgen der durch den Kolonialismus bedingten Rückentwicklung. Jedenfalls hatte sich die in vorkolumbischer Zeit begonnene Hochkultur-Entwicklung noch nicht so weit verfestigt, daß sie bereits alle archaischen Elemente integriert und umgeformt hätte: Unter der Decke eines beginnenden Staatsaufbaus hatten sich Verwandtschaftsstrukturen

194

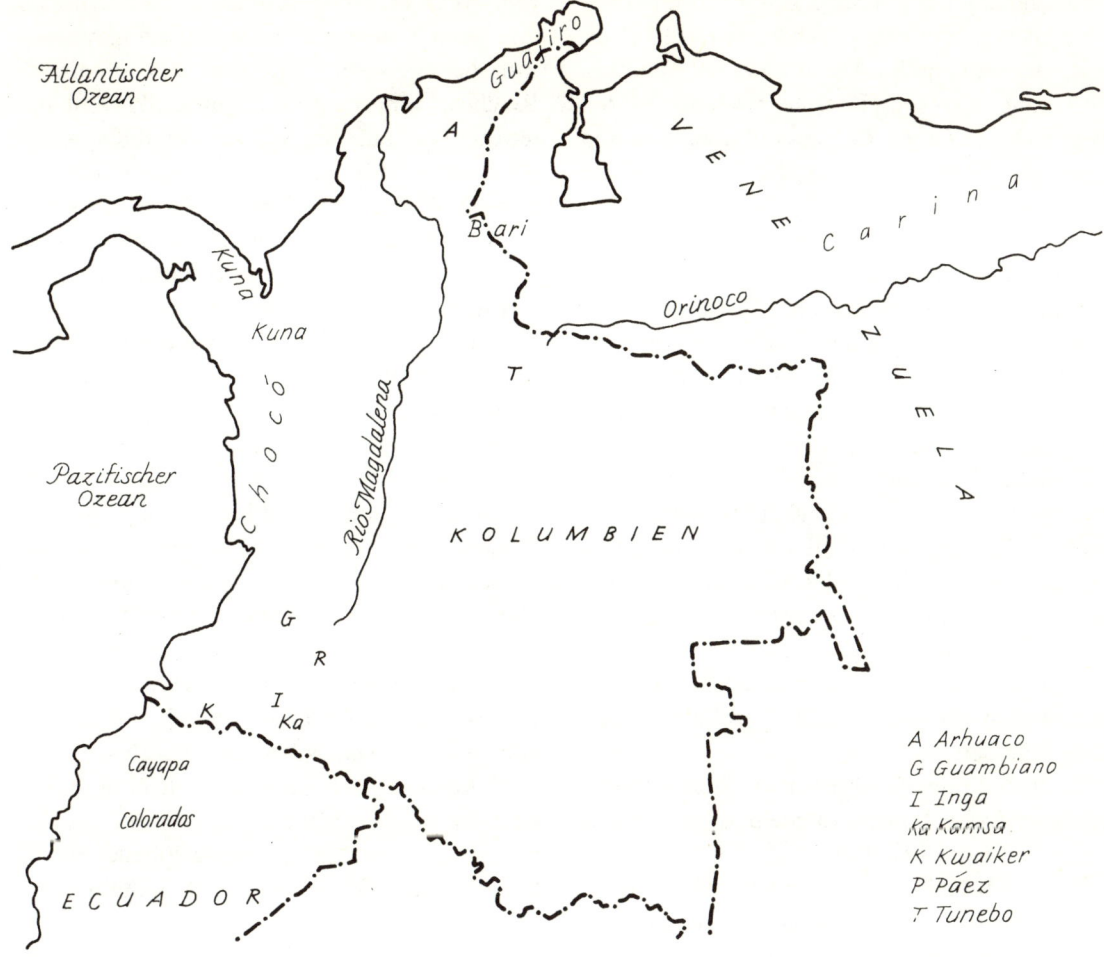

Zikumkaribisches Kulturareal, Südostteil

A Arhuaco
G Guambiano
I Inga
Ka Kamsa
K Kwaiker
P Páez
T Tunebo

archaischer Art und egalitäre Tendenzen erhalten, die nun, unter dem Eindruck der kolonialen Katastrophe, wieder hervorbrachen. Diese Entwicklung erinnert entfernt an die der eigentlichen Hochkulturen in Mesoamerika und den Zentralanden, wo die Europäer die Kultur der Oberschicht köpften, sodaß im wesentlichen nur die urtümlicheren Elemente der Kultur der bäuerlichen Unterschicht erhalten blieben. Der wichtige Unterschied besteht aber darin, daß dort auch die Bauernkultur schon zutiefst hochkulturlich durchdrungen war, so daß – wie bei den Maya – auch die geköpfte Kultur hochkulturlich blieb. Im zirkum-karibischen Raum jedoch verschwanden die nur erst schwach verankerten hochkulturlichen Ansätze in der Zeit der

europäischen Barbarei wieder. Daß hier einst bedeutende, in manchem bereits an die großen Zivilisationen der Neuen Welt heranreichende Entwicklungen stattgefunden haben, läßt sich heute oft besser archäologisch und aus Berichten der ersten spanischen Eroberer rekonstruieren als aus dem ethnographischen Befund.

Im zirkum-karibischen Raum leben heute noch knapp eine Million Indianer. Das ist wenig, verglichen mit den indianischen Millionenmassen in den Hochkulturzonen, viel aber im Vergleich zu den spärlich verstreuten Grüppchen des südamerikanischen Tieflandes, die insgesamt, obgleich über einen ungleich weiteren Raum verbreitet, nicht die volle Million erreichen. Auch in den Zahlen drückt sich die Zwischenstellung der zirkum-karibischen Indianer, nicht mehr primitiv und noch keine Hochkultur, aus. Der indianische Anteil an der Gesamtbevölkerung der mittelamerikanischen Staaten liegt außer in Costa Rica überall über 4 % und erreicht in El Salvador, wo allerdings schon der mesoamerikanische Hochkulturbereich beginnt, nach einigen Schätzungen sogar 20 %. Zum Vergleich: In Staaten alter indianischer Hochkultur wie Mexiko oder Guatemala liegt der indianische Anteil nicht unter 10 % und erreicht oft über 50 %, im südamerikanischen Tiefland dagegen bleibt er zumeist unter 1 % und übersteigt nie 5 %. Allerdings konnten die zirkum-karibischen Indianer die Kolonialzeit nicht überall in gleichem Maß überstehen: Praktisch völlig ausgerottet oder zum Aussterben gebracht wurden sie auf den karibischen Inseln, in Teilen Zentralkolumbiens und Costa Ricas.

Entsprechend den fünf historischen Schichten, die sich im zirkum-karibischen Raum kreuzen, wollen wir hier grob fünf große Gruppen unterscheiden.

1. In den regenfeuchten tropischen Wäldern leben einfache Bauern in mehr oder weniger egalitären Gesellschaften.

2. In den Gebirgen und Hochländern haben sich Reste der vorkolumbischen zirkum-karibischen Halb-Hochkultur erhalten, deutlich etwa in der starken Macht des „Kaziken".

3. Am Südrand, insbesondere im kolumbischen Hochland, hat die zentralandine Hochkultur unverkennbaren Einfluß ausgeübt.

4. Am Nordrand die mesoamerikanische.

5. Wie überhaupt in der Neuen Welt die Hochkultur-Völker sich dem spanischen Kolonialreich eher einfügten, wodurch vielerorts eine Mischkultur entstand, so auch an den Rändern des zirkum-karibischen Raumes: Hier bildeten sich halb-spanische Kulturen, deren indianische Träger heute allmählich in die nationalen Gesellschaften hineinwachsen, wo an die Stelle der eingeborenen Kaziken Verwaltungsbeamte des übergeordneten Staatswesens treten.

Seine spezifische zirkum-karibische Ausformung aber hat der kolonial-europäische Einfluß an der karibischen Küste Mittelamerikas erfah-

ren: Auch hier gingen Indianer eine Symbiose ein, jedoch nicht mit den Kaufleuten, Verwaltungsbeamten und Priestern des spanischen Reiches, sondern mit den Piraten, Sklavenhändlern und entlaufenen Sklaven Westindiens. Die Kaziken wurden hier zu Piratenkapitänen und Rebellenführern in Gesellschaften, die sich – stärker als die eigentlichen Hochkulturen – gegen die Einordnung in ein Kolonialreich erbittert wehrten und bis heute, anstatt sich allmählich in eine europäisch dominierte Mestizengesellschaft zu integrieren, eigene ethnische Identität bewahren.

Sprachlich gehören heute – nach Vernichtung der meisten Aruak und Kariben der Westindischen Inseln und der atlantischen Nordküste Südamerikas – die weitaus meisten zirkum-karibischen Indianer der Chibcha-Familie an. Im Norden gibt es eine durch Einwanderung aus Mexiko entstandene uto-aztekische, im Süden eine erst in der Kolonialzeit geschaffene Ketschua-Enklave. Aruak und Kariben überleben noch nahe der venezolanisch-kolumbischen Atlantikküste. Zwei Blöcke kulturell unter der zirkum-karibischen Kultur stehender, in das Kulturareal enklavenartig eingeschobener Waldlandindianer fallen sprachlich ebenfalls aus dem Chibcha-Rahmen.

Die Jicaque, nördlichster Außenposten der tropischen Waldlandkultur Südamerikas in Zentral- und Nord-Honduras gehören zum einen dieser Blöcke. Ihr Name ist ein Sammelbegriff für mehrere Tausend Angehörige verschiedener Grüppchen, die sich teilweise bis Ende des 19. Jahrhunderts dem Staat Honduras verweigerten, heute jedoch ihre eigenen Sprachen und Teile ihrer Kulturen weitgehend zugunsten der Integration in die Mestizenbevölkerung aufgegeben haben – bis auf etwa 300, deren Sprache eigenartigerweise zur nordamerikanischen Hoka-Sioux-Familie gehört. Ihre Nachbarn in Nordwest-Honduras sind einige Hundert Paya isolierter Sprache, die sich schon mehr dem zirkum-karibischen Kulturbild annähern, aber doch noch typische Waldlandbauern sind. Ein ähnliches Kulturbild des Übergangs zeigen die zur Chibcha-Sprachfamilie gehörigen Sumu im Hinterland der Moskito-Küste Nicaraguas, wohl ein Konglomerat verschiedener Flüchtlingsgruppen, die in der Kolonialzeit vom Atlantik abgedrängt wurden. Sie sind mit über 3000 Menschen die stärkste traditionelle Ethnie unter den insgesamt zahlenmäßig unbedeutenden indianischen Waldlandbauern des nördlichen Mittelamerika. Friedlich und schlecht organisiert, wurden sie in der Kolonialzeit durch die von See her vordringenden Piraten und die mit diesen verbündeten kampflustigeren Indianer verfolgt und dezimiert. Einen zweiten, wesentlich bedeutenderen Block von Waldlandbauern bilden die in zahlreiche Untergruppen gegliederten ca. 25.–30.000 Chocó in Nordwest-Kolumbien und angrenzenden Teilen Panamas. Kulturell mit den Cayapas und Colorados im nordwestlichen Ecuador verwandt, bilden sie jedoch sprachlich eine eigene Familie, während die letzteren zur Chibcha-Familie gehören und zudem kulturelle Impulse auch aus der Hochkultur der nahen Zentralanden erfahren haben.

Die heutigen Träger dessen, was von der zirkum-karibischen Kultur blieb, unterscheiden sich nicht mehr immer scharf von diesen einfachen Waldlandstämmen. Was einst die zivilisatorische Höhe der Zirkum-Kariben ausmachte, ist zu Residuen zusammengeschrumpft, die leicht übersehen werden. Im südlichen Mittelamerika sind die Talamanca (ein Sammelname für mehrere Gruppen vor allem in Costa Rica) und Guaymí, vom südlichen Nicaragua bis Panama insgesamt ca. 40.–50.000, die physischen Nachkommen, aber nur sehr bedingt die kulturellen Nachfolger jener präkolumbischen Goldvölker, deren Kunst zum Eigenwilligsten gehörte, was die Neue Welt hervorgebracht hat, und deren Reichtum die Spanier faszinierte. In Südamerika haben einige Gruppen alte zirkum-karibische Elemente teilweise noch relativ deutlicher bewahrt, so etwa die ca. 60.000 aruakischen Guajiro auf der gleichnamigen Halbinsel im äußersten Norden des Kontinents. Bei ihnen findet man Ansätze zu sozialer Schichtung, etwa sprechen einige Autoren von einer Sklavenklasse. Allerdings ist umstritten, inwieweit wir es schon mit einer echten Klassenstruktur zu tun haben, oder inwieweit verwandtschaftlich geordnete Klassifikationsgruppen nur äußerlich wie echte Klassen wirken. Vielleicht läßt sich der Streit so entscheiden, daß hier eben – typisch für die zirkum-karibische Übergangskultur – Verwandtschafts- allmählich in Klassenstrukturen übergehen. Die Guajiro und ihre südwestlichen Nachbarn, die ca. 2000 stark akkulturierten Paraujano, sind der letzte Überrest der aruakisch sprechenden zirkum-karibischen Kulturvölker, die zu Kolumbus' Zeit vom nördlichen Südamerika auf die Antilleninseln hinüberreichten, wo die Taino auf Haiti und Puerto Rico durch ihr hochentwickeltes religiöses Zeremonialwesen in besonderem Maße den Unwillen der spanischen Glaubenseiferer erregten. Von den kriegerischen Kariben um die See, der sie den Namen gaben, überleben nur etwa 1500 Yucpa in der Sierra de Perijá und etwa 4000 Carina zwischen Barcelona und dem Orinoco, die bereits zur einfacheren Tieflandkultur Guyanas überleiten. Eine indianische Enklave inmitten einer sonst seit der frühen Kolonialzeit „indianerfrei" geschossenen Gegend bildet die Sierra Nevada de Santa Marta mit etwa 8000 zur Chibcha-Sprachfamilie zählenden Arhuaco, die zu Kolumbus' Zeit bereits einen höheren, offenbar aus den Zentralanden beeinflußten Kulturstand erreicht hatten, heute aber auf das für die modernen zirkum-karibischen Indianer typische niedrigere Niveau zurückgesunken sind. An den in Urwaldlandschaft übergehenden Abhängen der östlichen Kordillere dagegen hatten sich die Hochkultur-Elemente wohl nie völlig durchgesetzt. Die hier lebenden Bari und Tunebo, zusammen etwa 5000, zeigen ungefähr die gleiche Kulturhöhe wie die meisten heutigen zirkumkaribischen Gruppen, mit dem Unterschied, daß sie auf diesen Stand nicht aus größerer Höhe zurückfielen, sondern ihn seit altersher bewahrten.

Im äußersten Norden des Areals, an der Pazifikküste von El Salvador, sind die in vorkolumbischer Zeit aus Mexiko eingewanderten utoaztekischen Pipil Träger und Beweis mesoamerikanischen Hochkultur-Einflusses. Sie hatten bei Ankunft der Spanier bereits die in El Salvador und im südlichen Honduras siedelnden Lenca unter mexikanischen Kultureinfluß gebracht. Beide Gruppen tragen heute eine vitale europäisch-indianische Mischkultur. Dagegen sind am Südrand des Areals die Gruppen, deren Kultur besonders starke Impulse aus den Zentralanden empfangen hatten, weitgehend verschwunden. Nur noch Sache der Grabräuber und Archäologen ist etwa das Reich der Muisca, bis 1536 das bedeutendste des zirkum-karibischen Raumes. Von den Chibcha des zentralen und südlichen Hochlandes Kolumbiens existieren noch drei Gruppen: Die Guambiano, Paez, Kwaiker, zu denen man noch die sprachlich ketschuaisierten Inga und die sprachlich nicht klassifizierten Kamsa rechnen könnte, zusammen ca. 50.000 Menschen. Ähnlich den Gebirgsbauern des zentralandinen Raumes haben sie in der Kolonialzeit einen intensiven Akkulturationsprozeß durchgemacht und sind heute weitgehend, jedoch als Zuträger ohne große eigene Vorteile, in die nicht-indianische Marktwirtschaft integriert.

Eine durch ihre bewegte Geschichte besonders interessante Gruppe des zirkum-karibischen Raumes bilden diejenigen Indianer, die in der Kolonialzeit eine enge Verbindung mit der Piratenkultur der Karibischen See eingingen. Die Schwarzen Kariben an den Küsten des Golfs von Honduras, insbesondere in Belize, wo sie etwa 90.000 Menschen zählen, sind eine erst in der Kolonialzeit durch Vermischung nach dem Festland deportierter Insel-Kariben und ehemaliger Negersklaven entstandene neue Ethnie, die rassisch eher zu den amerikanischen Negern, sprachlich zu den Kariben zu rechnen ist. Indianischer ist die ebenfalls in der Kolonialzeit neu entstandene Ethnie der 15.000 Mískito an der Moskito-Küste Nicaraguas, die sprachlich zur Chibcha-Familie gehören, rassisch Indianer mit starkem negriden Einschlag sind. Die Cuna in Panama und Nordwest-Kolumbien, ca. 22.000, haben ihren indianischen Charakter noch reiner erhalten. Gemeinsam ist diesen Ethnien eine enge Bindung an die See, auf der die Männer häufig als Matrosen auf Schiffen der Weißen arbeiten, ferner Offenheit für technische Errungenschaften der europäisch-nordamerikanischen Zivilisation, gleichzeitig aber im geistig-politischen Bereich eine ungewöhnlich selbstbewußte, gegen den Einfluß der Weißen gerichtete Haltung, die durch eine schlagkräftige politische Organisation gestützt wird.

Die Beschreibung der ethnographischen Einzelheiten des zirkum-karibischen Raumes gestaltet sich dadurch schwierig, daß wir hier eigentlich keine einheitliche Kultur vor uns haben, nur eine etwa gleichmäßige Kulturhöhe: Weit entfernt noch von der Hochkultur, doch schon hinausgewachsen über die archaischen Waldbauern. Im einzelnen drückt sich dieses Niveau unterschiedlich aus. Es kann hier nur an wenigen Beispielen – insbesondere haben wir die Kuna ausgewählt – vorgeführt werden.

## b) Lebensunterhalt:
## Tropische Früchte und Plantagenwirtschaft

*Die Subsistenz*

Die Kuna bauen in erster Linie tropische Früchte an. Ihr Grundnahrungsmittel ist die Banane (Musa paradisiaca, M.p.sapientum). Hinzu kommen als wichtige Ergänzung Ananas (A. sativus), Kokosnuß (Cocos nucifera), Avocado (Persea americana), Mango (Mangifera indica), Papaya (Carica papaya), Orange und Limone. Eine zweite Ernährungsbasis bilden Mais und Knollenfrüchte – Yams (Dioscorea), ungiftiger Maniok (Manihot utilissima Crantz), Süßkartoffel (Ipomea batatas) –, ergänzt durch Reis und Kakao.

Damit haben die Kuna zwar auch einige europäische Pflanzen übernommen, in den Grundzügen aber ein Subsistenzbild bewahrt, wie es typisch schon für die vor-kolumbische Landwirtschaft ihres Areals war: Tropische Früchte als Hauptnahrung, daneben Mais und ungiftiger Maniok. Bei den Talamanca etwa ersetzt die Bohne (Phaseolus vulgaris u. lunatus) den Mais als wichtiges Grundnahrungsmittel, und tritt die Pixbae- (Guilielma gasipaes) an die Stelle der Kokos-Palme. Andernorts sind es andere Palmen und andere Früchte, z. B. Goiave (Psidium pomiferum), oder Passionsfrucht (Dissema murucujá). Weit verbreitet ist auch der Anbau des Grünen Pfeffers und Chili. Zukkerrohr, von den Europäern eingeführt, ist Rohstoff für alkoholische Getränke. Im Einflußbereich der tropischen Waldlandkultur spielt der Bitter-Maniok (Manihot utilissima Pohl) eine größere Rolle. In den Hochkultur-beeinflußten Randzonen dagegen treten Maniok und Süßkartoffel hinter dem Mais, in Südkolumbien auch hinter Kartoffel und Quinoa (die andine Getreideart, Chenopodium quinoa) zurück.

Die tropischen Früchte benötigen relativ wenig Pflege. Teilweise kann man sie monatelang sich selbst überlassen. So wird einerseits Mußezeit freigesetzt, die den archaischen Waldlandkulturen fehlt und ein Element hochkulturlicher Entwicklung ist. Andererseits werden auch Formen des Halb-Nomadismus gefördert, die einer weiteren Entwicklung ungünstig sind, und es fehlen jene Notwendigkeiten zu großen Gemeinschaftsarbeiten wie etwa Bewässerung, die in der Neuen Welt hochkulturlichen Fortschritt förderten.

Der Anbau erfolgt meist im Brandrodungssystem, wie es auch für die Tieflandkultur des Amazonas-Beckens typisch ist, mit Axt und Grabstock als wichtigsten Geräten. Doch sind die Methoden insgesamt weniger sorgfältig als im Waldland. Infolgedessen erschöpft sich der Boden rascher, wozu auch die in den Gebirgszonen häufige Erosion beiträgt. Die dem Brandrodungssystem ohnehin oft immanente Tendenz zur häufigen Verlegung der Felder und damit Mobilität der Bauern wird so noch verstärkt, im Zusammenhang auch mit der Möglichkeit, die tropischen Fruchtbäume oder -sträucher oft monatelang sich selbst zu überlassen. In der Sierra Nevada de Santa Marta ist die Mobilität saisonbedingt: Die Bauern arbeiten in verschiedenen Jahreszeiten auf verschiedenen Höhen. Man kann hierin ein perfektioniertes System der landwirtschaftlichen Nutzung der großen Höhen- und Klima-Unterschiede der Gebirgszone sehen, das die unterschiedlichen Anbauzonen nicht wie die zentralandine Hochkultur an unterschiedliche soziale Gruppen verteilt und damit auch nicht zum Faktor politisch-sozialer Beherrschung macht. Bei einigen Kuna und bei den Guaymí besitzt eine Familie oft ne-

ben ihrem Hauptwohnsitz mit dem größten Teil ihrer Felder noch mehrere, Tagereisen weit auseinanderliegende Felder-Komplexe, die auf häufigen mehrtägigen Reisen das ganze Jahr über versorgt werden. Einen anderen Fall von sogenanntem Halb-Nomadismus zeigen die der tropischen Waldlandkultur nahen Bari: Eine Gruppe besitzt mehrere Wohnsitze mit dem dazugehörigen Anbauland, nützt aber jeweils nur einen. Nach meist weniger als zehn Jahren ziehen die Bauern zu einem anderen ihrer Wohnsitze, setzen dort das verfallene Haus wieder instand und säubern das überwucherte Land wieder für den Anbau.

Die Mobilität begünstigte vermutlich in der Kolonialzeit den durch den europäischen Barbareneinfall angeregten Rückschritt auf eine Stufe, deren Charakteristikum die größere Bedeutung von Jagd, Fischfang und Sammelwirtschaft ist. Die Bauern konnten diese Aktivitäten verstärken, ohne doch ihren Bodenbau allzusehr vernachlässigen zu müssen, da dieser sich mit dem Halb-Nomadismus vertrug. Jagdwaffen sind neben dem Gewehr Pfeil und Bogen, Holzspeer und – vor allem für die Vogeljagd und für Jugendliche – das Blasrohr, das möglicherweise in diesem Kulturareal erfunden wurde, und dessen Pfeilchen oft vergiftet werden. Jagd ist etwa bei den Talamanca meist eine Gruppenarbeit. Wichtiger für die größtenteils an der Atlantikküste oder auf vorgelagerten Inseln wohnenden Kuna ist heute der Fischfang.

Haustiere europäischer Herkunft sind heute praktisch bei allen zirkum-karibischen Ethnien verbreitet. Schweine und Rindvieh sind oft ein Gradmesser des Reichtums und haben als solcher wohl teilweise die Funktion übernommen, die früher der reiche Gold- und Silberschmuck hatte. In Südkolumbien und Ecuador treffen wir auf das für die Zentralanden so typische Meerschweinchen, und finden wir Rind und Pferd als Zugtiere (Pflug), Pack- und Reittiere. Einen Sonderfall stellen die Guajiro dar, die den Bodenbau weitgehend zugunsten der Viehzucht vernachlässigt haben und eine eigenartige nomadische Hirtenkultur aufbauten. Dagegen stehen die Kuna der ursprünglichen, fast ohne Haustiere auskommenden Kultur noch näher:

Sie züchten nur einige Hühner, die sie kaum selber essen, sondern an Fremde verkaufen. Anstelle des Viehs hat sich bei ihnen Metallschmuck als Gradmesser des Wohlstandes erhalten.

*Marktwirtschaft*

Die Kuna, die selbst kein Metall mehr bearbeiten, versorgen sich durch Kauf mit Schmuck und mit den notwendigen landwirtschaftlichen Geräten. Geld benötigen sie z. B. auch für Materialien des Hausbaus im modernen Stil und für Bootsmotoren und Treibstoff für den Fischfang. Ihr wichtiges Handelsgut ist die Kokosnuß, die auf Platagen angebaut wird. Der Übergang von kleinen Subsistenzwirtschaften zu großen Überschuß-Plantagen erfolgte schon in vorkolumbischer Zeit. Auch Kaffee, Kakao, Tabak werden heute für den Markt angebaut, der selbst den Austausch innerhalb der Kuna-Gemeinschaft weitgehend beherrscht: Er erfolgt dort meist über Kaufläden modernen Typs. Erst in den letzten Jahren wurde auch der Fischfang mit der Marktwirtschaft verbunden: Die Kuna sind heute wichtige Lieferanten der Städte Panamas. Kunstgewerbe-Artikel, insbesondere Textilien werden an Touristen abgesetzt. Viele junge Männer verdienen Geld, indem sie – oft jahrelang – auf Plantagen oder Schiffen der Weißen arbeiten. So wird deutlich: Längst betreiben die Kuna keine bloße Subsistenzwirtschaft mehr.

Die Überschußproduktion kam in vor-kolumbischer Zeit der Klasse der vom unmittelbaren Nahrungserwerb Freigestellten zugute, heute nicht-indianischen Unternehmen im Austausch gegen unentbehrlich gewordene Güter der technischen Zivilisation. Anders als bei vielen archaischen Tieflandbauern Südamerikas ist die Produktion von Art und Umfang her für den Markt interessant, sind die Produzenten also nicht marktwirtschaftlich unnütz. Hier mag ein Grund dafür liegen, daß die Europäer zumindest in einigen Fällen mehr Rücksicht auf die Zirkum-Kariben als auf die Waldlandbauern genommen haben. Andererseits ist die Verflechtung mit dem Markt noch nicht so eng wie

etwa in den Zentralanden, was seine Parallele in größerer politischer Selbständigkeit der Zirkum-Kariben findet. Andere Gruppen des Areals produzieren vor allem Zuckerrohr für den Markt, andere Agave- oder Sisal-Faser. Ein Großteil der indianischen Fruchtproduktion in Mittelamerika geht letztlich an die United Fruit Company, und auch in deren Interesse wurde der Bananen-Anbau erweitert. In Südkolumbien bieten die indianischen Bauern Gemüse (Zwiebeln, Kohl, Kopfsalat) und Blumen an. Dort sind sie aber auch häufig Lohnarbeiter. Einen ausgeprägten Fall von Marktabhängigkeit stellen die Guajiro vor, die Vieh verkaufen, um die Grundnahrungsmittel Reis, Bananen, Zucker zu kaufen.

## c) Materieller Kulturbesitz: Verfall der Metallurgie

In prä-kolumbischer Zeit hatte die zirkum-karibische Gesellschaft Wohnung, Kleidung und Schmuck in den Dienst des Prestige-Strebens und der Rang-Abgrenzungen gestellt. Den schlichten Hütten der Bauern standen die aus gleichem Material, aber weiträumiger gebauten der Vornehmen und Götter gegenüber. Die Kleidung, gemäß dem tropischen Klima knapp, verschmolz mit dem oft sehr reichen Gold- oder Silberschmuck zu einer Repräsentation des Ranges. Der Einfall der Europäer machte dem ein Ende. Die Oberschicht löste sich auf, mit ihr die alten Ranggliederungen. Was blieb, waren Wohnung, Kleidung, Schmuck der einfachen Bauern, die im Kontrast zu ihren Herren denkbar schlicht waren. Das Resultat ist heute ein materieller Kulturbesitz, der in vielem ärmer ist als etwa derjenige der primitiveren Amazonas-Indianer.

Viele Gruppen sind heute relativ mobil, und die Einzelfamilie ist seit dem Einfall der Europäer und der Zerschlagung der meisten größeren Verbände die zentrale soziale Einheit. Entsprechend ist der Hausbau relativ gering entwickelt. Weder finden wir hier – außer am Ostabhang der kolumbischen Kordillere unter

Einfluß des tropischen Waldlandes – das großartige, kompakte Mehrfamilienhaus vieler Waldbauern, noch die Steinarchitektur der Zentralanden. Die Kuna bauen rechteckig, ca. 5 x 8m im Grundriß, 4 m hoch, die Wände aus Bambusrohrpfosten, das Giebeldach mit Palmwedeln gedeckt. Die Häuser haben keine Fenster, nur Türen an beiden Schmalseiten, manchmal durch Vorhänge verschließbar. Der Hausrat besteht aus Regalen, Hängematten, Holzschemeln. Hinter dem Haus liegt ein abgeschlossener, halb überdachter Hof oder eine eigene kleine Hütte: Die Koch-Ecke mit der aus drei zusammenstoßenden Baumstämmen gebildeten Feuerstelle. Neue Häuser werden dagegen immer öfter in jenem den Garagen europäischer Villen nachempfundenen Wellblechstil errichtet, den heute insbesondere nordamerikanische Missionare als wichtiges Element der christlichen Heilsbotschaft lehren.

Vorerst ist das rechteckige Einfamilienhaus mit einem einzigen Raum, mit Wänden aus Bambus- oder Holzpfählen, bisweilen durch eine Lehmschicht oder Palmblattgeflecht verstärkt, mit Palmblättern gedeckt, die im zirkum-karibischen Areal häufigste Form. Das in Größe und Technik ähnliche Rundhaus wird in nördlichen Kolumbien und angrenzenden Teilen Panamas, bis hin nach Costa Rica gebaut. Einige Waldbauern (Colorado, Chocó) lassen die Wände fort. Eine vor-kolumbisch typische Form war der Pfahlbau. Er findet sich noch bei einigen Kuna und Talamanca, bei den Chocó, den Paraujano (deren Häuser dem Land Venezuela – „Klein-Venedig" – den Namen gaben) und den Cayapa. Größere Häuser für mehr als eine Familie bewohnen die Waldlandgruppen Bari und Jicaque, ferner einige Talamanca, bei denen allerdings jede Familie einen deutlich abgegrenzten Raum für sich hat. Geschlafen wird

Materieller Kulturbesitz der heute ausgestorbenen Arawak auf Haiti (Oviedo y Valdés 1851-55)

meist auf Pritschen aus Holz, seltener in den eher für Kinder bestimmten Hängematten.

Die Kleidung ist heute fast überall stark europäisiert. Einige Gruppen, z. B. die Yucpa, tragen Tunika-artige Baumwollkleidung. In Südkolumbien und bei den Lenca, teilweise auch bei den Talamanca, haben sich kolonialspanische, indianisch beeinflußte Trachten erhalten, wie sie auch für die Ketschua der Zentralanden oder für die Maya Guatemalas typisch sind; hierhin gehört etwa der große Poncho der Männer in Südkolumbien. Die Kuna-Frauen haben europäische Elemente eigenwillig umgeformt: Sie tragen eine bunte Bluse mit applizierten Stoffstückchen, die Muster (geometrische Formen, Tiere, „Geister") wohl teilweise indianischen Ursprungs bilden, dazu einen meist blauen Wikkelrock mit hellen Mustern und ein großes, geometrisch gemustertes Tuch über Kopf und Schultern, das wohl von der spanischen Mantilla stammt. Der bunte Wickelrock ist durch Kolumbien bis zu den Colorado verbreitet. Die einfachen Waldbauern tragen manchmal, etwa bei den Bari, noch keine andere Kleidung als den Lendenschurz.

Metallschmuck war eines der typischen Kennzeichen der vor-kolumbischen zirkum-karibischen Kultur. Der Goldreichtum der Chibcha-Fürsten Kolumbiens hat die Sage vom Vergoldeten Fürsten, El Dorado, und von seinem märchenhaft reichen Land angeregt. Von der alten Kunst der Goldschmiede treffen wir heute nur sporadische Reste. Die Kuna-Frauen tragen manchmal noch einen goldenen Ring durch die Nase und an den Ohren handtellergroße dünne Goldplatten, doch wird dieser Schmuck neuerdings nur mehr von nicht-indianischen Goldschmieden hergestellt. Die alte Freude am Metallschmuck zeigt sich noch im schweren Halsschmuck der Kuna-Frauen aus farbigen Glasperlen und Silbermünzen (z. B. Dollars) und in den zahlreichen Fingerringen. In Süd-Kolumbien lebt noch die Kunst, Holz oder Kalebassen mit einer dünnen Schmuckschicht aus Gold oder Silber zu überziehen. Sonst aber trägt man vorwiegend Halsketten u. ä. aus Fruchtsamen und anderen Waldmaterialien, manchmal auch aus Tierzähnen, öfter aus industriell hergestellten

Vorderteil einer Kuna-Bluse: Tanzende Geister

Glasperlen. Im Einflußbereich der Waldkultur ist die Körperbemalung wichtig, am auffälligsten bei den Colorados (= „Rote"), die so genannt werden, weil sie sich reichlich mit roten Mustern (von Achiote oder Urukú, Bixa orellana) bemalen.

Waffen und Werkzeuge sind heute weitgehend europäischen Ursprungs. Pfeil und Bogen dienen noch oft zum Fischfang, der auch mit Fischspeeren, vor allem aber mit der Angelleine durchgeführt wird. Fischgifte („Barbasco") werden in Waldkultur-nahen Zonen auf großen Gemeinschafts-Fischzügen eingesetzt. Im Bodenbau ist neben europäischen Geräten wie Axt, Machete, Schaufel (im südlichen Kolumbien wie in den Zentralanden Ochsenpflug und Dreschflegel) noch der traditionelle Grabstock im Gebrauch, aber meist durch eine moderne Metallspitze verstärkt. Außer bei einigen Waldgruppen, die einen hölzernen Mörser benutzen, ist gewöhnlich der steinerne Metate mit dem Mano das größte Küchenutensil. Keramik, einst hoch entwickelt, wird auch heute noch fast durchgängig hergestellt, jedoch fast nur in einfachsten Formen, so die großen Kochtöpfe. Ebenso wichtig ist heute aber die – kulturhistorisch viel primitivere – Kalebassenverarbeitung zu Schöpfwerkzeugen und Gefäßen. Der Vergleich mit dem archäologisch greifbaren vorspanischen Kochgeschirr zeigt, daß die Methoden der Essensbereitung sich vermutlich nicht allzusehr gewandelt haben, wohl aber, daß das künstlerische Interesse an Ausgestaltung der Werkzeuge und Gefäße für rituelle Zwecke weitgehend verlorenging. Kunsthandwerklich am bedeutendsten ist heute oft die Flechterei, etwa von Körben oder Hüten von der Art der Panamahüte. Fibern (z. B. der Agave) werden für den Verkauf verarbeitet. Dahinter tritt die zwar fast überall bekannte Weberei zurück, die größere Bedeutung nur mehr im Zusammenhang mit der Schafzucht im Zentralanden-nahen Südkolumbien hat.

d) Soziale Umwelt:
Die Reduktion auf die Kleinfamilie

Charakteristikum vieler primitiver Gesellschaften ist die zentrale Bedeutung der Großfamilie. Diese ist durch ein Netz von Verwandtschaftsregeln (z. B. Heiratsverbote und -gebote) in größere Verwandtschaftsverbände (z. B. Sippen) eingebettet. All das läßt sich zwar auch in der zirkum-karibischen Gesellschaftsordnung noch ausmachen, hat aber hier seine zentrale Bedeutung verloren – auch hierin zeigt sich der Übergang zur Hochkultur. Zentrale Einheit ist hier die Kleinfamilie, die nur gelegentlich noch sich zur Großfamilie erweitert. Verwandtschaftsregeln bestimmen zwar noch die Zusammensetzung und den Wohnort der Familien mit, daneben aber treten andere Gesichtspunkte, wenn etwa nicht nach primitiven Heiratsregeln, sondern zum Zweck der Erweiterung des Besitzstandes geheiratet wird, oder wenn ökonomische und politische Erwägungen und nicht allein Matri- oder Patrilokalität den Wohnsitz bestimmen.

In der Kleinfamilie, deren Einbettung in eine Verwandtschaftsorganisation von Ethnie zu Ethnie variiert, herrscht vielerorts eine paternalistische Zucht, die sich etwa darin äußert, daß Heiraten von den Eltern des Brautpaares ausgemacht werden. Bei den Guaymí erhält der junge Mann seine erste Frau gewöhnlich durch Vermittlung seiner Eltern, weitere kann er dann, reifer und mächtiger geworden, selbst durch Verhandlungen mit deren Eltern oder äl-

teren Brüdern, denen er im Austausch Geschenke oder jüngere Schwestern anbietet, erwerben. Polygynie war einst fast im gesamten Areal verbreitet. Patrilokalität überwiegt – mit einigen markanten Ausnahmen, vor allem den Guajiro. Oft schiebt der Mann zunächst eine matrilokale Periode ein, in welcher er für seine Schwiegereltern arbeitet und so eine Art Kaufpreis entrichtet. In Südkolumbien finden wir die einjährige Versuchsehe.

Über die Kleinfamilie hinaus scheint es teilweise eine Dualorganisation ähnlich der im tropischen Tiefland Südamerikas gegeben zu haben, heute noch deutlich bei den Jicaque. Klar erkennbar ist meist eine Einteilung in Sippen, die etwa bei den Talamanca matrilinear und exogam sind. Innerhalb jeder Talamanca-Sippe besitzt ein Medizinmann besondere Autorität. Die Sippen zeigen bis in spätkoloniale Zeit die Tendenz, sich in soziale Klassen zu verwandeln, indem aus bestimmten Sippen Träger bestimmter Berufe unterschiedlicher sozialer Position hervorgingen. So stellen bestimmte Talamanca-Sippen noch heute Medizinmänner, die über die Grenzen der eigenen Gruppe hinaus bei der ganzen Ethnie Macht besitzen. Eine Sippe, die früher den höchsten religiösen und politischen Führer der Talamanca Costa Ricas stellte, ist noch heute den religiösen Traditionen besonders verbunden und lehnt die christliche Taufe ab, wodurch die Sippenmitglieder im Gegensatz zu ihrer früheren privilegierten Stellung nun zu Parias in der christlichen Gesellschaft geworden sind.

Heute, möglicherweise in der Folge der Auflösung vorspanischer Gesellschaftsformen, fehlt im zirkum-karibischen Areal vielerorts die Dorfgemeinschaft, die sowohl für das primitivere Amazonas-Becken als auch für das kulturell höherstehende zentralandine Gebiet typisch ist. An ihrer Stelle tritt zumeist die isoliert siedelnde Einzelfamilie, oder ein nur lose zusammengehöriges „Dorf" aus nicht allzu weit voneinander entfernten zerstreuten Einzelgehöften. Damit nähert sich die Gesellschaft jenem Bild der Vereinzelung und Auflösung, das wir aus dem Amazonasbecken zwar nicht von den Indianern, wohl aber von der aus der Zerstörung der indianischen Gemeinschaft hervorgegangenen Mischlingspopulation kennen. Wo Einfamilienhäuser zu regelrechten Dörfern zusammenstehen (Lenca, Paya, Mískito, Kuna, teilweise Talamanca und in Südkolumbien), mag europäischer Einfluß mitspielen. So sind etwa die meisten Dörfer des südlichen Mittelamerika (insbesondere Costa Ricas) das Ergebnis kolonialer Umsiedlungspolitik: Der Kolonialherr glich frühere Zerstörungen durch späteres Zusammenziehen der Unterworfenen zur besseren Kontrolle aus. Eine traditionelle Form sind dagegen jene Dörfer des kolumbischen Gebirges, wo ständig nur Weiße, Mischlinge und indianische Würdenträger wohnen. Zu festlichen Gelegenheiten füllen sie sich, ähnlich wie die vorspanischen Maya-Bauern aus ihren verstreuten Gehöften zu Festen in die Tempelzentren kamen, wo ansonsten nur die Würdenträger der Oberschicht mit ihren Familien und Bediensteten lebten. In bescheidenerem, ländlicherem Maßstab wiederholen die zirkum-karibischen Dörfer hier die wohl ursprüngliche Spielart der Stadt in der Neuen Welt: Ein religiöser Sammelpunkt und administratives Zentrum, aber kein Wohnort der Massen. In der Sierra Nevada de Santa Marta stehen neben den „Pueblos", in denen die Bauern zeitweise im Verlauf ihrer Saisonwanderungen anhalten oder eine Zeitlang in der Nähe eines Teils ihrer Felder leben, noch die Tempelzentren, die man nur zu religiösen Zwecken besucht, während sonst dort allein die heidnischen Priester und ihr Anhang wohnen. Die Tempel sind nichts anderes als die hier üblichen Rundhütten, nur etwas größer, aber sie sind immerhin ein letzter lebendiger, heute auch schon von Missionaren gefährdeter Rest der großartigen Tempel-Kultur der Neuen Welt.

Historisch nicht weniger bedeutsam ist der Gemeinschaftstyp, der sich bei den Bari erhalten hat. Hier leben mehrere Familien (50-150 Menschen) in der großen Hausgemeinschaft zusammen. Diese aber wird nicht, wie bei den ansonsten ähnlichen Gemeinschaften der tropischen Waldland-Kultur, auf verwandtschaftlicher Basis zusammengehalten, sondern ist eine Mischform aus verwandtschaftlicher und politischer Gemeinschaft. Jede Familie versucht,

zwei weitere hinzuzuziehen, deren eine vom Mann der ersten Familie aus gesehen, deren andere von der Frau aus gesehen, heiratsfähige Kinder hat. Zieht die Gemeinschaft, wie oben beschrieben, nach wenigen Jahren weiter, löst sie sich oft in neue, an andere Häuser gebundene Gemeinschaften auf, um sich eventuell später im alten Haus wieder zusammenzufinden. Der Hausvorstand ist in jedem Haus ein anderer, das heißt ein Mann kann an einem Ort der Erste sein und diese Würde verlieren, sobald seine Gemeinschaft umzieht und sich um-formiert. Die Zusammenstellung neuer Hausgemeinschaften ist ein auch von ökonomischen Überlegungen (Suche nach Personen, die bei notwendigen Rodungen helfen können u. ä.) bestimmtes politisches Spiel, das neue Vorstände an die Macht bringen kann. Diese Form steht an jener für die Zirkum-Karibik so typischen Grenze zwischen primitiver und sich höher entwickelnder Gesellschaft: Verwandtschaft wird eingebettet in neue Kategorien wie politische Allianz, an bestimmte Lokalität gebundene Macht, kurz das Embryo eines Staates.

Die Felder der Kuna sind Privatbesitz des Mannes. Hieraus folgt erstens die präponderante Stellung des Mannes innerhalb der Familie, zweitens die zentrale Stellung der Familie als Produktionseinheit gegenüber größeren Gemeinschaften. Entgegen einem weit verbreiteten wissenschaftlichen Vorurteil, das archaisch mit kollektivistisch gleichgesetzt, ist Privatisierung des Grundeigentums ein Zug, der die Kuna eher den einfachen Bauern des tropischen Waldlandes Südamerikas verbindet, als den amerikanischen Hochkulturen. So gehörten etwa ausgerechnet bei den Lenca, den besonders Hochkultur-nahen Anrainern Mesoamerikas, die Felder bis in neueste Zeit der Dorfgemeinschaft, wobei die Erträge von dem zur Oberschicht zählenden Kaziken verteilt wurden. Das Kollektiveigentum war hier Teil eines in den Dienst der Oberschicht gestellten Machtsystems. Auch am anderen Hochkulturrand, in Südkolumbien, gehörte das Land bei einigen Gruppen der Gemeinschaft. Es wurde dort an die erwachsenen Männer auf Lebenszeit verteilt, fiel aber ursprünglich nach dem Tod des

Bauern wieder an die Gemeinschaft zurück. In den letzten Jahrzehnten vergaß man allmählich das Zurückgeben, und der Landbesitz wurde erblich, doch mißbilligt die indianische Moral bis heute den gesetzlich möglichen Verkauf solchen Landes an Dritte. Demgegenüber ist das rein familiale oder private Eigentum am Boden typisch auch für die Bauern des Amazonas-Beckens.

Anders verhält es sich bei den Kuna mit den im Ansatz hochkulturlicher Entwicklung angelegten größeren Plantagen für eine Überschußproduktion. Sie gehörten möglicherweise in vorkolumbischer Zeit der von einer Oberschicht kontrollierten Gemeinschaft und sind heute meist Eigentum moderner, aus alten Nachbarschaftsverbänden entstandener Genossenschaften, die auch die innerhalb der Kuna-Gemeinschaft den modernen Markt bildenden Läden kontrollieren. Der historische Prozeß, der hier wahrscheinlich abgelaufen ist, läßt sich noch deutlicher bei den Talamanca ausmachen. Nach dem Ende der alten, die Gemeinschaftsproduktion kontrollierenden Oberschicht in der Kolonialzeit bildeten sich hier „Juntas" (freiwillige Nachbarschaftsassoziationen) zur Durchführung notwendiger Gemeinschaftsaufgaben wie etwa der Instandhaltung von Straßen, während daneben die Subsistenzproduktion weiterhin privat blieb. Heute wird manche Junta zur modernen Genossenschaft, unter Einfluß ausländischer (meist US-Peace-Corps) Entwicklungshelfer und deren Genossenschaftsideologie, hinter der wohl wieder das Klischee „archaisch-kollektivistisch" steht, das hier aber weniger realitätsfern ist, da es einem hochkulturlichen Ansatz in der Mehrproduktion begegnet.

Soziale Schichtung setzt an, ohne schon beherrschendes Moment zu sein. Bei den Kuna unterscheidet man vage zwei Schichten, deren obere meist jene politischen und religiösen Würdenträger stellt, die kaum noch körperlich arbeiten müssen. Bei primitiveren Gruppen dagegen (so Jicaque, Paya, Guaymí, Chocó, Bari, Colorado) heben sich nur die Kaziken (meist erbliches Amt: Politische Führung und Gerichtsbarkeit in einer Zone) und/oder Medizin-

männer ab. Sie wohnen etwa in geräumigeren Hütten oder haben mehr Frauen.

Soziale Schichtung steht hier in engem Wechselverhältnis zur Herausbildung einer Verwaltungshierarchie bei einigen Ethnien, die wie in Mesoamerika und den Zentralanden Elemente altindianischer Kleinstaatregierung und altspanischer städtischer Selbstverwaltung auf bescheidenere ländliche Verhältnisse übertrugen. Charakteristisch für einige Zonen insbesondere Kolumbiens ist der Nimbus religiöser Weihe, der die politischen Handlungen der Verwaltungsspitze, insbesondere des Kaziken umgibt – letzter Rest des vorspanischen sakralen Fürstentums in der Zirkum-Karibik. Die ca. 35.000 Páez organisieren sich in Comunidades (lokale Zusammenschlüsse mehrerer Einzelgehöfte). Polizeigewalt und sonstige administrative Befugnisse liegen beim Cabildo (eigentlich: „Ratsversammlung", ursprünglich das Selbstverwaltungsorgan spanischer Städte) der lokalen Gemeinschaft, der von 10 Funktionsträgern gebildet wird: Dem Gobernador (eine Art Bürgermeister) und seinem Stellvertreter, dem Polizeichef, zwei Alcaldes (in Spanien ursprünglich Bürgermeister, hier aber eher die mit der Durchführung der von der kolumbischen höheren Verwaltung kommenden Aufträge Betrauten) und fünf niederen Ausführungsgehilfen. Dieser Cabildo wird jährlich von allen Männern gewählt, die auf einer von den lokalen Würdenträgern zusammengestellten Liste stehen (um auf diese Liste zu kommen, maß man namentlich an freiwilliger Gemeinschaftsarbeit teilgenommen haben). Neben dem Cabildo, der spanische Wurzeln hat, stehen der Capitán (auch Cacique genannt) und der Síndico, von den auf der genannten Liste stehenden Männern auf Lebenszeit gewählt und feierlich in der lokalen Kirche in ihr Amt eingesetzt. Sie sind die eigentlichen politischen Führer, denen daneben auch die Bewahrung der moralischen und religiösen Tradition der Páez obliegt. In der Geschichte waren die Capitanes häufig Anführer des Widerstandes gegen die Weißen.

Wie ein solches System modernen Demokratievorstellungen angenähert werden kann, zeigen die ca. 20.000 Kuna von San Blás. Basis der politischen Macht in ihren Dörfern ist der Congreso Local, die Versammlung aller Männer, die den Häuptling auf Lebenszeit durch Zuruf wählt und ihn dann einer ständigen Kontrolle unterwirft, ihn auch notfalls wieder absetzen kann. Das Amt des Dorfhäuptlings tendiert heute zur Anpassung an den Typus des politischen Wahlbeamten: er wird manchmal nur noch auf vier Jahre und durch Stimmzettel gewählt; in anderen Dörfern spaltete man seine Funktion auf, wobei ein Würdenträger die traditionellen Aufgaben wie Bewahrung der Kuna-Überlieferung übernimmt, der andere die eines modernen Verwaltungsbeamten. Dem Dorfhäuptling zur Seite stehen zwei Stellvertreter und von ihm ernannte niedere Funktionsträger wie Polizisten und Boten. Neben der Dorfversammlung steht der Congreso Tradicional, eine alle paar Tage zusammentretende Versammlung, deren erster Tag von allen Männern und heranwachsenden Jungen, deren zweiter Tag von allen Frauen und heranwachsenden Mädchen besucht wird. Hier teilen die Älteren den Jüngeren die Kuna-Traditionen mit und betreiben eine gemeinschaftliche Erziehung. Mehrere Dörfer wählen einen Cacique General oder Oberhäuptling, deren es

Kuna-Schrift: Anfang eines Zauberliedes gegen Fieber (Nordenskiöld 1938)

206

im Reservat drei gibt. Etwa zweimal jährlich tritt der Congreso General zusammen, gebildet aus den Dorf- und Ober-Kaziken des Reservats, einem Vertreter der Regierung von Panama, und Repräsentanten verschiedener im Reservat tätiger Institutionen, darunter nordamerikanische Missionen. Der Congreso General hat gesetzgeberische Befugnisse, wobei die Gesetze teilweise erheblich zugunsten der Kuna-Tradition von der Legislatur des übrigen Panama abweichen. Die Ausführung der Gesetze des Staates Panama, soweit sie im Reservat in Kraft bleiben, sowie derjenigen Kuna-Gesetze, die nicht im Widerspruch zum panamensischen Gesetz stehen, wird vom panamensischen Regierungsvertreter überwacht. Das ganze System, dessen Funktionäre vom Staat Panama besoldet werden, ist ein origineller Kompromiß indianischer und staatlich-panamensischer Interessen, beeinflußt auch von US-amerikanischen Demokratievorstellungen, die allerdings dort ihre Grenze finden, wo die Einflußnahme nordamerikanischer Missionare gefährdet wäre. Neben diesem offiziellen Aufbau steht die Macht der Medizinmänner und -frauen. Aus den Reihen der Medizinmänner sind bedeutende Kaziken der Kuna hervorgegangen.

## e) Die Schrift

Viele Gruppen gerade dieses Kulturareals beharren besonders zäh und bewußt auf nicht-europäischen Traditionen, deren Bewahrung sie im Zusammenhang mit der Erhaltung politischer Autonomie und angestammter Landrechte sehen. Das mag damit zusammenhängen, daß die Weitergabe geistiger Traditionen eine Hauptaufgabe nicht nur der Medizinmänner sondern auch der Kaziken ist, daß also die traditionelle politische Autonomie-Organisation in Personalunion mit der Schulung in geistiger Tradition steht. Das Ansehen der Medizinmänner und Kaziken steigt mit ihrer Kenntnis der Traditionen und ihrer Fähigkeit, diese den Jugendlichen zu vermitteln. Die Kuna verwenden Bildzeichen, ein Vorstadium hochkultureller

Schrift. Die Zeichen – stark abstrahierte Symbole für Wörter, ganze Sätze oder Liedverse – dienen den Schreibern, meist Medizinmännern, als mnemotechnische Hilfsmittel bei der Übermittlung von Traditionen und beim Singen heilkräftiger oder ritueller Lieder. Doch sind sie noch nicht standardisiert, ein Schreiber kann also die Zeichen eines anderen meist nicht lesen. Während diese Bilderschrift-Vorstufe an die ausgebildete Bilderschrift des vorspanischen Mesoamerika erinnert, verwenden die Chocó als mnemotechnische Hilfsmittel beim Zählen von Gegenständen oder Zeit Knotenschnüre ähnlich denen der zentralandinen vorspanischen Kultur. Von anderen Gruppen des Areals sind solche Gedächtnisstützen nicht bekannt.

## f) Religion: Hochkulturliche Kosmologie und archaischer Geisterglaube

Nominell sind heute die meisten zirkum-karibischen Indianer Christen. Doch haben sie neben den christlichen Praktiken heidnische bewahrt, die von eigenen Medizinmännern geleitet werden. Kann man im Gebiet der eigentlichen Hochkulturen, Mesoamerika und Zentralanden, von einer heidnischen Vorhofreligion (im Vorhof der offiziellen christlichen Religion, in untergeordneter Position) sprechen, so haben die Zirkum-Kariben eher eine heidnische Parallelreligion (neben dem Christentum, genauso angesehen). Das Bewußtsein, anders als die anderen Christen zu sein, ist fest verankert und wird oft durch Mythen vertieft, etwa durch die, daß der Schöpfergott die Indianer getrennt erschuf und ihnen auftrug, nie eine religiöse Gemeinschaft mit den Nicht-Indianern zu bilden.

Vorchristlich schon, aber christlich umgedeutet und gestärkt scheint der im Kulturareal weit verbreitete Glaube an einen Schöpfergott zu sein, der von den Kuna ausdrücklich als Grund dafür angeführt wird, warum sie bereit sind, das Christentum anzunehmen. Die Talamanca haben einen mächtigen, guten Gott, der sich die Welt als Haus und das Firmament mit den Gestirnen als Dach erschuf. Er ist wie die

Luft, unsichtbar und überall. Die Menschen säte er als Samen aus. Mit der Großen Muttergottheit zeugte er einen Sohn, der die Menschen in Ausführung der Pläne seines Vaters den Anbau von Bananen und Mais und die Herstellung von Maisbier (das heißt, das Leben in Kultur, als seßhafte Bauern) lehrte. Um unter den Menschen wirken zu können, drang der Schöpfergott als heiliger Wind in eine Frau ein und ließ sich von ihr in menschlicher Gestalt gebären. Dann schuf er die heutige Ordnung unter den Menschen. Die Sonne ist ein von ihm geschaffener Mann, der hohes Ansehen genießt, der Mond eine Frau. Daneben gibt es noch eine Reihe niederer Gottheiten und Geister, insbesondere die Mutter Erde (ein Jaguar), den Herrn der Winde, der gegen die bösartigen Wasser-Jaguare kämpft, und menschengestaltige, meist unter der Erde lebende Sippen-Schutzgeister.

Die Welt der Talamanca-Vorstellung ist sechsteilig: Unsere Erde, darunter die Welt der Krankheiten, die von dort zu uns durchbrechen und von den Medizinmännern an das Gebot des Schöpfergottes, der die Krankheiten von hier verbannte, erinnert werden müssen; darunter eine Welt der Tiergeister, beherrscht von einem Herrn der Tiere; darunter eine Welt verstorbener Indianer; darunter eine Welt böser Geister; über allem der Himmel, eigentliche Residenz des Schöpfergottes, erleuchtet von einer Wahren Sonne, von der die unsrige nur eine schwache Kopie ist. Besondere Totenriten gewährleisten, daß die Verstorbenen unter bestimmten Bedingungen dorthin aufsteigen können.

Die religiösen Vorstellungen variieren von Ethnie zu Ethnie. Bei den Arhuaco etwa ist die Schöpfergottheit weiblich. Bei einigen primitiveren Gruppen, etwa den Bari, tritt sie ganz zurück hinter der für die Mythen des tropischen Waldlandes Südamerikas typischen Eigeninitiative der Menschen. Die religiösen Mittler sind dort, wo der an das Amazonas-Becken gemahnende Geisterglaube ohne bedeutende Hochgötter vorherrscht, Schamanen, die teilweise (Colorado) durch berauschende Mittel in eine den Geistern annähernde Trance gelangen. In Ethnien mit starkem Hochgottglauben werden die Medizinmänner oft Vertreter des Got-

tes, so bei den Talamanca, wo sie einen Würdenstab tragen, wie auch der Gott ihn einst bei der Erschaffung der Erde verwendete. Bei den Kuna gibt es drei Kategorien von Medizinmännern und -frauen: Die Pflanzenheilkundler, die Bekämpfer böser Geister (ähnlich den Schamanen Südamerikas) und die Wahrsager, die das höchste Ansehen genießen und den stärksten politischen Einfluß ausüben.

Die bedeutendsten religiösen Riten sind meist die der Initiation der Jugendlichen in die Welt der Erwachsenen, auch bei nominell christlichen Gruppen. Diese Riten enthalten oft auch ein Moment der Unterwerfung der Jugendlichen unter die politische Macht der Medizinmänner und Kaziken. Der religiöse Alltag wird vor allem mit der Krankenheilung gefüllt.

g) Geschichte: Piraten und Kommunisten

Der Einfall der Europäer führte überall zum weitgehenden kulturellen Rückschritt, insbesondere zum Zurücksinken der Klasse der vom unmittelbaren Nahrungserwerb Freigestellten, die vor allem die kulturellen Traditionen bewahrt hatte, in die Masse der Bauern. Christentum und europäische Moral im Bund mit Feuerwaffen vernichteten einige zentrale Pfeiler der zirkum-karibischen Kultur, die den Eroberern ein besonderer Dorn im Auge gewesen waren: Das heidnisch-religiös begründete Gottfürstentum, Kopfjagd, Kannibalismus. Kannibalen (das Wort kommt von „Galibí" oder „Kariben", Namen zirkum-karibischer Gruppen) standen nach Auffassung des spanischen Kolonialrechts vogelfrei außerhalb jeglicher Rechtsordnung: Sie mußten entweder schleunigst ihre Sitte aufgeben, oder sie wurden im Namen der christlichen Barmherzigkeit ausgerottet.

Die zirkum-karibischen Völker waren besser organisiert und zahlenmäßig stärker als die zersplitterten Grüppchen des tropischen Tieflandes Südamerikas. Sie waren daher eher zum Widerstand fähig. Andererseits waren Herrschafts- und Unterwerfungsstrukturen bei ihnen noch nicht so verfestigt wie bei den noch besser organisierten und zahlenmäßig noch stärkeren Hochkulturvölkern etwa der Zentralanden. Sie waren daher eher als letztere zum Widerstand gegen Unterwerfung auch bereit. Die Spanier haben hier und bei den in dieser Hinsicht ähnlichen südandinen Gruppen (Mapuche) härteren Widerstand erfahren als irgendwo sonst, und sie haben mehr als sonst Rechte der Kolonisierten respektieren müssen. Wir wollen im folgenden nur einige Beispiele des indianischen Widerstandes herausgreifen.

Cortés drang 1525 zur mittelamerikanischen Atlantikküste vor. Doch dann wurde die Conquista von den Indianern gestoppt. Sie widersetzten sich, oft indem sie in Rückzugswinkel flohen – eine noch Ende des 19. Jahrhunderts wiederholte Methode passiven Widerstandes. Die Kämpfe in dem für die Spanier ohnehin schwierigen Dschungelgelände machten zunächst die Ausbeutung der einheimischen Arbeitskraft in Plantagenwirtschaft unmöglich. Auch der Einsatz von Negersklaven erwies sich als problematisch, da diese bei den Indianern Zuflucht und Rückhalt gegen ihre Herren finden konnten. Die Spanier konnten daher die Region nicht profitreich nutzen. Stattdessen konzentrierten sie sich auf die Erschließung des mittelamerikanischen Hochlandes und der Pazifikregion. Hier, in leichterem Gelände und inmitten einer „zahmeren" (von Mesoamerika her stärker hochkulturlich beeinflußten) Bevölkerung, legten sie die strategisch wichtigen Kommunikationswege und Häfen zwischen den Kernregionen ihres Kolonialreiches, zwischen Mexiko und Peru, an.

An der Atlantikküste mußten sie sich im wesentlichen mit Verteidigungsposten zum Schutz der benachbarten Regionen begnügen. Die Indianer der Atlantikküste verblieben so großenteils in einem Freiraum, in den von Westindien her andere Mächte vorzustoßen versuchten. Zunächst gelang dies nur den Flibustiern der Karibik, die von den Indianern wegen ihrer Gegnerschaft gegen die etablierten Kolonialmächte und vor allem gegen die Spanier akzeptiert wurden. Die Eingeborenen gewährten den Schiffen der Seeräuber Zuflucht in den sumpfigen Windungen und versteckten Lagunen des Küstenlandes, lieferten ihnen Verpflegung und Trinkwasser und begleiteten sie auf Piratenfahrten. Der anarchistische Gegenstaat, den die Flibustier im 17. Jahrhundert in der Karibik aufbauten, wäre vielleicht ohne diesen Rückhalt bei den Indianern des Festlandes unmöglich gewesen. Als Anfang des 18. Jahrhunderts Kompromisse zwischen den europäischen Großmächten gemeinsames Vorgehen gegen die Piraten ermöglichten, stellten sich die Indianer, insbesondere die Mískito, auf ein Bündnis mit den Engländern gegen die Spanier um. Auf Expeditionen ins Hinterland fingen sie Indianer anderer Ethnien, um sie den Engländern als Sklaven zu verkaufen. Andererseits verbündeten sie sich zeitweise mit den gleichen Ethnien, um spanische Niederlassungen anzugreifen.

Mitte des 18. Jahrhunderts organisierten sich die Mískito in einem Elemente des traditionellen Kazikentums und Anlehnung an das britische Vorbild verbindenden „Königreich", von der englischen Krone als Protektorat anerkannt. Es umfaßte in etwa die heutigen Provinzen Gracias a Dios (Honduras) und Zelaya (Nicaragua), mit Stützpunkten entlang der ganzen mittelamerikanischen Atlantikküste von Belize bis Panama. Es wurde zu einem Land der Freiheit für rebellische Indianer und entlaufene Negersklaven in ganz Mittelamerika und Westindien, gleichzeitig auch zu einer strategischen Rückendeckung des britischen Einflusses in der Karibik. Die Mískito vermischten sich mit westindischen Negern.

1786 verzichtete Großbritannien in einem Vertrag mit Spanien schließlich auf das Protektorat über die Moskito-Küste, vielleicht u. a. auch, weil ihnen dieser zwar offiziell verbündete Sammelpunkt ihrer entflohenen Sklaven mit seiner Erinnerung an den Gegenstaat der Piraten unheimlich wurde. Mit britischer Billigung drangen spanische Truppen mordend ein. Gleichzeitig holte Spanien die Schwarzen Kariben, den Mískito ähnlich, als Gegengewicht an die Küsten des Golfs von Honduras. Allseitig zurückgedrängt, konnten die Mískito sich doch in ihrem Kernland, der Moskito-Küste, mit dem Rücken zur Wand behaupten. In der ersten Hälfte des 19. Jahrhunderts gerieten sie duch erneute Handelsbeziehungen zu den Briten in zunehmende Abhängigkeit eines neuen Typus, verschieden von der offen gewalttägigen Plantagenwirtschaft der Spanier: Die Indianer wurden nicht mit der Peitsche zur Arbeit getrieben, sondern durch Geschenke von europäischen Industrieprodukten abhängig gemacht, die sie später nur noch im Austausch gegen die Lieferungen von Waldproduktion erhielten, die nicht mehr – wie meist die Produkte der spanischen Plantagen Mittelamarikas – der Ernährung der Spanier und ihres Gefolges dienten, sondern als Rohstoffe der aufstrebenden europäischen Industrie.

1838 erkannte Nicaragua das „Königreich" der Mískito an, jedoch nur als britisches Protektorat. Briten und Nicaraguaner arbeiteten zwar an der Moskito-Küste gegeneinander, waren sich aber letztlich darüber einig, daß die Mískito keine volle staatliche Gleichberechtigung erhalten sollten. Deren Stunde schlug, als Großbritannien und Nicaragua ihre Gegensätze beilegten. 1860 verzichtete Großbritannien auf sein Protektorat und erklärte es zu einem Teil Nicaraguas. Die Mískito leisteten noch jahrzehntelangen, aber letztlich aussichtslosen Widerstand, der um 1900 endgültig gebrochen wurde. Ihr Anderssein, die Ablehnung der spanisch-mittelamerikanischen Mestizen-Kultur, haben sie sich ebenso wie die in vielem ähnlichen Schwarzen Kariben bewahrt: Im Gegensatz zu den meisten Indianern „Latein"-Amerikas ist ihre Zweitsprache nicht Spanisch (oder in Brasilien Portugiesisch), sondern Englisch, und ihre Anpassungsreligion nicht der Katholizismus, sondern der Protestantismus. Sie haben schon im 19. Jahrhundert eine Entwicklung vorweggenommen, die sich heute bei einem Teil der südamerikanischen Waldindianer wiederholt: Auf Grund des vorherrschenden angelsächsischen (heute in Südamerika: US-) Einflusses, und in oft sehr bewußter Frontstellung gegen die zahlenmäßig überlegene katholische Kolonisten-Bevölkerung neigen sie mehr zum Protestantismus.

Die ältere Kolonialgeschichte der Kuna ist ähnlich: Bündnis mit den (oft protestantischen) Flibustiern, Kampf den Spaniern. Nach der Niederwerfung der Piraten fanden versprengte Reste, Hugenotten, Zuflucht bei den Kuna und vermischten sich mit ihnen. Die Großmächte versuchten, den Platz der Piraten bei den Kuna einzunehmen, wurden aber immer wieder abgeschlagen, bis zum Friedensvertrag von 1741 zwischen Spanien und Kuna, in dem diese vage die spanische Oberhoheit anerkannten, um von nun an mit den Spaniern Handel zu treiben und im übrigen in Ruhe gelassen zu werden. Versuche einer militärischen Unterwerfung scheiterten im 19. Jahrhundert. Erst nach 1900 hatten die kommerziellen Kontakte sich in Abhängigkeit verwandelt. Die Regierung von Panama nutzte dies zur verwaltungsmäßigen Eingliederung der Indianer, die in der Verletzung der angestammten Fischereigründe der Kuna durch Fremde und der Abholzung eines Teils ihrer Kokosplantagen resultierte. Hinter dem Schutz der panamensischen Militärmacht konnten sich auch die katholische und baptistisch-nordamerikanische Mission etablieren.

1925 kam es zum allgemeinen Aufstand der Kuna von San Blás. Panamensische Polizisten, eingeborene Kollaborateure und Mischlingskinder wurden getötet. Die Kuna von San Blás erklärten sich zur unabhängigen Republik. Sie wurden von den USA (die einen Augenblick mit dem Gedanken gespielt zu haben scheinen, neben Panama einen weiteren abgespaltenen Satelliten zu gründen) moralisch unterstützt. Nach jahrelangen Kämpfen kam es 1930 zu einem Friedensvertrag mit Panama, in dem die Kuna ihre Republik aufgaben, dafür aber innere Autonomie in einem Reservat zugesichert bekamen.

In Südkolumbien unterwarfen sich die Kwaiker und Kamsá rasch, versuchten höchstens, ihrer drückenden Lage durch Flucht ins Hochgebirge oder in den tropischen Wald zu entkommen. Páez und Guambiano jedoch leisteten Widerstand gemäß dem kriegerischen Verhaltensmuster ihrer Kultur, das Prestige dem versprach, der Mut zeigte und viele Gegner tötete und verspeiste. 1538 waren die ersten Spanier eingedrungen, aber erst 1608 konnten sie durch die Politik der Verbrannten Erde und Ausrottung großer Bevölkerungsteile das Land unter

210

Kontrolle bringen. Sporadische Guerillakämpfe flammten auch danach immer wieder auf. Der Unabhängigkeitskrieg war für die Páez erneut Gelegenheit zum Widerstand: Sie erhoben sich gegen die Spanier.

Im 19. Jahrhundert bekämpfte die Regierung die Unteilbarkeit des indianischen Landes im Namen der „Privatinitiative": Das Kommunalland der Indianer wurde in leicht an Weiße verkäufliche Privatparzellen aufgeteilt. Vor allem gegen den damit verschleierten Landraub richtete sich die indianische Widerstandsbewegung 1910-1918 unter Führung der Kaziken, die unter dem Eindruck der mexikanischen Revolution standen, jedoch versuchten, ihre Ziele durch friedliche Agitation, vor allem Massendemonstrationen zu erreichen. Die weißen Landbesitzer unterdrückten diese Bemühungen durch Massaker. Überlebende Kaziken gründeten 1920 einen Obersten Indianischen Rat für ganz Kolumbien, der vor allem im Südwesten des Landes eine Massenmobilisierung bewirkte. In den 20er Jahren kam es immer wieder zu kleineren Unruhen und Bewegungen zivilen Ungehorsams, teilweise in Zusammenarbeit mit der Kommunistischen Partei Kolumbiens, die 1934 einen der indianischen Führer als Präsidentschaftskandidaten aufstellte.

Die Ideologie der aufsässigen Indianer war eine originelle Mischung aus Traditionalismus, chiliastischen Gedanken und kommunistischen Einflüssen. Die Indianer sahen sich als „Proletariat" im Kampf gegen die „Oligarchie" der Weißen, gleichzeitig auch als höherwertige Rasse, deren ursprüngliches Glück von den intellektuell unterlegenen und daher neidischen Weißen zerstört wurde. Sie glaubten an die baldige Vertreibung aller Weißen und an die Wiederkehr eines ursprünglichen paradiesischen Zustandes. Erst die Anarchie des kolumbischen Bürgerkrieges 1945-1953 gab den Grundbesitzern Gelegenheit, unter dem Deckmantel der allgemeinen Violenz den indianischen Widerstand endgültig durch systematische Ermordung der Anführer zu brechen. Seit 1973 ist es jedoch erneut im gleichen Gebiet zu indianischen Bauerndemonstrationen mit dem Ziel der Vertreibung fremder Grundbesitzer, zu Landbesetzungen und blutigen Zusammenstößen gekommen.

## Literaturauswahl

*Bischof, Henning:* Die spanisch-indianische Auseinandersetzung in der nördlichen Sierra Nevada de Santa Marta (1501–1600)
(Bonner Amerikanistische Studien 1). Bonn 1971

*Bonilla, Victor Daniel:* Servants of God or Masters of Men. London 1971

*Eckert, Georg:* Prophetentum und Freiheitsbewegungen im Caucatal. Braunschweig 1951

*Federmann, Nikolaus:* Indianische Historia. Hrsg. Juan Friede. München 1965

*Hagen, Wolfgang v.:* The Jicaque (Torrupan) Indians of Honduras (Indian Notes and Monographs 53). New York 1943

*Jaulin, Robert:* La Paix Blanche – Introduction à l'Ethnocide. Paris 1970

*Keller, Clyde E.:* The Secrets of the Cuna Earthmother – A Comparative Study of Ancient Religion. New York 1960

*Kramer, Fritz W.:* Litterature Among the Cuna Indians (Etnologiska Studier 30). Göteborg 1970

*Lehmann, Walter Hrsg.:* Zentral-Amerika. 2 Bde. Berlin 1920

*Nordenskjöld, Erland:* A Historical and Ethnological Survey of the Cuna Indians (Comparative Ethnological Studies 10). Göteborg 1938

*Steward, Julian H. Hrsg.:* The Circum-Caribbean Tribes (Handbook of South American Indians, Smithsonian Institution Bureau of American Ethnologie Bulletin 143, vol. 4). New York 1963 (Nachdruck)

*Stone, Doris Z.:* The Boruca of Costa Rica (Papers of the Peabody Museum of American Archaeology and Ethnology, Harvard University 26, 2). Cambridge, Massachusetts 1949

*Stout, David B.:* San Blas Cuna Acculturation: An Introduction (Viking Fund Publication in Anthropologie 9). New York 1947

*Wassén, Henry:* Contributions to Cuna Ethnographie. in: Etnologiska Studier 16. Göteborg 1949

Das Inkareich, 1532 von einer Handvoll Spanier erobert, „versank" – so steht es in vielen Geschichtsbüchern. Tatsächlich aber lebt es in gewisser Hinsicht bis heute fort. Seine Grenzen sind noch intakt, als ethnographische Umgrenzung des zentralandinen Kulturareals der Indianer. Die eigene Identität der Reichsbewohner hat sich zwar scheinbar weitgehend verflüchtigt, indem die Grenzen zwischen Indianern und neu eindringenden Spaniern sich immer mehr verwischten, aber bei genauerem Hinsehen entspricht auch dies vielleicht gerade der weiterwirkenden Inka-Tradition.

a) Lebensraum: Das Hochgebirge, Kerngebiet des Inkareiches

Das Inkareich umfaßte (wie heute noch das aus ihm hervorgegangene Kulturareal) die Anden Ekuadors, Perus, Boliviens, Nordwestargentiniens und Nordchiles mit der vorgelagerten Küste. Heute leben allerdings in weiten Teilbereichen dieses Raumes Nachkommen der spanischen Eroberer, insbesondere an der Küste. Das Kerngebiet geschlossener indianischer Siedlung beschränkt sich auf das zentrale Hochland über 2000 m Höhe und Enklaven in den Vororten der Großstädte.

Der Versuch, dieses Kulturareal darzustellen, zwingt uns, die Grundlage unserer bisherigen Betrachtungsweise in Frage zu stellen. Dieses Buch geht schon im Titel davon aus, daß es eine besondere Gruppe der Menschheit gibt, die „Indianer", die wir gesondert beschreiben können. Sobald wir sie aber im zentralandinen Raum schildern wollen, beginnt der Begriff, uns unter den Händen zu zerrinnen. Was ist ein „Indianer"? Ähnliche, aber nicht so starke Schwierigkeiten ergaben sich schon in den Kapiteln über die mesoamerikanischen Hochkulturen: Dort erwies es sich als problematisch, die India-

ner gesondert zu fassen, ohne ständig auch von den umwohnenden Nichtindianern und deren Gesellschaft, in der auch die Indianer leben, zu sprechen. In den Zentralanden ist überhaupt fraglich, ob man „Indianer" und Nicht-„Indianer" unterscheiden kann. Diese Frage ist nicht rein akademisch, sondern spielt eine zentrale Rolle in den täglichen politischen Auseinandersetzungen in den zentralandinen Staaten, wo politische Parteien sich zum „Indianer" bekennen oder seine Existenz leugnen.

Worum es in dieser Diskussion geht, und wie grundverschieden die Standpunkte sein können, soll hier an Hand zweier in einer peruanischen Zeitschrift 1972 veröffentlichter Beiträge gezeigt werden, deren einer die peruanische Regierung als „kolonialistisch" angreift, während der andere dies mit dem Argument zurückweist, es gebe eigentlich gar kein „kolonialisiertes" Volk in Peru, weil man gar nicht mehr klar zwischen Indianern und weißen Eroberern unterscheiden könne. Zuerst der Kritiker:

„60-70 % der peruanischen Bevölkerung ist nicht-europäischen Ursprungs. Die politischen, sozialen und ökonomischen Institutionen der Indianer entstammen Wertvorstellungen, die völlig verschieden von jenen sind, die die spanisch-sprachige Bevölkerung europäischen Ursprungs und europäischer Ausrichtung vertritt. Die eingeborene Bevölkerung Perus wurde zunächst dem westlichen Kolonialismus im Jahre 1532 unterworfen. Als Peru 1821 unabhängig wurde, ersetzte man den äußeren Kolonialismus der Spanier durch eine neue Form internen Kolonialismus. Der Kolonialherr war nicht mehr Spanien, sondern: die jetzt unabhängig gewordenen Enkel der spanischen Konquistadoren. In der ganzen Geschichte von 400 Jahren dieses Kolonialregimes haben die europäischen Herren die politischen, sozialen, ökonomischen und kulturellen Institutionen der Eingeborenen zerstört, um wirkungsvoller die Arbeitskraft der kolonisierten Völker ausbeuten zu können. Die Überlegung der Regierung: Indem man die Indianer in Landarbeiter umwandelt, kann man sie leicht der Klassenstruktur der westlich-europäischen Herren als Landproletariat assimilieren. So kann man die kulturellen Unterschiede, die die Identität der Indianer ausmachen, ruhig und legal außer Acht lassen. Eine sorgfältige Untersuchung der Reformen der Militärregierung zeigt, daß sie zum Prozeß der Zerstörung der eingeborenen Institutionen beitragen (z. B. die Bodenreform, die den eingeborenen Völkern wirtschaftliche Organisationsformen aufzwingt, die auf westlichen Vorstellungen von wirtschaftlich-industrieller Verwaltung beruhen). Die Ziele der Regierung sind die der westlichen Ideen von Fortschritt und wirtschaftlicher Entwicklung. Für die mittleren und unteren Segmente der nicht-indianischen Bevölkerung mag das einen leichteren Zugang zu Konsumgütern nordamerikanischen Stils bedeuten. Für den peruanischen Indianer heißt es größere Entfremdung." Und die Antwort:

„Ich verstehe nicht, wie der Briefschreiber den Begriff ‚Indianer' gebraucht, der ja je nach Kriterium etwas anderes bedeutet. Im weitesten Sinn (parallel dem Gebrauch des Wortes Neger in Nordamerika) sind es wahrscheinlich über 60-70%; wenn man den Begriff aber nur auf diejenigen anwendet, die in ‚eingeborenen Institutionen' wie den Dorfgemeinschaften leben, wahrscheinlich weniger als 20%. Was die traditionellen Lebensformen der Indianer angeht, so kann man sie mit den nicht-indianischen Gemeinschaften auf kommunaler Basis vergleichen. Nur muß man sehen, daß diese Lebensart sich schon gewandelt hat und schnell verschwindet, und daß bald die Mehrheit der Peruaner zur städtischen Bevölkerung gehören wird. Die traditionelle Lebensweise der Bauern- und Gebirgsbevölkerung ist keine geeignete Richtschnur für die heutige peruanische Realität, und die einfache Beharrung oder der Rückschritt ist keine angemessene Politik. Trotz des mächtigen Einflusses der Indianer auf die Kultur Perus könnte man nie mehr die Vergangenheit wiederherstellen." (Beide Beiträge stark gekürzt, aus Oiga 11-482, Lima).

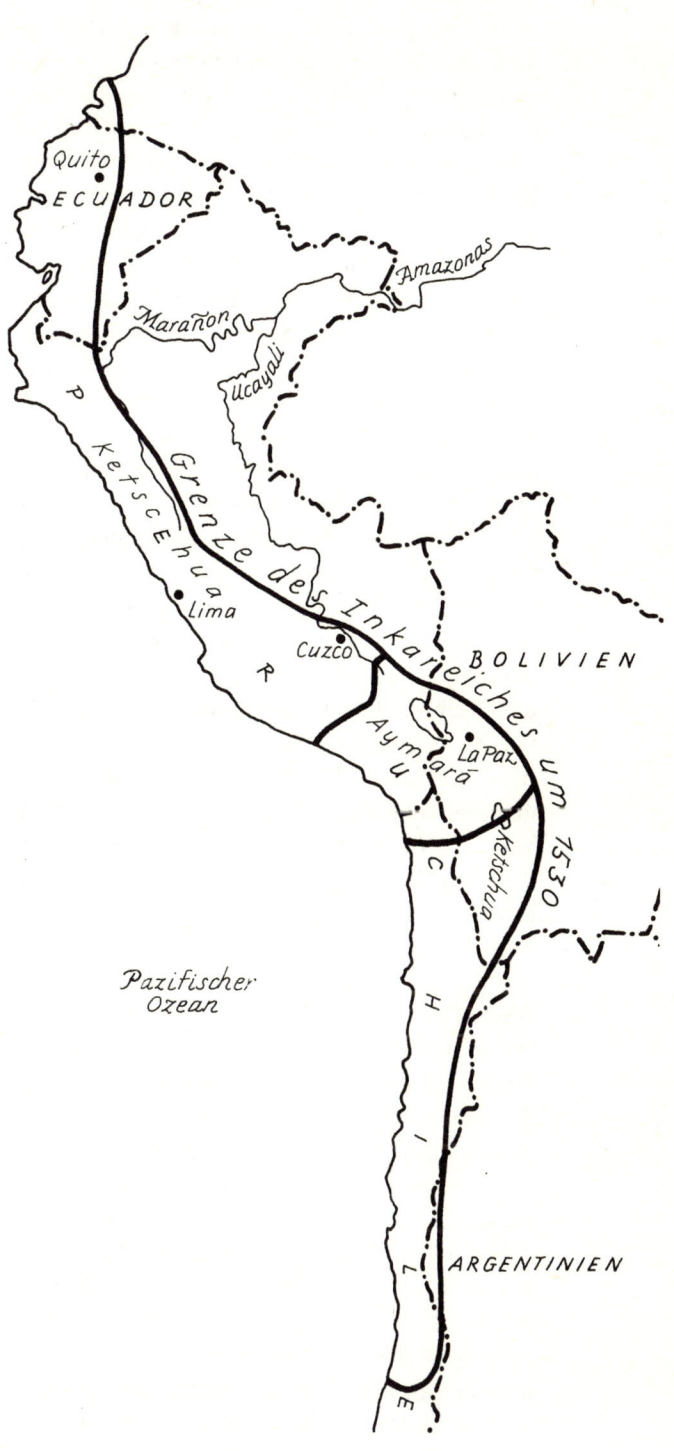

Zentralandines Kulturareal

„Indianer" wird in der Antwort als Synonym einer bestimmten soziohistorischen Stufe gesehen, auf der sich auch nicht-indianische Gemeinschaften befinden, und die man überwinden muß. Diese Auffassung hat Wurzeln in der vorspanischen Entwicklung des zentralandinen Raumes. Das Inkareich hat schon die ursprünglich zwischen unterster Dorfebene und höchster Reichsspitze vermittelnden Stammes- und Regionalstrukturen weitgehend aufgelöst, indem es Dorf- und Stammesgruppen in ökonomische und politische Abhängigkeit von städtischen Zentren brachte. Die Namen der einzelnen indianischen Ethnien wurden so zu Synonymen einer schon überwundenen soziohistorischen Stufe, an ihre Stelle trat die neue, höhere Einheit „Inka". Die spanische Kolonialherrschaft hat diese Entwicklung noch fortgesetzt, indem sie auch die Inka-Strukturen auflöste und an ihre Stelle eine neue, noch umfassendere Einheit, den modernen Zentralstaat, der Indianer und Nicht-Indianer zusammenfaßt, errichtete. Die Spanier vollendeten damit nur die von den Inka begonnene Zentralisierung. Es gibt nur noch auf der einen Seite die lokale Gemeinschaft – Dorf oder Hacienda –, auf der anderen den (von Nicht-Indianern beherrschten) zentralistischen Staatsapparat. Nachbardörfer mögen zwar eine gemeinsame Regionalkultur, z. B. einen gemeinsamen Dialekt besitzen, nicht aber eine verbindende politisch-soziale Struktur außer derjenigen des (heute nicht-indianischen) Staates. Das wiederholt sich im ökonomischen Bereich, wo Nachbardörfer kein wechselseitiges Austauschfeld aufbauen, sondern jedes für sich in Beziehung zum nicht-indianischen Markt steht.

Das Fehlen einer politischen Struktur auf der Ebene zwischen indianischem Dorf und nicht-indianischem Staat hat Folgen für das Identitätsbewußtsein der Indianer, die sich als Bewohner eines bestimmten Dorfes, darüber hinaus aber nicht als Angehörige einer indianischen Ethnie sondern als Bürger eines nicht-indianischen Staates bzw. Bewohner einer zu dessen Aufbau gehörigen Provinz fühlen. Ein spezifisch indianisches Identitätsbewußtsein, das etwa Nachbardörfer zu einem „Stamm" oder als

„Indianer" gegenüber ebenfalls benachbarten Nicht-„Indianern" verbinden könnte, hat keine ökonomisch-soziale Basis. „Ketschua" und „Aymará" sind nicht, wie oft fälschlich dargestellt, „Stämme" oder „Völker", sondern Sprachgruppen. Wohl bilden die lokalen indianischen Gemeinschaften gegenüber der überlokalen nicht-indianischen Zentralverwaltung eine durch gemeinsame Probleme und Interessen verbundene Gruppe, die jedoch ebenso auch die nicht-indianischen lokalen Gemeinschaften einschließt.

Unter diesen Voraussetzungen hat die Verwischung der Identitätsgrenzen zwischen zentralandinen Spaniern und Indianern seit dem 16. Jahrhundert große Fortschritte gemacht, gewissermaßen in Fortsetzung der im Inkareich begonnenen Verwischung der ethnischen Grenzen unter den Indianern. Die indianische Kultur ist heute untrennbar mit europäischen Elementen durchsetzt, und was „indianisch" heißt, ist oft in Wahrheit kolonialspanisches Relikt. Musterbeispiel hierfür ist die „indianische" Tracht: Sie geht im wesentlichen auf die spanische zurück und hat nur solche voreuropäische Elemente integriert, die sich leicht zur spanischen Tracht fügten. „Indianisch" ist in diesem Fall nicht Synonym für „voreuropäischen Ursprungs", sondern für „ländlich, rückständig, traditionell", wobei die zentralandinen ländlichen Traditionen insgesamt vielleicht mehr europäischen als altindianischen Ursprungs sind. Hier liegt ein Argument gegen den „Indigenismo", d. h. die Ideologie von einer angeblich zwar unterdrückten, aber sehr lebendigen „indianischen" Kultur und Gesellschaft, wie sie im ersten Zitat zum Ausdruck kam. Übersehen wird dabei, daß „Weiße" und „Indianer" in den Zentralanden längst nicht mehr klar getrennt sind, daß vielmehr neue Fronten (etwa zwischen urbanisierten und ländlichen Regionen) quer durch die alten Gruppierungen gehen. In der Praxis rechtfertigt diese Ideologie, da sie nicht klar zwischen „indianisch" und „rückständig" unterscheidet und Fortschritt als „nicht-indianisch" bekämpft, konservatives Beharren auf rückständigen Strukturen (ganz ähnlich übrigens wie die nationalsozialistische Blut- und Boden-Ideologie,

214

die nicht klar zwischen „bäuerlich, ländlich" und „deutsch, germanisch bzw. sächsisch, fränkisch usw." unterschied). Die folgende Beschreibung der „indianischen" Kultur der Zentralanden ist auch als Infragestellung des „Indianischen" zu lesen – wenn etwa bei der Ernährung ausgeführt wird, daß sie eher Unterernährung ist, was nicht als Symptom indianischer Kultur gefeiert, sondern als Teil der Rückständigkeit überwunden werden müßte.

Andererseits kann eine allzu heftige Reaktion auf den Indigenismo übersehen, daß sich im Gegensatz indianisch-nichtindianisch eben doch auch, wenngleich in den Zentralanden wohl nur zweitrangig, ethnisch-kulturelle Elemente erhalten haben, die sich nicht völlig auf einen durch Überwindung veralteter Strukturen überwindbaren sozialen Konflikt reduzieren lassen. Ebenso wie die Indigenistas allzu leichtfertig „indianisch" und „rückständig" gleichsetzen und daher die Rückständigkeit verherrlichen, bekämpfen ihre eifrigsten Gegner auf Grund derselben Gleichung alles Indianische als rückständig. Auch verfallen Kritiker des zentralandinen Indigenismo oft in den Fehler, ihre Argumente unbesehen auf andere Teile Amerikas zu übertragen. So berechtigt Mißtrauen gegen Verherrlichung des „Indianers" und seines „antikolonialistischen Kampfes" in den Anden auch sein mag, so unberechtigt ist das Leugnen einer eigenen, von den Nachkommen der Europäer trennenden Identität der Indianer in anderen Regionen des Kontinents.

Im zentralandinen Raum werden zur Definition des „Indianers" soziale, kulturelle und rassische Momente herangezogen, die je nach ihrer Akzentuierung zu unterschiedlichen Abgrenzungen führen, am häufigsten nach sozialen Kriterien: „Indianer" ist dann die Benennung einer Schicht, nämlich der ländlichen und kleinstädtischen Unterschicht in den kulturell stärker indianisch beeinflußten Gebirgszonen. Dazu werden noch die teilweise aus dieser Schicht stammenden Slumbewohner der Großstädte gezählt. Hiernach kann ein „Indianer" zum Nicht-„Indianer" aufsteigen, wenn z. B. ein Slumbewohner den Sprung in die großstädtische untere Mittelschicht schafft.

Diese Definition hat historische Wurzeln. In der frühen Kolonialzeit, als die Indianer als Ureinwohner des Landes gegenüber den spanischen Eindringlingen noch eine klar umgrenzte Gruppe bildeten, waren sie die Unterworfenen, und entsprechend bezeichnet man heute die sozial Schwächsten als „Indianer". Vielleicht begreift man den schillernden, schwer in eine genaue Definition zu pressenden zentralandinen Begriff „Indianer" am besten, wenn man sich dieser historischen Tradition erinnert. Analog zu dem in Brasilien gern zitierten, aus der brasilianischen Geschichte verständlichen Wort „Indianer ist derjenige, der sterben muß", könnte man für Peru sagen: „Indianer ist derjenige, der sich unterwerfen muß." Man versteht dann besser, warum etwa die heutige (1975) peruanische Regierung trotz ihres proklamierten Bemühens um „Befreiung des Indianers" gerade vom Terminus „Indianer" abrückt. Man erkennt aber auch die Gefahr, die in dieser Definition liegt: Sie läßt keinen Raum für das Bemühen, die Indianer als gesonderte Gruppe zu erhalten – auf Grund der Definition wäre das gar nicht im Interesse der Indianer, die ja nicht auf ewig zur Unterdrückung verdammt sein möchten.

Unter den kulturellen Momenten berücksichtigt man vor allem die Sprache. Allerdings ist die Zahl der sich einer Einordnung dabei entziehenden spanisch-indianischen Zweisprachigen hoch. Auch sprechen viele sonst weitgehend hispanisierte Mischlinge eine indianische Sprache. Ein weiteres kulturelles Moment ist die Organisation in traditionellen Dorfgemeinschaften, die allerdings in Peru heute eine so grundlegende Wandlung durchmachen, daß man sie bald vielleicht nicht mehr als „indianisch" bezeichnen kann.

Charakteristisch ist das Ergebnis einer Umfrage unter den Schülern in einem gemeinhin als „indianisch" betrachteten peruanischen Gebirgsdorf. Befragt, was ein „Indianer" sei, schlossen die meisten sich selbst aus („Indianer sind diejenigen, die nicht lesen können", „diejenigen, die nicht wissen, wie man seine Wäsche wäscht", „die Landarbeiter, die unter dem Landbesitzer leiden"), teilweise mit dem Argument, es gebe keine Indianer mehr („Indianer waren die Inkas"), oder, anders, es habe sie in Peru nie gegeben („Die Spanier haben gesagt, es gebe Indianer in Peru. Die Indianer leben in Indien"). Andere dagegen bezeichneten sich selbst als Indianer („Indianer sind wir, weil wir indianisches Blut haben", „alle, die auf dem Land leben und das Vieh hüten"). Die gegenwärtige peruanische Regierung zieht Bezeichnungen wie „Landarbeiter" vor. Dahinter steht einerseits die Erkenntnis, daß die Indianer schon weitgehend in die Gesamtbevölkerung integriert sind, andererseits der Wunsch, die Integration noch weiter zu treiben.

Im folgenden wird im wesentlichen die indianisch-sprachige Landbevölkerung der Hochanden, insbesondere in den traditionellen Dorfgemeinschaften, beschrieben, also diejenige Gruppe, die man am häufigsten „Indianer" nennt. Dabei darf nicht vergessen werden, daß diese Abgrenzung auf einer historisch gewachsenen Konvention, nicht aber auf genauer Definition beruht, und daß sie sich im Verlauf historischer Entwicklungen noch weiter wandeln kann. Die in neuester Zeit oft als „indianisch" eingestuften urbanen Neusiedler, die erst in den letzten Jahren aus den ländlichen Gebirgszonen in die Vorstädte kamen, berücksichtigen wir hier noch nicht. Über ihr Kulturbild liegen noch keine genügend umfassenden Untersuchungen vor. Bei ihnen ist kaum abzusehen, inwieweit ihre als „indianisch" empfundenen Charakteristika (z. B. Pflege der Hochland-Folklore, insbesondere Musik; indianische Sprache oder ein stark indianisch gefärbtes Spanisch; Nachbarschaftsassoziationen und andere Manifestationen eines starken Gemeinschaftsgeistes; ein im Kontrast zur übrigen Stadtbevölkerung gewachsenes Bewußtsein, „Indianer" zu sein) im Verlauf städtischer Integration und Modernisierung verschwinden werden, oder inwieweit hier tatsächlich, wie manche meinen, der Keim einer neuen, teilweise indianischen Stadtkultur entstanden ist.

Vage Definierung erlaubt nur vage Demographie der „Indianer". Genauer schätzt man die Sprecher indianischer Sprachen. Die ehemalige Inka-Reichssprache Ketschua, die schon im 16. Jahrhundert im Begriff war, die anderen indianischen Sprachen der Region zu ersetzen, und die auch in der spanischen Zeit als Missions- und Verwaltungssprache noch weitere Verbreitung fand, wird heute von ca. acht Millionen Menschen gesprochen. Etwa zwei Millionen sprechen das entfernt verwandte Aymará, vermutlich einst Staatssprache eines Reiches oder Handelssprache eines einheitlichen Kulturbereiches noch vor den Inka, der „Tiahuanaco-Kultur", deren Schwerpunkt um den Titicaca-See lag, wo diese Sprache noch heute ihr geographisches Zentrum hat. Ketschua und Aymará zerfallen in viele Regionaldialekte, doch findet sich nicht die sprachliche Zersplitterung der Indianer anderer Teile Amerikas.

b) Lebensunterhalt: Die Kartoffel

Die landwirtschaftlichen Leistungen stellten wohl den größten Erfolg der vorspanischen Indianer dar. Sie hatten die Herausforderung eines widrigen Geländes angenommen und in einen Vorteil verwandelt, indem sie etwa die schroffen Höhenunterschiede nutzten zum Anbau und wechselseitigen Austausch sehr unterschiedlicher, auf verschiedenen Höhen gedeihender Nutzpflanzen, oder indem sie in Höhen, wo kein Bodenbau mehr möglich ist, als einzige voreuropäische Indianer eine regelrechte Viehzucht entwickelten. Noch heute betreiben die zentralandinen Bauern eine Landwirtschaft, die an Diversifikation und Produktivität der aller anderen amerikanischen Ureinwohner überlegen ist. Diese hochentwickelte ökonomische Grundlage war es, auf der die Inka-Hochkultur überhaupt erst möglich wurde.

Heute leben die meisten Indianer, von den Spaniern der fruchtbarsten Täler beraubt, auf kargen Böden in über 3.000 m Höhe. Damit hat der Mais seine alte Bedeutung in der indianischen Produktion verloren. Wichtigste Anbaupflanze ist hier die Kartoffel, die in etwa 650 Varietäten vorkommt. Europäische und nordamerikanische Botaniker haben auch in jüngster Zeit wiederholt auf den Variationsreichtum der indianischen Zuchtergebnisse zurückgegriffen,

TRAVAXO ZARATARPVMITAN

TRAVAXA ZARAPAPAHALLMAIMI TA

Aussaat des Maises mit dem Grabstock in der Inka-Zeit (Chronik des Poma de Ayala, Anfang 17. Jahrhundert)

Hacken des Maisfeldes in der Inka-Zeit (Chronik des Poma de Ayala, Anfang 17. Jahrhundert)

um degenerierte heimische Kartoffeln aufzubessern. In geschickter Anpassung überwanden die indianischen Bauern auch die geringe Konservierbarkeit, sonst ein Nachteil der Kartoffel gegenüber vielen anderen Grundnahrungsmitteln, durch die Erfindung eines Prozesses der Verarbeitung zu konservierbaren Stärkeprodukten: Man setzt die Knollen absichtlich den extremen Höhenbedingungen d. h. abwechselnd heftiger Sonnenbestrahlung, Nachtfrösten und Wässerung aus, und eliminiert schließlich die Feuchtigkeit durch Stampfen. Daneben werden auch andere Knollenfrüchte genutzt und in immer neuen Sorten weitergezüchtet, insbesondere Oca (Oxalis tuberosa, dem Sauerklee verwandt), Mashua (Tropaeolum tuberosum, der Kapuzinerkresse verwandt) und Ulluco (Ullucus tuberosus). Wichtigstes Getreide ist Quinoa (Chenopodium quinoa, eine Meldenart), gefolgt von den aus Europa übernomme-

nen Gerste und Hafer, von Cañahua (Chenopodium pallidicaule) und Tarhui (eine Lupinenart).

Eines der typisch hochkulturellen Charakteristika der vorspanischen Zentralanden, eng verbunden mit der hohen landwirtschaftlichen Entwicklung war die perfekt ausgebaute künstliche Bewässerung unter Nutzung des Gebirges zu Terrassenanlagen. Diese Tradition wird fortgeführt, oft benutzen die indianischen Bauern auch weiter die vorspanischen Terrassenmauern. Die Bewässerung erlaubt einerseits intensivere Bodennutzung und damit höhere Bevölkerungszahlen und Freistellung eines größeren Teils der Bevölkerung vom unmittelbaren Nahrungserwerb, schließlich höhere zivilisatorische Entwicklung, bildet aber andererseits im Zusammenhang der eben auch durch höhere Bevölkerungszahlen und Arbeitsteilung erklärten sozialen Schichtung eine der Grundlagen ökonomischer und sozialer Ungleichheit: Nicht alle Felder werden gleichmäßig bewässert, vielmehr besteht eine Hierarchie unter den Besitzern besser bzw. schlechter bewässerter Böden, und ist die Zuleitung von Wasser ein mit Privilegien verbundenes Amt. Nicht von ungefähr ist die Kollektivierung der Verwaltung der Bewässerung ein zentraler Teil der heute (1975) in Peru durchgeführten, zur Kollektivierung von Bodenbesitz tendierenden Bodenreform.

Eine weitere Methode der Ertragssteigerung durch optimale Bodennutzung, ebenfalls typisch für die intensive Landwirtschaft der Zentralanden, ist die Felderwechselwirtschaft. Während darunter in den tropischen Tiefländern oft nur zu verstehen ist, daß ein Stück Boden eine Weile gleichmäßig (z. B. mit Maniok) bewirtschaftet und dann für lange Zeit brach liegengelassen wird, haben die zentralandinen Bauern ein ausgeklügeltes System des Wechsels verschiedener Anbausorten auf einem Stück Land entwickelt. Das Land bleibt dabei selten gänzlich brach, kann sich aber insofern erholen, als zwischenzeitlich den Boden weniger beanspruchende Pflanzen angebaut werden. Die Felderwechselwirtschaft wird heute allerdings vielfach sinnentleert, indem man sie ohne Rücksicht auf Schonung des Bodens zu dessen ertragsreicher Nutzung in kürzestmöglicher Zeit gebraucht, was häufig zur Versteppung führt. Dieser Raubbau erklärt sich aus der akuten Landnot vieler Kleinbauern. Die zur Behebung der Landnot eingeleitete peruanische Bodenreform beruht wohl nicht allein auf sozialreformerischem Idealismus, sondern u. a. auch, ebenso wie die Umsiedlung von Bauern ins Amazonas-Tiefland in Bolivien und Ekuador, auf dem „technokratischen" Bestreben, der Versteppung Einhalt zu gebieten.

Düngung als weiteres Mittel zur Produktionsintensivierung war schon in vorspanischer Zeit bekannt, damals mit Exkrementen von Haustieren, Vögeln (Guano) und Menschen. Heute verwenden die Hochlandbauern meist den Dünger von durch die Spanier eingeführten Haustieren und Lamas. Das Vieh wird z. B. in provisorische Pferche, jeden Tag an eine andere zu düngende Stelle des Ackergebietes getrieben. Chemische Düngemittel und industriell verarbeiteter Guano dagegen setzen sich erst allmählich durch.

Die Hochlandindianer betreiben Ackerbau, in grundlegendem Unterschied zu den Bauern etwa des Amazonastieflandes oder den Maya (s. dort). Die Scholle wird entweder mit einem großen, den Spaniern abgesehenen Holzpflug umgebrochen, oder mit einem Trittgrabscheit vorspanischer Form; letzteres eher dort, wo gebirgisches Gelände einen rationellen Einsatz des Pfluges erschwert.

Der Gebrauch des Pfluges und der Bedarf an Dünger haben die Einführung von Zugvieh begünstigt. Auf schlechte Böden zurückgedrängt, mußten die Indianer verstärkt vom Anbau zur Viehzucht übergehen. Dabei kam ihnen zugute, daß sie schon voreuropäisch Viehzucht betrieben hatten. Heute verliert das früher wichtigste Zuchttier Lama immer mehr an Bedeutung: Seine eher für gröbere Ware geeignete Wolle wird teils durch Schafwolle, teils durch synthetische Fasern zurückgedrängt, und als Tragtier wurde es seit Ankunft der Spanier durch die leistungsfähigeren Esel, heute auch durch motorisierte Fahrzeuge teilweise ersetzt. In einer Hochkultur, die alles, auch den Menschen bewirtschaftet und zähmt, war zudem schon früher auch der Mensch ein gleichwertiges Tragtier neben dem Lama. Man pflegt zu sagen, daß ein Lama bis zu 50 kg über 15 km schleppen kann, ein Indianer die gleiche Last jedoch über 40 km. Als Zugtier ist das Lama nicht zu verwenden (auch dort wird oft anstatt des Viehs der Mensch eingesetzt: 4-8 Männer ersetzen ein Ochsengespann). Das eng verwandte Alpaca dagegen besitzt heute noch, obwohl weder Trag- noch Zugtier, als Lieferant sehr feiner Wolle ökonomische Bedeutung, unter anderem für die zunehmende Produktion von Touristensouvenirs. Kühe, eher von Nichtindianern gehalten, liefern ebenso wie die Schafe und Ziegen Käse, der den Eiweißmangel etwas mildert. Schweine, ebenfalls von den Spaniern eingeführt, sind wichtige Fleischlieferanten, allerdings eher für den nichtindianischen Markt. In praktisch jedem indianischen Bauernhaus dagegen leben zahlreiche Meerschweinchen als für die Indianer wichtigste

Fleischreserve. Pferde, traditionell ein Statussymbol der nichtindianischen Herren, wurden seit der späten Kolonialzeit ein Gradmesser der Anpassung wohlhabender indianischer Bauern und Kleinstädter an den Lebenstil der Weißen, doch mit dem Absinken dieser indianischen Mittelschicht im 19. Jahrhundert verlor auch das Pferd an Bedeutung für die Indianer. Heute wird es als Tragtier verwendet.

Die Ernährung ist mit der indianischen Produktion nicht voll identisch, da wichtige Lebensmittel, wie Mais und Zucker, überwiegend von Nichtindianern eingehandelt werden. Hier zeigt sich die innige Verflechtung der zentralandinen Indianer ins gesamtgesellschaftliche Wirtschaftsgefüge. Die Formen des Warentausches mögen auf uns archaisch wirken (besonders der bargeldlose Tauschhandel auf Märkten, z. B. Kartoffeln der Indianer gegen Mais der Mestizen), doch schließt dieser Austausch durch seinen Inhalt eine indianische Subsistenzautarkie aus. Besonders gilt dies für die unter den Indianern die Mehrheit bildenden Landarbeiter auf Haciendas, wo kleine Felder im Privatbesitz der Arbeitnehmer nur mehr einen geringen Teil der Subsistenz decken.

Überwiegend ist die Nahrung vegetarisch. Zu besonderen Anlässen mag es Eier oder gar ein Huhn geben, bei größeren Festen Meerschweinchen. Die meisten Indianer sind chronisch unterernährt. Während Klima und durchschnittliche Lebensbedingungen der Zentralanden einen Kalorienbedarf von über 3000 pro Kopf und Tag ergeben, liegt der tatsächliche Konsum im Schnitt bei 1721 (Vergleich nach Zahlen von 1960: Nördliches und westliches Südamerika insgesamt 2190; Westeuropa trotz durch Klima und Lebensbedingungen geringerem Bedarf 2910). Vitaminmangel scheint ein wichtiger Grund für die Anfälligkeit der Indianer gegenüber Erkältungskrankheiten zu sein, die unter den Todesursachen einen hervorragenden Platz einnehmen. Etwa aufkommendes Hungergefühl wird meist durch Kauen der mit Asche von Pflanzen oder Knochen oder mit Kalk vermischten (oft auch in einer Art Kartoffelbreikuchen eingelagerten) Kokablätter (Erythroxylon coca) überdeckt, die auch ganz allgemein zur Steigerung der Leistungsfähigkeit oder als Genußmittel dienen.

Koka kann zu milden Rauschzuständen und zur Sucht führen. In der Inkazeit war es den Vornehmen vorbehalten, Als deren Privilegien in der Kolonialzeit abgebaut wurden, demokratisierte sich auch das Kokakauen und wurde zur Volkssucht. Häufig lastet man den spanischen Kolonialherren an, sie hätten dies betrieben, um mittels einer „abstumpfenden" Wirkung des Rauschmittels die Indianer leichter in dumpfer Abhängigkeit halten zu können. Doch ist es ein der Klischeekiste des Kolonialismus entnommenes Vorurteil, die zentralandinen Indianer seien „abgestumpft". Das Ziel der Spanier bei der (übrigens von den Indianern der Kolonialzeit selbst geforderten und betriebenen) Verallgemeinerung des Kokagenusses war wohl eher die Herstellung einer wirtschaftlichen Abhängigkeit der Süchtigen vom Koka-Produzenten (Koka wird meist von Mestizen und Weißen an den Osthängen der Anden angebaut). Ähnlich bringt der weit verbreitete Alkoholismus die Indianer in Abhängigkeit von den nichtindianischen Produzenten und Händlern von Zuckerrohrschnaps. Daneben trinken die Indianer auch ihr Maisbier (Chicha). Bei der Wertung des indianischen Elendsalkoholismus muß man allerdings bedenken, daß der pro-Kopf-Alkoholkonsum in den Zentralanden immer noch geringer ist als in der Bundesrepublik, und daß man Erbschäden in vielen Dörfern in Grenzen hält, indem junge Leute in zeugungsfähigem Alter am übermäßigen permanenten Alkoholgenuß gehindert werden, dem sie sich erst nach der Geburt der ersten Kinder widmen dürfen. Der Alkoholismus ist einerseits ein Nebenprodukt des indianischen Massenelends, andererseits aber auch Moment einer Kultur, die viele barock-ekstatische Züge trägt. Alkohol- und Kokarausch, beide wohl einst religiös gebunden und vorwiegend Sache religiöser Mittler, haben sich profanisiert und vulgarisiert, wie dies dem (schon in der inkaischen Entwicklung angelegten) Charakter der zentralandinen Massengesellschaft entspricht.

Die Subsistenzwirtschaft der Zentralanden ist höher entwickelt als die aller anderen Ureinwohner Amerikas – und doch ist die materielle Lage der zentralandinen Bauern mit die schlechteste aller indianischer Bauern. Eine Hochkultur hat hier einen besonders fortgeschrittenen Entwicklungsstand erreicht, ohne daß dies den meisten ihrer Träger sehr deutlich zugute gekommen wäre.

### c) Materieller Kulturbesitz: Reiche Volkskunst

Die Häuser der zentralandinen Bauern sind, entsprechend der völligen Seßhaftigkeit und engen Bindung an festen Landbesitz, auf Dauer gebaut und enthalten, entsprechend der Eingliederung der Indianer in den Markt, wichtige Grundelemente, die man auf dem Markt besorgt. Die Grundmauern sind fest aus Steinblöcken, auf die man Wände aus luftgetrockneten Ziegeln, oder auch aus mit Lehmmörtel verbundenen, kaum zubehauenen Steinen (seltener aus Grasplacken) setzt. Die Ziegel werden fabrikmäßig in Ziegeleien hergestellt, sind also ein Marktprodukt. Gelegentlich ist sogar das Dachstroh eine Marktware. Die Kombination von schweren, dauerhaften Grundmauern, meist ohne Mörtel, und darauf hochgezogenen leichten, schnell erneuerbaren Wänden findet sich übrigens ganz ähnlich schon in der Inka-Architektur; man erkennt sie noch in Orten wie Cuzco, wo sich die inkaischen Grundmauern erhalten haben, während die vergänglicheren Wände durch kolonialspanische Stein-Mörtel-Fassaden oder durch luftgetrocknete Ziegel ersetzt wurden.

Das Wohnhaus ist meist ein einziger rechteckiger (sehr viel seltener runder) Raum ohne Fenster. Die einzige Türöffnung schaut meist der aufgehenden Sonne entgegen, so daß die Bauern früh zur Feldarbeit geweckt werden. Gewöhnlich hat der Raum eine Schlafecke mit Lama- und Schaffellen als Liegen, und gegenüber die Wohn-Eß-Ecke mit einer aus Feldsteinen gemauerten Sitzbank an der Wand. Zwischen beiden Raumteilen, etwa gegenüber der Türöffnung, steht bisweilen als einziges gekauftes Mobilar ein Holztisch, in dem Behördenpa-

piere, Schulhefte der Kinder oder ein Kirchengesangbuch verwahrt werden. In der Eßecke steht bisweilen der Herd aus gebranntem Lehm, den man aber auch gerne in eine eigene Kochhütte verlegt. Weitere mögliche Anbauten sind Vorratshütten (andernorts setzt man den Vorratsraum als Stockwerk auf den Wohnraum) und Backöfen – alles zusammen ein kleines Gehöft, das man mit einer Feldsteinmauer einfriedet. Nachts wird das Vieh auf den Hof innerhalb der Umfriedung getrieben, wo es durch die nur notdürftig mit einem Fell o. ä. verschlossene Türöffnung beobachtet werden kann. Das in sich abgeschlossene Gehöft, mag es nun allein in der Mitte des Ackerlandes in einer Entfernung von einem halben Kilometer oder mehr vom nächsten Gehöft oder in einem zusammenhängenden Siedlungsverband liegen, ist Ausdruck der Auflösung der in frühinkaischer Zeit wohl stärker zusammengeschlossenen, kollektiv aufgebauten Dorfgemeinschaft, an deren Stelle mehr und mehr die Kernfamilie getreten ist.

Die Kleidung ist in ihren Details ein Hinweis auf die regionale Herkunft und soziale Position des Trägers. Jedes Dorf, jede Altersgruppe hat bestimmte Kennzeichen. Die sichtbarste Unterscheidung ist die zwischen „Indianern" und „Mestizen", die allerdings von Region zu Region etwas wechselt. Steife Filzhüte z. B., in einer Gegend von Mestizinnen getragen, sind anderswo das typische Kleidungsstück der Indianerin. Im allgemeinen sind die Stoffe der Mestizen feiner und zeigen so an, daß die Trägerin wenig körperliche Arbeit leisten muß.

In den Zentralanden wie in Europa ist die ländliche Tracht in ihren Grundzügen erstarrte Stadt-Tracht. Ihr Alter kann daher auch ein Hinweis darauf sein, wann die Bauernbevölkerung durch den Aufstieg des städtischen Bürgertums in die Defensive gedrängt wurde und sich daraufhin abkapselte, Modewandel nicht mehr mitmachte. Im 18. Jahrhundert, als das städtische Bürgertum vielerorts zur Macht drängte (so in der französischen Revolution), verloren z. B. die indianischen Bauern um Cuzco den Rest ihrer Macht und wurden als Randgruppe beiseitegedrängt. Damals erstarrte ihre Tracht (ebenso wie etwa auch die hessischen Bauerntrachten im wesentlichen auf Erstarrung Ende des 18./ Anfang 19. Jahrhundert beruhen – die Parallele wird z. B. an der aus der europäischen Stadtmode des 18. Jahrhunderts beibehaltenen Kniehose in Hessen und in den Anden deutlich). Die Mestizen dagegen bewahrten als ländlich-kleinstädtische Oberschicht eine Macht, die sie erst allmählich an das Bürgertum der Großstädte abtraten. Die Tracht der Mestizen-Frauen um Cuzco begann erst im 19. Jahrhundert einzufrieren, während die Männer ihre Tracht ganz aufgaben bzw. erneut Modewandlungen der europäischen Tracht mitmachten. Um La Paz dagegen verlor auch die indianische Tracht erst im 19. Jahrhundert ihre Wandlungsfähigkeit, und weist daher Parallelen zur Mestizentracht um Cuzco auf. Dies entspricht der stärkeren Stellung des indianischen Bauerntums im Aymará-Gebiet. Die einzelnen Trachtenteile werden meist in der Stadt gekauft, im Dorf werden Ornamentborten und andere Verzierungen angefügt. Da Tracht teurer ist als Kleidung rein westlichen Schnitts, finden wir sie vor allem in relativ wohlhabenden Dörfern.

Typische Kleidungsstücke: Der Poncho des Mannes, ein in der traditionellen Form nur bis zur Brust reichendes viereckiges Tuch mit einer Kopföffnung, über dem Jackett getragen; der von Mann und Frau getragene breite Baumwollgürtel („chumpi"); die „lliclla", ein bis über die Schultern reichendes Kopftuch, das vor der Brust mit einer reich verzierten, versilberten Nadel („cuchara" = „Löffel", in der Form einem Löffel nachempfunden, dessen Stilende die Nadel bildet) zusammengehalten wird; die mannigfachen, von den abenteuerlichsten europäischen Vorbildern abgeleiteten Hutformen, die teilweise für beide Geschlechter identisch sind; die Sandalen aus dem Gummi alter Autoreifen. Vorspanischen Ursprungs sind davon Chumpi, Lliclla und Cuchara, wobei allerdings der Chumpi eine Parallele in der europäischen Leibbinde findet, die Lliclla der spanischen Manta ähnelt, und die Cuchara, in der Funktion europäischer Gewandnadeln ähnlich, in der Form europäisiert wurde. Sehr reich kann der weibliche Silberschmuck sein, der wie bei vielen europäischen Bäuerinnen eine Art Vermögens-

anlage darstellt. Stilistisch ist er der südeuropäischen Volkskunst des frühen 19. Jahrhundert verhaftet.

Die Volkskunst ist außerordentlich reich. Auch heute noch schaffen individuell bekannte Volkskünstler Innovationen, die einen allmählichen Wandel von Technik und Stil bewirken: Die zentralandine Folklore lebt. Gefahr droht von ihrer Vermarktung im Dienst des Tourismus: Massenproduktion verdrängt hier wie anderswo die Qualität. Am traditionellsten verhält sich die Webkunst, heute fast ausschließlich mit Anilinfarben. Bis vor kurzem scheinen Farben und Ornamente auf den Trachtenteilen und Decken eine schriftähnliche Symbolik beinhaltet zu haben, wie neuere Untersuchungen ergeben haben, die auch vorspanische Gewebe einbeziehen. Auch die Webgeräte – ein großes und ein kleines Handwebgerät, deren Brust- und Kettbaum am Gürtel der Weberin bzw. am Ast eines Baumes o. ä. angebunden werden – gehen auf vorspanische Tradition zurück. Dagegen ist zwar die Technik der Kalebassenverzierung durch Schnitzerei altindianisch, die geschnitzten Motive sind jedoch kaum älter als aus dem 18. Jahrhundert; gleiches gilt für die geschnitzten, polychrom bemalten Holzbecker, die „Qeros". Vielfältig ist die Keramik, Spezialität bestimmter Töpferdörfer, von denen die Bauern bis in Hunderte von Kilometern Entfernung ihre schmucklosen Gebrauchsgefäße ebenso wie reich verzierte Zeremonialkeramik beziehen. Die Töpferdörfer sind zwar „indianisch", stehen aber meist, gerade auf Grund ihrer ausgedehnten Handelskontakte, in enger Verbindung zur nichtindianischen Umwelt. Der Keramikstil ist deshalb besonders empfindlich für Wandlungen des Stilempfindens auch außerhalb der indianischen Dörfer – heute um so mehr, als die Haupteinnahmen jetzt von Touristen kommen. Grundelement ist aber bislang immer noch das kolonialspanische Barock. Dies gilt auch für die Holzschnitzerei der „retablos", einer Art Hausaltärchen mit Szenen aus dem ländlich-kleinstädtischen Leben, Spezialität bestimmter Schnitzerdörfer.

Solche Spitzenerzeugnisse sind zwar weit verbreitet, aber das Werk einer begrenzten Gruppe von Kunsthandwerkern, die sich in ihrer Spezialisierung vom gewöhnlichen Bauern entfernt haben – hochentwickelte Spezialberufe als Kennzeichen der Hochkultur. Demgegenüber gibt es eine von den Bauern selbst betriebene Volkskunst, die Touristen weniger anlockt: Alltagsgegenstände, durch äußerst erfinderische Verwertung von Abfallprodukten der nichtindianischen Zivilisation hergestellt, z. B. Kerosin-Lämpchen aus Kondensmilchbüchsen, Schnapsfässer aus mit Wasserhähnen versehenen Benzinfässern, Unterröcke aus Mehlsäkken, Haustüren aus Sojaöl-Kanistern. Gar keine Grenzen mehr sind der Phantasie der indianischen Altmaterialverwerter bei der Herstellung von Kinderspielzeug gesetzt.

d) Soziale Umwelt:
Dörfliche Selbstverwaltung

Eine eigene indianische Sozialorganisation getrennt von der Gesellschaft der Weißen gibt es nicht – sonst wäre es ja leicht, den „Indianer" zu definieren, eben als Glied der gesonderten Sozialordnung. Die über die Indianer hinausgehende Organisation des zentralandinen Raumes zu schildern, würde den Rahmen dieses Buches sprengen. So sollen hier nur einige Stichworte stehen.

Die kompliziert geschichtete zentralandine Gesellschaft, durch intensiven sozialen Wandel in den letzten Jahrzehnten noch unübersichtlicher, wird vereinfacht durch eine Dreiteilung beschrieben: Weiße (ganz oben), Mestizen (Mitte), Indianer (ganz unten). Die meisten Mitglieder dieser Gesellschaft glauben an die Realität dieser Einteilung und halten sie für das ihr Leben bestimmende Grundschema, hinter dem doch in Wahrheit viel kompliziertere Strukturen aufbauen. Hier wirkt das Bedürfnis, schwer durchschaubare Herrschaftsverhältnisse auf einen für alle gleichermaßen einsichtigen Nenner zu bringen. Die Vereinfachung, wie sie etwa in der Tracht zum Ausdruck kommt, vermittelt eine schlichte, eingängige Botschaft: Es gibt Herren („Weiße"), Knechte („Indianer")

und Mittler zwischen beiden („Mestizen"), und diese Teilung folgt schicksalhaft aus der Unterwerfung des Landes durch die Weißen.

Fiestas in mittleren und kleinen Städten, scheinbar christliche Spektakel, dienen auch dazu, das Schema vor Augen zu führen. Die Indianer kommen zu den Fiestas in die Städte der Weißen und Mestizen, nicht Mestizen in die Dörfer der Indianer. In ähnlicher Weise kamen schon die Untertanen des Inka nach Cuzco zu den Festen der Staatsreligion. Die Indianer erweisen den Heiligen der Kirchen der Weißen und Mestizen ihre Reverenz. Tänzerische Kämpfe zwischen Schweine- oder Rindermasken (Tiere, die mit den Weißen kamen) und Vogelmasken (etwa der den Indianern heilige Kondor) symbolisieren den Sieg der Weißen über die Indianer.

Dort, wo Indianer fast unter sich sind, in einigen abgelegenen Dörfern, haben sich Reste der kollektivistischen Ayllu-Dorfverfassung der Inkazeit erhalten. Diese Dörfer besitzen eine eigene Verwaltungshierarchie mit Selbstverwaltungsrechten. Ihr politischer Aufbau ähnelt dem oben für die „Comunidades" der Páez (zirkum-karibisches Areal) beschriebenen, und geht wie dieser großenteils auf die altspanische städtische Selbstverwaltung zurück. Die politischen Organe im Dorf üben auch Kontrolle über die Reste von Gemeineigentum aus und helfen bei der Regelung der Gemeinschaftsarbeit. Doch sind dies nur wenig signifikante Reste früheren Kollektivismus: Meist herrscht Privateigentum vor, mit Aufsplitterung des Bodens in kleinste Parzellen. Innerhalb des Dorfes bestehen deutliche Unterscheide zwischen Land-reichen und Land-armen Bauern und kleinen Händlern. Die Selbstverwaltung, oft von den Reichen beherrscht, hat sich als Hindernis gegen Demokratisierungsbestrebungen oder Bodenreformansätze der übergeordneten Behörden erwiesen. Die Gemeinschaftsarbeit hat meist nur dann noch mehr als symbolischen Charakter, wenn die Felder der Reichen bestellt werden.

In den letzten Jahren wurden bzw. werden in Bolivien und Peru Versuche unternommen, auf diesen Dorfgemeinschaften als Basis ein Netz von Genossenschaften aufzubauen, analog etwa zu Versuchen in Jugoslawien, altslawische Kollektivformen in moderne Produktionsgenossenschaften zu überführen. Doch hatten diese Experimente in Bolivien nur geringen Erfolg, da die traditionelle Organisationsform offenbar zu wenig mit einer modernen Kooperative gemein hat, während in Peru, wo noch keine endgültigen Resultate vorliegen, der Weg wohl über die Zerschlagung der traditionellen Struktur führt.

### e) Volksmusik unter spanischem Einfluß

Ketschua und Aymará sind Schriftsprachen mit eigener Literatur. In der späten Kolonialzeit blühte das Ketschua-Theater, besonders im Indianischen Theater zu Cuzco, das während des Tupak-Amaru-Aufstands 1781 von den Behörden als für die Kolonialherrschaft gefährlich geschlossen wurde. Das bekannteste Stück, „Ollanta", verherrlichte die Inka-Vergangenheit und beeinflußte möglicherweise direkt Tupak Amarus Versuch, das Inkareich wiederherzustellen. Das Anfang des 19. Jahrhunderts nach Niederwerfung der Aufstände geschriebene „Usca Paukar" dagegen, das der Romantik zuzurechnen ist, resigniert in der Darstellung eines verelendeten Inka-Nachkommen, von dem jedoch immer noch Faszination ausgeht. Diese Literatur endete bald darauf mit dem kolonial-indianischen Städtertum. Die heutige, auf Ketschua oder Aymará geschriebene Literatur bleibt auf dem Niveau der Heimatdichtung, von wenigen rühmlichen Ausnahmen abgesehen, und hat mit dem Problem ihrer Isolierung zu tun: Auf städtische Gebildete beschränkt, erreicht sie nicht die Masse der Ketschua bzw. Aymará Sprechenden, andererseits aber wird sie von den Gebildeten kaum neben der spanischsprachigen Literatur ernst genommen.

Die Volksdichtung verwendet hauptsächlich spanische Formen (redondilla und copla) in auch für den europäischen Geschmack poetischen Liedern, deren Thematik vom Liebeslied über das Besingen der Schönheit der Natur bis hin zu sozialkritischem Spott reicht. Die Volkserzählungen der Ketschua besitzen oft belehrend-warnenden Charakter, indem sie berichten, wie es jenen ergeht, die gegen die sozialen Regeln verstoßen, etwa dem Mädchen, das einen Fremden allein wegen seiner Schönheit heiratete: Er war in Wahrheit eine Schlange, die nun das Familienvermögen verschlang. Die Erzählungen der Aymará sind im Durchschnitt weniger belehrend, mit mehr Freude am Fabulieren vom Absonderlichen, von Geistern, Heiligen und Wundern. Die Mythologie ist heute stark mit aus dem Schulunterricht genommenen Elementen durchsetzt, wenn etwa eine Mythe über die Inkazeit sich mit dem Bericht des Geschichtslehrers mischt. Die orale Literatur des zentralandinen Raumes, die auch heute noch lebt und sich weiterentwickelt, wurde bislang nur ansatzweise aufgezeichnet.

Die Musik der Andenindianer geht heute auf Schallplatten um die Welt. Meist handelt es sich dabei um Kunst-Bearbeitungen puristischer Tendenz, die versucht, zu rein altindianischen Formen zurückzufinden, und sich dabei von der stärker europäisch beeinflußten Volksmusik gelöst hat. Diese verwendet die traditionell indianischen Instrumente – verschiedene Flöten aus Holz und Rohr, Kupferrassel, indianische Trommel oder Pauke, Muschelhorn –, daneben aber auch Instrumente europäischen Ursprungs: Geige, Harfe, Mandoline, Charango (eine Mandoline mit einem mit Saiten bespannten Gürteltierpanzer als Klangkörper), Kuhhorntrompete, europäische Trommel. Die Musik baut auf der voreuropäischen pentatonischen Skala auf. Sie hat aber, vor allem wohl in der Weise, wie Chorgesang eingesetzt wird, auch Elemente der spanischen Volksmusik verarbeitet. Unter dem Einfluß einerseits der puristischen Kunstmusik, andererseits moderner Schlager entwickelt sie sich lebendig weiter.

### e) Religion: Hierarchisierte Götterwelt und Angst vor Christus

Die Bewohner der Zentralanden sind heute Christen. Schon lange wußte man, daß daneben heidnische Elemente weiterleben, und daß der andine Katholizismus synkretistische Züge trägt. Aber erst Untersuchungen der letzten Jahre haben ergeben, daß sich neben (und nicht einfach nur: vermischt mit) dem Christentum heidnische Religion als geschlossenes System erhalten hat. Vielerorts unterscheiden die Indianer noch sehr scharf zwischen der Religion der Weißen und Mestizen, d. h. dem offiziellen, mit einigen synkretistischen Volksglaubenselementen durchsetzten Katholizismus einerseits, und der Religion der Indianer, in der christliche Götter und Heilige höchstens gleichberechtigt neben heidnischen stehen, andererseits. So wird etwa die Erdmutter Pachamama, höchste Gottheit des heidnischen Systems, nicht, wie man früher annahm, einfach mit der christlichen Jungfrau Maria gleichgesetzt; vielmehr unterscheiden die Indianer zwischen der Pachamama, meist mit der Muttergottes gleichgesetzt, und der Jungfrau Maria der Mestizen, als eine Vielfalt von Lokalheiligen („Jungfrau von . . .“) aufgefaßt. Gottvater ist eine Gottheit auch der Indianer, die allerdings im fernen Himmel wenig auf die Menschen achtet; die lokalen Jesus-Christus-Ausprägungen dagegen („unser Herr von ...“) sind Spanier, die den Indianern das Land wegnahmen, um es den Weißen zu geben; Feinde, denen man nicht aus Verehrung, sondern aus Furcht opfert. Die katholischen Heiligenbilder stellen in der Mehrzahl weiße Konquistadoren dar, vor denen man sich in Acht nehmen muß. Insgesamt ist die katholische Welt für die Indianer voller Grausamkeit und Angst, „nicht die Religion der neutestamentarischen Erlösung, sondern die der alttestamentarischen Rache, aber gesehen aus dem Blickwinkel eines diese Rache fürchtenden heidnischen Volkes“, sagte mir ein Pater des mit der Erforschung der andinen Religion beschäftigten Instituto de Pastoral Andina in Cuzco. Die darin enthaltene Kritik an der christlichen Mission wird bestätigt durch die Darstellung des Einfalls der Christen und ihres Gottes in der Mythe von Inkarrí (König Inka).

In der ersten Episode dieser heute wohl lebendigsten zentralandinen Mythe besiegt Inkarrí seinen Nebenbuhler Kollarrí (König Kolla

Ledermaske aus dem peruanischen Hochland, 20. Jahrhundert: Darstellung eines Spaniers, die neben den Darstellungen böser Wesen getragen wird.

– die Kolla im Gebiet der heutigen Aymará wurden um 1470 dem Inkareich unterworfen). Seitdem war das Gebiet um Cuzco, wo Inkarrí residierte, fruchtbarer und mehr mit Regen gesegnet als das Gebiet der Kolla. Die zweite Episode: „Jesus war groß und stark geworden und wollte seinen älteren Bruder, den Inka, besiegen. Der Mond (Gegner der dem Inka verbündeten Sonne) half Jesus, indem er ihm ein beschriebenes Blatt Papier schickte. Jesus zeigte dem Inka das Papier, dieser bekam Angst, weil er die Buchstaben nicht verstand, und floh. Wilde Pumas, Hilfstruppen Jesu, verfolgten den Inka und hetzten ihn so lange, bis er vor Hunger starb. So konnte er nicht mehr verhindern, daß Jesus sich die Gattin des Inka, Mutter Erde, griff und ihr die Kehle durchschnitt. Dann ließ Jesus Kirchen bauen.“ „Priester kamen aus Spanien und zogen durch die Provinz Cuzco, damit alles anders werde. Als sie die erste Messe lasen, regnete es Feuer vom Himmel, die Menschen starben und ihre Hütten wurden zerstört. Ihre Rinder liefen auseinander, die einen versteckten sich in den Tiefen des Meeres, die anderen in den Bergen, um nie mehr zurückzukehren“ (frei wiedergegeben nach Ortiz Rescaniere und León Caparó). Seitdem regnet es nicht mehr genügend bei den Indianern, ihr Land ist unfruchtbar, weil fremde weiße Mächte, z. B. die USA, Kommunisten oder Leute in Lima das Geheimnis des Überflusses gestohlen haben. Inkarrí wurde enthauptet. In der Verborgenheit wächst aus seinem Kopf ein neuer Körper, der vielleicht eines Tages wiederkommt – dann würde das Land der Indianer wieder fruchtbar werden. In dieser Mythe liegt eine Wurzel messianischer Bewegungen der Kolonialzeit: Man glaubte, Inkarrí sei wiederauferstanden, um die Weißen zu vertreiben. Noch 1967 hielten Bauern der Provinz Cuzco den Guerillaführer Hugo Blanco für den wiedergekehrten Inka.

Die Mutter Erde wird freudiger verehrt als Christus, der den Inka besiegte. Bei ihr, die „wie eine Indianerin" aussieht, findet man Trost. Sie erhält Trank- und Koka-Opfer, um Fruchtbarkeit der Felder und des Viehs zu bewirken. Eigene, komplizierte Riten dienen der Vermehrung der Lamaherden. Dabei wird ein Lama in gleicher Weise getötet wie Menschen beim Opfer im vorspanischen Mexiko: Durch Herausreißen des Herzens aus dem Körper. Dann begräbt man die Knochen, aus denen die Erdmutter neue Tiere schaffen soll. Mächtige Götter, „Apu", wohnen in den Bergen, wo man ihre Stimmen dröhnen hört. Ihnen opferten Minenarbeiter in Bolivien noch 1960 nach einem Erdbeben ein einjähriges Kind. Etwas verblaßt dagegen ist der Glaube an den Sonnengott, der im Mittelpunkt der Inka-Riten stand. Sein Bild ist wohl mit dem des christlichen Gottes verschmolzen. In abgelegenen Dörfern soll es allerdings noch einen Sonnenkult mit Lama-Opfern geben. Unter diesen höchsten Göttern folgt eine ganze Hierarchie höherer und niederer Wesen, im Grunde eine Hierarchie des Kosmos, da jeder Teil der gesamten Natur (Stein, Tümpel, Sterne, Pflanzen usw.) als von meist unsichtbaren Geistwesen belebt gedacht wird.

Auch die religiösen Spezialisten stehen in einer Hierarchie. Man unterscheidet drei Klassen der „Mesayoq" (heidnische Priester, die ihre Würde durch göttliche Berufung in Form einer Folge von Blitzschlägen erhalten): Die ranghöchsten sprechen mit Pachamama, den Apus und anderen hohen Gottheiten; die zweite Kategorie spricht nur mit Lokalgottheiten, darf den höchsten Wesen aber auch Opfer bringen, die dritte Kategorie spricht mit niederen Geistwesen. Daneben gibt es eigene Pflanzenheilkundler sowie Wahrsager, die aus Kokablättern Orakel lesen. Andere besitzen infolge eines Paktes mit dem Teufel die Macht, böse Geistwesen für Schlechtes einzusetzen.

Die religiösen Spezialisten und Pflanzenheilkundler, für die (wie bei den Maya) die Unterscheidung zwischen „kalten" und „warmen" Krankheiten zentral ist, werden besonders oft in Fällen von „susto" („Schreck") um Hilfe gebeten, d. h. Trennung der Seele „animu" vom Körper. „Animu" ist in etwa der individuelle Charakter eines Menschen, und kann sich von ihm unter dem Einfluß von Angst, bösem Zauber (auch etwa: einer Photoaufnahme des Menschen) entfernen. Dagegen würde der Verlust der Seele „alma" den Tod bedeuten. Die Differenzierung „alma – animu" könnte europäischen Ursprungs sein. „Alma" reist nach dem Tod zunächst in eine verkehrte Welt, wo Hunde des Menschen Seele so behandeln, wie er die Hunde im Leben behandelte, dann wird sie von einem Hund über den Grenzfluß ins Jenseits gerudert, wo Gott, assistiert von Kolibris, Gericht hält – Vorstellungen, die sowohl an auch sonst in Südamerika verbreitete Erzählungen von der Reise der Totenseele ins Land der Vögel erinnern, als auch an (vielleicht über altspanischen Volksglauben vermittelte) europäische Mythen, wozu noch der Einfluß christlicher Mission tritt. Im Paradies arbeiten die Totenseelen der Indianer auf Blumenfeldern oder beim Bau von Straßen und öffentlichen Gebäuden, während Weiße und Mestizen wie im Leben ausruhen. Die soziale Schichtung, durch den Sieg Jesu über den Inka geschaffen, wird auch im Jenseits nicht angetastet.


g) Geschichte: Von Untertanen des Inka zur Randgruppe der Industriegesellschaft

Das Inkareich mit seiner zentralistischen und totalitären Verwaltung, die den meisten Untertanen Selbstbestimmung und Eigeninitiative verweigerte und sie so zu Zuschauern ihrer eigenen Geschichte machte, hat der nachfolgenden europäischen Herrschaft den Weg geebnet.

Die Teilnahmslosigkeit, mit der viele Untertanen den Wechsel der Herren registrierten, wird gut durch eine Episode aus dem Streit der spanischen Konquisitadoren nach der Eroberung charakterisiert: Als zwei feindliche Armeen der Spanier 1538 im Tal von Cuzco aufeinandertrafen, um zu entscheiden, wem das Inkareich als Beute gehören sollte, versammelten sich Tausende indianischer Zuschauer auf den umliegenden Bergen – anstatt die Gelegenheit des Zwistes unter den Fremden zu deren Vernichtung zu nutzen (wie es vielleicht die Azteken in Mexiko getan hätten), betrachteten sie die Schlacht mit dem sportlichen Interesse des Zuschauers bei einem Fußballmatch, nicht wie selbst Betroffene.

Die Spanier waren 1532 unter Francisco Pizarro eingedrungen, hatten durch eine List den Herrscher Atahualpa in ihre Gewalt gebracht und mit ihm als Geisel die Staatsgewalt an sich gerissen. Während die Azteken in ähnlicher Situation ihrem zwangsweise den Spaniern hörigen Herrscher nicht mehr folgten, war im Inkareich mit dem Herrscher auch dessen Befehlsgewalt erobert. 1533 ermordeten die Spanier den Inka. Aber erst 1535 begann sich Widerstand zu regen: Einer der Thron-Prätendenten, Manko Inka, faßte Teile des Inkaheeres, die ihre Treue nicht auf die Fremden übertragen wollten, zu deren Vertreibung zusammen. Die Spanier fanden jedoch Unterstützung bei indianischen Gruppen: Bei den Yanakona (unfreien, heimatlosen Zwangsarbeitern, meist Angehörigen unterworfener Völker, deren Lage sich durch die Kollaboration besserte); bei Bewohnern erst kürzlich den Inka unterworfener Provinzen; bei einem Teil des niederen Adels („curacas"), der sich von den Spanier mehr Macht auf Kosten des Hochadels erhoffte und tatsächlich auch wichtige Verwaltungsfunktionen übertragen bekam; bei einem mit Manko Inka durch Familienfehden verfeindeten Teil des Hochadels. Im Schoß des Inkareiches selbst waren also Gegenkräfte herangewachsen, die es vielleicht auch ohne das Eingreifen der Spanier gesprengt hätten, und die nun den Spaniern zugute kamen. So gelang es Manko Inka und seinen Nachfolgern nicht, ihr Reich zurückzuerobern.

Immerhin konnten sie in der entlegenen Kordillere von Vilcabamba einen unabhängigen Rumpfstaat halten, dessen letzter Inka, Tupak Amaru I., erst 1572 gefangen und enthauptet wurde.

Die Kriege mit dem Inka-Rumpfstaat, vor allem aber der auf Brechung allen Widerstandswillens berechnete Terror der Weißen, die rücksichtslose Ausnutzung der indianischen Arbeitskraft mit dem Erschöpftungstod Tausender als Folge, Hungersnöte durch Zerfall der Felder der zur Zwangsarbeit gepreßten Bauern, und Seuchen, bewirkten ein Massensterben. Die Brutalität der Unterdrückung und der Kulturschock führten zu einer Selbstmordwelle. 1532 hatte die Zahl der Indianer nach unterschiedlichen Schätzungen 3,5 bis 15 Mio. betragen, bis 1586 war sie auf 1.230.000 gesunken. In den ersten 50 Jahren europäischer Herrschaft sind also sicher über 2 Mio. Indianer, wahrscheinlich noch einige Millionen mehr, umgekommen. „Einige werden totgepeitscht, und Frauen sterben vor Erschöpfung unter den schweren Traglasten . . . Viele erhängen sich, und andere lassen sich sterben, indem sie nichts essen, und andere nehmen giftige Pflanzen zu sich. Und es gibt Mütter, die ihre Kinder bei der Geburt töten, um sie, wie sie sagen, von den Mühen, unter denen sie leiden, zu befreien", stellte König Philipp II. von Spanien 1582 fest. „In kurzen Abständen liegen die Skelette dieser unglücklichen Geschöpfe zu Hügeln aufgehäuft", berichtete der spanische Marqués de Varinas noch 1685.

Die Kontrolle der Unterworfenen lag zunächst weitgehend bei Privatunternehmern, die ihrerseits auf dem Weg über indianische Kollaborateure herrschten. Ein spanischer Kolonist, der „encomendero", bekam eine indianische Siedlungseinheit, das „repartimiento", zugeteilt, das ihm Abgaben aus der landwirtschaftlichen Produktion liefern und zudem Arbeitsdienst, meist in Bergwerken leisten mußte. Der Encomendero war gleichzeitig politisch-administrativ für die Indianer verantwortlich, durfte mit diesen aber kaum direkten Kontakt haben, sondern mußte sich der Vermittlung der „curacas" (niederer Inka-Adel) bedienen. Dieses System der „indirect rule" baute auf einer kollabo-

Zeichnung aus der Chronik des peruanischen Indianers Huamán Poma de Ayala, frühes 16. Jahrhundert: Mächtige der Zeit – Weißer, Mestize, Mulatte und adliger Indianer – an einem Tisch, während ein Bedienter, dessen ethnisch-rassische Zugehörigkeit unwichtig ist und daher nicht spezifiziert wird, klein und ohnmächtig gezeichnet ist.

rationswilligen Schicht bei den Indianern auf, die der frühen Kolonialzeit das Gepräge gab. Die Curacas hatten Anteil an dem auf Ausbeutung der indianischen Bauern beruhenden Wohlstand der Weißen, bewahrten gleichzeitig aber Elemente der altindianischen Kultur, zumal sie als Parvenus den Lebensstil des entmachteten Inka-Hochadels zu kopieren suchten.

Binnen kurzem führte die Herrschaft der Encomenderos und Curacas zum wirtschaftlichen Zusammenbruch. Nur an der schnellen persönlichen Bereicherung, nicht aber gesamtwirtschaftlich interessiert, suchte jeder einzelne lokale Machthaber durch rücksichtslosen Raubbau möglichst schnell möglichst viel zusammenzuraffen, ohne daß es eine staatliche Verwaltung gegeben hätte, um ihn zu bremsen. Die Bauern mußten zugunsten der Zwangsarbeit in den Bergwerken ihre Felder derart vernachlässigen, daß die Ernährung der Bevölkerung, insbesondere der nicht selbstversorgenden Berg-

werkarbeiter gefährdet wurde. Der Arbeitskraft-Raubbau führte zum Wegsterben der Arbeiter.

Deshalb nahmen die Reformen des Vizekönigs Toledo um 1570 den Encomenderos die Verwaltungsbefugnisse aus der Hand und schufen eine staatliche Kolonialverwaltung. Deren unterste Stufe bildeten teilweise indianische Curacas, die so direkt, ohne den Umweg über den Encomendero, an den Staatsapparat gebunden wurden. Der Verlust an politischer Macht wurde den Encomenderos weitgehend ausgeglichen durch neue ökonomische Vorteile: Die bislang ihren indianischen Repartimientos gehörigen Ländereien gingen großenteils als „Haciendas" in direkten Großgrundbesitz der früheren Encomenderos über. Etwa gleichzeitig wurde die gesamte indianische Landbevölkerung nach großangelegten, jahrelangen Menschenjagden auf Flüchtige in den „reducciones", streng kontrollierten Konzentrationsdörfern, zusammengefaßt. Dies waren anfangs Umerziehungslager, wo kollaborierende Curacas eine Kapo-Rolle spielten. Ein Teil der Reducciones ging später in den Haciendas auf; ein kleinerer Teil jedoch entwickelte sich zu einer indianischen Autonomie nach dem Vorbild spanischer Dorfverwaltung, unter der Herrschaft der Curacas. Hier liegt der Ursprung der modernen Comunidades, die manche Autoren zu Unrecht direkt auf die vorspanischen Ayllus zurückführen, deren Organisationstrukturen allerdings teilweise in die Comunidades hineingenommen wurden.

Die Reducciones dienten auch der Kontrolle zur Bekämpfung der traditionellen Religion. Für Indianer, die offen ihren alten Glauben bekannten, sah das 1. Konzil zu Lima vor: Peitschenhiebe (meist 50 oder 100), Fußstock, Haarschur (eine für Indianer besonders erniedrigende Strafe), Geldbußen. Im 17. Jahrhundert wurden Inquisitionsrazzien in die indianischen Siedlungen durchgeführt: Die dabei entdeckten heiligen Mumien und anderen Kultobjekte wurden öffentlich verbrannt, des „Götzendienstes" Verdächtige verhaftet. 1617/18 z. B. konfiszierte man allein in 31 Dörfern des Erzbistums Lima 617 Mumien und 4021 andere Kultobjekte. Im selben Zeitraum bekannten allein im Distrikt Chancay 6000 Personen die „Schuld", den alten Göttern treu geblieben zu sein; 679 „Hexer" wurden als Hauptträdelsführer verhaftet. 1619 öffnete in Lima ein Spezialgefängnis für heidnische Priester, das in seiner Funktion etwa mit Umerziehungs- und Vernichtungslagern für christliche Priester nach der Oktoberrevolution verglichen werden kann. Erst in der zweiten Hälfte des 17. Jahrhunderts gaben die christlichen Fanatiker schließlich teilweise nach, angesichts der Erfolglosigkeit ihres Kampfes, indem sie wichtige Teile der indianischen Religion zu harmlosem „Aberglauben" (anstatt wie vorher: gotteslästerlicher „Götzendienst") umdefinierten.

Furcht vor Zwangsarbeit und religiösen Verfolgungen trieb Tausende in abgelegene Bergregionen. Die Kolonialzeit war durch Mobilität einer Bevölkerung gekennzeichnet, von der große Teile sich ständig auf der Flucht befanden. Gleichzeitig aber bildeten in den Städten reichgewordene indianische Curacas und Nachkommen des zur Kollaboration bereiten Teils des Hochadels sowie andere, zur Anpassung an das Kolonialregime bereite Indianer eine Mittelschicht, die gemeinsam mit wohlhabenden Mischlingen eine spanisch-indianische Mischkultur entwickelte. Ihr verdanken wir eine originelle bildende Kunst (vor allem die Malerschule von Cuzco) und Literatur. Von den Stadtindianern ging dann aber auch der Anfang des spätkolonialen Widerstandes gegen die Spanier aus.

Im 18. Jahrhundert existierte eine wohlhabende indianische Mittel/Oberschicht in Stadt und Land, klassisch vertreten etwa durch José Gabriel Condorcanqui, Anführer des berühmten Tupak Amaru-Aufstandes: Ein Curaca, angeblich direkter Nachkomme der Inka-Herrscher, gleichzeitig aber auch ein in der Wirtschaft der Weißen wohl installierter Fuhrunternehmer mit einer großen Anzahl von Bediensteten, einem Lebensstil, der den spanischen Adel nachahmte, und mit einer Frau, die – damals eine Seltenheit – lesen und schreiben konnte. Ähnlich wie in Europa der Adel durch das Bürgertum, wurde aber auch in den Anden diese indianische Schicht zunehmend durch die Konkurrenz der aufsteigenden „Kreolen" bedrängt: Nachkommen der eingewanderten Spanier in den Städten, wo sie im Gegensatz zu den auf Macht über die Bauernmassen gestützten Curacas den Überseehandel, die Verbindung zu großen europäischen Handelshäusern und Banken monopolisierten. Die Kreolen beherrschten auch, wieder im Gegensatz zu den die unterste Stufe der Verwaltung bildenden Curacas, die oberen Ränge der administrativen Hierarchie und bildeten die Umgebung des Vizekönigs.

In dem Konflikt Curacas-Kreolen suchten erstere sich unter Berufung auf ihre indianische Herkunft der Unterstützung der Masse der armen Indianer zu versichern. Dies ist der politische Hintergrund der von der indianischen Oberschicht der späten Kolonialzeit gepflegten Inka-Nostalgie, die indianische Herren und indianische Bauern gegen die weißen Herren vereinigen sollte. Das Inkareich wurde dabei (nur relativ im Vergleich zur Kolonialzeit richtig) als

Paradies sozialer Gerechtigkeit dargestellt, das es wiederherzustellen galte. In dem Maß, in dem die indianische Oberschicht die Unterstützung der Massen gegen die spanische Verwaltung gewann, mußten die Forderungen der Curacas, um den Bauern Genüge zu tun, einen immer schärfer sozialrevolutionären Akzent bekommen.

Der erste große Aufstand brach um 1675 in Lima aus, angeführt von städtischen indianischen Adligen, aber schon mit der Unterstützung auch des großen Heeres der Bediensteten und Arbeitspflichtigen. Dem folgten im 18. Jahrhundert mehrere große Aufstandswellen auf dem flachen Land. Auch die Revolte von Huarochiri begann 1750 zunächst in Lima. Nach Hinrichtung einiger Rädelsführer flohen überlebende Rebellen in die Provinz Huarochiri, wo sich ihnen die Bauern unter der Führung von Curacas anschlossen. Sie stellten ein diszipliniertes indianisches Heer auf, zerstörten Brücken, sperrten Straßen und arbeiteten Pläne zur Belagerung und Eroberung von Lima aus. Sie entsandten Boten zu aufständischen Waldindianern im Amazonasgebiet, um eine breite Front gegen die Spanier zustandezubringen. Schließlich aber schlugen die besser ausgebildeten und ausgerüsteten spanischen Truppen sie.

1780 bezeichnete der schon erwähnte Condorcanqui sich unter dem Namen Tupak Amaru II. als durch Abstammung rechtmäßiger Inkaherrscher und organisierte einen Aufstand zur Wiederherstellung des Inkareiches in der Gegend um Cuzco. Unter seinen sozialen Forderungen war es vor allem die der Abschaffung der Zwangsarbeit in den Minen von Potosí, die ihm die Unterstützung der Bevölkerung einbrachte. Das von ihm geplante Inkareich sollte aber christlich und dem spanischen König lehenstreu bleiben und unterschied sich von der bestehenden Kolonie eigentlich nur durch Verwaltungsreformen und dadurch, daß an die Stelle des aus Spanien geschickten Vizekönigs der von den Indianern zu bestimmende Inka trat. Nach einem vergeblichen Versuch, die alte Reichshauptstadt Cuzco zu erobern, wurde Tupak Amaru 1781 gefangen und zusammen mit seiner Familie öffentlich auf grausamste Weise hingerichtet.

Im selben Jahr führte Julián Apasa, ein analphabetischer Bauer, einen weiteren Aufstand im Gebiet um La Paz an. Hier, wo der spanische Einfluß und damit auch die Stellung der Curacas geringer war, wandelte sich die noble Revolte der Inka-Nachkommen in einen Aufstand der Ärmsten der Armen. Julián Apasa forderte Vertreibung aller Weißen, völlige Unabhängigkeit von Spanien. Seine Anhänger gingen teilweise noch weiter: Sie stürmten und zerstörten christliche Kirchen und ermordeten allzu hellhäutige Mischlinge. Ihre Waffen waren anfangs fast nur Steinschleudern. Die Spanier berichteten verwundert, daß die „vom Teufel besessenen" Indianer todesverachtend in ihr Artilleriefeuer stürmten, und gefangen lieber Selbstmord begingen, als in der Nähe von Spaniern weiterleben zu müssen. Die Rebellen belagerten La Paz, doch ihr Aufstand brach schließlich zusammen, weil die Spanier durch systematischen Terror (z. B. Tötung der Frauen) und Verwüstungen die Provinzen, aus denen der Nachschub kam, in die Knie zwangen. Danach folgten noch eine Reihe kleinerer, stets erfolgloser Revolten.

Das Endergebnis war, daß die indianische Oberschicht ihre Macht an die Kreolen abtreten mußte, die – aufgeschreckt durch den Schock der indianischen Massenaufstände – von nun an um so zielstrebiger auf eine Ausschaltung der Indianer aus dem öffentlichen Leben hinarbeiteten. Am Unabhängigkeitskrieg gegen die Spanier beteiligten die Kreolen die Indianer so wenig wie möglich. Diese standen den „Befreiern" passiv-mißtrauisch oder gar feindlich gegenüber. Hierin liegt der Hauptgrund dafür, daß die Zentralanden später als der übrige Kontinent „befreit" wurden. Für die Indianer bedeutete die Unabhängigkeit im wesentlichen das Wegfallen eines gewissen Schutzes gegen die Kreolen, den die spanische Krone gesichert hatte. Die Gründung eines unabhängigen Staates Bolivien – nicht von allen „Befreiern" gebilligt – war dann als Konzession an die Indianer gedacht, um sie für die Sache der Unabhängigkeit zu gewinnen. Von Bolivien ging auch der letzte ernstzunehmende Versuch aus, ein mehr indianisches als spanisches Reich wiederzuerrichten:

Der Mischling Santa Cruz wollte mit einem überwiegend aus Indianern bestehenden Heer und gestützt auf die Bauernmassen, die in ihm den wiedergekehrten Inka sahen, eine zentral-andine Konförderation aufbauen, wurde aber 1839 von den Truppen der chilenisch-peruanischen Kreolen geschlagen.

Die neuen Republiken, insbesondere die Regierungen der „liberalen" Richtung, zerstörten, soweit sie es vermochten, die indianischen Autonomie-Organisationen. Die Comunidades, in denen Kollektiveigentum am Boden wichtig war, wurden geschwächt, indem der Boden zu Individualeigentum erklärt wurde. Den Individualeignern, die nicht mehr den Halt an der alten Dorfgemeinschaft und am Kollektiveigentum hatten, wurde der Boden dann gegen meist lächerlichen „Kauf"-Preis abgepreßt. Das städtische Kreolenbürgertum schuf sich so einen wirtschaftlichen Rückhalt auf dem Land in Form großer Haciendas. Allerdings bildeten gelegentliche anti-„liberale" Regierungen, insbesondere Militätdiktaturen, die sich auf indianische Truppen stützten, ein Gegengewicht zu dieser Entwicklung und verhinderten die völlige Auflösung der Comunidades. Dennoch wurde auf die Dauer die Macht der früher in den Dörfern mächtigen Curacas gebrochen. Ihre wirtschaftliche Position nahmen teilweise Zwischenhändler zwischen Stadt und Land ein, die der städtischen, den Kreolen nahestehenden Mestizenschicht entstammten. Der letzte Widerstand der Curacas entlud sich Ende des 19. Jahrhunderts in einer Reihe lokaler Aufstände gegen die von liberalen Regierungen verfügte Abschaffung „rückständiger" Würdezeichen der Curacas. Die städtische indianische Mittelschicht verelendete oder ging in den Mestizen auf.

Die Kette indianischer Aufstände ist damit nicht beendet. Doch die Revolten des 20. Jahrhunderts sind nicht mehr nur rein indianisch – Weiße und Mischlinge nehmen teil, die Fronten sind nicht mehr auf das Schema Indianer-Mestizen-Weiße zurückzuführen. Die peruanische „APRA", die eine Wiedergeburt indianischen Erbes proklamiert und als politischer Ausdruck des Indigenismo (s. o. Einleitung zu diesem Kapitel) gilt, hat zwar gerade unter den ärmeren indianischen Land- und Slumbevölkerung Anhang gewinnen können, doch sind ihre Führer Weiße, auch scheint der Elan des Anfangs in den 30er Jahren inzwischen verflogen zu sein. Die peruanische Militärregierung ebenso wie die chilenische Volksfrontregierung bis 1973 wendet (wendete) sich zwar auch gerade an die Masse der Indianer (vgl. in Chile z. B. die Wiederbelebung andiner Folklore in der politischen Musik und im Volkstheater), jedoch stets nur im Rahmen einer auf Integration der Indianer gerichteten Politik.

## Literaturauswahl

*Adams, Richard N.*: A Community in the Andes – Problems and Progress in Muquiyauyo. Seattle 1959

*Cornblit, Oscar*: Society and Mass Rebellion in Eighteenth Century Peru and Bolivia. in: Latin American Affairs, St. Antony's Papers 22. Oxford 1970

*Davies Jr., Thomas M.*: Indian Integration in Peru. Lincoln 1970

*Dobyns, Henry F.*: The Social Matrix of Peruvian Indigenous Communities. Ithaca, N. Y. 1964

*Duviols, Pierre*: La lutte contre les réligions autochtones dans le Pérou Colonial. Lima 1971

*Golte, Jürgen*: Bauern in Perú (Indiana, Beiheft 1, Ibero-Amerika Institut). Berlin 1973

*Kelm, H. und Münzel, M.*: Herrscher und Untertanen, Indianer in Perú 1000 v. Chr. – Heute (Roter Faden zur Ausstellung 1). Frankfurt 1974

*Kubler, George*: The Indian Caste of Peru, 1795–1940. Washington 1952

*Nachtigall, Horst*: Indianische Fischer, Feldbauer und Viehzüchter. Berlin 1966

*Ritter, Ulrich Peter*: Dorfgemeinschaften und Genossenschaften in Peru (Göttinger Wirtschafts- und Sozialwissenschaftliche Studien 4). Göttingen 1966

*Schultze, Waltraut und Heinz*: Wer und was ist ein Indio? in: pogrom 27. Hamburg 1974

*Steward, Julian H. Hrsg.*: The Andean Civilizations (Handbook of South American Indians, Smithsonian Institution Bureau of American Ethnology Bulletin 143, vol. 2). New York 1963 (Nachdruck)

*Trimborn, Hermann*: Indianer von gestern, heute und morgen – Beobachtungen zum Kulturwandel in den Anden Boliviens. Braunschweig 1968

*Wachtel, Nathan*: La vision des vaincus – Les Indiens du Pérou devant la Conquête espagnole. Paris 1971

Die Inka wendeten das Ketschuawort „auca" (wilder Krieger, Feind, Rebell) ähnlich an wie Griechen und Römer das Wort „Barbaren": Auf unbezähmbare, wilde Grenzvölker. Hiervon leitet sich der Name „Araukaner" der Ureinwohner des mittleren und südlichen Chile her, jener Barbaren, die vordringende Inkaheere zurückschlugen, bald darauf auch die aus dem ehemaligen Inkareich kommenden Spanier verjagten und so den imperialen Truppen die Grenzen ihrer Macht zeigten.

a) Lebensraum: Die regenreichen Südanden und die patagonische Steppe

Nördlich des Rio Maule ist der Anbau von Feldfrüchten ohne künstliche Bewässerung praktisch unmöglich. Dort setzte sich die zentralandine Hochkultur mit ihrer Ordnung, ihrer künstlichen, planmäßigen Bewässerung unter staatlicher Kontrolle durch. Südlich des Mauleflusses aber, wo der Anbau nicht durch Planung,

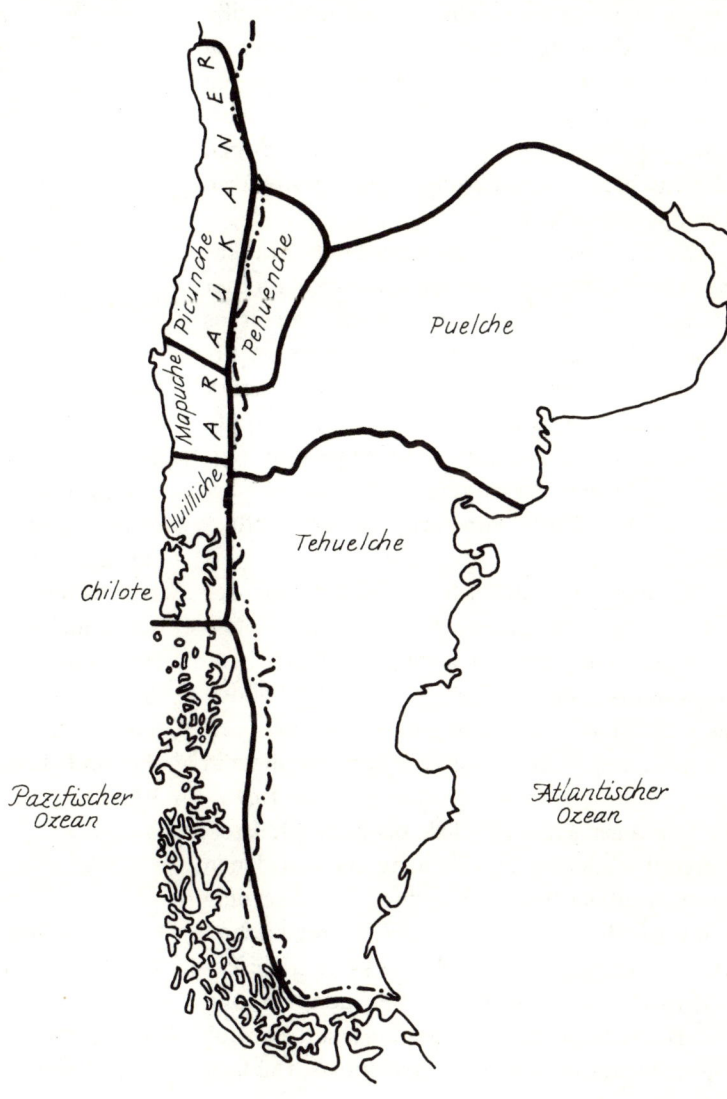

Kulturareal Südanden-Patagonien

sondern durch das Wetter bestimmt ist, lebte die südandine Kultur fort.

Die Araukaner erhielten sich ihre politische Unabhängigkeit vom Inkareich, später vom spanischen Kolonialreich, doch über Handelskontakte kamen starke Einflüsse aus dem Hochkulturgebiet, so daß in den Südanden sowohl Elemente der traditionell indianischen zentralandinen Zivilisation als auch solche der kolonialspanischen Kultur assimiliert wurden. Dieser Prozeß verstärkte sich noch nach der Unterwerfung der Araukaner im 19. Jahrhundert, so daß diese nun eine unexotische Bauernkultur besitzen, die an die indianisch-europäische Mischkultur der Zentralanden erinnert. Der araukanische Kleinbauer in Chile ist heute oft „spanischer" als der neben ihm wohnende weiße Siedler. Allerdings haben sich die Araukaner im Gegensatz zu den zentralandinen Bauern ein klar ausgeprägtes Bewußtsein ihrer indianischen Identität bewahrt und stehen der übrigen chilenischen Bevölkerung als gesonderte Gruppe gegenüber.

Die Ureinwohner Patagoniens, den Araukanern vor deren hochkulturlich-zentralandiner Wandlung kulturell verwandt, bewahrten bis ins 18. Jahrhundert ihre primitive Lebensart ursprünglicher. Seitdem aber wurden sie stark araukanisiert, was damals schon eine indirekte hochkulturliche Beeinflussung bedeutete. Seit dem 19. Jahrhundert unterliegen sie von der argentinischen Küste her europäischen Einflüssen.

Die Picunche, nördlichste Untergruppe der Araukaner, großenteils schon den Inka unterworfen, gingen später in der chilenischen Mischlingsbevölkerung auf. Den größten Block bilden nun die Mapuche, die in Chile etwa zwischen dem 37. und 39. Breitengrad leben, vor allem in der Provinz Cautín, wo sie über 50 % der Bevölkerung ausmachen. Südlich bis zum 44. Breitengrad schließen die Huilliche an, von denen ein Teil auf der Insel Chiloë durch Vermischung mit Europäern die Gruppe der Chiloten bildete. Auf der Ostseite der Kordillere siedeln die Pehuenche hauptsächlich zwischen dem 37. und 40. Breitengrad in der argentinischen Provinz Neuquén, darüber hinaus verstreut auch südlich

Tehuelche (Lista 1880)

bis zur Magellanstraße und östlich bis in die Provinz Buenos Aires. Die Pehuenche sind wohl nicht rein araukanischen Ursprungs, sondern das Ergebnis der Vermischung araukanischer Einwanderer aus Chile mit patagonischen Ureinwohnern. Von letzteren haben sich nur die Tehuelche erhalten, die zusammen mit den heute ausgestorbenen Ona zur Chon-Sprachfamilie gerechnet werden. Die Gesamtzahl der Araukaner in Chile liegt bei ca. 600.000 (= über 6 % der Gesamtbevölkerung), die der Pehuenche und Tehuelche in Argentinien bei etwa 30.000.

b) Lebensunterhalt:
Ackerbau und Viehzucht für den Markt

Ökonomische Basis des traditionellen araukanischen Lebens sind ein nach zentralandin-europäischem Vorbild ausgerichteter Ackerbau und Viehzucht mit aus Spanien eingeführten Tierarten. Beide jedoch reichen heute nicht mehr zur Ernährung der Masse der Indianer, was schwerwiegende soziale Probleme zur Folge hat.

Am meisten bauen die araukanischen Bauern den ursprünglich aus Spanien eingeführten Weizen an, weniger zur Eigenernährung als zum Verkauf; erst in zweiter Linie ihr eigenes Hauptnahrungsmittel Kartoffel, das sie schon in vorspanischer Zeit aus den Zentralanden übernahmen. Daneben kultivierten sie auch Hafer und, allein für den Verkauf, Raps (beides ursprünglich europäische Pflanzen). Der einst für die Ernährung wichtige Maisanbau ist stark zurückgegangen, da Mais sich hier kaum für den Verkauf eignet. Daraus läßt sich ablesen, daß nicht mehr die eigene Subsistenz, sondern der nichtindianische Markt die araukanische Wirtschaft regiert. In Gemüsegärten beim Haus bauen die Frauen Bohnen, Erbsen, Zwiebeln und Salate für den Hausgebrauch an. Vor allem für den leichten Apfelwein zieht fast jede Familie etwa 3-4 Apfelbäume.

Die Viehzucht, noch in der Kolonialzeit nach zentralandinem Vorbild im wesentlichen Lamazucht, konzentriert sich heute auf Rindvieh, neben dem auch Schafe, Ziegen, Schweine und Geflügel (Huhn, Gans, Ente) gehalten werden. Ochsen sind wichtig als Zugtiere, Schafe als Wollieferanten für die Heimweberei, die übrigen Tiere mehr für den Verkauf. Die Pferdezucht, ein historisch überaus wichtiges Moment (s. u. Geschichte), fördert noch immer das Prestige eines Araukaners; ein Mann, der auf sich hält, möchte zumindest ein gutes Reitpferd besitzen.

Der Ackerbau wird teilweise nach zentralandinem Vorbild durch Bewässerung mittels Terrassen an den Andenhängen intensiviert. Soweit noch Rodungsflächen vorhanden, wendet man die Brandrodungsmethode an, beseitigt dabei allerdings, anders als in den tropischen Waldregionen, auch Baumstrünke und Gestrüpp weitgehend, nützt also die Kompostwirkung weniger. Dünger (meist Schafmist) gibt man nur auf kleinere Felder, weshalb der Boden rasch erschöpft ist. Diesen Mangel glich man früher durch jährlichen Felderwechsel aus: Etwa die Hälfte des nutzbaren Bodens wurde in einem Jahr, die andere Hälfte im nächsten Jahr unter den Pflug genommen. Heute ist hierfür infolge des Landraubs durch die Europäer meist kein Platz mehr. Auf einen Reservats-Araukaner in der Provinz Cautín kamen z. B. 1972 nur noch 0,9-1,4 ha. Daraus folgt Überbewirtschaftung des Bodens, daraus wieder eine noch weitere Einengung der nutzbaren Flächen. So erklärt es sich, daß schon 1966 nur mehr 322.916 Araukaner in den chilenischen Reservaten lebten – der Rest mußte entweder auf Gütern weißer Herren unterkommen, oder in den Städten. 1972 schätzte man die Zahl der Araukaner in den drei größten Städten Chiles auf 150.000. Weiter fortgeschritten ist der Landverlust in Patagonien, wo die Tehuelche – ursprünglich Jäger und Sammler, dann Pferdezüchter, bis heute aber kaum Bauern – auf Großfarmen, die Weißen gehören, als Landarbeiter (Gauchos) dienen.

## c) Materieller Kulturbesitz: Einflüsse der spanischen Bauernkultur

Das araukanische Haus, aus Brettern (in Argentinien auch aus gespaltenen Baumstämmen), rechteckig, mit Giebeldach aus Holzschindeln oder Zink, unterscheidet sich kaum von den Hütten nichtindianischer ärmerer Siedler der gleichen Region. Es beherbergt meist nur eine einzige Kernfamilie, und die einzelnen Häuser liegen verstreut, jedes inmitten der Felder der Familie. Dörfer gibt es nicht, was dem Fehlen einer starken sozialen Organisationsstruktur über die Kernfamilie hinaus entspricht (zu Beginn der Kolonialzeit dagegen lebten größere Verbände, bis zu 90 Personen, in einem Großhaus zusammen). Zum Hausrat gehören meist noch einige selbstgefertigte Gegenstände, z. B. Holzschüsseln u. ä., die von den Männern geschnitzt werden, und von den Frauen geflochtene Körbe. Stühle und Tische aber werden gekauft.

Die Ackerbaugeräte sind im wesentlichen die des traditionellen spanischen Ackerbaus. Hierzu gehört der einscharige eiserne Pflug, oder die hölzerne Schollenwalze. Auch das meiste landwirtschaftliche Gerät wird nicht mehr selbst hergestellt, sondern gekauft. Um die Viehzucht, insbesondere aber die Pferdezucht hat sich ein reiches Handwerk entwickelt: Zaumzeug, Sättel usw. sind oft kunstvoll ausgestaltet, gelegentlich mit Silber verziert, und dienen dann auch als Maßstab des Wohlstandes.

Die Kleidung ist heute meist europäisch. Die Männer tragen etwas häufiger als weiße Siedler der gleichen Region den erst von den Spaniern eingeführte Poncho, die Frauen gelegentlich noch ihre Tracht, die der zentralandinen ähnelt. Zu ihr gehören als besonderes araukanisches Kennzeichen das Stirnband, die Frauenschärpe, sowie der früher silberne, heute meist aus Nickel gefertigte Kopf- (Stirnband- und Ohr-) Schmuck, Zopf- und Brustschmuck. In Südchile tragen die „Huasos", Viehhirten auf großen Gütern, unter denen viele Araukaner sind, eine eigene Tracht, die der von den argentinischen Gauchos bekannten im Großen und Ganzen gleicht.

Die Silberschmiedekunst, im 18. Jahrhundert bei den Araukanern heimisch geworden, im 19. Jahrhundert hier zu größter Blüte gekommen, ist heute im Niedergang begriffen. Die Schmuckstücke, zur Verzierung von Trachten sowie von Sätteln und Zaumzeug, erinnern stilistisch an europäische Volkskunst des 19. Jahrhunderts, mit gelegentlichen originellen Zügen wie z. B. stark stilisierten menschlichen Figürchen, die präkolumbischen Funden ähneln. Noch recht lebendig dagegen ist die Heimwebkunst, die Ponchos, Satteldecken und Satteltaschen, Umhänge und Schärpen für die Frauentracht und Decken produziert. Wie in den Zentralanden, woher diese Kunst wohl in vorspanischer Zeit übernommen wurde, verarbeiteten die indianischen Frauen zunächst vor allem die Wolle von Auchenien und gingen dann in der Kolonialzeit mehr und mehr zu Schafwolle über. Auch Hundehaare werden (wie manchmal auch in den Zentralanden) gelegentlich verarbeitet. Man webt auf einem großen, einfachen senk-rechten Webrahmen. Im Unterschied zu den Zentralanden sind die Muster nur selten figürlich oder kompliziert geometrisch, sondern bestehen vor allem aus schlichten Farbstreifen.

## d) Soziale Umwelt:
## Exogame Reservatsgemeinschaften

Die chilenischen Araukaner (die vor allem wir hier beschreiben, da die südandinen und patagonischen Indianer Argentiniens im Vergleich zahlenmäßig nicht ins Gewicht fallen und zudem ihre alte Ordnung weitgehend zugunsten der Unterordnung unter von den Europäern gebrachte Sozialverhältnisse aufgegeben haben) sind in kleinen Reservaten, „reducciones", organisiert, die 1966 durchschnittlich etwa 180 ha (einschließlich des landwirtschaftlich nicht nutzbaren Landes) umfaßten und um 100 Einwohner hatten. Bis 1931 war das Land Gemeineigentum des Reservats und wurde nur zur Nutzung an die einzelnen Familien verteilt. Die Nutzungsrechte sind dabei allerdings erblich und tendieren zum Dauerbesitz. Seit 1931 ist die Individualparzellierung des Reservats möglich, wenn ein Drittel der Bewohner es verlangt. Viele Reservate sind heute tatsächlich ohne Gemeineigentum. Die Aufteilung wird vor allem von solchen Familien gefordert, die bei der ursprünglichen Verteilung der Nutzungsrechte im 19. Jahrhundert zu kurz kamen. Innerhalb der Reservate gibt es nämlich sehr deutliche Vermögensunterschiede, die auf ungleicher Landverteilung beruhen.

An der Spitze des Reservats steht der Kazike, dessen Amt auf den ältesten Sohn weitervererbt wird, und zwar meist in einer der reichsten Familien des Reservats. Er muß allerdings vom Rat der männlichen Familienvorstände mehrheitlich bestätigt werden. Sonst kann dieser Rat selbst einen Kaziken wählen, doch macht er von seinem Recht nur selten Gebrauch. Der Kazike vertritt das Reservat gegenüber den chilenischen Behörden. Im Innern kann er Verwaltungsfunktionen erfüllen, soweit er damit nicht in Konflikt mit Maßnahmen der Behörden kommt – diese Einschränkung, sowie die Tatsache, daß nicht er, sondern die chilenischen Rechtsbehörden die alleinige Rechtsgewalt haben, beschränken seine Macht praktisch auf informelle, allerdings meist befolgte Ratschläge. Etwa kann er Empfehlungen für das Verhalten bei Wahlen geben, oder die geschlossene Teilnahme der Reservatsbewohner an einer politischen Demonstration organisieren. Er ist also mehr der Anführer einer Interessengemeinschaft als eine administrative Autorität. Bei seinen Entscheidungen ist er auf die Zustimmung des Rats der Familienväter angewiesen.

Die Reservatsgemeinschaft, im 19. Jahrhundert meist etwas zufällig zusammengekommen, bildet keinen strukturierten Verwandtschaftsverband, doch tendiert sie in der Praxis zur Exogamie. Zwischen bestimmten Reservaten haben sich mehr oder weniger feste Connubien herausgebildet, und zwar auf Grund der Präferenz für die asymmetrische Kreuzbasenheirat. Die Wohnfolge ist patrilokal, wobei traditionell den Brauteltern ein Brautpreis (für den früher teilweise der reiche Silberschmuck bestimmt war) gezahlt wird. Polygynie, wenngleich nach chilenischem Gesetz untersagt, kommt noch vor, zumal bei Kaziken.

e) Religion: Ekstatischer Schamanismus

Die Musik der Araukaner ist rhythmischer als die der Zentralanden. Neben Flöten werden Trommeln in starkem Maße eingesetzt. Besonders charakterisch ist die Handtrommel aus einer flachen Holz- oder Kürbisschüssel mit einer Fellhaut, geschlagen mit einem Holzklöppel. Hiermit begleitet man z. B. lange Sprechgesänge, teils improvisierte Streit- und Scherzlieder, teils traditionelle Berichte historischen Inhalts, die z. B. Siege über die Spanier verherrlichen. Maskentänze haben einen stark karnevalesken Charakter und sind, wie auch die Masken, womöglich von der europäischen Folklore beeinflußt.

Die Mapuche sind größtenteils getaufte Katholiken, doch ist ihre Religion in der Praxis ein katholisch durchsetztes Heidentum, bei dem insbesondere die schamanistischen Elemente auffallen. Oberste Gottheit ist der (die) doppelgeschlechtliche Chau Dios ("Vater Gott", auch "Alte Frau im Himmel" genannt), allmächtiger Schöpfer der Welt und der Menschen, wohl im Grunde der Sonne gleichgesetzt. Neben ihm heilt eine "Freundin der Sonne" Krankheiten der Menschen. Weiter werden Sterngottheiten verehrt. Ihnen allen entgegen steht eine Gruppe bösartiger Wesen, z. B. "Wirbelwind", die Krankheiten verursachen. Verehrung des Obersten Gottes und Vertreibung böser Geister ist der Inhalt des Ngillatún-Festes, das ums Jahresende abgehalten wird und Elemente des europäischen Neujahrsfestes mit einer eindrucksvollen Darstellung der traditionellen araukanischen Reiterkultur verbindet. Hierzu finden sich durch Connubium verbundene Reservate oder Familien zusammen. Man errichtet einen rustikalen Altar, den man in feierlicher Prozession umreitet, immer rascher, schließlich in eindrucksvollem Galopp. Lämmer werden geopfert, deren Blut man in Schüsseln auf dem Altar Gott anbietet. In Gebeten erfleht man Fruchtbarkeit für Ernte und Vieh, gutes Wetter und Reichtum. Zuletzt wird Maisbier in großen Mengen getrunken.

Zu diesem Fest gehört meist der Auftritt einer Machi (Schamanin, manchmal auch ein homosexueller Mann). Sie erklimmt einen treppenartig eingekerbten mannshohen Holzklotz, Symbol der Himmelsleiter, auf welcher sie ins Jenseits zu Gott gelangt. Auf einer Handtrommel schlagend, dreht sie sich auf der Spitze der Leiter so lange um sich selbst, bis sie in Trance fällt. Sie stürzt schließlich zu Boden, bleibt eine Weile wie tot liegen (charakteristisch für die Darstellung des vorübergehenden Todes im Schamanismus) und erwacht dann, um zu berichten, daß sie Gott besucht hat, der mit den Opfern zufrieden ist, sich an der Kavalkade erfreut hat und die Gebete erfüllen wird. Die Machi reist auch ins Jenseits, um Hilfsgeister um sich zu sammeln und mit ihnen vor Gott ekstatisch zu tanzen. Sie erfährt dabei Prophezeiungen und Gründe für Krankheiten. Seelenraub durch böse Geister, aber auch das Einführen schädlicher Substanzen

Tehuelche auf der Wanderung (Musters 1877)

in den Körper durch böse Zauberer mit Hilfe böser Geister können Krankheiten verursachen. An der Spitze einer Armee guter Hilfsgeister, meist Seelen verstorbener Machi aus der eigenen Familie, rückt die Machi zum Kampf gegen böse Geister aus, wobei es in der araukanischen Vorstellung zu regelrechten Feldschlachten im Land der Geister kommt: Riesige Heere von Geistern, meist zu Pferd, treten gegeneinander an, als würden die Zeiten der großen Reiterattacken auf die Spanier wieder lebendig. Machi wird man durch Gottes Berufung, indem man etwa im Traum von Vögeln als himmlischen Boten benachrichtigt wird, und nach einer oft mehrjährigen Lehrzeit bei einer älteren Machi. Die Schamanin wird gut bezahlt.

Der araukanische Schamanismus weist auch äußerlich mehr Parallelen zum sibirisch-uralischen Schamanismus auf als das Medizinmannwesen anderer südamerikanischer Indianer, so z. B. in der Form und Bedeutung der Schamanentrommel oder in der zentralen Rolle der Himmelsleiter.

f) Geschichte:
300 Jahre Siege über die Spanier

Araukaner und Patagonier waren ursprünglich Wildbeuter. Nicht allzu lange vor der europäischen Conquista, vielleicht im 13. oder 14. Jahrhundert, gingen die Araukaner zum Bodenbau über, zunächst aber wohl nur in Form einer begrenzten Hortikultur. Der reiche Wildbestand und die Pinienfrüchte lieferten eine Subsistenzbasis, die vom Bodenbau nur ergänzt, noch nicht ersetzt wurde. Das lange Festhalten am Jäger- und Sammlertum erklärt wohl manche archaischen Züge in der südandin-patagonischen Kultur, z. B. Aspekte des araukanischen Schamanismus.

Um 1475 drangen die Inka ins Land ein, mußten aber vor erbittertem Widerstand am Río Maule Halt machen. Nur wenig weiter kamen zunächst die Spanier, die kurz darauf, 1536, aus dem Inkareich kommend erstmals araukanisches Gebiet betraten. Zwar konnten sie zu Anfang den Widerstand bis hin zum Bio-Bio-Fluß

236

brechen, doch beim Versuch, darüber hinaus ins Kernland der Mapuche vorzustoßen, scheiterten sie. Ihr Anführer, der Conquistador Valdivia wurde 1553 von den Araukanern gefangengenommen und verzehrt. Die gute Organisation des indianischen Widerstandes, die ausgefeilte Taktik der Araukaner ebenso wie ihr todesverachtender Mut nötigten auch den Spaniern größte Hochachtung ab. Der Organisator des Krieges, der aus Mittelchile stammende, dort hispanisierte, dann aber zu den Araukanern übergegangene Indianer Lautaro gilt den Chilenen heute als Nationalheld.

Es folgten Jahrzehnte des Kampfes. Die Spanier, in großen Feldschlachten überlegen, konnten araukanisches Land unter Kontrolle bringen und wurden dann nach einiger Zeit durch Aufstände wieder vertrieben. Kleine, bis dahin uneinige araukanische Familienverbände schlossen sich zu vorübergehenden Bündnissen gegen die Spanier zusammen, wobei sie zeitweise eine regelrechte staatsähnliche Organisation aufbauten. Mitten im Krieg gab es dabei doch immer wieder Kulturkontakte in mannigfacher Form: Handel zwischen freien und schon von den Spaniern unterworfenen, teilweise hispanisierten Indianern; vorübergehender Aufenthalt freier Araukaner im spanischen Gebiet, oft in der Absicht, spanische Taktiken und Militärgeheimnisse auszukundschaften, aber auch, um im Dienst der Spanier Geld zu verdienen, um damit Zivilisationswaren, insbesondere Waffen zu kaufen; Desertation spanischer Soldaten zu den Araukanern; Übergehen von Kindern spanisch-araukanischer Ehen aus den von Spaniern beherrschten Landesteilen zu den Araukanern. Gerade um die Europäer schlagen zu können, übernahmen die Indianer von ihnen zahlreiche Kulturelemente.

Der Krieg forderte von den Indianern große Opfer. 1540 gab es im Kampfgebiet schätzungsweise 1 Mio. Araukaner, 1570 überlebten nur mehr etwa 600.000, davon 450.000 unter spanischer Kontrolle, 150.000 frei. Etwa ab 1610 gewannen die Indianer allmählich militärisch die Oberhand über die Spanier, dank dem Aufbau einer schlagkräftigen Kavallerie. Waren sie zunächst gerade vor den Pferden der Eroberer davongelaufen, so gelang ihnen nun eine Umstellung, die sich mit dem kulturellen Wandel der Prärieindianer Nordamerikas zu kriegerischen Reitervölkern vergleichen läßt, nur daß im Fall der Araukaner der Übergang sehr viel systematischer, aus der klar erkannten Notwendigkeit, den Spaniern ein eigenes Reiterheer entgegensetzen zu müssen, betrieben wurde. Der Krieger zu Pferd wurde zum Symbol araukanischen Widerstandes. Die Indianer, bislang eher defensiv, gingen zum Angriff auf spanische Städte über. 1641 sah die Kolonialmacht sich zum Friedensschluß gezwungen: Sie sicherte den Indianern ein unabhängiges Territorium südlich des Bio-Bio-Flusses zu, gegen das Versprechen der Araukaner, keine Kriegszüge nördlich dieser Grenze mehr zu führen.

In ihrem so gesicherten Territorium bauten die Mapuche nun einen antikolonialen Gegenstaat auf. Er wurde administrativ in drei Provinzen geteilt, deren jede unter der Hoheit eines durch den Rat der Familienvorstände gewählten Kaziken stand. Regelmäßig trafen sich die drei Kaziken und weitere Vertreter der Provinzen zu einer Art gemeinsamem Parlament, das den Oberkaziken wählte. Die Mapuche installierten ein auf systematische Militarisierung ausgerichtetes Erziehungssystem. Vom sechsten Lebensjahr an mußten die Jungen den Gebrauch von Waffen erlernen, um sich dann möglichst bald auf eine bestimmte Waffe zu spezialisieren. Sie mußten antispanische Lieder mit Berichten über die von Spaniern begangenen Untaten lernen und machten Folterkurse am Objekt gefangener Spanier durch. Die Opfer wurden am Schluß meist aufgegessen. Es scheint, daß der Kannibalismus bei den Araukanern ursprünglich sehr selten war, und daß sie ihn erst im Krieg gegen die Weißen weiter entwickelten, und zwar, ebenso wie die Marter gefangener Spanier, als ein bewußt eingesetztes Mittel psychologischer Kriegsführung, um die Weißen in Angst und Schrecken zu versetzen. Offenbar wendeten die Indianer gezielt gerade diejenige Behandlung der Gefangenen an, die diesen am schrecklichsten sein mußte. Hierzu gehörte etwa auch der Triumphzug mit entkleideten Spanierinnen, oder die Verhöhnung des Kreu-

Tehuelche und Araukaner begrüßen einander (Musters 1877)

zes. Wer unter den Araukanern sich zum Christentum bekannte oder das Wort „Frieden" aussprach, durfte sofort von jedermann getötet werden.

Seit dem 17. Jahrhundert zogen araukanische Reitertrupps über die Anden, um auf der argentinischen Pampa verwilderte Rinder und Pferde zu jagen. Hieraus wurde im 18. und 19. Jahrhundert eine größere Wanderung. Ein Teil der patagonischen Indianer wurde araukanisiert, die meisten übernahmen zumindest das Pferd und entwickelten eine der araukanischen in manchem verwandte Reiterkultur. Von einfachem Jäger- und Sammlertum wechselten sie zu großangelegten Jagden auf Tierarten, die sie vorher, zu Fuß, kaum hatten erreichen können (Guanako, Nandu, Puma). Bei ihren Treibjagden verwendeten sie die vielleicht von den Araukanern übernommene Bola, d. h. zwei oder drei lederumkleidete, mit Riemen verbundene Steinkugeln, die, auf das Wild geschleu-

dert, dieses zu Fall bringen und gleichzeitig fesseln. Araukaner, Patagonier und kulturell verwandte Pampas-Indianer unternahmen zu Pferde kriegerische Streifzüge bis in die Umgebung von Buenos Aires, wo sie Vieh und Lebensmittel raubten. Einen Teil der Beute verkauften sie an andere weiße Siedler. Man schätzt z. B., daß 1825/26 die argentinischen Siedler am Rio Negro rund 40.000 Stück Rindvieh von den Indianern kauften, das meistens in der Nähe von Buenos Aires geraubt war. Anderes Vieh wurde über die Anden getrieben und an die chilenischen Siedler verkauft. Die Araukaner kontrollierten ferner den größten Teil des Fuhrbetriebs über die Anden zwischen Chile und Argentinien. Die weißen Siedler in Chile waren bis zu Beginn des 19. Jahrhunderts wirtschaftlich abhängig vom Viehhandel mit den Indianern und vom Import der Waren, die im Hafen von Buenos Aires aus Europa gelandet wurden, dann durch Raub oder Handel in indiani-

238

sche Hände gelangten und von den Araukanern nach Chile gebracht wurden. All das brachte den Indianern das für den Erwerb von Zivilisationswaren, insbesondere Waffen nötige Geld, ohne daß sie für Weiße in deren Betrieben arbeiten mußten – eine wichtige Voraussetzung für die politische Selbständigkeit. Sie konnten sich auf diese Weise materiell weitgehend akkulturieren, ohne sich zu unterwerfen. Ihr Viehreichtum war meist größer als derjenige der Weißen. Z. B. besaß Anfang des 19. Jahrhunderts ein araukanischer Kazike auf der argentinischen Pampa, dessen Gefolgschaft etwa 80 Personen, davon 14 erwachsene Männer zählte, ca. 15.000 Rinder und ca. 8.000 Pferde und Schafe, also pro Mann etwa 1.000 Rinder, was keine Ausnahme war.

Die Lage schlug um, als Chile nach Erringung seiner Unabhängigkeit (1810) seine eigenen Häfen für den Handel mit Europa ausbaute und so die Abhängigkeit vom indianischen Zwischenhandel aus Buenos Aires überwand. Die politische Allianz Chiles und Argentiniens mit dem Industriestaat Großbritannien führte zu immer modernerer Bewaffnung der chilenischen und argentinischen Armeen, denen die Indianer schließlich nicht mehr gewachsen waren. Chilenische Truppen und Siedler drangen über den Bio-Bio-Fluß vor und warfen allmählich die araukanische Resistenz zurück, zunächst an einigen festen Plätzen, dann auf Straßen zwischen ihnen, dann immer weiter ins Land hinein. Ab 1833 rückten auch auf der argentinischen Seite die Truppen auf die Anden vor. Um 1850 begann auf der chilenischen Seite die systematische Ansiedlung von militärisch ausgerüsteten und ausgebildeten Wehr-Kolonisten, viele von ihnen Mitteleuropäer. Bis 1865 hatten die Argentinier eine Kette von Forts entlang den lebenswichtigen Wasserstellen in der Pampa ausgebaut. Der Eisenbahnbau schließlich besiegelte das Schicksal der Indianer, denn nun konnte Nachschub rasch und in großen Mengen zu den Forts gebracht werden. 1878 schlug die argentinische Armee letzte freie Indianer nahe den Anden vernichtend und etwa gleichzeitig brach auch in Chile der Widerstand zusammen. Nun begann die rücksichtslose Vertreibung der Indianer von den besten Teilen ihres Landes. Noch einmal wehrten die chilenischen Araukaner sich 1880 in einem großen Aufstand gegen den Landraub, doch nach zweijährigem Kampf waren sie endgültig niedergezwungen. Über 300 Jahre lang hatten sie ihre Freiheit gegen die europäische Invasion behaupten können.

Pampas-Indianer und Patagonier wurden in den folgenden Jahren durch Deportationen, Krankheiten (Pocken), Alkohol zugrundegerichtet. Ganze Ethnien verschwanden. Etwas besser behaupteten sich die chilenischen Araukaner, doch auch sie wurden dezimiert. Man reservierte ihnen die schon erwähnten „reducciones", die wie Reservate auch anderswo in der Welt hauptsächlich das Land umfaßten, das kein Weißer wollte. Von 1884 bis 1929 wurden jedem weißen Siedler, der einen Landtitel beanspruchte, durchschnittlich 500 ha zugeteilt, jedem Mapuche nur 6,1 ha.

Die soziale Unruhe in der chilenischen Landbevölkerung seit Beginn der 60er Jahre des 20. Jahrhunderts griff auf die Araukaner über, die sehr bald mit der Forderung nach Rückgabe des ihnen geraubten Landes hervortraten. Unter dem Einfluß linksgerichteter Studenten, die zu den Indianern aufs Land zogen, entwickelten diese die linksextreme „Revolutionäre Bauernbewegung". Auch die Kommunistische Partei konnte, vor allem in den Reservaten, Mitglieder werben. Die Unruhe der Araukaner unterschied sich dabei von der allgemeinen sozialen Bewegung in Chile insofern, als die Indianer in ihren Forderungen meist radikaler als andere Bauern waren, ferner Forderungen nach einer speziell indianischen Autonomie stellten. Im Wahlkampf 1970 standen ganze Reservatsgemeinschaften unter Führung ihrer Kaziken geschlossen auf der Seite des Kandidaten Allende. Nach dessen Sieg kam es allerdings bald zu gewissen Spannungen mit seiner Regierung, da vielen Mapuche die Bodenreform nicht radikal genug durchgeführt wurde. Gerade die illegalen Landbesetzungen durch Mapuche haben dazu beigetragen, die Regierung zu einer Radikalisierung ihres landreformerischen Kurses zu zwingen. Viele Indianer schlossen sich der links von der Regierung Allende stehenden, den Volkskrieg fordernden MIR an.

Nach dem rechtsradikalen Putsch von 1973 war die Repression im Mapuchegebiet demgemäß besonders hart. Allein für das Gebiet um Temuco und allein für September 1973 lassen sich über 2.500 Morde an Mapuche mit ziemlicher Sicherheit nachweisen. Chilenische Militärs gaben die Absicht zu erkennen, „mit den Indianern aufzuräumen, weil es doch zu viele gibt", und ganze Landstriche indianerfrei zu machen. Reservatsgemeinschaften wurden en bloc deportiert oder ermordet. Dabei darf man nicht vergessen, daß der rücksichtslose Kampf gegen rebellische Indianer die wichtigste Tradition der chilenischen Armee ist. Selbst die Einrichtung von Konzentrationslagern auf südchilenischen Inseln, heute für Weiße, wurde ja zuerst mit Indianern, den Feuerländern, erprobt. Mittlerweile hat die chilenische Militärregierung ihre Absicht verkündet, die Lage der Mapuche durch ein Hilfsprogramm grundlegend zu bessern. Doch sprechen jüngste Berichte (1975) aus dem Mapuchegebiet von allgemeiner Hoffnungslosigkeit und von einem pessimistischen Haß auf alle Weißen, der an die Stelle der früheren Hoffnung getreten ist, im politischen Bündnis mit bestimmten Gruppierungen der Weißen Erfolge zu erzielen.

## Literaturauswahl

*Berdichewsky, Bernardo:* The Araucanian Indians in Chile (Iwgia Document 20). Copenhagen 1976

*Faron, Louis C.:* Mapuche social structure (Illinois Studies in Anthropology 1). Urbana 1961

*Faron, Louis S.:* The Mapuche Indians of Chile. New York 1968

*Hanke, Lewis:* Aristotle and the American Indians – A Study in Race Prejudice in the Modern World. Chicago 1959

*Neumann, Peter und Šolc, Václav:* Chile-Expedition 1966/67, Kurzbericht, Teil 2. in: Ethnologisch-Archäologische Zeitschrift 9. Berlin 1968

*Schindler, Helmut:* Die Jägerbevölkerung der Pampa um 1750. in: Archiv für Völkerkunde 21. Wien 1967

*Ders.:* Das Wirtschaftsleben der Araukaner der Pampa im 19. Jahrhundert. in: Verhandlungen des 38. Internationalen Amerikanistenkongresses Stuttgart – München 1968,3

## 15. Die Chaco-Indianer: Nomaden im toten Winkel Südamerikas

„Auf den Chaco blicken die spanischen Soldaten als auf einen Schauplatz des Unglücks, und die Wilden als auf ihr Palästina und Elysium", schrieb 1784 der Jesuit Dobrizhoffer. Bis heute ist der Gran Chaco wenig verlockend für Europäer, und letzte größere Rückzugsecke für Indianer in Südamerika. Hier hielten sich noch bis in unsere Zeit über 4.000 „wilde" Indianer, das heißt solche, die Kontakt zu Fremden vermeiden, indem sie bei Annäherung fliehen oder zu den Waffen greifen. Hier werden auch noch gelegentlich – wenngleich immer seltener – Weiße von Indianer besiegt anstatt umgekehrt. Der Chaco war jahrhundertelang für die Weißen ein vergessener, toter Winkel im Innern des Kontinents.

### a) Lebensraum: Unwirtliche Dornbuschsteppe

Das typische Kontinentalklima ist hart: Im Sommer steigt die Hitze auf über 46° an, im

Winter kommt es zu Nachtfrösten. Nur im Sommer regnet es, jedoch auch nur wenig und unregelmäßig, von Dürrekatastrophen unterbrochen. Die Parklandschaft mit Palmenhainen des noch relativ feuchten östlichen Randstreifens geht nach Westen, bei abnehmendem Niederschlag, in Strauchdickicht mit Dornenbäumen, Kakteen und Ananasstauden über. Noch weiter westlich schließt sich daran bei nur allmählich wieder zunehmendem Niederschlag ein Dornbuschwald. Erst in der Nähe der Anden regnet es ausreichend für tropischen Regenwald. Infolge der Dürre und des geringen Gefälles erreichen viele von den Anden kommende Flüsse nicht den Ostrand des Chaco, sondern verdunsten oder versickern unterwegs unter Bildung ausgedehnter Salzsümpfe. Nur die drei größten von den Anden kommenden Ströme, Río Bermejo, Pilcomayo und Salado, bilden durch periodische Überschwemmung breiter Uferstreifen fruchtbares Land mit Galeriewäldern. In diesen feuchteren Zonen ist Feldbau gut möglich, im größten Teil des Chaco aber nicht. Dort liefern dafür wildwachsende Xerophyten viele eßbare Früchte. In sinnvoller Anpassung sind die Chaco-Indianer in erster Linie Sammler von Wildfrüchten, während sie Bodenbau nur am Rande betreiben. Wassermangel und schlechte Bedingungen für den Feldbau haben europäische Siedler lange Zeit gehindert, den Chaco zu erobern, so daß die Indianer relativ ungestört blieben.

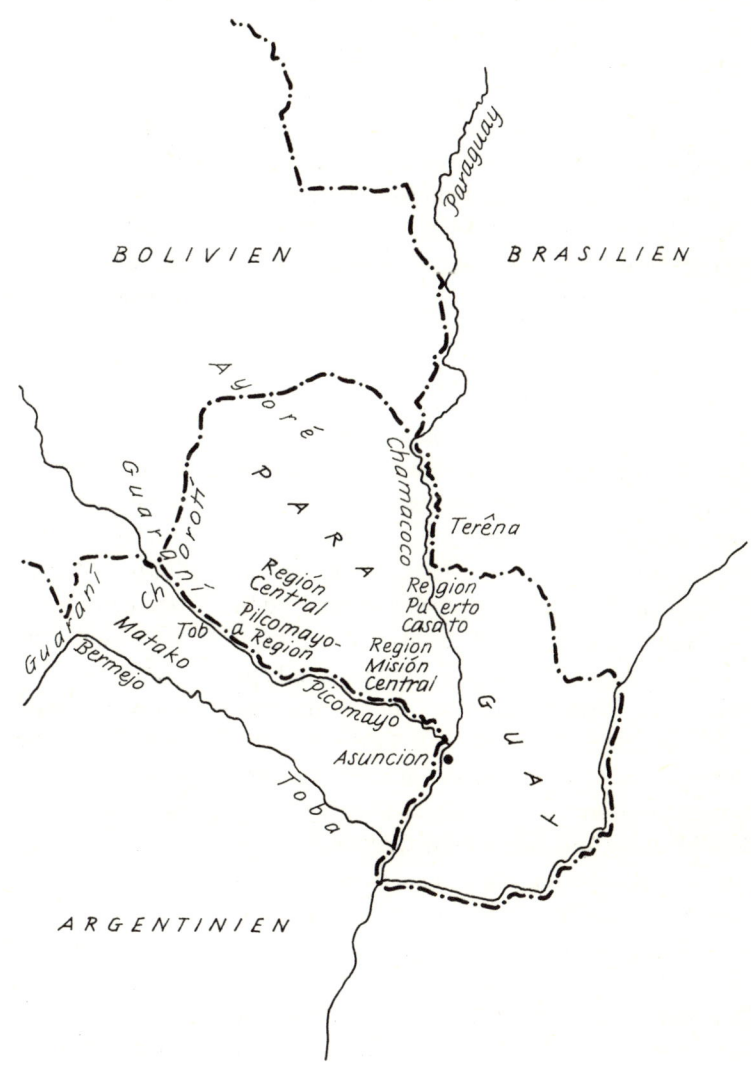

Kulturareal Chaco

Sie bildeten wohl ursprünglich mit Patagoniern und Araukanern (und den heute ausgestorbenen Pampas-Indianern) ein gemeinsames Kulturareal. Sie reagierten auch ganz ähnlich auf den Kontakt mit den Europäern: Mit Herausbildung einer agressiven Reiterkultur. Nur blieben hier, im schwer zugänglichen und dem Bodenbau feindlichen Rückzugsgebiet, die Hochkultureinflüsse geringer. Dafür wurden aus den nördlichen und östlichen Nachbarregionen Einflüsse der tropischen Tieflandkulturen hereingetragen.

Im Chaco leben heute über 100.000 Indianer in 19 Ethnien, davon etwa 46 % in Argentinien, 33 % in Paraguay, 16 % in Bolivien, 5 %: in Brasilien. Viele Ethnien überschreiten die modernen Staatsgrenzen. Im paraguayischen Chaco machen die Indianer etwa 38 % der Gesamtbevölkerung aus, was außerhalb des Andenraums mit der höchste Regionalanteil von Indianern ist (Vergleichswerte für die drei anderen Chaco-Anrainerstaaten liegen nicht vor). Größte Volksgruppe sind allerdings die westlichen Guaraní (ca. 30.000), ein kultureller Fremdkörper, eingewandert aus dem Osten und heute quer durch die ganze Region verstreut. Exoten im Areal sind auch die 5.000 zur Aruak-Sprachgruppe gehörenden Terêna zwischen Rio Miranda und Rio Aquidauana (Brasilien). Beide sind Pflanzer ohne die wildbeuterische Tradition des Chaco. Typische Chaco-Indianer dagegen sind die Angehörigen der Guaicurú-Sprachfamilie, darunter die gefürchteten Mbaya, die „indianischen Ritter", die auf den Steppen des Chaco und Mato Grosso eine ähnliche Rolle spielten wie die Sioux auf den nordamerikanischen Plains. Von ihnen überleben aber heute nach Indianerverfolgung und Seuchen nur 150 Kadiwéu im Mato Grosso westlich der Serra da Bodoquena. Größte Guaicurú-Gruppe sind nun die Toba (ca. 19.000) vor allem im argentinischen Chaco Central.

Den alten kriegerischen Geist besser bewahrt haben die Völker der Zamuco-Sprachfamilie: Die knapp 5.000 Ayoré zwischen Paraguay und Bolivien, von denen noch knapp 2.000 der Conquista der Erdölgesellschaften und Missionare zumindest bis vor kurzem bewaffneten Widerstand entgegensetzten, und die Chamacoco in Nordparaguay westlich des Río Paraguay, von denen ca. 950 schon unterworfen, andere (vielleicht 1.000 ?) aber noch unbezwungen waren und um ihr Land kämpften, das heute gegen ihren Willen zum Verkauf (insbesondere in der Bundesrepublik) angeboten wird. Auch die ca. 700 Manjuy in Paraguay nordwestlich Mariscal Estigarribia verteidigen noch ihre Unabhängigkeit. Sie sind eine Untergruppe der vielleicht 1.800 Chorotí in Paraguay und Argentinien, die zur Matako-Sprachfamilie gehören. Im Hinterland des Río Bermejo (Argentinien) entzog sich auch ein Teil der insgesamt vielleicht 12.500 eigentlichen Matako dem „friedlichen Kontakt". Dagegen verkörpern 416 zur gleichen Sprachfamilie zählende Mak'á das andere Extrem: Sie leben beim zoologisch-botanischen Garten der paraguayischen Hauptstadt Asunción als eine weitere Sehenswürdigkeit neben Orchideen und Wildkatzen für Touristen und kassieren Eintritt in ihre Siedlung und Gebühren für jedes Foto — womit sie auch jenen Besuchern Geld aus der Tasche ziehen, die dann einige Hundert Kilometer Chaco-einwärts reisen, um an der Conquista gegen die „wilden" Indianer zu verdienen. Die Mak'á verwenden ihren Verdienst für eine Schule, eine Krankenstation und für die Modernisierung der traditionellen Jagd durch Anschaffung von Fahrzeugen und Waffen.

Von der Matako-Sprachfamilie seien hier noch die knapp 6.000 Nivaklé erwähnt, die vom mittleren Pilcomayo nördlich vor allem um die Farmen der Mennoniten siedeln, zum Teil aber auch auf den Zuckerplantagen von Salta arbeiten. Eine weitere Chaco-Sprachfamilie ist die der Mascoi. Zu ihr gehören die über 11.000 Eenthlit mit den Untergruppen der Lengua und Angaité im zentralen und östlichen paraguayischen Chaco, heute vielfach Landarbeiter auf Viehzuchtfarmen.

b) Lebensunterhalt: Algarrobo und Nandú

Wichtigster Wirtschaftszweig ist — oder war bis zur Aufgabe der traditionellen Lebensweise —

das Sammeln von Wildfrüchten durch die Frauen. Die Hülsen des Algarrobo-Baumes (Prosopis) liefern ein süßes, schwammiges Fruchtgewebe. Aus den Samen bereitet man ein belebend wirkendes Getränk, dessen Gärung durch Vorkauen der Samen beschleunigt wird. Die Reifezeit der Algarrobo-Früchte ist die Zeit der fröhlichen Feste und Zusammenkünfte verschiedener Gruppen. Man betrinkt sich gemeinsam, vereinbart politische Bündnisse und Eheschließungen. Andere wichtige Früchte sind die der Tusca-Liane (Acacia moniliformis), des Chañarbaumes (Gourliea decorticans), des Mistolbaumes (Ziziphus mistol), des Caraguatá-Strauches (Bromelia serra), einer „Waldbohne" (Capparis retusa) usw. usf. Gegessen werden auch bestimmte Wurzelarten. Das typische Arbeitsgerät der Frauen ist der bis über 1,5 m lange Grabstock aus hartem Holz mit spatenförmigem Ende, mit dem man im Boden wühlt oder auch ganze Sträucher ausgräbt. In den östlichen Randzonen ist die Mbocayá-Palme (Acrocomia sp.) zentrale Nahrungspflanze. Man kocht das Palmmark und verarbeitet es zu Mehl, das man auf längeren Wanderungen als Vorrat mitführt – das war z. B. eine der Grundlagen der Mobilität und Bereitschaft zu Kriegszügen über Hunderte von Kilometern bei den Mbaya. Die Früchte der Palme ißt man ebenfalls, oder man bereitet aus ihnen ein berauschendes Getränk. Die Sammelwirtschaft der Chaco-Indianer ist ein Musterbeispiel für die optimale Anpassung eines „primitiven" Volkes an eine Natur, die nur scheinbar, in den Augen der Europäer, feindselig und unfruchtbar ist.

Den unterschiedlichen Reifezeiten und Standorten der einzelnen Wildpflanzen passen sich die Sammler durch zyklische Wanderungen an. Die Initiative hierzu geht meist von den Frauen aus, die ja mit der Sammelwirtschaft betraut sind, aber in der großen Gruppe weniger zu sagen haben als in ihrer Kleinfamilie. Infolgedessen wandern meist nicht ganze Gruppen, vielmehr teilt man sich in kleinere Abteilungen, die getrennt in unterschiedlichen Gebieten sammeln, um sich später, am Ende einer jahreszeitlichen Sammelperiode, wieder zusammenzufinden. Dies hat den Vorteil, daß keine Region durch zu viele Sammler auf einmal überstrapaziert wird. Genauso verfährt man beim Sammeln des ebenfalls nur in bestimmten Jahreszeiten reichlich vorhandenen Wildhonigs, der vor allem in der Ernährung der Ayoré eine wichtige Rolle spielt.

Größere Gruppen dagegen unternehmen jahreszeitliche Wanderungen zu dem (von den Männern betriebenen) Fischfang an den großen Flüssen. Man fischt vor allem mit Netzen aus Caraguatá-Fiber, wobei man auch Sperrzäune errichtet, auf die man die Fische bei großen Gemeinschaftsfischzügen zutreibt. Daneben fischt man individuell mit Pfeil und Bogen vom Kanu aus. Geringer ist die Bedeutung der Jagd. Im 18. und 19. Jahrhundert waren große Treibjagden zu Pferde ein eindrucksvolles Schauspiel, bei dem man ganze Tierherden (Nandú, Hirsch, Pecarí) in Jagdgatter trieb. Diese Art der mobilen, schnellen Jagd verfiel mit dem Verfall der Pferdezucht. Die Mak'á suchen Ersatz zu schaffen, indem sie die Tiere mit motorisierten Fahrzeugen vor sich her treiben. Doch bildet auch die fortschreitende Einzäunung von Land durch Weiße, die sich darauf ohne Rücksicht auf indianische Jagdterritorien Besitzansprüche anmaßen, heute ein Hindernis für die traditionelle Großjagd, bei der das kollektive Erlebnis des freien Dahinstürmens über endlose, nicht durch Stacheldraht zerschnittene Savannen oft wichtiger war als die Beute. Der Einzeljäger kann dagegen noch immer die verschiedenartigsten, sehr listenreichen Fallen bauen oder sich in Tierverkleidung anschleichen, soweit nicht der Wildbestand zu sehr zurückgegangen ist. Wichtig für den Gelderwerb ist heute die Jagd auf Felltiere, vor allem Felide.

Der Rückgang der Großjagden hat Folgen für die Sozialordnung: Die Festigung des Gemeinschaftsgefühls durch das kollektive Erlebnis entfällt. Während die jahreszeitlichen Sammelperioden, in denen die Frauen den Nahrungserwerb bestreiten, Zeiten der friedlichen Begegnung zerstreuter Kleinfamilien sind und damit eine wichtige Funktion für Verständigung über ethnische Grenzen hinweg haben (in dieser Zeit werden z. B. intertribale Ehen geschlossen), waren die von den Männern bestimmten Perioden der Jagd und des Fischfangs Zeiten intertribaler Konflikte: Wenn die Jäger- oder Fischertrupps aufeinanderstießen, kam es häufig zu Auseinandersetzungen um Jagdgrenzen, besonders wenn Treibjäger sich bei der Verfolgung des Wildes zu weit vom Ausgangspunkt entfernt hatten – gerade diese Konflikte mit fremden Gruppen stärkten aber auch den Zusammenhalt innerhalb der eigenen. Auch das Gewicht der beiden Geschlechter innerhalb der Sozialordnung hat sich durch den Rückgang der Jagd zuungunsten des Mannes verlagert.

Alle Chaco-Indianer kennen den Bodenbau in Form des Brandrodungs-Hackbaus, doch praktizieren sie ihn wegen der ungünstigen natürlichen Voraussetzungen nur wenig. Die Bestellung der Felder ist meist auf bestimmte Jahreszeiten begrenzt. Am ehesten baut man Mais an, hauptsächlich für das Maisbier, das bei großen religiösen Festen konsumiert wird. Die Einführung des Christentums und damit die Abschaffung der religiös motivierten Maisbierfeste hat bei vielen Gruppen zu einem rapiden Rückgang des Bodenbaus geführt, was illustriert, daß der europäische „Fortschritt" in der Praxis durchaus zivilisatorischen Rückschritt bedeuten kann. Ferner werden ungiftiger Maniok, Bohnen (Phaseolus sp.), Süßkartoffel (Ipomea batatas), Kürbisarten (Cucurbita maxima, C. moschata), Wassermelonen, Sorgho-Hirse und Zuckerrohr (die drei letzteren aus der Alten Welt) angebaut. Zu den Nahrungsmitteln tritt noch das besonders für religiöse Zwecke verwendete Genußmittel Tabak, Baumwolle für die Weberei, Kalebassen für Gefäße und Rasseln, Rohrarten für Pfeilschäfte. Die Anzahl der angebauten Pflanzenarten ist also durchaus nicht gering. Möglicherweise spielte der Bodenbau in vorkolumbischer Zeit eine größere Rolle, vor allem natürlich in den feuchten Randzonen. Er ist im wesentlichen Männersache, woraus man geschlossen hat, daß er aus dem zentralandinen Raum und nicht aus den tropischen Tiefländern eingeführt wurde, weil in letzteren gerade umgekehrt die Frauen mit den pflanzerischen Aufgaben betraut sind.

Die Chaco-Indianer sind traditionell „Nomaden", doch müssen wir diesen Ausdruck vorsichtig gebrauchen, denn er bedeutet nicht, daß sie umherziehen, wie es ihnen beliebt. Vielmehr sind die Territorien jeder Gruppe fest abgegrenzt, und nur innerhalb der Grenzen wandert man, wobei die Notwendigkeit der Anpassung an natürliche Perioden der Früchte, Fische und Jagdtiere, die regelmäßig an ganz bestimmten Stellen zu finden sind, die Wanderungen noch stärker reglementiert. Gewöhnlich folgt man recht starren, immer wiederholten Linien. Nur so ist der Bodenbau auch „nomadisierender" Gruppen möglich, die den Ort, wo sie ein Feld anlegten, bald darauf verlassen, dabei aber wissen, daß sie auch bald zurückkommen werden. Nur so auch können die Chaco-Indianer Vorratshütten anlegen, obwohl sie dann weiterziehen: Sie wissen, daß sie zurückkommen werden, und daß in der Zwischenzeit die Wanderroute keiner anderen Gruppe an der Vorratshütte vorbeiführen wird. Die Wanderungen beeinflussen das Leben der Chaco-Indianer grundlegend. So ist etwa der materielle Besitz den Notwendigkeiten raschen Transports angepaßt (z. B. keine komplizierte, leicht zerbrechliche Keramik). Die Kinderzahl wird derart begrenzt, daß eine Frau auf der Wanderung immer nur ein einziges noch nicht alleine marschfähiges Kind schleppen muß.

Heute treten die traditionellen Wirtschaftszweige hinter der Lohnarbeit für Weiße zurück. Schon in der ersten Hälfte unseres Jahrhunderts wurde Saisonarbeit wichtig: Zu bestimmten Jahreszeiten ziehen die Männer, anstatt wie früher z. B. periodisch zur Jagd, zur Zuckerrohr- oder Baumwollernte. So kommt es alljährlich zur Migration Tausender indianischer Arbeiter insbesondere in die Zuckerrohrplantagen im östlichen Jujuy und Salta. Auch die Holzindustrie beschäftigt indianische Arbeiter, meist als Holzfäller. Andere Indianer kommen periodisch zu den Viehzuchtfarmen der Weißen, z. B. zur Zeit des Viehauftriebs. Über zeitweise, in den traditionellen Wanderrhythmus noch irgendwie einzubauende Lohnarbeit hinaus geht die feste Ansiedlung von Indianern in den Vororten argentinischer Provinzstädte oder bei Farmen der Weißen. Sie arbeiten dann meist ständig für die Fremden, betreiben aber dane-

Gesichtstatauierung eines Kadiwéu-Mädchens,
19. Jahrhundert

ben oft noch etwas Fischfang, Jagd und Bodenbau (z. B. Baumwolle), deren Produkte sie großenteils an die Weißen verkaufen. Auch stellen sie handwerkliche Erzeugnisse für den Verkauf z. B. an Touristen her. Die Ausbeutung der indianischen Arbeitskraft ist hier ein ernsteres Problem als im tropischen Tiefland, da die Chaco-Indianer einen zahlenmäßig ins Gewicht fallenden Teil der Bevölkerung und mithin auch ein wichtiges Arbeitskräftereservoir darstellen.

c) Materieller Kulturbesitz:
Webmuster und Tatauierungen

Die meisten Chaco-Indianer tragen heute europäische Kleidung. Die von einer Minderheit noch bewahrten traditionelle Tracht ist europäisch beeinflußt. Die Frauen gürten eine bunte, bis über die Knie reichende Wolldecke, heute stattdessen auch ein industriell gefertiges und bunt bedrucktes Tuch um die Hüfte, darüber einen Baumwollgürtel, der an den zentralandinen Baumwollgürtel „chumpi" erinnert, jedoch

schmaler ist. Fast nur noch die „wilden" Indianer verwenden statt der Baumwolle die Fibern von Wildpflanzen, insbesondere von der so vielseitig genutzten Caraguatá-Pflanze. Den Oberkörper, traditionell unbekleidet, bedecken die Frauen heute meist mit europäischen Blusen. Die Männer der Ayoré tragen, soweit sie sich nicht den Missionaren ergeben haben, einen sehr schmalen Gürtel aus Wildleder, an dem vorne ein Schurz aus Leder oder Tuch befestigt ist. Sonst gürten die Männer, soweit sie nicht überhaupt schon zu Hemd und Hose übergingen, ähnlich den Frauen eine Wolldecke um die Hüfte. Zum Schutz gegen die im Chaco reichlich vorhandenen Dornen trägt man bisweilen einfache Mokassins oder – die kriegerischen Ayoré – Sandalen aus dem Gummi der Reifen erbeuteter Fahrzeuge. Die Ayoré- und Matako-Männer kennzeichnen kriegerischen oder jägerischen Rang durch Stirnbinden aus Jaguarfell. Anderswo schmücken die Männer sich mit Haarnetzen, die auf gewebten Stirnbinden aus roter Wolle befestigt sind, und in die man weiße Muschel- oder Schneckenhausscheiben einsetzt, heute stattdessen oft weiße Knöpfe. Federschmuck tragen im wesentlichen nur die Männer der Zamuco-Sprachfamilie.

Ein hochkomplizierter Schmuck der Frauen waren die Körper-, vor allem Gesichtstatauierungen, die Alter und soziale Position anzeigten, daneben aber auch dem individuellen Schönheitssinn breiten Raum ließen. Bei vornehmen älteren Frauen war praktisch das ganze Gesicht über und über mit Linien bedeckt. Heute haben die Missionare diese Kunst verboten (die zufällig gerade bei den noch nicht unterworfenen Ayoré und Tomarxa nie üblich war). Immerhin haben sich Reste in Form zaghafter Tatauierungslinien und einer oft recht agressiven Gesichtsbemalung (heute meist mit Lippenstift) erhalten.

Die traditionelle Hütte – heute immer mehr durch den südamerikanischen „rancho" der Landarbeiter ersetzt – ist eine rasch aufgebaute Kuppelhütte aus gebogenen, mit Stroh gedeckten Zweigen, mit rundem oder elipsoidem Grundriß. Man kann darin nicht aufrecht stehen. Ein Dorf wird durch das Ancinanderreihen mehrerer Hütten gebildet, bei denen dann die Zwischenwände vernachlässigt werden, sodaß eine Art primitive Vorform des großen Gemeinschaftshauses der tropischen Tiefländer entsteht. Daneben gibt es für die Wanderperioden auch den Typus des Windschirms aus mit Binsenmatten gedeckten Stangengerüsten, den man transportieren kann. Die Hütten sind vor allem ein Schutz gegen die sengende Sonne, während bei Regen zusätzlich Decken oder Felle über den Kopf gezogen werden müssen. Man schläft meist außerhalb, auf Tierhäuten oder rudimentären Holzgestellen. Zum Mobiliar gehören Felltaschen, und Tragnetze aus Wildpflanzenfiber.

Netzknüpfen wie bei unserer „Macramé"-Technik ist die wichtigste Textiltechnik, zur Herstellung der für die Sammelwirtschaft wichtigen Tragnetze und -taschen aus Wildpflanzenfiber. Die Weberei ging mit dem Eindringen fabrikgefertigter Kleidung stark zurück. Sie dient heute vor allem noch zur Herstellung der schmalen Gürtel der Frauentracht. Die Muster sind streng geometrisch, dabei oft kompliziert. Neuerdings kommt die Weberei durch den internationalen Boom „primitiven" Kunstgewerbes wieder zu Ehren. Auch in die Bundesrepublik wird bereits der Export von Chaco-Weberei – Taschen, Portmonnaies, usw. – organisiert. Die Frauen weben auf einem schmalen Längswebrahmen. Die Wolle kam ursprünglich von der einheimischen, eigens hierfür angebauten Baumwollpflanze, während sie heute meist von eigens hierfür gezogenen Schafen stammt. Neuerdings wird für die Kommerzialisierung der Webprodukte auch der Baumwollanbau wieder verstärkt. Daneben verwendet man auch die Fiber der wildwachsenden Caraguatá-Pflanze. Eine Spezialität der Chaco-Indianer ist die Verarbeitung von Tierhäuten zu Tragtaschen.

Alle Chaco-Gruppen töpfern, doch meist ist ihre Keramik einfach und schmucklos. Ausnahmen sind z.B. die Produkte der knapp 3.000 Mokoví im Süden der argentinischen Provinz Chaco, oft sehr elegante, ja extravagante Kompositionen in Pflanzen- oder Tiergestalt. Man hat den Einfluß barockzeitlicher Missionare zur Erklärung dieser Kunst anführen wollen. Hoch-

entwickelt ist auch die Keramik der knapp 900 Chané in Argentinien und Bolivien, eines ursprünglich zur Aruak-Gruppe gehörigen, dann sprachlich guaranitisierten Volkes, und der Kadiwéu, deren Frauen das Töpfern von gefangenen Chané-Frauen erlernten. Die Aruak-Völker waren auch sonst im Tiefland oftmals Träger einer hochentwickelten keramischen Kunst. Eine Besonderheit der Töpfertechnik der Chané und Kadiwéu ist die Ornamentierung durch Pressen von Schnüren auf den noch weichen Ton. Ebenso wie die Gesichtsornamente der Kadiwéu-Frauen sind auch ihre Keramikornamente kompliziert, abstrakt geometrisch und außerordentlich reich.

## d) Soziale Umwelt: Männerbünde und Sklaverei

Sozioökonomische Grundeinheit ist die matrilokal erweiterte Familie, das heißt: die Töchter bleiben auch nach der Heirat bei der Mutter wohnen, der Mann muß zu seiner Frau ziehen; mehrere Schwestern bilden mit ihrer Mutter, den Ehemännern und Kindern eine Wohngemeinschaft. Die Frau bleibt auch nach der Heirat eng ihrer alten Familie, die ja weiterhin ihre Wohngemeinschaft ist, verbunden. Sie darf oft nicht einmal ihren Mann auf Reisen begleiten, es sei denn in Gesellschaft weiterer Mitglieder ihren alten Familie. Die Frauen der matrilokal erweiterten Familie treffen gemeinsam die Entscheidungen für die grundlegende Sammelwirtschaft, beschließen z.B., daß die Familie ins Sammelgebiet einer bestimmten Wildfrucht wandert.

Die matrilokal erweiterte Familie ist es auch, innerhalb derer die landwirtschaftliche Produktion aufgeteilt wird: Die Felder werden zwar traditionell nur von einigen wenigen, meist älteren Männern, z.B. vom Vater der zusammenwohnenden Schwestern bestellt, ihr Ertrag aber kommt der gesamten Familie zugute. Bei der Heirat bringt der Mann seinen persönlichen Besitz, insbesondere sein Vieh (durch das viele Chaco-Indianer heute ihre tradtitionelle Subsistenz ergänzen) in die Familie der Frau ein. Für diese Familie ist deshalb der neue Schwager oft sozusagen eine Zugabe zum Vieh, während andererseits für den einheiratenden Mann seine Frau gelegentlich eine Art Zugabe zu dem über sie erworbenen Teilhaberecht an der landwirtschaftlichen Produktion der Familie ist.

Die Ehen, strikt monogam, sind wenig stabil, bei jungen Leuten selten länger als zwei Jahre. Nach der Scheidung bleibt die Frau weiter bei ihrer alten Familie, während der Mann zu seinen eigenen Schwestern zurückkehrt oder in eine neue Familie einheiratet. Die Unstabilität der Ehen bekräftigt nur noch die Stabilität der demgegenüber als ruhender Pol erscheinende matrilokal erweiterten, durch die Verwandtschaftsbande der Frauen zusammengehaltenen Familien.

Der Zusammenstoß mit den Vorstellungen der nichtindianischen Lateinamerikaner, insbesondere der Missionare, führt allerdings zu schweren Konflikten: Für den „Machismo", den Männlichkeitskult der Südamerikaner ebenso wie für die Idealvorstellung der meisten Missionare von einer stabilen, in der Furcht des Herren und des Gatten lebenden, um den Mann zentrierten Ehe ist die instabile, ökonomisch eindeutig von der Frau dominierte Chaco-Ehe ein Greuel. Die Lohnarbeit bei Weißen gibt den Männern mehr als den Frauen Gelegenheit, Geld zu verdienen, und führt damit zu größerer wirtschaftlicher Selbständigkeit der Männer, die nun, gestützt auf diesen ökonomischen Wandel, den Frauen gegenüber den lateinamerikanischen „Macho" herauskehren, darin von den Missionaren, die bei den Frauen die Unterwürfigkeit vermissen, unterstützt. So kommt es zum von den Missionaren geförderten Aufstand der Männer gegen die matrilokal erweiterte Familie, d. h. zur Zerstörung der traditionellen Ordnung.

Schon früher gab es bei den Männern Reaktionen gegen die Dominanz der Frauen, damals jedoch in einer Form, die die traditionelle Ordnung nicht zerriß, sondern ergänzte. Während die Männer einerseits den Familien angehörten und dienten, bildeten sie andererseits von der Familie unabhängige Männergesellschaften, mit

denjenigen Aktivitäten als ökonomische Basis, die Männern vorbehalten blieben und bei denen die Verteilung des Produkts nicht (wie z. B. bei der Landwirtschaft) nach dem Gesichtspunkt der Familienzugehörigkeit erfolgte, sondern nach dem Verdienst des Individuums: Jagd, Fischfang, seit Beginn der Kolonialzeit auch Vieh- insbesondere Pferdezucht.

Es waren dies gleichzeitig diejenigen Aktivitäten, bei denen besonders leicht Kriege ausbrechen konnten: Bei Jagd und Fischfang gab es Streitigkeiten mit den Männern von Nachbargruppen um Territoriumsgrenzen, bei der Pferdezucht gab es Querelen um Pferdediebstahl, insbesondere mit den Spaniern, von denen man sich die Pferde zunächst holte. Die bei diesen Aktivitäten zusammengeschlossenen Männer bildeten daher gleichzeitig wie selbstverständlich Kriegerbünde. Sie entwickelten ein Aufnahmezeremoniell aus Mutproben für junge Krieger, und in ihrer inneren Organisation eine Hierarchie des kriegerischen Ruhms. Aus den oberen Rängen dieser Hierarchie entstand ein Kriegeradel. Männerbünde unter der Führung einer kriegerischen Nobilität, mit Pferdezucht und Jagd als ökonomischer Grundlage, gewannen vor allem in der Kolonialzeit an Macht und übernahmen bei vielen Gruppen die politische Führung. Dem entsprach dann ökonomisch die Zunahme der Bedeutung der Pferdezucht, politisch die Militarisierung der Gesellschaft, die zum Angriff auf Nachbargruppen und insbesondere auf die Spanier antrat.

Heute ist der militärische Widerstand der meisten Chaco-Völker niedergeworfen. Die Kriegerbünde haben sich aufgelöst, die Pferdezucht hat ihre Bedeutung verloren. Geblieben ist bei einigen Gruppen eine erblich gewordene Nobilität, die heute, da sie nicht mehr in den Kriegen führt, ihre wichtigsten Funktionen verloren hat, eigentlich überflüssig geworden ist, aber noch aus einer Tradition heraus geachtet wird, deren Sinn allerdings vor allem den Jüngeren immer weniger einleuchtet. Die Nobilität stellt noch immer die meisten politischen Führer. Bisweilen, wenn auch immer seltener, haben Vornehme auch Bedienstete.

Früher unterwarfen die Reiterkrieger benachbarte Gruppen und zwangen sie in ein Dienstverhältnis. Die Unterworfenen mußten unregelmäßige Abgaben leisten und wurden manchmal zu Arbeiten in den Wohnsitz des Herren gerufen. Ferner entführten die Sieger Gefangene. Deren Nachkommen gründeten eigene Familien, machten sich ökonomisch selbständig, blieben aber durch gelegentliche Dienstverpflichtung und Abgabenpflicht an die Familie des Vornehmen gebunden, der einst ihre Vorfahren gefangen hatte. Die Arbeitsverpflichtung ist allerdings in einer Gesellschaft, in der ohnehin alle oder fast alle arbeiten müssen, keine Schande – oft arbeiteten Herr und Knecht gemeinsam und teilten die Früchte der Arbeit. Einige Gefangene und deren Nachkommen wurden in den Haushalt des Herren aufgenommen, zu dem sie dann meist eine sehr enge emotionale Bindung entwickelten. Manchmal nannten sich schon die Kinder von Herrn und Gefangenem „Brüder", meist war dies zumindest in den nachfolgenden Generationen der Fall: Die Nachkommen der Gefangenen wurden allmählich als gleichberechtigte Verwandte der Herren akzeptiert. Einen Gefangenen zu besitzen oder dessen Nachkommen in der Pflicht zu haben, war weniger ein ökonomischer Vorteil als eine Prestigefrage – wer viele Gefangene hatte, sicherte sich damit seinen Platz in der Nobilität. Der Zugang von Gefangenen glich ferner die Verluste aus, die durch Kriege und von den Europäern eingeschleppte Seuchen entstanden waren.

Das Ende der Kriege hat den Zustrom von Gefangenen versiegen lassen. Noch 1947 zählte der Ethnologe Ribeiro unter 144 Kadiwéu nur 19, deren Großeltern auch alle Kadiwéu waren. Der soziale Unterschied zwischen Gefangenen, Nachkommen von Gefangenen und echten Kadiwéu war noch stark ausgeprägt. Seitdem aber hat sich im Innern der einstmals stark geschichteten Chaco-Gesellschaft eine Art sozialer Revolution abgespielt: Die Auflehnung der untersten Schicht gegen ihren Gefangenenstatus. Wie die Rebellion der Männer gegen die Dominanz der Frau in der Familie wurde auch dies von den Missionaren unterstützt. Es ist ein eigenartiges Paradox, daß gerade die Ordensbrüder, die den

„aufsässigen" Indianern den Gehorsam lehrten, den sie als Teil der christlichen Botschaft verstanden, und die damit die Indianer vorbereiteten auf die Unterordnung unter Behörden und Arbeitgeber, dabei gleichzeitig die „Befreiung" einer sozialen Schicht predigten. Sie fanden Unterstützung bei vielen Mitgliedern der indianischen Gesellschaft, weil eben die Vorherrschaft des Adels, seiner Funktionen aus der Zeit der Kriege entkleidet, den Charakter eines anscheinend funktionslosen Drohnentums annahm.

Widerstand gegen die christliche Missionierung ist so meist auch identisch mit dem Beharren auf der Vorherrschaft der Schicht der Nobilität. Diese ist gleichzeitig ein Garant der ethnischen Identität (oder, umgekehrt ausgedrückt: Der Angriff der Missionare auf die Adelsherrschaft bedroht die ethnische Identität), nicht nur durch ihr Beharren auf den nichteuropäischen religiösen Traditionen, sondern auch deshalb, weil ihre politische Führung die über die einfache Familie hinausgehenden Einheiten zusammenhält.

Grundeinheit des politischen Lebens über die Familie hinaus ist die (in der völkerkundlichen Fachsprache leider so genannte) „Horde" aus mehreren an einem Lagerplatz zusammenlebenden Familien mit insgesamt ca. 25 - 200 Personen. Sie wird von einem Häuptling angeführt, dessen Amt erblich ist, der jedoch auch vom Rat der Männer der „Horde" bestätigt werden muß. In der Praxis hat dieser Rat ebensoviel Macht wie der Häuptling selbst. Mehrere Horden haben einen gemeinsamen Oberhäuptling, dessen Amt ebenfalls erblich ist, und der ebenfalls stark von einem Rat, dem der einfachen Häuptlinge, abhängt.

Die Gesellschaftsordnung der Chaco-Indianer fällt, zumindest auf den ersten Blick, etwas aus dem Rahmen eines in anderen Fällen durchaus berechtigten völkerkundlichen Entwicklungsschemas. An die Stelle der „eigentlich" bei einer so primitiven Kultur zu erwartenden Verwandtschaftsstrukturen (z. B. Heiratspräferenzregeln, wie sie im Chaco praktisch fehlen) sehen wir hier eine soziale Schichtung. Man hat eine Erklärung in der Veränderung der alten Ordnung durch frühkoloniale Einflüsse gesucht.

Tatsächlich sind einige der auffallendsten Züge der Chaco-Kultur, darunter gerade die Institution der aus Gefangenen zusammengesetzten Schicht von Dienstverpflichteten, erst in nachkolumbischer Zeit voll ausgeprägt worden. Doch liegen ihre Wurzeln schon in der vorspanischen Gesellschaft. Auch läßt sich beim gegenwärtigen Forschungsstand noch keine unmittelbare ursächliche Beziehung zwischen europäischem Einfluß und sozialer Schichtung erkennen.

### e) Religion:
### Abstraktion und Entpersonalisierung

Im Mittelpunkt des sozioreligiösen Lebens vieler Gruppen stand in der Zeit der Kriege der Komplex der Siegesfeste, bei denen die Krieger ihren Frauen die Skalpe getöteter Gegner zur Verhöhnung übergaben. Heute ist der Skalptanz verschwunden, außer bei den Manjuy, deren Häuptlinge noch immer ihr Prestige durch die Zahl der erbeuteten Skalpe festigen. Der Sieges- und Skalp-Komplex war eng verbunden mit dem Prestigestreben der Nobilität. Mit dem Ende der Kriege und dem Niedergang des Adels treten andere religiöse Vorstellungen wieder stärker in den Vordergrund, die in der demokratischeren Epoche vor dem Aufstieg des Adels vorherrschten.

Im Gegensatz zur zentralandinen Hochkulturreligion, aber ähnlich der Religion des tropischen Tieflandes Südamerikas, zeigen die Glaubensvorstellungen der Chaco-Indianer eine Tendenz zur Entpersonalisierung und Abstraktion, durch die sie uns Europäer eher an unsere Philosophie (etwa an die Abstraktionen eines Plato) als an unsere Religion erinnern. Es gibt keine eigentlichen Götter, sondern vielmehr Idealabstraktionen, Prinzipien, „Innerste Essenzen" der Realität. Die von Chaco-Indianern den Völkerkundlern oder Missionaren gegebenen Erläuterungen ihrer Religion wirken oft wie vergebliche Versuche, philosophisch ungebildeten Laien klarzumachen, daß es jenseits unserer „realen" Welt eine für uns nicht konkret faßbare, unsichtbare, tiefere Realität gibt. Zentrales

Thema solcher Unterhaltungen ist die Unterscheidung zwischen „äußerer", uns sichtbarer, und „innerer", nur unserer Seele zugänglicher Welt.

Die gesamte Welt, einschließlich der scheinbar toten Gegenstände, wird als von innerem Leben erfüllt gedacht. Dies ähnelt der Vorstellung der zentralandinen Indianer, daß unsichtbare Geistwesen in allem Sichtbaren leben – der Unterschied aber besteht darin, daß in den Zentralanden diese Geistwesen personifiziert und individuell, nur eben unsichtbar gedacht werden, während im Chaco die Rede ist von einer „inneren Wahrheit" der Dinge, die nicht personifiziert sein muß. Ähnlich abstrakt ist auch die Vorstellung von einem Höchsten Wesen, die wir z. B. bei den Eenthlit antreffen: Eine Kraft, die sich im Flug der Skarabäus-Käfer manifestiert, und die auch mit dem Namen des Käfers benannt wird, die aber nicht identisch mit einem Skarabäus ist, sondern die Gesamtheit der hinter allen Skarabäen steckenden Intelligenz darstellt.

Der Kontakt mit den höheren Wesen wird durch den Medizinmann vermittelt, dessen Macht auf dem Besitz eines ihm durch ein Geistwesen beigebrachten Zauberliedes beruht. Um das Zauberlied für sich zu gewinnen, muß der angehende Medizinmann u. a. Singvögel verzehren. Mittels des Liedes kann er dann seine eigene Seele in einen Singvogel verwandeln und auf Reisen über die Welt schicken. Auf den Reisen trifft die Seele gute Geister, mit denen sie sich verbündet, oder böse, die sie bekämpft. Die Umwelt bemerkt die Abwesenheit der Seele dadurch, daß der Medizinmann in eine leichte Trance oder Versenkung fällt, die jedoch nicht den ekstatischen Charakter etwa der „Reise" der araukanischen Schamanin und auch nicht den theatralischen (und oft komödiantischen) der „Reisen" der Medizinmänner im Amazonasgebiet hat, sondern ruhiger abläuft. Die Versenkung wird durch Schnupfen eines aus den Samen von Piptadenia macrocarpa hergestellten Pulvers sowie durch intensives Tabakrauchen erreicht, manchmal auch durch eine Art Yoga-Position. Bei seinen „Reisen" kann der Medizinmann verlorengegangene Seelen von Kranken wieder holen und damit die Kranken heilen. Vor allem aber heilt er durch Saugen am Körper nahe dem Zentralpunkt des Schmerzes – wie auch die Medizinmänner des tropischen Tieflandes. Überhaupt gibt es viele Parallelen zum dortigen Medizinmann-Komplex. Auffallend ist allerdings, daß gerade im Chaco, wo sich eine soziale Schichtung entwickelt hat, unter den Geistern keine starke Hierarchie festgestellt werden kann, eher eine Geisterdemokratie. Auch der Medizinmann sucht nicht, wie sonst oft in Südamerika, den Kontakt gerade zu einem bestimmten, besonders mächtigen Höheren Wesen, von dem seine Macht sich letztlich herleiten würde.

Die dem Medizinmann zugeschriebene Fähigkeit, zu heilen und die Zukunft vorauszusagen, verleiht ihm großen Einfluß. Er, der durch Berufung der Geister und nicht durch Abstammung aus dem Adel Mächtige, bildet damit eine Art plebejisches Gegengewicht zur Nobilität – daher vielleicht der egalitäre Charakter der von den Medizinmännern interpretierten Geisterwelt.

f) Geschichte:
Aufstieg und Niedergang der Kriegerbünde

Als die Spanier 1536 in den Chaco eindrangen, kreuzten sie den Weg anderer Eroberer: Der Guaraní, die seit dem 15. Jahrhundert aus Ostparaguay kamen. Um 1471 schon waren Guaraní-Krieger durch den Chaco bis zu den Anden gezogen und hatten die Grenzen des Inkareiches bestürmt. Weitere Attacken folgten. Mehrmals schlugen die Guaraní Truppen des Inka in die Flucht und konnten plündernd in sein Reich eindringen. Sie folgten dabei alten Handelswegen, die von den fruchtbaren Savannen Ostparaguays durch den Chaco führten, und auf denen Metallwerkzeuge der andinen Hochkultur und Salz aus den Sümpfen des Chaco ins östliche Tiefland gelangten. Der Bedarf an Salz und Metallwerkzeugen dürfte für die Guaraní der Anlaß gewesen sein, auf diesen Routen vorzudringen. Hinzu kam seit Beginn der europäischen Invasion Druck auf die Gua-

raní, die teils vor den Spaniern und Portugiesen, teils vor ihrerseits vor den Weißen flüchtenden Indianern in den Chaco und in Richtung auf die Anden auswichen. Eine religiöse Bewegung – die Hoffnung der Guaraní auf ein im Westen, jenseits des Chaco liegendes „Land ohne Übel", ein Paradies ohne Spanier und voller Metallwerkzeuge – verwandelte die Wanderung in einen ekstatischen Massenaufbruch. Doch während die Guaraní noch auf das Inkareich zu zogen, wurde dieses von den Spaniern erobert. Damit war den Indianern der Weg nach Westen versperrt. So blieben sie im Chaco.

Hier unterwarfen sie die zur Aruak-Sprachfamilie gehörigen Chané (deren Nachkommen die heutigen Terena sind), seßhafte Bauern, die im Gegensatz zu den meisten, mehr wildbeuterischen Chaco-Völkern den Guaraní einen Überschuß aus ihrer landwirtschaftlichen Produktion liefern konnten, und die schon vorher, als offenbar besonders friedliches Volk, von kriegerischen Nachbarn in Abhängigkeit gebracht worden waren. Die Guaraní behandelten die Chané so, wie weiter östlich die den ersteren nah verwandten Tupinambá ihre Gefangenen: Sie nahmen sie als eine Art minderwertiger Verwandter in ihre Familiengruppen auf, ließen sie für sich arbeiten, und fraßen sie nach einiger Zeit auf. Im 16. Jahrhundert sollen die Guaraní im Chaco 60.000 Chané verzehrt haben.

Seit 1542 versuchten die Spanier systematisch, den Chaco zu erobern. Sie scheiterten am entschiedenen Widerstand der Indianer. Zwar waren die Guaraní bereit, spanische Truppen auf Expeditionen gegen andere Chaco-Bewohner zu führen, doch wollten sie selbst sich nicht wirklich unterwerfen, nur an Kriegszügen der Spanier teilhaben. Die anderen Chaco-Indianer verfolgten die Taktik, sich bei Annäherung der Spanier in unwirtliche, für Europäer wegen des Trinkwassermangels schwer erträgliche Gegenden zurückzuziehen, um dort den Abzug der Spanier abzuwarten, die – ohne die erhoffte Berührung mit dem Feind – schließlich die Geduld verloren.

Seit Anfang des 17. Jahrhunderts übernahmen Chaco-Indianer von den Spaniern das Pferd. Das führte bei einem Teil von ihnen zu

Guaicurú-Indianer im 19. Jahrhundert (Debret 1834-39)

einer kulturellen Umwälzung, die an die Entstehung der Plains-Kultur in Nordamerika nach Übernahme des Pferdes erinnert. Aus Sammlern und Pflanzern wurden Großwildjäger und Räuber, die von Razzien auf spanische Siedler und friedlichere Indianer lebten. Im Innern der Gesellschaft der neuen Reitervölker gewannen die Männerbünde der Reiterkriege die Oberhand. Sie führten zu kriegerischen Unternehmungen an, die ohne das Pferd nicht möglich gewesen wären: Kriegsexpeditionen über Hunderte von Kilometern. Aus mehr oder weniger friedlichen, armen Gruppen wurden gefürchtete Horden, die vom und für den Krieg lebten. Diese Umwälzung ergriff vor allem diejenigen, die in Gebieten lebten, wo Bodenbau oder Fischfang schwer waren, wo also die Versuchung bestand, die prekäre materielle Existenz durch Raubzüge zu verbessern. Andere dagegen, so die Matako, die sich ihre Subsistenz durch den Bodenbau ausreichend sichern konnten, übernahmen zwar auch die Pferdezucht,

ohne sie jedoch zur Grundlage eines völlig neuen Lebensstils zu machen. Ein wichtiger Faktor scheint die teilweise Zerstörung der Flora des Chaco und damit der Voraussetzung für Bodenbau und Sammelwirtschaft durch die Einführung von Ziege und Schaf gewesen zu sein. Seit dem 18. Jahrhundert fraßen Ziegen im westlichen Chaco die ursprüngliche Vegetation ab, worauf die Verkarstung weiter Landstriche folgte. Die dort lebenden Indianer hatten kaum eine andere Wahl, als sich dem Banditentum anderer Chaco-Gruppen anzuschließen.

Wohl auf der Grundlage einer bereits ansatzweise vorhandenen sozialen Schichtung und auch nach dem Vorbild der Herrschaft der Guaraní über die Chané und der Spanier über „befriedete" Indianer entwickelten die kriegerischen Reiterindianer ein System der Herrschaft über solche Gruppen, die nicht zu Reiternomaden geworden waren. Sie griffen aber auch die Siedlungen der Spanier an und verschleppten zahlreiche Siedler in die Gefangenschaft.

Die Spanier, den schnellen, mit dem Gelände bestens vertrauten indianischen Reitern trotz besserer Bewaffnung militärisch unterlegen, riefen die Missionare zu Hilfe. Diesen gelang die Befriedung eines Teils der Indianer als Vorstufe zur Unterwerfung, doch wurde ihre Arbeit durch die Vertreibung der Jesuiten 1767 unterbrochen. Viele der schon in „reducciones" angesiedelten Indianer kehrten wieder in die Freiheit zurück. Im 19. Jahrhundert erst begann dann ein schließlich erfolgreicher Versuch der Weißen, den Chaco zu erobern. Ebenso wie die argentinische Armee auch die Pampas und Patagonien allmählich unterwarf (s. o. S. 239), rückte sie auch in den Chaco vor, wo der indianische Widerstand allerdings härter war und mit härteren Methoden gebrochen wurde. Zur gleichen Zeit etwa, zu der die US-Armee den „Wilden Westen" eroberte, endete auch im Gran Chaco die Freiheit der meisten Indianer, in Indianerkriegen, die nicht weniger blutig waren als die Kämpfe auf den nordamerikanischen Plains. 1864 begann der Bau einer Eisenbahn durch den argentinischen Chaco, als Rückgrat der militärischen Eroberung. Gleichzeitig mit den Truppen rückten Privatunternehmer vor, die den Indianern Zivilisationswaren im Austausch gegen Arbeit auf Viehfarmen und in Holzfällercamps anboten. Hinter den Soldaten und Unternehmern rückten die Missionare vor, die eine wichtige Rolle bei der spirituellen Unterwerfung ausfüllten.

In den Kämpfen des 18. und 19. Jahrhunderts schlossen die südamerikanischen Weißen, ähnlich den Engländern und ihren Nachfolgern in den USA Verträge mit indianischen Horden. Solche Abkommen wurden von den Weißen meist nur solange gehalten, wie man den Frieden mit einer indianischen Gruppe benötigte, um eine andere unterwerfen zu können, stellten aber immerhin eine theoretische Anerkennung indianischer Rechte dar. Daß Spanier und Portugiesen die Vertragstaktik der Angelsachsen übernahmen, war durchaus nicht selbstverständlich und zeigt, wie schwer ihnen die Chaco-Indianer zu schaffen machten: Im Gegensatz zu den Angelsachsen betrachteten Spanier und Portugiesen (wie heute noch ihre südamerikanischen Nachfolger) die Indianer nicht als vertragsfähig, und die indianischen Horden nicht als juristische Personen, die irgendwelche Rechte beanspruchen konnten. Nur der Druck militärischer Notwendigkeit konnte die iberischen Militärs und Beamten zu Verhandlungen zwingen, die ihrer Rechtsauffassung nach eigentlich gar nicht möglich waren. So mußten z. B. die Portugiesen 1791 einen feierlichen Friedensvertrag mit den Mbaya schließen, um Ruhe vor weiteren Angriffen zu haben. Sie lieferten den Mbaya reichlich Geschenke, die von den Indianern als Tribut von Unterworfenen interpretiert wurden. Aus „Dankbarkeit" für die Geschenke, wie die Portugiesen und ihre brasilianischen Nachfolger erklärten, in indianischer Interpretation dagegen aus der Verpflichtung des Herren, seinen bedrohten Gefolgsleuten zu Hilfe zu kommen, unterstützten die Mbaya ihre Vertragspartner gegen die Spanier und deren paraguayische Nachfolger. Im brasilianisch-paraguayischen Krieg 1864-70 trugen die Mbaya zur Entscheidung zugunsten Brasiliens bei. Dieser Krieg hatte aber Brasilien so gestärkt, daß es nun auch gegen die Mbaya vorgehen konnte: Aus „Dankbarkeit" wurden diesen ein „eigenes Reservat" zugewiesen (das heißt, sie wurden deportiert), in dem sie bis auf kümmerliche Reste zusammenschmolzen.

Argentinien schloß 1825 einen Friedensvertrag mit den Toba. In der 2. Hälfte des 19. Jahrhunderts kam es hier zu Reibereien, die an die gleichzeitigen Konflikte auf der nordamerikanischen Prärie erinnern: Siedler dringen ins Land der Toba vor, werden angegriffen, die Armee schlägt zurück, es folgen neue Verhandlungen, neue Grenzen und Durchzugskorridore für die Siedler werden festgelegt, erneut nicht respektiert, die Toba greifen erneut an, usw. In blutigen Feldzügen 1870 und 1884 unterwarf die Armee schließlich die Toba.

Seit Ende des 19. Jahrhunderts stehen die meisten Chaco-Indianer unter der Herrschaft der Weißen. Zum Teil siedeln sie sich in der Nähe von Missionsstationen an, wo sie die Zerstörung ihrer eigenen Religion hinnehmen müssen, dafür aber oft eine gewisse ökonomische Unabhängigkeit bewahren können. Andere werden Landarbeiter. Die harten Arbeitsbedingungen in Holzfällerlagern und auf Viehzuchtfarmen und Zuckerrohrplantagen führten schon Ende des 19. Jahrhunderts zu Aufständen. Die Armee-Expeditionen von 1870 und 1884 gegen noch freie Indianer hatten u. a. auch das Ziel, zu verhindern, daß diese ihren aufständischen Brüdern in den Arbeitslagern zu Hilfe kämen. Der Zwang der neuen Unfreiheit verwandelte auch bislang friedliche Indianer, die nicht am Aufbruch der Reiterkrieger teilgenommen hatten, in kriegerische Rebellen. So erhoben sich als erste schon 1863 die Matako, mit die friedlichste Gruppe im Chaco, die als erste zu kaum entlohnten Zwangsarbeitern degradiert worden waren. Diese Indianer, die seit 1671 nicht mehr gegen die Weißen gekämpft hatten, griffen nun die Stadt Colonia Rivadavia an. Zur Repression wurden Tausende von ihnen ermordet. Andere wurden in fremde Regionen zur Zwangsarbeit deportiert. Noch 1888 machten solche deportierte Matako in der Provinz Misiones einen Aufstand und entkamen schließlich in den ostparaguayischen Wald, wo sie sich zu Anführern der dort versteckten Aché-Indianer aufschwangen und diese bis dahin ängstlichen, friedlichen Waldbewohner zum bewaffneten Kampf gegen die Weißen veranlaßten.

1916-1924 rebellierten die jüngst unterworfenen Toba mehrfach gegen die Arbeitsbedingungen in Holzfällerlagern und gegen den Landraub durch weiße Siedler, wurden aber von der argentinischen Armee blutig geschlagen. 1924 rebellierten Indianer in der Missionsstation Napalpi gegen die Verschickung als Zwangsarbeiter auf Zuckerrohrplantagen. Sie wurden ebenfalls von der durch die Priester herbeigerufenen Armee besiegt, an einem Ort, der seitdem „Massaker" heißt – Wounded Knee in Südamerika. Überlebende Teilnehmer der Revolte (Toba und Pilagá, also Angehörige von Guaicurú-Gruppen, die sich der Reiterkriegerkultur im 17. Jahrhundert mit als erste angeschlossen hatten) nahmen 1933-37 an einer militanten messianischen Bewegung teil, die ebenfalls von der Armee im Blut erstickt wurde.

Im Chaco-Krieg zwischen Bolivien und Paraguay 1932-35 versuchten beide Parteien, die ortskundigen Indianer, die vielfach als einzige die lebensnotwendigen Wasserstellen lokalisieren konnten, als Pfadfinder und Kundschafter zu gewinnen. Beide Seiten gingen aber auch mit kaum vorstellbarer Brutalität gegen Gruppen auf der Seite des Gegners vor. Die paraguayische Armee verwendete lebende Indianer als Zielscheibe bei der Ausbildung von Rekruten und liquidierte systematisch ganze Horden. Die bolivianische Armee rekrutierte bei Beginn des Krieges zahlreiche Nivaklé-Krieger, die aber bald wieder flohen und damit in den Augen der Militärs zu Deserteuren wurden. Es begann nun eine systematische Verfolgung der unfreiwilligen Soldaten und aller, die ihnen „Unterschlupf gewährten", mit anderen Worten eine Ausrottungskampagne gegen die Nivaklé. Diese flohen zum Rio Pilcomayo, an dessen anderem Ufer aber die argentinische Armee stand, die darauf brannte, die Indianer vernichten und so auch etwas am Kriegsgeschehen teilnehmen zu können. Hunderte von Nivaklé begingen in der Verzweiflung Selbstmord, bis schließlich das Eintreten von Missionaren die Überlebenden rettete. Die allgemeine Flucht der Indianer vor den kämpfenden Armeen führte zu einer Massenwanderung hin und her im Chaco. Die Truppen beider Seiten rückten wenn sie eine Niederlage erlitten oder den Feind nicht gefunden hatten, zu Mordexpeditionen gegen die Indianer aus, um ihre Frustration in Massakern zu überwinden. Die Frauen vieler Horden mußten sich den Einheiten als Prostituierte anschließen.

Während die meisten Indianer versuchten, dem Krieg zu entkommen, nahmen einige Gruppen dezidiert für die eine oder andere Seite Partei und schlossen sich mehr oder weniger freudig den Truppen an. Die westlichen Guaraní kämpften auf der Seite der Paraguayer, mit denen sie die enge Sprachverwandtschaft (die Paraguayer sprechen als Umgangssprache einen europäisierten Guaraní-Dialekt) verband. Als die paraguayischen Truppen sich aus dem bolivianischen Chaco zurückzogen, folgten ihnen Tausende von Guaraní aus Furcht vor bolivianischen Repressalien. Dagegen kämpften viele Chané, von den Guaraní jahrhundertelang unterdrückt, nun auf der bolivianischen Seite.

1934 fielen Tausende von feindlichen Chané der paraguayischen Armee in die Hände: Nach einem Massaker wurden etwa 3.000 Überlebende in ein Konzentrationslager gesperrt. Sie konnten nach knapp einem Jahr entkommen und flohen in Richtung Bolivien. Etwa 1.500 kamen auf der Flucht um.

Nach dem Chaco-Krieg teilten die paraguayischen Behörden den westlichen Guaraní und den ebenfalls verbündeten Mak'á Land zu und gewährten ihnen einen gewissen Schutz. Diese beiden Gruppen konnten sich nun von allen paraguayischen Indianern am besten entwickeln.

In den 20er und 30er Jahren setzten sich zwei neue Mächte im Chaco fest, die seitdem das Schicksal der Indianer entscheidend mitbestimmen: Die Mennoniten und die Erdölgesellschaften. Erstere, eine wiedertäuferische Sekte, deren Angehörige meist deutscher oder niederländischer Abstammung sind und niederdeutsches Platt sprechen, erhielten von der paraguayischen Regierung Sonderprivilegien, um sie zur Ansiedlung im Chaco zu bewegen. Sie bilden dort seitdem einen Staat im Staat. Mit ihnen kam der bis dahin im Chaco unbekannte nordeuropäische Rassismus: Die Indianer, für viele Mennoniten noch heute „Schwarzer Dreck", sind minderwertig, was man daran sieht, daß sie weniger wirtschaftlichen Erfolg als die Mennoniten haben. Sie werden aber meist weniger willkürlich behandelt als sonst im Chaco, und – dies ist Teil der ökonomischen Ideologie des Protestantismus – in Geld und nicht in Alkohol, nach festen Sätzen nach Verdienst und nicht nach der Laune lokaler Potentaten entlohnt. Nach öffentlichen Protesten paraguayischer Völkerkundler gegen die Behandlung der in mennonitischen Siedlungen arbeitenden Indianer scheint sich vor allem seit etwa 1972 eine Besserung anzubahnen. Viele Mennoniten machen sich heute Gedanken, wie man die Indianer wirklich in die eigentlich stark von christlicher Nächstenliebe geprägte religiöse Gemeinschaft der Wiedertäufer aufnehmen kann.

Die Erdölgesellschaften stießen in unfruchtbare Regionen vor, die bis dahin kaum von Weißen beachtet worden waren. So endete die Periode der Ruhe vor den Weißen auch in den letzten Rückzugsgebieten. Insbesondere kam es zu Kämpfen mit den Ayoré, die immer wieder furchtlos die Camps der Prospektoren angriffen. Ihr Widerstand beginnt erst heute durch die vereinte Wirkung missionarischer Predigten vom Frieden und von den Missionaren eingeschleppter Seuchen zu erlahmen.

In den letzten Jahren zeichnet sich ein Wiederaufleben des traditionellen Widerstandes der Chaco-Indianer in neuen Formen ab. Nach einer Phase häufiger kleinerer Aufstände und Streiks (so 1953 eine Revolte in Salta, 1959 in Formosa, 1962 ein Generalstreik der für Mennoniten arbeitenden Nivaklé) versuchen einzelne Gruppen, sich genossenschaftlich zu organisieren, so die Matako in Argentinien. Da die Chaco-Indianer einen beachtlichen Teil der Chaco-Gesamtbevölkerung ausmachen, und da dies sich wohl auch nicht so bald ändern wird – der Chaco ist bis heute kein bevorzugtes Siedlungsland für Nichtindianer –, haben indianische Bürgerrechtskämpfer hier auch eine gewisse Aussicht auf Erfolg.

Weniger günstig ist die Lage der letzten noch „wilden" Indianer. Sie kämpfen heute um ihr Überleben gegen Ausrottungsbemühungen von Seiten ihrer nichtindianischen Nachbarn. Nachrichten über diese Tragödie dringen nur selten an die Außenwelt. Doch wurde z. B. 1972 eine systematische Ausrottungskampagne gegen Ayoré-Indianer in Paraguay bekannt. Es scheint auch, daß die paraguayische Armee die Lagerplätze „wilder" Indianer als Zielscheibe für Kriegsspiele benutzt, bei denen die Vernichtung von Guerilla-Trupps geprobt wird.

Literaturauswahl

*Fock, Niels:* Mataco Indians in their Argentine Setting. in: Folk 8/9. København 1966/67

*Nordenskjöld, Erland:* Indianerleben, Gran Chaco. Leipzig 1912

*Rodriguez, Nemesio J.:* Oppression in Argentina – The Mataco Case (Iwgia Document 21). Copenhagen 1975

*Shapiro, Samuel:* The Toba Indians of Bolivia. in: América Indigena 22,3. Mexico 1962

*Schindler, Helmut:* Die Inimacá und die Macá. in: Anthropos 62, 3/4. Freiburg – Schweiz 1967

## 16. Die Marginalen Indianer: Wildbeuter auf der Flucht

Ein hartnäckiges Klischee macht die Indianer der südamerikanischen Tiefländer zu „Urwaldnomaden". Seitdem allzuviele Reiseberichte zeigten, daß die angeblichen Nomaden größtenteils seßhafte Bauern sind, hat man sie, um den liebgewordenen Fehler nicht ganz berichtigen zu müssen, in „Halbnomaden" umgetauft. Doch auch das ist falsch. Nur eine verschwindend kleine Minderheit ist wirklich nomadisch und betreibt keinen Bodenbau.

### a) Lebensraum: Rückzugsgebiete

Eingestreut in die großen Kulturareale Südamerikas, doch ohne wirklichen Anteil an ihren Kulturen leben einige kleine und kleinste Gruppen, die am Rand der zivilisatorischen Entwicklung der übrigen Indianer geblieben sind: Wildbeu-

ter auf sehr primitiver Stufe. Der Ausdruck „marginal" bezieht sich einmal darauf, daß ihre Kultur vor allem den südlichsten Rand Amerikas – Feuerland, die Südanden, Patagonien, die Pampas und den Chaco – bestimmte, zum anderen auf ihre Position am Rand der kulturellen Weiterentwicklung. „Marginal" hat heute aber auch insofern einen besonderen Sinn, als die damit bezeichneten Indianer nun auch draußen vor der Tür am Rand der die übrigen Ureinwohner Südamerikas erfassenden Europäisierung bleiben: Für sie ist nur ganz selten Platz in der neuen Welt. Zwar sind überhaupt die meisten lateinamerikanischen Indianer mehr oder minder marginalisiert im Sinn von „an den Rand der Gesellschaft gedrängt", doch haben die meisten auch die Hoffnung, diese Situation eines Tages überwinden zu können – die marginalen Indianer kaum noch.

Nomadisierende Botokuden in Ostbrasilien
(Prinz von Neuwied 1822)

255

In diesem Kapitel fassen wir die quer durch Südamerika verstreuten nomadischen, wildbeuterischen Minderheiten zusammen. Man betrachtet sie meist als Überbleibsel einer sehr alten Bevölkerung, die einst den ganzen Kontinent beherrschte und später von zivilisatorisch fortgeschritteneren Indianern in Rand- und Rückzugsgebiete abgedrängt wurden. Es mögen aber auch einige ursprünglich höher entwickelte Gruppen darunter sein, die unter dem Druck historischer Ereignisse, z. B. der europäischen Invasion einen sekundären Primitivierungsprozeß durchmachten. Ein ähnliches Phänomen lernten wir im zirkumkaribischen Areal kennen, wo hochkulturliche Anfänge durch den spanischen Barbarensturm vernichtet wurden und Indianer in ein früheres Entwicklungsstadium zurückfielen. Das war möglich, weil die Hochkultur gerade erst ansatzweise erreicht und noch nicht fest verwurzelt war. Ganz ähnlich kehrten einige frühe Pflanzer, deren Bauerntum noch neu und schwach verankert war, zum Nomadismus zurück, wenn sie z. B. aus für den Bodenbau geeigneten Ländereien in solche abgedrängt wurden, wo günstigere Voraussetzungen für Jagd und Sammelwirtschaft bestanden.

Das Kulturbild der marginalen Indianer Südamerikas ist nicht einheitlich. Im der Antarktis nahen Feuerland sind die Lebensbedingungen zu verschieden von denen, die Wildbeuter im tropischen Regenwald des Amazonasbeckens antreffen, und wieder anders sind die Voraussetzungen auf den Grassavannen der Llanos. Wir müssen uns hier auf eine kurze Skizzierung einiger bei mehreren Gruppen anzutreffender Charakteristika beschränken. Von den Wildbeutern ist der Wissenschaft auch weniger bekannt als von den übrigen Indianern Südamerikas. Denn erstens lehnen viele der nomadisierenden Gruppen den Kontakt zu Weißen ab und lassen sich somit auch nicht erforschen, zweitens ist selbst bei denjenigen, die Völkerkundler bei sich dulden, die Arbeit durch physische Schwierigkeiten erschwert: Nur wenige Nichtindianer sind in der Lage, die Strapazen des unsteten Nomadenlebens auf sich zu nehmen. Unsere Kenntnis dieser Völker rührt deshalb meist von der Erforschung seßhaft gewordener, „befriede-

ter" Gruppen her und ist dementsprechend lückenhaft.

Noch wenige Jahrhunderte vor dem Einfall der Europäer war die Südspitze des Kontinents von Feuerland bis zur Südgrenze des zentral-andinen Areals und bis zur Nordgrenze des Chaco geschlossen von nomadisierenden Wildbeutern bewohnt. Einflüsse aus den Zentralanden und aus den tropischen Tiefländern führten dann zu einer Höherentwicklung, durch die sich die Kulturareale Südanden/Patagonien und Chaco herausbildeten und von dem ursprünglich kulturell eng verwandten Areal Feuerland absonderten. Die Feuerländer bewahrten ihre altertümliche Wildbeuterkultur. Im 19. Jahrhundert führte man sie gerne als Beispiel einer sehr frühen Entwicklungsstufe der Menschheit an. Darwin überlegte einen Augenblick, ob sie nicht das von der Naturwissenschaft gesuchte Zwischenglied vom Tier zum Mensch seien. Grausamkeiten und Seuchen der Europäer haben die Feuerländer dezimiert. Nur noch einige völlig akkulturierte Mischlinge überleben in Chile. Kurz vor dem Erlöschen ihrer Kultur haben Forschungen noch gezeigt, daß sie zwar in materieller Hinsicht primitiv, in geistiger aber den Europäern ebenbürtig, wenn nicht überlegen waren. Doch nützt diese akademische Ehrenrettung den ausgerotteten Feuerländern nichts.

Östlich des Chaco, im heutigen Ostparaguay, Nordostargentinien, São Paulo, Paraná, Santa Catarina und Rio Grande do Sul trafen die europäischen Invasoren auf eine Reihe von Tupí- und Gê-Gruppen mit rudimentärem oder überhaupt ohne Bodenbau, teilweise Nomaden. Möglicherweise hatten sie den Bodenbau erst kürzlich von weiter entwickelten Nachbarn gelernt, etwa von den seßhaften Guaraní. Vielleicht aber haben auch die Guaraní die früheren Bewohner erst aus den fruchtbarsten Gebieten verdrängt und ihnen so die Möglichkeiten des Bodenbaus beschnitten, so daß die Besiegten wieder stärker zum Wildbeutertum zurückkehrten. Die Europäer fanden die Guaraní an den Flüssen, auf den fruchtbaren Savannen und in den weniger abgelegenen Wäldern, die primitiven Halbnomaden dagegen im Wald-Hinterland. Europäer und die mit ihnen bald verbündeten Guaraní drängten die Waldbewohner dann noch weiter zurück. Manche der Unterlegenen gaben erst jetzt den Bodenbau ganz auf. So waren z. B. mindestens einige der Aché in Ostparaguay wenn auch wenig sorgfältige Pflanzer, während die heute noch ca. 1.000 Nachkommen dieses Tupí-Volkes reine Wildbeuter sind. Dagegen haben die meisten der um 6.000 zur Gê-Sprachfamilie gehörigen Kaingang in Südbrasilien etwas Bodenbau beibehalten. Nur eine ihrer Untergruppen, die Xokleng, waren bis ins 20. Jahrhundert nomadisierende Wildbeuter, behaupteten aber ebenfalls, früher Bodenbau betrieben zu haben. Vielleicht ein paar Dutzend von ihnen sind heute noch nicht seßhaft gemacht und halten sich im Wald vor Fremden versteckt.

Im Wald versteckt halten sich auch einige meist zur Tupí- oder Ge-Sprachfamilie gehörige Restgrüppchen weiter nördlich in den tropischen Regenwäldern. Zu ihnen gehören die den Aché eng verwandten Sirionó zwischen Mamoré und Guaporé, insgesamt einschließlich der schon seßhaft gemachten vielleicht 800. In den letzten Jahren fast ausgerottet wurden die Avá-Canoeiro in Brasilien zwischen Araguaia und Tocantins. 12 Überlebende wurden 1973 nach monatelanger Verfolgung aufgespürt und seßhaft gemacht, wobei sich herausstellte, daß sie sich jahrelang in einem schon relativ dicht besiedelten, entwaldeten und in Viehzuchtfarmen aufgeteilten Gebiet verborgen gehalten hatten, indem sie tagsüber in Senken oder ähnlichen natürlichen Verstecken unterkrochen, abends anstatt auf die kaum noch vorhandenen Wildtiere auf das Vieh der Farmer Jagd machten. Weitere 60 sollen noch immer von einem Unterschlupf zum anderen fliehen – vermutlich der letzte Rest seßhafter Tupí-Indianer, die im 18. Jahrhundert ihre Felder verließen, um im Hinterland den Portugiesen zu entkommen. Schon im 19. Jahrhundert Pflanzer wurden dagegen die Bororo im Mato Grosso, die kulturell vieles mit den Gê-Völkern Zentralbrasiliens gemeinsam haben, nur eben früher reine Wildbeuter waren. Ihre Zahl beträgt heute etwa 500.

Im Gegensatz zu seinem Ruf ist der Amazonas seit Jahrhunderten eine wichtige Verkehrs-

ader, an der kaum noch Indianer leben. Die Kleinstädte entlang dem Fluß erinnern an Portugal und sind Ausgangspunkte europäischer Zivilisation. Erst in den Randgebirgen des Amazonasbeckens leben noch relativ primitive, teilweise nomadische Völker mit wenig oder ganz ohne Bodenbau. Ihre Stunde dürfte nun geschlagen haben, da man auf ihrem Land Bodenschätze wie Uran entdeckt hat. Am Südostrand des Amazonasbeckens im Grenzgebiet der brasilianischen Bundesstaaten Pará, Mato Grosso und Amazonas sollen sich noch einige nomadische oder halb-nomadische Angehörige der Gê-Sprachfamilie verbergen. Da man oft nicht einmal sicher ist, ob sie überhaupt existieren, kann man über ihre Kultur bloß spekulieren. Vermutlich ähneln sie den 150 Kreen-akarore im selben Gebiet, auch wird ihnen wohl ein ähnliches Schicksal bevorstehen. Die Kreen-akarore, jahrelang als „Amazonas-Riesen" eine Art brasilianisches Lochness-Ungeheuer (ihre Durchschnittsgröße liegt bei 1,70-1,80 m, also etwas über dem brasilianischen Durchschnitt), wurden seit Anfang der 60er Jahre von Suchtrupps verfolgt. Als Nomaden ohne Bodenbau waren sie nur äußerst schwer aufzuspüren. Anfang 1973 endlich ließen sie die Annäherung von Weißen zu, es kam zu einem Verbrüderungsfest, über das die Weltpresse berichtete, die Indianer erhielten moderne Werkzeuge und Kleidung und wurden seßhaft gemacht. Keine Nachricht mehr für die Weltpresse war, daß dieselben „Urwaldriesen" schon Ende 1973 völlig heruntergekommen als Bettler und Prostituierte oder Strichjungen an einer Fernstraße herumlungerten. In weniger als einem Jahr war ihre Kultur zerstört worden. Am Südrand des Amazonasbeckens im Grenzgebiet Mato Grosso-Rondônia, vor allem in abgelegenen Teilen des Aripuanã-Reservats sollen noch nomadische oder halbnomadische Gruppen leben, die schon Kontakt zu Weißen haben, über deren Kultur jedoch nichts bekannt ist. Vermutlich werden sie demnächst durch die Ausbeutung von Uranlagerstätten auf ihrem Gebiet in Mitleidenschaft gezogen werden. Im Zusammenhang mit einem Handelsabkommen, in dem Brasilien sich zur Lieferung großer Uranmengen verpflichtete, ist von zwangsweiser Umsiedlung dieser Gruppen die Rede. Am Südwestrand des Amazonastieflandes in der peruanischen Montaña leben neben höher entwickelten Gruppen der Aruak-Sprachfamilie wohl noch kleinere, verwandte, aber primitivere Ethnien ohne Bodenbau. Zu ihnen sollen die angeblich über 2.000 „Kashomashiri" gehören.

Am Nordrand des Amazonasbeckens im Tumuc-Humac-Gebirge zwischen den Guyanas siedeln höher entwickelte, seßhafte Völker der Kariben-Sprachfamilie. Sie berichten von kleinen Wildbeutergruppen der selben Sprachfamilie in unzugänglichen Ecken der Region. Bis jetzt entdeckt wurden nur 60 Akuriyó in Surinam. Vermutlich betrieben sie bis Ende des 19. Jahrhunderts etwas Bodenbau, den sie dann aufgaben, um als Nomaden besser vor anderen, bereits in Verbindung zu den Weißen stehenden Kariben fliehen zu können. Sie wurden seit 1968 wieder seßhaft gemacht. Auf der brasilianischen Seite im Hinterland des Rio Trombetas suchte man bislang vergeblich nach den dort angeblich streifenden Nereyó.

Etwas anders ist die Situation der Guahibo. Heute meist stark akkulturierte Bauern und Landarbeiter, bewohnen sie, noch etwa 30.000 die Llanos Orientales von Kolumbien und Venezuela nördlich des Guaviare und westlich des Orinoco, eine wenig fruchtbare Grassavanne. Viele von ihnen sind heute Viehhirten auf großen Estancias, wo sie wahre Privatarmeen im Dienst ihrer weißen Herren bilden. Deren Konflikte um Land- und Viehbesitz werden oft auf dem Rücken der Indianer ausgetragen. Nur noch knapp 1.000 der früheren Nomaden führen das traditionelle Wildbeuterleben weiter. Die Nomaden der Llanos sind geographisch und kulturell von den übrigen in diesem Kapitel behandelten Gruppen abgesondert. Am Rand des zirkumkaribischen Areals lebend, mögen sie auch historische Beziehungen zu den Guajiro gehabt haben.

Gemeinsam ist all diesen zersprengten Grüppchen die perfekte Anpassung an zwei äußere Gegebenheiten: An die Natur, meist den tropischen Regenwald, und an die Gefahr von Überfällen der Weißen, Mestizen und akkulturierten Indianer. Beiden Voraussssetzungen wird mit der nomadischen Lebensweise der Sammler und Jäger entsprochen, die gleichzeitig eine permanente Flucht vor den Weißen ist. Im folgenden greifen wir als illustratives Beispiel vor allem die Xokleng und Aché heraus. Erstere sind heute stark akkulturiert, so daß ihre Beschreibung eine Rekonstruktion des Kulturbildes vor etwa 40 Jahren ist.

## b) Lebensunterhalt: Wildfrüchte im Überfluß

Das Klischee von der „Grünen Hölle", in der Menschen im erbarmungslosen Existenzkampf zugrundegehen, hat lange Zeit dazu beigetragen, daß wir uns die Ernährung der Wildbeuter im tropischen Regenwald als etwas Mühsames, Karges vorstellen. Sicher ist das nomadische Waldleben hart, doch es ermöglicht auch eine Subsistenz, die heute von Ernährungsfachleuten als die vielleicht ausgewogenste und reichste betrachtet wird, die menschliche Gruppen überhaupt kennen. Allerdings trifft das nicht für alle Jahreszeiten gleichmäßig zu.

Der „Fortschritt" des Übergangs zum Bodenbau bedeutet für die Wildbeuter des tropischen Südamerika zwar einerseits größere Bequemlichkeit durch Seßhaftigkeit, andererseits aber einen Rückschritt vom Ernährungsstandpunkt gesehen. Das Dahinsterben ganzer Gruppen nach ihrer Seßhaftmachung ist teilweise eine Folge dieser Verschlechterung, insbesondere des Rückgangs des Proteinkonsums (aus Wildbret) zugunsten des Konsums von Kohlehydraten (aus den tropischen Grundnahrungsmitteln Maniok und Mais). Der Widerstand von Wildbeutern gegen ihre Seßhaftmachung, oft als „wildes" Festhalten „primitiver" Indianer an ihrer Urkultur gedeutet, muß auch als ein Versuch verstanden werden, einen besseren Nahrungsstandard aufrechtzuerhalten.

Wichtigste Aktivität der Männer ist die Jagd. Fleisch ist beliebteste und Hauptspeise. Bei den Xokleng ergaben Berechnungen einen Durchschnitt von 1.100 g Tapirfleisch täglich für jeden Erwachsenen in der Hauptjagdzeit (etwa

Windschirm nomadisierender Indianer in Ostbrasilien (Rugendas 1836)

ein Drittel des Jahres), anderes Wildbret nicht mitgerechnet, also einen wesentlich bedeutenderen Eiweißverzehr als bei uns, erst recht als beim indianischen Bauern in Südamerika. Die Jagdregeln sind auf größtmögliche Schonung des Wildbestandes ausgerichtet. Bei den Aché etwa dürfen trächtige Tiere, Jungtiere und Leittiere vieler Arten nicht getötet werden, und in Fällen, bei denen von ferne nicht sicher zu erkennen ist, ob es sich um ein zum Töten freies Exemplar handelt, muß der Jäger sich auf einen Nahkampf einlassen.

Die Jagd ist den Aché nicht einfach ein Nahrungserwerb, sondern gleichzeitig auch ein „Gedankenaustausch" mit dem Wild. Der Jäger ruft dem Tier häufig Worte zu, die es davon überzeugen sollen, daß es im Interesse der Ordnung der Dinge jetzt am besten stirbt, und er interpretiert die Rufe des Tieres als bejahende oder absagende Antworten. Eine von den Aché oft praktizierte Methode der Jagd auf kleinere Tiere (wie Gürteltier, Nasenbär) ist, diese einzukesseln und dann durch Rufen derart zu verschrecken, daß sie sich kopflos verhalten, um sie dann zu packen und mit der Hand an einem Stein zu Tode zu schmettern – in der Interpretation der Aché eine „Diskussion" mit dem Tier, das schließlich freiwillig auf den Jäger zuläuft, um sich mit der Hand fangen zu lassen.

Jagen ist nicht nur eine Art des Lebensunterhalts, sondern auch eine Grundhaltung. So konnte der Schreiber dieser Zeilen beobachten, wie seßhafte, an der Jagd durch äußeren Zwang gehinderte Aché verschiedene Arten von Ersatzjagd pflegten: Vögel ohne Nährwert wurden ebenso im Stil der großen Jagden früherer Jahre mit viel emotionellem Aufwand verfolgt wie Ratten; junge Männer, die sich von der Zutei-

259

lung von Lebensmittelrationen hätten ernähren können, zogen es vor, durch die Hütten zu ziehen und anderen Bewohnern das Essen nach jägerischer Art – mit Anschleichen und Jagdrufen – zu entwenden.

Zu einer anderen Jahreszeit sammeln die Xokleng-Frauen die Früchte der Pinie Araucaria angustifolia (die auch in den Südanden vor Einführung des Bodenbaus neben der Jagd die Hauptnahrung lieferte), die Aché-Frauen Früchte, Mark und Sproßspitzen der Pindópalme (Cocos romanzoffiana) in großen Mengen. Drittes Hauptnahrungsmittel ist Honig als wichtige Vitaminquelle. Die sonst recht friedlichen Aché greifen immer wieder Weiße an, die Bäume fällen, auf deren Blüten sich Honigbienen gerne niederlassen. Die Bewohner des tropischen Regenwaldes unterscheiden zahlreiche, zu verschiedenen Jahreszeiten zu sammelnde, im Geschmack oft sehr unterschiedliche Honigsorten, die Akuriyó z. B. etwa 35. Die Fundorte von Honig sind Treffpunkt verschiedener „Horden": Bei den Aché ist die Zeit des Honigs die Zeit der Kämpfe, aber auch der großen Verbrüderungs- und Heiratsfeste zwischen Gruppen, die sich sonst meiden. Ferner werden die verschiedensten Waldfrüchte gesammelt. Hinzu kommt viel „Kleinzeug", das die Erforscher der Wildbeuterernährung lange unbeachtet ließen, obwohl es tatsächlich eine wichtige Ergänzung des Speisezettels bildet, zumal es – im Gegensatz etwa zu Tapiren oder Pindófrüchten – das ganze Jahr über einigermaßen gleichmäßig zu finden ist: Schlangen, Ratten, Ameisen, Larven und Maden (die einen hohen Eiweißgehalt besitzen). Für die Indianer relativ leicht zu erlangen, muß diese Nebennahrung immer dann herhalten, wenn einmal keine Früchte reif sind und das Jagdglück ausbleibt. Die Aché setzen Maden in verrottete Bäume, damit sie sich dort vermehren, schneiden auch bestimmte Bäume derart zu, daß ein Verfaulungsprozeß begünstigt und Maden angelockt werden – eine Art Kleinviehzucht. In neuerer Zeit kommt zu all dem bei einigen Gruppen noch eine Jagd besonderer Art: Auf das Vieh von solchen Siedlern, die sich ohne Erlaubnis der Indianer in deren Gebiet niederlassen und das Wild verscheuchen, wohl

auch die Indianer verfolgen. Die Aché haben große Fertigkeit darin erlangt, kleineres Vieh (Schweine, Hühner usw.) mit Lockrufen aus dem bewachten Gehöft zum Versteck der Jäger am Waldrand zu locken. Auch die Felder der Siedler verden oft, allerdings mäßig (um die Siedler nicht zu Repressalien zu veranlassen) geplündert.

Vor allem, weil man bei Berechnungen der in einem bestimmten Gebiet zur Verfügung stehenden Nahrungsmenge das „Kleinzeug" und die Beute aus Siedlergehöften nicht mitrechnete, hat man oft die Zahl der Wildbeuter viel zu niedrig geschätzt. Zum Beispiel stellte sich neuerdings heraus, daß eine Aché-„Horde" auf einem Wandergebiet von ca. 40 ha über 300 Mitglieder haben kann, während man früher auf Grund von Schätzungen der natürlichen Subsistenzgrundlagen nur etwa 25-60 Personen annahm.

c) Materieller Kulturbesitz:
Sammelkorb und Keule

Der Bogen aus hartem Palmholz ist oft über 2 m lang, der Pfeil 1 m und mehr. Die Pfeilspitze ist aus schwerem Holz, heute auch oft aus geraubtem Eisen. Der Bogen kann auch als wuchtige Schlagwaffe oder zum Scharren im Boden (etwa, um eine Tierfalle anzulegen oder eine Schlange auszugraben) verwendet werden. Viele Wildbeutergruppen bedienen sich mehr der Keule oder der Lanze als des Bogens. Xokleng und Aché haben unterschiedlich geformte, in der Funktion aber gleiche Schlagwaffen, die die Wucht einer Keule mit der Schärfe einer hölzernen Lanzenspitze kombinieren. Diese schweren Waffen tragen nicht weit: Sie sind mehr für das Erlegen großer Tiere aus nächster Nähe, mehr auf Durchschlagkraft als auf Fernwirkung berechnet. Blasrohre oder vergiftete Pfeile kennt praktisch keines der marginalen Völker.

Für die Sammelwirtschaft werden große Tragkörbe geflochten, meist aus Palmfibern. Ein Hinweis darauf, daß die marginalen Völker früher zum Teil seßhafter als heute waren, ist ihre Keramik, wie wir sie etwa bei Sirionó und Xokleng finden. Vielleicht eine Anpassung der Keramik an die Bedingungen des nomadischen Lebens sind unzerbrechliche Gefäße aus Streifen von Taquara-Rohr, die mit Wachs so gut abgedichtet werden, daß man in ihnen Wasser transportieren kann. Wir finden sie bei Xokleng und Aché. Wichtigstes Allzweckgerät zum Schaben, Stechen usw. ist der in einen Affenknochen geschäftete Nagetierzahn. Selbstverständlich ist auch die Steinaxt bekannt.

Die Wohnung der Wildbeuter ist denkbar einfach. Eine Kernfamilie baut sich einen Windschirm, die Sirionó z. B. aus an Bäumen befestigten und mit Palmblättern bedeckten Stangen, die Aché aus in den Boden gesteckten, dann halbkreisförmig zusammengebogenen Zweigen, die mit anderen Zweigen verflochten und mit Blättern überdeckt werden. Die Aché kennen allerdings auch eine Art Gemeinschaftshütte für mehrere Familien, die an das große Haus der Waldlandkultur erinnert, jedoch keine Wände hat.

Meist schlafen die marginalen Indianer auf Matten, geflochten aus Palmfasern. Darüber hinaus besitzen sie nur sehr wenig Gerät.

## d) Soziale Umwelt: Die „Horde"

Eine Ordnung, die auf der Autorität des großen Jägers oder Kriegers und auf einem System des Austausches der Jagdbeute aufbaut, muß zusammenbrechen, sobald Jagd oder Krieg aufhören. Die Rekonstruktion der Gesellschaft der marginalen Völker aus den Überresten bei ihren seßhaften, bodenbauenden und keinen Krieg mehr führenden Nachkommen ist schwierig. Wir besitzen meist nur eine Reihe unkoordinierter, bruchstückhafter Detaildaten.

Ein Vergleich des wenigen, was sich von der Sozialordnung der Xokleng und Aché noch erkennen läßt, zeigt gewisse Gemeinsamkeiten. Das Individuum fühlt sich weniger als Mitglied einer bestimmten Familie denn als Angehöriger einer Altersklasse und eines der beiden Geschlechter. In der halb zerstörten Übergangsgesellschaft hat sich vor allem die geschlossene Gruppe der noch unverheirateten jungen Männer von etwa 10-15 Jahren als Einheit erhalten. In der traditionellen Gesellschaft waren sie etwas unnütz, noch keine erfahrenen Jäger und Familienväter, aber auch keine hilfsbereiten Handlanger wie die kleineren Jungen mehr. Gerade deshalb gliederten sich die jungen Aché-Männer bereitwilliger als andere ihres Volkes der neuen, von den Weißen aufgezwungenen Ordnung ein, in der sie eine im Vergleich zu früher wichtigere Funktion bekommen, nämlich die der Überwachung und Unterdrückung anderer Aché, denen sie früher Respekt bezeugen mußten.

Strenger noch als die Unterscheidung der Altersgruppen ist die der Geschlechter. Sie wird bei den Aché gekennzeichnet durch das Verbot, die typischten Arbeitswerkzeuge des jeweils anderen Geschlechts zu berühren (Mann: Bogen; Frau: Sammelkorb), sowie durch das Gebot der geschlechtlichen Enthaltsamkeit der Männer vor ihrer wichtigsten Arbeit, der Jagd. Ebenso wie der Mann mit der Zeit seine Altersgruppe wechselt, kann er aber auch seine soziale Geschlechtszugehörigkeit ändern und sich als „Frau" deklarieren. Dabei handelt es sich weniger um echte Homosexualität als vielmehr um eine soziale Einordnung in die Arbeitsfunktionen einer Frau, wodurch ein alternder, zur Jagd nicht mehr fähiger Mann sich als Sammler und Flechter (Frauenarbeiten) weiter nützlich machen kann.

Bei den erwachsenen Männern unterscheiden die Aché Ränge oder Grade, die heute nur etwas unterschiedliches Ansehen verleihen, früher aber vielleicht zu einer Altersklassenschichtung gehörten. Sie werden vor allem durch „Unterhaltungen" mit Tieren erlangt, z. B. gibt es einen besonderen Namen für denjenigen, der von einer Schlange gebissen („angesprochen") wurde. Den höchsten Rang nehmen ältere (ca. 30-40 Jahre) Kriegs- und Jagdhelden ein, unter denen die „Großen Töter" besonders gefürchtet sind. In manchen Horden gibt es nur einen einzigen „Töter", der dann eine Art Häuptlingsfunktion ausübt, in größeren Horden bilden solche Männer eine kleine Führungsgruppe. Um in sie aufgenommen zu werden, braucht man die männliche Eigenschaft des „kyrymba" (Desinteresse für Frauen, Jagdglück, Mut, Wildheit, Haß auf Weiße), aber auch die Unterstützung von Brüdern und Freunden. Die Mitglieder dieser Gruppe gelten bei den Weißen als „nicht zähmbar" und werden deshalb bei der zwangsweisen Seßhaftmachung getötet oder durch Demütigungen lächerlich gemacht. Zur Taktik der Befriedung der Aché gehört die Verschärfung des latenten Konflikts zwischen den Großen Tötern und den auf sie neidischen jungen Männern bis zu 15 Jahren, um eine interne Revolution der (den Weißen freundlicher gesonnenen Jungen gegen die (alte Traditionen verteidigenden) Alten zu provozieren.

Die Position des Individuums innerhalb seiner Alters- und Geschlechtsgruppe wird bei Aché und Xokleng durch den Namen vermittelt, den das Kind mit einer Person der Urgroßeltern- oder Großelterngeneration gemeinsam hat. Es übernimmt bis zu einem gewissen Grad Ansehen und soziale Zuordnung des Namensvorgängers. Bei den Xokleng wird es zuweilen auch mit dem gleichen Verwandtschaftsterminus angeredet: Ein kleines Mädchen z. B. , das den Namen seiner Urgroßmutter trägt, wird von seiner Großmutter „Mutter" genannt. Bei den Aché stützt der Seelenglaube die Identifizierung: Die Seele des Kindes nimmt in sich die Seele eines Tieres auf, das von der Mutter vor der Geburt in einem Ritus verzehrt wird, und das seinerseits in sich die Seele eines verstorbenen Vorfahren des Kindes aufgenommen hatte, der so im Kind wiederkehrt. Bei einem Teil der Aché wurde eine weitere Identifizierung mit Vorfahren noch dadurch erreicht, daß das Kind Fleisch eines Verstorbenen aß und dadurch Elemente von dessen Seele in sich aufnahm. Dabei kann ein Kind auch die Seelen mehrerer Vorfahren übernehmen und entsprechend mehrere Namen tragen. Dieses System der Identifikation mit Angehörigen zurückliegender Generationen verstärkt noch den latenten Gegensatz zur nächststehenden Generation, mit der man sich ja nicht identifiziert, und schwächt noch das Zusammengehörigkeitsgefühl innerhalb der Kernfamilie, innerhalb derer keine Seelenübertragungen üblich sind, verstärkt damit also indirekt den Zusammenhalt in der über die Kernfamilie hinausreichenden Altersgruppe.

Die Kernfamilie ist unstabil. Sie ist oft nicht monogam sondern polyandrisch, bisweilen auch polygyn. Dabei ergeben sich bei den Aché auch eigenartige Gruppenkombinationen, wenn z. B. Frau A mit Mann 1 und 2 verheiratet ist, Mann 1 mit Frau A und B, Mann 2 mit Frau A und C. Dieses oft komplizierte System darf nicht mit der sogenannten Punalua-Ehe verwechselt werden, bei der – nach einer älteren völkerkundlichen Theorie – viele Männer wahllos mit vielen Frauen zusammenleben. Vielmehr ist jede Ehe streng strukturiert, wobei zwischen Hauptgatte und Nebengatte verschiedener Ränge unterschieden wird. Dabei ist die Vaterschaft oft nicht auszumachen. An ihre Stelle tritt teilweise eine soziale Vaterschaft des Mannes, der dem Kind den Namen gab, indem er (bei den Xokleng) die Erinnerung an einen seiner Vorfahren auffrischte oder (bei den Aché) der werdenden Mutter das Fleisch eines bestimmten, die Seele eines Vorfahren in sich tragenden Tieres brachte.

Lokale Wohngemeinschaft ist die „Horde", die auf Grund der räumlichen Isolierung der einzelnen Gruppen in der Praxis oft endogam ist, obwohl dies keine feste Regel darstellt. Die Horde der Xokleng und Aché zählt mindestens etwa 50 Mitglieder, erreicht aber oft auch 300 und mehr. Sie kann sich dann zeitweise in kleinere Unterhorden aufspalten. Jede Horde besitzt ein fest umrissenes Territorium, innerhalb dessen sie herumzieht. Die Aché kannten aber bis vor kurzem auch feste Dörfer, von denen die einzelnen Unterhorden getrennt auf Jagdexpeditionen auszogen, um sich dann wieder alle im Dorf zusammenzufinden.

e) Religion:
Der Mensch als Teil des Kreislaufs der Natur

Die religiösen Riten der Aché lassen sich größtenteils als Versuche verstehen, den oben er-

Zeichnung eines seßhaft gemachten Aché. Die vordere Hälfte zeigt die Welt der Weißen: Ein Pferd mit seinem Reiter; ein Rind, das ein Mann bei den Hörnern packt, dazu ein Viehzaun; eine einsame, keinen Wald bildende Palme; die Lebewesen stehen unverbunden, isoliert nebeneinander. In der hinteren Hälfte die Welt der noch nicht seßhaften Aché: Das ‚Große Spinnennetz‘, die mystische Einheit aus Wald, Tieren und Menschen.

wähnten Kreislauf zu fördern, durch den Angehörige der Urgroßeltern- oder Großelterngeneration in Kleinkindern wiederkehren. Die Seele des Vorfahren nimmt dabei ihren Weg zum Neugeborenen über die Tiere und Pflanzen des Waldes, in denen sie sich vorübergehend aufhält. Die Identifikation mit den Vorfahren bedeutet somit auch eine mystische Einheit mit der Natur. Die Tränen der Frauen beim Tod eines Verwandten begießen im Glauben der Aché die Pflanzen, an denen die Seele des Verstorbenen sich später in die Baumwipfel schwingen kann, wo sie eine Reihe von Verwandlungen durchmacht, um schließlich als Seele eines bei einer rituellen Jagd getöteten Tieres wieder in einen Menschen überzugehen. Der im Wald ablaufende Verwandlungsprozeß wird von den Menschen durch Lieder unterstützt, in denen sie das

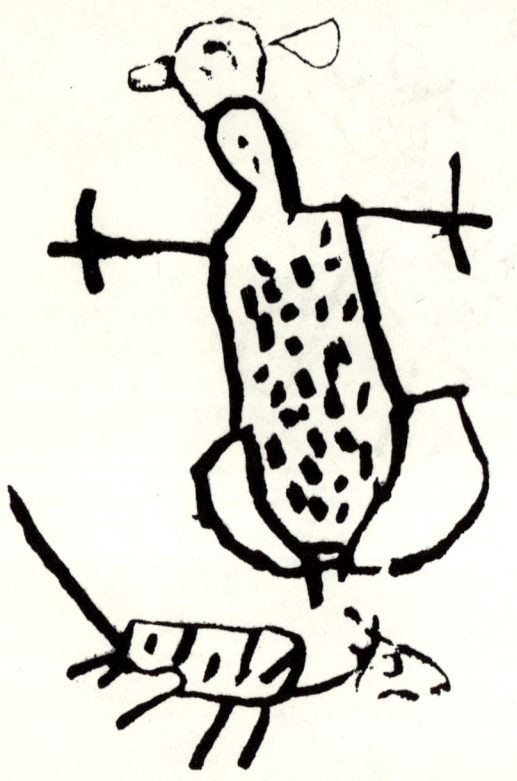

Zeichnung eines seßhaft gemachten Aché: ,Zivilisierter' Aché auf Reitsattel, davor ein Pferd. Die Streifen auf dem Körper des Aché sollen anzeigen, daß er bekleidet ist, aber auch, daß er sich in einen wilden Jäger verwandelt hat. Über seinem Kopf der ,Kopf des weißen Feindes' genannte Sombrero als weiteres Symbol der Unterwerfung des Aché unter Befehle und Sitten der Weißen.

Geschehen beschreiben, ferner durch eine Simulierung von Tod und Auferstehen, die dem Vorgang des pflanzlichen und tierischen Sterbens und Wiederaufstehens parallel läuft. Bei der Pubertätsinitiation werden die Initianten durch das schmerzhafte Anbringen von Körpertatauierungen, durch das Herausschneiden von Streifen aus der Kopfhaut (die dann geröstet und gegessen werden) und durch Schläge und Stöße mit dem schweren Bogen oder der Keule solange gequält, bis sie „sterben", das heißt bewußtlos werden, um schließlich als neue Menschen wiederaufzustehen.

Die zwangsweise Seßhaftmachung der Aché weitab von den Wäldern ihrer Vorfahren, und die Abholzung eines Teils dieser Wälder, an deren Stelle Viehweiden entstehen, werden von den Aché als eine brutale Trennung von ihren Vorfahren und Unterbrechung des Kreislaufs Vorfahr-Natur-Kleinkind-Erwachsener-Totenseele-Vorfahr empfunden. In erschütternden Liedern verabschieden sie sich heute von ihren Ahnen, wobei sie z. B. beklagen, daß auf deren Gräbern Kühe herumtrampeln, so daß die Totenseele sich nicht mehr in die Baumwipfel aufschwingen kann. Auch die in den religiösen Vorstellungen bedeutsame Kommunikation mit den Vorfahren bei der Jagd, bei der man sich mit Tieren und Pflanzen „unterhält", ist durch Seßhaftmachung und Rückgang des Wildbestandes heute eingeschränkt. Nach Ansicht der Aché bedeutet dies, daß die Neugeborenen, in die nicht mehr die Seele eines Ahnen übergeht, überhaupt keine Seele mehr haben, und daß auch die Erwachsenen allmählich „entseelt", das heißt auch „entmenscht" werden. Die Folge ist bei einigen Aché der Wunsch, möglichst rasch, noch vor der endgültigen „Entseelung" zu sterben, bei anderen eine Abkehr von den „menschlichen" (d. h. Aché-) Traditionen und Brutalisierung im Verhalten, um sich dem Lebensstil der Weißen anzupassen, den sie als „tierisch" ohne das sonst in Tieren vorhandene menschliche Seelenelement betrachten. Aché, die sich in bewußter Anerkennung des eigenen Seelenverlustes zu diesem Weg der „Vertierung" entschließen, sind z. B. bereit, Mitglieder der eigenen Horde zu verfol-

Indianerausrottung in Ostbrasilien (Rugendas 1836)

gen und umzubringen, was sie damit rechtfertigen, daß sie zu wilden Tieren gemacht worden seien.

Auffällig ist bei den marginalen Völkern des tropischen Südamerika, daß der Medizinmannkomplex meist fehlt oder nur schwach entwickelt ist. Im Zusammenhang damit sind auch Rauschmittel ebenso wie überhaupt das Phänomen der Ekstase selten. Bei den Aché etwa gibt es keine religiösen Spezialisten, und keine berauschenden Mittel (Sirionó und Xokleng dagegen besitzen immerhin alkoholische Getränke). Dafür können die meisten Männer sich beim Singen in eine Art meditative Stimmung versetzen, in der sie von Reisen ins Jenseits träumen.

f) Geschichte: Der Völkermord

Die marginalen Völker waren als Nomaden besonders schwer unter koloniale Kontrolle zu bringen und bildeten durch ihren erbitterten Widerstand gegen die Besetzung ihres Jagdterritoriums ein Hindernis. Man bemühte sich deshalb um ihre Seßhaftmachung. Der hiermit verbundene psychische Schock (s. o. die religiöse Problematik), die Umstellung der Ernährung und hygienische Probleme (Nomaden, die nicht lange an einem Ort verweilen, brauchen sich nicht allzusehr um die Hygiene ihres Lagerplatzes zu bekümmern. Werden sie seßhaft gemacht, bleiben sie ohne Hygiene an einem Ort, der bald zu einem Krankheitsherd wird) führten zu einem Bevölkerungsrückgang, dem die Indianer durch Flucht in die Wälder zu entkommen suchten. Die Kolonisatoren griffen dagegen zu immer rabiateren Methoden, um sie zur Seßhaftigkeit zu zwingen. In vielen Ländern Südamerikas organisierte man regelrechte Menschenjagden, die oft in Vernichtungsjagden ausarteten. Die Überlebenden wurden teilweise in Zwangsarbeitslager gesteckt, die oft genug an moderne Konzentrationslager erinnerten.

Die wegen ihres Widerstandes gegen den Kolonialismus verhaßten, dabei auf Grund der immer brutaleren Behandlung immer feindseligeren Nomaden wurden wegen des Fehlens von Bodenbau und Seßhaftigkeit in ihrer Kultur verachtet und oft nicht als Menschen bewertet. Jagden auf sie galten vielfach als Zeitvertreib wie etwa die Jaguarjagd. Der Gouverneur des brasilianischen Bundesstaates Bahia hielt sich im 19. Jahrhundert „zwei lebende Exemplare" nomadischer Wilder in einem Schaukäfig. Die Aché werden sogar noch heute systematisch verfolgt und dabei teils ausgerottet, teils in Lager zur „Zähmung" deportiert. In Kolumbien wurde ein Völkerkundler, der sich bei nomadisierenden Guahibo aufhielt, noch 1970 mehrfach von Weißen, die ihn auf die Entfernung nicht von den Indianern unterschieden, beschossen. Die Geschichte der marginalen Völker in den letzten Jahrhunderten ist zumeist eine monotone Folge von Angriffen der Eroberer,

Flucht, Verfolgung, Massakern, Versklavung, bis hin zum Aussterben. Daß heute die Ausrottung seltener geworden ist, liegt hauptsächlich daran, daß es kaum noch freie Waldindianer im Widerstand gibt.

Die hochgradige Spezialisierung der marginalen Völker auf eine Lebens- und Wirtschaftsform, für die in der modernen Gesellschaft kein Platz gelassen wird, macht ihre Anpassung vielfach unmöglich, so daß der von ihnen gewählte Ausweg – im sinnlosen Kampf gegen die Übermacht der Weißen zu fallen oder als Gefangene der Weißen zu nur noch am nackten Überleben interessierten „Tieren" (s.o. Religion) zu werden – durchaus logisch wirkt. Relativ klein ist die Gruppe derjenigen, die auf Grund einer humaneren Behandlung einen wenn auch marginalen Platz in der neuen Gesellschaft behaupten können. Zu ihnen gehören heute die Xokleng, die auch nach der Seßhaftmachung ihre ethnische Identität bewahrten und seit Ende der

„Zivilisierte" Indianer verschleppen „Wilde" in die Sklaverei, Ostbrasilien (Debret 1834-39)

60er Jahre mit erneutem Selbstbewußtsein für ihre Rechte eintreten, wobei sie die üblichen Mittel der indianischen Bürgerrechtsbewegung in Brasilien (Straßensperren, Bedrohung von weißen Siedlern, Streiks, Delegationen an die zuständigen Behörden) anwenden.

## Literaturauswahl

*Arcand, Bernard:* The Urgent Situation of the Cuiva Indians of Colombia (Iwgia Document 7). Copenhagen 1972

*Bicchieri, M. G. Hrsg.:* Hunters and Gatherers Today. New York 1972

*Fuerst, René:* Gegenwärtige Lage und dringende völkerkundliche Forschungsaufgaben bei brasilianischen Wildbeutern. in: Bulletin of the International Committee on Urgent Anthropological and Ethnological Research 11. Vienna 1969

*Holmberg, Allan:* Nomads of the long bow – The Siriono of Eastern Bolivia (Smithsonian Institution, Institute of Social Anthropology, 10). Washington 1950

*Lee, R. und De Vore, I. Hrsg.:* Man the Hunter. Chicago 1968

*Münzel, Mark:* The Aché Indians – Genocide in Paraguay (Iwgia Document 11). Copenhagen 1973

*Ders.:* The Aché Indians – Genocide Continues in Paraguay (Iwgia Document 17). Copenhagen 1974

*Zerries, Otto:* Wildbeutertum und Jägertum in Südamerika – Ein Überblick. in: Paideuma, Mitteilungen zur Kulturkunde 8,2. Frankfurt am Main 1962

## 17. Die Indianer am Ostrand der Anden: Kopfjagd und messianische Kulte

a) Lebensraum:
Montaña, Yungas, Andenvorland

Das Wort „Montaña" bedeutet im Altspanischen sowohl Gebirge als auch Wald. Die Konquistadoren benannten damit den Ostabhang der Anden, wo eine Berg- und Hügellandschaft schon die Vegetation des tropischen Waldes ähnlich wie das Amazonasbecken aufweist. Heute wird der geographische Terminus teils auf die eben erwähnte Übergangsregion angewandt (auch wir wollen hier dieser engeren und korrekteren Benennung folgen), teils auch auf die östlich daran anschließenden, schon zum Amazonastiefland gehörigen Teile von Peru und Ekuador. In Bolivien heißt das entsprechende Zwischengebiet „Yungas".

Montaña und Yungas sind eines der undurchdringlichsten Gebiete Südamerikas. Der immergrüne tropische Regenwald reicht bis in eine Höhe von 1.200 m. Darüber bis 2.500 m Höhe schließt sich lichter tropischer Bergwald an. Neben einigen breiten Längstälern kennzeichnen vor allem schmale, tiefe, unwegsame Schluchten, steile Hänge und scharfe Bergkämme das Land. Die Niederschlagsmenge ist die höchste Südamerikas. Das bedeutet in dem gebirgigen Gelände die Gefahr von Bodenrutschen oder gar regelrechten Bergstürzen, Überschwemmungen und verheerenden Flußdurchbrüchen. Die Kombination von steilen Hängen und Regen führt zu erheblicher Erosionsgefahr. Dadurch wird der Bodenbau erschwert. Die Folge ist im Kulturbild eine Stärkung der wildbeuterischen Elemente. Nicht nur sind die Montaña-Indianer neben ihrem Pflanzertum auch meist leidenschaftliche Jäger, sondern es leben unter ihnen auch einige kleine rein wildbeuterische

Restgruppen. Die verkehrtechnische Ungunst des Geländes begünstigt eine Aufsplitterung der Bevölkerung in kulturell oft stark voneinander abweichende Einzelgruppen. Die Montaña ist in dem sprachlich ohnehin vielfältig aufgesplitterten Südamerika das Gebiet mit der größten sprachlichen Zersplitterung.

Historisch bedeutungsvoll ist die Lage zwischen dem tropischen Tiefland Südamerikas mit seinen primitiven Bewohnern einerseits und dem Hochandengebiet mit der höchst entwikkelten Kultur Südamerikas andererseits. Handelskontakte zwischen den Amazonasindianern und den Inka oder deren Vorgängern liefen über diese Mittlerzone. Versuche der Inka, ihre Macht ins Amazonasbecken hinein auszudehnen, wurden in der Montaña abgefangen, wie Versuche der Tieflandindianer, zu den begehrten Schätzen des Inkareiches vorzudringen. Die kulturelle Vielfalt der Zone erklärt sich auch daraus, daß hier aus dem Tiefland ein Barbarensturm nach dem anderen mit dem Ziel Hochland anbrandete und zerstreut wurde. Bis heute ist die Festung Machu Picchu am Rande der Montaña ein steinerner Zeuge für die Notwendigkeit, das Inkareich gegen die Bedrohung zu schützen, wobei es sich hier vielleicht gleichzeitig um einen befestigten Marktplatz für den Austausch zwischen Wald- und Hochland handelte.

Kulturareal Anden-Ostrand

Ebenso, wie die Vegetation eher der des Amazonasbeckens gleicht, ist auch die Kultur eher derjenigen der Amazonas-Indianer verwandt, was deutlicher wird, je mehr man vom Andenabhang nach Osten kommt. Eine genaue Grenzlinie läßt sich nicht ziehen. So sind z. B. die Jíbaro ein typisches Montaña-Volk, eine ihrer Untergruppen aber, die Achuara, dürften wohl schon eher in den kulturellen Bereich des Amazonasgebietes gehören, während aber ihre Sprache noch eindeutig zu den Jíbarodialekten gehört, und ihre Kultur derjenigen der übrigen Jíbaro noch eng verwandt ist.

Das den Zentralanden unmittelbar östlich vorgelagerte Tiefland, die Stromgebiete des unteren Marañón, des Juruá und Purús gehören geographisch nicht mehr zur Montaña, sondern zum Amazonasbecken, ethnographisch jedoch sind die Beziehungen eng. Südöstlich anschließend, im Vorland der bolivianischen Yungas, sind auch die Stromgebiete des Beni und Marmoré solche Tore zum eigentlichen Tiefland. Hier jedoch kommen die zentralandinen Impulse nicht aus dem Gebiet der Ketschua-Indianer (aus dem Inka-Kernbereich), sondern aus dem der Aymará (der alten Tiahuanaco-Kultur). Hieraus mögen sich Unterschiede zu den nordwestlich gelegenen Nachbarregionen ergeben, auch wenn wir heute noch nicht in der Lage sind, diesen oder jenen spezifischen Aspekt der Kultur des Beni-Marmoré-Gebietes direkt mit diesem oder jenem der Tiahuanaco-Kultur in Verbindung zu bringen. Zum anderen geht der tropische Regenwald am oberen Marmoré in Savanne über, die geographisch und ethnographisch bereits zum Chaco überleitet. Juruá-Purus und Beni-Marmoré-Region werden auf Grund ihrer eindeutigeren Zugehörigkeit zum Tiefland meist als eigene Kulturareale von der Montaña getrennt. Betrachten wir aber die heutige Situation der indianischen Bewohner dieses Raumes, so erkennen wir beachtliche Parallelen. Dies mag zum Teil auf von außen aufgezwungenen Gemeinsamkeiten der Kolonialgeschichte beruhen, zum anderen aber erklärt es sich sicherlich auch aus den Gesellschaftsordnungen des Gesamtraumes zugrunde liegenden gemeinsamen Strukturen, so daß die Verwandt-

Mojo-Indianer (Schütz-Holzhausen 1883)

schaft der heutigen Situation ein Hinweis auf grundlegende Nähe ist.

Grob gesagt, ist die kulturelle Situation in unserem Areal ähnlich wie im zirkumkaribischen und im südandinen-patagonischen Raum. Wir befinden uns am Übergang von „primitiver" zu „Hoch"-Kultur. Im Unterschied zu Chile/Argentinien ist hier allerdings der „primitive" Bodensatz nicht der einer einfachen Wildbeuterkultur, vielmehr ein schon relativ weit entwickeltes, seßhaftes Pflanzertum, wie wir es in Reinform im Amazonasbecken antreffen. Im Unterschied zum zirkumkaribischen Bereich ist in der Montaña der befruchtende Einfluß der benachbarten Hochkulturen weniger spürbar, fehlen aber auch die zerstörerischen, auflösenden Folgen des Hochkultureinflusses, wie er sich bei den Zirkumkariben mit der spanischen Invasion bemerkbar machte. Die Montaña-Indianer konnten bis in jüngste Zeit eine relativ geschlossene, archaische Kultur mit gewissen hochkulturellen Einflüssen bewahren.

Insgesamt wohnen in dem hier behandelten Raum wahrscheinlich über 300.000 Indianer, für das tropische Waldland eine hohe Zahl (zum Vergleich: in ganz Brasilien leben wohl nicht mehr als 100.000). Auch die einzelnen Ethnien sind teilweise recht groß, bis hin zu den knapp

50.000 Jíbaro. In diesen Zahlen zeigt sich wiederum eine ähnliche Zwischenstellung wie schon im zirkumkaribischen Raum: Die Millionenzahlen des zentralandinen Raumes werden nicht erreicht, aber die niedrigen Zahlen des Amazonasareals weit überschritten. Der demographische Einfluß des weißen Mannes ist allerdings im Juruá-Purus-Gebiet stärker spürbar: Wohl vor allem in der Folge des verheerenden Kautschukbooms ist die indianische Bevölkerung auf nur noch 24.000 zusammengeschmolzen.

Die einzelnen Völker des Kulturareals lassen sich in mehreren großen Gruppen zusammenfassen:

1. Diejenigen Montaña-Indianer, die der Hochanden-Kultur besonders nahestehen, zumal durch die aus dem Gebiet des ehemaligen Inkareiches übernommene Ketschua-Sprache. Es sind dies neue Ethnien heterogenen Ursprungs. Die über 33.000 Quichua im Osten der ekuatorianischen Provinzen Napo und Pastaza stammen von verschiedenen vorkolonialen Gruppen ab, durch Kolonialherrschaft und spanische Mission geeinigt, die die Ketschua-Sprache, damals Verständigungsmittel der Missionare, übernahmen. Einmal dem Kolonisator unterworfen, leisteten sie für diesen Vermittlerdienste zu noch „wilden“ Indianern weiter östlich, die sie teilweise unterwarfen, ihrerseits „zivilisierten“ und sprachlich ketschuaisierten. Dieser Prozeß setzt sich fort: in jüngster Zeit sind Angehörige der Záparo-Sprachfamilie in der Waldprovinz Pastaza zur Ketschua-Sprache übergegangen, um schließlich in der Quichua-Ethnie aufzugehen. Ähnlich dürfte sich auch die Geschichte der heute rund 10.000 Quechua im Mündungsgebiet des Rio Tigre in den Marañon und am unteren Rio Napo entwickelt haben. In ihnen sind z. B. wohl die Aguano aufgegangen, die schon im 16. Jahrhundert das Ketschua angenommen hatten, kulturell jedoch typische Montaña-Indianer geblieben waren, um erst in den folgenden Jahrhunderten eine durch die sprachliche Gemeinsamkeit erleichterte Angleichung an die aus dem Hochland kommenden, stark europäisierten indianischen und Mestizen-Siedler durchzumachen, bis sie schließ-

lich kaum noch von der Mehrheit der peruanischen Bevölkerung zu unterscheiden sind. Wohl umgekehrt die Entwicklung bei den Quechuas Lamistas, heute ca. 15.000 am unteren Huallaga: Ursprünglich Hochlandbauern im Gebiet um Ayacucho, wurden sie in präspanischer Zeit als Grenzer ins Vorland des Inkareiches umgesiedelt, wo sie das Ketschua beibehielten, im übrigen sich aber weitgehend der Montaña-Kultur anpaßten. Sie mögen später auch lokale Gruppen assimiliert haben. Diese Ketschua-sprachigen neuen Ethnien der Montaña sind interessante Beispiele für ein Phänomen, das in Südamerika in den letzten Jahrhunderten vor und den ersten nach der Ankunft der Spanier recht häufig gewesen sein dürfte, sich aber sonst meist nicht so gut rekonstruieren läßt: Die Neubildung von Völkern insbesondere unter dem Druck des frühen europäischen Kolonialismus, oder etwa unter dem des Inkareiches, durch Zusammenschluß kleinerer, bis dahin unabhängiger Gruppen, die in den Sog neuer politischer und kultureller Tendenzen geraten sind.

2. Indianische Bewohner breiter Täler, in denen die Bodenbedingungen für die Landwirtschaft günstiger sind: Insgesondere die ca. 10.000 Indianer des Ucayali-Tales, mit den Shipibo als größter Gruppe, ferner auch die ca. 20.000 Cocama am unteren Marañon. Diese Flußindianer betreiben einen intensiveren Bodenbau und ersetzen die Jagd weitgehend durch den Fischfang. Da die Täler auch die wichtigste Verkehrsader der Region sind, waren ihre Bewohner stärker als die Indianer des Hinterlandes fremden Einflüssen ausgesetzt, Neuerungen wurden eher angenommen. Die Tal-Kulturen sind daher weniger altertümlich – in evolutionistischer Diktion würde man sagen: „höher entwickelt“. Sie zeigen Beziehungen zu besonders entfernt gelegenen Gebieten, so die Ucayali-Keramik zu der am äußersten anderen Ende einer Verkehrsader entdeckten prähistorischen Keramik der Insel Marajó in der Amazonasmündung.

Über die Flüsse drangen aber seit der Kolonialzeit auch die Weißen vor, die zuerst die Flußindianer unterjochten. Die zur Tupí-Sprachfamilie gehörigen Cocama, einst selbst fremde Invasoren, und zwar aus dem Amazonasbecken, dessen verkehrtechnische Verlängerung das Marañon-Tal ist, wurden von Siedlern aus dem europäisierten Hochland Perus, die den Rio Marañón hinabzogen, unterworfen und weitgehend akkulturiert. Die Nachkommen der Cocama sind heute größtenteils bereits in der nichtindianischen ländlichen Bevölkerung Ostperus aufgegangen, oder leben doch teilweise in den von Nichtindianern beherrschten Kleinstädten. Im Ucayali-Tal ist der Assimilationsprozeß noch nicht so weit vorangeschritten, ja es läßt sich hier sogar ein teilweise rückläufiger Prozeß der Regruppierung von durch den Kautschukboom um 1900 auseinandergerissenen Indianern in neugegründeten eigenen Dörfern beobachten. Doch sind auch diese teilweise nach altem Muster neu entstandenen Gemeinschaften heute dem desintegrativen Druck von Wanderarbeit und Arbeitsmigration ausgesetzt, sobald die Indianer anfangen, lohnabhängige Verhältnisse einzugehen.

Der heutige Akkulturationsprozeß im Ucayali-Tal läßt sich mit den Vorgängen vergleichen, die in der Kolonialzeit zur Entstehung des Quichua-Volkes in der ekuatorianischen Montaña geführt haben. Wie dort auf eine Periode anfänglicher, intensiver Kolonisierung (im 17. Jahrhundert) eine Zeit der größeren Ruhe und Freiheit für die Quichua folgte, und wie dort gerade jetzt koloniale Kulturelemente wie etwa die Ketschua-Sprache erst eigentlich Eingang fanden, so im 20. Jahrhundert am Ucayali: Während der Kautschukboom durch das brutale Vorgehen der Kolonisatoren eher eine Verhärtung des indianischen Standpunktes und eine Rückbesinnung auf Traditionen zur Folge hatte, scheint sich die relativ humanere Verwandlung der Indianer in Lohnempfänger in den letzten Jahren viel gründlicher auf die Kultur auszuwirken.

Dabei gibt es aber auch charakteristische Unterschiede. Förderte die spanische Kolonialverwaltung die indianischen Dorfgemeinschaften, um sie zu Grundelementen der Kolonialstruktur zu machen, ist die Industriewelt des 20. Jahrhunderts solchen Gemeinschaftsbildungen

eher feindlich. Wurde die Dorfstruktur der Quichua durch Übernahme einer spanischen Hierarchie gestärkt, tritt heute sowohl bei den Quichua als auch vor allem im Ucayali-Tal die über die Dorfgemeinschaft hinweggehende Beziehung Arbeitnehmer-Arbeitgeber an die Stelle der alten hierarchischen Tradition. Schließlich werden die indianischen Sprachen heute dank nordamerikanischer protestantischer Missionare, die kein Interesse am Aufgehen ihrer Schützlinge in der umwohnenden katholischen nichtindianischen Bevölkerung haben, besser bewahrt. Eine Ketschuaisierung oder Hispanisierung der Sprache wird sich heute wohl nicht so rasch wiederholen.

Zu den Flußindianern der Montaña können wir vielleicht auch einen Teil der im übrigen zu einem anderen Völkerblock innerhalb des Kulturareals gehörenden Jíbaro zählen, und zwar die Shuara im Upano-Tal in Ekuador. Sprachlich und überhaupt kulturell den anderen Jíbaro sehr nahe, unterscheiden sie sich von ihnen durch Aufnahmebereitschaft für fremde Elemente, die vor allem zum Tragen kam, seitdem das Upano-Tal ab etwa 1960 zu einem bevorzugten Ziel weißer Siedler wurde. Die Upano-Shuara paßten sich nun leichter als ihre hinterwäldlerischen Verwandten der Kolonisation an.

3. Die etwas abseits von den großen Flußtälern lebenden Indianer der nördlichen Montaña bis etwa zum Marañón. Sie zeigen in vieler Hinsicht ein Kulturbild, wie es wohl für die schon erwähnten ekuatorianischen Montaña-Quichua vor ihrer Überfremdung durch hochandine und europäische Einflüsse typisch war. Entsprechend ihrer geographischen Position erinnern sie nicht nur an ihre Nachbarn im Amazonasbecken oder in den Hochanden, sondern auch an diejenigen in der nordwestlich angrenzenden zirkum-karibischen Region. Insbesondere ist hier die in vor-europäischer Zeit im Gebiet des heutigen Kolumbien weitverbreitete Kopfjagd zu erwähnen, die auch im Montaña-Gebiet eine große Rolle spielte. Zahlenmäßig eine der größten Ethnien des indianischen Südamerika überhaupt sind die Jíbaro. Als letztes Volk Südamerikas pflegten die Jíbaro die Kopfjagd bis zur Mitte unseres Jahrhunderts. Ihre in europä

ischen Augen schwer verständliche Sitte der Herstellung von Schrumpfköpfen machte sie zu Opfern zahlreicher Sensations-Reiseberichte. Noch 1974 zeigte das deutsche Fernsehen einen Film über sie, dessen Autoren wieder einmal „zum ersten Mal" das Geheimnis der Schrumpfkopfherstellung den „scheuen" Indianern entlockten, um es in einem „sensationellen" Film auszubreiten. Tatsächlich erreicht man heute auch die Jíbaro nicht mehr auf abenteuerlicher Expedition, wie solche Filme glauben machen wollen, die den Mut herausstreichen, mit dem ihre Autoren die Wilden besuchen, sondern relativ bequem im Omnibus.

Südöstlich schließen einige kleinere Völker an, von denen nur die ca. 6.000 Chayahuita, schon südlich des Marañón, und die ca. 5.200 Candoshi etwas weiter nördlich im peruanisch-ekuatorianischen Grenzgebiet genannt werden sollen. Sie haben seit der frühen Kolonialzeit europäische und vorher wohl auch hochandine Einflüsse empfangen, wobei sie ihre ursprüngliche Kultur insgesamt weniger gut bewahrten als die Jíbaro. Die jüngste Welle westlichen Einflusses seit etwa 1960 hat sie dagegen umgekehrt weniger berührt, so daß sie ihre Kultur – Ergebnis früherer Akkulturationsprozesse – reiner beibehielten.

Am Ostrand der nördlichen Montaña, schon am Übergang zum eigentlichen Amazonasbekken, leben mehrere Gruppen, die der Záparo-Sprachfamilie angehörten, in letzter Zeit jedoch einem Ketschuaisierungsprozeß unterworfen sind. Von ihnen haben sich nur die Auka in größerer Zahl (heute noch etwa 540) ihre eigene Sprache bewahrt. Ihren Namen, dessen Bedeutung im Ketschua wir am Beispiel der an der Grenze des Inkareiches lebenden Araukaner kennenlernten, verdanken sie wohl ihren ketschuaisierten Nachbarn, die, wie ja die Sprache anzeigt, früher dem Kolonisator unterworfen wurden und seitdem die freigebliebenen Nachbarn als Outgroup betrachteten. Haß und Verachtung der bereits „Zivilisierten" für die noch „Primitiven", nicht christianisierten Nachbarn, gemischt wohl auch mit Neid auf die noch nicht Unterdrückung und Entfremdung im Kolonialreich Ausgesetzten schlugen sich in Schauer-

märchen von häßlichen, menschenfressenden Unholden nieder. Bis heute verbindet sich mit dem Wort Auka für viele Ekuatorianer ein Gruseln. Tatsächlich haben die Auka mehr Anlaß zum Schrecken: Sie waren in den 40er Jahren Opfer blutiger Verfolgungen durch erdölsuchende Weiße. Heute werden sie, wiederum wegen des Erdölreichtums ihres Landes, teils gewaltsam umgesiedelt. Obwohl ihr Widerstand gegen solche Maßnahmen in den letzten Jahren brutal gebrochen wurde, und obwohl sie heute kaum noch kriegerisch, vielmehr eine unglückliche, gedemütigte Restgruppe sind, spielen sie noch immer in Reiseberichten die Rolle des blutrünstig barbarischen Hintergrundes für den Mut der jeweils „ersten" Weißen, die das „gefährliche Abenteuer" des Vordringens zu den Steinzeitmenschen wagen. So noch 1974 in einem weiteren Film im deutschen Fernsehen. Die Kultur der Auka ist eine altertümliche Variante der Montaña-Kulturen: Sie entbehrt gewisser wohl erst relativ spät entlang den Flüssen verbreiteter Elemente wie etwa Wasserfahrzeuge oder alkoholischer Getränke. Im übrigen aber sind sie seßhafte Bauern wie die meisten südamerikanischen Indianer, und weniger kriegerisch als die Weißen, von denen sie in unserem Jahrhundert dezimiert wurden.

4. Die Indianer des südlichen Montaña-Hinterlandes. Abseits der breiten Hauptflußtäler in Nebentälern und Gebirgsschluchten, wo die natürlichen Voraussetzungen für den Bodenbau weniger günstig sind, spielt die Jagd eine größere Rolle. Die größere Unzugänglichkeit hat die Bewohner von jüngeren Kulturströmen stärker abgeschirmt. In vergessenen Gebirgstaschen am Rande des Waldgebietes mögen einige von ihnen sogar eine kulturelle Rezession durchgemacht haben, in deren Folge kleinere Untergruppen wieder zu reinen Wildbeutern wurden. Die drei größten Ethnien sind die ca. 21.000 Campa, die 5.000 Amuesha, und die über 3.000 Matsiguenka. Sie gehören zur Sprachfamilie der Aruak, insofern überraschend, als gerade diese sonst im Tiefland von Südamerika eher die Träger einer relativ jungen, den Anbau besonders betonenden Kulturströmung sind, die schlecht zu dem eher alter-

tümlichen Kulturbild der Bewohner des Montaña-Rückzugsgebietes paßt. Die prägende Kraft der natürlichen Voraussetzungen wird hier deutlich. Anderseits haben gerade die eben erwähnten indianischen Gruppen wohl auch einige besonders intensive Einflüsse aus dem Hochanden-Raum erfahren, die sich etwa in gemeinsamen Details der Mythologie zeigen. Hier spielte die geographische Nähe zum Inka-Kerngebiet um Cuzco eine Rolle.

Im Gebiet des oberen Rio Madre de Dios leben eine Reihe kleinerer Völker, zusammen wohl nicht mehr als 5.000 Menschen, die auf Grund ihrer Abgeschiedenheit bis heute der Wissenschaft noch kaum bekannt sind und teilweise auch nur wenige Kontakte zu Weißen haben. Da sie, von der Entfernung in Kilometern her gesehen, besonders nahe am Cuzcoer Gebiet leben, andererseits aber sprachlich den am unteren Rio Madre de Dios siedelnden Pano-Völkern nahestehen, dürften sie ein interessantes Zwischenglied der Kette Hochland-Tiefland sein, das auch Aufschluß über Kulturströme der Vergangenheit geben könnte.

5. Die Indianer der bolivianischen Yungas. Ähnlich wie im peruanischen Montaña-Gebiet haben sich altertümliche Kulturformen erhalten. Zwar sind auch hier die meisten Indianer seit undenklicher Zeit seßhafte Bauern, aber zu einigen Völkern gibt es Untergruppen, die überwiegend von Jagd oder Fischfang leben und nicht gänzlich seßhaft sind. Auch die Kultur der bäuerlichen Mehrheit zeigt noch wildbeuterische Residuen, die sich eigenartig mit Elementen aus den nahen Hochanden vermischen.

6. Die Indianer in Bolivien östlich der Yungas. In den breiten, kaum noch gebirgigen Flußtälern jenseits der Andenausläufer waren die Bewohner schon in vorspanischer Zeit fremden Einflüsse gegenüber ähnlich aufgeschlossen wie diejenigen der Täler des Ucayali oder Marañón. Ihre Kulturen tragen daher ein relativ rezentes Gepräge, das sie z. B. durch ihre geschichtete Gesellschaft von den meisten anderen Tiefland-Indianern abhebt. Hier waren wohl schon vor Beginn des Kolonialismus Voraussetzungen für dessen leichtere Annahme geschaffen. So wurden diese Indianer Ostboliviens schneller

Opfer insbesondere des missionarischen Eroberungsdranges, der sich in der Bildung eigener Missionsstaaten ähnlich dem paraguayischen Jesuitenstaat niederschlug.

Auch in Bolivien kam es wie im Fall der ekuatorianischen Quichua zur Verschmelzung mehrerer traditioneller Ethnien in einer neuen, im Gefolge des Kolonialismus gewachsenen Einheit. Die Chiquitanos, heute ca. 44.000, existierten zwar schon zur Zeit der ersten Konquistadoren, assimilierten dann aber, nachdem sie oberflächlich missioniert und politisch einigermaßen integriert waren, eine Reihe kleinerer Gruppen. Äußerlich angepaßt, bilden die Chiquitanos heute die ländliche Unterschicht in drei ostbolivianischen Provinzen, wo ihnen nur eine dünne weiße Oberschicht gegenübersteht. Ähnlich stark von Mission und Kolonisierung beeinflußt, wenngleich doch keine neuen Ethnien, sind die über 15.000 Mojo, die 10.000 Movima, die 5.000 Itonama und 4.000 Bauré. Ihr Brauchtum ist stark mit von den Jesuiten importierten christlich-europäischen Elementen durchsetzt. Sie haben auch die Viehzucht übernommen, besitzen allerdings heute häufiger kein Vieh selbst, sondern hüten es als Landarbeiter für weiße Herren. Die Arbeit der Missionare mit ihrem Ergebnis der „Befriedung" und relativen Anpassung der Indianer hat diese darauf vorbereitet. Zwischen den europäischen Folklore-Einflüssen z. B. in Karnevalsbräuchen und der heutigen drückenden Lage der Indianer läßt sich also ein historischer Zusammenhang feststellen.

7. Die Indianer des Juruá-Purus-Gebietes. Östlich des Rio Ucayali von der peruanischen Cordillera Ultraoriental bis in den brasilianischen Bundesstaat Amazonas leben zahlreiche kleinere Gruppen, deren relativ größte die ca. 4.000 Amahuaca sind. Eine oder zwei der kleineren Ethnien sind noch verhältnismäßig wenig mit Weißen in Berührung gekommen. Die Kulturen dieses Raumes sind die am stärksten pflanzerischen des gesamten hier behandelten Kulturareals. Die ökonomische Basis ist die gleiche tropische Subsistenzwirtschaft, die überhaupt typisch für das Amazonasbecken ist, nur fehlt der Anbau des Bittermanioks.

Die am weitesten verbreitete indianische Sprache des Areals ist das aus dem Hochland stammende Ketschua, gefolgt vom Jíbaro mit seinen mehreren Dialekten, das ebenfalls zum andinen Phylum zu gehören scheint. Diese beiden wichtigsten Sprachen werden von zusammen etwa einem Drittel der Eingeborenen gesprochen. Hinzu kommen zwei im Gegenteil dem südamerikanischen Tiefland zuzurechnende Sprachfamilien, die der Aruak und der Pano, vor allem im Juruá-Purus-Gebiet und in der angrenzenden südlichen Montaña um das Ucayali-Tal. Die Cocama am Marañón und die Guarayu in Ostbolivien gelangten im Verlauf jener Westwanderungen der Tupí-Völker ins Areal, durch die z. B. auch die westlichen Guaraní in den Chaco kamen. Ein großer Teil der Indianer unseres Areals schließlich gehört kleineren Sprach-Familien an.

b) Lebensunterhalt:
Tropischer Feldbau und Jagd

Die Montaña-Indianer sind Bauern, die sich vom Brandrodungsfeldbau ernähren. Sie pflanzen vor allem Mais, ungiftigen Maniok, ferner Bohnen, Erdnüsse und Süßkartoffeln. Bittermaniok und Kartoffeln fehlen meist, außer an einigen Stellen Ostboliviens. Mais wird mit Vorliebe auf jungfräulicher, noch nicht ausgelaugter Erde angebaut. Er braucht nämlich mehr Fruchtbarkeit und Feuchtigkeit des Bodens als der Maniok. Aus diesem Grund pflanzt man z. B. auf neu gerodeten Feldern zunächst oft mehr Mais, um später progressiv zum Maniok überzugehen. Die fruchtbarsten Ländereien werden auch deshalb lieber mit Mais bepflanzt, weil auf ihnen besonders viel Unkraut zu wuchern droht, dem durch den Mais etwas vorgebeugt wird: Man kann ihn zum Gegensatz zum Maniok so dicht setzen, daß für andere Pflanzen kaum noch Platz bleibt.

Der Maniokbau ist hier und überhaupt im tropischen Tiefland Südamerikas derart wichtig, daß wir ihn genauer beschreiben. Zu seiner Vorbereitung wird zunächst ein Stück Wald gerodet, vorzugsweise am Beginn der Regenzeit. Wenn die Rodung genügend ausgetrocknet ist, im Idealfall am Ende der Trockenzeit, oft aber, wenn man es eilig hat, schon nach zwei oder drei Wochen, wird der Gelände abgebrannt. Dann bohrt man schmale Löcher von nicht mehr als etwa 20 cm Tiefe in die Erde, in regelmäßigen Abständen, etwa 30 bis 40 cm je nach der Manioksorte (die Pflanzen sollen sich eben gerade nicht berühren). In die Löcher setzt man die Maniokstecklinge. Nach etwa sechs Monaten werden die Knollen ernterreif. Man läßt sie aber oft so lange im Boden, bis sie als Nahrung benötigt werden. Der Maniok ermöglicht also eine Art Vorratshaltung in der Erde. Beim Ausgraben der Knollen schneidet man vom Wurzelstock neue Stecklinge ab, die wieder im gleichen Feld eingepflanzt werden. Länger als drei Jahre läßt man dabei eine Maniokknolle nicht gerne in der Erde, weil sie sonst zu hart wird, und weil auch die Qualität der neuen Stecklinge nach allzulanger Zeit im Boden zurückgehen soll. Das heißt, daß die erste Maniokgeneration auf einem Feld kaum älter als drei Jahre wird. Die nachfolgenden Generationen verlieren zunehmend an Qualität, während das Unkraut immer mehr überhandnimmt. Im allgemeinen pflanzt man auf einem Feld nicht mehr als drei Maniokgenerationen nacheinander. Dann wird das Feld verlassen, was auch einer zu starken Bodenauslaugung vorbeugt.

Durch ihre regelmäßige Verlegung entfernen sich die Felder immer mehr von den Häusern, die deshalb nach einigen Jahren ebenfalls verlegt werden. Am Andenosthang werden Felder und Wohnsitze in besonders kurzen Abständen gewechselt – die Amahuaca ziehen sogar im Durchschnitt alle 18 Monate um –, so daß man hier teilweise den sonst meist übertriebenen Begriff „Halbnomadismus" anwenden kann. Grund hierfür ist nicht nur die ungünstige Bodenbeschaffenheit, sondern auch die Bedeutung der Jagd. Ferner halten die nicht sehr dauerhaft gebauten Häuser nicht lange, und wenn man sie schon neu baut, dann lieber gleich in der Nähe anderen, noch nicht ausgelaugten Bodens und noch nicht verscheuchten Wildes. Auch das

Überhandnehmen von Ungeziefer in alten Häusern oder Streit mit Nachbarn können zum Umzug veranlassen, dem dabei manchmal sogar die Verlegung des Feldes nicht vorausgeht, sondern folgt. Solche nicht direkt landwirtschaftlich bedingten Verlegungsgründe führen dazu, daß ein Feld oft außerhalb der dafür günstigsten Jahreszeit angelegt werden muß, was die Produktion senkt oder zumindest unsicher macht, wodurch wiederum die Jagd an Bedeutung gewinnt, was seinerseits, wie gerade ausgeführt, zu weiteren Umzügen führen kann. Dennoch dürfen wir auch hier nicht eigentlich von Nomadismus sprechen. Die Indianer wandern nicht ständig umher, sondern ziehen nur hin und wieder, allerdings recht oft, von einem festen Wohnsitz zum anderen. Geographischer Mittelpunkt ihres Lebens ist immer ein festes, allerdings nicht allzu stabiles Haus mit den umliegenden, für mehrere Jahre bepflanzten Feldern.

Um zu verdeutlichen, wie tief der Bodenbau trotz aller Bedeutung der Jagd in der Kultur der Indianer des Areals verwurzelt ist, soll hier ein eindrucksvolles, dabei aber typisches Beispiel herausgegriffen werden: Die lange Liste derjenigen Pflanzen, die von den Campa angebaut werden, einer noch relativ stark jägerischen Gruppe der Montaña (nach W.M. Denevan). Die Liste ist nicht einmal ganz vollständig:

Knollenfrüchte: Ungiftiger Maniok (Manihot esculenta), Süßkartoffel (Ipomea batatas), Yams (Dioscorea trifida), eine primitive Variante der Kartoffel, Achira (im zentralandinen Raum schon in vorinkaischer Zeit angebaute, süße Knolle, Canna edulis).

Eßbare Wurzeln bzw. Wurzelstöcke: Arracacha (der Karotte verwandt, Arracacia xanthorrhiza), Yams-Bohne (Pachyrhizus erosus), Maranta (M. Arundinacea, aus den Wurzelstöcken wird stärkehaltiges Mehl, „Arrowroot" gewonnen. Dient auch als Pfeil-Gegengift), Dali-dali (eine Art Sonnenblume mit eßbarem Wurzelstock; die Stiele dienen als Flecht-Material; Calathea allouia).

Mais, Bohnen (Phaseolus vulgaris und Ph. lunatus), Bohnenartige (Canavalia, Dolichos lablab), Kürbis (Cucurbita maxima), Erdnuß (Arachis hypogaea).

Tropische Früchte: Ananas (A, comosus), Avocado (Persea americana), Banane, Cocona (Nachtschattengewächs, Solanum quitoense), Goiave (Psidium guajava), Granadilla (Passiflora ligularis, in der Pharmacie als Nervenberuhigungsmittel bekannt), Inga (I. sp.), Mango (Mangifera indica), Papaya (Carica p.), eine Palmenart (Guilielma gasipaes, die Früchte werden gegessen, das Holz zur Herstellung von Bögen verwendet), Sapote (Fruchtbaum, Chrysophyllum cainito).

Weitere Genußmittel: Aji-Pfeffer (Capsicum), Kakao, Koka, Indischer Safran (Curcuma longa, Wurzel liefert Gewürz, das auch schmerzstillende Eigenschaft besitzt). Tabak (Nicotiana t.),

In diesem Zusammenhang können wir auch die von den Campa angepflanzten Rauschmittel nennen: Ayahuasca (Banisteriopsis, Stengel enthält die Alkaloide Banisterin, Yagein, Yagenin). Daraus wird ein Getränk bereitet, das zunächst zu Erbrechen führt, dann zu Zittern am ganzen Körper, schließlich zu Erschöpfung und tiefem Schlaf mit sehr klaren, oft furchterregenden Traumbildern) und Datura (D. sp.: Rinde, Samen und Blätter enthaltenen Hyoscyamin, Scopolamin, Atropin. Daraus Getränk, das in große Erregung versetzt, danach in tiefen Schlaf mit Traumvisionen).

Weitere Nutzpflanzen: Achiote (Bixa orellana, liefert roten Farbstoff), Barbasco (Lonchocarpus nicou, liefert Fischbetäubungsmittel), Baumwolle, Flaschenkürbis (Lagenaria sp.) und Kalebasse (Crescentia cujete) zur Herstellung von Kalebassengefäßen, Rizinus (R. communis, liefert ein z. B. bei der Körperbemalung verwendetes Öl).

Heute sind ferner aus Europa eingeführte Pflanzen zu nennen: Kaffee, Zuckerrohr, Zitrone, Orange, Wassermelone, Taro (Colocasia esculenta und C. antiquorum, aus den Wurzelstöcken wird stärkehaltiges Mehl gewonnen).

Wir haben hier bewußt einmal die ausführliche Liste wiedergegeben, um vor Augen zu führen, in welch großem Maß neben den Hauptnutzpflanzen noch weitere angebaut werden. Zwar ist die Menge der jeweils einzelnen Pflanzen meist gering, doch die Gesamtzahl der Arten läßt auf eine seit langem entwickelte landwirtschaftliche Tradition schließen. Bei den weißen Bauern im tropischen Südamerika finden wir nur sehr selten eine solche Vielfalt.

Die Jagd spielt eine große Rolle im Leben und Denken der Indianer des Areals, obwohl ihre Erträge weit hinter denen des Bodenbaus zurückbleiben. Wildbret ist vor allem wegen des Proteingehalts wichtig, da die vegetabilische Nahrung proteinarm ist. Fischfang spielt nur eine verhältnismäßig geringe Rolle.

Insgesamt ist die traditionelle Ernährung ausgewogen und ausreichend. So errechnete etwa Denevan für einen Campa-Mann, Größe 1,57 m, Gewicht 52 kg, einen durchschnittlichen Proteinverzehr von 104,1 g pro Tag, fast doppelt so viel wie der Gesamtdurchschnitt des Staates Peru, in dem die Campa wohnen, oder um über die Hälfte mehr als der ebenfalls zum Vergleich heranziehbare Durchschnitt des Nachbarlandes Brasilien. Zudem sind 87 % der Proteine im Fall der Campa tierischer Herkunft, also von besonders hoher Qualität. In ganz Peru und in Brasilien beträgt der entsprechende Anteil nur ca. 29 %, also nicht mehr als ein Drittel. Ein ähnliches Bild bei den Kalorien: Durch den Maniok vor allem kommt die hohe Zahl von 2.669 g pro Tag zustande. Das ist ca. 16 % mehr als im gesamtperuanischen Durchschnitt und entspricht etwa der Zahl für Brasilien.

Diese Statistik hebt die Campa aus der Gruppe der unterentwickelten Völker heraus und rückt sie in die Nähe der besternährten Populationen der Erde. Zwar ist damit noch nichts über weitere ebenfalls wichtige Daten wie etwa die Zufuhr von Eisen oder Vitamin A gesagt, doch haben wir so einen ungefähren Maßstab für Quantität und Qualität der Nahrung. Die wichtigsten Qualitätsmeßzahlen für die Bundesrepublik Deutschland (Stand von 1967) sind niedriger als für die Campa: Diese essen täglich fast ein Drittel mehr Proteine als wir, die noch dazu um 17 % mehr tierischer Herkunft als bei uns sind. Die Mengenmeßzahl der Kalorien ist bei den Campa allerdings etwas niedriger als in der Bundesrepublik, in der zuviel Fett und damit zuviele Kalorien verzehrt werden, aber immer noch höher als in den meisten lateinamerikanischen Ländern. Die Campa bilden hierin durchaus keine Ausnahme unter den Indianern des Areals, soweit diese noch in traditioneller Weise wirtschaften und nicht bereits in die westliche Kultur der Unterernährung integriert sind.

Zu den durch den Fortschritt der „Zivilisation" gefährdeten Bestandteilen der Ernährung gehören die Alkoholika. Im Gegensatz zu den auch hier immer weiter vordringenden scharfen Getränken wie Zuckerrohrschnaps ist nämlich die überkommene Chicha von einigem Nährwert. Sie wird teilweise aus Mais hergestellt und entspricht dann der Chicha des zentralandinen Hochlandes, daneben auch aus anderen Grundstoffen, am häufigsten Maniok, oder etwa Süßkartoffeln, Bananen oder Erdnüssen, sowie raffinierten Mischungen, wie Erdnuß und Banane. Die geschälten, kleingeschnittenen Maniokknollen werden zunächst gekocht, sodann von den Frauen mehrfach – stundenlang – gekaut und wieder ausgespien, was die Fermentierung fördert. Dann weicht man den Maniok mit Wasser weiter auf und siebt dieses mit den feineren Bestandteilen aus. So gewinnt man ein dickflüssiges Getränk, leicht sauer erfrischend, das an flüssigen Joghurt erinnert. Es ist zunächst noch kaum alkoholisiert und wird so als nahrhaftes Erfrischungsgetränk täglich in großen Mengen genossen. Läßt man es dagegen mehrere Tage stehen, wird es zu einem stark sauerschmeckenden, berauschenden Festtrank. Ein in der Montaña verbreitetes nicht-alkoholisches Getränk mit stimulierender Wirkung ist Guayusa. Es wird aus den Blättern von verschiedenen Ilex-Pflanzen hergestellt, die Coffein enthalten, und von denen eine andere, verwandte Spezies im südlichen Südamerika den Mate-Tee liefert. Als weiteres Stimulans sei schließlich noch Koka erwähnt, früher bei den Montaña-Indianern weiter verbreitet, dann aber unter dem Einfluß der Missionare vielerorts aufgegeben. Sie wird heute in unserem Areal überwiegend von Nicht-Indianern für den Export ins andine Hochland angebaut. Unter Indianern finden wir sie vor allem noch in den Yungas und vereinzelt auch im Juruá-Purus-Gebiet.

## c) Materieller Kulturbesitz: Keramik und Tunika

Die Keramik des Ucayali-Tales ist Teil eines vermutlich nicht mehr lösbaren historischen Rätsels: Gab es einst im östlichen Südamerika, im Bereich der primitiven Amazonas-Indianer, eine höhere indianische Kultur? Indizien für diese nicht beweisbare Vermutung (über die wir noch im Kapitel „Guyana" sprechen werden) sind u. a. Keramikfunde hoher Qualität den Amazonas entlang. Ihnen ist die heute noch lebendige Ucayali-Keramik (ohne Töpferscheibe) verwandt. Ein Blick auf die Karte: Der Ucayali fließt in den Amazonas, und die Insel Marajó in der Amazonas-Mündung, wo Töpfe ähnlicher Musterung gefunden wurden, ist das eine Ende der Verkehrsader, an deren anderem Ende die peruanische Montaña liegt. Erstaunlicher ist die Verwandtschaft der Ornamentik mit derjenigen der Keramik der weit entfernten Kadiwéu im Chaco. Wie dort kehren auch am Ucayali die keramischen Motive im Körperschmuck wieder, hier statt in der Tatauierung in der Bemalung. Innerhalb unseres Areals strahlt diese Keramik vom Ucayali nach Osten bis zu den Kashinawa aus, wo die ebenfalls in der Gesichtsbemalung wiederkehrenden Ornamente wesentlich vereinfacht sind. Für die Ucayali-Indianer ist ihre Töpferei ganz bewußt ein Kernelement ihrer Kultur, an dem sie daher auch heute festhalten.

Die Kleidung steht unter andinem Einfluß, verstärkt noch durch die Lehren christlicher Missionare: Sie unterscheidet sich von der Nackt- oder Halbnackt-Kleidung des Amazonas-Beckens und bedeckt meist den Körper zumindest von den Hüften bis übers Knie. Entsprechend konnte sich diese Kleidung auch heute noch stärker erhalten, da sie weniger mit christlicher Moral in Konflikt bringt. Ähnlich wie in den Nordanden (wo ebenfalls zentral-andiner und christlicher Einfluß zusammenwirkten) sind Tunika-ähnliche Kleidungsstücke verbreitet, die an die vorspanische Inka-Tracht erinnern. Bei vielen Gruppen tragen die Männer, oft auch die Frauen ein Sack-artiges, ärmelloses Knie-langes Hemd. Die Jíbaro-Männer trugen einen langen Wickelrock, der den Oberkörper freiließ, ihre Frauen ein ähnlich dem indischen Sari über einer Schulter zusammengebundenes und die andere freilassendes Kleid. Nicht immer sind die Trachten so vollständig. Die Chácobo-Frau in Ostbolivien trägt nur einen Hüftschmuck und daran ein Blatt oder kurzes Tuch zur Bedeckung der Scham. Bei den Záparo trug der Mann früher sein Hemd nur zu feierlichen Anlässen und begnügte sich sonst mit einem Penisschutz. So wurden hier zwar neue Kleidermoden für die Festtracht importiert, nicht immer aber die damit zusammenhängende Prüderie. Weiter östlich, bei den Auka und im Juruá-Purus-Gebiet geht man wie im Amazonasbecken meist nackt oder mit kleinen Schürzen oder Baumwollstreifen.

Die Kleidung ist manchmal aus Rindenbaststoff, einer Spezialität der Region, die sich vielleicht als Baumwoll-Ersatz bei der Übernahme andiner Mode erklären läßt. Häufiger ist Baumwolle selbst, mit gleich der Kleidung andin beeinflußten Webtechniken: Der horizontale Webstuhl mit Litzenstab und der vertikale für schmale Bänder wurden wohl aus den Zentralanden bis weit ins Areal hinein verbreitet. Daneben finden sich seltener Webstühle eines mehr amazonensischen Typus.

Dies sind Beispiele kultureller Ausleihe aus dem Hochkulturgebiet, die letztlich auf Äußerlichkeiten beschränkt bleibt. Dagegen ist der Hausbau – der Fundamente der Sozialordnung berührt – nicht nur im Material (Holz und Stroh des Waldlandes), sondern auch in Grundriß und Höhe verwandt mit dem der archaischen Amazonas-Kultur. Dabei spiegelt sich im Haus auch die besondere Sozialordnung der Region wieder: Es herrscht die erweiterte Kleinfamilie als autonome Wohneinheit vor, geschlossene Dörfer finden sich häufiger nur in Ostbolivien und im Juruá-Purus-Gebiet – entsprechend sind die Häuser großenteils geräumig genug für eine erweiterte Familie, die darin ein autonomes Leben führen kann. Das eine Haus vertritt die Stelle eines ganzen Dorfes, enthält z. B. oft so viel Raum für Gäste und gesellige Zusammenkünfte wie sonst ein ganzes kleines Dorf. Andererseits bedingt die für das Areal, vor allem die

Montaña typische Mobilität eine oft nicht sehr stabile Bauweise. Im Juruá-Purus-Gebiet, wo die Mobilität geringer ist und die lokale Wohngemeinschaft über die erweiterte Kleinfamilie hinausgeht, ohne doch eine größere Dorfgemeinschaft zu erreichen, wird der Typus des Einzelhauses anstelle eines Dorfes beibehalten, nur entsprechend größer und stabiler. Das Ergebnis sind eindrucksvolle Großhäuser bis zu 22 m Höhe und 40 Durchmesser.

Das Mobilar ist denkbar einfach: Im wesentlichen die gleichen Gegenstände wie im Amazonas-Tiefland, jedoch weniger sorgfältig gearbeitet: Rohe Holzbänke oder -schemel, eine Plattform zum Aufbewahren von Wertgegenständen oder Nahrung, und Schlafgelegenheiten, in Bolivien und im Juruá-Purus-Gebiet Hängematten, in der Montaña dagegen das wohl aus den Anden übernommene Plattformbett aus Holz.

d) Soziale Umwelt:
Die zerfallene Dorfgemeinschaft

Im evolutionistischen Entwicklungsschema läuft ein gerader Weg von den kleinen Horden der Wildbeuter über die schon mehr Menschen umfassenden Dörfer primitiver Bauern bis hin zu den modernen Millionenstädten. Die Wirklichkeit ist nicht so einfach. Gegen die Tendenz zu immer größeren Gemeinschaften läuft die zur Auflösung in kleinere Einheiten. Die Sozialverhältnisse bei südamerikanischen Indianern illustrieren dies. Während wir im eigentlichen Amazonas-Tiefland große Dörfer mit Hunderten von Bewohnern finden, stoßen wir im zentralandinen Hochkulturgebiet auf das Phänomen der Auflösung der alten Dorfgemeinschaften in Einzelgehöfte. Zwischen Tief- und Hochland, in unserem Kulturareal, gibt es zahlreiche Zwischenstufen zwischen geschlossenem Dorf und Einzelhaus. Die Indianer Ostboliviens leben in großen Dörfern, die in ihrem Aufbau eine bereits entwickelte und wohl aus dem Hochland übernommene soziale Schichtung erkennen lassen: In der Dorfmitte stehen um eine Plaza ein kleines Gebäude mit Tempel-

funktion, ein Männerhaus oder die Wohnung eines Dorfvorstandes. Die Zeremonienhütte deutet auf Einfluß des zentralandinen Tempelkults, den wir auch in Dörfern des zirkumkaribischen Areals bemerkt haben. Die zentrale Position der Wohnung des Häuptlings zeigt dessen politische Macht, die Nachbarschaft zum Quasi-Tempel die religiöse Verwurzelung seiner Würde an, auch hierin an zirkumkaribische Häuptlingswürde erinnernd. Die soziale Schichtung in diesen Dörfern wurde früher auch durch die Existenz einer Art Sklavenschicht bekräftigt.

In der Montaña dagegen geht der Trend mehr zum räumlich isolierten Gehöft. Der Kolonialismus scheint hier sowohl assoziativ als auch dissoziativ gewirkt zu haben, wie die Einrichtung der Zweithäuser anzeigt. Eine Familie bewohnt zeitweise ein Haus in einem Dorf zusammen mit anderen Familien, in anderen Jahreszeiten oder Jahren zieht sie sich jedoch in ein anderes Haus weit abgelegen im Wald zurück. Anscheinend wurde ein solcher Rückzug in die Isolierung in der Kolonialzeit Mode, als die Indianer in den größeren Dörfern in Nähe der Hauptverkehrsadern von den Weißen belästigt wurden. Andererseits bestand die Kolonialpolitik insbesondere der Missionare vielerorts darin, zerstreute Einzelfamilien wieder in geschlossenen Dörfern zusammenzufassen. Es ist nicht ausgeschlossen, daß die Auflösung der primitiven Dorfgemeinschaften schon in voreuropäischer Zeit unter zersetzenden Hochkultur-Einflüssen aus den Anden begann.

Das soziale System der Montaña ist vor allem durch seine Elastizität gekennzeichnet. Einzelfamilien bilden zusammen Dörfer, die sich aber immer wieder durch die Institution der Zweitwohnung in Einzelgehöfte aufteilen können. Die Zusammensetzung der Kleinfamilien selbst ist nicht genau fixiert. Sie sind praktisch völlig voneinander unabhängig, können sich aber bei wichtigen Anlässen zu Bündnissen unter Häuptlingen zusammenschließen. So wird einerseits der relativ geringeren landwirtschaftlichen Nutzbarkeit der Region Rechnung getragen, die nur geringe Bevölkerungsdichte, das heißt weites Auseinanderwohnen zuläßt, andererseits aber auch der Notwendigkeit zu größeren politischen Zusammenschlüssen gegen Invasionen von außen.

Als Beispiel eine Siedlung der Jíbaro in Peru (nach Siverts): Sie besteht aus mehreren jeweils ca. 100 m voneinander entfernten Einzelhäusern, im ersten lebt ein Mann mit zwei Frauen, im zweiten seine dritte Frau mit Kindern aus einer früheren Ehe, im dritten seine Tochter mit ihrer Familie, im vierten sein Schwager mit dessen Mutter und Kindern, im fünften der Sohn seines Bruders mit Familie. Jedes dieser Häuser ist ökonomisch unabhängig, aber ihre Bewohner besuchen einander so oft, daß sie durchschnittlich jeweils nur etwa die Hälfte ihres Essens im eigenen Haus einnehmen. Sie bilden eine eng zusammenhängende Gemeinschaft unter Führung des Herrn des ersten Hauses, können sich aber jederzeit voneinander trennen. In etwa einer Stunde Entfernung liegen ähnliche Häusergruppen, deren Bewohner wiederum mit einem Teil der ersten Gruppe verwandt sind. Jedes einzelne Haus hat enge Verwandtschaftsbeziehungen zu mindestens drei weiteren Häusern in einer Art endlosem Spinnennetz von Haus-zu-Haus-Verwandtschaften. Jede einzelne Hausgemeinschaft und fast jeder einzelne Hausbewohner könnte in einem Streitfall die eigene Gruppe verlassen und sich einer anderen, zu der ebenfalls Beziehungen bestehen, anschließen.

Das schließt Streit, ja Krieg zwischen einzelnen Häusern oder Siedlungsgemeinschaften nicht aus, ermöglicht aber andererseits beliebig große Zusammenschlüsse. Die Elastizität des Systems erlaubt einerseits, daß kleine Gemeinschaften, die gerade groß genug sind, um gelegentlich gemeinsam ein Feld zu roden, in großer Unabhängigkeit räumlich isoliert voneinander leben (wodurch der Boden nicht überbeansprucht wird), andererseits, daß Individuen oder Gruppen in andere Regionen ziehen und dort noch auf Verwandte stoßen (was die ökologisch notwendige Mobilität erleichtert).

Soziale Schichtung setzt erst ein mit der Ausbildung einer Häuptlingsfunktion in der Siedlung oder darüber hinausgreifenden Verbänden. Da diese aber instabil sind und auf dem freien Willen der einzelnen Glieder beruhen, hängt die Macht des Häuptlings wesentlich von seinem persönlichen Prestige ab. Er muß einerseits verwandtschaftliche Beziehungen ausbauen, um Anhang zu bekommen, andererseits persönliche Führungsqualitäten entwickeln. Hierin begründet sich eine wichtige Funktion der Kriege. Sie geben Männern Gelegenheit, Ruhm zu erlangen und zu zeigen, daß sie begabte Führer sind. So kann man vielleicht vermuten, daß der hochkulturliche Einfluß, das Vorbild sozialer Schichtung unter Führung mächtiger Herrscher, das die Montaña-Indianer in den Anden sahen, und das wahrscheinlich das Häuptlingstum in der Montaña förderte, auch die Kriege als Grundlage der Stellung des Kriegshäuptlings vorantrieb. Die Machtkämpfe, die sich so entwickelten, mögen zur Auflösung der Dorfgemeinschaft beigetragen haben. Heute jedenfalls ist vor allem bei den Jíbaro, in geringerem Maß bei anderen Gruppen der Kampf um Prestige, bis vor kurzem in ständigen Fehden, immer noch im Bemühen, einander in Rededuellen oder aggressivem Auftreten zu übertrumpfen, ein wichtiges Kulturelement.

Der Häuptling oder einflußreichste Mann einer Siedlung gilt manchmal, so bei den Campa, als der Eigentümer eines Wohngebiets. Hinter dem Wettstreit um Prestige steht also wohl auch manchmal der Kampf um Boden, der in der ökologisch ungünstigen Montaña durchaus nicht immer im Überfluß vorhanden ist. Damit könnten sich diese Gesellschaften dem prähistorischen Zustand der frühen andinen Hochkultur nähern, in der religiös gefärbte Prestigekriege (Kopfjagd) nicht klar zu trennen sind vom Kampf um den am besten bewässerten Boden. Auch im zirkumkaribischen Areal, wo, wie bereits geschildert, Kopfjagd und Prestigekampf noch in historischer Zeit eine zentrale Rolle spielten, war dies gleichzeitig oft ein Kampf um Land. Letzterer tritt allerdings in der Montaña stark hinter dem Prestigestreit zurück. Vor der weißen Masseneinwanderung war hier der Bevölkerungsdruck so gering, daß Landbesitz nicht mehr als ein relativ kleines Problem darstellte. Indirekt wirkten sich die häufigen Konflikte aber sehr wohl auf die Bodennutzung aus, indem sie immer wieder zum Wegzug schwächerer Gruppen in andere Regionen führten und so die auch ökologisch notwendige Mobilität begünstigten. Diese scheint es gewesen zu sein, die in der Montaña den intensiven Kampf um intensiv genutzte Gebiete wie in den Zentral- und Nord-Anden als ökonomische Notwendigkeit ersetzte. Die von Stärkeren Bedrohten schlossen sich in den Anden zu permanenten Verteidigungsbündnissen zusammen, aus denen schließlich Staaten entstanden. In der Montaña dagegen zogen sie fort, was der Permanenz von Bündnissen gerade entgegen wirkte. In Ostbolivien scheint sich in Ansätzen eine ähnliche Entwicklung wie in den Anden, hin zu permanenten kleinen Verteidigungs-Einheiten unter ständigen Häuptlingen, angebahnt zu haben. So wirkte sich der hochkulturliche Einfluß dort eher stabilisierend, in der Montaña dagegen dissoziierend aus.

An der Basis der sozialen Ordnung, im Familienbereich, gelten Verwandtschaftsregeln, wie sie für primitive Völker und etwa auch gerade die Indianer des benachbarten Tieflandes typisch sind. Hierzu gehört das System präferentieller Heiraten insbesonderte mit dem Kreuzvetter, die Bedeutung des Mutterbruders usw., im einzelnen variieren diese Regeln von Gruppe zu Gruppe. Dabei gibt es zwar ausgedehnte Verwandtschaftsbeziehungen über weite Entfernungen, aber keine ausgeprägten Verwandtschaftseinheiten wie z. B. Sippen oder Lineages über die erweiterte Kernfamilie hinaus.

Heute ist die traditionelle Sozialordnung der Montaña weitgehend aufgelöst. Die Einbindung in neue Abhängigkeiten von einem nichtindianischen Markt ersetzt den Zusammenhalt unter Indianern. Der im alten indianischen System ebenfalls eingebaute Individualismus dagegen bleibt. Wie sich das konkret auswirkt, sehen wir am Beispiel der Federación de Centros Shuara (Vereinigung der Shuara-Siedlungen), einer Interessenvertretung der Shuara, Untergruppe der Jíbaro, die 1964 vor allem zu Verteidigung von Landrechten gegründet wurde und heute über 50 % der Ethnie zusammenfaßt. Dieser Bund tritt vor allem für die Legalisierung von Landeigentum der Shuara-Bauern ein. Da der Kampf um jede einzelne Parzelle zu langwierig wäre, auch um zu traditioneller Solidarität zurückzukehren und die Übervorteilung einzelner zu verhindern durch Einbindung in die Gruppe, trägt die Federación das Land auf den Namen ganzer Siedlungen, nicht einzelner, ein. Sie fördert den Zusammenschluß von Siedlungsgemeinschaften zu Genossenschaften. Auch der Aufbau der Federación selbst beruht auf dem Zusammenschluß von Siedlungsgemeinschaften, nicht von Individuen.

Hierbei allerdings treten Schwierigkeiten auf. Die seit Mitte der 50er Jahre immer stärker in den Markt eingebundenen Shuara haben heute oft mehr Beziehungen zu diesem als untereinander. Das Ideal der Rückkehr zu primitiver Solidarität erweist sich als der heutigen Realität nicht immer entsprechend und wird ironischerweise gerade dort am leichtesten verwirklicht, wo die alten Traditionen am gründlichsten vernichtet wurden: Bei Missionszöglingen, die im Internat als christliche Gemeinschaft erzogen wurden. Zudem war die primitive Solidarität nicht, wie ihre moderne Rekonstruktion, auf der Siedlungsgemeinschaft aufgebaut, sondern auf Familienbanden quer durch weite Regionen. Das Netz weitverzweigter Verwandtschaftsbeziehungen kann auch noch heute politisch wirksam werden, woraus resultiert, daß innerhalb der Organisation der Federación Verwandtschaft zwischen Personen aus ganz verschiedenen Siedlungen den Zusammenhalt stärkt, während gleichzeitig auf tieferer Ebene, innerhalb der einzelnen Siedlungen, Konflikte alles wieder zu zerreißen drohen. Der Zusammenschluß der Siedlungen zu politischen Einheiten und Genossenschaften mit gemeinsamem Landeigentum erweist sich so weniger als Rückkehr zur Tradition, mehr als Antwort auf moderne Notwendigkeiten, und leidet unter der traditionellen Stärke des kleinbäuerlichen Elements.

### e) Religion: Die Macht der Schutzseelen

Auf der religiösen Ebene wiederholt sich: Die Grundstruktur ist ähnlich wie im Amazonastiefland, Einzelelemente erinnern ans Andenhochland. Wie auch im östlichen Südamerika kreuzen sich in den Religionen der Völker des Andenvorlandes verschiedene Grundgedanken, die bei einzelnen Ethnien unterschiedlich stark ausgeprägt zu erkennen sind. Dabei wissen wir oft nicht, ob dies nicht vielleicht nur an unterschiedlich starker Beachtung dieser Gedanken durch die Völkerkundler liegt. Wenn wir etwa die große Bedeutung des Drogenrausches bei den Jíbaro kennen, so heißt das nicht, daß dieses Phänomen bei anderen Gruppen weniger wichtig ist, vielmehr nur, daß ein Forscher bei den Jíbaro gerade ihm seine besondere Aufmerksamkeit zugewendet hat. Wenn andererseits der Jaguarkult gerade bei den Mojo besonders ausgeprägt scheint, mag dies daran liegen, daß dort ein Forscher sich gerade für diesen Aspekt interessierte. Folgende Grundelemente lassen sich ausmachen: 1. Der Glaube an Tierherren; 2. Der Glaube an Hochgötter; 3. Der Glaube an die Verwandlung der Welten; 4. Der Schamanismus und in engem Zusammenhang die Bedeutung von Drogen und der Glaube an eine besondere Seelenmacht.

Einzelne Tierarten, aber auch der gesamte Wald mit seinen Tieren und Pflanzen haben übermenschliche Herren oder Tiermütter, die über den Tierbestand wachen, und mit denen der Jäger sich gut stellen muß, will er Erfolg haben und nicht ihrer Rache anheimfallen. Diese Vorstellung findet sich quer durch das ostsüdamerikanische Waldland. Sie war vielleicht einmal der Hauptinhalt der Religion einer Schicht von primitiven Jägern ohne Bodenbau, von deren Kultur manches bei den stark jägerisch bestimmten Indianern unseres Areals erhalten sein mag. Am deutlichsten wurde der Glaube an Tierherren bei den Takana in den bolivianischen Yungas beobachtet. Das allerdings mag daran liegen, daß gerade diese Gruppe von Völkerkundlern der „Frankfurter Schule" erforscht wurde, die sich besonders auf die Erforschung des Tierherrenkultes als jägerisches Residuum konzentriert hat. Die Tierherren der Takana sind in einer Hierarchie geordnet, die nun allerdings eher an den hierarchischen Götterhimmel von Hochkulturen erinnert (das bolivianische Hochland ist hier ganz nah) als an die anarchische Demokratie der Geister des südamerikanischen Tieflandes. Eine besondere Rolle in diesem Mittelding zwischen Geisterhorden und Pantheon spielt ein mythischer Jaguar als Herr aller Landtiere. In Ostbolivien haben wir fast so etwas wie einen Jaguar-Hochgott, der in einem eigenen Kult verehrt wird, bei den Aruak des Juruá-Purus-Gebiets erhält der Schamane seine Macht von einem mythischen Jaguar. Der Jaguar als König der Tiere des südamerikanischen tropischen Regenwaldes spielt ja überhaupt in südamerikanischen Religionen eine zentrale Rolle. Oft scheint er eine Art Mittler zwischen der übermenschlichen und der menschlich-tierischen Sphäre zu sein.

Die Herrschaft dieser Wesen hat geographische und biologische Grenzen. Über ihnen stehen Götter von universaler Gewalt, die allerdings im täglichen Leben eine geringere Rolle spielen. So glauben die Chama an einen Schöpfergott über den unzähligen Geistern. Seine Frau ist der Mond, sein Sohn die Sonne. Die Shipibo glauben an einen Herrn des Himmels, der die Welt mit den Menschen schuf. Die Takana verehren einen obersten Gott, der in einer Höhle genau in der Mitte der Welt wohnt. Ihm unterstellt ist der Mond, Herr des Krieges, ferner sein Bruder, die Sonne, Herr des Südwindes. Bei den Campa ist der Mond der Vater der Sonne. Diese wird als „Unser Vater" bezeichnet. So können wir zumindest andeutungsweise bei vielen Gruppen den Glauben an einen heute für den gewöhnlichen Sterblichen meist unerreichbar weit entfernten Schöpfergott feststellen, hinter dem für die Menschen leichter erreichbaren Sonnengott. Andere Götter, meist dem Vater Sonne untergeordnet, halten die Erde aufrecht. Sie werden manchmal bestimmten Felsen oder Bergen assoziiert. Wir erkennen hier die Verwandtschaft zu Vorstellungen der Zentralanden, wo in Bergen und Felsen göttliche Wesen wohnen, und wo andererseits im heutigen synkretistischen Christentum der Sohn Gottes in dessen Auftrag die Erde aufrecht hält. Das muß vor dem Hintergrund der andinen Geographie gesehen werden, in der die Erde eben nicht immer an ihrem Platz bleibt, sondern oft bebt oder rutscht, sodaß eine firme Erde nicht als normal, sondern als nur durch göttlichen Schutz möglich erscheint. Bei den Campa heißt ein solcher Gott Pachákama, der Name ist der gleiche wie bei einer vorspanischen Gottheit des andinen Peru. In der Erde wohnt nach dem Glauben einiger, wohl aber nicht aller Ethnien des Areals eine Erdmutter, die an die Pachamama der Hochanden erinnert, aber auch an Herrinnen des Maniok, an die Indianer des Amazonasgebietes glauben. So bei den Jíbaro Nunkuí. Sie sorgt für das gute Wachstum des Maniok. Der Mythe zufolge hatte sie ein Kind aus Maniok, das sie den Menschen schickte, und das deren Haus mit Maniokknollen füllte. Die Menschen aber behandelten das Kind schlecht. Es verschwand wieder, und seitdem hilft Nunkuí den Menschen nur, wenn diese ihr im Austausch Kinder, in Gestalt besonderer Steine, ins Feld legen. Die Jíbaro-Frau richtet täglich bei der Feldarbeit ein Gebet – ein hochkulturliches Element, das wir so im Amazonasbecken kaum finden – an Nunkuí um Wachstum und Pflanzen. Es lautet etwa: „Nunkuí, da ich wie Du eine Frau bin, rufe ich immer das Essen. Meine kleinen Kinder kommen fröhlich zu mir, komm auch Du genauso, mein liebes Essen."

In den Hochkulturen Mesoamerikas und der Zentralanden glaubte man einst an die Aufeinanderfolge verschiedener Weltzeitalter. In den Zentralanden ist die Sage von Inkarrí mit ihrer apokalyptischen Beschreibung des Endes des Inkareiches und des Beginns der Herrschaft von Jesus ein Nachhall solcher Mythen. Das Amazonasgebiet kennt nicht die Vorstellung zahlreicher aufeinanderfolgender Epochen, wohl aber Mythen von zumindest einer einzigen großen Katastrophe, durch die ein früheres Zeitalter – meist im Vergleich zum heutigen eine verkehrte Welt – abgelöst wurde. Während die Maya auf Yucatán das frühere Weltalter als dasjenige der heute sozial Niedrigen betrachten, ist für viele Amazonasindianer die vergangene Epoche die der Frauen, die damals die Rolle wie heute die Männer einnahmen. In unserem Areal treffen wir nun auch Vorstellungen, die an die Mythen der Hochkultur-Gebiete von vielen aufeinanderfolgenden Epochen erinnern, diese jedoch

stark vereinfachen und damit den Erzählungen des Amazonasgebietes etwas mehr annähern.

Bei den Tacana erkennen wir die Vorstellung besonders deutlich, im Glauben an eine Aufeinanderfolge verschiedener Erden, die jeweils in großen Katastrophen etwa durch Feuer oder Wind oder, die letzte vor der unsrigen, durch eine große Flut vernichtet wurden. Etwas verschwommener schon wirkt die Idee bei den Campa im Glauben an das Werden der Welt in einer Reihe von Verwandlungen, deren letztes gegenwärtiges Resultat eines Tages ebenfalls zerstört werden wird.

Eine Grundvorstellung der südamerikanischen Waldindianer ist, daß unser gewöhnliches Leben nur eine Illusion darstellt, hinter der sich die Realität der Träume versteckt. Im östlichen Andenvorland ist dies wohl die wichtigste religiöse Idee überhaupt. Die wahre hinter unserer Scheinrealität wird mit Hilfe halluzinogener Drogen zugänglich. Deren Bedeutung ist in unserem Areal größer als irgendwo sonst in Lateinamerika, wenigstens so weit die Forschung dies bis jetzt erkennen konnte. Wichtigstes Rauschmittel ist die schon bei den Anbaupflanzen erwähnte Ayahuasca, deren chemische Bestandteile ähnliche Strukturen und Effekte wie die des LSD oder des Mescalin zeigen. Ein nordamerikanischer Völkerkundler, Michael Harner, beschreibt die Wirkung: „Ich fand mich, obwohl wach, in einer Welt buchstäblich jenseits meiner wildesten Träume. Ich traf Vogelköpfige Leute, sowie Drachen-artige Kreaturen, die erklärten, daß sie die wahren Götter dieser Welt seien. Ich bediente mich der Hilfe anderer Hilfsgeister bei dem Versuch, durch die weiten Entfernungen der Galaxis zu fliegen. In eine Trance versetzt, wo das Übernatürliche natürlich erschien, begriff ich, daß die Anthropologen, mich eingeschlossen, die Bedeutung der Droge in ihrer Wirkung auf die eingeborene Ideologie völlig unterschätzt hatten."

Wer in der Lage ist, sich planmäßig durch Drogen in einen Rausch zu versetzen, der ihm den Kontakt zur Geisterwelt der Realität ermöglicht, wird dadurch zum Schamanen. Er erwirbt auch die Fähigkeit, Kranke – das heißt von anderen Schamanen Verhexte – zu heilen oder selbst Krankheiten zu erzeugen. Bei einigen Gruppen, so den Takana und den Aruak der Juruá-Purus-Region, hat der Schamane auch die Aufgabe, Totenseelen ins Jenseits einzuweisen. Vielfach ist der regelmäßige Gebrauch der Drogen und damit der Stand des Schamanen nicht das Privileg weniger Spezialisten, sondern weit verbreitet. Bei den Jíbaro z. B. ist etwa jeder vierte Erwachsene, männlich oder weiblich, Schamane. Dabei scheint allerdings der Grundsatz, daß der Prophet nichts in seinem Vaterlande gilt, auch hier Anwendung zu finden: Oft neigt man dazu, fremde Zauberer etwa aus dem Andenhochland für schwierige Fälle zu rufen.

Heute werden vor allem die Jíbaro gelegentlich von europäischen oder nordamerikanischen Touristen eines neuen Typus aufgesucht, die sich im Nachhall der Hippie-Bewegung für Drogen interessieren. Doch läßt sich wohl nur schwer eine Brücke schlagen von der europäischen Auffassung des Drogenrausches als Flucht aus der etablierten Gesellschaft zur indianischen Verwendung der Droge als Bindemittel und Inhalt der Gesellschaft, die durch die mit dem Schamanismus verbundene Ideologie gerade bestätigt und in ihrem konservativen Charakter erhalten wird. Im engen Zusammenhang mit dem Schamanismus steht auch der Schutzseelenglaube, bei den Jíbaro besonders stark ausgeprägt. Die Drogen vermitteln Visionen von mächtigen Vorfahren, von denen man Seelenkraft bzw. Schutzseelen erhält. Hiermit war früher auch die Kopfjagd ideologisch verbunden: Die Seelenkraft erhöht sich durch Töten von Menschen. Der Jíbaro bemüht sich, seine seelische Macht nach außen durch agressives, oft lautes Auftreten zu manifestieren. Seinen Höhepunkt hatte dieser Vorstellungskomplex früher im triumphalen Siegesfest des erfolgreichen Kopfjägers. Der Sieger demonstrierte hierbei seine physische und psychische Macht und erwarb durch die Riten des Festes weitere religiöse Macht, durch die Bewirtung von Gästen, denen er seinen Triumph durch Hochhalten des Schrumpfkopfes vorführte, soziales Prestige. Noch 1975 sagte ein Jíbaro dem Schreiber dieser Zeilen, die Seelenmacht mit ihrem mystischen Gehalt sei das entscheidende Merkmal, das die Indianer über die Weißen erhebe.

Solche Ideen leben weiter, obwohl die Jíbaro heute ganz überwiegend formal Christen sind, genau wie ein Großteil auch der übrigen Indianer des Areals. Vor allem Ostbolivien ist altes Missionsland. Im 20. Jahrhundert sind nordamerikanische protestantische Missionare sehr aktiv. Ihr Einfluß kann nicht allein vom religiösen Gesichtspunkt gesehen werden: Sie sind für die Indianer in erster Linie Vermittler von Waren der Industrieproduktion, und erst deshalb wird im allgemeinen auch ihre religiöse Botschaft interessant. Die Verbindung von materiellem und geistlichem Einfluß hat in unserem Areal ebenso wie in den weiter östlich gelegenen Teilen Südamerikas zur Bildung kleiner Enklaven sehr starker Macht dieser Missionare geführt, wahrer Staaten im Staat.

f) Geschichte: Der Abwehrkampf.
Der Kautschukboom. Die Missionierung

Soweit archäologisch rekonstruierbar, ist die Geschichte unseres Areals bis ins 15. Jahrhundert eine Folge von Invasionen aus dem östlichen Tiefland und von Kämpfen um das am Andenrand nur begrenzt vorhandene landwirtschaftlich nutzbare Land. Der Ansatz zu einer Entwicklung mit großen permanenten Dörfern und komplexen Keramikstilen ist hier schon etwa genauso alt wie im Hochandengebiet. Verbindungen, wohl vor allem durch Handel z. B. mit Federn aus dem Waldland und Metallwerkzeugen aus dem Hochland, sind aus den archäologischen Befunden offenkundig.

Etwa ab 2.000 v. Chr. scheinen in der Nähe des heutigen peruanischen Pucallpa seßhafte Bauern gesiedelt zu haben, die ähnlich z. B. den heutigen Xinguanos am Südrand des Amazonasbeckens neben dem Bodenbau einen intensiven Fischfang betrieben. Es gibt Anzeichen dafür, daß überhaupt in Südamerika der Übergang zur Seßhaftigkeit und Anbau von Fischervölkern zuerst geleistet wurde, die eher als Jäger zum Bleiben an einem Ort neigten. Die frühen

Bauern bei Pucallpa aßen wahrscheinlich vor allem Fisch und Süßwassermuscheln, daneben Maniok von der ungiftigen Sorte, aus dem sie wohl auch schon Chicha bereiteten.

Etwa um 1.000 v.Chr. hatten sie schon in etwa ein Niveau vergleichbar dem der heutigen Amazonaskultur erreicht. Sie trieben schon Handel über weite Entfernungen, wie Keramikfunde aus einem in diesem Teil der Montaña nicht heimischen Material zeigen. Der Kulturstrom verlief damals nicht wie heute einseitig von den Hochanden nach Osten, vielmehr brachten die aus dem tropischen Tiefland vorrückenden Waldindianer auch kulturelle Befruchtung in die Anden. Das Grenzgebiet zwischen Hochanden und Montaña war damals einer der Kernpunkte zivilisatorischer Entwicklung. Zu den aus dem östlichen Wald importierten Kulturelementen gehört vielleicht der Jaguarkult, der im vorinkaischen Peru, insbesondere in der Chavín-Kultur eine zentrale Rolle spielte und heute noch im östlichen Waldland weiter lebt. Vielleicht ist aber auch die kulturelle Grundlage, der Bodenbau vom Ostrand der Anden aus entscheidend beeinflußt wurden: Nach einer vieldiskutierten Hypothese kamen die Bauern des tropischen Tieflandwaldes allmählich die östlichen Abhänge der Anden hinauf und experimentierten hier mit neuen Pflanzen wie Kartoffeln, um den im feuchtheißen Klima entwickelten Bodenbau auch unter veränderten Bedingungen anwenden zu können. Kartoffelanbau, aber auch die Zucht von Haustieren (Lamas) ist in der Montaña besonders alt. Es scheint, daß unser Areal anfangs an der zivilisatorischen Entwicklung des Andenraumes teil hatte, ja sie mit in Gang setzte.

Mit der weiteren Entwicklung im Hochandengebiet hielten die östlich davon lebenden Indianer allerdings nicht mehr Schritt. Sie blieben auf einer Stufe stehen, die derjenigen des Beginns der hochkulturlichen Entwicklung weiter westlich entsprach. Ausnahmen: einige Gruppen des östlichen Bolivien, insbesondere auf den Llanos de Moxos, deren Tempelstrukturen und komplexe Gesellschaftsordnung zumindest die Stufe der zirkumkaribischen Kultur erreichte oder sie teilweise sogar vorübergehend überholte. Die schwierigeren ökologischen Voraussetzungen für Bodenbau und Viehzucht mögen kulturelle Fortschritte in unserem Areal gehemmt haben, hinzu scheinen wiederholte Invasionen primitiverer Gruppen aus dem Osten gekommen zu sein.

Das Inkareich scheiterte im Waldland an der ökologischen Grenze und an der demokratisch-zerrissenen Struktur von Gesellschaften, denen Unterwerfung unter eine große Ordnung fremd war. Teilweise ins Reich integriert wurden nur die Vorfahren der heutigen Quichua, deren Name schon die Inkaisierung andeutet. Sie hatten wohl bereits dem im 15. Jahrhundert den Inka unterworfenen „Königreich Quito" angehört. Doch auch hier war die Eroberung nur oberflächlich. Weitere Versuche, das Reich auf Kosten der Montaña-Indianer auszudehnen, mißlangen. Die vergebliche Expedition des Inka Tupak Yupanki Ende des 15. Jahrhundert gegen die Jíbaro erinnert an die vergeblichen Versuche der Römer, in Britannien oder Germanien auf Dauer Fuß zu fassen.

Die Spanier waren vom Gesichtspunkt der Montaña-Bewohner die Nachfolger der Inka, und ihre Zivilisierungsversuche nichts anderes als eine Fortsetzung der inkaischen Expansionspolitik. Sie durchzogen das Areal zunächst allerdings nur, um jenseits seiner Grenzen Schätze zu finden: Sagenhafte Goldländer, deren Existenz sie von den Indianern oft mit Hilfe grausamer Folter bestätigt haben wollten, jedoch ohne Erfolg. So berichtet der Chronist Cieza de León, wie der Conquistador Gonzalo Pizarro 1541 ins Gebiet der Canela eindrang und die Indianer befragte, wo es reiche Länder gäbe. Da er keine befriedigende Antwort bekam, ließ er Gefangene auf einem Holzrost über dem Feuer rösten. Die Indianer fragten die Spanier, ob sie wollten, daß man ihnen Lügen von reichen Ländern erzähle, die nicht existierten. Dennoch ließ Gonzalo Pozarro die Gefangenen verbrennen, da sie nichts von Reichtümern zu berichten wußten, andere, auch Frauen, warf er Bluthunden vor.

Etwa ab 1560 setzten die Spanier sich am Andenostrand fest, anstatt das Gebiet nur auf der Suche nach Schätzen oder Verkehrswegen zu durchziehen. Um ihre befestigten Siedlungen herum mußten die Indianer auf Encomiendas Zwangsarbeit leisten. So wissen wir z. B., daß im Gebiet der Quijo in Ecuador 1576 die Bewohner einer Stadt Herren über Leben und Tod von 5.013 Indianern waren, die einer anderen Stadt 2.613 und die einer dritten 2.370 Indianer zur Verfügung hatten. Letztere mußten den Wald für Siedlungen und Felder der Weißen roden, das Baumaterial für die Häuser fällen, die Häuser errichten, die Feld- und Hausarbeit leisten, in den Flüssen für die Weißen Gold auswaschen, Webwaren und vor allem Lebensmittel für die Weißen in den neuen Siedlungsschwerpunkten im Hochland und an der Küste liefern. Sie mußten diese Nahrung selbst an die Zielorte transportieren und überhaupt den Warentransport von der Montaña ins Hochland auf ihren Rücken abwickeln. Die Überwindung großer Höhenunterschiede, das ungewohnt kältere Klima der Hochanden, die Ungunst der Verkehrsverhältnisse machten gerade diese Verpflichtung zur größten Qual für die Indianer. Ungehorsam wurde mit Terrormethoden wie dem Abschneiden der Brüste der Frauen oder dem Vorwerfen von Menschen vor Bluthunde oder dem Zwangseintreiben aller Nahrungsmittel gebrochen. Die Verpflichtung, Nahrung an die Spanier abzugeben, war für die Indianer des Areals, die im Gegensatz zu denen des Hochlandes keinen nennenswerten Überschuß produzierten, eine schwere Last. Allein 1562-63 sollen allein im Gebiet der Quijos (Quichua) 5.000 Indianer verhungert sein.

Ende des 16. Jahrhundert erhoben sich die Indianer an verschiedenen Stellen der Montaña. Ein Beispiel: Die Revolte der Quijos 1578. Deren Grundidee scheint gewesen zu sein, daß die Spanier, wenngleich äußerlich Christen, in Wahrheit die Gebote des Christentums nicht achteten und so den Zorn Gottes auf sich zogen. Eine ähnliche Vorstellung finden wir bei Poma de Ayala, einem Chronisten des peruanischen Hochlandes der Zeit, der im Namen der Indianer gegen die spanische Unterdrückung protestiert und den Europäern vorwirft, sie seien schlechtere Christen. Bei den Quijos verkündete ein Medizinmann, ihm sei der Teufel in Gestalt einer Kuh (eines von den Weißen eingeführten Tieres) erschienen und habe gesagt, der Gott der Christen sei zornig auf die Spanier und verlange, daß sie alle bis aufs letzte Kind getötet würden. Ein anderer Medizinmann berichtete, er sei fünf Tage ins Jenseits gereist und habe dort vom Gott der Christen den Befehl bekommen, alle Spanier zu töten, ihre Häuser niederzubrennen und ihre Saaten zu vernichten. Unter der Führung von Medizinmännern stürmten die Indianer spanische Siedlungen und brachten die Bewohner um. Der Aufstand, der Züge einer messianischen Bewegung trug, wie sie im Laufe der Jahrhunderte immer wieder gegen den Kolonialismus aufbrachen, war von langer Hand vorbereitet. Die Aufständischen hatten Kontakt zu politischen Führern im Hochland sowie bei Indianern weiter östlich aufgenommen. Der Plan eines großen allgemeinen Aufstandes im ganzen Kolonialbereich von Ekuador scheiterte allerdings an mangelnder Koordination und auch daran, daß ein wesentlicher Teil der Oberschicht im Hochland zu den Spanier hielt. Die Spanier warfen den Aufstand mit Terror (Massenhinrichtungen und Foltern) nieder. Der Exekution der Anführer in Quito mußten die Bewohner der Stadt und ihrer Umgebung sowie zahlreiche, eigens dafür aus ihrem Gebiet herbeigeholte Quijos beiwohnen. Sie mußten zuschauen, wie ihre Medizinmänner auf einem Wagen durch die Straßen von Quito geführt, mit glühenden Zangen gefoltert und schließlich erhängt wurden, worauf man die Leichen zerstückelte und die einzelnen Teile in den Straßen ausstellte. Ein allerdings umstrittenes Detail in den spanischen Berichten über den Vorgang erinnert beklemmend an moderne, z. B. an stalinistische Schauprozesse, in denen zum Tode Verurteilte linientreu die Weisheit ihrer Richter lobten: Häuptling Jumandi, oberster militärischer Führer des Aufstandes forderte nach seiner öffentlichen Folterung die indianischen Zuschauer auf, für ihn zu beten und von nun an den Spaniern gehorsam zu dienen. Tausende von Quijos flohen nach dieser Niederlage in unzugängliche Waldverstecke.

Erfolgreicher war der Aufstand der Jíbaro 1599 gegen eine Erhöhung des Tributs in Goldstaub. Sie eroberten fast alle spanischen Siedlungen in ihrem Gebiet und besiegten die Truppen des Gegners. Sie nahmen den spanischen Gouverneur gefangen und töteten ihn, indem sie ihm schmelzendes Gold in die Kehle gossen. Dabei fragten sie ihn, ob er nun endlich genug Gold bekomme. Auch die Rebellion der Jíbaro wurde anscheinend von den Hochland-Indianern um Quito mit Sympathie betrachtet, wieder scheint es auch dort zu Unruhen gekommen zu sein, allerdings wieder ohne Erfolg. Die Jíbaro dagegen konnten die Weißen für mehrere Jahrhunderte aus ihrem Land vertreiben. Die Spanier wurden durch diese Rebellionen daran gehindert, ihren Machtbereich weiter auszudehnen, die Kolonisation stagnierte bis etwa 1630.

Danach setzte die Kolonisation erneut, diesmal mit religiösen Mitteln ein. Missionsorden wie Franziskaner und Jesuiten konzentrierten die zerstreuten indianischen Gruppen in großen Sammellagern, den „Reduktionen" (vom spanischen „reducir" = „vermindern, Widerstand brechen, verwandeln"). Die Indianer wurden hier zu strenger Disziplin und „nützlicher" Arbeit gezwungen. In einigen Fällen mußten sie gewaltsam in solche Konzentrationsdörfer gebracht werden, ja die Europäer veranstalteten regelrechte Menschenjagden mit der Rechtfertigung, daß die Seelen der Gefangenen durch die Bekehrung gerettet würden.

In den meisten Fällen jedoch war direkte Gewalt überflüssig, da die Missionen als das geringste Übel erschienen. Die Eingeborenen wurden nämlich gleichzeitig bedrängt von spanischen, im Osten auch portugiesischen Sklavenjägern, in geringerem Maß von allmählich einsickernden Siedlern, die Indianer zu Arbeitskräften preßten. Hinzu kamen von den Weißen eingeschleppte Krankheiten. So geschwächt suchten die Indianer in der Hilfe der Missionare eine Rettung. Deren strenges, aber nicht sadistisches Regime, auf ihre altväterliche, fanatische Art doch am Wohl ihrer Schützlinge interessiert, unterschied sich vergleichsweise positiv von der rücksichtslosen Ausbeutung indianischer Arbeitskraft in den Encomiendas und erst recht von den Schrecken, die portugiesisch-brasilianische Sklavenjäger verbreiteten. Im Kampf für das Überleben der Indianer standen die Missionare oft genug im Konflikt mit den spanischen Siedlern und manchmal mit der weltlichen Obrigkeit.

Das enge Zusammenleben vieler Menschen in den Missionen begünstigte die Ausbreitung von Epidemien. Die Widerstandskraft der Bewohner wurde durch häufige Umsiedlungen aus missionspolitischen Gründen (um mehrere Gruppen zusammenzufassen, oder um zwei Gruppen zu trennen, oder um sie dem Einfluß eines konkurrierenden Ordens zu entziehen, usw.), wahren Deportationen, weiter geschwächt. Vielleicht ist auch ein hygienischer Grund hinzugekommen: Anscheinend lehnten die Missionare, in der wasch-feindlichen Tradition des 17./18. Jahrhunderts, die sorgfältige Körperhygiene der tropischen Indianer ab. Hinzu kam der psychische Schock, dem die Indianer durch Zwang zur Unterordnung unter eine fremde, in ihren Augen barbarische Disziplin ausgesetzt waren. Nach einer Schätzung hatte sich die Missionsbevölkerung der Montaña bis 1690 um etwa 2/3 (vielleicht 40.000 Menschen) verringert. Nach anderen Angaben starben allein 1660 an den Pocken 44.000 christianisierte Indianer, 9 Jahre später nochmals 20.000. Die Roamaina in der Montaña etwas nördlich des Marañón wurden in nur 6 Jahren, 1654-1660, von ca. 10.000 auf 1.500 reduziert.

Viele Indianer flohen wieder aus den Missionen, teils um in abgelegenen Waldregionen ihr altes Leben wieder aufzunehmen, teils um sich spanischen Encomenderos oder Sklavenjägern anzuschließen. Einmal an gewisse Zivilisationsprodukte wie vor allem Metallinstrumente gewöhnt, wollten sie hierauf nicht mehr verzichten und blieben deshalb im Kontakt mit Weißen. Oft mußten sie bald erkennen, daß ihr neues Leben noch schwerer zu ertragen war als das in den Reduktionen, in die sie dann zurückkehrten. So wurde die Geschichte der meisten Gruppen zu einem unsteten Hin und Her, in dem sie auseinandergerissen und mit anderen zusammengefügt, erneut geteilt und mit wieder anderen zusammen gebracht wurden.

Die materiellen und psychischen Belastungen

führten zu Revolten gegen das Missionswerk. Nur die größte soll erwähnt werden. Ein Ketschua aus dem Hochland, Juan Santos, behauptete, der Sohn Gottes und Nachkomme des Inka Atahualpa zu sein, dessen Name er sich beilegte. Gott habe ihn geschickt, das Inkareich wiederzuerrichten. Während er um Cuzco kaum Anhänger fand, schlossen sich die Indianer der Montaña – Campa, Amuesha und andere – an. Sie betonten ihre Treue zum Katholizismus, verdammten aber die spanischen Patres als falsche Propheten. 1742 schlug Atahualpa sein Kriegslager bei den Campa auf. Hier strömten Freiwillige zusammen, die in wenigen Monaten eine Guerilla-Armee bildeten, deren Hauptwaffen Steinschleuder, Pfeil und Bogen waren. In kürzester Zeit säuberten die Aufständischen die Region von allen Europäern. Über 70 Patres und zahlreiche spanische Hacienda-Herren wurden getötet. Die Guerillas drangen bis in die unmittelbare Nähe des Hochlandes vor und trieben dort siedelnde Spanier und Mestizen in die Flucht. Die Spanier antworteten wie üblich mit Terror, z. B. mit der Deporation fast des ganzen Amuesha-Volkes in eine kalte Hochlandregion, wo die meisten bald verhungerten oder erfroren. Dennoch konnte der Aufstand nicht niedergeworfen werden. Der größte Teil der peruanischen Montaña blieb für über 100 Jahre frei. Juan Santos Atahualpas historische Bedeutung liegt darin, daß sein Freiheitskampf die alte kulturelle und historische Grenze zwischen Hoch- und Tiefland überschritt und den Versuch einer gemeinsamen indianischen Front gegen die Spanier darstellte.

Die Ausweisung der Jesuiten aus den spanischen Kolonien 1767, die Wirren der Unabhängigkeitskriege und die Übernahme der Macht durch teilweise liberale, kirchenfeindliche Regierungen schwächten die Macht der Missionen und damit den relativen Schutz, den diese gegen Übergriffe weißer Siedler geboten hatten. Auch die Aufmerksamkeit der Regierungen für die Probleme des Ostandenabhangs ließ nach, abgelenkt durch die inneren Konflikte der Andenstaaten. Das 19. Jahrhundert war daher eine Zeit meist unkontrollierter und so um so brutalerer privater Kontakte zwischen Weißen und Indianern. Die Durchdringung des Waldlandes erfolgte ohne europäische Masseneinwanderung in das klimatisch und verkehrstechnisch für Europäer schwierige Gebiet. Um so mehr war man auf indianische Arbeitskräfte angewiesen, zumal der Import afrikanischer Sklaven im 19. Jahrhundert immer weiter eingeschränkt und schließlich ganz gestoppt wurde. Jagd auf indianische Sklaven war deshalb ein wichtiger Wirtschaftszweig. Auch Indianer, vor allem die Bewohner des Ucayali-Tales nahmen daran teil und hielten auch selbst Sklaven. Hier mag das europäische Vorbild mit eigenen, eine soziale Schichtung bis hin zu einer Art Sklavenschicht beinhaltenden Traditionen zusammengewirkt haben.

Opfer waren vor allem die nicht mit europäischen Waffen ausgerüsteten primitiveren Gruppen abseits der großen Handelswege. Diese Hinterwäldler waren schon in voreuropäischer Zeit von den mächtigen, kulturell jüngeren Gruppen der Flußtäler zurückgedrängt worden, ihre Kultur hatte teilweise unter dem Einfluß dieser Niederlagen und der Anpassung an schlechtere ökologische Voraussetzungen einen Reprimitivierungsprozeß durchgemacht. Diese Entwicklung, durch die sich die Flußtalgruppen von den Hinterwäldlern immer weiter entfernten, wurde jetzt durch europäischen Einfluß beschleunigt, indem die Sklavenjagden neue Konflikte brachten und die eine Partei sich immer weiter europäisierte, die andere sich immer weiter zurückzog und dabei teilweise sogar ihre Seßhaftigkeit aufgeben mußte. Die blutigen Konflikte des 19. Jahrhunderts, der wachsende Druck der Europäer und der mit ihnen verbündeten Indianer zerstörten viele Gesellschaften. Die einen reagierten hierauf mit völliger Kapitulation und gingen in der europäisch-neoindianischen Mischbevölkerung auf, die anderen formierten sich in Rückzugsgebieten als kleinere, ärmere Einheiten neu.

Dies alles führte zu weiterer Bevölkerungsreduktion. Genauere Angaben besitzen wir allerdings nur für die Bewohner der Missionen und anderen von Europäern kontrollierten Siedlungen. Diese wiederum geben nur an, wie sich die Bevölkerungszahlen entwickelten, ohne zu detaillieren, ob eine Verringerung durch Tod oder Flucht in die Wälder bedingt war. Die Canishana in Ostbolivien z. B. waren 1797 in einer Mission 2.544; 1831 waren es nur noch 1.939. Die benachbarten Móvima zählten 1767 4.400, 1831 nur noch 1.238.

Ende des 19. Jahrhunderts gewann der tropische Regenwald Südamerikas wirtschaftliche Bedeutung durch seinen Reichtum an Gummi, dessen Preis mit der Erfindung von Auto und Fahrrad durch den Bedarf an Gummireifen sprunghaft anstieg. Der Rohstoff des Naturgummi, Latex, wird vom Kautschukbaum, Hevea brasiliensis, gezapft. Da die Bäume oft weit voneinander stehen, muß der Sammler weite Wege durch den Dschungel leisten und dabei noch den gesammelten Rohstoff schleppen. Hierfür setzte man am liebsten Indianer ein, deren sammlerische Tradition dieser Aktivität entgegenkam. Die große Nachfrage trieb aber die Gesellschaften, die den Kautschuk sammelten und exportierten, zu rücksichtsloser Überbeanspruchung der indianischen Arbeitskräfte. Dabei ergaben sich für die Gesellschaften zwei Probleme: 1. Die Arbeitskräfte waren schwer zu bekommen, da die Indianer sich viel leichter als durch die harte Kautschukarbeit aus ihren eigenen Feldern ernähren konnten; 2. Die Kautschukbäume standen großenteils auf Territorium noch nicht integrierter Stämme, die sich dem Eindringen der Gummisammler widersetzten. Für beide Probleme fand man eine Lösung: Menschenjagden gegen noch nicht integrierte Gruppen, die man ausrottete mit Ausnahme der als Gummisammler Geeigneten, die man zur Zwangsarbeit verschleppte. So brach man den Widerstand der „wilden" Indianer und gewann Arbeitskräfte. Man legte auch „Zuchtfarmen" an, auf denen gefangene Indianerinnen für die Zeit nach der Ausrottung ihres Stammes Arbeitskräfte produzierten.

Die sogenannten Kautschukgreuel wurden Anfang des 20. Jahrhunderts aufgedeckt, als der Kautschuk außerhalb Südamerikas auf britischen Kolonial-Plantagen angebaut wurde und die dahinter stehenden Gesellschaften ein Interesse daran hatten, die Konkurrenz in Amerika durch moralische Anklagen zu schwächen.

In dieser besonderen ökonomischen Situation war die Mobilisierung der öffentlichen Meinung in Europa und Einsetzung eines Untersuchungsausschusses möglich, der die Aktivität einer den Konkurrenten verhaßten englischen Gesellschaft, der Peruvian Amazon Company im nordostperuanischen Putumayogebiet, schon außerhalb unseres Areals, untersuchte. Die Ergebnisse sind die einzigen genauen Daten über die Kautschukgreuel, wir können aber annehmen, daß sie nur ein typisches Beispiel für die Regel zeigen. Nach dem offiziellen Bericht kamen 1900-1908 mindestens 30.000 Indianer im Gebiet der Peruvian Amazon Company um. Wer nicht genug Gummi sammelte, wurde grausam gefoltert oder zu Tode gepeitscht. Die Ermordung von Arbeitskräften, die nicht mehr genug Profit erbrachten, bildete den Höhepunkt sadistischer Feste in den Zwangsarbeitslagern. Für deren Umgebung war der Gestank verwesender Leichen charakteristisch.

Der Kautschukboom erschloß auch das Juruá-Purus-Gebiet, das bis dahin von der Kolonisierung unberührt geblieben war. Er führte zur Desintegration zahlreicher noch intakter Gruppen und trieb andere in Waldverstecke zurück. Vom Gesichtspunkt des Kolonisators gesehen, war er der entscheidende Durchbruch zur Eroberung des tropischen Waldgebietes. Danach blieben nur noch wenige Ethnien übrig, die Kraft genug besaßen, weiterhin Widerstand zu leisten.

Der Kautschukboom flaute seit 1911 ab, um während des 2. Weltkriegs, als die Alliierten von asiatischen Lieferanten abgeschnitten waren, noch einmal aufzuflackern. Doch scheint es dieses zweite Mal nicht zu ebenso umfassenden Greueltaten gekommen zu sein, da die Indianer, mittlerweile schon stärker der Marktwirtschaft eingegliedert, häufig keine eigenen Felder mehr besaßen und daher eher bereit waren, als Gummisammler zu arbeiten, und da auch der Widerstand „wilder" Stämme gegen die Nutzung ihrer Wälder inzwischen meist niedergeworfen war.

Im 20. Jahrhundert übernahmen die Missionare die Aufgabe der Überführung der Überlebenden in die westliche Gesellschaft. Sie fungierten dabei als Puffer zwischen den Unternehmern, Händlern und Siedlern einerseits, den Indianern andererseits, indem sie die Indianer teilweise vor den anderen Weißen, die Weißen durch Einflußnahme auf die Indianer vor diesen schützten. In einigen Regionen, vor allem bei den Jíbaro, die bislang noch nicht unterworfen waren, ermöglichten die Missionare überhaupt erst die Durchdringung.

Heute ist ein Großteil der Indianer voll in die Marktwirtschaft integriert, wenn auch nicht überall so weit wie im Gebiet um Santa Cruz in Ostbolivien, wo aus der Vermischung völlig akkulturierter Indianer mit armen Weißen und Mestizen die sogenannte Camba-Bevölkerung entstanden ist. Ursprünglicher erhalten haben sich einige Hinterwäldler-Ethnien, die schon früh von dem Kolonisator geflohen waren, sowie Gruppen im Juruá-Purus-Gebiet. Hier leisten auch noch einige wenige Indianer der Kolonisierung bewaffneten Widerstand: Einige Hundert, die wohl der Ethnie der Marubo (Pano-Sprachfamilie) nahestehen oder angehören, widersetzen sich durch Überfälle dem Bau einer Straße durch ihr Gebiet.

Der Resistance-Geist, den die Indianer des Areals in jahrhundertelanger Auseinandersetzung mit dem Kolonisator immer wieder bewiesen haben, drückt sich heute nur noch selten in Aufständen und Überfällen nach Art der Indianerkriege aus. Stattdessen schließen sich Indianer der Montaña zu Interessenverbänden zusammen, deren erfolgreichster, die Federacíon Shuara, schon erwähnt wurde. Sie bauen auf der in der traditionellen Sozialordnung angelegten Möglichkeit des überregionalen Zusammenschlusses auf. Genossenschaftliche Experimente, Zusammenkünfte indianischer Führer, politische Demonstrationen für die Gleichberechtigung der Indianer im nationalen Rahmen und für das Zugeständnis von Landrechten gehören heute zum Alltag der Montaña. Überblickt man die bewegte koloniale Geschichte des Areals, stellt man erstaunt fest, daß wenigstens die etwas abseits der großen Verkehrsadern lebenden Stämme trotz jahrhundertelanger Bedrängnis ihre ethnische Identität erhalten konnten und heute dazu übergehen, die Rolle unruhiger, auf ihre Rechte pochender Minderheiten zu spielen.

Literaturauswahl

*Baer, Gerhard:* Reise und Forschung in Ost-Peru (Verhandlungen der Naturforschenden Gesellschaft in Basel 80/2). Basel 1969

*Baer, Gerhard:* Peru – Indianer gestern und heute (Führer durch das Museum für Völkerkunde und Schweizerische Museum für Volkskunde). Basel 1971

*Bodley, John H.:* Tribal Survival in the Amazon – The Campa Case (Iwgia Document 5). Copenhagen 1972

*Carneiro, Robert L.:* Shifting Cultivation among the Amahuaca of eastern Peru. in: Beiträge zur Völkerkunde Südamerikas, Völkerkundliche Abhandlungen 1. Hannover 1964

*Denevan, William H.:* Campa Subsistence in the Gran Pajonal, Eastern Peru. in: Lyon a.a.O. (vgl. Bibliographie Süd- und Mittelamerika allgemein)

*Harner, Michael:* The Jivaro, People of the Sacred Waterfalls. Garden City, N. Y. 1972

*Heath, Dwight B.:* Ethnogenesis and Ethnohistory, Socio-cultural Emergence in the Bolivian Oriente. in: 35. Congr. Intern. de Americanistas, 2. México 1964

*Hissink, Karin und Hahn, Albert:* Die Tacana – 1. Erzählungsgut. Stuttgart 1961

*Kelm, Heinz:* Indios, Blancos und Cambas im Oriente Boliviens. in: Sociologus, n. F. 17,2. Berlin 1967

*Kelm, Heinz:* Chácobo 1970, Eine Restgruppe der Südost-Pano im Oriente Boliviens. in: Tribus 21. Stuttgart 1972

*Lathrap, Donald W.:* The Upper Amazon. New York 1970

*Oberem, Udo:* Dringende Ethnologische Forschungsaufgaben in Ost-Ecuador. in: Actas y Memorias del 34. Congr. de Americanistas. Vienna 1960

*Oberem, Udo:* Handel und Handelsgüter in der Montaña Ecuadors. in: Folk 8/9. København 1966/67

*Ders.:* Einige ethnographische Notizen über die Canelo Ost-Ecuadors. in: Ethnologische Zeitschrift Zürich 1/1974.

*Oberem, Udo:* Los Quijos (Memorias del Depto. de Antrop. y Etnología de América 1,2, Universidad de Madrid). Madrid 1971

*Riester, Jürgen:* Camba-Paico, Zur Integration der ostbolivianischen Indianer. in: Sociologus 20, 2. Berlin 1970

*Riester, Jürgen:* Indians of Eastern Bolivia – Aspects of their Present Situation (Iwgia Document 18). Copenhagen 1975

*Siverts, Henning:* Tribal Survival in the Alto Marañon – The Aguaruna Case (Iwgia Document 10). Copenhagen 1972

*Smith, Richard C.:* The Amuesha People of Central Peru – Their Struggle to survive (Iwgia Document 16). Copenhagen 1974

*Varese, Stefano:* The Forest Indians in the Present Political Situation of Peru (Iwgia Document 8). Copenhagen 1972

## 18. Die Indianer Guyanas: Maniokbauern im Schnittpunkt der Kulturen

In den an das zirkumkaribische Areal grenzenden Savannen des östlichen Kolumbien und südlichen Venezuela, in den Wäldern, Savannen und bewaldeten Gebirgen des guyanensischen Raumes (also etwa: im außerandinen Südamerika nördlich des Amazonasbeckens) kreuzen sich Kulturen ähnlich, wie oben schon für den zirkumkaribischen Raum beschrieben: Eine archaische Waldbauernkultur, verwandt derjenigen des Amazonasbeckens, bildet die Basis; hinzu kommen Elemente der formativen Phase der amerikanischen Frühgeschichte, einer Halb-Hochkultur, wie sie für das voreuropäische zirkumkaribische Areal typisch war; zuletzt Einflüsse aus der zentralandinen oder mesoamerikanischen Hochkultur.

In Guyana, dem geographisch-klimatisch schon mehr zum feuchtheißen tropischen Waldbereich gehörigen Hinterland des zirkumkaribischen Areals, ist aber der Einfluß der Hochkulturen geringer, die archaische Basis stärker. Betrachten wir das Gebiet von Westen oder Nordwesten, etwa aus der Perspektive des Cauca-Tals, erscheinen uns die guyanensischen Bauern

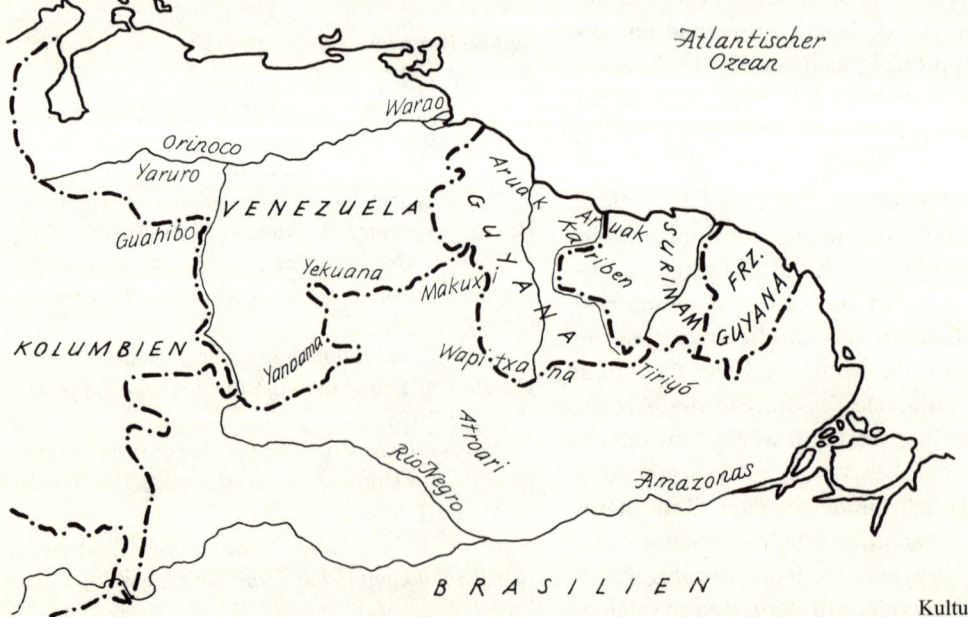

Kulturareal Guyana

Ehepaar in Guyana mit Pfeilen und dem typischen
Tragkorb für Maniokwurzeln (Barrere 1743)

zumindest starken persönlichen Abhängigkeit
bei einigen guyanensischen Indianern sein.

### a) Lebensraum: Savannen, Wälder, Gebirge

Guyana hat mit dem übrigen tropischen Tiefland die starke ethnische Zersplitterung gemeinsam, wenn auch die Einzelgruppen meist
etwas größer sind als im Amazonasbecken. Insgesamt dürften in diesem Areal heute über
120.000 Indianer leben, die sich auf rund 50
Ethnien verteilen.

Die älteste Bevölkerungsschicht sind Wildbeuter, die zu den primitivsten Bewohnern des
Kontinents zählen. Meist wurden sie mittlerweile – umstritten ist, seit wie lange genau –
mehr oder weniger seßhaft und betreiben auch
etwas Bodenbau. Die ca. 3.000 Yaruro im venezolanischen Staat Apure, ursprünglich Fischer
und Krokodiljäger, dabei aber schon lange halb
seßhaft, teilen das Jahr in eine Periode des Nomadismus (die für den Fischfang günstige Trok-
kenzeit) und eine des seßhaften Bauerntums.
Ihre ökonomische Unabhängigkeit konnten sie
sich weitgehend bewahren, und auf dieser Basis
trotz intensiver äußerlicher Akkulturation ein
starkes ethnisches Selbstbewußtsein, eine ei-

wie Verwandte der brasilianischen um den
Amazonas, primitiv. Vom Amazonas her gesehen dagegen erkennen wir die hochkulturlichen
Züge, durch die Guyana sich doch abhebt: Den
Ansatz zu sozialer Schichtung und Spezialisierung in der starken Macht der Häuptlinge (die
aber doch nicht an die Macht der Kaziken um
die Karibische See heranreicht) und der Sonder-
stellung der Medizinmänner: Der Häuptling
gewann vielleicht noch unter europäischem Einfluß an Stärke, und europäisch beeinflußt mag
auch die Institution einer milden Sklaverei oder

Warrau-Haus (Bernau 1847).

291

gene Sozialorganisation und ihre traditionelle Religion. In ähnlicher Weise am Übergang vom Wildbeuter- zum Pflanzertum stehen die ca. 10.000 Warao im sumpfigen Orinoco-Delta, ursprünglich Fischer, Vogeljäger und Sammler von Produkten der Mauritiapalme. Heute betreiben sie auch etwas Bodenbau und arbeiten teilweise in Sägewerken und auf Reisplantagen der Weißen. Manche Forscher sehen in ihnen „heruntergekommene" Einwanderer aus dem zirkumkaribischen Raum. Bei Anpassung an die „Zivilisation" in materieller Hinsicht haben sie eine eigene Sozialstruktur bewahrt, während allerdings ihre Religion in den letzten Jahren durch fanatische Missionare zerstört wird, die Kinder den Eltern entreißen und in Internaten systematisch dem eigenen Volk entfremden. Warao, Yaruro, Guahibo und Guajiro (vgl. o. S. 197,- 99, 256,- 58) bilden am Nordrand Südamerikas einen Gürtel wildbeuterischer Gruppen, denen der paradox erscheinende Kontrast zwischen besonders primitiver ökonomischer Basis und hochkulturlichen Spuren (z. B. in der Sozialorganisation oder, im Fall der Warao, archäologisch erschließbar) gemeinsam ist.

Seßhafte Bauern, daneben immer noch eifrige Jäger und Sammler sind die über 10.000 Yanoama am Rand des Amazonasbeckens in den bewaldeten Grenzgebirgen zwischen dem venezolanischen Territorium Amazonas und Brasilien. Ihre noch recht ungebrochene archaische Lebensweise und ihre teils noch andauernden Kriegsfehden machen sie, ähnlich den Áuka in der Montaña, für viele Abenteuer suchende Reisende zum Urbild des „Wilden". Eine Reihe sensationslüsterner und diskriminierender Berichte in Presse und Fernsehen droht den Blick auf ihre Kultur zu versperren, die seit den 50er Jahren auch von ernsthaften Forschern gründlich, aber leider ohne die Wirkung der Fernsehberichte erforscht wurde. Die Yanoama scheinen teilweise erst in jüngster Zeit in ihre heutigen Wohnsitze eingerückt zu sein. Ihre Kultur trägt Züge des Kampfes um Lebensraum und Prestige, den wir in ähnlicher Form am Andenostrand kennenlernten.Vielleicht spielt hier auch die ökologisch ähnliche – tropisch-gebirgige – Umwelt eine Rolle, deren Einfluß auf die So-

zialordnung und die Kriegslust im Fall der Montaña gezeigt wurde.

Die Masse der guyanensischen Indianer dagegen sind eher friedliche Bauern, Jagd und Sammeln spielen in ihrem Leben nur noch eine untergeordnete Rolle. An den größeren Flüssen konzentriert, sind sie dem Fernhandel offen, was auch ihre Integration in die moderne Marktwirtschaft gefördert hat. Die meisten gehören zur Sprachfamilie der Kariben, die wir schon im zirkumkaribischen Areal kennenlernten. Sind sie dort, im Gebiet ihrer einst größten Entfaltung, auf unbedeutende Reste zusammengeschmolzen, konnten sie sich in den für Europäer weniger interessanten Wäldern und Savannen Guyanas halten. Über die Flüsse haben sie dabei aber schon seit der frühen Kolonialzeit zu den europäisch beherrschten Küsten Kontakt. Sie kennen daher auch meist die Gefahren, die von der Beherrschung durch Weiße drohen und suchen sich bei materieller und ökonomischer Anpassung bewußt doch politisch-sozial zu behaupten. Das läßt sich gut bei den ca. 3.000 Yekuana beobachten, Maniokbauern in Venezuela zwischen $3^0$-$5^0$ nördlicher Breite und $63^0$-$66^0$ westlicher Länge. Ihre Heimat, eine Waldregion, in der man Bodenschätze vermutet, ist heute der Schauplatz erbitterter Dispute um Landeigentum, in denen die Yekuana durch Zusammenschluß zu Pressure Groups nach westlichem Vorbild ihre Rechte zu wahren suchen, was ihnen auch zu gelingen scheint. Bereits entschieden, und zwar negativ, ist die Landfrage dagegen für die meisten der ca. 10.000 Pemón und Makuxí auf Savannen in einem Bogen um den nördlichsten Zipfel Brasiliens. Durch Forschungen zu Beginn des Jahrhunderts ist ihre Kultur wohlbekannt, so daß man sie oft als Beispiel des Areals anführt. Genaue Beschreibungen liegen etwa von ihrem hochentwickelten Medizinmannwesen vor. Heute aber sind sie größtenteils Arbeiter auf Viehzuchtfarmen weißer Herren, oder Goldwäscher. Zwar haben zumindest die venezolanischen Pemón noch Elemente ihrer Sozialorganisation retten können, doch ihre Religion ist meist den Missionaren zum Opfer gefallen.

Ein weiterer Block von Kariben, bislang weniger von Weißen beherrscht und daher in der Kultur ursprünglicher, lebt beiderseits des Tumuc-Humac-Gebirges zwischen den drei ehemaligen Guyana-Kolonien und Brasilien. Erst in den allerletzten Jahren bringt der brasilianische Straßenbau radikale Umwälzungen, während früher mehr indirekte Kontakte zur „Zivilisation" über die Buschneger bestanden. Am bekanntesten wurden neuerdings die ca. 1.000 Atroari nordöstlich Manáus, die in ihrer Mehrheit den Kontakt zu Weißen zumindest bis 1975 ablehnten und seit 1968 den Weiterbau der Straße Manáus-Boa Vista blockierten. Mehrfach, zuletzt 1975 griffen sie Straßenbauarbeiter oder Bedienstete der brasilianischen Indianerbehörde an. Ihre Kultur dürfte derjenigen der schon länger „befriedeten" und ähnlich den Makuxí intensiver Missionierung unterworfenen ca. 2.000 Tiriyó und Wáyana im südlichen, gebirgigen Hinterland von Surinam und Franz.-Guyana und in der angrenzenden Region Brasiliens nahestehen. Von der oft nur äußerlich angenommenen christlichen Religion abgesehen, sind die Tiriyó noch immer ein gutes Beispiel der ursprünglichen Guyana-Kultur. Stark akkulturiert und vermischt dagegen sind die ca. 6.000 Küstenkariben der drei Guyanas. In ihrer Nachbarschaft siedeln auch die Aruak, unter 2.000, von denen weitere in der kreolischen Bevölkerung aufgegangen sind. Zur aruakischen Sprachfamilie (die wir schon im zirkumkaribischen und ostandinen Areal kennenlernten) gehören in Guyana namentlich noch die den Tiriyó westlich benachbarten, kulturell verwandten Wapitxana (ca. 4.300), die sich heute gegenüber den vordringenden Viehzuchtfarmen mit eigener Viehzucht zu behaupten suchen.

Im folgenden greifen wir ein typisches Beispiel heraus: Die vielleicht 600 Kariben am unteren Maroni nahe der Küste Surinams. In ihrer Beschreibung folgen wir Peter Kloos. Zur Ergänzung ziehen wir Daten über andere guyanensische, insbesondere karibische Gruppen heran. Wir beschreiben so die eigentlich guyanesische Kernkultur, von der Randgruppen wie die Yanoama erheblich abweichen.

## b) Lebensunterhalt: Maniok, Fisch, Palmfrüchte

Grundlage ist der Maniokanbau im Brandrodungssystem, schon beschrieben in den Kapiteln über die Maya und den Andenostrand. Die Position der Felder spiegelt die enge Verbindung der Kariben (in unserem Beispiel) zum Wasser: Sie liegen oft viele Kilometer vom Dorf entfernt, vorausgesetzt nur, daß sie auf dem Flußweg erreichbar sind. Man kann berechnen, daß die Küsten-Kariben unseres Beispiels dreimal soviel Land zur Verfügung haben wie sie brauchen. Landkonflikte sind daher überflüssig. Das bedeutet, daß die Kariben – nicht durch die Notwendigkeit, Landrechte bewahren zu müssen, an einen Ort gefesselt, mobil sind. Eine Familie benötigt nach den höchsten Schätzungen maximal ca. 0,4 ha Feld zum Leben. Tatsächlich aber bestellen die meisten Familien über 1 ha. Sie lassen so Raum für eventuelle Schäden, zum Beispiel durch Tiere oder Überschwemmungen.

Der kleine Überschuß gewährt größere Sicherheit und weist auf einen Zug der südamerikanischen Tiefland-Landwirtschaft, der oft in der Diskussion primitiver Ökonomie übersehen wird: Eine Vorausplanung bezieht eventuelle zukünftige Schäden ein und erreicht so relativ große Unabhängigkeit von den Launen der Natur, sicheres Vertrauen auf morgen, das unserer nur so genannten Überflußgesellschaft fehlt. Daß die Tieflandindianer sich in vielen Fällen lange weigerten (wofür sie manchmal ausgerottet wurden), den Kolonisatoren ihren gesamten Überschuß zu verkaufen und so dem Markt nützlich zu werden, läßt sich teilweise auch interpretieren als Beharren auf Sicherheit. Im Normalfall, falls der Überschuß nicht benötigt wird, verkommt er dann letztlich, oder wird auf Festen verschwendet. Hier liegt eine Erklärung für den Verschwendungscharakter insbesondere der in europäischen Augen unmäßigen Trinkfeste, bei denen der überschüssige Maniok, zu Maniokbier gewandelt, am Ende oft erbrochen wird.

Der Prozeß der Maniokverarbeitung ist so typisch für das Dorfleben im tropischen Südamerika, daß er hier kurz beschrieben werden soll. Die verheiratete Indianerin geht gewöhnlich mindestens einmal wöchentlich, meist öfter auf jedes Feld und bringt davon eine Last von jeweils ca. 30-40 kg Maniokknollen nach Hause. Sie schält, wäscht, raspelt die Knollen auf einem Reibebrett, heute meist einer Konservendose, die durch Einschlagen von Löchern mit einem Nagel zahlreiche Scharten erhält, an denen der Maniok sich reiben läßt. Die geriebene Maniokmasse wird in einen geflochtenen, dehnbaren Schlauch gefüllt, der an jedem Ende eine Schlaufe hat. Man hängt ihn an einen Balken, und steckt einen zweiten Balken durch die untere Schlaufe, auf sich die Frau setzt, so daß sie mit ihrem Körpergewicht den Schlauch nach unten zieht. Durch diese Bewegung preßt der Schlauch die Maniokmasse zusammen und den blausäurehaltigen Manioksaft durch das Geflecht nach außen. Das so von der giftigen Flüssigkeit befreite Maniokmehl läßt man an der Sonne trocknen, siebt es durch und backt es dann auf einer großen Eisenplatte über dem Feuer zu dünnen Fladen. Eine andere Zubereitungsmethode: Man streut das Mehl über die ganze Eisenplatte und röstet es. So gewinnt man ein praktisch unbegrenzt haltbares und bequem transportierbares Produkt, das die Indianer auf Reisen, die nichtindianische Landbevölkerung des tropischen Südamerika vielerorts als Grundnahrungsmittel verwenden.

Für das Maniokbier vermengt man mit Zukker vorgekaute Maniokfladen mit Wasser, und zur Färbung mit purpurnen Süßkartoffeln. Aus diesem Gemisch preßt man mittels des Preßschlauches ein süßliches Getränk, das man dann fermentieren läßt. Nach etwa einem Tag schmeckt es säuerlich und enthält rund 2,75 % Alkohol. Der höchste Alkoholgehalt beträgt nach mehreren Tagen rund 6 %. Für das Getränk werden besondere Arten Maniokbrot hergestellt; manchmal verwendet man auch Maniokmehl, aus dem die Blausäure noch nicht gepreßt wurde, und kocht es mit Wasser (was ebenfalls das Gift entschärft).

Über 80 % der Feldfläche wird mit Bittermaniok besetzt. Daneben, auf den gleichen Feldern, bauen die Kariben an: Bananen (manch-

mal auch auf eigenen Pflanzungen, teils zum Verkauf auf dem Markt), Zuckerrohr (für den Saft, den man auch fermentieren läßt oder anderen alkoholischen Getränken beisetzt), Ananas, Pfeffer (die Kariben würzen ihr Essen stark), Süßkartoffeln (besonders zum Färben des Maniokbiers). Vor allem für die Hängematten baut man Baumwolle an. Der alte Tabakanbau wurde heute meist durch Zigaretten- oder Tabakimport verdrängt. Um die Häuser stehen Fruchtbäume, ein charakteristisches Wahrzeichen der guyanensischen Dörfer: Mango, Kokosnuß, Brotfrucht, Cashew, Goiave und andere. Seltener bauen die Kariben an: Yams, ungiftigen Maniok, Mais, Wassermelone, Kürbis. Der Anbau von Fruchtbäumen und ihre Kommerzialisierung für den Fruchtmarkt erinnert an das zirkumkaribische Areal, wo ebenso leicht altweltliche Früchte übernommen wurden; die zentrale Bedeutung des Bittermaniok jedoch ist ein typisches Charakteristikum des tropischen Tieflandes des östlichen Südamerika. Sie verhindert eine weitgefächerte Differenzierung der Produktion wie am Andenostrand.

Nach 3-4 Jahren vernachlässigt man allmählich das Feld, das in zunehmendem Maß verwilderte Früchte liefert. Nach 6-7 Jahren wird das Feld engültig aufgegeben. Grund ist nicht die Erschöpfung des Bodens, sondern Überhandnehmen des Unkrauts. Man rodet das Feld erst wieder nach frühestens etwa 10 Jahren – auch dies weniger, um bewußt die Erschöpfung des Bodens zu berücksichtigen, als aus dem Wunsch, den Wald erst wieder hochwachsen zu lassen. Die Kariben kennen das Prinzip der systematischen Düngung: Um einige Pflanzen (nicht um den Maniok) bei dem sie das nicht für nötig erachten, häufen sie zur Förderung des Wachstums Asche an.

In der Küsten-karibischen Landwirtschaft kann ein Ehepaar allein das meiste erledigen, was für sein Überleben nötig ist. Nur Roden der Felder, bei älteren Pflanzungen das Ausjäten des Unkrauts, und das Anlegen von Wegen zum Feld bedürfen der Anstrengung einer größeren Anzahl. Hierzu dient die Organisation von Gemeinschaftsarbeit mit anschließendem Trinkfest. Diese Einrichtung, ähnlich an vielen Stel-

Fischfang: Nach Errichtung eines Wehrs wird eine Atemgift enthaltende Pflanze weichgeklopft (links), ins Wasser getaucht, die dadurch betäubten Fische treiben an die Oberfläche und werden mit Pfeil und Bogen geschossen (Bernau 1847).

len der agrarischen Welt, scheint bei den Kariben eine interessante Entwicklung durchgemacht zu haben: War sie früher die selbstverständliche Zusammenarbeit der erweiterten Großfamilie, wird heute daraus die nur noch zu bestimmten Gelegenheiten nach vorheriger Absprache mögliche Kooperation mehrerer Kleinfamilien.

Fischfang ergänzt die Landwirtschaft. Die Küstenkariben hatten eine Reihe komplizierter Fallensysteme entwickelt, neben dem über praktisch das ganze tropische Tiefland verbreiteten Fischfang mit Pfeil und Bogen oder mit Fischgiften. Angelleine und -haken wurden in der frühen Kolonialzeit übernommen und sind heute durchs Tiefland allgemein verbreitet. Seit etwa 15 Jahren ist das Fischernetz bei den Kariben im Gebrauch. Es hat hier heute das alte Fischgift völlig verdrängt. Das bedeutet: Nicht mehr in großen Gemeinschaftsunternehmungen wird gefischt, sondern individuell. Es bedeutet ferner eine Fangsteigerung. Ein Mann, der mit dem Netz einen Tag fischen geht, bringt genug zurück, um vom Verkaufserlös seine Familie eine Woche ernähren zu können. Ein Großteil des Fangs geht heute in die nächsten Städte zum Verkauf, ein weiterer Teil wird zu halbem Preis im eigenen Dorf verkauft. Die Kariben am unteren Maroni, nur etwa 0,15 % der Bevölkerung von Surinam, lieferten 1966 ca. 5 % des Fischangebots auf dem surinamesischen Markt. Darüber hinaus verkauften sie auch nach Franz.-Guyana.

Die Küsten-Kariben sind nicht mehr autark. Ihre Boote – wichtige Instrumente der Subsistenzbeschaffung –, ihre Häuser bauen sie mit Metalläxten und Nägeln. Messer, Macheten, Hacken sind für die Landwirtschaft notwendige Industrieprodukte, Nylon für den Fischfang, Gewehre für die Jagd auf immer scheueres Wild. Aluminium- und Emaille-Gefäße sind aus dem Haushalt nicht mehr wegzudenken. Die Kleidung ist Industrie-gefertigt. Zum Essen gehören heute Zucker, Salz (früher von anderen Indianern eingehandelt, heute auf dem Markt von Nicht-Indianern gekauft), Öl, Tee, Kaffee, Milch, alkoholische Getränke. Das Maniokmehl wird auf einer Eisenplatte zubereitet. Das zum Erwerb dieser Waren notwendige Geld verdient man durch den Verkauf eines Teils der Überschußproduktion an Maniok, Fisch und Früchten. Doch ist dies an sich noch kein grundlegender Wandel der traditionellen Ökonomie, die schon Fernhandel (zunächst zwischen Indianern, seit der frühen Kolonialzeit auch mit Nicht-Indianern) kannte. Inter-indianischer Handel unterschied sich aber insofern, als er eng mit großen Tauschfesten verbunden war, die politische Bedeutung besaßen. Typisch waren Reisen ganzer Dorfgemeinschaften über große Entfernungen zu solchen Festen, bei denen auch politische Fernverbindungen geknüpft wurden. Heute ist der Handel individuell auf das Niveau der Kleinfamilie beschränkt und seines festlichen Charakters entkleidet. Er beruht nicht mehr auf der Spezialisierung einzelner Dörfer auf bestimmte Fertigkeiten wie Herstellung von Booten, Maniokkratzern, Salz oder Trainieren von Jagdhunden, vielmehr darauf, daß die Indianer keine Industrieprodukte herstellen. Er verläuft daher kaum noch zwischen Indianern, bildet damit auch kein Zusammenhaltsmoment mehr, sondern zwischen Indianern und Fremden, wirkt daher auf die indianischen Gesellschaften nicht mehr kohäsiv, sondern zersetzend.

## c) Materieller Kulturbesitz: Verfeinerte Holzschnitzkunst und Federmosaike

Die Häuser sind im wesentlichen Holzgerüste mit Strohdächern. Ihre für das Areal charakteristichte Form ist das Rundhaus mit Kegeldach. Auf den Savannen sind die Hüttenwände durchschnittlich robuster, oft mit Lehm statt nur mit Palmblättern bedeckt, im Wald fallen sie dagegen oft ganz fort.

Oft, deutlich bei den Yekuana, ist das Rundhaus in den Augen seiner Bewohner ein verkleinertes Spiegelbild des Kosmos. Der Mittelpfosten ist die Weltachse, das Dach der Himmel, ein großer Querbalken die Milchstraße. Die Ordnung des Hauses entspricht der Ordnung der Welt, und indem der Mensch sein Haus baut, wiederholt er den Schöpfungsakt. Bei den Yekuana wohnt in einem großen Rundhaus eine ganze Lokalgruppe von bis zu 120 Menschen, bei anderen Gruppen meist nur zwei, drei Kleinfamilien, im typischen Fall ein Familienvater mit seiner und seiner Schwiegersöhne Familien. Neben dem Rundhaus, oft im gleichen Dorf,

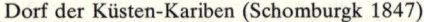

Dorf der Küsten-Kariben (Schomburgk 1847)

296

stehen Rechteckhäuser mit Giebeldach, gewöhnlich für eine erweiterte Kleinfamilie. Sie mögen auf frühen Kolonialeinfluß zurückgehen.

Der Hausrat ist schlicht, aber, soweit noch traditionell, von einfacher Eleganz. Holz, Binsen, Palmfasern sind die Grundmaterialen einer Kultur, die wir anstatt als „steinzeitlich" eher als „palmzeitlich" bezeichnen müßten, da die Palme der wichtigste Grundstofflieferant ist.

Die Guyana-Indianer sind seßhaft, aber mobil. Handels-Fernreisen waren früher häufig. Man brauchte dafür Behälter zum Transport der Handelsgüter. Ähnlich wie bei den nomadisierenden Gruppen führte diese Notwendigkeit zu einer entwickelten Korbflechterei. Anders als die Nomaden hatten aber die Guyanenser durch ihre Seßhaftigkeit mehr Muße, dieses Handwerk künstlerisch zu entwickeln. Das Ausgangsmaterial, aus einer bestimmten Bambusart, aus Binsen, Lianen, Mauritiapalmfasern oder Palmblättern, wird teilweise mit Ruß und einem Pflanzensaft schwarz oder mit Achiote (Bixa orellana) rot gefärbt, um dann im Kontrast zum naturfarbigen Teil des Korbes streng geometrische Muster zu erhalten. Die häufigsten Formen sind Deckelkörbe mit viereckigem Boden, Korbwannen, Korbteller zum Aufbewahren der Maniokfladen, verschieden dichte Siebe zum Auspressen von Maniok oder Fruchtsäften. Schmucklos ist meist die Hängematte aus Mauritiafasern oder Binsen. Die indianische Hängematte bietet durch den Abstand vom Boden größeren Schutz vor Ungeziefer als das europäische Bett. Sie ist auf Reisen leicht zwischen Bäumen festzumachen. Sie hat im Amazonasbecken, teilweise auch im guyanensischen Raum selbst bei nicht-Indianern das europäische Bett verdrängt. In indianischen Häusern ist sie das Grundelement des Baues: Der Abstand zwischen bestimmten Hauspfosten wird so gemessen, daß eine von einem zum anderen gespannte Hängematte größtmögliche Bequemlichkeit bietet.

Häufiger noch ist die Hängematte aus Baumwolle: ein schweres, festes Gewebe mit starkem Saum. Gelegentlich wird hierzu ein einfacher, improvisierter Webstuhl verwendet. Für die Hängematte kennt man aber auch ein einfach-

eres Verfahren ohne Webstuhl: Man steckt zwei Pfosten in den Boden, und zwar so, daß ihr Abstand der Länge der zukünftigen Hängematte entspricht. Um diese Pfosten herum schlingt man dann in fortlaufender Spirale das Baumwollgarn.

Die Hängematte ist in der Kolonial-Literatur Symbol des Müßiggangs der tropischen Indianer. In einer 1799 aus dem Französischen übersetzten anonymen Chronik lesen wir bezeichnenderweise: „Sie bringen beynahe ihr ganzes Leben in Müßiggang zu, denn man sieht sie fast immer in ihren Hängematten liegen, in welchen sie ganze Tage lang nichts thun, als schwatzen, sich in einem kleinen Spiegel besehen, die Haare in Ordnung bringen und sich den Bart ausreißen." Das Zitat zeigt, daß der Überlebenskampf in primitiven Gesellschaften nicht, wie oft angenommen, alle Muße zerstört. Die einfache Subsistanzwirtschaft ist produktiv genug, um Zeit für anderes zu lassen. Das Zitat übersieht allerdings, daß die Hängematte nicht nur die Stelle des Bettes, sondern auch die des Stuhles vertritt. Wo Europäer Konferenzen auf Stühlen abhalten, was man nicht als Müßiggang interpretiert, sitzen Indianer oder liegen halb in ihren Hängematten.

Schemel gibt es auch, jedoch nur für besondere Gelegenheiten, ähnlich den Königsstühlen in Europas frühem Mittelalter. Die Medizinmänner nehmen bei Zeremonien auf Schemeln in Tierform Platz. Die Sitze sind aus einem Stück leichten Holzes geschnitzt und oft mit geometrischen Mustern bemalt. Es sind vielmals Meisterwerke in ihrer gedrungenen, kaum gegliederten Form, die dennoch das wesentliche des dargestellten Tieres treffend ausdrückt.

Das Hausinnere bei den Taulipang schildert der deutsche Forscher Koch-Grünberg in seinem 1923 erschienenen „Vom Roroima zum Orinoco", Bd. III, S. 78ff.: „Das Innere eines Hauses, auch wenn es von mehreren Familien bewohnt wird, ist ungeteilt. Die Familienplätze liegen an der Wand und sind kenntlich an der Feuerstelle, um die sich die urucúroten Hängematten der Familienglieder, teils über-, teils nebeneinander gruppieren. Das Hausgerät ist sehr einfach . . . Trotzdem hat auch diese India-

Inneres eines Hauses der Wapitxana (Schomburgk 1848)

298

nerwohnung in ihrem malerischen Durcheinander einen eigenartigen Reiz. Um das Feuer stehen niedrige Sitzschemel, einfache Dreibeine, die man mit geringer Veränderung des natürlichen Wuchses aus einer Wurzel oder Astgabel geschnitten hat . . . Da stehen Kürbisflaschen von verschiedener Form, ganz große, die viele Liter fassen und zur Aufnahme von Kaschirí (Maniokbier) bestimmt sind, und kleinere zum Aufbewahren von Trinkwasser; ferner rohe Tongeschirre mannigfacher Art und Größe, von dem winzigen Speisetöpfchen, in dem die Mutter dem kleinen Kinde den Mehlbrei kocht, bis zur riesigen, tiefen Topfschale ohne Rand, in der Kaschirímasse angesetzt wird. Da liegen Matten, Siebe und Korbwannen. Die Waffen, Bogen und Pfeile und die englische Flinte, lehnen an der Wand oder liegen auf den Querbalken des Hauses . . . Auf den Querbalken sind die kunstvoll geflochtenen, viereckigen Deckelkörbe untergebracht, die die Kleinodien des Indianers, Perlen und anderen Kram, enthalten . . . Das Ganze ist durchtränkt von dem jeder Indianerwohnung eigentümlichen, säuerlich scharfen Dunst gärender Maniok. Gewöhnlich brennt in den Häusern kein Licht. Die kleinen Familienfeuer, die man nie erlöschen läßt, schaffen mit Einbruch der Nacht ein unbestimmtes Halbdunkel, und am Tage fällt nur wenig Licht durch den schmalen Eingang . . . Zu den Bewohnern eines Hauses gehören die für die Indianerdörfer Guayanas so charakteristischen zahmen Tiere . . . Außer vielen mageren Hunden sah ich in Koimélemong europäische Hühner, Papageien verschiedener Art, zwei Arten nahe verwandter Vögel . . ., eine Maus und eine Landschildkröte, in Denóng einen zahmen kleinen Hirsch. Alle diese Tiere werden in frühester Jugend eingefangen und von den Frauen mit größter Sorgfalt aufgezogen."

Keramik und Kalebassen-Verzierung sind heute im Verfall, vor allem die Kalebassenkunst erlebte aber im 17. und 18. Jahrhundert eine Blütezeit mit figürlichen Darstellungen unter europäischem Einfluß, der sehr reizvoll dem Material und der indianischen Technik angepaßt wurde.

Ein besonders ansprechendes Kunsthandwerk ist die Federarbeit. Die Federn bindet man mit Baumwollfäden auf einen schmalen Reifen und beschneidet sie so kurz, daß sie von weitem wie Plüsch wirken. Daneben gab es bei einigen Gruppen prächtige Federkronen, aber auch mit Federn bestückte Geflechte in Tiergestalt (Federmosaik), die rituelle Verwendung fanden. Der Federschmuck verliert mit der Bekämpfung der traditionellen Religionen durch die Missionare seine Funktion, wird vergessen.

Ursprünglich durften die meisten Indianer des Areals nackt gegangen sein. Wohl unter europäischem Einfluß kam der Schamschurz für die Männer auf, ein langer vielleicht 20 cm breiter Kattunstreifen, der zwischen den Beinen durchgezogen und vorn und hinten unter den Hüftgurt geklemmt wird; für die Frauen ein breiterer, beide Hüften bedeckender Schurz, aus Perlen gewebt, der infolge seiner Schwere jede Bewegung des Körpers mitmacht und so seinen Zweck erfüllt. Die Glasperlen, europäische Import-Ware, sind seit der frühen Kolonialzeit integraler Bestandteil der Schmucktracht. Die Frauen haben hieraus ein eigenes Kunsthandwerk entwickelt: Vielfarbige Perlenarbeiten mit den gleichen geometrischen Mustern wie in der Korbflechterei, hergestellt auf halbkreisförmigen Knüpfrahmen.

### d) Soziale Umwelt: Häuptlingstum und beginnende soziale Schichtung

Wir beschreiben zunächst das Sozialsystem unserer Beispielgruppe, der Kariben am unteren Maroni nahe der Küste von Surinam. Die Kernfamilie bildet hier den Mittelpunkt des individuellen und sozialen Lebens. In der karibischen Sprache gibt es für diese Einheit kein eigenes Wort — man spricht stattdessen von „Haus", da hier Haus- und Familiengemeinschaft zusammenfallen. Eine Kleinfamilie kann ihr ökonomisches Überleben fast allein sichern, ohne Rückgriff auf größere Einheiten. Dies war schon Mitte des 19. Jahrhundert so, während 100 Jahre vorher die Existenz eines großen Männerhauses im Dorf auf regulär über die Kernfamilie hinausgreifende Kooperation deutete.

Als juristische Basis des Familien-Individualismus können wir den Privatbesitz an den Feldern betrachten. Auch wenn bei der Rodung mehrere Männer zusammenarbeiten, gehört das gerodete Land dann doch immer nur demjenigen, der die Männer hierzu einlädt und bewirtet. Im übrigen ist das Pflanzen und die Verarbeitung des Maniok im Wesentlichen Aufgabe der Frau, die als Eigentümerin des Maniok gilt. Hierin können wir den juristischen Ausdruck der Gleichberechtigung von Mann und Frau in der Kariben-Familie sehen: Beide haben mit ihren Besitzrechten am Land bzw. Maniok etwa gleichwertigen, in den Auswirkungen nicht klar zu trennenden Anteil an der Subsistenz.

Die Zusammensetzung der Kernfamilie folgt Heiratsregeln, die ihrerseits Teil des Verwandtschaftssystems sind. Dieses System ist scheinbar rigide, bei genauerem Hinsehen aber läßt es sich den jeweiligen praktischen Notwendigkeiten anpassen. So schreibt es Kreuzvetternheirat vor, aber wenn man ein Mädchen heiraten will, dessen genaue Verwandtschaftsbeziehungen nicht bekannt sind, erklärt man es einfach zur Kreuzkusine. Ähnlich werden Fremde, die nicht ins Verwandtschaftssystem passen, einfach als Schwager definiert. Das Verwandtschaftssystem gewinnt so fast den Charakter eines rein definitorischen Überbaus, der ökonomischen und politischen Beziehungen den festen Rahmen gibt. Das heißt nicht, daß das für viele primitive Gesellschaften und auch für diese charakteristische Gebot der Kreuzvetternheirat ganz ungültig ist, es wird nur sehr großzügig ausgelegt: So nennt ein junger Mann einen etwas älteren, zu dem keine genaue Relation bekannt ist, Mutterbruder, was dessen Tochter automatisch zu einer Kreuzkusine macht. In der Praxis wird das Gebot also nur zu einem Verbot, Frauen zu heiraten, die allzu offensichtlich einen anderen Verwandtschaftsgrad als Kreuzkusine, zum Beispiel Nichte, einnehmen. Dabei ist das System konsequent bilateral: Verwandte der väterlichen und der mütterlichen Linie zählen gleich und werden in vielen Fällen auch mit dem gleichen Namen benannt. Auch hierin

kann man einen Ausdruck der Gleichberechtigung von Mann und Frau sehen.

Der Ehemann zieht zunächst zu seiner Frau ins Haus ihres Vaters. In der nächsten Trockenzeit baut er sich und seiner Frau ein eigenes Haus, meist ganz in der Nähe des Hauses seines Schwiegervaters. Ein Haus steht nur etwa 6 Jahre lang, danach muß es neu errichtet werden. Je länger ein Ehepaar verheiratet ist, desto weiter entfernt pflegt es vom Ausgangspunkt zu bauen, wobei es sich oft allmählich dem Haus des Vaters des Mannes annähert. Die Nähe zu den Schwiegereltern bedeutet für den Mann in den ersten Ehejahren eine Überwachung: Die Eltern des Mädchens greifen ein, wenn es schlecht behandelt wird. Dahinter steckt aber auch ein ökonomischer Grund: Das Mädchen arbeitet, schon bevor es ins heiratsfähige Alter kommt, mit der Mutter auf dem Feld und in der Maniokzubereitung zusammen. Der junge Mann dagegen arbeitet eher allein, sodaß die Trennung des Mannes von seiner Familie leichter zu verschmerzen ist, als die der Frau von der ihrigen. Natürlich wird die Position der Frau in der Familie durch diese Wohnregel gestärkt.

Als einen Ausdruck der Gleichstellung von Mann und Frau könnte man auch die Couvade interpretieren: während und kurz nach der Geburt muß der Mann sich verhalten, als wäre er krank und müsse sich schonen, als wäre die Anstrengung der Geburt auch ihm auferlegt.

Bei der ersten Menstruation wird das Mädchen für eine Woche von der Umwelt abgesondert, wobei es Baumwolle zu spinnen anfängt: Nur wer eine Hängematte machen kann, gilt als erwachsene Frau. Schließlich wird eine Initiationszeremonie veranstaltet, bei der das Mädchen seine Hände in ein Gefäß voller bissiger Ameisen stecken muß. Ferner legt man ihm Baumwolle auf die ausgestreckten Hände und zündet erstere an; das Mädchen muß sie dann von einer Hand in die andere werfen, bis der Stoff ganz verbrannt ist. Danach folgt ein großes Trinkfest. Auch für die Jungen gab es eine ähnliche Initiation, die heute bei den Küstenkariben vergessen ist. Früher spielte die Mannesinitiation eine zentrale Rolle im gesellschaftlichen Feste-Leben der guyanensischen Indianer. Höhepunkt war die Ameisenprobe: Ameisen wurden in die Maschen eines Geflechtes geklemmt, das man auf den Körper des Jünglings preßte, sodaß die gequälten Tiere diesen wütend bissen. Eine andere Schmerzprobe war die Geißelung.

Solche Feste waren Teil des dörflichen Gemeinschaftslebens, das heute nur beschränkt funktioniert. Die Isolation wird nur wirklich durchbrochen bei den Trinkfesten, aus denen allerdings dann oft Konflikte erwachsen, die wiederum die Isolation der Einzelnen verstärken. Ein politischer Zusammenhang innerhalb des Dorfes ergibt sich jedoch aus Verwandtschafts-Beziehungen, da durch die Wohnregeln bei Heiraten Bluts- und angeheiratete Verwandte in Lokaleinheiten zusammengeführt werden. Zwischen diesen Verwandten bestehen feste Verhaltensregeln, die das Dorfleben durchorganisieren: so sprechen Schwiegersohn und Schwiegervater möglichst wenig miteinander und bedienen sich stattdessen der Frau als einer Art Dolmetscherin; andererseits verhalten sich Personen, die in bestimmten Verwandtschaftsbeziehungen zueinander stehen, in Form der Joking Relations (bei vielen primitiven Völkern übliche formale Verhaltensweise: Ein stets gespanntes, aber freundliches gegenseitiges Necken).

Im 17. und 18. Jahrhundert scheinen die Küstenkariben starke Häuptlinge gehabt zu haben. Einer der frühen Reisenden in ihr Gebiet, Harcourt, berichtet zum Beispiel von Provinzherrschern, denen Dorfhäuptlinge unterstanden. Letztere sollen für Mord und Ehebruch die Todesstrafe verhängt und die Henker ausgewählt haben. Spätere Quellen sprechen nur noch von Kriegshäuptlingen, die im Frieden nichts zu sagen hatten. Die umfassende Organisation indianischer Kriegszüge gegen die Europäer an der guyanensischen Küste läßt tatsächlich eine straffe Führung vermuten. Neben dem Kriegshäuptling stand vermutlich der im Frieden mächtigere Medizinmann des Dorfes, dessen Gabe der Prophetie und der Ausfindigmachung der feindlichen Umtriebe fremder Medizinmänner ihm eine beherrschende Position sicherte. Im 19. Jahrhundert begrenzten das Vorrücken der Missionare und die Beschränkung der

Kriege durch die Kolonialbehörden diese Macht immer mehr. Heute ist der Häuptling oft nicht mehr als ein primus inter pares, der durch sein Beispiel und seinen Rat Einfluß ausüben, aber keine Befehle geben kann. Würde die Autorität eines Häuptlings zu stark werden, könnten die jeder Unterordnung abgeneigten Indianer ohnehin einfach aus dem Dorf fort ziehen, da ja praktisch jede Familie autark ist.

Im 20. Jahrhundert förderten die Behörden dagegen erneut die Institution des Dorfhäuptlings als Verbindungsglied zwischen dem indianischen Dorf und der nichtindianischen Verwaltung. In Surinam wird er heute von den Dorfbewohnern gewählt, bedarf aber der Bestätigung durch die Regierung. Er hat kaum Einfluß auf das interne Leben, vermittelt nur zur Außerwelt, organisiert etwa politische Wahlen oder meldet die Geburten und Todesfälle zur statistischen Erfassung. Der Druck der Außenwelt auf das Dorf führt so heute erneut zu einem politischen Zusammenschluß unter einem Häuptling, der im Gegensatz zu seinen Vorgängern im 19. Jahrhundert eine zwar begrenzte, aber doch reale politische Macht über seine Mitbürger ausübt. Dies bedeutet gleichzeitig erneute Kohäsion im Dorfleben nach der Periode der individuellen Zersplitterung, wenn auch der Zusammenhalt der frühen Kolonialzeit nicht wieder erreicht wird.

Dieses Auf und Ab läßt sich vielleicht in eine größere historische Perspektive einordnen. Die schwache Position des Häuptlings dürfte die ursprüngliche Lage gewesen sein, die wir heute noch in traditionellen Gesellschaften des Amazonasbeckens finden. Sie entspricht auch den sicherlich nicht erst ganz neuen ökonomischen Grundlagen der guyanensischen Gesellschaft. Die Stärkung des Häuptlingtums dürfte in Guyana relativ rezent sein. Sie hat ihren Grund wohl in Einflüssen, vielleicht Invasionen aus dem zirkumkaribischen oder andinen Bereich in voreuropäischer Zeit. Hier ist etwa an die im vorigen Kapitel erwähnte Ausbreitung von Keramikstilen aus der Montaña den Amazonas hinab zu erinnern. Diese Einflüsse führten zu einem im östlichen Südamerika fremden, den ökonomischen Voraussetzungen nicht ganz angepaßten Überbau sozialer Schichtung, vielleicht sogar beginnender Staatenbildung. Vermutlich wäre diese Struktur auch ohne europäischen Druck nach einiger Zeit wieder zusammengebrochen. Ja, vielleicht haben die europäischen Invasionen die Notwendigkeit eines militärischen Zusammenschlusses der Indianer gefördert und damit das Leben des starken Häuptlingtums noch verlängert. Die moderne Wiedereinführung eines politischen Häuptlingtums durch die europäisch strukturierte Verwaltung ist ein erneutes Beispiel hochkulturlichen Einflusses, der auf die primitiven Grundlagen aufgepfropft wird.

Die eben gegebene Interpretation ist, das muß betont werden, nur Hypothese. Manche Völkerkundler verweisen darauf, daß die frühen kolonialen Reisenden ihre eigenen Vorstellungen von europäischer Herrschaft auch auf die Beschreibung primitiver Organisationsformen übertrugen und deshalb dazu neigten, die Rolle der Häuptlinge überzubetonen. Fest steht, daß die Häuptlinge in Guyana sich in einigen Punkten von den übrigen Dorfbewohnern unterschieden: Sie hatten eher als die übrigen mehrere Frauen (auch im Amazonasgebiet ist allerdings Polygynie ein häufiges Kennzeichen ansonsten machtloser Häuptlinge); bei ihrem Begräbnis tötete man Diener oder Sklaven, damit die Häuptlinge auch im Jenseits Begleitung hätten. Das erinnert an die hochkulturliche, zentralandine Sitte in vorspanischer Zeit, den Vornehmen getötete Diener ins Grab mitzugeben, damit die Herren auch im Jenseits bedient wurden. Gefangene oder Sklaven scheinen bei einigen Gruppen Eigentum der Häuptlinge gewesen zu sein.

e) Religion: Die Macht der Medizinmänner

Die Mission hat einen Großteil der indianischen Religion des Areals zerstört oder verwandelt. Die traditionellen Glaubensvorstellungen leben in anderer Form oft weiter, sind aber durch den Synkretismus oft nur schwer herauszukennen. Aus der Zeit vor diesem Wandel liegen nur wenige den Kern der Religion erfassende Untersuchungen vor. Zu ihnen gehört die von Frikel über den Glauben der Kaxúyana in Brasilien nahe dem Tumuc-Humac-Gebirge. Dieses Beispiel greifen wir hier auf.

Die Medizinmänner der Kaxúyana bewahren eine Geheimreligion, von der die dem gemeinen Volk bekannten Mythen und Zeremonien nur aus dem Zusammenhang gerissene Bruchstücke sind. Auch diese Geheimlehre kennt die im vorigen Kapitel erwähnte Vorstellung von der Ablösung einer Welt durch eine andere. In der Urzeit stand eine fixe Sonne ewig am Firmament. Es gab keine Nacht, kein Unglück, keinen Tod, nur ewiges Glück. Bis eines Tages aus der Antipodenwelt unter der unserigen eine Frau kam, die sich schämte, tagsüber im Angesicht der Sonne Geschlechtsverkehr auszuüben. Ihr Mann wollte nicht auf sexuellen Kontakt verzichten, deshalb kehrte sie in ihre Welt zurück, um von dort die Nacht zu holen. Mit ihr kam ihr Volk auf die Erde. Es vertrieb die ewige Sonne und mit ihr das ewige Glück in eine Welt jenseits des Himmels und errichtete einen neuen, niedrigeren Himmel mit einer nicht mehr festen, sondern wandernden und regelmäßig untergehenden Sonne. Seitdem existieren Nacht, Unglück und Tod auf der Erde. Zentrale Aussage dieser Mythe ist, daß Geschlechtsverkehr und Tod dialektisch eng verbunden sind. Beide kamen durch die Frauen auf unsere Erde. Sie stehen mit ihrem Prinzip des Sterbens und Wiederauferstehens im Gegensatz zu dem der Ewigkeit, das die frühere Welt beherrschte.

Die gegenwärtige Welt ist beherrscht vom Kreislauf der Sonne, die beim abendlichen Untergang in eine der unsrigen entgegengesetzte Welt eintaucht, wo es damit Morgen wird. Der Sonnenuntergang dort wird der Morgen hier. Dies ist gleichzeitig die Bewegung des menschlichen Lebens: Mit seinem Tod hier wird der Mensch nach Passieren eines „Spiegel" genannten Punktes in der Antipodenwelt, die der unserigen spiegelseitig entgegengesetzt ist, wiedergeboren. Sein Tod im Jenseits bedeutet dann seine erneute Wiedergeburt hier.

Das heißt, daß hinter der Illusion des Todes alles Leben ewig ist. Es ist nämlich nichts anderes als ein Teil des Höchsten Gottes, der einerseits identisch ist mit der ewigen, fixen Sonne der verganenen Welt, die heute an einem Himmel jenseits unseres Firmaments leuchtet, andererseits in einer sehr abstrakten Konzeption, die übrigens etwas an Manitou-Vorstellungen in Nordamerika erinnert, eine Art Summe der gesamten Welt bildet. Die ewig gleiche, ruhende Permanenz dieser Sonne und der in ihrem Licht möglichen ewigen Glückseligkeit ist die letzte Realität hinter dem illusionären Schein des Wechsels von Glück und Unglück, Werden und Vergehen auf der Erde, so wie die Welt dieser Sonne hinter dem Himmel der unsrigen versteckt liegt. Dabei ist die ewige Sonne hinter der unsrigen letztlich auch nur eine äußere Erscheinungsform der sich noch dahinter verbergenden Gottheit.

Der Medizinmann kann den Kreis von Leben und Tod durchbrechen und in die Welt der Ewigkeit aufsteigen. Dort richtet ihn die Gottheit: War er gut, darf er das dauernde Glück der ewigen Ruhe genießen, war er aber ein Hexer, lernt er die andere Seite der Unvergänglichkeit kennen, wird er in die ewige Nacht verbannt. Die Arbeit des Medizinmanns besteht darin, daß er mittels narkotischer Schnupfmittel (Tabak, ferner wohl Mimosa acacioides) die in den belebten und unbelebten Dingen der Welt verborgene Gottheit in ihren personifizierten Manifestationen als Geister in Tierform erkennt und für seine Zwecke nutzbar macht.

Ein religiöser Akt der Medizinmänner ist das Schnupftabakfest. Hierbei konzentrieren sie zunächst durch Zaubersprüche alles Böse, das sich im Dorf angesammelt hat, in einem Häufchen Schnupftabak (oder einem anderen Schnupfmittel) und blasen dieses dann in den Wald in Richtung der Feinde. Dann rufen sie einen Sohn der Sonne, den mythischen Begründer des Medizinmannwesens herbei. Dieser (in Wirklichkeit ein verkleideter Medizinmann) erscheint im Wald in Nähe des Dorfes und spricht zu allen Männern, die ihn dort aufsuchen und befragen, als eine Art Orakel, indem er auf einer Flöte Melodien spielt, deren Sinn ein anderer Medizinmann in menschliche Sprache übersetzt. Dann nehmen die Männer des Dorfes unter Anleitung der Medizinmänner Schnupfpulver, wobei letztere Geister herbeirufen, die durch den Mund der Männer sprechen (bzw. die Medizinmänner sprechen bestimmte, unverständliche Sätze vor und die Männer sprechen sie nach). Die Geister werden in der Unterhaltung dazu bewegt, ihren Schutz den Männern zur Verfügung zu stellen.

Die Vorstellung vom Ursprung der Krankheiten und die Heilungsmethoden sind über weite Teile des Areals gleich. Krankheit und Tod kommen von den Geistern, und die Macht der Medizinmänner beruht darauf, daß man ihnen die Fähigkeit zuschreibt, diese freundlich zu stimmen und so die Krankheitsursachen auszuschalten. Hierzu dienen die für das Areal noch heute selbst bei vielen offiziell christlichen Gruppen charakteristischen Krankenheilungszeremonien. Der neben dem Kranken sitzende Medizinmann versetzt sich durch das Trinken von Tabaksaft und rhythmisches Singen, das er mit einer Rassel begleitet, in einen tranceähnlichen Zustand. Seine Seele reist ins Reich der Geister, erzählt diesen, daß ein Mensch krank sei und kehrt mit ihnen zum Kranken zurück. Der oder die Geister sprechen dann aus dem Mund des Medizinmannes, teils mit anwesenden Verwandten des Kranken, teils mit dem Medizinmann selber (d.h. er spricht mit verschiedenen Stimmen in Wechselrede, teils als Bauchredner). In oft sehr dramatischen Szenen versuchen die Menschen, allen voran der Medizinmann die Geister zu überzeugen, wobei es leicht zum Streit kommt, bis der Medizinmann die Geister durch Argumente oder Anschreien zähmt. Dabei raucht er aus der großen selbstgedrehten Zauberer-Zigarre und bläst ihren Rauch über den Kranken. Dies, das ständige Schütteln der Rassel oder Rascheln mit einem Blätterbündel über den Körper des Patienten, gleichmäßiges Bestreichen und Kneten, Saugen an den schmerzenden Körperstellen (um die von feindlichen Geistern hineingeschossenen Zauberpfeile herauszuziehen) scheinen eine hypnotisierend heilende Wirkung auszuüben.

Der Medizinmann – in jedem Dorf gibt es mindestens einen – lebt nicht allein von seinem

Beruf, sondern ist auch ein Bauer wie alle anderen. Er wird aber für seine Dienste bezahlt. Man fürchtet ihn, da er seine Geister ebensogut zu schädlicher Wirkung einsetzen könnte. Einige leben wohl auch von Erpressung, indem sie mit Schadenzauber drohen und zur Abwendung bezahlt werden. Insgesamt ist das Medizinmannwesen jedoch nicht düster, sondern eher eine lustige Sache: Die Krankheilungszeremonien sind eine Gelegenheit zum Kontakt mit dem Jenseits, aber auch ein großartiges Theater, bei dem der Medizinmann den Zuschauern die verschiedenen, oft plump-lächerlichen Geister vorführt.

Heute sind viele Indianer des Areals zumindest oberflächlich Christen. Schon im 19. Jahrhundert führte missionarischer Einfluß zu synkretistischen Erweckungsbewegungen. Am bekanntesten wurde die Hallelujah-Religion, der heute rund 10.000 karibisch-sprachige Indianer im Grenzgebiet von Venezuela, Brasilien und Guyana anhängen, vor allem die Akawaio in Guyana. Hallelujah verbindet Protestantismus und indianische Religion. Grundlage ist der Glaube an eine abstrakte Kraft, deren Manifestation das Licht, deren Symbol die Sonne und deren Personifikation Gott ist. Erfüllt diese Kraft einen Menschen, wird sie zu seiner Lebenskraft, in Gott zum „heiligen Geist". Die indianischen Festgesänge und -tänze verbanden sich mit Gebet und Predigt der protestantischen Gemeinde zu einem neuen Ritual. Religiöser Mittelpunkt ist ein Dorf nahe der brasilianischen Grenze, wo einst Propheten den neuen Glauben verkündeten, und von wo der Weg zum Himmel am kürzesten ist. Über Hunderte von Kilometern kommen Pilger, um in der Gemeindehalle dieses Dorfes zu beten (demnächst soll das Dorf für ein Staudammprojekt überflutet werden, gegen die heftigen Proteste der gläubigen Indianer). Die Propheten des Hallelujah-Kultes waren meist christianisierte Medizinmänner. Im Traum reisten sie ins Jenseits und erfuhren von Gott, daß die weißen Missionare das Christentum verfälscht hatten, um sich den materiellen Reichtum vorzubehalten, der (gerade im angelsächsischen Protestantismus) denjenigen zukommt, die im rechten Glauben und also Gott wohlgefällig leben.

## f) Geschichte: Der Abstieg der Häuptlinge

Zur Illustration der möglichen Vorgeschichte des Areals müssen wir ein Beipiel aus einem heute außerhalb liegenden Gebiet heranziehen. Auf der Insel Marajó in der Amazonasmündung grub man eine Folge von Keramikschichten aus, die Hypothesen über den historischen Ablauf ermöglichen. Die ältesten Schichten enthalten rein zweckbetonte Gefäße einer sehr einfachen Kultur. Die Hersteller lebten nur relativ kurz an einem Ort, in nur kleinen Niederlassungen. Es waren wohl recht einfache Bauern, die ähnlich den primitiveren Gruppen des heutigen Amazonasgebiets ihren Wohnsitz wechselten, sobald der Ertrag ihrer Felder nachließ. Dann plötzlich folgt eine Kulturschicht, deren Menschen in dem sumpfigen Gelände Hügel aufschütteten, die selbst während der Regenzeit trocken bleiben. Einige dieser Hügel sind über 10 m hoch und 200 m lang, und stehen oft in ganzen Reihen. Sie dienten vielleicht einem vor Überschwemmungen sicheren Anbau. Die erstaunliche Arbeitsleistung und Planung auf lange Sicht, die für Projekte dieses Ausmaßes notwendig waren, lassen eine geschichtete Gesellschaft vermuten: Eine starke, zur Durchsetzung von Planungen fähige Führung und eine Arbeitsteilung in solche, die an den Hügeln arbeiten und solche die für sie die Nahrung beschaffen. Auch Unterschiede in der Ausstattung der Gräber lassen auf soziale Schichtung schließen. Die Keramik deutet auf die Existenz spezialisierter Töpferhandwerker: Die zum täglichen Gebrauch bestimmten Waren sind stark typisiert, was auf Serienproduktion schließen läßt, die Graburnen dagegen sind in außerordentlich komplizierter Weise dekoriert (vgl. o. Töpferei im Ucayali-Tal). In den nachfolgenden Kulturschichten verlieren sich diese besonderen Züge wieder: Die Keramik verfällt, bis schließlich zuletzt das Ausgangsniveau der primitiven Bauern wieder erreicht ist. Die Erklärung: Vermutlich waren die Hügelbauern Einwanderer vom Osthang der Anden oder aus dem nordwestlichen Südamerika, die hochkulturliche Ansätze ins tropische Tiefland brachten. Eine Hochkultur aber braucht eine hohe Bevölkerungszahl und damit eine gesicherte Nahrungsversorgung, ja einen großen Nahrungsüberschuß, um auch diejenigen tragen zu können, die nicht als Bauern arbeiten. Die armen Böden im tropischen Tiefland boten diese Voraussetzungen nicht. Die Einwanderer mußten sich deshalb nach einiger Zeit den umwohnenden primitiveren Kulturen anpassen.

Diese Entwicklung könnte ein Beispiel für Vorgänge sein, die mehrmals in der Geschichte des Areals abliefen. Doch ist der Raum bislang archäologisch so wenig erforscht, daß wir entsprechende Hinweise nur für das Gebiet am Amazonas selbst und unmittelbar nördlich sowie für wenige zerstreute Stellen an der Guyana-Küste und in den kolumbianischen Llanos besitzen. Nicht allzulang vor der europäischen Invasion dürfte die Invasion der karibisch-sprechenden Stämme das primitivere Element im Areal wieder gestärkt haben. Die Kariben, kriegerische Barbaren, schoben sich zwischen überwiegend zur Aruak-Sprachfamilie gehörige Gruppen schon etwas höherer Kultur, ein teilweise noch von den ersten Europäern beobachteter Vorgang.

Die Kolonialgeschichte des Areals unterscheidet sich in drei politisch getrennten Zonen:

a) Die spanische Einflußzone, heute zu Venezuela und Kolumbien gehörig.

b) Die drei Guyana-Kolonien.

c) Die portugisische Einflußzone, im heutigen Brasilien.

Zunächst die spanische Zone. Die Kolonisation begann hier mit den goldsuchenden Konquistadoren am blutigsten. Die Indianer flohen in Scharen nach Osten und Süden. Hier fanden sie bis ins 18. Jahrhundert Ruhe vor den Spaniern. Dann begann eine vorübergehende Einflußnahme durch Missionare und Siedler, die zahlreiche Indianer in Reduktionen (vgl. o.S. 286) zwangen. Angriffe der zum Teil mit Engländern und Holländern verbündeten und von diesen bewaffneten Kariben auf spanische Siedlungen und der Rückgang der Missionstätigkeit seit dem Ende des 18. Jahrhunderts machten diese Entwicklung weitgehend wieder rückgängig. Erst der Kautschukboom (vgl. o. S. 288) riß den Großteil der venezolanischen Guyana-In-

dianer in den Strudel der „Zivilisierung". Doch wurde der tribale Zusammenhalt, die Solidarität innerhalb und zwischen den Dörfern noch nicht zerstört. Dies ist eine wichtige Basis der modernen Pressure Groups, die heute für die Landrechte der Indianer kämpfen. Zu nennen ist vor allem die Vereinigung der Eingeborenen Völker Venezuelas, gegründet 1973, in der zwar die ins zirkumkaribische Areal gehörige Ethnie der Guajiro den stärksten Einfluß hat, aber auch guyanensische Gruppen eine Rolle spielen. Die venezolanische Regierung ist heute den indianischen Bestrebungen eher freundlich gesonnen und hat in einigen Fällen Indianer in Rechtsstreitigkeiten gegen lokale Unternehmer unterstützt.

Engländer, Holländer und Franzosen kamen als Kaufleute und wurden deshalb wesentlich freundlicher aufgenommen. Das Bündnis der Indianer mit ihnen gegen die Spanier ist parallel zum Bündnis der zirkumkaribischen Indianer mit den Piraten zu sehen, die gegen die Spanier kämpften. Die Indianer Guyanas nahmen die Handelsniederlassungen an der Küste in ihr Fernhandelsystem auf und tauschten Zivilisationsprodukte wie Metallinstrumente gegen Waldprodukte, die sogenannten "Drogen" (Medizinpflanzen, Farbstoffe wie das Achiote, das in Europa zur Rotfärbung der Rinde des Edamer Käses gebraucht wurde, usw.).

Erst die Ausweitung der Handelsplätze zu Plantagen, die den Indianern Land wegnahmen, und für deren Bearbeitung man Indianer als Sklaven fing, löste Konflikte aus, die zu heftigen Kämpfen führten. Sie endeten mit einem Friedensvertrag zwischen Holländern und Indianern 1586, der die Stämme verpflichtete, auch untereinander Frieden zu halten, und der ihnen einen Schutz gegen Sklaverei garantierte. Die kriegerischsten unter den Kariben führten weiterhin Krieg gegen Inlandstämme, um Sklaven zu fangen und sie den holländischen Plantagenbesitzern zu verkaufen. Im 18. Jahrhundert zogen sich viele Indianer von der Küste ins Landesinnere zurück und machten so Platz für die Ausbreitung der Plantagenwirtschaft. Das verlief jedoch friedlich, da die Indianer einerseits schon vom Handel mit Europäern zum Erwerb unentbehrlich gewordener Werkzeuge abhingen, also keine Kämpfe riskieren wollten, andererseits im Hinterland noch genügend gleichwertiger Boden für die indianische Landwirtschaft frei war. Eine Invasion ins indianische Hinterland ging dann nicht von den Weißen aus, sondern von afrikanischen Sklaven, die von den Plantagen flohen. Neben den Indianern entwickelte sich so die Buschneger-Bevölkerung, die einerseits als Vermittler von Waren ins Hinterland ins indianische Handelssystem einbezogen, andererseits als Eindringlinge abgelehnt wurden. Häufig verbündeten die Indianer sich mit den Plantagenbesitzern zur Jagd auf entlaufene Sklaven, zur Niederwerfung von Sklavenaufständen und zum Kampf gegen die erstarkende Buschnegerbevölkerung im Hinterland.

Heute sind viele Indianer im Innern Surinams von den Buschnegern ökonomisch abhängig. Im Gebiet der jetzigen Republik Guyana kamen sie seit dem 19. Jahrhundert unter den Einfluß protestantischer Missionare und angelsächsischer Farmer. In Franz.-Guyana sind die kulturell noch sehr traditionellen Indianer des Hinterlandes der Kontrolle der paternalistischen, dabei das Ziel der Französisierung verfolgenden französischen Kolonial-Administration ausgesetzt. Das Ziel, die Guyana-Indianer zu Franzosen zu machen, wird mit Schulen und wirtschaftlichen Druckmitteln verfolgt und war bereits mehrfach der Gegenstand von Protesten französischer Völkerkundler.

Eine größere politische Bedeutung besitzt die indianische Minderheit nur in der Republik Guyana, wo sie ca. 5 % der Gesamtbevölkerung ausmacht und Wahlen mit beeinflussen kann. Als 1969 klar wurde, daß Guyana politisch nach links driften würde, brach im Grenzgebiet nach Venezuela ein Indianeraufstand unter Führung einer aus den USA stammenden Großgrundbesitzerfamilie und Unterstützung durch nordamerikanische Missionare aus. Ziel war einmal die „Bekämpfung des Kommunismus", daneben aber auch Autonomie der noch ganz überwiegend von Indianern bewohnten Mikro-Region. Die Indianer proklamierten eine unabhängige Republik. Britische Kolonialtruppen besetzten ihre improvisierte Hauptstadt und

warfen den Aufstand nieder. Die Indianer stehen seitdem in ihrer Mehrheit in Opposition zur Regierung von Guyana.

Als die Portugiesen im 17. Jahrhundert die Eroberung des Landstreifens nördlich des Amazonas begannen, standen die dortigen Indianer schon in Handelskontakt mit den Franzosen, Engländern und Holländern. Einige machten bei Angriffen der Franzosen auf portugiesische Stützpunkte mit. Die Portugiesen antworteten mit der systematischen Zerstörung indianischer Dörfer und Versklavung ihrer Bewohner. Sie nahmen so im europäisch-indianischen Bündnis- und Feindschaftsystem den gleichen Platz ein wie weiter nördlich die Spanier. Die Indianer wurden vom großen Strom nach Norden getrieben, wo sie im französischen Machtbereich und in den schwer zugänglichen Ausläufern des Tumuc-Humac-Gebirges Zuflucht fanden. Hier hatten sie sporadische Handelskontakte mit den Engländern und Holländern, mit den aus deren Machtbereich geflohenen Buschnegern und nach dem gescheiterten brasilianischen Sklavenaufstand von 1836 mit entflohenen Sklaven aus dem Amazonasgebiet. Erst im 20. Jahrhundert begann die Integration ins brasilianische System. Sie wurde von einigen Gruppen, die entflohene Sklaven und andere vom brasilianischen Standpunkt gesehen asoziale Elemente aufgenommen hatten, nur widerwillig akzeptiert. Bis heute zeigen etwa die Indianer an der Grenze nach franz. Guyana eine Vorliebe für Handel mit guyanensischen Creolen anstatt mit Brasilianern und tendieren zur Auswanderung in die französische Kolonie.

Während die Bevölkerung des brasilianischen Guyana in Küstennähe mitterweile praktisch gänzlich in die brasilianische Ökonomie und Gesellschaft integriert ist, halten sich weiter westlich noch relativ traditionelle Stämme, die zunächst seit etwa 1958 von Missionaren beeinflußt wurden, nun aber mit dem Bau der sogenannten Perimetral Norte-Straße, einem Teil des Transamazônica-Systems sehr abrupt mit den Problemen des Landverlusts und der Zivilisationskrankheiten konfrontiert werden. Die brasilianische Regierung hat im Gebiet der Tiriyó ein 26.930 km² großes Reservat für etwa

300 Indianer eingerichtet, ein weiteres mit allerdings nicht gut gesicherten Grenzen von etwa 15.277 km² für die ca. 1.000 Atroari, ferner sollen 1.760 km² im Territorium Amapá für die zur Tupí-Sprachfamilie gehörigen 160 Waipií reserviert werden. Dagegen soll das Land der Makuxí mit seinen Bodenschätzen durch Nicht-Indianer erschlossen werden, was in der Praxis wohl die Umsiedlung der Indianer bedeuten würde. 1975 nahmen die Makuxí den Bau einer Brücke über den Rio Branco in ihr Gebiet zum Anlaß für Protestdemonstrationen gegen das Eindringen weißer Siedler. Die Situation dieser und anderer Indianer im brasilianischen Territorium Roraima erhellt aus einem Brief, den Vertreter von 24 Gemeinschaften 1973 an den Präsidenten der Indianerbehörde schrieben: „Der größte Teil unserer Ländereien wurde schon von den Zivilisierten, den Viehzüchtern, eingenommen, und das bißchen, das wir noch besetzt halten, ist ständig von Invasion und Enteignung bedroht. Viele Großgrundbesitzer um uns herum gestatten nicht, daß wir auf Land leben, das zu anderen Zeiten unseren Vorfahren gehörte und das uns durch Erbschaft überkommen ist. Sie lassen nicht zu, daß wir Felder auf bewaldeten Inseln oder am Ufer der kleinen Flüsse anlegen. Sie sind dagegen, daß wir Schweine züchten, und oft ziehen sie Zäune um ihren Besitz, während sie andererseits in unsere Häuser eindringen. In vielen Fällen läuft das Vieh der Großgrundbesitzer frei in unseren Dörfern herum, dringt in unsere Felder ein und richtet dort Schaden an, ohne daß wir die Felder schützen können."

Problematischer noch ist der Fall der Yanoama, deren intakte primitive Kultur nicht auf den Einbruch der Straße mit den auf ihr vorrückenden Bodenspekulanten, Schnapshändlern, Touristen und Missionaren vorbereitet ist. Der Widerstand der Atroari wurde erwähnt. Sie scheinen im 19. Jahrhundert Flüchtlinge vor den Sklavenjagden der Weißen auf Indianer integriert und diese Erfahrung bis heute nicht vergessen zu haben.

## Literaturauswahl

*Arvelo Jiménez, Nelly:* The Dynamics of the Ye'cuana („Maquiritare") Political System – Stability and Crisis (Iwgia Document 12). Copenhagen 1973

*Becher, Hans:* Volkskundliche Beobachtungen am Demini und Aracá. in: Staden-Jahrbuch 6. São Paulo 1964

*Becher, Hans:* Poré/Perimbó – Einwirkungen der lunaren Mythologie auf den Lebensstil von drei Yanonámi-Stämmen (Völkerkundliche Abhandlungen 6). Hannover 1974

*Butt, Audrey J.:* The Birth of a Religion. in: Journal of the Royal Anthropological Institute 90. London 1960

*Coppens, Walter:* The Anatomy of a Land Invasion Scheme in Yekuana Territory, Venezuela (Iwgia Document 9). Copenhagen 1972

*Eibl-Eibesfeldt, Irenäus:* Die Waruwádu (Yuwana). in: Anthropos 68. St. Augustin 1973

*Fock, Niels:* Waiwai – Religion and Society of an Amazonian Tribe (National Museets Skrifter Ethnografisk Raekke 8). Kopenhagen 1963

*Hartmann, Günther:* Die materielle Kultur der Wayana/Nordbrasilien (Baessler Archiv N. F. 19). Berlin 1971

*Kloos, Peter:* The Maroni River Caribs of Surinam. Assen 1971

*Koch-Grünberg, Theodor:* Vom Roroima zum Orinoco. 5 Bde., Berlin 1916/17, Stuttgart 1923/28

*Schuster, Meinhard:* Die Soziologie der Waika. in: Proceedings of the 32nd International Congress of Americanists. Kopenhagen 1958

*Zerries, Otto:* Medizinmannwesen und Geisterglaube der Waika-Indianer des oberen Orinoco (Ethnologica n. F. 2). Köln 1960

*Zerries, Otto und Schuster, Meinhard:* Mahekodotedi – Monographie eines Dorfes der Waika-Indianer (Yanoama) am Oberen Orinoco (Venezuela). München 1974

Die europäische Kolonisation traf im östlichen Südamerika gerade die Gebiete zuerst, wo die indianischen Kulturen sich am vitalsten entwickelt hatten. Im Tal des Rio Amazonas und an der brasilianischen Küste expandierten gerade zu der Zeit, als die portugiesischen Seefahrer landeten, junge indianische Kulturen räumlich, demographisch und in ihrer kulturhistorischen Entwicklung fort von ihrem primitiven Ausgangspunkt. Die Europäer aber rotteten die Träger dieses Wandels aus oder integrierten sie in eine nichtindianische Mischlingsbevölkerung. Einigermaßen unversehrt kamen nur die Randgruppen in Rückzugsgebieten rund um die kulturellen Zentren davon. Was blieb, ist ein Kulturareal ohne Mitte. Nur räumlich und kulturell von einander weit entfernte abgelegene Gruppen, die im ursprünglichen Kulturareal eigentlich Ausnahmen bildeten, bewahren das indianische Bild, die Kernvölker aber fehlen. Das eigentliche Amazonas-Tal ist gründlich europäisiert.

a) Lebensraum: Der tropische Regenwald

Dies ist das räumlich ausgedehnteste Kulturareal unserer Darstellung: Der größte Teil des tropischen Tieflandes Ost-Südamerikas, dort fast das ganze Waldland mit Ausnahme der Zone nördlich von Amazonas und Rio Negro (die wir zu dem Areal Guyana rechnen). Also vor allem der Regenwald im Amazonasbecken, das feuchtheiße Umland der Nebenflüsse des Amazonas, die „Grüne Hölle". Dieser riesige Raum läßt sich in Unterareale gliedern, deren indianische Bewohner heute mehr oder weniger isoliert voneinander leben. Nichtindianer füllen die Zwischenräume. Bevor die Weißen den Amazonasfluß und die Ostküste eroberten, liefen dort die Verkehrsadern, die für kulturellen Austausch innerhalb des Areals sorgten. Heute

bilden die noch indianischen Oberläufe der Amazonas-Nebenflüsse in sich abgeschlossene, isolierte indianische Verkehrssysteme.

Insgesamt zählen zu diesem Areal knapp 100 Ethnien mit vielleicht 90.000 Menschen, im Vergleich zu anderen Arealen mehr Ethnien, weniger Indianer, das heißt größere Zersplitterung. Die meisten Gruppen sind zahlenmäßig unbedeutend. Viele zählen unter 100, ja unter 50 Mitglieder. Im Folgenden nennen wir nur einige größere.

Demographisch am stärksten ins Gewicht fallen noch die über 40.000 Indianer, die in etwa 40 Ethnien das nordwestliche Amazonasbecken bewohnen. Schon nahe dem Nordwestrand des Kontinents zwischen zirkumkaribischem, Montaña- und Guyana-Arealen erhielten sie von diesen kulturelle Impulse. Zu einer beginnenden sozialen Schichtung gehört die starke Position der Häuptlinge und Existenz einer Art Sklavenschicht. Dieser horizontalen Gliederung steht eine vertikale in patrilineare Sippen gegenüber. Im Rio Negro- und Vaupés-Gebiet zwischen Brasilien und Kolumbien verbinden sich beide Organisationsformen und ethnische Überschichtung zur hierarchischen Gliederung der Sippen und Stämme, wobei die Angehörigen der Tukano-Sprachfamilie als zuletzt eingewanderte siegreiche Eroberer die höchste Stellung, die schon früh von anderen Gruppen ins Hinterland von den Flüssen abgedrängten Makú die unterste, sklavenähnliche Position einnehmen. Die Tukano, deren Sprachen auf Verbindung zum Montaña-Anden-Bereich weisen, gliedern sich in über 20 Ethnien bzw. zwei große Blöcke, deren westlicher im Gebiet der Flüsse Napo, Aguarico und Putumayo relativ einheitlich ist, während der östliche eben durch seine Eingliederung in ein hierarchisches System eng an Aruak- und Maku-Gruppen gebunden ist. Eine der östlichen Tukano-Sprachen ist im nordwestbrasilianisch-kolumbianischen Grenzgebiet mit seinen noch überwiegend indianischen Bewohnern Lingua Franca geworden.

Zwischen Ost- und West-Tukano vom oberen Putumayo bis zum oberen Japurá siedeln die Witoto und 4 verwandte Stämme, insgesamt über 8.000. Ebenso wie die über 10.000 Tikuna (am Amazonas im Dreiländereck Brasilien-Kolumbien-Peru) sind sie heute schon weitgehend ins nichtindianische ökonomische System integriert, und bewahren doch dabei ihre traditionelle Sozialorganisation und andere zentrale

Momente ihrer Kultur, so die Sippenstruktur und die Zeremonie der Aufnahme der Mädchen in die Sippen der Erwachsenen.

Zwischen Madeira und Tapajós treffen wir auf Angehörige der für dieses Areal charakteristischsten Sprachfamilie, der Tupí: Zum Teil bis in unser Jahrhundert kriegerische Kopfjäger und Kannibalen. Mawé und Mundurukú, beide je etwa 2-3.000, kamen durch ihre Nähe zur Hauptverkehrsader Amazonas schon während der Kolonialzeit in Kontakt zu Europäern und

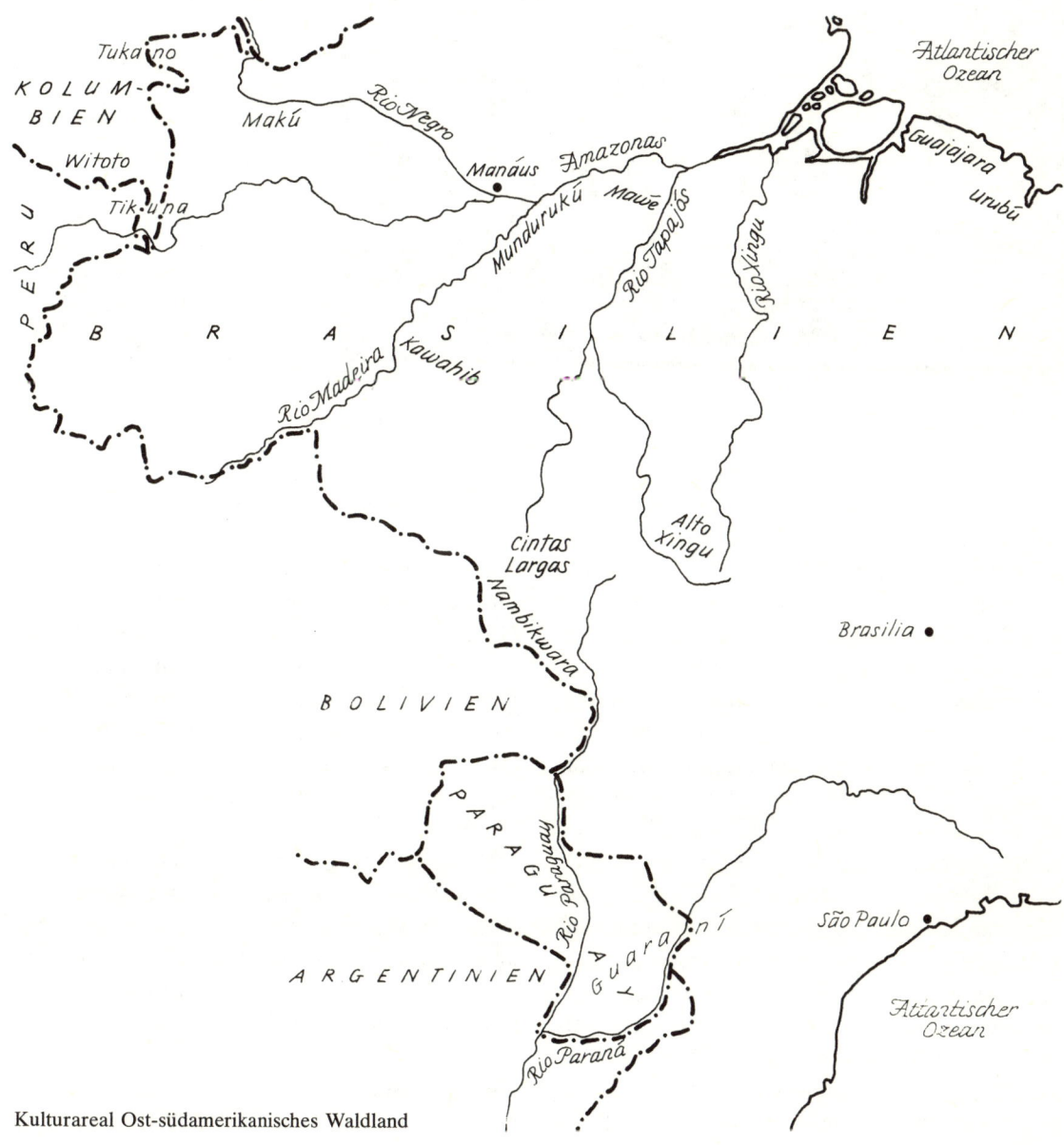

Kulturareal Ost-südamerikanisches Waldland

Dorf der heute ausgestorbenen Tupinambá, mit vier großen Häusern, Pa-
lisadenzaun und darauf aufgesteck-
tem Trophäenschädel; in der Nähe
das Maniokfeld; Frauen bringen Maniokknollen in großen Tragkörben
ins Dorf (Staden 1557).

unterscheiden sich heute äußerlich kaum noch von der nordbrasilianischen Landbevölkerung. Traditionelle Gegner waren die Kawahib, eine Gruppe von knapp 10 Stämmen südlich des Amazonas in einer durch die weite Entfernung von der Küste und die wenigen großen Wasserwege schlechter zugänglichen Region. Die meisten wurden erst 1922 zum Frieden mit den Brasilianern bewegt, der ihnen Krankheiten, Ausbeutung als Landarbeiter und rapiden Bevölkerungsrückgang brachte. Heute überleben nur etwa 500. Ein ähnliches Schicksal droht den nach Ausrottungskampagnen in den frühen 60er Jahren (am bekanntesten wurden die Bombardierung eines Dorfes mit Dynamitstangen und ein Überfall, bei dem die Mörder eine Indianerin vor der Kamera an den Füßen aufhängten, um sie mit der Machete zu zerschneiden) vor wenigen Jahren zum Friedensschluß mit den Brasilianern bewegten Suruí und Cintas Largas, heute noch etwa 2.000, nach anderen

Angaben nur höchstens 800. Auch sie sind sprachlich wohl mit den Tupí verwandt. Zwar sind sie theorethisch durch ein neues Reservat vor Landraub geschützt, in der Praxis aber schließt dieses Territorium einen Großteil ihres Gebietes aus, so daß sie, ihres Landes beraubt, wohl nur noch als Landarbeiter auf Viehzuchtfarmen o.ä. überleben können. Insgesamt leben zwischen Madeira und Tapajós heute wohl unter 9.000 Indianer unseres Kulturareals, zu denen noch einige marginale Grüppchen hinzukommen.

Zwischen Xingú und nordostbrasilianischer Küste leben weitere Tupí, die im Gegensatz zu denen des tieferen Innenlandes entweder früher an der Küste siedelten oder zu den Küsten-Tupí kulturelle Beziehungen hatten. Eingestreut zwischen ihnen finden wir auch Angehörige anderer Sprachfamilien. Die größte der über 10 Ethnien des insgesamt über 9.000 Indianer zählenden Subareals sind die ca. 4.500 Guajajara im

Bundesstaat Maranhão. In Küstennähe, seit Jahrhunderten in Kontakt zu Weißen, unterscheiden auch sie sich äußerlich kaum noch von der umwohnenden brasilianischen Landbevölkerung, die ja ihrerseits zur Hälfte von Indianern abstammt.

Eine Integration mit völliger Aufgabe des indianischen Bewußtseins hat aber auch hier nicht stattgefunden: Die Indianer sind weiterhin ethnisch abgesondert, sozial diskriminiert und nur äußerlich Christen. Während die Gujajara an großen Flüssen und Straßen siedeln, zogen sich die heute rund 500 Urubú-Kaapor in die Wälder zurück und bewahrten dort die Kultur der Küsten-Tupí – nach Anpassung an die andere Ökologie – besser. Erst 1928 schlossen sie Frieden mit den Brasilianern, und bis heute verteidigen sie ihren Boden als Subsistenzbasis, anstatt zur Lohnarbeit für Brasilianer überzugehen. Vielleicht sind sie Nachkommen der bei der Entdeckung Brasiliens als Tupinambá oder Tupinikín bekannt gewordenen Küsten-Tupí. Diese waren in der frühen Kolonialzeit Gegenstand mehrerer Reiseberichte als wichtige Grundlage für die Diskussion der Aufklärung über den „edlen" oder „wilden" Wilden. Ihr Kannibalismus machte sie für Europäer zum Abscheu, ihr Bündnis mit den Franzosen gegen die Portugiesen aber führte andererseits im Land der Aufklärung zu positiver Bewertung. Man hielt sie an der Küste selbst für ausgestorben, bis die brasilianische Indianerbehörde 1975 ihre Nachkommen in 500 ökonomisch und politisch völlig integrierten Fischern und Kleinbauern im Bundesstaat Espíritu Santo erkannte, die sich in der äußeren Lebensweise und der Sprache nicht von den benachbarten Brasilianern unterscheiden, jedoch Reste der alten Sozialorganisation und ein eigenes ethnisches Bewußtsein bewahrt haben. Ähnlich die über 3.000 Potiguara in kleinen Fischerdörfern entlang der Küste von Pernambuco: sie haben zwar ihre Tupí-Sprache bewahrt, sind aber sonst weitgehend akkulturiert.

Die meisten Tupí leben zwischen Rio Paraguay und Atlantik: In Ostparaguay und angrenzenden Teilen Nordost-Argentiniens und Südbrasiliens. Die über 25.000 Guaraní gliedern

sich in vier Ethnien: Die rund 13.000 Paï in Paraguay und Brasilien, die über 9.000 Mbyá in den drei Staaten, die über 3.000 Chiripá in Paraguay und die 500 brasilianischen Ñandeva. Seit Jahrhunderten ökonomisch integriert, heute meist sozial als Parias diskriminiert, haben sie besonders starke interne Abwehrmechanismen entwickelt, z.B. eine vor den Weißen geheimgehaltene Religion. Ihre Sozialorganisation hat als Element der Abwehr die Autorität der Häuptlinge über größere Regionen hinweg bewahrt. Die heutigen Guaraní sind allerdings nur ein kleiner Teil der Nachkommen der Guaraní der frühen Kolonialzeit. Die meisten vermischten sich mit Spaniern zu einer neuen Bevölkerung,

Tupinambá-Indianer mit Körperbemalung; er trägt einen Bogen und ein Ruder (Abbeville 1614).

311

die heute fast die gesamte paraguayische Nation und die meisten Bewohner der argentinischen Provinz Misiones ausmacht. Sie sprechen eine mit Hispanizismen durchsetzte Guaraní-Sprache, weshalb man sie oft fälschlich „Guaraní" nennt, obwohl sie sich von den echten Guaraní unterscheiden durch die völlige Eingliederung in moderne Nationen, Fehlen jeglichen indianischen Indentitätsbewußtseins (gerade in Paraguay diskriminieren die Guaraní-sprachigen Mischlinge und Weißen die eigentlichen Guaraní als Indianer), Fehlen indianischer Sozialorganisation und Religion.

Nordöstlich des Rio Paraguay am rechten Guaporé-Ufer und im westlichsten Mato Grosso leben rund 2.000 Indianer in kleinsten Splittergruppen (teils Aruak-, teils Chapacura-, teils andere Sprachen). Kulturell am Rand dieses Areals, gehören sie mit ihrer größeren Primitivität – einige scheinen überhaupt Wildbeuter mit nur ganz wenig Landwirtschaft zu sein – vielleicht eher zur Kulturgruppe der marginalen Indianer. Zahlenmäßig am stärksten sind wohl die über 600 Pakaá nova und die vielleicht 500 Nambikwara. Noch vor wenigen Jahren „wilde" Stämme praktisch ohne Kontakt zur „Zivilisation", leben heute viele am Rand einer neuen Straße als Gelegenheitsarbeiter oder Bettler.

Relativ am besten dagegen geht es den Bewohnern des Alto Xingu im nördlichen Mato Grosso. Ihre Kultur, besser erhalten als die der anderen Indianer des Areals, soll im Folgenden als Beispiel genauer beschrieben werden. Dabei muß man im Auge behalten, daß sie keine typischen Amazonas-Indianer sind, ja nicht einmal im Amazonasbecken leben. Das besondere unseres Areals heute liegt aber eben darin, daß Randgruppen mit vom Hauptmuster abweichendem Kulturbild nach dem Niedergang der zentralen Gruppen typischer sind.

Nach zwei regionalen Beispielen skizzieren wir kurz solche Kulturelemente des Areals, die bei den Einzelfällen zu kurz kamen. Im Übrigen sei auch auf die vorhergehenden Kapitel (ab S. 267) verwiesen, die ganz ähnliche, teilweise identische Erscheinungsformen beschreiben und eine Widderholung hier überflüssig machen.

## A) Beispiel Alto Xingu

### Aa) Lebensraum: Jenseits der Stromschnellen

„Alto" vor Flußnamen heißt „Oberlauf" oder „Quellgebiet", im Amazonasbecken meist noch mit dem Nebensinn „unzugänglich, weit fort" vom Hauptstrom, dem Hauptverkehrsweg der Zivilisation. Der „Alto"-Teil eines Flußgebietes beginnt dort, wo das Tiefland an den Gebirgsrand stößt: Wo Stromschnellen, unfruchtbare (für weiße Siedler uninteressante) Böden eine Sperre bilden gegen die Weißen, die vom Fluß-Unterlauf her vorrücken. Hier verteidigen Indianer verzweifelt eine letzte Zuflucht. Unfruchtbarkeit der Rückzugswinkel zwingt oft, mehr von Jagd und Sammelwirtschaft als vom Bodenbau zu leben. Die daraus leicht resultierende halb-nomadische Lebensweise macht viele Indianer der „Alto"-Zonen für die Weißen schwerer erfaßbar.

Eine Grenze aus Stromschnellen und feindlichen Indianern trennte bis zum Bau der Transamazônica-Straße auch den Oberlauf des Rio Xingu ab. Nur liegt hier jenseits der Barriere noch eine fruchtbare Tiefland-Tasche: Der Alto Xingu, ideales Fluchtgebiet für indianische Bauern an der Grenze des Regenwaldes zur Savanne des Mato Grosso. Nach außen ist die Region abgeschlossen, im Inneren dagegen bilden offene Savannenflächen und zahlreiche Wasserstraßen ein natürliches Wegenetz durch die Wälder. Abkapselung nach außen einerseits, intensiver Kontakt von Dorf zu Dorf im Innern andererseits kennzeichnen das Sub-Kulturareal. Seine Bewohner, die Xinguanos, haben von außen relativ weniger Unruhe zu befürchten als andere Indianer. Sie finden zudem im Innern besonders günstige ökologische Voraussetzungen. Der Alto Xingu wurde so fast zu einer realisierten Utopie: Zu einem Beispiel dafür, wie indianisches Leben unter optimalen Bedingungen aussehen könnte.

In der Fluchtburg Alto Xingu haben sich Stämme unterschiedlichster Herkunft miteinander eingerichtet. 1970 lebten dort 830 Indianer in 10 je einer Ethnie entsprechenden Dörfern, folgendermaßen nach Sprachfamilien und mutmaßlicher Herkunft aufgeteilt: 357 Kariben (Nordrand Amazonasbecken), 205 Aruak (wohl als erste im Alto Xingu), 169 Tupí (Ostküste bzw. Amazonas-Tal), 75 Gê (zentralbrasilianisches Bergland nahe Alto Xingu), 24 Trumai (sprachlich isoliert, vielleicht Chaco). Kulturelle Unterschiede sind mit Ausnahme der Sprachen weitgehend verwischt, zu einer Kultur, die auf der Grundlage des allgemeinen Amazonas-Musters vor allem die zeremoniellen Beziehungen von Dorf zu Dorf weiter entwickelt und dafür die Kriege Dorf gegen Dorf eingeschränkt hat. Die ökologischen Voraussetzungen erlaubten eine Verstärkung der bäuerlichen Kulturelemente, vor allem der Seßhaftigkeit, wofür jägerische Elemente der Amazonas-Kultur zurückgedrängt wurden.

*Ab) Lebensunterhalt:*
*Maniokanbau und Fischfang*

Maniok und Fisch bestimmen das Leben der Xinguanos. Der Alto Xingu ist gekennzeichnet durch das Nebeneinander flacher, aber über dem höchsten Wasserstand gelegener und damit vor Überschwemmung sicherer Waldböden, auf denen im Brandrodungsverfahren Maniok angebaut werden kann, und zahlreicher Gewässer, die (vor allem unzählige Seitenarme, die in der Trockenzeit teilweise austrocknen und so zu natürlichen Fischfallen werden) ideale Voraussetzungen für den Fischfang bieten. Die Kohlehydrate im Bitter-Maniok finden durch den Proteingehalt der Fische eine Ergänzung, die weitere Anreicherung der Ernährung durch Fleisch überflüssig macht. Die Jagd wird hier weitgehend durch den bequemeren Fischfang ersetzt, wodurch Zeit frei wird für zeremonielle Tätigkeiten und für den Handel von Dorf zu Dorf.

Bitter-Maniok in elf oder mehr Varietäten macht in einem untersuchten Dorf ca. 80-85 % der Ernährung aus. Im Gegensatz zu den Maniok-Bauern des Amazonas-Beckens verarbeiten die Xinguanos das Rohprodukt nie zu Maniok-Mehl, verzichten also auf ein besonders für Transport über weite Strecken geeignetes Nah-

rungsprodukt. Das mag sich aus der Abkapselung der Region nach außen erklären, dem Unterlassen weiter Reisen in andere Regionen und der Nicht-Teilnahme an einem überregionalen Nahrungsmittel-Handel. Weitere Anbaupflanzen: Mais, Süßkartoffeln, Papaya, Erdnuß, Cará, Pfeffer, Bohne, Kürbis. Wichtigstes Produkt der – sonst unbedeutenden – Sammelwirtschaft ist die Piquí-Frucht (Caryocar), die gelegentlich auch angepflanzt wird: Ihre Reifezeit fällt in eine Maniok- und Fisch-arme Periode, sodaß sie etwa einen Monat lang Hauptnahrung ist.

Zur Brandrodungsmethode gehört häufiger Wechsel der Anbauflächen. Im Alto Xingu bedeutet dies aber keinen ebenso häufigen Wechsel der Siedlungsplätze. Von einem Dorf wissen wir, daß es seit über 90 Jahren an der gleichen Stelle steht. Dadurch wachsen oft die Entfernungen zwischen Dorf und immer weiter weg wandernden Pflanzungen (bis zu 7 km in den untersuchten Fällen). Die Xinguanos nehmen das hin, vielleicht wegen der guten Wasserverbindungen auch zu entfernteren Pflanzungen. Die Möglichkeit, auf dem Weg zu fischen, gleicht Zeitverlust aus. Fischfang, vor allem auf dem täglichen Weg zur Feldarbeit, aber auch auf eigenen Fischfangexpeditionen, oft über Wochen und über die Grenzen eines Dorfgebietes hinaus, ist nach dem Maniokanbau wichtigste Subsistenzbasis und spielt eine ähnliche emotionale Rolle wie im Amazonasgebiet die Jagd. In voreuropäischer Zeit wurde die Angelmethode, die einfachste für individuelle Fischerei, nicht verwendet, während Methoden, die ein Zusammenspiel der Gruppe erfordern, besser ausgebildet waren als im Amazonas-Becken, z. B. eine Art Treibjagd auf Fischschwärme, die man gegen große, gemeinschaftlich errichtete Wehre trieb. Der Fischfang gewann so eine zentrale Rolle im sozialen Leben, ähnlich wie anderswo oft die kollektiv betriebene Jagd.

Die auf Maniok und Fisch aufbauende Küche ist im Vergleich zu der des Amazonas-Beckens fade. Pfeffer wird nur bei zeremoniellen Anlässen und nur von Männern genossen. Salz ist rar. Alkoholische Getränke werden nicht hergestellt. Hierdurch nähern sich die Xinguanos ihren primitiveren Nachbarn im zentralbrasilianischen Bergland. Zumindest der geringe Salzgenuß hat auch wieder mit der Abkapselung der Region zu tun: Salz wird zwar auch im Alto Xingu gewonnen (aus der Asche bestimmter Pflanzen), doch ist die Produktion begrenzt. Der für das Amazonas-Becken typische Fernhandel mit Salz entfällt hier. Das Fehlen „starker" Zutaten und Getränke in der Küche der Xinguanos paßt auch zur generellen Grundhaltung, die von der Etikette der Alto-Xingu-Kultur verlangt wird, und die sich am ehesten mit dem mittelhochdeutschen Wort mâze (Mäßigung, Würde) umschreiben läßt.

Während der für das Amazonasgebiet typische Fernhandel fehlt, hat der inner-regionale Handel von Dorf zu Dorf größte Bedeutung. Die einzelnen Dörfer haben sich auf bestimmte Produkte spezialisiert, die sie gegen Produkte anderer Dörfer eintauschen. Bei der Spezialisierung spielt sowohl das Vorkommen bestimmter Rohstoffe in der Nähe einzelner Dörfer eine Rolle (z.B. liefert ein Dorf Bögen besonderer Qualität, zu denen der Holz-Rohstoff auf seinem Gebiet wächst), als auch ein Rest kultureller Sondertraditionen bei den einzelnen Gruppen unterschiedlicher Herkunft; so sind die Frauen der Aruak-Dörfer Spezialistinnen für Keramik, Töpferei wurde im Areal wahrscheinlich durch die Aruak verbreitet. Der Tauschhandel von Dorf zu Dorf gipfelt in Tauschfesten, bei denen in zeremoniell festen Formen gehandelt wird. Einige Details der Begleitzeremonien (Ringkämpfe, Siegesgeschrei) lassen diese Feste wie eine Subblimierung früherer Raubzüge erscheinen, bei denen die begehrten Güter nicht eingehandelt, sondern erbeutet wurden.

Die gegenseitige Abhängigkeit der Dörfer durch den Handel ist heute der sichtbarste Garant für den labilen Frieden in der Region. Symptomatisch ist der Fall der auf Steinäxte spezialisierten Trumai: Als die Weißen Metalläxte einführten, wurden nicht nur die Steinäxte, sondern damit auch die Trumai überflüssig. Sie wurden zum Freiwild für die anderen, bekamen keine nachbarliche Hilfe mehr gegen Angriffe von außen, und wurden so in wenigen Jahrzehnten fast ausgelöscht.

## Ac) Soziale Umwelt:
### Haus, Dorf, Nachbardorf

Die überwiegend matri-patrilokale Kernfamilie schließt sich mit anderen, ihr durch meist patrilineare Verwandtschaftsbande nahen Kernfamilien zur Hausgemeinschaft von etwa 15-30 Personen zusammen. Bisweilen ist ein solches Haus alles, was noch von einem ganzen Dorf übrig ist; meist aber stehen mehrere Häuser zu einem Dorf zusammen. Das größte Dorf hatte 1963 elf Häuser mit insgesamt 118 (1970: 161) Einwohnern. Vor dem Massensterben (s.u. Geschichte) gab es mindestens ein Dorf mit 200 oder mehr Einwohnern, und eine Sprachgruppe bewohnte oft mehrere Dörfer, während heute Dorf gleich Sprachgruppe ist.

Insgesamt wirkt die Sozialordnung der Dörfer wie ein früher mehr hierarchisch gegliedertes, auf starkem Häuptlingstum aufgebautes System, das später verfiel. Noch heute scheinen zwei Tendenzen im Streit, eine egalitär-dezentralistische und eine hierarchisch-zentralistische. Vor allem bei Dorfhäuptlingen läßt sich der immer erneute Versuch beobachten, zentrale politische Gewalt im Dorf zu schaffen – am stärksten in den Aruak-Dörfern, wo überhaupt die soziale Schichtung relativ kompliziert ist. Es gibt dort Ansätze zu einer Gliederung in a) Altersklassen, b) soziale, teils erbliche Grade: Einerseits die Gemeinen, andererseits Hausvorstände und Dorfhäuptlinge mit einem Teil ihrer näheren (meist den patrilinearen) Verwandten. Diese Staffelung existiert in allen Dörfern, in den meisten aber hat sie an praktischer Bedeutung verloren, zumal die Grade heute eher durch persönliches Ansehen als auf dem Erbwege erreichbar sind. Auch die Generalisierung des Medizinmannranges (mit Generalisierung der Erlaubnis zum heiligen Tabakgenuß) ist ein Beispiel für die demokratische Grundtendenz der Gesellschaft, die allerdings immer wieder durch die gegenläufigen Bestrebungen bedroht wird.

Die politische Gewalt liegt in der Kernfamilie, von dieser nur patriell an den Hausvorstand delegiert. Die Hausgemeinschaft ist ein kooperativer Verband unter gemeinsamem Dach, mit nur geringen Druckmitteln gegen die einzelne Kernfamilie, die jederzeit in ein anderes Haus umziehen kann. Das Dorf tritt meist nur nach außen als Gemeinschaft auf, und selbst bei großen Unternehmungen, z.B. Fischfangzügen oder Kriegen, können einzelne Familien oder ganze Häuser abseits bleiben. Der Dorfhäuptling, dessen Würde durch eine Kombination von – allerdings sehr weit auslegbaren – Erbfolgeregeln und Prestige erlangt wird, erfährt beim Begräbnis besondere Ehren, ist aber im Leben meist nur der Sprecher nach außen. Allgemeiner Konsens wird nicht durch Befehle herbeigeführt, sondern durch Diskussionen in der „Raucherrunde", der charakteristischen allabendlichen Versammlung der Medizinmänner, das heißt oft, der meisten erwachsenen Männer. Selbst dort erzielte Beschlüsse werden oft genug wieder durchbrochen, gelingt es einem Teilnehmer nicht, sie seiner Kernfamilie, insbesondere seiner Frau schmackhaft zu machen.

Zwischen den Dörfern verbinden Handel und Frauentausch (in Verbindung mit vorübergehender Matrilokalität, also Wohnen des Mannes im fremden Dorf). Zwar gibt es ständig waches Mißtrauen, ja Haß, der sich in einzelnen Gewaltakten entlädt, aber Kriegszüge innerhalb der Region sind grundsätzlich verpönt. Gegen Eindringlinge können sich mehrere Dörfer zu gemeinsamem Kampf zusammenfinden. Die Solidarität der Dörfer gegen Fremde ist stärker als die innerhalb eines Dorfes gegen Nachbardörfer, so stark und mit so einschneidenden Bedingungen (Kriegsverbot, gemeinsame Durchführung der wichtigsten Zeremonien), daß man sich fragen darf, ob nicht alle Xinguanos gemeinsam als ein einziger, aus verschiedenen Herkunftsgruppen zusammengewachsener Stamm definiert werden können, dem allerdings die zentrale politische Gewalt abgeht. Diese wird durch ständige Diskussion bei gegenseitigen Besuchen im Rahmen von Handel und Festen ersetzt. Erfolgreiches Zusammengehen gegen auswärtige Bedrohung und erfolgreiche Hilfe für in Not geratene Dörfer zeigen die Wirksamkeit dieses informellen, darum aber nicht weniger funktionierenden Systems.

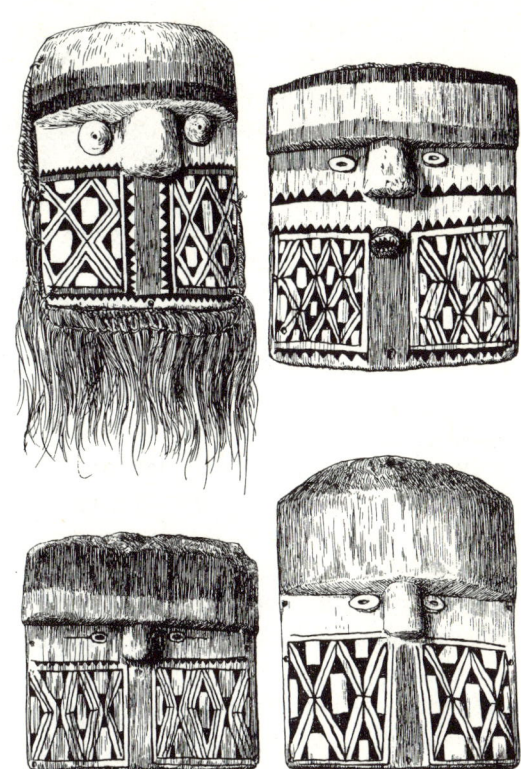

Tanzmasken des Alto Xingu (von den Steinen 1894)

### Ad) Religion: Zeremonien der Freundschaft

Bei wesentlicher Übereinstimmung mit dem Amazonasgebiet und Guyana ist hier das Medizinmannwesen stärker demokratisiert, und Jagd- durch Fischfangzauber ersetzt. Stärker als am Amazonas ist die Mythologie entwickelt, die teilweise zu einem in sich geschlossenen Mythenkorpus wird, eng mit religiösen Festzyklen verbunden, die mythische Ereignisse nachvollziehen.

Die Wirtschaft und mit ihr die religiösen Feste sind einem Jahresrythmus unterworfen, hier stärker akzentuiert als im äquatorialen Klima des Amazonas. Wenn am Ende der Trockenzeit (August-Oktober) gepflanzt wird, sollen Riten die Regenzeit schneller herbeiführen. März-April wird Maniok geerntet. Nach dem Ende der Regenzeit wird im Mai gerodet, unter Fruchtbarkeitsriten für die neuen Felder und für den nun auch beginnenden Fischfang. Dieser und die in geringerem Umfang fortgeführte

Maniokernte liefern die Ernährungsgrundlage der großen Festperiode Juli-August, im August noch bereichert durch Schildkröteneier.

Verkehrstechnische Gründe erleichtern auch Besuche von Dorf zu Dorf gerade in der Trockenzeit. Vor allem das Kwarŭp-Fest August oder September ist ein Besuchsfest, bei dem die Dörfer Speisen austauschen, und die Männer der einen Gruppe die Frauen der anderen kennenlernen. Es wird alle ein bis zwei Jahre reihum jeweils in einem anderen Dorf gefeiert, anläßlich des Todes eines Hausvorstandes oder Dorfhäuptlings. Ihm voran geht jeweils ein ganzer Zyklus kleinerer Feste, verstanden als Erinnerung an die Zeit, in der die Xinguanos gemeinsam erschaffen wurden, in der ihre gemeinsame, von anderen abgesetzte Kultur entstand, und in der sie erstmals gemeinsame Feste feierten. Erster Höhepunkt des Zyklus ist ein Kriegsspiel, bei dem die Mannschaften verschiedener Dörfer einander mit äußerster Agressivität gegenübertreten. Das Fest beginnt mit der Simulierung eines nächtlichen Überfalls der Besucher auf das Gast-Dorf. Zweite, schon etwas friedlichere Phase des Festes ist ein Wettschießen aufeinander mit stumpfen Pfeilen, bei dem Verletzungen sportlicher Regeln, daraus erwachsende Streitigkeiten, schließlich fast Mord und Totschlag, der aber immer im letzten Augenblick noch von Schlichtern verhindert wird, zur Regel gehören. Am Ende dieses Festes trösten die Sieger die Besiegten und geben ihnen ein Essen. Das Kwarŭp-Fest beginnt ebenfalls mit Wettkämpfen, ist aber von Anfang an schon wesentlich freundlicher in seiner Atmosphäre. Es endet mit dem Tanz der zu Besuch gekommenen jungen Männer und Mädchen des einladenden Dorfes und mit dem Verzehr von Piquí-Früchten, einem Fruchtbarkeitssymbol.

So wird das ganze Jahr durch Feste gegliedert, die eine fortschreitende Entwicklung von Haß zu Liebe darstellen und diese in sich jeweils nochmals ablaufen lassen. Der Sinn ist vielschichtig: Hier werden fremde Dörfer zu befreundeten, hier werden aber auch, auf einer anderen Ebene, feindselige Geister in freundliche verwandelt, hier wird eine rauhe, feindselige Natur zur Fruchtbarkeit gezwungen, werden

mächtige Fischgeister dazu gebracht, den Menschen Fische in die Netze zu schicken, werden ungebärdige Jugendliche durch eine Reihe von Initiationszeremonien, die den Festzyklus begleiten, in gesittete Erwachsene verwandelt. Die Umwandlung von Bösem in Gutes, von Tod in neues Leben in allen Bereichen, auf den verschiedensten Ebenen, ist der Inhalt der Feste und der Xinguano-Religion.

*Ae) Geschichte: Die Reservatspolitik*

Schätzungsweise im 16. oder 17. Jahrhundert trafen einwandernde Tupí und Kariben auf eine Aruak-Vorbevölkerung, letztlich wohl auf der Flucht vor dem Druck der europäischen Landnahme. Wir können vermuten, wie neue Flüchtlinge jeweils integriert wurden. Sie versuchten zunächst, sich gewaltsam einzudrängen und wurden durch vereinte Anstrengungen der Xinguanos zurückgeworfen und dezimiert. Längere Nachbarschaft ließ die Aggressivität der Eindringlinge und die abweisende Haltung der Verteidiger erlahmen. Frauenraub und Plünderungen förderten auf ihre Art gegenseitiges Kennenlernen und Entlehnungen aus der Kultur des Gegners. Waren die Angreifer erst einmal genügend geschwächt, begannen sie Tauschhandel und Frauentausch, Fortsetzung der Raubzüge mit anderen Mitteln. Bedrohung beider Parteien durch weitere Neuankömmlinge schuf gemeinsame Interessen. So weitete sich die Gemeinschaft schrittweise aus, während ihr innerer Zusammenhalt durch zunehmenden äußeren Druck immer enger wurde. Gerade die heftigen Kämpfe, hervorgerufen durch verzweifeltes Streben der anderswo aus dem Einflußbereich der Weißen vertriebenen Indianer, sich im Alto Xingu festzusetzen, haben wohl die nachfolgende friedliche Angleichung beschleunigt: Beide Parteien wurden dezimiert, sodaß auf der einen Seite Platz für verkleinerte und damit leichter integrierbare Gruppen der anderen entstand. Die seit dem 19. Jahrhundert eingeschleppten Krankheiten intensivierten den Prozeß noch, indem sie die Bevölkerung reduzierten und so Platz für Neuankömmlinge schufen.

Noch heute ist der Prozeß nicht abgeschlossen. Die Txikão tauchten Ende der 40er Jahre in der Gegend auf und wurden durch ihre Aggressivität (wohl Folge ihrer Vertreibung aus dem Einzugsgebiet der Weißen am unteren Xingu) bald zum Schrecken der Xinguanos. Diese schlugen zurück, so entwickelte sich ein immer wieder durch Ruheperioden unterbrochener, doch nie ganz vergessener Kleinkrieg. Inzwischen wurden die Txikão aber durch Kontakt zu Weißen und deren Krankheiten geschwächt und dezimiert. 1967 schließlich flüchteten sie vor diesem Kontakt zu den Xinguanos. Die früheren Feinde versöhnten sich. Die Txikão durften ein Dorf zwischen den anderen bauen. Bis zu dessen Fertigstellung und dem Neuaufbau einer eigenen Ernährungsgrundlage lebten sie in den Dörfern der Xinguanos, von diesen ernährt, wofür sie ihnen bei der Feldarbeit halfen. Die Xinguanos gewannen so Arbeitskräfte und Zugang zu neuen Frauen, wichtig bei ihrer reduzierten Anzahl. Ähnliche Vorgänge dürften sich im Lauf der letzten Jahrhunderte wiederholt haben, wenn auch nicht immer so schnell wie heute, wo einerseits der weiße Schrecken unmittelbarer und gefährlicher geworden ist, andererseits die brasilianische Verwaltung den Prozeß der intertribalen Verständigung erkannt hat und bewußt gefördert.

Soviel wir wissen, drangen 1884 die ersten Weißen ein: Wissenschaftler mit dem Auftrag, einen Verkehrsweg vom Mato Grosso zum Amazonas zu erkunden und auch eventuelle Gefahren zu beachten, die dem Weg von indianischer Seite drohen konnte. Die wissenschaftliche Erforschung der Indianer war ein Nebenprodukt der Expedition. Weitere Expeditionen folgten. Der Alto Xingu lag vorerst zu weit ab von Siedlungszentren, war deshalb nur interessant als Zwischenstation einer Fernstrecke, die noch nicht für den allgemeinen Verkehr ausgebaut wurde. Deshalb kamen noch keine Landsucher, sondern Wissenschaftler und an Indianerromantik interessierte Journalisten. Aber auch dieser Kontakt brachte den Indianern unendliches Leid. Schon die erste Expedition warf durch Import europäischer Waren das labile Handelsgleichgewicht, Grundlage des Friedens in der Region, durcheinander. Ungleiche Verteilung zu Gunsten derjenigen Dörfer, die zufällig am Reiseweg der Expeditionen lagen, provozierten Überfälle neidischer Nachbarn auf Dörfer, die ihrerseits durch europäische Waffen ein Übergewicht gewannen, das sie zu Kriegen verführte. Die meisten Menschenleben kosteten aber neu eingeschleppte Krankheiten. Schon 1896, zwölf Jahre nach der ersten Expedition, wütete eine Epidemie von Blennorrhagia conjunctivalis. Grippe, Masern, usw. kamen hinzu. 1884-1963 sank die Bevölkerung von rund 3.000 auf 700.

1942 begannen die brasilianischen Behörden mit der systematischen Erschließung der Region: Anlage von Flugpisten und Handelsposten, Vorarbeiten zum Straßenbau. Wie so oft im südamerikanischen Tiefland wurde auch hier das Schicksal der Indianer in die Hände einzelner gelegt, die kaum behindert durch Kontrollen aus fernen Zentralen die Zivilisierung der Wilden in Angriff nehmen durften. Durch einen glücklichen Zufall waren die einzelnen diesmal tatsächlich am Wohl der Indianer interessiert. Die Brüder Vilas Bôas, Manager eines Handels- und Verwaltungspostens im Alto Xingu, errangen eine Machtposition unter den Indianern, da sie an der Quelle begehrter Waren saßen und die Rückendeckung der Behörden und mächtiger Geldgeber hatten. Sie nutzten diese Macht zur Unterstützung derjenigen Indianer, die um ein Ende der durch Störung des Gleichgewichts provozierten Kämpfe bemüht waren. Diesen Indianern gelang die Wiederherstellung des Friedens, den sie seitdem im Bund mit den Brüdern Vilas Bôas aufrecht erhalten. Entgegen erklärten Absichten ihrer Auftraggeber bemühten die Brüder sich nicht um Integrierung der Indianer, sondern um Abschirmung der Region als indianisches Reservat mit gesicherten Landrechten der Indianer, gegen brasilianische Siedler oder Bodenspekulanten, aber auch überhaupt gegen zu intensiven brasilianischen Einfluß, etwa gegen Mission. Sie verteilten Industrieprodukte (vor allem Metallgegenstände, inzwischen für die Indianer unentbehrlich) ohne andere indianische Gegenleistung als die im traditionellen Tauschhandel vorgesehene, d.h.

ohne Kaufpreis. So hat die Abhängigkeit von der Industrieproduktion noch nicht zum Zwang zur Anpassung an ein fremdes System geführt, ist noch nicht als Unterwerfung sichtbar geworden. Allerdings haben die Brüder keine Formel gefunden, um überhaupt die Abhängigkeit zu vermeiden, die hier nur dadurch kaschiert wird, daß die Industrieprodukte über die Brüder laufen, die sie ihrerseits nach indianischen Gesichtspunkten verteilen, – was spätere Manager des Handelspostens vielleicht nicht mehr tun werden. Der größte Erfolg der Vilas Bôas ist die medizinische Versorgung der Indianer, die heute wieder gesünder als die brasilianische Landbevölkerung sind, und deren Zahl wieder steigt.

1952 begann die Regierung des Bundesstaates Mato Grosso mit dem Verkauf von Teilen des Alto Xingu (schließlich von ca. 75 % des indianischen Landes) an Bodenspekulanten. Einige Dörfer der Xinguanos mußten deshalb weiter nach Norden verlegt werden. 1961 schob die Gründung eines offiziellen Reservats mit einem Vilas Bôas als Verwalter weiterem Landraub vorläufig einen Riegel vor. Da ringsum aber die Vertreibung der Indianer weiterging, bemühten die Brüder sich, nahebei lebende Gruppen ins Reservat zu ziehen, wo sie ihnen Sicherheit garantieren konnten. Hierzu mußten sie mit den meist „wilden", d.h. durch Schaden klug gewordenen und nun jeden Kontakt zu Weißen vermeidenden Randgruppen des Alto Xingu friedliche Beziehungen aufnehmen, wodurch sie in eine widerspruchsvolle Rolle gezwungen wurden: Einerseits bemüht, die Indianer vor den Folgen des Kontaktes zu schützen, stellten sie diesen andererseits in mehreren Fällen selbst erst her.

Die oft spektakulären „Befriedungs"-Erfolge der Vilas Bôas und der mit ihnen zusammenarbeitenden Xinguanos bei „Wilden" der Randzone verhalfen den Brüdern zu größerem öffentlichen Ansehen, das sie dringend brauchen, um ihre weniger spektakuläre, aber schwierigere Politik der Verteidigung indianischer Landrechte durchzusetzen. Zur Unterstützung dieser Politik bemühen sich brasilianische Stellen bislang erfolglos um den Friedensnobelpreis

für die Vilas Bôas. 1971 wurden die Reservatsgrenzen verschoben, wodurch das Reservat zwar theoretisch größer wurde, in der Praxis aber die Umsiedlung von Indianern nach Süden erfolgte. Die neu zum Reservat geschlagenen Ländereien sind in der Praxis schon unter Nicht-Indianer aufgeteilt, sodaß ihr Nutzen für die Indianer theoretisch bleibt, während andererseits von Indianern bewohntes Land aus dem Reservat genommen wurde. In der Folge sollen Randgruppen, die nicht zum Kulturareal des Alto Xingu gehören, dort angesiedelt werden, was vielleicht das Ende der traditionellen Xinguano-Kultur bedeutet, zumal das notwendig werdende Zusammenrücken der Indianer ihre bisherige Lebensweise erschwert.

## B) Beispiel Makú

### Ba) Geschichte: Die unmögliche Integration

Als Gegenbeispiel die Geschichte einer Makú-Gruppe in Nordwestbrasilien zwischen Rio Negro und Japurá. Anfang des Jahrhunderts lag sie in ständiger Fehde mit den Brasilianer am Japurá und mit deren Verbündeten, den halb akkulturierten „zahmen" Makú. So berichten ihre Nachkommen heute darüber: „Heute sprechen wir alle portugiesisch, unsere Väter nicht. Wir sind Brasilianer, unsere Väter waren Indianer. Wenn sie etwas wollten, sagten sie: ,Gib mir das, oder ich erschlage dich!' Wenn wir heute etwas wollen, bitten wir höflich. Unser Land war gefährlich für die Weißen. Einmal ist ein Kaufmann den Fluß hinaufgefahren. Er wollte Geschenke bringen, um unsere Freundschaft zu gewinnen. Er fuhr mit noch zwei Männern und seiner Frau. Sie legten an einer Sandbank an. Ein Mann stieg aus, die Frau auch. Auf einmal sah der Mann meinen Vater hinter einem Baum. Er drehte sich um – da stand Großvater, und da Onkel. Großvater gab das Kommando: ,Totschlagen!' Die Keule auf die Frau, dann war sie tot. Die Weißen fuhren schnell davon und ließen die tote Frau zurück. Sie waren von Japurá gekommen. Am nächsten Tag sagte mein Großvater: ,Zum Japurá!' Sie zogen zum Japurá

318

zu einem Haus, in dem Weiße wohnten. Unsere Leute rannten auf das Haus zu, sprangen durch die Fenster und Türen und erschlugen alle, sechs Männer und deren Frauen." (Vom Verfasser aufgenommene Aussage).

Der (nach der Befriedung geborene) Erzähler sieht die Vergangenheit seines Volkes vielleicht schon durch eine mit fremden Vorurteilen beschlagene Brille. Immerhin gibt er klar einen Grund für die Wildheit der Indianer an: Ein Händler wollte Kontakt mit den Indianern aufnehmen, um ihre „Freundschaft zu gewinnen" und damit Handel einzuleiten, d.h. letztlich, um sie ins brasilianische Wirtschaftssystem einzugliedern. Dafür drang er ins Makú-Gebiet vor. Die Indianer erkannten wohl die friedliche Absicht – der Händler hatte sogar eine Frau mitgebracht, was zeigte, daß er keinen Kampf wollte –, aber sie lehnten einen Kontakt ab. Bewußt wiesen sie den Annäherungsversuch brutal zurück, und um den Brasilianern noch eindringlicher zu verdeutlichen, daß es keinen friedlichen Handel geben sollte, organisierten sie einen Überfall auf Bewohner der Region, aus der die Friedensbotschaft gekommen war. Gezielte Wildheit also, um die Brasilianer, mochten sie noch so „gute" Absichten haben, konsequent vom Leib zu halten. Und vermutlich auch sehr bewußte Wildheit, da diese Makú wohl schon Erfahrungen vom Kontakt mit der „Zivilisation" besaßen.

Die grimmige Konsequenz scheint erfolgreich gewesen zu sein. Immerhin stagnierte die Eingliederung des fruchtbaren, kautschukreichen Gebietes rechts des Japurá bis etwa 1950, was wohl hauptsächlich am indianischen Widerstand lag, immerhin ist das Makú-Gebiet zwischen Japurá und Rio Negro, obwohl von der Natur begünstigt und verkehrstechnisch in Bezug auf die Metropole Manáus günstig gelegen, bis heute einer der am dünnsten besiedelten Flecken im Amazonasgebiet geblieben. Die spärlichen Berichte über diesen Raum lassen nur vermuten, mit welch verzweifelter Hartnäckigkeit die Makú ihren jahrzehntelangen Kampf geführt haben.

Um 1940 gelang Kaufleuten vom Rio Negro schließlich doch der Handelskontakt. Die In-dianer hatten bislang gute, auch Heiratsbeziehungen zu den wie sie selber „wilden" Makú weiter waldeinwärts. Nun bahnte sich eine Umkehr der Bündnisse an. Einem Makú, der mit brasilianischen Kaufleuten zu handeln begonnen hatte, machte sein „wilder" Schwager deshalb Vorhaltungen. Als der Makú weiter mit den Weißen verkehrte, ließ ihm der „wilde" Schwager eines Tages ausrichten, das Verwandtschaftsverhältnis sei beendet, da er die Schwester des Abtrünnigen getötet habe. Die entsetzten Verwandten des Opfers flohen die Nähe der erzürnten „wilden" Makú flußabwärts zu ihren neuen Freunden, den brasilianischen Kaufleuten und „zahmen" Makú. Andere Makú jedoch reagierten gerade entgegengesetzt: Sie brachen die Beziehungen zu den Kaufleuten ab und erneuerten ihre Freundschaft mit den „wilden" Makú. Diesen hatte ihr gezielter Terror also eingebracht, was sie wohl wollten: ihr Rückzugsbiet war frei von brasilianischem Einfluß geblieben. Für die durch den Terror der „Wilden" vertriebenen, durch das Angebot der Kaufleute an Industriewaren „gezähmten" Makú begann nun ein neues Leben: Nicht Integration, sondern Marginalisierung als Helotenvolk im Dienst von Brasilianern oder von Indianern, die ihrerseits in Abhängigkeit von Brasilianern stehen.

Mit dem Angelköder der Metallinstrumente wurden die Indianer ins Patron-Kundensystem integriert, das auf dem Prinzip der steigenden Verschuldung des indianischen „Kunden" an einen Kaufmann beruht, die durch Arbeit für diesen, der damit zum „Patron" wird, abgegolten wird. Dabei wird vordergründig wie bei einem modernen Arbeitsverhältnis Arbeit mit Lohn bezahlt, wichtiger aber ist die auf den Europäer archaisch wirkende Bindung des „Kunden" durch permanente Verschuldung an einen bestimmten Patron.

Historischer Ursprung des Systems war das Zusammentreffen des Bedürfnisses der kolonialen Gesellschaft nach Arbeitskräften in der extraktiven Wirtschaft mit dem Bedürfnis der Indianer nach Industrieprodukten (Metalläxten, Buschmessern, Zucker usw.). Daraus erwuchs eine Wechselbeziehung von indianischer

Dienstverpflichtung („Sklaverei", „Schulden abarbeiten", „Tagelöhnertum") mit einer Verpflichtung des Patrons als Verbindungsglied zur „Zivilisation", wenn möglich die Industrieprodukte zu beschaffen (das ständige „Schuldenmachen" der Indianer ist nur möglich, wenn der Patron eine wenn auch minimale, so doch permanent wiederholte Leistung, wie etwa billige Messer o.ä. liefert. Die Indianer würden ihrem Herrn davonlaufen, hätten sie nicht die Hoffnung, daß er ihnen tatsächlich immer wieder die Produkte besorgt). Dieses Verhältnis nimmt nicht die Form eines geregelten Austausches – fester Lohn in Form von Waren gegen eine feste Menge Arbeit – an, weil erstens die völlige Unkenntnis des Wertes von Arbeit und Produktion auf der indianischen Seite eine feste Wertskala zur Farce machte, zweitens am äußersten Ende der Zwischenhändlerkette im hintersten Hinterland das durch die unsicheren Transportbedingungen, Schwanken der Marktpreise für Waldprodukte der Indianer, allgemein komplizierten Marktmechanismus im Amazonasgebiet bedingte Schwanken der Preise den reinen Tausch Arbeit gegen Produkt einer Instabilität unterwürfe, die für Indianer und Händler im Hinterland undurchsichtig, verwirrend, letztlich unerträglich wäre. Die Stabilität der Beziehungen zwischen „Patron" und „Kunde" wird als Antwort auf die Instabilität der Leistungen beider Teile verständlich: Der indianische Arbeiter liefert Arbeit, die ständig in ihrem Marktwert schwankt, auch wenn sie im Volumen gleich bleibt (weil etwa die Preise des gelieferten Kautschuks schwanken), und der Kaufmann liefert dem Indianer ständig wechselnde Mengen von Waren, weil deren Preise und Transportbedingungen in einem Maß schwanken, das durch die lange Zwischenhändlerkette extrem verstärkt wird. Die durch interethnisches Mißtrauen verursachte Labilität der Beziehungen hinzugerechnet, können auf dem Spiel der Preise im Tausch beruhende kommerzielle Verhältnisse hier nur äußerste Verwirrung schaffen, während stabile persönliche Kontakte, mögen sie die äußerliche Form von „Verschuldung" haben, eine Kontinuität des Austausches sicherstellen können. Letztlich beruhen die Kontrakte doch immer soweit auf den Preisrelationen, als das Grundverhältnis – geringe Bewertung der indianischen Arbeitskraft und der Waldprodukte, hohe Bewertung der Industrieprodukte – unangetastet bleibt und sich in Herrschaft der Besitzer der Industrieprodukte über die Besitzer der Arbeitskraft, die Indianer, niederschlägt. Das koloniale Grundsystem wird also nicht angetastet, es findet nur Formen, die es an die lokalen Gegebenheiten anpassen und deren Integration in die brasilianische Gesamtwirtschaft ermöglichen.

Nach ihrer „Zähmung" betätigten sich die Makú zunächst als Kautschuksammler für einen brasilianischen Patron, der jedoch nach einiger Zeit aufhörte, ihnen Waren im gleichen (immer schon sehr bescheidenen) Maß wie bislang zu liefern. Er begründete dies damit, daß „alles teurer" werde, und er in Manáus nicht mehr so viele Waren einkaufen könne. Daraufhin verdingten sie sich einem neuen Patron, der schon eine größere Zahl länger „zahmer" Indianer beherrschte, mit denen die Neuankömmlinge rasch zu einer einzigen Gruppe verschmolzen. Nach mehrjähriger Arbeit kam es zum Konflikt mit dem Patron. Nach Aussage der Makú hatte ein Waldgeist die Hälfte der Gruppe aufgefressen, im Bunde mit dem mitfressenden Patron, den man deshalb mit seiner ganzen Familie erschlagen mußte. Sie hatten den Umzug sorgfältig vorbereitet, indem sie seit etwa 2 Jahren einen Vorrat an Waldprodukten angelegt hatten.

Mit den angesammelten Gütern und Beute aus dem Haus des erschlagenen Patrons versuchten die „Kunden" sich am Rio Negro, der Hauptverkehrsader der Region, eine von Zwischenhändlern unabhängige Existenz aufzubauen. Sie erwarben etwas Vieh und versuchten sich in Milchwirtschaft. Doch scheiterten sie aus Unerfahrenheit und an einem Boykott der Kaufleute. Sie mußten Vorschüsse aufnehmen, die sie in neue Abhängigkeit brachten und hatten Schwierigkeiten, geeignetes Land zu finden, das hier an der großen Straße schon knapp war. Zuletzt waren sie wieder total abhängige, „verschuldete Kunden" eines Patrons.

Ein Teil mochte sich nicht in die neue Unterwerfung fügen und versuchte noch einmal die

Rückkehr zum „wilden" Leben: Sie zogen einen Nebenfluß hinauf bis zum noch unerschlossenen Mittel- und Oberlauf, wo sie sich mit „wilden" Makú verbrüderten. Um 1950 kam ihnen aber der Patron nachgezogen; sie nahmen seine Handelsangebote an. Auf dem Weg über sie konnte der Kaufmann auch mit ihm bislang unbekannten, noch weiter im Hinterland ansässigen Makú Kontakt aufnehmen und so deren „Zähmung" einleiten. Nur eine Gruppe tief waldeinwärts blieb jetzt noch weiterhin hartnäckig „wild". Sie mußte dies in einem blutigen Angriff von eben auf die Seite der Brasilianer übergegangenen Makú vom Rio Japurá büßen und vermeidet seitdem jeden Kontakt mit ihren früheren Freunden und Verwandten.

Seit 1955 ging das Geschäft des Patrons zurück, infolge des steigenden Einflusses der Salesianer-Missionare, die sich die Ausschaltung der „Ausbeuter der Indianer" zum Ziel gesetzt hatten. Infolge ihres Druckes wurde der Kaufmann unfähig, seinen „Kunden" weiterhin eine zufriedenstellende Menge von Produkten zur Verfügung zu stellen. Eine allgemeine Warenknappheit kam hinzu. Die Makú schlachteten ihr letztes Schwein, legten es dem Patron als Abschiedsgeschenk vor die Haustür und zogen fort in den Wald. Der Verlust seiner „Kunden" bedeutete für den Patron den wirtschaftlichen Zusammenbruch. Die Makú versuchten nochmals ein autonomes Leben.

Heute sagen sie, daß vor allem der Mangel an Salz (das sie traditionell nicht verwendeten, an das sie sich aber im Kontakt mit den Brasilianern gewöhnt hatten) ihnen das „wilde" Leben verleidete. 1959 versuchte der ehemalige Patron sich eine neue Existenz aufzubauen. Er fuhr zu seinen ehemaligen „Kunden", die ihn nicht abwiesen. Erneut begann Handel, diesmal aber unter größter Vorsicht auf der Seite der Indianer, die versuchten, schlichten Tauschhandel unter Vermeidung der Abhängigkeit des Patron-Kunden-Systems zu führen. Doch offenbar war der Mechanismus des Systems zu stark, um Abweichungen zuzulassen. 1965 kam es darüber zum erneuten Bruch zwischen dem Patron und einer – der am stärksten akkulturierten – Untergruppe der Makú. Sie versuchten, den Pa-

tron zu erschlagen, der nur mit Mühe entkam und nun erklärte, er wolle mit diesen Leuten nichts mehr zu tun haben, sie sollten ihm nur noch die Schulden abarbeiten. Diese berechnete er so hoch, daß ihre Begleichung unmöglich schien. Die Indianer machten sich dennoch daran. Die ganze Gruppe zwang sich zu einem spartanischen Jahr ohne neue Waren (die neue Schuldenlast gebracht hätten). Als dieses Jahr um war, sah der Patron wohl die Entschlossenheit seiner bisherigen „Kunden" ein und erklärte die „Schulden" für abgegolten. Die Untergruppe, ca. 30 Personen, war damit als erste aus dem System ausgebrochen. Sie fand zwar einen neuen Patron, baute aber mit ihm Beziehungen schon am Übergang zu einem rein kommerziellen Tauschhandel auf, die den Indianern mehr persönliche Unabhängigkeit ließen. Dies war u.a. deshalb möglich, weil die Mitglieder dieser Untergruppe es verstanden, sich auf den formalen Schein des Systems – die Aufrechnung von „Schulden" und „Arbeitsleistung" – zu berufen und so ihren Patron, der gewohnt war, mit diesen Begriffen nur pro Forma zu rechnen, zu verwirren.

1967 schlug die Untergruppe ihrem Patron vor, er solle ihr alle Schulden (die meistens kollektiv verrechnet werden) erlassen, dafür wollten sie zum Tabakanbau übergehen und nur ihm verkaufen. Anstatt für ihn zu arbeiten, wollten sie ihm mehr Waldprodukte verkaufen, also auch mehr jagen und sammeln. Gerade in der Arbeit aber liegen die Gewinnmöglichkeiten für den Patron. Dieser versprach schließlich im Mai 1967, im November wieder zu kommen, die Gruppe für 6 Monate Arbeit abzuholen, danach aber die „Schulden" als abgegolten zu betrachten und nur noch einfachen Tauschhandel mit ihnen zu treiben. Sie müßten ihm aber für November Waldprodukte sammeln.

Etwa ab Anfang Dezember wurde der Warenmangel immer spürbarer. Gleichzeitig wurde immer klarer, daß der Patron nicht mehr kommen würde – er mußte die „Kunden", deren Geschäftsbedingungen ihm nicht mehr genügend Profit versprachen, fallen lassen. Die einen wollten nun flußabwärts in der Nähe der Kaufleute und des Hauptwarenstroms „Kunden" eines anderen Patrons werden. Die anderen planten umgekehrt den Rückzug in den Wald, um dort noch einmal als „wilde" Makú anzufangen. Der Verfasser weiß nicht, wie sie schließlich entschieden.

Das Detailbeispiel zeigt: Es ist kaum möglich, aus dem Abhängigkeitsverhältnis auszubrechen. Verminderung der Abhängigkeit für den „Kunden" bedeutet geringeren Profit für den Patron, der damit selber in Schwierigkeiten gerät, sich womöglich seinen eigenen Patronen gegenüber (denn dies ist eine lange Kette) verschuldet. Gleichzeitig sehen wir, wie das System zur Instabilität der Gruppen und ihrer Siedlungen beiträgt.

*Bb) Religion: Die unglückliche Mitte*

Im Folgenden betrachten wir, wie Geschichte und gegenwärtige Lage der Makú ihre Religion färben. Ein für das Amazonasgebiet typischer Vorgang: Die koloniale Situation der Indianer führt nicht zum Ende ihrer Traditionen, verwandelt diese nur in eigentümlicher Form. Anstatt Integration in die Kultur der Weißen erfolgt Verfremdung der eigenen Kultur.

Die tatsächlichen geographischen und ökonomisch-politischen Verhältnisse ihrer Region schematisieren die Makú unseres Beispiels in ihrem Weltbild und dehnen sie auf die ganze Welt aus, die für sie eine lineare Folge von Flüssen und Wäldern ist, beginnend flußaufwärts mit einem hohen Berg und endend flußabwärts mit einem gewaltigen Strom. Die heutige Situation – Gegensatz zwischen „wilden" Indianern flußaufwärts und Kaufleuten mit ihren Zivilisationsgütern flußabwärts, und die ambivalente Stellung der Makú im Grenzgebiet zwischen beiden – wird ins traditionelle Schema integriert, das die Makú in der Mitte der Welt sah, an deren Enden die mythischen Brüder und Kulturheroen Itaáp lebten, in menschlicher Gestalt, aber ewig, „wie Steine". Nachdem sie Sonne und Mond an den Himmel geworfen hatten, „gerieten sie in Streit. (Der eine) Itaáp zog weit fort flußabwärts, der (andere) Bruder Itaáp baute ein großes Boot mit einem Strohhaus dar-

auf. Er fuhr viele Tage lang flußabwärts. Immer weiter flußabwärts. Er kam an. Er hielt an. Er ging an Land. Er rodete den Wald. Auf die Lichtung setzte er das Strohhaus. Das war die Gründung von Manáus." Heute liegt die Welt zwischen den beiden Brüdern. Sie werfen sich immer gegenseitig die Sonne zu, die so hin und her über die Welt fliegt. Am Mittag ist sie genau auf der Hälfte des Weges, im Land der Makú.

Nach deren Ansicht lebt flußabwärts eine Kette von Kaufleuten, von denen immer der weiter flußabwärts lebende der Patron des vorherigen ist und jeweils mehr Zivilisationswaren in seinem Lager aufbewahrt. Dies ist eine schematische Vereinfachung der tatsächlichen Verhältnisse, wo „flußabwärts" eben meist mit größerer Nähe zu den Metropolen identisch ist, und wo politische und ökonomische Macht von den Metropolen ins Hinterland ausstrahlt. Der oberste aller Patrone ist nach Makú-Ansicht der „Gouverneur von Brasilien" in Manáus, ein Riese, der über unzählige Waren und „Kunden" gebietet. Es erscheint undenkbar, daß nicht jedermann einen Patron über sich hat und „Kunden" unter sich – mit Ausnahme der Makú selbst, die nur Patrone, aber, als letztes Glied der Kette, keine „Kunden" haben. Der Über-Patron in Manáus vereint in sich Züge eines positiven Idealbildes des Patrons: Er schützt seine „Kunden" und verteilt bereitwillig Waren aus seinem unermeßlichen Reichtum an sie.

Daneben ist das Land flußabwärts und vor allem Manáus selbst allerdings auch von Wesen bevölkert, die teilweise wie böswillige Karikaturen böswilliger Weißer wirken: Menschenfresser mit Vorliebe für indianisches Fleisch, Bluthunde, die mit Vorliebe indianisches Blut trinken, Bestien, die Menschen von hinten anfallen, die Kleidung zerfetzen und dann die Opfer zerfleischen, alle einig im bestialischen Haß auf Indianer. Aus Manáus stammen auch die Curupiras, eigentlich aus der Tupí-Geisterwelt stammende Wesen des brasilianischen Volksaberglaubens, die im Glauben der Makú zu Ungezieferähnlichen Geister-Begleitern der Brasilianer geworden sind: „Sie fressen Menschen (=Makú), deshalb gibt es dort, wo viele Brasilianer leben, wenig Menschen." Anscheinend

322

schreiben die Makú die bei brasilianisch-indianischen Erstkontakten meist unvermeidlichen Epidemien, die so viele Stämme dezimiert haben, den Curupiras zu.

Geht man von Manáus weiter flußabwärts, so gelangt man zu einem riesig breiten Strom und auf diesem flußabwärts ins Totenland, in einen Wald. Dort leben die Vorfahren der Indianer in Gestalt von Waldtieren, Freunde der Menschen (= der Makú), neben Curupiras und anderen Monstren, Freunden (Vorfahren?) der Weißen. Noch weiter flußabwärts gelangt man zu einem riesigen Wasserfall, in dessen Mitte ein gewaltiger Stein mit ungeheurem, gefräßigem Mund alle, die sich bis dorthin wagen, verschlingt. Noch weiter flußabwärts liegt ein Land tödlicher Kälte und Dunkelheit. Die Makú haben heute schon von Städten jenseits Manáus und von Erdteilen jenseits des Meeres gehört, haben aber noch Mühe, diese in ihr Weltbild einzuordnen: Meist neigen sie dazu, Städte wie São Paulo oder Rio de Janeiro irgendwo in der Nähe des Wasserfalles und fremde Erdteile im Land der Kälte und Finsternis zu lokalisieren. Dahinter erhebt sich eine fast undurchdringliche Regenbarriere, die einen der beiden Steinmenschen Itaáp verbirgt, den Patron aller Patrone, der sogar den „Gouverneur von Brasilien" zum „Kunden" hat.

Geht man vom Land der Makú in die andere Richtung, flußaufwärts, so wird umgekehrt das Wasser immer weniger und die Menschen werden immer ärmer und „wilder". Schon unter den Makú selber gibt es einen merklichen Unterschied zwischen weiter unten und weiter oben am Fluß Lebenden. Noch weiter flußaufwärts kommt man ins Gebiet der schmalen Quellbäche, wo die „wilden" Makú überhaupt keine Zivilisationswaren (außer solchen, die sie gelegentlich einmal Reisenden abgenommen haben) besitzen, also einen extremen Gegensatz zu den Bewohnern von Manáus bilden. Auch hier verlängert die Vorstellung die Folge in einer Art Analogie-Schluß über das Bekannte hinaus: So wie flußabwärts Wesen leben, die ähnlich wie die Weißen, nur noch viel furchtbarer, die Makú hassen, leben flußaufwärts wilde Wesen, die wie die „wilden" Makú, die früher

einmal Freunde der „zahmen" waren, letztlich nicht übel wollen, nur eben etwas ungebärdig und wild sind. Sie verwehren den Menschen den Zugang in den Wald, aber einigen Indianern gelingt es doch, ihre Freundschaft zu gewinnen und in den Wald einzudringen, um dort mit Erlaubnis der wilden Wesen zu jagen. Diese sind vor allem die „Mütter" (bei anderen Völkern des Areals die „Herren") der Hirsche, der Wildschweine, Tapire. Jenseits des riesigen Waldes endet die Welt an einem ungeheuren Felsgebirge, jenseits dessen der andere Steinmensch lebt.

Traditionelles Grundmuster: Polarität zwischen der Seite der Natur (flußaufwärts, wo die Tierherrinnen leben) und der Seite der Kultur (flußabwärts, wo der eine Itaáp Manáus gründete). Traditionelle Philosophien des Areals suchen das Ideal eines Gleichgewichts zwischen zu viel Natur und zu viel Kultur – bei den Makú wird aus der „Kultur" die Zivilisation der Weißen, aus der „Natur" die Kultur der traditionellen Indianer (hier beeinflußt die Indianer-verachtende brasilianische Landbevölkerung). Das Weltbild erhält eine neue Funktion, anstatt aufgegeben zu werden. Den Makú hilft es über ihre marginale Situation etwas hinweg, indem es sie zwar an den Rand der „Zivilisation" stellt, gerade damit aber in die Mitte der Welt zwischen „Kultur" und „Wildheit".

Die neue „Mitte" ist keine glückliche Position. Für die Makú unseres Beispiels, die nun schon jahrelang zwischen „zahmem" und „wildem" Leben hin und her irren, ohne sich in einem der beiden je ganz wohl zu fühlen, bedeutet sie auch Zerrissenheit und den Zwang zur Wahl zwischen zwei Übeln, einer unmöglich gewordenen Vergangenheit und einer versperrten Zukunft.


## C) Die Waldlandkultur: Allgemeine Züge

Aus den Einzelbeispielen wurden schon generelle Züge sichtbar: Der Glaube an Waldgeister, die Einbettung der Religion in ein intensives dörfliches Zeremonialleben, die durch Handel

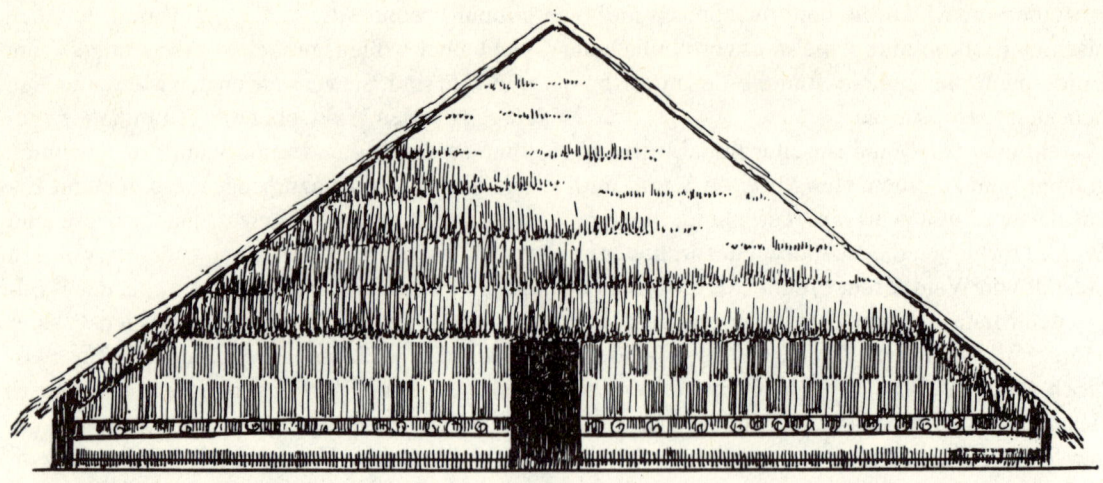

Hausfassaden in Nordwest-Brasilien, Rio Uaupés.

(im Alto Xingú zum nächsten Dorf, am Amazonas früher über große Entfernungen) gestützte und durch Heiraten besiegelte Allianz mit fremden Gruppen, dagegen heute die Absonderung in Rückzugsgebieten oder häufiger die Integration ins brasilianische Wirtschaftssystem mit der daraus erwachsenden sozialen Auflösung. Nun einige noch nicht beschriebene Charakteristika.

*Ca) Materieller Kulturbesitz:*
*Holz und Palmstroh*

In dem riesigen Areal ist die Vielfalt der materiellen Kultur im einzelnen groß, die Grundstrukturen aber sind recht einheitlich. Holz und die aus Palmblättern gewonnenen Materialien sind die immer wiederkehrenden Grundelemente. Die meisten Gegenstände sind schlicht, funktional, ohne barocke Verzierungen. Auf den ersten Blick mögen sie ärmlich erscheinen, doch ihre Qualität liegt in der sorgfältigen Ausführung, etwa der minuziösen Einarbeitung von Federn in ein Fasergeflecht, die dem Laien nicht sogleich als schwierig auffällt.

Ein konstruktives Meisterwerk ist das riesige Haus, bis über 35 m lang, 25 m breit und 10 m hoch, in dessen einzigem Innenraum 100 Personen und mehr Platz finden. In der Mitte wird gekocht, eine freie Fläche in Nähe des Eingangs

dient dem Empfang von Gästen und für Tänze. Grundlage der Konstruktion ist ein Holzgestell, das entweder mit Blätterstroh oder Gras gedeckt wird, oder auch mit Lehmwänden. Ein solches Haus kann allein für sich ein ganzes Dorf darstellen. Andernorts ist es kleiner, mehrere bilden dann im Kreis um den Tanzplatz ein Dorf.

Korbflechterei ist bei allen, Töpferei bei den meisten Stämmen bekannt. Die Keramik zeigt oft Tierformen, wobei sie nur wenig bemalt wird, öfter schwarz poliert oder mit einer Harzschicht gleichsam glasiert. Vor Einführung der europäischen Metallinstrumente waren Nagetierzähne, Fischunterkiefer, Stachelrochenspitzen, angebrochene Muscheln als Schabe-, Meißel-, Schneide- und Bohrinstrumente im Ge-

brauch. Die Frauen hatten Nadeln aus Tierknochen. Zum Weben diente oft ein kleiner Webrahmen zur Herstellung von Gürteln, Kniebändern, u.ä. Hierzu wird Baumwolle angepflanzt. Ein anderes Rohmaterial ist Zwischenrindenbaststoff, den man weichklopft. Aus ihm fertigt man an einigen Stellen, vor allem im Westen lange hemdartige Gewänder, wie wir sie schon am Andenostrand kennenlernten. Öfter gingen die Indianer nackt. Die Frauen trugen bisweilen Perlenschurze. Wichtiger als die Kleidung im engeren Sinn war der Körperschmuck, so die Bemalung. Hierzu gehören die Altersabzeichen, etwa Lippenschmuck, oder Geschlechtsabzeichen, wie der Lippenpflock der Männer bei vielen Gruppen. Auch Tatauierung, künstliche Deformation etwa der Zähne. Durchbohren der Ohrläppchen, Verdicken der Waden durch einschnürende Binden sind üblich. Charakteristisch ist die Festbemalung mit dem roten Achiote (Bixa Orellana) oder dem schwarzen Genipaposaft.

Besonders bekannt wurde der Federschmuck der Indianer. Er beschränkt sich nicht auf Federkronen, sondern schließt auch etwa Kappen aus gewebten Baumwollstreifen mit darauf befestigten Pflaumfedern, federbedeckte Hauben, Federschurze, ja bei den Tupinambá ganze Federmäntel ein.

Im religiösen Leben spielen die Musikinstrumente, vor allem große Flöten und die Rassel des Medizinmannes eine Rolle. Masken sind wie überhaupt die plastische Kunst im Areal relativ selten, dabei meist sehr stark zur geometrischen Abstraktion tendierend. Größere Rundplastiken aus Holz fehlen fast völlig. Die Wirkung der Holzschnitzerei liegt in ihrer Bemalung oder Gravierung.

Der Bogen für Jagd und Krieg ist zwischen 1 und 2 m lang. Die Sehnen sind gedrehte Palmfasern, die Pfeile am häufigsten aus Rohr, dem an der Spitze Holz angesetzt und mit Schnur Wachs oder Harz befestigt ist. Für den Krieg dienen scharfe Bambusspitzen, für die Fischerei besondere Harpunepfeile, der Vogeljagd eine stumpfe Spitze, die die Federn nicht zerfetzt. Blasrohre sind vor allem im Westen des Areals gebräuchlich.

## Cb) Religion: Die messianischen Wanderungen

Träger des religiösen Lebens sind nicht nur die Medizinmänner, die hier weniger aus der Dorfbevölkerung herausgehoben sind als in Guyana, sondern überhaupt die Männer des Dorfes. Im übrigen aber sind Grundvorstellungen des Medizinmannwesens fast gleich denen Guyanas. Vielleicht liegt der Akzent weniger auf dem von bösen Geistern verursachten Schaden, mehr auf dem Schadenzauber feindlicher Medizinmänner. Dies könnte in Zusammenhang damit gebracht werden, daß hier der einzelne Mensch freier ist als in Guyana, wo er schon in eine beginnende soziale Schichtung hinein gestellt ist. Er trägt damit auch mehr Eigenverantwortung, die nicht auf höhere Wesen, Häuptlinge oder Geister, abgewälzt wird. Die Autonomie des Menschen gegenüber der Geisterwelt mildert die Furcht vor den Naturgeistern, denen man zwar vorsichtig begegnet, ja bisweilen sogar opfert, die man aber auch bekämpfen, gar töten kann. Der Waldindianer fühlt sich nicht als Sklave, sondern als Herr seiner Umwelt.

Das ändert sich, sobald er in die Abhängigkeit des modernen Wirtschafts- und Sozialsystems gerät. Viele Indianer entzogen sich dem durch Flucht. Vor allem bei den Tupí wurde diese auch religiös untermauert. Schon voreuropäisch ist der Glaube an ein Jenseits ohne Übel, ähnlich dem Land der Ewigkeit, an das Indianer in Guyana glauben. Schon in voreuropäischer Zeit gaben Tupígruppen ihrer Wanderung (auf der Suche nach den Metallinstrumenten des Inkareiches oder nach Boden für die expandierende Bevölkerung) eine religiöse Begründung als Suche nach diesem Paradies. Erst recht nun nach Ankunft der Europäer: Die allgemeine Flucht wurde zur Suche nach dem Land ohne Europäer, dem Paradies, wo die moralisch Guten leben könnten wie ihre Vorfahren. Sie würden so dem Weltuntergang entgehen, der durch den von den Europäern eingeschleppten moralischen Verfall verursacht werde. Noch 1973 zog eine kleine Guaraní-Gruppe auf der Suche nach dem Land ohne Übel zur südbrasilianischen Küste. Allerdings faßten die Behörden dies als „Vagabundentum" auf.

An der brasilianischen Küste verbündeten sich die Indianer mit den Franzosen gegen die Portugiesen, was die Tupinambá mit ihrer teilweisen Ausrottung schon im 16. Jahrhundert büßen mußten. Weiter im Landesinnern, so um São Paulo und im spanischen Bereich um Asunción del Paraguay bildete sich dagegen nach Unterwerfung der Indianer unter europäische Siedler eine Mischbevölkerung mit halb europäischer, halb indianischer Kultur, die einen brasilianischen Tupí-Dialekt oder das eng verwandte paraguayische Guaraní sprach. Hierzu trug auch die Förderung der Tupí-Guaraní-Sprachen durch die Jesuitenmissionare bei, die im Süden und Osten des heutigen Paraguay Indianerreduktionen, die sogenannten Missionsstaaten gründeten. In Brasilien wurde der indianische Einfluß in der Mischkultur durch verstärkte portugiesische und afrikanische Einwanderung im 18. Jahrhundert zurückgedrängt. In einigen Regionen, die in der frühen Kolonialzeit eine Blüte erlebten, die weitere Entwicklung des 18. und 19. Jahrhundert aber nicht mehr im gleichen Maße mitmachten, hat sich der frühkoloniale Zustand starken indianischen Einflusses erhalten, so in Teilen des Hinterlandes des brasilianischen Nordostens oder im Gebiet des mittleren Rio Negro, wo auch heute noch die Lingua Geral gesprochen wird. In Paraguay hat sich die koloniale Situation besser konserviert, da die europäische Masseneinwanderung ausblieb. Das erklärt, warum hier anders als in Brasilien die Guaraní-Sprache ihre führende Rolle behielt.

Besonders starke indianische Gruppen siedelten zu Beginn der europäischen Invasion im Amazonasbecken. Die ersten Europäer trafen am Fluß auf Dörfer von bis zu 8.000 Einwohnern. Nach einer Periode friedlichen Handels begannen die Portugiesen Anfang des 17. Jahrhunderts die „gerechten Kriege", deren Ziel offiziell die Bestrafung von Kannibalismus und Gotteslästerung bei den Indianern war, tatsächlich aber ihre Ausrottung oder Konzentrierung in Missions-Lagern. Dort dienten die Indianer als Arbeitskräfte für die Verpflegung, Ausrü-

Tupinambá-Indianer des 17. Jahrhunderts nach der „Zivilisierung" (Abbeville 1614)

stung und Begleitung der Expeditionen, die das Hinterland erforschten und Waldprodukte sammelten. In der Praxis waren diese Indianer Sklaven, obwohl sie offiziell als Freie galten und Anspruch auf Bezahlung ihrer Arbeit hatten.

Genaue Zahlen über die demographischen Folgen fehlen. Wir wissen aber zum Beispiel, daß allein zwischen 1743 und 1749 eine Pockenepidemie in Brasilien 40.000 Indianer tötete. Ein anderes Beispiel ist die Ermordung von rund 20.000 aufständischen Manaos-Indianern 1729. Andere Stämme, so die Mundurukú, die bis 1770 entschiedenen Widerstand leisteten, verbündeten sich schließlich mit den Portugiesen gegen Hinterland-Ethnien, zu Sklavenjagden. In dieser Phase übernahmen die europäischen Siedler von den Indianern eine Reihe kultureller Elemente wie den Maniokanbau, während die Eingeborenen ihrerseits vielerorts von Subsistenzwirtschaft zu marktbezogener Produktion übergingen.

Die Vertreibung der Jesuiten aus Brasilien 1759 leitete den Verfall der dortigen Missionslager und ihre Umwandlung in bürgerliche Handelsplätze mit Anfängen einer Industrie im Besitz der Weißen mit indianischen Arbeitskräften ein. Diese Phase endete 1836 mit der Cabanada, einem Aufstand der Landarbeiter und untersten Schicht der Kleinstädter des Amazonasgebiets, insbesondere auch der Indianer. Etwa gleichzeitig endeten die Versuche, im Amazonasgebiet eine relativ unabhängige regionale Wirtschaft aufzubauen. Ab 1840 entwickelte sich eine extraktive Wirtschaft im Dienst großer, letztlich meist ausländischer Gesellschaften, die Indianer als Arbeitskräfte brauchte, dies aber im Wesentlichen nur zum Sammeln von Waldprodukten im Hinterland, nicht in den Städten und an den großen Verkehrswegen. Die Indianer wurden zurückgedrängt und weithin ausgerottet. Den Höhepunkt erreichte die Katastrophe mit dem schon beschriebenen Kautschukboom (S. 288). Seit dem Sturz der Kautschukpreise 1912 besserte sich ·die Situation der Indianer wieder, auch durch die Gründung des Indianerschutzdienstes in Brasilien. Sie verschlechterte sich erneut 1940 im Zusammenhang mit dem durch den 2. Weltkrieg verursachten Boom, dann nochmals in den frühen 60er Jahren wiederum im Zusammenhang mit einem Boom. In den späten 60er Jahren setzten dann Schutzmaßnahmen für verfolgte Indianer ein, zusammen mit Bemühungen, erstmals die Mörder von Indianern zu bestrafen. Gleichzeitig allerdings wurde die Erschließung auch der letzten Winkel des Areals durch den Bau des Transamazônica-Straßensystems eingeleitet, was zur Erschütterung auch der letzten noch intakten indianischen Gesellschaften und Kulturen führte.

Das „Indianerproblem" in Brasilien ist heute, nach dem Abschluß der ökonomischen und sozialen Integration der meisten Indianer, einerseits ein kulturelles, bedingt durch die ethnische Besonderheit der Indianer, andererseits jedoch im sozialen und ökonomischen Bereich kaum noch zu unterscheiden von dem Problem der brasilianischen Landarbeiter und Kleinbauern im Landesinnern. Schutzbestimmungen (vor allem die zumindest theoretische Unverkäuflichkeit indianischen Bodens) und ein romantisches Interesse der Öffentlichkeit stellen die Indianer teilweise sogar besser als ihre portugiesisch sprechenden Nachbarn.

## Literaturauswahl

*Aborigines Protection Society Hrsg.:* Tribes of the Amazon Basin in Brazil – Report on a Mission led by Dr. Edwin Brooks. London 1972

*Akerren, B., Bakker, S. und Habersang, Rolf:* Report of the International Red Cross Medical Mission to the Brazilian Amazon Region. Genève 1970

*Baldus, Herbert:* Die Jaguarzwillinge – Mythen und Heilbringergeschichten, Ursprungssagen und Märchen brasilianischer Indianer (Das Gesicht der Völker). Eisenach und Kassel 1958

*Baldus, Herbert:* Was ist seit 1500 aus dem Indianer Brasiliens geworden? in: Akten des 34. Internationalen Amerikanistenkongresses. Wien 1962

*Becker-Donner, E., Feest, C. und Kann, Peter:* Brasiliens Indianer. Hrsg. Museum für Völkerkunde Wien. Wien o. D.

*Bödiger, Ute:* Die Religion der Tukano im nordwestlichen Amazonas (Kölner ethnologische Mitteilungen 3). Köln 1965

*Brooks, E., Fuerst, R., Hemming, J. und Huxley, F.:* Tribes of the Amazon Basin in Brazil. London 1973

*Chiappino, Jean:* The Brazilian Indigenous Problem and Policy – The Aripuana Park (Iwgia Document 19). Copenhagen

*Chiara, Vilma:* Le Processus d'Extermination des Indiens du Brésil. in: Les Temps Modernes 270. Paris 1968

*Dietschy, Hans:* Umwelt, Bevölkerungsdichte und Gesellschaftsform im Amazonasgebiet. in: Korrespondenzblatt der Geographisch-Ethnologischen Gesellschaft 1/2. Basel 1958

Dietschy, Hans: Wohngebiet, Bevölkerungszahl und Gesellschaftsform in Amazonien: die Karajá-Indianer (Bull. Geogr. Ethnogr. Gesellschaft 2). Basel 1947

Dole, Gertrude E.: Shamanism and political control among the Kuikuru. in: Beiträge zur Völkerkunde Südamerikas, Völkerkundliche Abhandlungen 1. Hannover 1964

Doria, C. A. und Ricardo, C. A.: Populations indigènes du Brésil – Perspectives de Survie dans la région dite „Amazonie légale" (Bulletin Société Suisse des Américanistes 36). Genève 1972

Fuerst, René: Bibliography of the Indigenous Problem and Policy of the Brazilian Amazon Region, 1957 – 1972 (Amazind/Iwgia Document 6). Copenhagen – Geneva 1972

Gasser, Hannes: Indianer, Du mußt sterben. Graz 1975

Grünberg, Georg und Fuerst, René: Kritische Bibliographie zum Genozid in Brasilien (1957– 1969) (Veröffentlichungen des Seminars für Ethnologie der Universität Bern 1). Bern 1969

Hanbury-Tenison, Robin: Report on a visit to the Indians of Brazil. Primitive Peoples Fund/Survival International Hrsg. London 1971

Hanbury-Tenison, Robin: A Question of Survival. London 1973

Hartmann, Günther: Kunst und Kultur in Brasilien (Ausstellungskatalog). Wolfsburg 1970

Hemming, J.: One last chance to save Brazil's Indians. in: Observer, September 9. London 1973

Hilbert, Peter Paul: Archäologische Untersuchungen im Mittleren Amazonas (Marburger Studien zur Völkerkunde 1). Berlin 1968

Hopper, Janice H. Hrsg.: Indians of Brazil in the Twentieth Century. Washington 1967

Junqueira, Carmen: The Brazilian Indigenous Problem and Policy – The Example of the Xingu National Park (Iwgia Document. 13). Copenhagen 1973

Métraux, Alfred: Disparition des Indiens dans le Brésil Central. in: Akten des 34. Internationalen Amerikanistenkongresses. Wien 1962

Moser, Rudolf: Problematische Befriedung der Indianer Brasiliens (Neue Züricher Zeitung Nr. 79, S. 4). Zürich 22.3.1973

Münzel, Mark: Medizinmannwesen und Geistervorstellungen bei den Kamayurá (Alto Xingú-Brasilien) (Arbeiten aus dem Seminar für Völkerkunde der Johann Wolfgang Goethe-Universität 2). Frankfurt am Main 1971

Murphy, Robert F.: Headhunter's heritage – Social and economic change among the Mundurucú Indians. Berkeley – Los Angeles 1960

Neufeldt, Gunther: Das Schicksal der Waldindianer in Brasilien. in: Ethnologische Zeitschrift Zürich 1/1974.

Reichel-Dolmatoff, Gerardo: Amazonian cosmos – The sexual and religious symbolism of the Tukano Indians. Chicago 1971

Schaden, Egon: Der Paradiesmythos im Leben der Guarani-Indianer. in: Proc. 30. Intern. Congr. Americanists. Cambridge 1955

Schindler, Helmut: Die Stellung der Carijona im Kulturareal Nordwestamazonien. in: Atti del XL Congresso Internazionale degli Americanisti 2. Genova 1974

Staden, Hans: Zwei Reisen nach Brasilien. Marburg an der Lahn 1970

Thomas, Georg: Die portugiesische Indianerpolitik in Brasilien 1500 – 1640 ((Bibliotheca Ibero-Americana 10). Berlin 1968

Wagley, Charles und Galvão, Eduardo: The Tenetehara Indians of Brazil – A culture in transition (Columbia University Contributions to Anthropology 35). New York 1949

Wendt, Herbert: Schwarze Schatten über dem Amazonas. Baden-Baden 1970

Zerries, Otto: Indianer vom Amazonas (Ausstellungskatalog). München 1960

## a) Lebensraum: Savanne und Dornbuschsteppe

Das ostbrasilianische Bergland trennt das Waldgebiet des Amazonas von dem Waldstreifen an der ostbrasilianischen Küste. Es ist zumeist sanft welliges Hügelland, bedeckt teils von baumarmen oder -freien Grasfluren, von immergrünen Galeriewäldern durchzogen, teils von Trockenwäldern mit dornigen Schirmkronenbäumen, teils von der Caatinga, einer Art Dornbuschsteppe. Gemeinsam ist dem Gebiet außer in unmittelbarer Küstennähe die Wasserarmut. Ähnlich wie im Chaco sind daher die Voraussetzungen für Bodenbau nicht sehr günstig, wohl aber für Jagd und Sammelwirtschaft. Andererseits liegt das Areal eingekeilt zwischen den für den Bodenbau geeigneten Waldzonen. Von dort, vor allem wohl von den Nebenflüssen des Amazonas her, deren Oberläufe in unser Areal hineinragen, erhielten die Indianer Impulse der ost-südamerikanischen Waldlandkultur. Von dieser ist das Areal daher nicht sauber zu trennen. Die kulturellen Grundstrukturen ähneln sich weitgehend, dabei fehlen aber in unserem Areal solche Züge der Waldkultur, die möglicherweise auf hochkulturlichen Einfluß aus dem zirkumkaribischen oder ostandinen Areal zurückgehen und über den Amazonas eingeführt wurden. Vereinfacht gesagt könnte man vielleicht die Kultur des ostbrasilianischen Berglandes als die Urform der gesamten ost-südamerikanischen vor dem hochkulturlichen Einfluß interpretieren.

Wir teilen das Areal in zwei Sub-Areale: Das Gebiet der Gê-Sprachfamilie im Westen zwischen Rio Tapajós und dem Einzugsgebiet des Rio Tocantins, und im Osten das Hinterland der nordostbrasilianischen Küste: Insgesamt über 20.000 Indianer in über 30 Ethnien. Im Vergleich zu den anderen Arealen Südamerikas ist dies die niedrigste Bevölkerungszahl und die relativ größte Zersplitterung (einmal abgesehen von den marginalen Gruppen). Das deutet wohl auf die größere Primitivität der Kultur, deren einfache Subsistenz keine hohen Bevölkerungszahlen ermöglicht und deren Gesellschaftsstruktur keine größeren Zusammenschlüsse kennt, andererseits auf den durch die europäische Invasion verursachten Bevölkerungsverlust. Im Westen bilden, soweit bis jetzt bekannt, 6 Ethnien (die größte sind wohl die 420 Gorotire) die Völkergruppe der Kayapó, rund 1.600, vor allem im Xingú-Fluß-Gebiet, wo sie durch den Druck brasilianischer Viehzüchter auch in die tropischen Regenwälder am Unterlauf, also aus ihrem Areal hinaus gedrängt wurden. Sie wurden erst in den 60er Jahren unseres Jahrhunderts zum Frieden mit den Brasilianern besiegt, nachdem sie vorher weite Landstriche jahrzehntelang verteidigt hatten. Sie halten heute noch an ihrer alten Gesellschaftsordnung und Kultur fest. Östlich, im Flußgebiet des Araguaia und Tocantins schließt sich die äußerlich schon stärker akkulturierte, aber ebenfalls noch an ihrer Gesellschaftsordnung festhaltende Völkergruppe der ca. 1.400 Timbira (größter Stamm: Die ca. 600 Krahó) an. Südlich, um den Rio das Mortes, leben die rund 1.800 Xavante. Sprechen alle bisher Genannten Gê-Sprachen, so sind die rund 2.000 Karajá am mittleren Araguaia und auf der Flußinsel Banal sprachlich isoliert. Sie ersetzen die Jagd weitgehend durch Fischfang, leben heute auch vom Tourismus, den die Nähe von Brasília fördert. Die prächtig malerisch anzusehenden Feste der Karajá mit ihren riesigen Masken und ihrem Federschmuck bilden heute eine Attraktion, zu der man Eintritt bezahlt.

Die nordostbrasilianischen Gruppen sind zahlreicher. Sie haben aber ihre traditionelle Kultur großteils verloren und unterscheiden sich heute oft kaum noch von der umwohnenden Landbevölkerung. Auch sprechen sie wie diese meist portugiesisch. Ihre frühere Kultur kennen wir schlecht. Da das Interesse der Völkerkundler sich auf ursprüngliche Gruppen konzen-

Tanzfest der Kamakã in Nordwestbrasilien (Prinz von Neuwied 1822)

triert, besitzen wir auch nur wenig Kenntnis von ihrer gegenwärtigen Kultur. Zu nennen sind die über 3.000 Xakriabá im nordöstlichen Minas Gerais, deren Gesellschaftsordnung bis auf die unabhängige Kleinfamilie aufgelöst ist, die ca. 1.000 Pataxó im südlichen Bahia, Nachkommen der ersten Indianer, auf die Cabral, der Entdekker Brasiliens, traf, und die rund 2.000 Botocudos im gleichen Gebiet, Nachkommen einer noch im 19. Jahrhundert viel weiter verbreiteten altertümlichen Bevölkerung. Im Gegensatz zu diesen Gruppen, die oft nur noch die Erinnerung an eine eigene Vergangenheit und eine Diskriminierung als „Indios" von den Brasilianern trennt, haben die rund 1.800 Fulniô im Hinterland von Pernambuco eine eigene Sprache und eine noch sehr lebendige, unabhängige Kultur bewahrt, deren wirtschaftliche Grundlage, das eigene Bauernland, sie allerdings in den letzten Jahrzehnten verloren, sodaß sie heute in größtem Elend leben.

Die folgende Beschreibung bezieht sich vor allem auf die Timbira. Sie ist zu ergänzen durch die hier nicht nochmals wiederholten Grundzüge der südamerikanischen Tieflandkulturen.

b) Lebensunterhalt:
Maniok, Mais, Süßkartoffel und Wildbret

Bodenbau ist auch hier die Lebensgrundlage, mit Schwerpunkt allerdings nicht wie im Amazonasgebiet auf dem Bittermaniok, sondern auf ungiftigem Maniok, Süßkartoffeln, Yams und Mais. Hinzu kommen Bohnen, Kürbis und Erdnuß. Von den Brasilianern übernahm man in jüngster Zeit den Reisanbau. Die Maniokfelder werden mit Vorliebe in den Galeriewäldern angelegt, wo der Boden leichter zu bearbeiten ist. Die Wiederaufforstung der Wälder nach ihrer

330

Rodung wurde dadurch gewährleistet, daß die indianischen Bauern etwa alle zehn Jahre den Wohnsitz und damit auch die Felder wechselten. Heute ist dies wegen des Landmangels nicht mehr möglich.

Die Sammelwirtschaft konzentrierte sich auf die Früchte und die für Textilien verwendbaren Materialien der Palmen, vor allem Babassú (Orbignia sp.) und Burití (Mauritia vinifera). Früher wurden Kriege um Palmenhaine geführt. Daneben war die Jagd mit Pfeil und Bogen und Keulen eine ökonomisch sehr wichtige Aktivität. Fleisch ist nicht nur fast die einzige Proteinquelle, sondern spielt auch im religiösen Leben in rituellen Festmahlen eine zentrale Rolle. Die Kayapó teilen das Jahr in zwei Zyklen, deren einer zur Erntezeit dem Feldbau, deren anderer zur Reifezeit der Waldfrüchte dem nomadisierenden Sammeln und Jagen gewidmet ist: „Zu Hause essen wir Süßkartoffeln, dann Yams, dann ungiftigen Maniok. Dann ziehen wir in den Wald, essen Palmenmark, Babassú-Früchte, Honig, Fleisch. Dann kehren wir wieder nach Hause zurück und essen erneut Süßkartoffeln, Yams usw.".

Die Zubereitung des Maniok weicht von der des Waldlandes ab: Man verwendet nicht den Preßschlauch, sondern ein Flechtband aus Burití-Bast, mit dem man die Maniokmasse auswringt. Eine gastronomische Spezialität ist die in einem Erdofen gebackene Fleischpastete aus Maniokteig von rund einem Meter Durchmesser. An die marginalen Kulturen erinnert das Fehlen alkoholischer Getränke.

## c) Materieller Kulturbesitz:
### Geometrische Dörfer und Federschmuck

Das Haus der Timbira, rechteckig mit Giebeldach, wirkt wie eine entsprechend der indianischen Sozialordnung vergrößerte Kopie des europäischen Hauses. Älter scheinen die seltenen ovalen Haustypen zu sein. Auf Reisen während der Saison des Nomadismus baut man kleine runde, bis unten mit Blättern gedeckte Bienenkorbhütten. Die Häuser bilden einen möglichst regelmäßigen Kreis um den zentralen Festplatz. Von dessen Mitte strahlen vier Wege nach den vier Himmelsrichtungen aus dem Dorf aus, das so von oben wie eine geometrische Zeichnung – die Wege bilden ein Kreuz, die Häuser einen Kreis darum – aussieht. Dieses Bild wird als eine Widerspiegelung der Sonne verstanden und entspricht der Sozialordnung mit ihrer Aufteilung in Dorfhälften oder -vierteln.

In den Häusern fehlte früher die für das Waldland typische Hängematte. Man schläft und sitzt auf Plattformbetten, und deckt sich mit Burití-Matten zu. Die Kayapó verwenden Matten anstelle der Betten. An die Stelle der Kleidung tritt ein hochentwickelter Körperschmuck durch Bemalung. Kennzeichen der Männer sind leichte Holzpflöcke in den Ohrläppchen, mit einem Durchmesser von einem bis über zehn cm, oder als Rangabzeichen Lippenpflöcke. Bei zeremoniellen Anlässen wird der Körper mit Vogeldaunen beklebt. Auch große Federkronen werden bei Tänzen angelegt.

Baumwolle wird für das Weben mit endloser Kette von schmalen Bändern, z.B. Kindertragbändern angebaut. Töpferei fehlt in einem Teil des Areals, obwohl sie auch dort archäologisch belegt ist. Korbflechterei dagegen ist allgemein verbreitet.

## d) Soziale Umwelt:
### Dualistische Gesellschaftsordnung

Die sozialen Organisationsformen überschreiten nicht das Dorf, das heute nicht über 200 Einwohner hat. Die Dorfbevölkerung wird zu verschiedenen Gelegenheiten und auf verschiedenen Ebenen in unterschiedliche Gruppen gegliedert, meist nach dem Prinzip einer dualen Opposition. Das Beispiel eines Dorfes der Ramkokâmekra-Timbira soll das verdeutlichen. Seine Häuser sind derart im Kreis angeordnet, daß jeweils die Frauen, die einander in der mütterlichen Linie am nächsten stehen, beieinander wohnen. Die Position der Häuser einer matrilinear verbundenen Verwandtschaftsgruppe ist jeweils nach einer bestimmten Himmelsrichtung festgelegt. Alle diese Gruppen werden in zwei matrilineare, exogame Hälften zusammengefaßt, der östlichen und der westlichen Hälfte des Dorfkreises entsprechend. Für zeremonielle Zwecke sind die Dörfler in zwei andere, von der Position der Wohnung unabhängige Hälften eingeteilt, die durch den ererbten Namen des Individuums bestimmt werden. Diese Gruppen treten sich etwa als Mannschaften bei einem Wettlauf gegenüber, bei dem die Teilnehmer Holzklötze als Verkörperung von Totengeistern auf der Schulter tragen. Die Klötze der einen Hälfte sind rot wie deren Körperbemalung, die Körper und Klötze der anderen sind schwarz bemalt. Die gesamte Natur wird in ein Zweier-Schema eingeteilt, in dem jeder Begriff entweder der einen oder der anderen Hälfte zugeordnet wird, wodurch Gegensatzpaare entstehen wie Sonne-Mond, Tag-Nacht, Trockenzeit-Regenzeit, Erde-Wasser, Maniok-Süßkartoffel, die als Teil des Gegensatzes zwischen den beiden menschlichen Gruppen verstanden werden.

Beide Gruppen werden als Regenzeit-Hälften zusammengefaßt, da sie während der Zeremonien dieser Jahreszeit in Erscheinung treten. Sie bilden zusammen einen gedanklichen Gegensatz zu den beiden Trockenzeit-Hälften, mit denen sie sich in der Praxis überschneiden. Die letztgenannte Einteilung ist auf die Männer beschränkt. Sie entsteht durch Zusammenfassung von je zwei der männlichen Altersklassen zu einer Hälfte. Bei Zeremonien treten sie sich auf dem Dorfplatz entgegen, die einen auf der Westseite, die anderen im Osten, wobei eine gedankliche Verbindung zur exogamen Teilung des Dorfes in eine Ost- und eine Westhälfte hergestellt wird, ohne daß diese personell mit der Einteilung der Altersklasse übereinstimmt. Eine weitere, wiederum von den vorhergehenden unabhängige Aufteilung in zwei entgegengesetzte Gruppen entsteht durch Zusammenfassung von je drei jeweils einem bestimmten Tier assoziierten Untergruppen, die bei bestimmten Festen ihren genauen Platz im Dorfkreis haben.

Bei anderen Gruppen gibt es auch zwei Häuptlinge, oder stellt die eine Hälfte den Häuptling, die andere den führenden Medizinmann. So ist das Individuum eingespannt in ein Netz von Oppositionen. Nicht immer sind es genau zwei Hälften, oft auch mehrere, z.B. bei den Fulniô fünf exogame Gruppen, die nach einem komplizierten Schema die Heiraten regeln. Auch dann läßt sich das Schema aber wahrscheinlich auf eine ursprüngliche Dualorganisation zurückführen. Vor allem bei den Kayapó scheint aus diesen auf den ersten Blick überwiegend rituellen Einteilungen oft auch eine echte Spaltung des Dorfes erwachsen zu sein: Es kam zu Streit, und die eine Hälfte zog fort. Die Tendenz zur Spaltung, begünstigt durch den früheren Überfluß an Land, war eine charakteristische Tendenz der Sozialordnung. Andererseits wurden fremde Gruppen leicht im Dorf und als Untergruppen in das System der Gegenpole aufgenommen.

Das Häuptlingstum ist geringer entwickelt als im Waldland. Es handelt sich nicht um eine erbliche Würde, sondern um eine lockere Führungsposition innerhalb einer Gruppe oder Hälfte, erworben von dem, der den meisten Anhang hat und sich am ehesten zur Verteidigung der Interessen nach außen (früher als Kriegsführer, heute im Streit mit den Brasilianern um Landrechte und Löhne) eignet.

### e) Religion: Sonne und Mond

Die dialektische Tendenz, die Welt in Gegensätze zu ordnen, wiederholt sich in der Religion. Oft finden wir entsprechend der Einteilung des Dorfes auch am Himmel die Opposition zwischen den göttlichen Wesen Sonne und Mond, zwei Männern. Andere Gruppen führen ihre Abstammung auf zwei Brüder zurück (ein auch im Waldland häufiges Motiv, wie überhaupt auch der Dualismus der Sozialordnung dort, wenngleich schwächer, vorkommt), deren Vertreter auf Erden zwei Häuptlinge sind.

Das religiöse Leben wird von großen gemeinschaftlichen Zeremonien beherrscht, in denen wie auf einer Bühne die sozialen Gruppen innerhalb des Dorfes auftreten und ihre Gegensätze darstellen. Individuelle Religiosität, vor allem auch das Medizinmannwesen treten demgegenüber zurück. Höhepunkt des zeremoniellen Lebens sind oft die Initionsfeiern. Die Apinayé-Timbira halten für die männlichen Jugendlichen alle zehn Jahre Initiationsriten ab, bei denen Lippen und Ohren durchbohrt und die Jungen in einem Lager beim Dorf von zwei Lehrern (für jede Dorf-Hälfte einer) unterrichtet werden. Nach der Initiation leben die jungen Männer bis zur Heirat meist in eigenen Männerhäusern.

Besonders ausgedehnt sind die Initiationsriten bei den Fulniô, die mitten unter Brasilianern leben und gegen diese hartnäckig ihre Kultur verteidigen, was in der Geheimhaltung der wichtigsten Aspekte der Religion zum Ausdruck kommt. Während der Einweihungsriten erfahren die Jungen die Geheimnisse, die den Frauen, Kindern und Brasilianern verborgen bleiben. Sie erblicken die geheimen Gesichter der Gottheiten ihrer jeweiligen Sippen. Dies geschieht während einer Periode im Jahr, zu der die Fulniô für etwa drei Monate ihr Dorf verlassen und in den Busch ziehen, wo sie sich früher vorwiegend von den Früchten der Uricurí-Palme (Syagras coronata) ernährten – Nachhall der Zweiteilung des Jahres in eine Bodenbau- und eine Sammlerperiode bei ursprünglicheren Gruppen. Außer der Initiation der Jungen gehören zum Uricurí-Ritual auch schamanistische Elemente, wie Tabakrauchen und Trinken eines Tees aus der Yurema-Wurzel (Acacia yurema) zur Herbeiführung eines Rauschzustandes mit Visionen, die als Bilder von einer Reise ins Land der Geister interpretiert und vor allem von den Medizinmännern als Grundlage zu Prophezeihungen gebraucht werden.

f) Geschichte: Die Flucht. Der Widerstand. Die Befriedung. Moderner Widerstand

An der nordostbrasilianischen Küste und in dessen Hinterland kämpften Völker unseres Areals bei Ankunft der Portugiesen gegen die expandierenden Tupí. Sie wurden meist im 17. Jahrhundert von den Kolonisatoren ins Hinterland vertrieben. Schon Anfang des 19. Jahrhunderts lebten die meisten Indianer des Nordosten in kleinen Dörfern unter der Kontrolle von Häuptlingen, die von den Behörden ernannt waren. Die weißen Siedler nutzten sie ähnlich wie Sklaven aus und mißhandelten sie häufig. Die eingeborene Kultur war damals schon vielerorts im Zusammenbruch begriffen. Dabei ist bewundernswert, wie diese Gruppen dennoch ihre ethnische Identität und Reste ihrer Kultur bis heute bewahren konnten. Hartnäckiger, wenn auch immer vergeblicher Kampf um Landrechte, aus trauriger Erfahrung erwachsener leidenschaftlicher Haß auf die Kultur der Weißen kennzeichnen das tragische, weil gegen eine Übermacht vergebliche Bemühen dieser Indianer.

Weiter westlich konnten sie sich besser behaupten. Betrachten wir zunächst das Beispiel der Apinayé-Timbira zwischen Araguaia und Tocantins. Ende des 18. Jahrhunderts gerieten sie erstmals in den Radius der brasilianischen Sklavenjagden gegen die „Botocudos" (so wurden alle „wilden" Indianer bezeichnet die sich nicht unterwerfen wollten und deshalb versklavt werden durften). Die Apinayé griffen Siedlungen der Weißen an, aus Rache für Angriffe der Weißen und um Metallwerkzeuge zu erobern. Gleichzeitig kämpften sie gegen verwandte Gruppen. 1797 gründeten die Portugiesen in ihrem Gebiet ein Fort, das zunächst von den Indianern geduldet wurde, bis Soldaten der Garnison Pflanzungen zerstörten. Die Indianer antworteten mit Tötung der Soldaten, woraufhin die Portugiesen ihre Dörfer umzingelten und mit Kanonen in Brand schossen. Daraufhin schickten die Apinayé Frauen ins Fort, die die Soldaten so lange durch Liebesgetändel ablenkten, bis die indianischen Krieger eingedrungen waren und die Portugiesen mit Keulen erschlugen.

Anfang des 19. Jahrhunderts schwächten Krankheiten, wie eine Pockenepidemie, die Widerstandskraft des Stammes, der sich zugleich einer immer größeren Zahl von Siedlern gegenübersah. Er schloß Frieden mit den Weißen, die das Land besetzten. Viele landlose Indianer zogen in die neuen Siedlungen, wo sie billige Arbeitskräfte wurden. Diejenigen Apinayé, die weiterhin in eigenen Dörfern blieben, dienten den Weißen häufig als Träger bei Expeditionen oder Hilfstruppen gegen andere Indianer.

Weiter westlich noch leben die Xavante, die sich noch später unterwarfen. Sie sollen hier als ein weiteres Beispiel dienen. In der ersten Hälfte des 20. Jahrhunderts leisteten sie erbitterten Guerilla-Widerstand gegen das Eindringen der Brasilianer. Der Name des Hauptflusses in ihrem Wohngebiet, „Fluß der Todesfälle", erinnert an diese Zeit. 1946 bewegte man die Xavante mit dem Versprechen zum Friedensschluß, man wolle ihnen kein Land wegnehmen. Bald darauf begann die Aufteilung des Landes unter weiße Großgrundbesitzer. Der Frieden ermöglichte diesen die Besetzung weiter Flächen, die sie vorher aus Furcht vor den Angriffen der Indianer nicht für ihre Viehzucht benutzt hatten. Die Indianer wehrten sich: Sie töteten Vieh, das auf ihrem Land weidete, zündeten Felder an. 1950 wurde ihnen schließlich ein Reservat abgesteckt, jedoch nur auf dem Papier. In der Praxis ging der Landraub weiter. Hunger und Krankheiten dezimierten die noch 10 Jahre vorher als besonders gesund und vital bekannten Xavante. Von 6.000 im Jahre 1946 ging ihre Zahl bis 1971 auf 1.800 zurück. 1969 fand man, das auf dem Papier eingezeichnete Reservat sei „unrealistisch" geworden, da es nicht mehr den wahren Besitzverhältnissen entspreche. Man teilte deshalb das große in drei kleinere Reservate auf, aber auch das erschien den auf Xavante-Land spekulierenden Grundbesitzern noch nicht „realistisch" genug. Noch 1969 hob man unter ihrem Druck auch die kleinen Reservate auf mit dem Versprechen, man wolle nun neue realistischere und daher leichter zu garantierende Grenzen festlegen. Das Versprechen wurde zunächst nicht erfüllt.

1972 wurde der Widerstand der Xavante zur offenen Revolte. Sie blockierten eine durch ihr Gebiet führende Straße und verlangten den Autofahrern Wegzoll ab. Sie bedrohten die in ihr Gebiet eingedrungenen Weißen und konfiszierten deren Waffen. Sie erreichten, daß die brasilianische Bundesregierung ihnen fünf Kleinstre-

servate zugestand, deren genaue Abgrenzung allerdings von Landvermessungen abhängig gemacht wurden, die ausblieben. Ab März 1973 demonstrierten die Xavante erneut ihre Bereitschaft zur Rebellion, falls die Landvermessung nicht endlich erfolgte. Juli 1973 überfielen Xavante einen Trupp Waldarbeiter, die in ihrem Gebiet roden wollten, „konfiszierten" ihre Papiere und ihre Werkzeuge und überbrachten diese dem lokalen Vertreter der Indianerbehörde. Nun begann die geforderte Landvermessung endlich, wurde aber fast sogleich wieder abgebrochen, weil die Grundbesitzer protestierten. Daraufhin nahmen die Indianer vorübergehend einen Landvermesser fest, um ihn am Verlassen seiner Arbeit verhindern.

Auf der Seite der Weißen bildete sich eine unheilige Allianz zwischen landhungrigen, armen Siedlern und Großgrundbesitzern. Letztere rüsteteten die Siedler mit Waffen aus und ließen sie im August 1973 vorrücken, um die Indianer zu vertreiben oder zusammenzuschießen. Brasilianische Bundespolizei griff ein und schützte die Xavante vor dem Angriff. Unter Polizeischutz nahmen die Landvermesser ihre Arbeit wieder auf. Als diese erneut ins Stocken kam, verkündeten die Xavante im Oktober 1973 einen Plan, nach dem sie alle drei Tage eine nicht-indianische Familie von ihrem Land vertreiben wollten, bis die Vermessungen durchgeführt seien. Als ersten Schritt drangen sie ins Haus eines Großgrundbesitzers ein und transportierten vor seinen Augen alle Möbel und Werkzeuge nach draußen, bevor sie ihn aufforderten, zu verschwinden. Der lokale Vertreter der Indianerbehörde unterstützte sie, indem er an der Spitze eines Polizeiaufgebotes in das Gut eines Grundbesitzers eindrang und dort zwei hausgemachte Kanonen sicherstellte, die zum Kampf gegen die Indianer bestimmt gewesen waren. Zur gleichen Zeit teilten die Xavante der Behörde und dem Innenminister ein Ultimatum mit: Sie würden alle Weißen aus ihrem Gebiet mit Gewalt vertreiben, wenn die Landvermessungen nicht binnen zwei Wochen in der gewünschten Form durchgeführt wurden. Sie setzten ihren Willen zunächst durch, doch bald kamen die Vermessungsarbeiten erneut ins

Stocken. Erst 1975 wurden die Reservatsgrenzen entgültig festgelegt.

Die Xavante fordern nun, daß alle weißen Siedler und Angestellte von Viehzuchtunternehmen ihr Gebiet verlassen mögen, worin sie von der Indianerbehörde unterstützt werden. Die von den Indianern immer dringlicher verlangte polizeiliche Vertreibung der Weißen erfolgte allerdings bislang nicht, während eigene Aktionen der Xavante von der Polizei verhindert werden. Die Konfliktsituation ist derzeit (Anfang 1976) so gespannt, daß ein Ausbruch offener Kämpfe nicht auszuschließen ist. Dies ist nur ein Beispiel für den aktiven Widerstand der Indianer des Areals gegen den Raub ihres Gebietes, wobei heute die Vorgänge in Wounded Knee von den Indianern als Vorbild betrachtet werden. Dabei nimmt aber die brasilianische Regierung im Gegensatz zu derjenigen der USA zumindest verbal entschieden für die Indianer Partei.

## Literaturauswahl

*Hartmann, Günther:* Die materielle Kultur der Xavante, Zentral-Brasilien (Baessler-Archiv N. F. 18). Berlin 1970

*Lukesch, Anton:* Mythos und Leben der Kayapo (Acta Ethnologica et Linguistica 2,12). Wien 1968

*Maybury-Lewis, David:* Akwẽ-Shavante society. Oxford 1967

*Métraux, Alfred:* Disparition des Indiens dans le Brésil Central. in: Bulletin of the International Comitte on Urgent Anthropological and Ethnological Research 5. Vienna 1962

*Stähle, Vera-Dagny:* Klotzrennen brasilianischer Indianer. Frankfurt am Main 1969

*Zerries, Otto:* Dualorganisation und Weltbild bei brasilianischen Indianern. in: Staden-Jahrbuch 11/12. São Paulo 1963/64

*Adobe:* luftgetrockneter Lehmziegel, im Südwesten der USA (aber auch in anderen Trockengebieten) verwendetes Baumaterial.

*Akkulturation:* Kulturwandel einer Gruppe durch Anpassung an eine andere (meist überlegene).

*ambilinear:* Verwandtschaftsrechnung nach beiden Elternteilen.

*Ambilokalität:* Wohnsitzregelung: Das Ehepaar lebt abwechselnd bei den Eltern des Mannes und denen der Frau.

*Barrio:* Stadtviertel, insbes. Vorort von einer Großstadt in Lateinamerika, früher identisch mit einer Verwandschaftsgruppe.

*bilateral:* s. ambilinear.

*Compadrazgo:* Rituelle Datenschaft in Lateinamerika, bei der die Beziehungen zwischen den Gevattern ebenso wichtig sind wie die zwischen Pate und Patenkind.

*Connubium:* Beziehungen zwischen Gruppen (z. B. Kernfamilien oder Dörfern): über mehrere Generationen werden durch ständiges gegenseitiges Heiraten immer wieder Frauen ausgetauscht.

*Endogamie:* Binnenheirat, d. h. ein Mitglied einer Gruppe muß seinen Ehepartner aus der gleichen Gruppe nehmen.

*Ethnie:* Bevölkerungsgruppe mit einheitlicher Kultur, Sprache und Zusammengehörigkeitsbewußtsein; identisch mit dem undifferenziert verwendeten Begriff »Stamm«.

*Exogamie:* Außenheirat, d. h. ein Mitglied einer Gruppe muß seinen Ehepartner aus einer anderen Gruppe nehmen.

*Hochkultur:* eine in der Völkerkunde und außereuropäischen Vor- und Frühgeschichte verwendete Bezeichnung für Kulturen, die einen hohen Stand der Entwicklung erreicht haben, erkennbar an ihrer Technologie (Metallurgie, Steinarchitektur, ausgedehnte Bewässerungsanlagen u. a. m.), an ihrer hierarchisch organisierten Religion mit institutionalisiertem Priestertum (Tempelwesen).

*Klan:* patri- oder matrilineare Blutsverwandtschaftsgruppe, die mit entsprechender Residenzregelung (viri-patrilokal oder uxori-matrilokal) eine Gruppe bildet, zu der auch – im Gegensatz zur Sippe – die angeheirateten Ehepartner zählen.

*klassifikatorische Verwandtschaftsterminologie:* Verwandtschaftsterminologie, bei der berschiedene Verwandtschaftsgrade zu wenigen Klassen zusammengefaßt werden, z. B. Mutter, Mutterschwester, Mutterkusine werden alle als »Mütter« bezeichnet.

*Levirat:* Die Frau muß den Bruder ihres verstorbenen Mannes heiraten.

*Lineage:* Blutsverwandtschaftsgruppe mit gemeinsamen Ahnen in noch überschaubarer (drei bis fünf Generationen) Abstammung.

*matrifokal:* Bezeichnung einer Sozialordnung, die auf die Mutter als Mittelpunkt bezogen ist.

*matrilinear:* Verwandschaftsrechnung nach der mütterlichen Linie.

*Moiety:* Stammeshälfte oder Dorfhälfte in einer meist kultischen Zweiteilung der Gruppe.

*neolokal:* Wohnsitzregelung: Das junge Paar verläßt mit seiner Heirat die Eltern.

*Ökosystem:* Zusammenhang zwischen natürlichen Voraussetzungen, Technologie und Produktionsweise, der ein spezifisches Kulturbild ergibt.

*patrifokal:* Bezeichnung einer Sozialordnung, die auf den Vater als Mittelpunkt bezogen ist.

*patrilinear:* Verwandtschaftsrechnung nach der väterlichen Linie.

*Polyandrie:* Vielmännerei.

*Polygamie:* Vielehe.

*Polygynie:* Vielweiberei.

*Schamanismus:* Komplex von religiös-magischen Praktiken. Hierzu gehören die Initiation des zukünftigen Schamanen, der Trancezustand während der Séancen und der Glaube an eine Reise ins Reich der Geister, bei wetcher der Schamane oft die verlorene Seele eines Kranken zurückzuholen versucht. Die reinste Form des Schamanismus findet sich in Sibirien; verwandte Formen finden sich vor allem im arktischen und subarktischen Nordamerika, in geringerem Maße auch in anderen Gebieten Amerikas.

*Sippe:* Blutsverwandtschaftsgruppe, die sich auf einen gemeinsamen Ahnen zurückführt und sich über mehr als fünf Generationen erstreckt.

*Sororat:* Heiratsregelung: Ein Mann muß die Schwester seiner Frau heiraten.

*unilinear:* Verwandtschaftsrechnung nach nur einem Elternteil.

*Uxori-Matrilokalität:* Wohnsitzregelung: Das Ehepaar lebt bei der Mutter der Ehefrau.

*Viri-Patrilokalität:* Wohnsitzregelung: Das Ehepaar lebt beim Vater des Ehemannes.

340

## Bildnachweis

Abbildungen auf dem Schutzumschlag
Links: Sitting Bull (National Archives, Washington)
Rechts: Ein Aché-Indianer (Foto von Christine Münzel)